U0152380

中國共產黨成立史

中國共產黨成立史

增訂版

石川禎浩　著

袁廣泉　瞿艷丹　譯

香港中文大學出版社

《中國共產黨成立史》（增訂版）
石川禎浩 著
袁廣泉、瞿艷丹 譯

© 香港中文大學 2021

本書日文原版《中國共產黨成立史》於2001年由東京岩波書店出版。

國際統一書號 (ISBN)：978-988-237-219-1

2021年第一版
2024年第三次印刷

出版：香港中文大學出版社
　　　香港 新界 沙田・香港中文大學
　　　傳真：+852 2603 7355
　　　電郵：cup@cuhk.edu.hk
　　　網址：cup.cuhk.edu.hk

The Formation of the Chinese Communist Party (in Chinese)
　　By Ishikawa Yoshihiro
　　Translated by Yuan Guangquan and Qu Yandan

© The Chinese University of Hong Kong 2021
All Rights Reserved.

The original Japanese edition of *The Formation of the Chinese Communist Party*
was published by Iwanami Shoten in Tokyo in 2001.

ISBN: 978-988-237-219-1

First edition 2021
Third printing 2024

Published by The Chinese University of Hong Kong Press
　　　The Chinese University of Hong Kong
　　　Sha Tin, N.T., Hong Kong
　　　Fax: +852 2603 7355
　　　Email: cup@cuhk.edu.hk
　　　Website: cup.cuhk.edu.hk

Printed in Hong Kong

目　錄

增訂版序 …………………………………………………… xi

體例説明 …………………………………………………… xxiii

照片列表及來源 …………………………………………… xxv

序章 …………………………………………………………… 1

　　第一節　芥川龍之介與中國共產主義者在上海接觸　/1

　　第二節　促使中國共產黨成立的背景　/4

第一章　馬克思主義在中國的傳播 ……………………… 15

　　第一節　五四時期中國的新思潮　/15

　　　　1　知識與革命運動　/15

　　　　2　五四時期的「新思想」與傳播媒介　/18

　　第二節　馬克思主義在北京的傳播　/21

　　　　1　《晨報副刊》與陳溥賢宣傳馬克思主義的
　　　　　　活動　/21

　　　　2　陳溥賢與日本的革新運動　/28

　　　　3　陳溥賢、李大釗的馬克思主義研究
　　　　　　與日本的中介作用　/32

　　　　4　李大釗與日本的社會主義運動　/34

　　第三節　馬克思主義在上海的傳播　/38

　　　　1　國民黨人的馬克思主義研究　/38

2　戴季陶對馬克思主義的研究　/41

3　戴季陶與日本的社會主義運動　/44

4　中譯本《共產黨宣言》　/48

5　留日回國學生群體的馬克思主義研究　/52

第四節　布爾什維克主義文獻在中國的傳播——
　　　　新的外來知識的出現　/56

1　《新青年》雜誌的變化　/56

2　《共產黨》雜誌介紹歐美社會主義文獻　/63

3　陳獨秀與布爾什維克主義　/68

4　李大釗與布爾什維克文獻　/70

小結　/73

第二章　蘇俄、共產國際與中國共產主義運動⋯⋯⋯⋯⋯⋯⋯75

第一節　鮮為人知的「密使」　/75

1　蘇俄接近遠東　/75

2　魏金斯基之前的「使者」(一) ——
　　布爾特曼　/79

3　魏金斯基之前的「使者」(二) ——
　　波波夫、阿格遼夫、波塔波夫　/81

4　俄西伯利亞、遠東的對華工作機關　/85

第二節　魏金斯基的活動　/89

1　魏金斯基一行來華　/89

2　魏金斯基在北京的活動　/94

3　魏金斯基的身份和活動據點　/99

4　魏金斯基在上海的活動　/101

5　使者相繼來華　/114

第三節 中國「偽」共產黨始末 ／116

　　　　1 近藤榮藏接觸的中國「共產黨」 ／116

　　　　2 1921年齊聚莫斯科的中國「共產黨」 ／118

　　　　3 大同黨——黃介民、姚作賓組織的「共
　　　　　 產黨」 ／121

　　　　4 蘇俄對大同黨的工作 ／126

　　　　5 姚作賓與全國學聯——後「五四」的學生
　　　　　 運動 ／134

第三章　中國共產黨的成立 ………………………………… 143

第一節 上海的建黨活動 ／143

　　　　1 對中共發起組形成的研究 ／143

　　　　2 中共發起組的幾個側面 (一) ——「馬克思主
　　　　　 義研究會」和「社會共產黨」 ／148

　　　　3 中共發起組的幾個側面 (二) ——「社會主義
　　　　　 者同盟」和「社會主義青年團」 ／155

　　　　4 中共發起組的活動 ／159

第二節 中國各地的共產主義小組 ／164

　　　　1 北京共產主義小組 ／164

　　　　2 廣州共產主義小組 ／169

　　　　3 武漢、長沙、濟南的共產主義小組 ／177

第三節 中國共產黨的成立——《中國共產黨宣言》和《致
　　　　共產國際的報告》 ／185

　　　　1 共產國際執行委員會遠東書記處 (伊爾庫茨
　　　　　 克) 獲得的中國情報 ／185

　　　　2 《中國共產黨宣言》——「中國共產黨」的
　　　　　 成立 ／191

3　中國共產黨向共產國際第三次大會提交的
報告　/197

4　「中共使者」張太雷　/200

5　共產國際第三次大會的中國代表——國際舞
台上的明爭暗鬥　/206

6　《給共產國際第三次大會的報告》的起
草者　/212

7　共產國際第三次大會與中國共產黨　/214

第四章　中國共產黨第一次全國代表大會⋯⋯⋯⋯⋯⋯⋯⋯⋯ 223

第一節　召開大會的準備工作　/223

1　馬林、尼科爾斯基來華　/223

2　大會的召集　/229

第二節　第一次代表大會的召開　/234

1　時增時減的「一大」出席者人數——回憶錄是
如何寫成的　/234

2　大會代表　/243

3　會期　/249

4　大會會場被搜查之謎　/255

5　大會討論的內容　/257

第三節　年輕的黨員們——早期黨員施存統的歷程　/263

1　非「孝」青年　/263

2　摸索中國改造之路——北京工讀互助團、上
海共產主義小組　/268

3　留日生活　/270

4　從無政府主義到布爾什維克主義　/276

5　東京被捕以及被驅逐出境　/283

終章 永遠的小聚會 ································· 293

被紀念的「七一」──從紀念日到開幕日 ／294

資料的篡改 ／296

想不起來的日期 ──「七一」與「一大」出席者的
「後半生」 ／298

附錄一 日中社會主義文獻翻譯對照表 ················· 309

附錄二 中國社會主義書籍簡介 (1919–1923) ············· 321

附錄三 施存統口供 ····························· 351

注釋 ··································· 357

參考文獻 ································ 453

日文版後記 ······························ 487

索引 ··································· 497

增訂版序

此番中文版《中國共產黨成立史》經過增訂，終於面世。此書初版由中國社會科學出版社於 2006 年 2 月推出，到如今再版，已過去 15 年。其實，初版面世後幾年即告售罄，當時出版社計劃至遲於 2011 年 (建黨 90 週年) 再版此書。然而這一計劃長期未得實現，就這樣過去了十多年，今由香港中文大學出版社刊行繁體中文版。首先，要向香港中文大學出版社致以深摯的謝忱，如果沒有他們的積極推進，本書再版的計劃將長期懸而不決。

初版刊行之際，由於跟出版社溝通不甚順暢，著者與譯者均未及確認校樣，書稿就倉促面世。為了彌補這些缺憾，當時遂計劃將再版仍交給中國社會科學出版社，訂正一些錯字和誤譯，並增補初版遺漏的索引與中文版序言，僅作最小限度的修正。然而這類書籍在中國大陸就算只是再版，也需要重新報批、審查。因此，雖提交了再版書稿，但等待過程中，大陸的出版管制變得更為嚴格，審查結果遙遙無期。在這期間，本書英文版的刊行倒一切順利，*The Formation of the Chinese Communist Party* 已於 2012 年由哥倫比亞大學出版社出版，譯者是加拿大約克大學的傅佛果

(Joshua Fogel) 教授，而北京那邊的再版計劃仍杳無音訊。因此，我們判斷如今在大陸再版此書已困難重重，遂將增訂書稿交付香港中文大學出版社，終於順利刊行。

因為再版拖延太久，又長期絕版，每每被中國研究者問起何時再版，總是不能明確告知，在我來說也是很大的壓力。不過，也正因再版遷延日久，如今才能在增訂版裏很好地反映出近年的學術成果，增補新的觀點。如此，增訂版內容也更為豐富，或許也算轉禍為福。

其實，2006年本書的刊行能在中國黨史界、史學界引起相當的反響，我心中很覺喜悅。特別是此書在中國受到了與在日本完全不同的關注：在日本，除了一小部分專家，本書的日文版 (岩波書店，2001年) 幾乎沒有引起什麼像樣的回應，就長期處於絕版狀態；與之相比，中文版雖然也同樣是絕版，卻有許多讀者想要閱讀而求之不得。更令我喜悅的是，在中國，學術界對此書的評價超越了單純的、對外國人所撰中共建黨史專著的新奇感，更多是認可了本書的學術價值，在評價本書意義時，也將本書視為黨史研究領域的真正競爭對象。

不過，這些反響當中，也包括不少批判與論爭。據我所知，截至目前大概有近30篇相關書評、評論刊載於中文報刊和學術雜誌 (參見「主要書評目錄」)。在中共黨史主題的學會上，也有幾篇以討論本書為中心的研究報告。這些文章基本都高度評價了本書精緻的考證與新觀點，但令我震驚的是，有幾篇書評對我作為研究者的資質或學風進行了攻擊，是某種高壓式的批判。當中最具代表性的是曾佔據《光明日報》整個版面的書評特輯 (2006年8月28日)。

該書評特輯由三篇主旨幾乎相同的評論構成，強調了以下內容：1980年代後期，中國已有人指出最早將馬克思主義介紹到中

國的先驅者、本書中高度評價其功績的人物「淵泉」是陳溥賢的筆名，而石川卻吹噓得彷彿是自己的最新發現。因此，「石川對中國學者已有研究成果的肆意歪曲，説明他的學術品格令人懷疑」云云。該特輯的「編者按」也表明了這樣的立場：「這三篇文章……不僅指出石川禎浩對『淵泉』的所謂考證是假命題，而且還觸及到學術界的學風問題，因而在一定程度上很有現實針對性，很值得當今學人冷靜反思。」

對於這種近乎中傷的評論，立刻又有中國學者提出反論，指出基於曲解的人格誹謗已超出了學術著作評論的範疇，並強調有必要進行冷靜的學術性對話（參見「主要書評目錄」14、18、20）。包括這樣辛辣的批判在內，有關針對本書提起的種種問題與懷疑，增訂版當中也時常提及，闡明了筆者的立場。

此外，本書對初版作出的比較大的修訂，主要有以下四點。

(1) 更加詳細地説明了共產國際第三次大會（1921年）的中國代表權問題。一直以來，共產國際第三次大會被認為是中共代表（張太雷）首度正式參加的共產國際大會。而其實在這次大會上，除張太雷之外，江亢虎與姚作賓等自稱中國共產主義運動的領導們也先後來到莫斯科，他們在莫斯科展開了正統之爭。筆者利用莫斯科檔案館的資料，説明了其中的始末。同時更明確地指出，過去被認為是中共派遣的代表張太雷，其實並非受中國國內黨組織的派遣，而是受伊爾庫茨克的共產國際遠東書記局的指示與推薦，作為中共代表參加了會議。也就是説，他並非事先由中共正式任命的代表。此外還考證出中共派遣的正規代表楊明齋雖也來到了伊爾庫茨克，但最後卻未能順利抵達莫斯科。通過確認大會出席者的情況，他們當時帶去莫斯科的資料的可靠性也變得頗可懷疑（對於這些資料，過去一直基於無條件信賴的前提而使用）。

(2) 有關中共「一大」的中國出席者名單，一直被認為有13人，而大會記錄上的代表數只有12人，這當中沒有被算進去的人物是誰呢？本書初版中曾推測是陳公博，如今增訂版中則推定為何叔衡。將何叔衡排除出代表之列，是根據張國燾（1938年脫黨）回憶錄（1970年代）而來的說法，但過去研究界對張的回憶錄一直有所懷疑，理由是不可太信任脫黨分子不負責任的捏造。然而，筆者嘗試重新分析各種資料之後，發現張國燾在1920年代末撰寫的有關「一大」的演講記錄中，也有同樣的見解，即未將何叔衡視為「一大」「代表」，而當時張還是黨的領導人。因此，對照同時代的其他資料，增訂版提出了新說，即何叔衡並非「一大」代表。

(3) 指出中共「一大」的閉幕日，也就是嘉興南湖會議的日期當在8月3日（初版曾認為是7月31日）。本書初版中提出，應考慮到8月1日南湖暴風雨等要素來考證大會日程。其後，中國學界也考慮到當時的氣象因素，對此展開了大規模的詳細調查，從而得出更合理的結論，即8月3日在南湖的遊船上舉行了閉幕日的會議。筆者同意此說，並訂正了舊說。不過，我想再次強調，與上述(2)闡明的問題一樣，代表名單也好，大會日期也好，這些問題並非中共成立史研究的本質。

(4) 中共「一大」後來如何被紀念和慶祝，相關資料又是如何形成？為說明這些問題，增訂版特增終章一篇，考證了1949年之後，留在中國大陸的四名「一大」參會者（董必武、李達、包惠僧、劉仁靜）如何記憶「一大」開幕日，又如何將這種記憶反映在回憶錄中。為了紀念大會，種種必不可少的詳細信息中（何時、何地、何人），最難記住的是大會日期，而相關參會者的回憶與他們各自的社會地位也有着密切關聯，這在終章中得到了具體的闡明。此外本書還強調，對於這些回憶，若不考慮當事人的立場及他們時常參考的資料就加以利用，是沒有意義的；終章同時介紹了這四

位被寄予憶起大會日期的希望的人士怎樣度過了他們的後半生，
由此結束本書。

在以上四點之外，還有若干細小的修正，不過，本書初版的
根本主張完全沒有變化，即應當在國際性的契機中理解中共的成
立。本書指出，在馬克思主義的接受方面，中國受到過日本的很
大影響；蘇維埃俄國和共產國際的動員曾促進了中國共產黨的成
立。而本書在中國受到的批判大多在於過於強調國外因素對中共
成立的影響。但這是史實，即便被批判，也不會撤回。

反過來講，如果非要說即便不受國外的影響，基於中國人的
自主性及獨立性早晚都會建成中國共產黨；這種可能性固然無法
否定，但那個完全獨立自主的「中國共產黨」，恐怕要比現在的中
國共產黨晚很久才出現。早在1980年代初，北京大學的向青教授
就曾指出，中國共產黨的成立受到共產國際的很大幫助，這並無
需諱言，因為我們不能以今日的價值基準和組織觀念去想像當時
的結黨活動。今年正值建黨100週年，比起本書日文版面世的
2001年（建黨80週年）和中文版初版面世的2006年（建黨85週
年），應該會湧現更多的相關研究。不過，雖然有這些本土研究，
我確信本書依然擁有未曾過時的內容。

◆　◆　◆

這些年來，因為從事中共創建史的研究，我收穫了這一領域
的諸多知己。當中特別值得一提的是上海中共「一大」會址紀念館
的各位老師。在此，請允許我稍稍回顧自己的往昔。

我第一次拜訪「一大」會址，是在1986年7月。當時我剛剛結
束了1984年至1986年在北京大學歷史系的留學生活，正準備返回
日本。兩年的留學中，我努力去往中國各地旅行，增廣見聞。當
然也盡量去上學校開的課，但兩年當中，實際上幾乎有250天都
在旅途中。1980年代後期，在正處改革開放發展時期的中國旅行

雖有許多不便，但其時的經歷成為我理解中國的重要原點。在設計旅行路線時，我特意將上海留到了最後。因為在我心中，上海和北京一樣，都是很特別的地方。於是在結束留學生活、離開北京之後，我將上海作為了旅行的最後一站，那之後就離開了中國大陸，經香港、台灣回到日本。

翻開當時寫下的日記，原來在1986年7月22日，我去了上海的「一大」會址。不過日記的記述極為簡略，只寫了當天下午四點後的半個小時之內，在講解員的引領之下，與其他五、六名參觀者共同參觀了會址；「一大」會場的小房間內放着複製品的桌椅；會址北側有兩間陳列室。此外沒有寫下任何感想。而在參觀會址之前我還去了上海博物館，關於那裏的藏品和建築物，我在日記裏作了詳細的說明，並多有讚語。相比之下，我對「一大」會址什麼感慨都沒有。30分鐘的短暫參觀時間說明了當時我對中共黨史沒有多少關心，同時也說明當時館內的陳設極為簡單。

但是，最近我又調查了「一大」會址陳列品的歷史，這才知道當時「一大」會址紀念館的展覽內容已有了大幅革新。也就是說，那年7月1日開始，陳列室首次將出席「一大」的中國成員照片全部展示了出來。在那之前，中國所有的紀念館都不會將這13人全部展示。因為那當中有幾位後來的「叛變者」。隨着改革開放的深入，這樣的政治性色彩逐漸淡化，從而促進了「一大」會址陳列室內容的變化。就「一大」會址的歷史來說，或者從中共創建史研究的歷史而言，這稱得上極為巨大的變化與轉折點。也就是說，我剛好趕上了「一大」會址經過巨大革新、重新開放的時候。但從當天的日記來看，那時的我絲毫沒有意識到這一切。

那之後又過了三年，1989年7月，我再度造訪了「一大」會址。那是「六四」後因擔心留學時代結識的北大學友們的安危，便

獨自前往戒嚴令之下的北京，隨後去了上海。當時我正在京都大學念碩士研究生，碩士論文題目選擇了中國馬克思主義的接受史與日本的關係，為了調查 1920 年前後刊行的社會主義相關書籍的底本，我特地從北京去了一趟上海。前往「一大」會址紀念館，也是為了調查該館所藏《馬格斯資本論入門》(李漢俊譯，本書附錄二，A12) 的底本。那是 7 月 10 日，對於我的突然造訪，陳列室主任俞樂濱先生欣然許可，竟擰開了密封陳列櫃的螺釘，將擺在其中的這冊書拿給我看。我在日記裏寫道：「極為感激。」本書附錄的書籍目錄，就是在這樣的過程裏完成的。三年後，曾經匆忙看了一眼展覽的我，受到許多像俞先生那樣的學界同行前輩的幫助，開始真正深入中共創建史的世界。

後來，算上出入境時路過，我大概去了上海二十多次，每回只要時間允許，一定會去參觀「一大」會址紀念館。展覽內容經常有些大大小小的變化，確認這些變化是我參觀的最大目的。譬如前面說的 13 位參會者的照片，最初大小和排列順序有嚴整的序列，最上面是毛澤東等終身黨員的大幅照片；中間是中途脫黨、但支援革命的人員的小照片；最下面是不僅脫黨、還成為「漢奸」或反黨分子的人員，他們自然也是小照片。到後來，政治色彩逐漸淡去，這些照片的排列方式又有了改變。

這期間，因為本書中文版初版面世的契機，我也有了不少機會參加該紀念館的相關學會和資料調查活動，並有了更多機會聽取已經相熟的研究員和館長圍繞展覽所作的種種說明和努力。當中印象最深的，是有關若干年前展廳內蠟像群的逸聞。在紀念館二樓，有再現「一大」場景的一角，如今陳列的是白銅雕像 (下頁右圖)，而那之前的 2001 年至 2016 年的 15 年間，曾經陳列過精巧的蠟像 (下頁左圖)。

蠟像陳列室（2001–2016）　　　　白銅雕像陳列室（2016–）
× 為尼克爾斯基

　　究竟更喜歡哪種，固然全看觀眾個人喜好，但據說在普通人看來，蠟像總歸更活靈活現一些，而白銅雕像則過於藝術性，不太容易讓人親近。不過，因為並沒有會議場景的照片存世，所以蠟像師與銅像藝術家都是發揮想像力進行了創作，這一點兩者並無很大差別。這些暫且不論，我曾在2004年12月看過這蠟像室，當時頗覺訝異的，是15具蠟像中竟有尼克爾斯基（左圖標記「×」的人物）。尼克爾斯基曾作為共產國際代表出席「一大」，蠟像群中有他也是自然，但當時參會的15人當中，唯獨未曾找到他的照片。後來在俄國學者的幫助下，終於找到了尼克爾斯基的照片，那已是2007年的事。於是我曾詢問紀念館工作人員，當初尼克爾斯基的蠟像是怎麼做出來的。

　　回答令人震驚。那位工作人員苦笑道：「有部講中共建黨的電視劇，就照着那個演尼克爾斯基的外國演員做的。」這可真是本末倒置，令我瞠目結舌，但同時我也對他們深深同情。中共建黨和「一大」的資料原本就極為稀少，而黨和人民卻希望能忠實、栩栩如生地再現當時場景，為了作出回應，而不得不進行這種捏造和假冒。2007年發現尼克爾斯基的照片時，最喜悅的無疑是「一大」會址紀念館的工作人員們，因為不需要再繼續這麼糊弄了。尼克爾斯基的蠟像當然要重新製作。再後來，展廳更新之際，乾脆換

成了更具藝術性和抽象性的白銅雕塑，或許也是因為館員們意識到追求寫實場景的局限吧。

就這樣，每回造訪「一人」會址紀念館，都收穫了許多有形無形的恩惠與知識。正是基於這樣的經歷和體驗，這次增訂版中，比起「一大」本身，更關注紀念「一大」的方式，並對之加以分析。在研究資料方面，除了前面提到的俞先生之外，任武雄、陳紹康、陸米強等黨史研究領域的前輩學者們也曾對我這樣的日本年輕學生表示熱烈歡迎，並提供各種各樣的資料，對我的提問與要求也作出了熱心的回應。另外，張玉菡、韓晶等年輕館員們也通過研究交流為我的研究提供了諸多支援。當然，熱心幫助我的海內外學者還有很多，在此無法一一列舉他們的名字，請允許我向他們致以深深的謝忱。

通常，翻譯著作都會在序文或後記裏向譯者致謝。令我至為痛憾的，是如今再也不能向本書譯者傳達謝意。本書譯者袁廣泉先生（江蘇師範大學副教授）不幸於2020年5月因心肌梗塞突然辭世，享年57歲。本書初版能得到許多讀者的善意，並獲得很高的評價，離不開袁廣泉先生精湛的譯筆。本書初版刊行之後，袁先生又承擔了我的論文集（《中國近代歷史的表與裏》，北京大學出版社，2015）的翻譯工作。2020年3月剛出版的《紅星是怎樣升起的：毛澤東早期形象研究》同樣出自袁先生的譯筆，豈料隨後竟傳來了他的訃聞。有關本書再版的修正細節，他也曾整理了筆記，以期萬全之備，然而卻未及見到重版之日，就溘然而去。失去袁先生這位我最為信賴的譯者——不，最為信賴的共同研究者，我極感痛楚。

袁先生離世後，本書修訂部分當中2020年後的增補之處均由瞿艷丹翻譯。她在京都大學文學研究科以中國近代醫療史研究取得博士學位，現在是京都大學的人文學連攜研究者。或許她作為

散文家、作家蘇枕書要更有名。如今，在有限的時間裏，她以不遜於袁先生的熱情完成了翻譯工作。如果是單獨翻譯，那麼可以用自己的文體，而這次因有袁先生的譯文在前，就必須與之參照，斟酌譯文，這並非簡單的工作。若沒有她真摯的努力，本書也不會完成，在此深表感謝。

最後，我要向香港中文大學出版社的同仁們致以衷心的謝意。尤其感激陳甜、彭騰兩位編輯，以及為封面設計花了許多心思的何浩老師。陳編輯自從 2015 年出版《中國近代歷史的表與裏》以來，一直對我的著述活動寄予絕大的鼓舞和支援，並促成了本書的再版。若沒有她，這部增訂版書稿恐怕要一直在北京出版審查部門的哪個倉庫裏，不知塵封到幾時。為使本書盡快出版，彭編輯不辭勞苦，付出了極大的心力，給予了非常專業的幫助和支持。

有關中國共產黨的狀況及相關研究已增加了諸多艱難。在這樣的環境裏，這部增訂版會引起怎樣的反響？我衷心希望中文世界的讀者們給予本書坦率的意見。

石川禎浩於日本京都
2021 年 6 月

【主要書評目錄】

(01) 曾成貴：〈中共創建史研究的他山之石〉，《江漢論壇》，2006 年第 5 期。

(02) 田子渝：〈史料頗豐的中共創建史研究〉，《百年潮》，2006 年第 6 期。

(03) 汪文慶：〈對《中國共產黨成立史》的幾點不同意見〉（蕭超然教授採訪錄），《百年潮》，2006 年第 6 期。

(04) 占善欽：〈一部精心考證的創作之作——石川禎浩《中國共產黨成立史》一書評介〉，《中共黨史研究》，2006 年第 4 期。

(05) 丁曉強：〈關於中國早期馬克思主義傳播者的一則考證〉，《光明日報》，2006年7月31日。

(06) 馬長虹：〈從一處人名糾錯到一部新史書〉，《光明日報》，2006年8月15日。

(07) 朱文通：〈也談對「淵泉」不是李大釗筆名問題的考證〉，《光明日報》，2006年8月28日。

(08) 吳二華：〈關於「淵泉」不是李大釗的考證問題之我見〉，《光明日報》，2006年8月28日。

(09) 許全興：〈有關「淵泉」的考證及其他——對《中國共產黨成立史》的一點評論〉，《光明日報》，2006年8月28日。

(10) 李丹陽、劉建一：〈新視野下的中國共產主義運動起源研究——石川禎浩著《中國共產黨成立史》評介〉，《近代史研究》，2006年第5期。

(11) 任武雄：〈評介石川禎浩的《中國共產黨成立史》〉，《上海革命史資料與研究》，第6輯，2006年12月。

(12) 吳二華：〈誰更早考證出了「淵泉」不是李大釗？——兼與石川禎浩先生商榷〉，《黨史研究與教學》，2006年第6期。

(13) 張靜如：〈從「淵泉」不是李大釗筆名說起〉，《黨史研究與教學》，2006年第6期。

(14) 田子渝：〈《中國共產黨成立史》是非的三個問題〉，《黨史研究與教學》，2007年第1期。

(15) 陳永發：〈書評《中國共產黨成立史》〉，《中央研究院近代史研究所集刊》，第57期，2007年9月。

(16) 吳二華：〈關於「淵泉」筆名的學術史考證〉，《史學月刊》，2008年第1期。

(17) 李永春、張海燕：〈「改造聯合」與「社會主義青年團」不是同一個組織——與石川禎浩商榷〉，《中共黨史研究》，2008年第5期。

(18) 許全興：〈學風與方法——對田子渝先生遲到的回應〉，《黨史研究與教學》，2009年第3期。

(19) 朱成甲：〈五四時期馬克思主義傳播與李大釗歷史作用問題的探討 ——兼評石川禎浩《中國共產黨成立史》的有關論述〉，《中共黨史研究》，2009年第8期。

(20) 田子渝：〈也談學風與方法——對許全興先生的回應〉，《黨史研究與教學》，2009年第5期。

(21) 時晨、衡朝陽：〈走進中共黨史創建史的史料之林——石川禎浩《中國共產黨成立史》〉，《學理論》，2009年第13期。

(22) 楊奎松：〈《中國共產黨成立史》評介〉，《中國學術》，第25期，2009年10月。

(23) 王素莉：〈「五四」前後馬克思主義在中國傳播的若干問題探討——也評石川禎浩《中國共產黨成立史》的有關論述〉，《中共黨史研究》，2010年第5期。

(24) 羅立明：〈《中國共產黨成立史》討論〉，《神州》，2011年第2期。

(25) 李三星：〈就中國共產黨成立時間與石川禎浩先生商榷——兼論政黨成立的標誌〉，中共一大會址紀念館編：《中國共產黨創建史研究》（上海人民出版社，2012年）。

(26) 劉慶：〈論石川禎浩的問題意識〉，《世紀橋》2016年第9期。

(27) 石超：〈中共創建史研究的匠心之作〉，《南方論刊》2016年第2期。

(28) 孟婧婧：〈淺讀《中國共產黨成立史》〉，《祖國》2017年第2期。

體例說明

一、除特別注明外，引文中的()為原注，〔〕為引用者注。

二、注釋說明所用羅馬字代號《A》-《G》，分別表示日本外務省外交史料館藏如下檔案目錄。

《A》:《過激派其他危險主義者取締關係雜件　本邦人之部主義者名簿》分類項目 4–3–2–1–1–1

《B》:《過激派其他危險主義者取締關係雜件　外國人之部支那國人》分類項目 4–3–2–1–2–1

《C》:《過激派其他危險主義者取締關係雜件　社會運動狀況支那》分類項目 4–3–2–1–4–5

《D》:《要視察外國人之舉動關係雜纂　支那國人之部》分類項目 4–3–1–2–5

《E》:《外國人退去處分關係雜件　英國人》分類項目 4–2–6–21–3

《F》:《外國人退去處分關係雜件　支那國人》分類項目 4–2–6–21–8

《G》：《在本邦清國留學生關系雜纂　雜之部》分類項目3-10-5-3-6

三、收錄於各國版《聯共(布)、共產國際與中國國民革命運動》資料集〔俄文版：ВКП（б），*Коминтерни Национально-Револющионное Движениев Китае: Документы*, Т. I. (1920–1925), Москва, 1994；Т. II (1926–1927), Москва, 1996；Т. III (1927–1931), Москва, 1999；德文版：RKP(B), *Komintern und die national-revolutionare Bewegung in China: Dokumente.* Band 1. (1920–1925), München, 1996; Band 2. (1926–1927), Münster, 1998；漢語版：中共中央黨史研究室第一研究部譯：《聯共(布)、共產國際與中國國民革命運動(1920–1925)》(北京圖書館出版社1997年版)；中共中央黨史研究室第一研究部譯：《聯共(布)、共產國際與中國國民革命運動(1926–1927)》(北京圖書館出版社1998年版)；李玉貞譯：《聯共、共產國際與中國(1920–1925)》第1卷(東大圖書公司1997年版)〕的文件，因其文件號碼相同，注釋説明中只標出文件號碼，如《文件○》。

照片列表及來源

增訂版序言中兩張「一大」場景照片 (筆者攝影)　/xviii

圖一　李漢俊 (中共一大會址紀念館提供)　/2

圖二　芥川龍之介，1921 年 (日本近代文學館提供)　/2

圖三　修復後的中國共產黨第一次代表大會會場 (中共一大會址紀念館提供)　/3

圖四　《晨報》(1919 年 5 月 5 日)　/23

圖五、六　謄寫本《共產者宣言》(京都大學人文科學研究所藏)　/51

圖七　1920 年 4 月的 *Soviet Russia* (京都大學法學部圖書館藏)　/58

圖八　《新青年》八卷一號封面　/59

圖九　美國社會黨黨徽 (刊載於 Charles H. Kerr, *What Socialism Is* [Chicago: Charles H. Kerr & Co., 1913])　/61

圖十　《共產黨》月刊封面　/64

圖十一　英國共產黨黨刊 *The Communist* 的封面　/64

圖十二　安龍鶴畫像 (共產國際第二次大會代表肖像冊，俄國社會政治史檔案館藏件，全宗 490，目錄 1，案卷 68)　/77

圖十三　魏金斯基(Александр Панцов, *Тайная история советско-китайских отношений: большевики и китайская революция (1919–1927)*, Москва: Муравей-Гайд, 2001〔潘佐夫《蘇中關係秘史》〕)　/90

圖十四　俄語報紙《上海生活》(外務省外交史料館藏件「過激派其他危險主義者取締関係雑件　社会運動状況　支那」分類項目4-3-2-1-4-5)　/101

圖十五　姚作賓(攝於1930年代後期)(東亞問題調查會編:《最新支那要人傳》〔大阪:朝日新聞社,1941年〕)　/135

圖十六　《共產國際遠東書記處通訊》(К. В. Шевелев〔石克强〕教授提供)　/187

圖十七　現存的《中國共產黨宣言》(中共一大會址紀念館編:《偉大的開端──中國共產黨創建歷史陳列》〔上海:上海人民出版社,2017年〕)　/192

圖十八　江亢虎最初的代表證(俄國社會政治史檔案館藏件,全宗489,目錄1,案卷207)　/211

圖十九　江亢虎被降格為發言權代表後的代表證(汪佩偉:《江亢虎研究》〔武漢:武漢出版社,1998年〕)　/211

圖二十　尼科爾斯基(前引中共一大會址紀念館編:《偉大的開端──中國共產黨創建歷史陳列》)　/225

圖二十一　馬林(前引中共一大會址紀念館編:《偉大的開端──中國共產黨創建歷史陳列》)　/226

圖二十二　張國燾關於中共成立前後情況的講稿(《百年潮》,2002年第2期)　/247

圖二十三　陳潭秋回憶的兩個版本(左:《共產國際》中文版的陳潭秋回憶;右:《黨史資料》發表的陳潭秋回憶)　/297

序 章

第一節　芥川龍之介與中國共產主義者在上海接觸

1921年4月，日本著名的文學家芥川龍之介訪問了上海。他當時到過的地方，經過其後100年的滄桑，很多已經舊蹤難覓，現在只有一處復原成當時的樣子加以保存。這處建築，現在的門牌號是盧灣區興業路76號，舊時是法租界望志路 (Rue Wantz) 106號。[1] 不過，對這處建築加以復原並非是為了紀念芥川造訪上海的足跡，現在來到這裏的人們都會看到門前的銘牌上刻着「中國共產黨第一次全國代表大會會址」的字樣。也就是説，在芥川來到該處不久後，就在他所看到的那個地方，中國共產黨召開了第一次全國代表大會。[2]

當然，芥川並非因為知道中國共產黨將要在這裏召開第一次代表大會而來，而是為了會晤「少年中國」代表人物之一的「李人傑」。李人傑 (1890–1927)，原名李書詩，通常稱李漢俊，是當時中國最優秀的社會主義理論家，中國共產黨 (以下簡稱「中共」) 成立時的成員之一 (脱離中共後，1927年遭軍閥逮捕殺害)。中共的第一次代表大會，在芥川來訪三個月後，即1921年7月末，就在

李漢俊的寓所召開了。芥川在中國共產黨將要召開第一次代表大會的地方,會晤了中共領導人,實在是一種巧合。

據推測,芥川和李漢俊是4月25日前後晤面的,芥川《上海遊記》裏有〈李人傑氏〉一節詳細記錄了當時的情景:

> 與村田〔《大阪每日新聞》記者村田孜郎〕同訪李人傑氏。李氏年僅二十八歲〔原文如此,李氏正確的生年為1890年〕,按信條應為社會主義者,上海「少年中國」代表人物之一。……有僕人即引予等到會客室。有長方桌一,洋式坐椅二三,桌上有盤,盛陶製果品。……除此粗糙之仿製品外,更無可賞目之裝飾。然室內不見塵埃,樸素之氣令人爽悅。數分鐘後,李人傑氏來。
>
> 李氏曾在東京讀過大學,故日語極流暢。就其善於使對方明白費解的道理來講,其日語也許在我之上。……會客室內通向二層的梯子垂落於室內一角,故有人下樓,客人先見其足。李人傑氏出現時,我們最先看到的也是他腳上的中國鞋。[3]

圖一 李漢俊

圖二 芥川龍之介,1921年

圖三　修復後的中國共產黨第一次代表大會會場

「少年中國」一語譯自 "Young China"，是中外新聞界對當時富於改革精神的一般新派人物慣用的稱謂，並不一定專指社會主義者或共產主義者。李漢俊是中共領導人之一，但是芥川並非因此才去見他，而李也不會對初次見面的芥川談到成立共產黨的事。

芥川對李漢俊居處的描寫，和現在的「中共一大會址」完全一樣。復原的大會會議室裏，擺着長方桌和洋式坐椅，也有通往二層的樓梯，同樣簡樸得沒有任何令人悅目的飾物。中共第一次代表大會恐怕就是在這間芥川走後沒有加以任何改變的房子裏召開的。

對李漢俊的印象和談話的情景，芥川這樣記載道：

　　李氏乃身材不高之青年，髮稍長，長臉，血色不足，目帶才氣。手小。態度頗誠懇，同時又讓人感到神經敏銳。第一印象不壞，恰如觸摸細且強韌的鐘表發條。……李氏道，如何改造現在的中國？要解決此問題，不在共和，亦不在復辟。這般政治革命不能改造中國，過去既已證之，現狀亦證之。故吾人之努力，唯有社會革命之一途。……李氏又云，要興起社會革命，不能不依靠宣傳。是故吾人要著述。……種子在手，唯萬

里荒蕪，或懼力不可逮。吾人肉軀堪當此勞否？此不得不憂者
也。言畢蹙眉。[4]

上海共產主義組織的領導人李漢俊，在此次會晤兩個月之
後，受共產國際指示，開始召集各地成員，以召開中共的第一次
代表大會。不過，此時他正在上海的進步報刊上積極宣傳社會主
義學說，其筆鋒犀利、邏輯嚴謹、感覺敏銳，恰如芥川對他相貌
的描述一樣。這一點，從初期共產主義者稱他為「我們中的理論
家」、「最有理論修養的同志」[5]也可得到證實。正是他對芥川說，
中國需要社會革命。所謂「政治革命不能改造中國」，是指辛亥革
命後誕生的共和國或「民國」不久即成為一副空架子，造成了軍閥
割據的混亂局面。也就是說，中國需要整個社會的革命，而不是
中央政府權力的私相授受或互相爭奪；自己正是為了宣傳革命而
面對「萬里荒蕪」大聲疾呼。同時表達了「懼力不可逮」、「吾人肉
軀堪當此勞否」的悲壯決心。

會見快結束時，芥川問：「除宣傳手段外，尚能顧念藝術
否？」李漢俊的回答只是：「幾近於無。」據說他也曾讀過被稱作
「藝術主義」或「藝術派」的芥川的小說，可芥川沒有記下面對如此
回答自己作何感想；不過芥川對李漢俊其人頗有好感。芥川4月
30日從上海寄給澤村幸夫（《大阪每日新聞》記者）的信中特別提到
他：在上海見到的名士中，「李人傑才華出眾」。[6]當然，這時的芥
川不會想到，這位目帶才氣的青年將和自己同一年（1927年）夭折。

第二節　促使中國共產黨成立的背景

李漢俊對芥川談到決心進行社會革命時表達的壯烈態度，是
參與成立中國共產黨的所有知識分子的共同心情。中國的民眾在
1919年的五四運動中確實表現出了空前的覺悟和力量，但是，要

使其按照明確的方針 (比如社會主義) 發展成為社會革命,從而根本改造中國社會,還存在着許多有待克服的障礙,其中之一就是李漢俊向芥川喻之為「萬里荒蕪」的中國社會的現狀,以及缺少滿足中國知識分子求知欲的書籍和雜誌。其次,作為社會革命基礎的工人運動,儘管不斷發生工潮,但其實際性質仍然屬於同鄉意識、同業公會的範疇。另外,中國究竟有沒有進行社會主義運動、共產主義運動的社會基礎?這也是籌備成立共產黨的李漢俊等人思索的問題之一。

儘管如此,困難和曲折最後都被克服,在20世紀20年代伊始誕生了中國共產黨,這是不爭的事實。而這個黨在歷盡曲折之後,在1949年宣告了中華人民共和國的成立,現今已經發展成為世界最大的共產主義政黨,這些也都是眾所周知的。中國共產黨是怎樣誕生的?這是本書要解答的問題。

以中國為主,世界上對中共成立史的研究數量非常多,以成立史為對象的專著在2001年以前已有20多部,研究性文章則達2,500多篇以上,再加上最近20年的著作更是不可勝數。[7]中共成立史的研究越來越細致,具體人物的行蹤和幾乎所有事件的時間、地點都得到了考證。如果以研究工作的勞動效率觀之,對中共成立史這一歷史長河中短暫的一幕所投入的研究量之大,是不同尋常的。

既然已經有了如此眾多的研究成果,為什麼還要再寫這部書呢?那是因為這些研究並沒有弄清中共成立過程中的許多問題。或者說,大量的研究反而導致這樣一個傾向,即輕易地相互借鑒,甚至以訛傳訛。比如,中國共產黨草創時期的各種組織(馬克思主義研究會、社會主義者同盟、社會共產黨、革命局,等等)到底是何種組織?何時成立?相互間關係如何?對這些問題目前還僅是根據回憶錄等進行各種猜測。因為每一個事件都應經過研

究考證，在描述中共成立史的時候，更必須加以細致的、有時是瑣碎的甄別。本書的描述總體上傾向於考證，就是基於這種考慮。

根據中國共產黨的正式見解，中共的成立是「馬克思列寧主義同中國工人運動相結合的產物」。[8]這個見解，由大處觀之的確如此。因為中國共產黨成立時，馬克思列寧主義在中國已經有一定程度的傳播，另外，據信1919年全國已經有約200萬產業工人(其中上海有約50萬人)。可是，在追覓中國共產黨成立的具體過程，特別是與日本、朝鮮的共產黨成立相比較時，我們不禁會產生這樣一個單純的疑問，即共產黨在東亞成立，為什麼是循着朝鮮、中國、日本這樣一個順序？日本共產黨的第一次代表大會是在1922年，即中共「一大」之後一年召開的。至於高麗共產黨，儘管由於存在分別成立於伊爾庫茨克和上海的兩個派別，情況要稍微複雜一些，但也都成立於1921年5月，即中共「一大」之前約兩個月。如果共產黨的成立僅僅是馬克思列寧主義同工人運動相結合的產物，那麼，共產黨在東亞成立的順序應該是日本、中國、朝鮮，但是，為什麼事實卻恰恰相反呢？

如果説，這種「時差」僅僅是可以忽略的「極微誤差」，共產黨在這三個國家幾乎是同時成立的，那麼，就必須解釋之所以同時成立的原因。這個原因，不用説就是俄國十月革命的影響和其後共產國際在東亞各國進行的推動工作。實際上，俄國共產黨(布爾什維克)和共產國際的存在，才是造成共產黨按完全相反的時間順序在日本、中國、朝鮮成立的真正主要的原因。既然共產黨在中國、日本和朝鮮的成立，是以共產國際為紐帶而密切相關的，那麼就不能夠將其分開來看。換言之，對於中國共產黨的成立，不能僅用「馬克思列寧主義同中國工人運動相結合」這樣一種狹窄的觀點來考察，而必須從東亞的共產主義運動的寬闊視野來把握。

　　這一點同樣適用於探討中共成立的必要條件即馬克思主義的
傳播。無論在哪個國家，馬克思主義的傳播都是成立共產黨的最
重要的必要條件。而就中國而言，馬克思主義是何時從何地傳來
的呢？毛澤東曾說：「中國人找到馬克思主義，是經過俄國人介紹
的。在十月革命以前，中國人不但不知道列寧、斯大林，也不知
道馬克思、恩格斯。十月革命一聲炮響，給我們送來了馬克思列
寧主義。」[9]毛澤東的這段話，作為受俄國革命鼓舞而參加共產黨
的當事者的感性認識，應該得到尊重；但是，馬克思主義並不是
因為俄國革命成功而一下子就傳進中國的。當時的毛澤東恐怕也
知道，中共成立以前，中國的馬克思主義思想大部分是經由日本
傳進中國的。上述李漢俊就是這樣的代表人物之一。他通過閱讀
日文社會主義文獻接觸並接受了馬克思主義，也進行了大量的翻
譯工作。可以說，馬克思主義在中國的傳播，與馬克思主義在日
本經過「社會主義嚴冬時期」之後再次高漲的形勢是分不開的。這
些都表明，必須把中國的共產主義運動置於整個東亞的社會主義
思潮範疇之內來把握。進一步講，日本和中國在共產主義思想方
面結成的鏈條，應該視為東亞各國以日本為中介接受近代西方思
想的歷史的一環，甚至應該將其置於世界規模的思想交流[10]這樣
的背景中來理解。在這個意義上講，本書所敘述的中國接受馬克
思主義的歷史，正是貫穿於中國和日本及世界之間的「思想鏈條」
的歷史。

　　共產黨成立之前必須有馬克思主義的傳入，這在中國也與日
本一樣，都是獲得「外來知識」的過程。而馬克思主義在「外來知
識」即西方思想中，又尤其晦澀難懂，所以，不難想像即使有日文
文獻的幫助，接受起來也有很多困難。與李漢俊一樣，通過日文
文獻接觸到馬克思主義、被稱為「中國馬克思主義之父」的李大

釗，在1919年介紹馬克思主義時，曾轉述一位德國人的話說：
「50歲以下的人說他能了解馬克思的學說，定是欺人之談。因為
馬克思的書卷帙浩繁，學理深晦。」[11] 所以，在探討中國接受馬克
思主義的問題時，不但應該充分考慮到知識本身固有的難度與中
國社會現實之間的距離，而且也應該考慮到，儘管存在這樣的距
離，所謂「共產黨」也必須以馬克思主義這一理論為基礎。

但是，成立共產黨必須在何種程度上理解馬克思主義，並沒
有一定的標準，所以，日本、中國和朝鮮在共產黨成立時，其對
馬克思主義理解的水平當然各不相同。就中國、朝鮮兩國來講，
對馬克思主義理解得不成熟，許多青年與其說為了進行社會主義
革命，不如說為了從事抗日民族解放鬥爭而加入共產黨，這在高
麗共產黨裏面表現得尤為突出；而同樣的情形，在某種程度上也
存在於中國共產黨裏面，許多黨員在追求「世界革命」的同時，也
追求祖國的「獨立」和「富強」。「我們多數同志幾乎是先當了共產
黨員才學習馬列主義。」[12] 這種現象之所以產生，原因就在於此。

那麼，引發共產黨成立的直接原因是什麼？如果說何種程度
上接受馬克思主義不是充分條件，無產階級的人數和工人運動的
規模也不是直接左右各國共產黨成立時間的要素，那麼，蘇俄和
共產國際在遠東的活動就顯得重要起來。

眾所周知，共產國際在第一次大會 (1919年) 上並沒有涉及殖
民地和半殖民地的反帝運動，它是在歐洲的革命運動趨向低潮之
後才注意到亞洲的，而重點提出「民族問題」和「殖民地問題」，則
是在第二次大會 (1920年7月至8月) 上。我們在回顧共產國際的
歷史時必定要提及的列寧與羅易 (M. N. Roy) 圍繞「民族問題」和
「殖民地問題」所展開的爭論，就發生在這次大會上。雖然羅易關
於亞洲的革命將對世界共產主義運動發揮決定性作用的見解並沒
有寫進共產國際的決議中去，但確實是共產國際認識到亞洲重要

性的主要原因。其次，對於因西伯利亞干涉軍的漸次撤退和遠東反布爾什維克勢力的衰退而逐漸重新掌握遠東的布爾什維克政權來説，1919年發生在朝鮮的三一運動和發生在中國的五四運動，都足以使其把目光投向東方。於是，1920年9月，在共產國際的指導下，在巴庫召開的東方各民族代表大會上，《共產黨宣言》裏的有名語句被重新闡發，提出了「全世界無產者和全世界被壓迫民族，聯合起來」的口號。[13]俄共(布)和共產國際對遠東的工作，從1920年前後，以派遣使者的形式開始了，與此同時，在俄國國內的中國和朝鮮的僑民也成為了工作對象。高麗共產黨在伊爾庫茨克成立就是一個典型的例子。也就是説，單就成立共產主義組織或遲或早來看，決定因素並不在於有無工人運動，或者是否已經接受了社會主義理論，而在於與俄國共產黨及共產國際接觸是否便利，這是不可否認的。從這點講，我們不能忘記，與陸路相連的中國接觸，顯然要比與日本接觸容易得多(就日本來講，還要考慮到日本警察的嚴密防範)。

　　不言而喻，中共成立史研究的中心課題之一，是中共的成立與蘇俄和共產國際的關係。因為，沒有共產國際就不可能有共產黨，至少，當時的所謂「共產黨」的成立，首先要視其與共產國際的關係(是否作為共產國際在各國的支部)而定。此前雖然也有一些重視共產國際等外部因素的研究，尤其難能可貴的是向青、楊奎松等先生作出的先驅性研究，[14]但是資料本身十分匱乏，加上這些資料中有關共產國際的文件被長期封存，所以，有很多問題沒有得到解決。另外，多種語言的資料分散在中國以外，這些資料既互相交錯，又有不少互相矛盾之處，故而要斷定一個個事實殊非易事。前蘇聯的解體以來，所謂莫斯科檔案大都得到解密，從前只被少數蘇聯學者壟斷並部分引用的文件資料，現在大都可以讀到。[15]而且，有關共產國際和中國革命的大型資料集也已經

出版。[16]但其中中共成立時期的文件所佔分量並不多。比如，1921年1月至翌年初設在伊爾庫茨克的共產國際執行委員會遠東書記處，曾經是共產國際對中國工作的最重要機關，但其活動的具體狀況迄今是個謎團。同樣，儘管蘇俄和共產國際在中共成立時期派到中國的人員中有俄國人、荷蘭人、英國人以及朝鮮人等，但是，此前除了關於魏金斯基(G. Voitinsky)、斯內夫利特(H. Sneevliet，一名馬林〔Maring〕，本書採用其一般稱呼「馬林」)等有比較完整的研究[17]以外，其他出現在回憶錄中的「密使」們，至今連其生平也不得而知。

另外，1956年至翌年，當時的蘇共中央曾把「中共駐共產國際代表團檔案」[18]交還給了中國共產黨，該檔案現保存在北京的中央檔案館內，其中包括共產國際與中共的來往文件等約兩萬多件，但其中中共成立時期的文件只公開了幾份。現在，該檔案館不但外國學者不得涉足，連對中國學者也仍然緊閉門戶。[19]在這種狀況下，要弄清初期的中共與蘇俄和共產國際的關係，當然存在相當大的困難。儘管如此，本書將充分利用一切可以利用的資料，力圖再現蘇俄和共產國際與中國共產黨的人員交往。

這裏順便還要提一下如何對待回憶錄的問題。由於初期的共產黨是人數極少的秘密組織，因而第一手資料有限。在這種情況下，回憶錄在資料中所佔的比重自然很大。例如，中國出版的共產黨成立時期的綜合性資料集《「一大」前後》(共三冊)[20]中，回憶錄佔到了一半以上的分量。這些回憶錄中當然難免有記述錯誤或誤解，甚至存在主觀判斷造成的偏頗。因此，回憶錄雖然在了解當時的氛圍方面有一定的參考價值，但要通過它們來確定具體的時期或事件，卻大有值得商榷之處。還有些回憶錄是在其他回憶錄的基礎上潤色而成，故此，不少情況下並不能因為其敘事詳細

而加以輕信。關於如何對待中共成立時期的資料，日本學者森時彥早就指出過分依據回憶錄的危險性，他主張對待回憶錄要先進行一番徹底清算，然後再主要依據第一手資料重新建構黨史。[21] 這個主張，對在有關黨史資料已經相對大量公開的現在，仍然具有說服力。本書中，有的部分當然不得不依據回憶錄，但在論述時，將努力根據已公開的第一手資料對每個回憶錄加以引證和糾正。

看看中共成立時期中國國內的狀況就會發現，中國共產黨的人才基礎正是1919年五四運動之後出現在政治舞台上的以學生為主的青年知識分子。試想，如果中國自己不願意成立共產主義組織，縱使馬克思主義思想傳播得再廣泛，或者蘇俄和共產國際再做工作，也不會產生共產黨。因此，以新文化運動的幹將陳獨秀為中心的激進知識分子們，才是中國共產黨成立這段歷史的主人公。最初的中共有北京、上海、廣州、武漢、濟南、長沙、日本、歐洲等地方組織，但是這些組織的成員們結合為共產主義組織的過程各不相同。有的是作為新聞工作者在介紹社會主義的過程中感到有成立黨的必要，有的是從事學生運動的，甚至有的人曾經是無政府主義者。這些初期黨員以後所走的道路也各不相同。例如，出席第一次代表大會的13名中國人中，到1949年還在人世的有六人，但能夠站在天安門城樓上親歷中華人民共和國開國大典的只有毛澤東和董必武兩人。除了毛澤東、董必武之外的11個人中，在共產黨的革命運動中就義的三人，病逝者一人，而脫黨的有七人，即超過出席「一大」人數的一半。[22] 1949年以後，中國共產黨為了收集黨史資料，對早期參與黨的工作的人千方百計地進行調查取證，結果積累了較為豐富的有關創建時期的地方組織的雜誌、回憶錄等資料。在這種背景下，在中國進行了大量

研究，其數量對於一個50餘人的小組織來講極不相稱。在中國，中共創建史研究主要指對這些地方組織（共產主義小組）創建史的研究，和早期領導人的人物研究。

本書有關中共創建時期地方組織的記述，許多地方依據中國方面的研究。但是，必須指出，按中華人民共和國成立後的觀點整理出的這類組織史，其對象只覆蓋了與後來的中共有繼承關係的組織，因而有遺漏，「異端」或「冒牌」共產黨——如果把與現在的中共有繼承關係的組織稱做「正統」的話——的存在，就是一個例子。在當時，儘管「共產主義」一詞的內涵不是很明確，但卻強烈地吸引着部分知識分子，而「共產黨」的名稱也還不是專指中國共產黨，為此，中國各地存在許多所謂「冒牌」共產黨。這一事實卻幾乎不為人知。此類「冒牌」共產黨之一是以全國學生聯合會的部分領導人物為中心組織起來的，但不久後因未能贏得正統地位而煙消雲散。但是，曾經有一個時期，蘇俄、日本及朝鮮都有些進步分子將他們當作中國的「共產黨」。「冒牌」共產黨湧現的背景之一是，蘇俄方面對中國的工作直到某個時期以前沒有統一，形成了多頭聯絡、山頭林立的混亂局面。從這點講，對待各地的各種共產主義組織，都應該從共產國際與東亞共產主義運動這一觀點考察。補充一點說，一部分領導人後來走向「冒牌」共產黨的全國學生聯合會，是1919年6月結成的全國學生運動的領導核心，也不外是五四學生運動——通常被認為是為中共的創立開闢了道路——的成果之一。由此可知，為早期中共提供了許多人才的五四學生運動和共產黨的創建之間的關係，也並不一定就是一條直線。

至於早期共產主義者的精神矛盾和內心世界，則更加複雜。比如信奉無政府主義的青年向布爾什維克的轉變，上述李漢俊等激進知識分子的使命感和悲壯、孤獨的情懷，等等。本書中特以

施存統為例，對其思想和活動進行勾畫。施存統是五四運動中成長起來的早期中共黨員之一，也是由無政府主義轉為布爾什維克的青年，中共「一大」召開時，他正在日本留學（因此日本警方才留下了他的資料）。他於1921年末因從事共產主義活動而被日本警方逮捕，是參與創建中共的黨員中最早被錄下口供的人。所以，尋覓他當時的事跡，不僅有助於了解加入共產黨的五四青年的思想歷程，而且對考察中共成立的具體過程也大有幫助。

由於1919年的五四運動和馬克思主義在中國的廣泛傳播，由少數知識分子於1920年開始的創建中共的進程，在1921年7月的「一大」之後進入了一個新的發展階段。根據「一大」文件記載，當時黨員僅有53名。[23] 在這個意義上講，本書要研究的是一個前後時間僅兩年左右、涉及人數不足百人的歷史現象。當然，後來的中共發生了很大變化，無論在質的方面，抑或在量的方面，都與創建時的中共截然不同。儘管如此，本書仍要對其進行研究，概略講來有三個原因。其一，歷史現象或大或小，並不影響從學術的角度探求其全貌的好奇心。其二，後來的中共從未改變過黨的名稱，也沒有發生大的分裂，在譜系上，早期的共產黨到底是其唯一的源頭。因此，中共的創立正是「星星之火」，儘管開始時是弱小的，但到底是擁有將近一億黨員的巨大執政黨的原點。

其三是基於對各國共產黨的成立以及共產主義運動的興起在20世紀世界史上的現代意義重要性的認識。所謂現代意義是指，由於國際間溝通和宣傳媒體的發展，類似的現象在世界各地互為因果、同時發生，而任何一個現象都不可能僅局限於一個國家之內，其影響也都超出一個國家的範圍。這一點，政治上表現在包括對民眾的影響大大增強，為了主義可以犧牲生命，為了主義可以殺人。意識形態時代由此拉開序幕。對於中國共產黨成立，一方面我們可以探討其與中國傳統社會和傳統思想的繼承性和隔

絕性，另一方面也可以從中國一國歷史的巨大時間跨度，即通過比較後來中共面貌變化的方式來考察。我們這樣做時，就要思考前蘇聯的中共黨史學者反復提到過的一個問題，即從當時中國的社會發展階段觀之，中共是否是早產兒？當然，也可以採納部分歐美學者曾經使用過的方式，以中共成立與當時中國社會思想不相稱為由，認為中共的成立是蘇俄強行輸出革命的結果，而將其與後來毛澤東的中共(中國化的共產黨)相對比。但是，本書不準備按時間軸進行那樣的比較。因為，無論是不是早產兒，都改變不了中國共產黨誕生這一事實。在20世紀20年代初期這一特定的時期裏，共產黨在許多國家相繼成立，中共的成立是這一歷史現象在中國的表現。要把中共成立史從後人評價的桎梏中解放出來，重新置於當時的環境中去，這就是本書的全部意圖。

在對本書做了簡略概括之後，重新審視中國共產黨的成立，我們可以說那是「天時、地利、人和」相互結合的結果。也就是說，同一時期馬克思主義思潮在日本恰好重新復蘇並傳向中國，是馬克思主義在中國傳播的基礎(天時)；來自蘇俄的積極推動由於陸地相接而成為可能(地利)；五四運動後信仰共產主義的中國知識分子的集結(人和)。本書各章將分別對此三要素進行探討，儘管它們本身也是相互交錯的，並且「天地人」的表述也稍嫌陳腐。

第一章

馬克思主義在中國的傳播

第一節　五四時期中國的新思潮

1　知識與革命運動

　　眾所周知，1919年爆發了五四運動，這也是馬克思主義研究在中國正式開始的一年。卡爾·馬克思的名字以及包括馬克思主義在內的西方社會主義，早在清末就已經被介紹到中國，主要對當時流亡海外的革命家們產生了一定的影響；但是，要在中國國內通行的刊物上進行宣傳，則不得不等到1919年。[1]1919年以後，有關社會主義的文獻進入中國，其數量之多令人吃驚，全國主要報紙、雜誌都以大幅版面介紹社會主義思想。當時正在從事宣傳馬克思主義的周佛海在描述「社會主義」思潮流行狀況時這樣說：

　　　　近一年來談社會主義的雜誌很多，雖其中也有短命的，但是都似乎有不談社會主義則不足以稱新文化運動的出版物的氣概。[2]

　　馬克思主義以大城市為中心傳播，不久在蘇俄、共產國際的支持下，醞釀誕生了中國共產黨。但是，我們必須充分考慮到，對當時接受了馬克思主義的知識分子來說，馬克思主義與同時代的許多西方新思想一樣，首先是必須通過文字即書籍來學習的東西。比如，在研究早期毛澤東思想時，很多學者會考察他在何時讀過什麼樣的社會主義書籍。[3] 之所以如此，是因為在共產主義運動中，獲得「知識」和革命運動之間有着不可割裂的關係。

　　從這種關係看，馬克思主義在中國的傳播，不僅由共產主義運動開始誕生了共產黨、最終形成了革命運動，還給 20 世紀的中國帶來了一場可稱之為「知識革命」的浪潮。而這個「知識革命」可以說帶有兩層意義。

　　首先，馬克思主義是作為一個綜合性思想出現於五四時期混沌不清的中國思想界的，對於新文化運動以來的各種各樣的問題，比如「吃人的禮教」所代表的中國的傳統思想、婦女解放、科學的世界觀、文學革命、東西文明比較、振興實業等等錯綜複雜的諸多問題，馬克思主義通過唯物史觀、階級鬥爭論以及革命完成後將出現共產主義美滿世界的預言，提供了根本解決的方法和對將要到來的時代的信心，從而引起了一場「知識革命」。五四時期，各種西方近代思想洪水般地被介紹進中國，其中，馬克思主義將其綜合體系的特點發揮到了極致。在這個意思上，馬克思主義對於能理解它的人來說意味着得到了「全能的智慧」，而對於信奉它的人來講，則等於找到了「根本性的指針」。在舊有的一切價值被否定、而新的替代機軸尚未出現，混沌至極的五四時期的思想狀況，由於馬克思主義的出現，總算得到了一條坐標軸，變得異常簡明起來。例如，李大釗常被稱為中國馬克思主義之父，在 1919–1920 年之間接受了馬克思主義之後，他的著作一改從前晦澀難解的觀念性思維而變得簡明易懂起來；這不僅是因為其文體

由文言變為口語，更重要的是因為他已經開始在馬克思主義的思考模式中，並用馬克思主義的語言來表述。

把馬克思主義的傳播稱為「知識革命」的另一層意思是，通過這種傳播，馬克思主義這一「知識」體系所指導的新型的革命運動被帶進了中國，換言之，有理論根據的革命運動從此在中國出現了。E. H. 卡爾(E. H. Carr)早就稱俄國革命以後的共產主義運動、社會主義運動的特徵為「目的意識性」或「自我意識性」，並指出這是與其之前的資產階級革命重要的不同之處。[4] 亦即，從「俄國革命是歷史上第一次有意識地計劃並實行的大革命」這句話可知，所謂19世紀後期以來的社會主義革命，是事先即已充分研究，在此基礎上制定出程序，再依據此程序發動起來的，在這一點上，與其前的革命運動大不相同。既然存在發動革命之前必須理解的思想、主義這種「知識」，那麼，拋卻這種「知識」的重要性，就不可能理解俄國革命以後的革命運動。中國當然也不可能是例外。因為，中國的共產主義運動也同樣「並非是簡單地重複過去，而是由計劃好未來的知識分子，並非只是要進行革命、而是由對進行革命的各種可能條件做了分析和準備的知識分子」[5] 主動開始的。

在中國，對馬克思主義的研究，並不是建立在對社會主義充分研究的基礎之上，也不是經濟學說發展的必然歸結，更不是以工人運動的經驗為契機的。換句話說，完全是「學習」來的馬克思主義。馬克思主義在中國的傳播必須被予以充分考察，這不僅因為其「學習」過程所表現出的對外來文化的吸收發人深思，還因為通過「學習」馬克思主義使後來在共產國際影響下的共產主義運動帶上了「知識與指導」這一共產主義政黨的獨特屬性──試看各國共產主義運動領導人無不有著作集或全集之類的革命理論體系。[6] 在這一點上，日本在20世紀20年代馬克思主義迅速流入以後，「以學習知識的態度對待意識形態而成長起來的社會主義者」[7] 形成

了第二梯隊社會主義活動分子的主流，對考察同一時期的中國有
啟發意義。

2　五四時期的「新思想」與傳播媒介

　　要說明馬克思主義在中國的廣泛傳播，必須涉及五四時期新
思潮潮水般地湧入中國這一時代背景；而要考察馬克思主義這一
外來思想是如何傳播和被接受的，則必須探討當時的文化狀況，
特別是思想傳播的主要途徑即印刷傳媒的狀況。因為，對於五四
運動之後的中國的知識分子來說，無論他們如何關心外國思潮，
或如何迫切希望改造社會，要在中國廣泛傳播新思潮（其中當然包
括馬克思主義），首先必須要有承載新思潮的物質條件即印刷傳
媒。換言之，不僅馬克思主義，五四運動前後各種外國思潮大量
湧入中國這一現象本身，與五四時期印刷傳媒的發展是一致的。

　　縱觀中國近現代出版史，五四時期可以說是雜誌發行空前繁
榮的時期。當時長住在北京的日人牧師清水安三（後成為櫻美林
學校的創立者）說：五四學生運動以來「中國猛增者有二，一曰雜
誌，一曰遊行」；[8] 而學生活動家羅家倫 1919 年評論中國的雜誌時
就說：「中國近年來雜誌太多，不能全看。」[9] 而現在我們也可以從
《五四時期期刊介紹》[10] 中看得出當時雜誌激增和泛濫的情形。正
如羅家倫慨歎的那樣，五四時期的不少雜誌是泡沫出版物，發刊
不久即停刊；不過，就整體而言，這一時期，承載知識的雜誌在
數量上呈現出空前的盛況確屬事實。

　　不用說，雜誌發行的這種盛況是「新文化運動」的成果。「新
文化運動」排除空洞晦澀的文言，提倡以口語（即所謂「白話」）創
作新文學；受此影響，白話文體在五四時期已經相當普及，許多
新創刊的雜誌都採用白話。雖然中國以廣大農村為中心，文盲佔

大多數[11]這一事實仍然存在，但不能不說雜誌發行得以繁榮的很大原因是由於白話文體普及，從而擴大了書籍的讀者範圍的緣故。

五四時期雜誌、書籍發行的迅速增加，其背景之一還在於商業出版界的成長。中國最具代表性的出版社商務印書館、中華書局等，雖然在五四運動以前就進行出版活動，但其出版的書籍幾乎僅限於教科書等學校教材、中國古典以及辭書等工具書；但是，新文化運動以後，這些出版社開始刊行介紹外國文學作品以及文藝理論、社會科學的書籍，還發行面向青年和婦女的雜誌，書籍的發行量也大大增加了。而五四時期致力於出版社會主義書籍的亞東圖書館和泰東圖書局等，也是在五四時期確立了編輯部制，以推進出版近代化的。[12]總體來看，中國商業出版界是在五四運動前後這一時期確立起來的。

在這些大量刊物的流通方面，設在各高等教育機關內的書報販賣部在出版社和讀者之間佔有不可忽視的位置。五四時期的中國還沒有全國範圍的書籍流通體制，許多學生通過設在各學校內的書報販賣部求購書籍；通過書報販賣部，即使在地方城市，也可以訂閱北京、上海出版的書報。而這些書報販賣部不僅經銷書籍，負責販賣部的人(往往是有活動能力的學生)還通過書籍的訂購情況把握學生的思想狀況，並提供場所以加強學生之間的聯繫。當時在杭州的浙江第一師範學校執教的陳望道曾這樣回憶書報販賣部：

> 「五四」後宣傳工作一般通過報刊來進行。報刊影響很大，對青年有啟發、教育作用。我們一面寫文章，一面在許多地方組織書報販賣部，挨門推銷進步書報。通過推銷書報，找訂閱者談話，發展組織。書報販賣部這個方式，在學校裏很流行，販賣書刊的都是較進步的青年。……那時候，介紹朋友，只要說他是搞新文化的，便是自己人。[13]

　　從這段引文，我們可以看到五四時期的學生們通過書報販賣部相互溝通聯繫的情景；而自不待言，這些書報販賣部在五四運動後得到擴展，更加活躍。在中國的最高學府，即後來產生了許多共產主義者的北京大學，校內的出版部書籍代售所（即書報販賣部）還在《北京大學日刊》上登出了經銷書籍、雜誌的廣告。

　　在考察印刷傳媒的傳播空間時特別值得注目的是，這些書報販賣部不僅經銷雜誌，還經銷其他城市出版的報紙。例如，1920年7月，毛澤東為了普及新文化，在湖南長沙開辦了一處叫做「文化書社」的書報販賣部，其經銷的書籍、雜誌多種多樣。其中引人注目的是《新青年》雜誌銷售冊數之多（1920年9月至10月共320冊，至1921年3月累計達2,000冊）。同時，每日在此購閱上海的日報《時事新報》和北京的《晨報》的，1920年10月也分別達65份和42份。[14]當時的報界還不存在全國性報紙，《時事新報》和《晨報》也分別是上海、北京的地方報紙；但在這個時期，即使遠在長沙也能夠通過書報販賣部讀到上海、北京的日報。而在當時，雜誌、報紙又通常是被反覆傳閱的，所以，其影響要遠遠超過其銷售份數。這就是馬克思主義在短時期內不僅在北京、上海這樣的大城市，而且在地方城市也得以傳播的背景之一。

　　《時事新報》和《晨報》受長沙青年歡迎是有其理由的。這兩份報紙分別開闢有副刊《學燈》和《晨報副刊》，接受讀者投稿，同時積極介紹各種社會主義學說。所謂副刊，是五四時期以後出現並普及的中國報紙的附錄，相當於當今的「文化版」；當時，與雜誌一樣致力於介紹新思潮的，就是這些「副刊」。[15]副刊的開闢證明，新文化運動之後，中國社會對世界新思潮的關心空前高漲，報紙也不得不對這種變化作出回應；同時也標誌着中國的報紙以及報界自身開始擺脫從前作為政論報紙時的那種十分濃厚的黨派

色彩，積極發掘和吸納讀者的意見，從而向商業報紙轉變。[16]在中國通常被稱為「四大副刊」的是：《晨報》的《晨報副刊》、《京報》的《小京報》、《民國日報》的《覺悟》和《時事新報》的《學燈》；這「四大副刊」中，除《小京報》外，在五四時期都曾積極介紹社會主義學說。由於副刊的出現，小說、詩歌等新文化運動的成就自不待言，外國的各種思想、報道、遊記等的翻譯也得到了發表的園地。知識市場在五四時期的擴大是劃時代的，馬克思主義也和眾多新思潮一樣沐浴了她的恩惠。

第二節　馬克思主義在北京的傳播

1　《晨報副刊》與陳溥賢宣傳馬克思主義的活動

　　雖然由於印刷傳媒的發展，新思想獲得了廣泛的讀者，但這並沒有減少傳播者們研讀、吸收馬克思主義時所嘗到的異乎尋常的艱辛。因為無論在語言方面，還是在購得外文圖書方面，吸收馬克思主義的困難之大皆非今日可想像。那麼，在五四時期宣傳馬克思主義、參與創建共產黨的早期共產主義者們是如何學習馬克思主義的呢？他們為了了解馬克思主義讀了什麼樣的書籍呢？這些書籍又是如何取得的呢？很遺憾，關於五四時期馬克思主義在中國傳播的這些問題，許多至今尚沒有答案。比如，誰都知道當時刊行了許多社會主義書籍；但是，除了馬克思、恩格斯、列寧的所謂經典著作以外，到底是誰翻譯出版了什麼樣的書籍，則連一個概述也見不到。[17]實際上，在當時的有關社會主義思想的著作中，考茨基（K. Kautsky）和日本社會主義者所著講解書的翻譯，以及「正統派」馬克思主義以外的社會主義書籍，遠比馬克

思、恩格斯、列寧等的經典著作要多。在這裏，讓我們首先來探討社會主義學說在中國共產黨成立前後被介紹到中國的經過，特別是其取得途徑、翻譯和出版的各種狀況。

中國馬克思主義者的先驅、創建中共的中心人物李大釗（時任北京大學圖書館主任），1919年夏離京回樂亭、昌黎小住，在那裏寫下了他那篇值得永遠紀念的論文〈我的馬克思主義觀〉。[18] 在這篇論文中，他簡要介紹了馬克思主義，同時明確陳述了對馬克思主義含有批判觀點的見解。過去，在探討馬克思主義在中國的傳播時，通常都要提到李大釗的這篇文章；但是，隨着研究的深入，現在人們都已經知道，先於這篇文章介紹馬克思主義學說的，是北京的日報《晨報》的第七版即《晨報副刊》，以及上海的日報《時事新報》的副刊《學燈》上刊登的文章。[19]

其中，《晨報副刊》的「馬克思研究」欄在馬克思主義傳播史上佔有重要位置，這個欄目早在「五四」前夜就發出了介紹馬克思主義的第一聲，拉開了五四時期傳播馬克思主義的序幕，其文章迅速被《民國日報》、《時事新報》、《新青年》等進步刊物反覆轉載。另外，正如後文所述，《晨報副刊》對馬克思主義的研究與李大釗接受馬克思主義[20]也有頗深的關係。《晨報》是在北京發行的日報，發行數量在1919年至1920年約為5,000至8,000份，[21]在北京屬於大報。如前所述，當時的報界尚沒有全國性報紙，《晨報》的流通也基本上限於北京周圍；但是，在開闢了副刊之後，通過當時設於中國各大城市的書報販賣部等，也獲得了外地的定期讀者。除了這批直接購閱者外，《晨報副刊》的文章還因其立意新穎而被全國主要報紙雜誌屢屢轉載，其影響遠不止於一份地方報紙。

◆　◆　◆

《晨報》自1919年2月起，革新了相當於文化版的副刊（第七版）版面，增加了「自由論壇」和「譯叢」兩個欄目，開始宣傳各種外國

圖四　1919年《晨報》副刊刊登的〈馬克思的唯物史觀〉

思潮。同年4月1日開始連載淵泉譯〈近世社會主義鼻祖馬克思之奮鬥生涯〉(河上肇:〈馬克思的《資本論》〉〔收於河上肇:《社會問題管見》1918年出版〕的摘譯),介紹了馬克思其人及其生平。5月5日,以紀念馬克思誕辰的形式,刊登了淵泉譯〈馬克思的唯物史觀〉(圖四)(原著為河上肇:〈馬克思的社會主義的理論體系〉,《社會問題研究》第二冊,1919年2月和河上肇:〈馬克思的唯物史觀〉,《社會及國體研究錄》一卷一號,1919年3月),接着,同月9日又刊登了食力譯〈勞動與資本〉(原著為馬克思:《僱傭勞動與資本》,但食力譯文是對收於《社會問題研究》第四冊的河上譯〈勞動與資本〉的重譯)。進入6月,開始登載淵泉譯〈馬氏資本論釋義〉(原著為考茨基:《卡爾‧馬克思的經濟學說》,但淵泉譯文是對高畠素之譯《馬克思資本論解說》〔賣文社出版部1919年5月出版〕的重譯)。這次連載,其間有所中斷,一直持續到11月。7月刊登的〈馬氏唯物史觀概要〉(原著為堺利彥:〈唯物史觀概要〉,《社會主義研究》第一號,1919年4月)沒有注明譯者,但是從譯文中術語的翻譯推斷,這篇譯文似乎也是出自淵泉之手。[22]除此以外,7月還登載了沒有注明譯者的〈馬氏唯物史觀的批評〉(原著為收於《改

造》1919年7月號的賀川豐彥著〈唯心的經濟史觀的意義〉)。就這
樣,《晨報副刊》自1919年5月始,幾乎每天都登載介紹馬克思主
義的翻譯文章,揭開了五四時期傳播馬克思主義的序幕。

　　上述刊登於《晨報副刊》上的淵泉的譯文,不僅是首批系統地
介紹馬克思思想的文章,還對「生產方式」、「社會意識形態」、「上
部構造〔上層結構〕、下部構造〔下層結構〕」、「社會存在決定人的
意識」等等這些在中國首次出現的社會科學術語都加了注釋;在這
一點上,超出了當時的一般水準,這也就是這些文章發表後不久
即被影響極大的《新青年》、《民國日報》、《時事新報》,甚至遠在
四川的《國民公報》爭相轉載的理由。[23]特別是從1919年6月開始
連載達半年之久的考茨基的〈馬氏資本論釋義〉,其德語版和日語
版分別在當時的歐日被認為是了解馬克思主義學說最簡明且準確
的著作。比如,高畠素之譯日語版《馬克思資本論解說》就被譽為
「無論誰來翻譯,要做到比這更易理解,恐怕是極其困難的。如果
有人讀這部譯著還感到不好理解,那麼,他讀德語原文,也免不
了作同樣感想」。[24]雖然中譯〈馬氏資本論釋義〉及其單行本《馬克
斯經濟學說》[25]沒有獲得日文版那樣熱烈的反響,但是第一次介紹
馬克思主義經濟學就選擇這部書,並且連載達半年之久,這證明
了《晨報副刊》編輯的見識之深。

　　綜合研究五四時期報紙雜誌的《五四時期期刊介紹》,以及李
大釗的年譜等都說李大釗參與了這個時期《晨報副刊》的編輯工
作,[26]甚至還有人說,指導《晨報副刊》宣傳馬克思主義的就是李
大釗本人。的確,李大釗在1916年做過《晨報》的前身《晨鐘報》的
編輯主任。但是,由於和報社後台進步黨立場相左,同年9月,
他在任僅20多天就辭去了編輯主任一職,離開了《晨鐘報》。[27]
後來,《晨鐘報》改名《晨報》後,李大釗雖然也時常向《晨報副刊》
投稿,但並沒有原始資料能夠證明李大釗直接參與了《晨報副刊》

的編輯工作。[28] 因此，我們不得不考慮，五四時期推動《晨報副刊》積極宣傳馬克思主義的主導人之一是翻譯、介紹上述日文社會主義著作的「淵泉」。在《晨報副刊》上連續翻譯、發表這些社會主義著作的「淵泉」是當時《晨報》的記者陳溥賢的筆名。[29]

陳溥賢 (1891–1957)，字博生，福建閩侯人。1902年東渡日本求學，早稻田大學政治經濟學科畢業後遊學倫敦，回國後，1918年入《晨報》前身《晨鐘報》，後任《晨報》主筆。1918年末，以《晨報》特派記者身份再度赴日，積極採訪「黎明會」及日本社會主義思想現狀。五四運動前回國，4月起以「淵泉」的筆名介紹日本的社會主義思潮，積極宣傳馬克思主義。1919年5月，他正任《晨報》總編，積極支持學生運動。1920年末，作為中國報界第一位駐歐洲特派記者赴英國。1924年因攻擊馮玉祥所部國民軍，遭馮部緝捕。1928年《晨報》停刊，隨張學良去東北，歷任《民言報》主筆、東北邊防軍司令官公署顧問等職。1930年任北平晨報社社長，後加入國民黨系的南京中央通訊社，1936年被任命為該社東京特派記者。1938年至1948年任國民參政會議員，1940年至1950年任中央通訊社主筆，1948年以後任國民政府立法委員，1957年8月逝世於台灣。[30]

陳溥賢作為五四時期介紹馬克思主義的開路人值得充分重視，而其前半生所發揮的作用，與李大釗多處重合，這一點則更重要。陳溥賢和李大釗在同一時期 (1915–1916年) 在早稻田大學學習，在留日時期一同堅決反對袁世凱的帝制運動，以留日學生總會及其機關刊物《民彝》為陣地共同積極活動。《民彝》創刊號 (1916年5月) 載有留日學生總會文事委員會成立的報道，其中李大釗、陳溥賢皆列名委員。二人回國後又一同進《晨鐘報》做編輯，從這點推測，1916年以後，二人的同事關係應該也相當親密。關於陳溥賢和李大釗的這種關係，此前沒有任何論著涉及，

只有極少含糊的回憶。[31]事實上，五四時期北京地區馬克思主義的傳播，是無法拋開陳溥賢的存在而討論的，而且，其過程甚至可以說是李大釗與陳溥賢的共同工作。首先，且根據現有資料簡要介紹一下陳溥賢當時的活動。

如前所述，1918年末，陳溥賢曾作為《晨報》特派記者被派駐東京數月。他用「淵泉」的筆名發回《晨報》的〈日本之講和態度〉（1919年1月11日）、〈原內閣之第一次中日借款〉（同年1月21日）等報道說明，開始時，他主要想探索日本朝野在即將召開的巴黎和會上所持的態度。當然，中國輿論最關心的山東問題的動向也是他關注的內容。恰在這時，吉野作造（日本著名的民主主義思想家、東京帝國大學教授）以及他指導的進步團體「黎明會」的活動在日本輿論界產生極大反響，這立即引起了陳溥賢的注意。在〈日本之黎明運動〉（1919年1月28日）、〈黎明運動之第一聲〉（同年2月14日）這兩篇報道中，陳溥賢滿懷期望地聲援黎明會。他的注意力一旦轉向新思潮，就由普選運動而工人運動，最後終於朝向了度過了「嚴冬時期」正在復蘇的日本社會主義運動。

回國後，陳溥賢在《晨報副刊》上連載了〈東遊隨感錄〉，前後達一個月。其中在第17次〈日本底言論界〉中，特別立「社會主義研究底雜誌」一項，介紹河上肇的《社會問題研究》（有說發行兩萬餘份）、堺利彥和山川均等的《新社會》、《社會主義研究》（言發行七八千份）等刊物及其性質。[32]又把第26次連載特別題以〈日本的社會主義運動〉，回顧了始自「東洋社會黨」的日本社會主義運動史，同時把現今的社會主義者分為三派，即堺利彥等「純粹馬克思主義」派、高畠素之等「國家社會主義」派和大杉榮等「無政府共產主義」派，並祝願歐洲大戰以後呈一瀉千里之勢的日本社會主義運動「途中不要遇險，平平穩穩達到目的地」。[33]在這些社會主義思潮當中，陳溥賢尤其關注馬克思主義思潮的動向；這一點，僅在

1919年3月20日的〈日本之新潮流〉，以及同年4月24日的〈日本之馬克思研究熱〉這兩篇文章裏[34]就表現得很清楚。他在這些文章中讚歎日本的馬克思主義研究熱：「誠學術界一巨觀也。」就這樣，在日本接觸了社會主義運動、工人運動一事，似乎激發了陳溥賢回國後全力以赴介紹這些新思潮。

「淵泉」即陳溥賢最初要考察日本的軍部、政黨、議會等統治機構，後來逐漸轉向考察工人運動、社會運動，這個轉變是有其必然性的。1919年，他最關心的當然是圍繞山東權益問題的中日關係；但是，在全面觀察了日本的軍部、主要政黨、實業家們對中國的政策之後，他斷言，中日兩國的「真正底親善」只有在日本的工人階級主導政治之後才能實現。他說：

> 據我底觀察說來，中日兩國要想增進真正底親善、發揚互助底精神，軍閥時代是絕望了，資本家時代更沒有希望。日本勞動階級能夠出來當家底時候，然後中日兩國的關係，才能夠達到我們所理想底境遇。所以我們對於日本勞動階級，有無窮底期待。[35]

他之所以關注日本的工人運動和社會主義思潮，除了對其動向和學說本身的興趣以外，還因為中日關係將可能因此而發生根本改變，最終有利於「改造」中國。值得深思的是，視日本的社會主義運動的發展為解決中日問題的大前提，因而接近日本的社會主義思潮，這一點與下一節將要探討的戴季陶有共同之處。

陳溥賢對社會主義的親近感，當然也及於俄國革命以及中國的工人問題。例如，關於革命後的布爾什維克政權，陳溥賢於4月13日發表了署名「淵泉」的「時評」文章〈各國要承認列寧政府了〉，文中對北京政府盲從歐美部分列強不承認布爾什維克政權表示疑問，呼籲要積極研究布爾什維克主義，承認革命政權；還把

1919年5月1日的《晨報副刊》題為「勞動節紀念」號，並親自撰寫
〈人類三大基本權利〉一文，主張人類作為勞動者有「生存權、勞
動權、勞動全收權」；而對北京政府視無政府主義、社會主義為危
險思想並加以取締則表示反對説：「資本階級所看做危險的思想，
由勞動階級看來，卻是正當防衛的權利咧。」[36]就這樣，陳溥賢在
言論遭到殘酷鎮壓的北京，勇敢地堅持宣傳「危險思想」。

2　陳溥賢與日本的革新運動

　　陳溥賢在五四時期的積極活動，並不限於利用報刊介紹馬克
思主義，他還參與了在這個時期放射出璀璨光輝的中日先進知識
分子的交流運動。眾所周知，五四運動前的一個時期，日本民主
運動的旗手吉野作造和北京的李大釗曾經相互交換「黎明會」的《黎
明會講演集》和陳獨秀、李大釗主編的《每週評論》。[37]李大釗非常
關心黎明會的指導者吉野作造的動向，甚至曾經設想自己也模仿
吉野，組織中國式「黎明會」，使其成為對頑固思想進行鬥爭的共
同戰線。[38]但是，讀讀李大釗有關黎明會的文章[39]就可以發現，他
所知道的黎明會的消息，幾乎都來自陳溥賢的採訪文章。五四時
期李大釗和吉野作造互相交流的成果，就是北京大學學生團於
1920年5月訪問日本，而為了實現這次訪日在兩者之間努力斡旋
的，正是陳溥賢其人。[40]

　　吉野曾在1920年5月1日的《大阪每日新聞》上，就中國學生
的訪日計劃發表談話説：「北京大學方面，除了李大釗、陳啟修等
教授外，我想晨報的有權威的記者陳溥賢等也正在全力斡旋此
事。」[41]陳溥賢在東京做晨報特派記者時，不僅詳細地考察了黎明
會等日本新思潮的狀況，還與吉野個人有過緊密接觸，[42]而於北
京方面，又與李大釗有舊誼，因而是居間斡旋的最佳人選。北京
大學學生訪日團1920年5月帶到日本給宮崎龍介（宮崎滔天的長

子)的介紹信上,陳溥賢和李大釗同具其名,[43]從這一點也可以看出陳溥賢的作用。

　　陳溥賢主持的《晨報副刊》上刊登的有關研究馬克思主義的文章,基本上是翻譯日文刊物而成的。由此可見,拋卻同時期日本的馬克思主義研究動向,就無從探討五四時期中國的馬克思主義。而看一看當時接連不斷地發表在中國刊物上的許多研究馬克思主義的論文,都借鑒了日本的馬克思主義研究成果,我們就會明白,《晨報副刊》的陳溥賢絕非特例(請參考本書附錄一〈日中社會主義文獻翻譯對照表〉)。進一步講,馬克思主義在五四時期傳入中國,是日本的社會主義思潮水滿而溢的結果,這從後面將要探討的上海方面的情況也看得出。而這種水滿而溢,在近代中日文化交流史上是第二次,第一次是發生在五四之前十餘年,即清末革命運動時社會主義思潮由日本向中國的傳播。

　　也就是說,「社會主義」最初盛行於中國的時期(20世紀的最初十年)與日本「大逆事件」以前的社會主義思潮時期相重合;而正如幸德秋水等明顯影響了清末的社會主義宣傳[44]一樣,五四時期社會主義、馬克思主義在中國的傳播,也是在日本大正民主運動高漲時期社會主義的復蘇與五四時期的中國相互作用之中發生的。關於這之間的情形,馮自由早在1920年就這樣說過:

　　　〔在日本〕自從幸德秋水被殺,更沒有人敢倡導這種危險的話。中國的新學書籍,大半由日文翻譯出來。日本這種印刷品既然很少,中國哪裏還有譯本呢?……〔而現在〕我國主張社會主義者得許多日本文譯本為生力軍,便也發刊各種書報,盡力宣傳這種主義。……這是我國人近來趨向社會主義的第一原因。[45]

　　朝鮮的三一運動、中國的五四運動等反帝運動的高漲,對日本的自由主義者、社會主義者來說,毫無疑問是剔除寄生於自己

體內的帝國主義意識的一次考驗和試金石；同時，日本的社會主義研究的進展，也的確促進了社會主義運動在中國、朝鮮的興起。可見，日本的社會主義運動與中國、朝鮮的反帝運動和社會主義運動是一股在互相影響中發展、深化的跌宕起伏的巨浪。比如，對於在五四時期積極地接受社會主義的中國知識分子來講，只有日本通過社會革命改變其軍國主義性質，才能使打倒中國的軍閥統治更容易進行；同樣，日本的社會主義運動的發展，其意義也並不局限於一個國家的社會變革，因而受到了熱切的矚目。

從文化傳播史的角度來看，清末以來，中國介紹西方思想時，往往是把已經在日本翻譯、介紹過的內容有選擇地重新譯成漢語；翻譯、介紹源自西方的種種新詞（例如，社會、哲學、經濟、科學，等等）時，也多半沿用了經由日本而來的「日製漢語」。在中國，除了部分國民黨人以外，馬克思主義的前期研究史是一個空白狀態，「馬克思主義」對於許多中國知識分子來說幾乎是未知數，許多頻繁出現於馬克思主義文獻中的社會科學語彙是聞所未聞的。如此看來，在五四時期，通過日本的文獻來接受馬克思主義，而文獻中的語彙也直接用日語引進並逐步固定下來，毋寧說是非常自然的。

下面，讓我們簡單敍述一下同一時期日本的社會主義運動。1919年這一年，在日本的馬克思主義歷史上，也是值得大書特書的一年。1910年發生「大逆事件」以後，日本的社會主義運動進入了所謂「嚴冬時期」，堺利彥等日本國內的第一代社會主義者們只好「鬻文為業」，勉強把守孤壘。但是，1917年爆發了俄國革命，日本國內的社會問題也日漸尖銳，使社會主義再次引起人們的關注。堺利彥、高畠素之等試探着警方的反應開始在他們所辦的《新社會》雜誌上刊登介紹馬克思主義的文章，就是在這個時期。到了1919年，馬克思主義終於得到青年們的熱切關注：被譽為馬克思

《資本論》第一卷最準確釋本的上述考茨基著、高畠素之譯《馬克思資本論解說》，在1919年5月出版後，第一版兩萬冊即刻被搶購一空，其後連續再版達十幾次；河上肇於1919年1月創刊的研究馬克思主義的個人雜誌《社會問題研究》，其銷量達到了驚人的數字，第一冊售出12萬冊，第二冊售出8萬冊；堺利彥等所辦的《新社會》，1919年也售出1.5萬冊以上，山川均於稍後創辦的理論刊物《社會主義研究》的發行也非常穩定。[46]另外，綜合革新雜誌《改造》、《解放》也都在這一年創刊，特別是《改造》雜誌，從1919年下半年開始刊登探討社會問題、工人問題、社會主義思想的文章，使其發行量激增，[47]日本因而出現了「只要是馬克思，不論好壞都大受歡迎，令人恐懼」[48]的思想狀況。陳溥賢就是在東京做特派記者時（1919年初赴日，其後又於同年7–8月再度以特派記者身份駐東京），敏銳地覺察到了日本社會主義思潮復蘇的動向，在這些日文社會主義刊物出版後，立即進行翻譯並在《晨報副刊》上發表的。

　　陳溥賢作為《晨報》總編在五四時期率先介紹馬克思主義，之後，他又於1919年下半年列名發起並支持激進青年參加的「工讀互助團運動」（一邊工作一邊學習的共同生活運動）。[49]1920年末，他作為中國報界歷史上第一位常駐歐洲的特派記者[50]赴英國後，仍然關注國際共產主義運動，向《晨報》發回了〈英國共產黨大會記〉、〈第三國際共產黨底組織〉等報道。但是，就筆者所見，從五四運動到國民革命時期，除了工讀互助團運動以外，陳溥賢沒有任何參與其他社會運動的跡象，因而也沒有參加中國共產黨活動的事實，只是從其簡歷可以看出，在李大釗故後，他與國民黨的關係有所加強。儘管如此，陳溥賢作為在五四時期向中國介紹馬克思主義的先驅（尤其是在介紹學說時，對漢語中尚未消化的語匯進行注解）這一事實，應該與他和李大釗的交往同樣受到重視。因為，馬克思主義在1919年第一次與中國大部分知識分子見面

時，還是一種需要注解的新的外來學說，而那難解的馬克思主義是由陳溥賢加以注解介紹到中國，並在此基礎上轉化為革命的學說的。

3 陳溥賢、李大釗的馬克思主義研究與日本的中介作用

在某種意義上，李大釗接受馬克思主義的過程，可以説走了一條與陳溥賢類似的道路。眾所周知，李大釗自1919年夏至同年秋寫下了他那篇有名的〈我的馬克思主義觀〉，如部分學者已經指出的那樣，這篇文章在很大程度上是依據河上肇〈馬克思的社會主義的理論體系〉和福田德三《續經濟學研究》(同文館1913年出版)等寫成的；[51] 而河上的這篇論文，如前所述，此前已經由陳溥賢翻譯並用「淵泉」的筆名在《晨報副刊》上進行過介紹。考慮到李大釗與《晨報》以及陳溥賢關係之密切，李大釗不可能不知道《晨報副刊》上的那篇文章。但是，若將陳溥賢 (淵泉) 所譯〈馬克思的唯物史觀〉與李大釗的〈我的馬克思主義觀〉同源頭的河上肇〈馬克思的社會主義的理論體系〉作具體的比較，就會發現二者在翻譯用語等方面有顯著的不同。而李大釗的文章並沒有比陳溥賢的譯文晚多少，因此李文並非借自陳譯，而應該是獨自參考了河上的文章。[52] 不管怎麼説，他們二人都能在1919年對馬克思主義作先驅性的譯介。是因為他們手邊都有河上肇的研究論文。[53]

在當時的中國，儘管人們越來越關心社會主義，但是漢語的社會主義書籍自不待言，連外語的馬克思主義書籍也很難得到。從這一點考慮，陳溥賢和李大釗分別能夠在1919年春、夏秋間這一極早時期宣傳介紹馬克思主義學説，除了有自己關注馬克思主義這一內在原因外，還應該指出另一個重要原因：他身邊有日本社會主義的新刊書報。[54] 在陳溥賢五四運動時期的積極譯著與李

大釗的言論背後時隱時現的，是日本社會主義思潮的勃興和馬克思主義研究的發展。

毋庸贅言，五四時期，馬克思主義在北京的傳播，絕非李大釗一人之功。因為李大釗所接受的所謂馬克思主義學說經過了河上肇、福田德三的闡釋，而非馬克思著作的原典。李大釗在〈我的馬克思主義觀〉中評判馬克思主義學說時，基本上承襲了河上等人的觀點。[55] 在當時中國的知識環境中，要理解未知且極難解的馬克思主義，這種情況幾乎是不可避免的，因此，斷言李大釗之所為只不過是不成熟或者是模仿固然容易，但是卻沒有任何積極意義。我們倒是更應該注意李大釗接受馬克思主義過程所呈顯出的接受外來思想的結構，即，在1919年的中國，接觸馬克思主義，就意味着必然會被捲進日本探討研究馬克思主義的知識環境中去。換句話可以這樣說，且不談「內在原因」如何，陳溥賢與李大釗之所以能夠把同一時期日本的馬克思主義研究介紹到中國，是因為他們有了河上肇這樣一位「同志」，因而與馬克思著作之間距離較近的緣故。

李大釗受日本知識界的影響並不限於馬克思主義學說，從前他也曾接受過茅原華山（原名茅原廉太郎，明治、大正時期的著名新聞工作者）很大的影響。例如，在李大釗看來，茅原地理環境決定論式的「南道、北道文明論」是很好地說明了東西文化差異的「客觀的解釋」，因而作為與馬克思唯物史觀十分相近的學說，被他引用到1920年撰寫的〈由經濟上解釋中國近代思想變動的原因〉中。[56]

李大釗在1919年下半年寫的〈我的馬克思主義觀〉和翌年1月寫的〈由經濟上解釋中國近代思想變動的原因〉裏面，對馬克思主義的唯物史觀以及「經濟決定論」尚存有疑問，而在1920年，他就

消除了對唯物史觀的懷疑，同年年底前接受了馬克思主義的基本
觀點即階級鬥爭論、唯物史觀、剩餘價值學説等。到了這個時
期，李大釗不僅可以得到河上肇的著作，而且也可以得到堺利
彥、山川菊榮等的著作。[57]而李大釗與日本社會主義運動之間的
紐帶，也與他逐步接受馬克思主義一樣更加強化起來。下面，我
們就以李大釗加入「日本社會主義同盟」為例，探討他與居住在北
京的日本人之間的關係。

4 李大釗與日本的社會主義運動

1920年12月，為了謀求日本社會主義者的大聯合，「日本社
會主義同盟」[58]以堺利彥、大杉榮為中心在東京成立。有意思的
是，李大釗竟也參加了這個同盟。[59]也就是説，李大釗終於積極
地加入到日本社會主義運動中來了。根據保存下來的社會主義同
盟名冊(已故向坂逸郎收藏，現存於法政大學大原社會問題研究
所)記載，疑為中國人(或朝鮮人)的會員倒是有幾名，著名人物
卻只有李大釗一人。[60]李大釗到底怎樣知道了社會主義同盟，又
是怎樣加入該同盟的呢？探討一下與李大釗同住北京的名冊上的
另一個人丸山幸一郎的生平，這個問題就會迎刃而解。丸山幸一
郎(1895–1924年)是北京的日文期刊《日刊新支那》、《週刊新支
那》、《北京週報》的記者和編輯(筆名丸山昏迷、昏迷生)。[61]當時
也居住在北京的清水安三晚年曾這樣回憶丸山和李大釗：

> 最早接觸北京的思想家和文人的，實際上是丸山昏迷君，
> 許多日本的思想家和文人來遊，都是丸山昏迷君陪他們到周作
> 人或李大釗先生家裏去的。説實話，我自己也是該君陪着去拜
> 訪周作人和李大釗的。[62]

　　〔李大釗〕民國五年在早稻田大學畢業後回到北京，和白堅武一起辦了一個名叫晨鐘報的小報，自任編輯主任。後來，經當時北京大學文科學長陳獨秀介紹，任圖書館主任。那時候，我經常和丸山昏迷君、鈴木長次郎兄一起去拜訪他，他的家是我們在北京最愉快的去處之一。鈴木兄不久就去了東京，但鈴木兄是曾影響李君向左傾的人……[63]

　　與丸山一同影響李大釗「向左傾」的鈴木長次郎當時是日本在華通信社《東方通信》天津分局局長，説來與丸山同為在華記者。由此可窺知，五四運動前後李大釗與丸山等在京日籍進步人士的交流情況。

　　丸山任編輯的《北京週報》曾屢屢刊登李大釗的談話或文章，其主要者有：〈支那工人運動的趨勢〉（第8號，1922年3月）、〈宗教妨礙進步〉（第12號，同年4月）、〈支那統一方策與孫、吳兩氏之意見〉（第33號，同年9月）、〈實際改造的中心勢力〉（第66號，1923年5月）等。此外，在〈李大釗氏〉（第33號，1922年9月）這篇介紹李大釗的文章中，丸山稱李大釗是「馬克思主義者」和「真正理解工人運動的人」，並聲援説：「我們認為這位新思想家和新運動的領導者的言行，將給予新支那的未來以很大的刺激和影響。故此，他以後將持何種思想，將發起何種運動，我們將懷着濃厚的興趣拭目以待。」通過這些文章，我們可以斷定，採訪李大釗的上述談話，並為他刊登文章提供方便的，就是時住北京的李大釗的理解者和支持者丸山昏迷。

　　丸山昏迷，原名丸山幸一郎。根據日本內務省編輯的需要監視人物一覽名冊（所謂「黑名單」）的記載，丸山1895年生於長野縣，1916年底到東京，就讀於中央大學英語科夜校，同時與大杉榮、堺利彥等「主義者」交往，因而被圈定為乙類需要監視人物。[64]

他到中國的具體時間不清楚，但是上述日本社會主義同盟的機關
刊物《社會主義》第3號(1920年12月)上登載了他寫的一篇題為
〈關於支那的社會主義〉的通訊(可見，他雖然身在北京，仍從日
本購閱《社會主義》)，這說明他到中國之後仍然與日本的社會主
義運動保持着聯繫。可以肯定地說，介紹李大釗加入日本社會主
義同盟的就是這位丸山。另外，李大釗1919年12月發表的〈物質
變動與道德變動〉，是以堺利彥的《從唯物史觀的立場觀之》中的
三篇論文和譯文為藍本寫成的，[65]而設想在堺利彥和李大釗之間
有丸山居間聯繫，似並非臆測。也就是說，李大釗追隨日本社會
主義運動的主流即堺利彥等「馬克思主義派」並進而加入其中，是
因為有丸山這位友人。

　　李大釗是否參加了更多的日本社會主義運動的活動不得而
知。但是，可以看得出，他對日本社會主義運動的關注並非僅僅
是為了汲取知識。從他參加「日本社會主義同盟」來看，李大釗也
並沒有在對社會主義的研究方面把日本和中國分開來考慮。這也
是非常自然的事，因為除了當時的世界主義氣氛(「世界都是光明
啊！人類都是同胞啊！願我全亞洲的青年努力！」[66])以外，沒有
日本的馬克思主義研究，中國的馬克思主義研究也就無法想像。

　　對社會主義思潮和馬克思主義學說的關注，使李大釗在1919
年以後把階級觀點引入相關的婦女問題，並開始研究工人問題；
而在這裏也可以看得出日本的影響。比如，〈戰後之婦人問題〉[67]
一文被認為是李大釗向社會主義革命尋求根本解決婦女問題的
道路，是他思想的一大進步；可是，該文基本是翻譯山川菊榮
〈1919年與世界婦女〉(《中外》1919年2月號)而成。而論工人運
動的〈「五一」May Day運動史〉，[68]也參照了山川菊榮〈「五一」節
與八小時勞動〉(《解放》1919年6月號)，以及《改造》1919年9月
號刊登的新妻伊都子〈一種不誠實的勞動論〉和山川菊榮〈答新妻

氏論〉。在這些方面，日本的「知識」給予李大釗的影響也越來越大。

　　另外，圍繞李大釗，也不乏收集書籍和研究社會主義的話題，其中一個例子就是在李大釗指導下於1920年3月在北京大學內成立的學術團體「馬克斯學說研究會」的活動。該會提出的第一個目標就是收集有關社會主義的書籍，[69]據說為了把收集來的書報供人閱覽和討論，還設了一個叫「亢慕義齋」（Communism齋）的圖書室。翻看該研究會1922年的藏書目錄[70]即可發現會員們是何等地渴望得到社會主義方面的書籍，同時又是何等熱心地搜集這種書籍。這件事，一方面說明當時嚴重缺乏研究馬克思主義的資料，另一方面也使我們更清楚地認識到，在當時缺少文獻的情況下，李大釗所獲得的有關馬克思主義的知識是何等的先進。

　　自1920年下半年始，李大釗作為北京共產主義小組的中心人物，一面與上海的陳獨秀聯絡呼應，一面指導學生組織馬克思主義學習會、發行以工人為對象的通俗刊物《勞動音》和開辦勞動補習學校等。他在北京的名望很高，通過在馬克思主義研究會上作講演，或者指導學生們學習馬克思主義學說，贏得了學生們的尊敬。而李大釗在北京的馬克思主義研究和共產主義運動中的權威，卻不僅因為他的聲望，也因為他遇時而發的有關馬克思主義的豐富知識而愈加鞏固。這種情景，從曾經是北京共產主義小組成員的朱務善的回憶中可見一斑。下面是一段有關李大釗在社會主義討論會上擔任評判員時的情景。

　　　　記得評判員〔即李大釗〕用了河上肇所常用的譬喻來說明這一點〔社會主義的必然性〕：譬如雛雞在孵化以前，尚在卵殼內部，及其孵化成熟後，雛雞必破卵而出，此為必然之理。李大釗同志最後說：〔社會主義的〕贊成派若是拿唯物史觀的觀點來解答這個問題，就會更具有說服力。……李大釗同志說話聲音

不大，又很沉靜，表現出一種高度自信心與堅定性，最能吸引
聽眾的注意，使人悅服。[71]

　　共產主義運動的領導人必須同時也是理論家，但是，如上所
述，李大釗關於馬克思主義的知識，許多是取自日本的馬克思主
義研究的成果。李大釗在這次討論會上的發言，通過隨意引用河
上肇的著作而增強了說服力，這件事充分表明了五四時期人們接
受馬克思主義時所處的知識環境。

　　以上所敍述的李大釗接觸馬克思主義的過程使我們清楚了這
樣一個問題，即，在1919年宣傳馬克思主義的為什麼不是倡導
「無國家、無家庭、無宗教」這「三無主義」並曾結成中國社會黨的
江亢虎，也不是在最高學府執教經濟學的經濟學家，而是李大
釗、陳溥賢、邵飄萍[72]等人。在科學社會主義的前期研究，或者
更廣泛地講，在社會科學的基礎研究處於空白狀態的中國，如果
不是經常關注俄國革命等世界規模的社會變動，和社會主義思想
在日本流行等外國新思潮的動向，具有將其翻譯成漢語的外語能
力，並且掌握印刷傳媒的人物，不用說讀懂馬克思主義書籍，就
連接觸這些書籍也是極其困難的。這樣看來，中日兩國在1919年
同時流行馬克思主義，也是順理成章的事。

第三節　馬克思主義在上海的傳播

1　國民黨人的馬克思主義研究

　　在1919年到1920年間，馬克思主義的傳播與北京同樣高漲的
另一個城市是上海。1920年初，在中國最激進的知識分子陳獨秀
逃離北京移居上海，北京《晨報》的陳溥賢於1920年底作為特派記
者赴歐離開中國之後，[73]上海成了傳播馬克思主義和早期共產主

義運動的中心。上海與中央政府腳下的北京相比，對社會主義刊
物的壓制要鬆一些，[74]這也是上海成為共產主義運動的中心的一
個原因。在這一節裏，我們將探討的是，馬克思主義在上海的傳
播和被接受，也與北京一樣，和日本的社會主義有密切的關係；
同時，我們還將看到，為成立中國共產黨創造了思想條件的蘇俄
方面的消息，以及列寧、托洛茨基等俄國革命領導人的著作即布
爾什維克主義是通過何種途徑傳入的。

　　1919年下半年，在上海最積極地宣傳社會主義學說的是國民
黨系[75]的知識分子，其刊物有《民國日報》、《星期評論》、《建設》
等報刊，[76]代表人物則是戴季陶、沈玄廬、胡漢民、邵力子、朱
執信、廖仲愷等。[77]如果説其領導人孫中山所倡導的民生主義屬
於一種社會主義學説，那麼，他們為了給三民主義尋找科學依據
而表現出研究馬克思主義的姿態，也是理所當然的。再者，國民
黨的理論家們，早在清末與梁啟超等保皇派展開「革命與改良」論
戰的時候，就曾經宣傳過包括馬克思主義在內的西方社會主義思
想。因此，五四運動這個前所未有的群眾運動日趨高漲的形勢，
再次引起他們對社會主義思想的關注，也是有其緣由的。

　　似乎是受到了北京《晨報副刊》馬克思主義宣傳的影響，上海
出版的《建設》、《星期評論》、《民國日報》副刊《覺悟》等國民黨系
的刊物，自1919年夏開始，也積極介紹各種社會主義學説。上海
的社會主義思潮中耐人尋味的是，很早就反覆研究土地問題、擁
護孫中山民生主義的胡漢民、廖仲愷等國民黨人士，開始努力從
中國傳統中尋找社會主義理念，又或在中國古典中尋求符合唯物
史觀所有制的歷史。將社會主義的理念投射到中國古代思想
家——譬如墨子的「兼愛」理念上，這種理解早已見於清末梁啟超
的《子墨子學説》(1904年)一文。到五四時期，像蔡和森那樣由
「只計大體之功利，不計小己之利害」這一點説明列寧與墨子頗為

近似的說法，依然有很強的生命力。[78]而胡漢民和廖仲愷也主張《孟子》當中存在古代土地制度的理想——「井田制」，並試圖從中國古代制度中尋找先於私有制而存在的公有制形態。[79]到五四時期，雖然清末至辛亥革命時期「井田制＝社會主義理想＝中國傳統」這種簡單的思維模式[80]已被超越，也向前進了一步，並試圖根據唯物史觀來解釋中國古代史，但他們對於社會主義的理解，依然可以反映出他們舊有的知識體系。

這件事顯示，在中國接受馬克思主義，極易受到舊的思想框架的束縛；反過來講，在「社會主義」的概念尚未扎根以前，就連對外國思潮造詣頗深的留學生和國民黨系知識分子也難免這樣去做，即為了便於理解社會主義的印象、概念而將其投射到中國固有的傳統中去。的確，要按照其本來概念去理解源自西方的「社會主義」殊非易事。而隨着有關社會主義的知識越來越豐富，對墨子的「兼愛」和孟子的「井田制」的顧盼則會越來越少。不過，這件事卻暗示着，即使孫中山身邊那些在中國最早宣傳社會主義的知識分子，姑且不論他們對社會主義這一概念如何理解，當他們把這一概念傳達給別人時，沒有某種形式的媒介也是很難做到的。正因如此，同一時期日本的社會主義研究成果，從隻言片語到大部頭著作，也通過各種渠道如洪流般地湧入了上海。

國民黨系刊物《建設》一卷六號（1920年1月）「通訊」欄的一番問答表明，這些國民黨系知識分子時刻關注着日本論壇的動向，尤其對社會主義思潮的趨勢，就如同日本的讀者一樣熟悉。當時，商務印書館發行的《東方雜誌》譯載了日本的北昤吉（北一輝的胞弟，時任早稻田大學教授）的題為〈社會主義之檢討〉一文，讀者劉鳳鳴向《建設》編輯部提出疑問説，時至今日，是否還有必要在中國介紹如此謬誤百出的反對社會主義的論調？對此，《建

設》同人「民意」詳細敍述了日本論壇對北昤吉論文的反響。他説，
北昤吉論文在《中外》1918年8月號上刊登後，河上肇、山川均、
茅原華山、高畠素之都分別在《中外》、《新社會》等刊物上著文痛
加批判，為此，北昤吉在《中央公論》上發表〈懺悔——代筆事件
之告白〉表示道歉，因此，在日本，北昤吉的論文毫無價值已經是
眾所周知的事實。「民意」文充滿自信，似乎在説，社會主義是否
正確，在日本已經有了結論，中國沒有任何必要再重複議論。這
個時期的「民意」應該是朱執信的筆名。[81]總之，《建設》的編輯們
曾經詳細研究過社會主義派的河上、山川、高畠等執筆的論文，
是顯而易見的。

2 戴季陶對馬克思主義的研究

五四時期齊集於這些刊物宣傳社會主義學説的國民黨人士
中，與曾在清末革命運動中熱心宣傳社會主義學説的胡漢民、朱
執信相比，戴季陶處於中心地位。戴季陶研究社會主義學説的動
機，也許是親眼看到1919年6月的「三罷」鬥爭——即五四運動最
高潮時上海掀起的罷課、罷工、罷市鬥爭——的威力，因而深切
感到有必要認真探索解決中國的社會問題、工人問題的方案。此
後，他作為國民黨內最負盛名的理論家，開始以《星期評論》、《建
設》為陣地，呼籲研究社會主義學説的必要性，並親自廣泛收集、
介紹和宣傳外國的社會主義書籍。[82]其中最具代表性的，是1919
年11月始在《建設》和《民國日報》副刊《覺悟》上翻譯、連載的《馬
克思資本論解説》和《商品生產的性質》——都譯自考茨基著、高
畠素之譯《馬克思資本論解説》(陳溥賢曾在北京翻譯過)。[83]在
1920年前後的上海，最通曉馬克思主義學説，尤其是日本的社會
主義研究動向的，是戴季陶和曾校訂中譯《共產黨宣言》的李漢

俊,而將其豐富的馬克思主義知識傳授給1920年初移居上海的陳獨秀,並與陳共同作為上海共產主義小組中心成員致力於研究馬克思主義的,則是戴季陶。[84]

戴季陶從1919年夏開始介紹革命俄國的狀況,宣傳馬克思主義學說。可以說,他理解馬克思主義學說所達到的水平,遠在同時期其他先進知識分子之上。下面,我們來比較一下戴季陶、李大釗、陳獨秀分別就北京工讀互助團的活動所作的評論。這個工讀互助團自1919年下半年以來深受中國進步青年的熱切關注,陳獨秀、李大釗以及上述陳溥賢等都曾對其進行支援。然而,終於在1920年3月因活動失敗而解散了。

所謂工讀互助運動,主要是由王光祈等1919年8月提出,並得到李大釗、陳獨秀等支持的激進青年的運動,它受托爾斯泰泛勞動主義思想、無政府主義思想和日本的「新村運動」等的影響,其發起目的是要實踐「一邊勞動一邊學習的共同生活」。[85]但是,第一個組織起來的北京的工讀互助團,因經濟原因和人際糾紛,於1920年3月就被迫解散。對於北京工讀互助團的失敗,李大釗認為主要原因在於「在城市上的工讀團取共同生產的組織」;因為,「都市的地皮、房租這樣富貴」,「要靠資本家給勞動者的工資和商賣小企業的蠅頭,維持半日讀書半日作工的生活」是不可能的。因此,李大釗提出的解決方法是,「採取純粹的工讀主義」,「在鄉下購點價廉的地皮,先從農作入手」。[86]在這裏,他雖然也提及資本家、勞動者,但把工讀互助團失敗的最終原因歸咎於城市的非人性,因而他提出的所謂解決方法就是,既然在城市進行運動不可避免地要失敗,就應該轉向農村。

而陳獨秀則基本上認為,工讀互助團之所以失敗,是由於參加互助團的青年們缺乏堅強的意志、勞動的習慣和生產的技能,並說,與其說是組織的問題,不如說是人的問題,還呼籲計劃在

北京以外發起工讀互助團運動的青年們不要再重蹈覆轍。[87]對於早期以來一直批判中國人懶惰、放縱的陳獨秀來說，發出這樣的批評也許是自然的；但是，他沒有考察社會經濟方面的任何原因。就在前一年，即1919年12月所寫的〈告北京勞動界〉中，在談到「無產的勞動階級」時，陳獨秀還在說，「中國的資本家雖然沒有歐美、日本那樣發達，但不能說中國產業界沒有純粹資本作用」，[88]表現出對社會科學領域的關心。但是，這個時期的陳獨秀，更多的是關心作為改造人心第一步的工讀互助團運動，和如何把正在中國訪問的杜威（John Dewey）的民治論（民主自治論）應用於中國，[89]而對馬克思主義的關注，則不能不說相對淡薄了。

　　與李大釗、陳獨秀相比，同時期的戴季陶是怎樣思考的呢？他在發表於《星期評論》第42號（1920年3月）上的〈我對於工讀互助團的一考察〉一文中這樣說：

> 又是保護有產階級的機關。……在這一種生產制度的下面，要想用很小一部分人的能力，作生產的工作，同時達求學的目的，在事實上是做不到的。而且以不熟練的工作能力、不完全的幼稚的生產機關，要想獨力回復資本家生產制所侵蝕的「剩餘勞動時間」，更是做不到的。

　　因此，他提出了「捨去一切『獨善』的觀念……拿定普遍救濟的目的，投向資本家生產制下的工場去」這樣一個極其理智且又帶有煽動性的解決方法。當然，在上述李大釗和陳獨秀的文章裏，也分別能夠看到他們傾向農村、農民的特徵，以及對中國人傳統習性的批判；但是，戴季陶從當時社會經濟的角度來分析工讀互助團失敗的必然性，從對馬克思主義的理解方面來看，其水準顯然超過了李大釗和陳獨秀。據說陳獨秀曾說：「戴季陶對馬克思主義信仰甚篤，而且有過相當的研究」；[90]而1920年夏，正在由無政

府主義摸索轉向馬克思主義的施存統也講:「我在上海,受季陶的感化最大,近來的思想差不多處處都受他的影響。」[91] 從上述戴季陶陳述的理論來看,他們的評價應該是恰如其分的。

3 戴季陶與日本的社會主義運動

如前所述,戴季陶曾以日本人高畠素之的翻譯為底本,重新翻譯了考茨基著《卡爾‧馬克思的經濟學說》(日譯名《馬克思資本論解說》)這部最適於研究馬克思主義的入門著作,這件事足以使我們有理由推測,他關於馬克思主義的知識也是來自日本的社會主義書籍,而他1920年1月寫給堺利彥的一封信,則證實了這種推測是正確的。在這封充分顯示了其不凡的日語水平的信中,戴季陶對堺利彥這樣說:

> 日本乃東方先進國家,我深信,在 Political Revolution 方面處於引導者、先驅者地位之日本,在 Social Revolution 方面也必定依然是引導者、先驅者。我相信,此偉大改造事業,只有與世界之平民共同協作才能完成,尤其在東方,此偉大改造事業,唯有消除軍國主義之日本後才能完成。故日本諸同志之工作,實乃對世界對東方之莫大援助,特表深切祝願。現在,根據我等夙來信奉之三民主義——民族、民權、民主——之最終目的「民生主義 Socialism」改造世界之時機已經成熟,故自去歲始糾合同志,為宣傳此事業竭盡綿薄。雖於文化程度極低之民族從事宣傳頗感困難,然際會黎明之期,我等之宣傳於各方皆引起強烈之反響。……臨末特懇請先生者,請賜教先生等傾盡熱忱和精力而作之著作、雜誌之目錄。若先生手頭有貴譯考茨基之《社會主義倫理學》(我友李君佩氏正重譯貴譯本。李氏筆力堅實,應無大謬。還請寬恕未獲事先允許)之英譯本,敬請惠借,以便對照貴譯本中刪除部分。惠借時間,一週亦可。如東京書店有售,敬請賜教書店名稱。[92]

在這封信中，首先引起我們注意的是，他之所以關注日本的社會主義運動是基於這樣一種認識，即在包括中國在內的東方的偉大改造運動中，日本同志的積極工作不可缺少。與上述陳溥賢一樣，戴季陶也認為日本和中國的社會革命相互促進，是中日親善的前提。這種認識在他的〈資本主義下面的中日關係〉一文中也表達得非常清楚。他說，妨礙兩國親善和合作的，不僅有「官僚、軍人、商人」們，還有「造成這近代種種罪惡的資本主義」，因此，「中日兩國的革命──變更生產、交換、分配制度的革命──如果不能成功」，則兩國人民的親善和合作「是絕對無望的」。[93] 他也認為，日本和中國的革命是互相深深地聯繫在一起的。

不過，這封信更加引人注目之處，是它從一個側面反映了戴季陶當時研究社會主義時所處的資料環境。儘管從信函的行文來看，戴季陶與堺利彥並未曾直接晤面，但是，戴季陶最期望於日本社會主義運動中心人物堺利彥的，是請他介紹日本的社會主義方面的刊物和得到這些書籍的途徑。我們不難想像，他之所以這樣做，是因為中國缺少學習馬克思主義的書籍，而這個難題在中國國內又難以解決。

那麼，當時中國竟沒有某一家書店經銷社會主義方面的外文書籍嗎？難道上海的外文圖書竟如此之少，以至於戴季陶不得不請堺利彥告訴他東京的書店的名字嗎？胡適的體驗可以解答這些疑問。胡適曾經留學美國，此時已經享有盛名，他曾經慨歎，上海最大的經銷外文圖書的伊文思書店和商務印書館裏擺放的外文圖書，遠遠落後於歐美的思想潮流。他說：

> 我寫到這裏，忽然想起日本東京丸善書店的英文書目。那書目上，凡是英美兩國一年前出版的新書，大概都有。我把這書目和商務印書館與伊文思書館的書目一比較，我幾乎要羞死了。[94]

胡適所需要的哲學、文學類書籍尚且如此慘淡，社會主義方面的書籍就更加可想而知了。從戴季陶的信函中可以看出，縱然他是上海研究社會主義的最有名的權威，要得到有關社會主義的書籍，也不能盡如人意；進而言之，連上海這個中國最開放的城市尚且是如此情形，在地方城市求購社會主義方面的外文書籍，則恐怕是根本不可能的事。反過來說，五四時期中國各地大量介紹和宣傳社會主義，這件事本身可以說是不可思議的；而其之所以成為可能，同時期日本出現的社會主義高潮是其外部條件，就像戴季陶的信函所暗示的那樣。

對於戴季陶渴望得到社會主義書籍的懇請，堺利彥給予了什麼樣的援助，不得而知。但是，從堺利彥曾把這封信在公開刊物上發表來看，估計他向戴季陶寄送了其所希望的目錄等相關資料。實際上，戴季陶確實曾經收到過日本出版社直接寄給他的有關社會主義的書籍，寫於1920年底的另一封日文信證明有此事實。在那封為了感謝贈給他日文版《資本論》(高畠素之譯，大鐙閣1920年出版)而寫給出版社大鐙閣的信中，他這樣寫道：

> 貴譯慎重嚴謹，更經著名學者校閱，使人未通讀之前即覺值得相信。想我國青年能通日語而不易得英法譯書者，通讀之後，亦可因此譯本得窺馬克思主義學說之真諦。[95]

中譯《資本論》直到20世紀30年代才刊行，因此，對中國知識分子來說，外來知識，尤其是有關社會主義的日文著作無疑具有絕對的重要性。關於這一點，讀讀戴季陶主編的《星期評論》刊載的有關社會主義的文章，更加一目了然，在《星期評論》上，參考《新社會》、《批評》、《社會主義研究》、《大阪每日新聞》、《大阪朝日新聞》、《德謨克拉西》、《改造》、《東洋經濟新報》、《經濟論叢》等日文刊物寫成的論文和報道可謂鋪天蓋地。另外，追隨社

會主義的東京帝國大學「新人會」的宮崎龍介、平貞藏等也曾往訪上海的戴季陶、李漢俊，[96]這表明他們處於距日本的新思潮最近的位置。如此看來，後文將要探討的戴季陶向陳望道提供中國第一部馬克思、恩格斯著《共產黨宣言》的漢語全譯本的日文底本，也就不足為怪，甚至是非常自然的了。

　　1920年夏，上海的共產主義小組以陳獨秀為中心開始創建共產黨的活動後，戴季陶開始疏遠了共產主義小組的活動，部分原因是由於他所追隨的孫中山的反對。另外，從戴季陶在五四時期發表文章的意圖也可以看出，以戴季陶為主，胡漢民、沈玄廬等國民黨人宣傳馬克思主義學說，其目的是要把中國的社會問題的發生、階級矛盾的激化防患於未然，[97]也就是說，是要把唯物史觀和剩餘價值說等馬克思主義學說應用於和平地解決中國的社會問題，以及強化三民主義的理論基礎。

　　眾所周知，戴季陶後來轉為反共，並激烈地批判中國共產黨追隨蘇聯和共產國際。但是，他在批判共產主義運動時，也是依據馬克思主義理論進行批判的。[98]可見，他對馬克思主義的理解和批判絕非膚淺之物。正因如此，在考察馬克思主義在中國被接受的過程時，他所發揮的作用是不可忽視的。戴季陶在上海共產主義小組活動的初期之所以能夠扮演指導者角色，就是因為他當時對馬克思主義的理解遠遠超過了其他知識分子。在戴季陶的思想裏，是要防止早晚必定發生在中國的階級鬥爭，並把馬克思主義學說當作孫中山民生主義學說的科學根據之一來定位的。但是，對於把馬克思主義當作進行革命的理論的人們來說，當時馬克思主義在知識分子中間所具有的吸引力（即曾對俄國革命和德國革命發揮了指導作用的思想）與實際學習起來所感到的困難之間的鴻溝，只有靠對外國思潮具有深邃洞察力、且精通日文社會主義文獻的戴季陶來填平。

4 中譯本《共產黨宣言》

在數量龐大的馬克思、恩格斯著作中，中國最早全部翻譯的經典是《共產黨宣言》。許多人都知道，早在清末就有人介紹過《共產黨宣言》的部分內容，其中特別有名的，是朱執信1906年在中國同盟會機關刊物《民報》上發表的〈德意志社會革命家小傳（甲馬爾克）〉中的引用介紹。[99] 十數年後，1919年出現了兩個譯本，但都不是全譯。[100]《新青年》雜誌同人陳望道將《共產黨宣言》全部譯出，中國知識分子因而能夠讀到全文，是1920年的事。陳望道也是在翻譯《共產黨宣言》前後加入上海共產主義小組的中共早期黨員。他不久後就脫離了共產黨，轉而從事語言學和修辭學的研究。晚年，在「文化大革命」的風暴中，其他脫黨者遭到殘酷迫害，而他竟能有幸得免，多半因為他是《共產黨宣言》的最早翻譯者。[101]

關於《共產黨宣言》的歐洲各語種譯本，已經有許多研究；日文版翻譯過程的研究也比較充分。[102] 但是，中國最早的全譯本，即陳望道譯《共產黨宣言》（以下簡稱陳譯）的底本到底從何而來？這個問題，在中國也未必已經完全搞清楚。[103] 這個問題對於進一步闡明戴季陶在中國馬克思主義史中所發揮的作用也是非常有必要的，在此，應該就底本的出處詳加考察。

關於翻譯《共產黨宣言》的經過，陳望道本人留有回憶錄，其中這樣寫道：

> 回國〔1919年6月〕後，我在杭州的浙江第一師範學校教書。學生施存統寫了一篇題為〈非孝〉的文章，遭到頑固勢力的猛烈攻擊，牽涉到我，我也被加上「非孝，廢孔，公妻，共產」的罪名，隨即離開一師，回家鄉義烏譯《共產黨宣言》。我是從日文本轉譯的，書是戴季陶供給我的。譯好後，由上海共產主義小組設法出版。[104]
>
> 這書是《星期評論》約我翻的，原來準備在該刊發表。[105]

陳望道在故鄉翻譯完畢來到上海，是1920年6月前後；6月底，陳獨秀收到了譯稿，[106]經陳獨秀和李漢俊校訂後刊行出來（上海，社會主義研究社出版）是在8月。[107]陳望道說，他是從戴季陶給他的「日文本轉譯」的，而也有人說，他參照了從北京大學圖書館借的英文版。[108]的確，陳譯本當中也有不少參考了英文版的痕跡，一般認為參考的是當時通行的塞繆爾·莫爾（Samuel Moore）英譯本。問題在於由戴季陶提供的、陳氏作為主要參考的日文版究竟是怎樣的譯本。因為，在當時的日本，儘管馬克思主義十分盛行，卻唯有《共產黨宣言》未獲准公開刊行。

◆　◆　◆

當時，《共產黨宣言》在日本的書店沒有發售，不過，並非沒有翻譯過。在日本，最早翻譯的《共產黨宣言》發表在1904年11月13日的《平民新聞》週刊第53號上，譯者是堺利彥和幸德秋水二人，轉譯自塞繆爾·穆爾（Samuel Moore）的英譯本。但是，日譯本遭「報紙條例」封殺，即日被禁售，堺和幸德與《平民新聞》發行人兼編輯西川光二郎一同被起訴。一年多以後，堺利彥以「學術研究資料」為名再次將其公之於眾，這就是刊登在他主編的《社會主義研究》創刊號（1906年3月）上的幸德秋水、堺利彥合譯《共產黨宣言》。《社會主義研究》刊登的《共產黨宣言》是全譯本，補譯了在《平民新聞》刊載時略去的第三章。這次翻譯沒有遭到封殺，但1910年「大逆事件」發生後，包括《共產黨宣言》在內的幾乎所有社會主義書籍文獻就不得再見天日，這就是所謂「社會主義嚴冬時期」。到了1910年代下半期，社會主義文獻又開始逐漸出現，可只有《共產黨宣言》未獲允許發售。不過，在1920年前後，《共產黨宣言》並沒有徹底地銷聲匿跡。有證據表明，堺利彥周圍的人曾經悄悄地傳閱和抄寫日譯手抄本；而事實上，一本注有「大正9年」〔1920年〕的日本某人譯《共產者宣言》（以幸德、堺譯本為

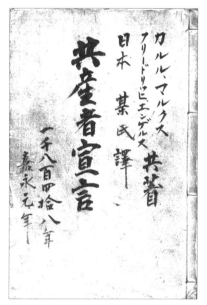

圖五、六　謄寫本《共產者（共產黨）宣言》的封面及其文本

藍本的油印本，出版年不詳，現存京都大學人文科學研究所，圖
五、六）被保存至今，不禁使人緬懷當時的社會主義者們所做的努
力。另外，堺利彥本人也為了補訂舊譯之不足，而於1921年前後
開始着手再譯《共產黨宣言》。

　　我們可以通過比較這些日文譯本來尋找陳譯本的底本。首先
來看陳譯本，其第一版和1920年9月的第二版，現在分別藏於上
海圖書館和北京國家圖書館。很長一個時期，要讀到這些原始版
本是很困難的，但是，由於《陳望道文集》第4卷（上海人民出版社
1990年出版）收錄了陳譯本第二版，現在很容易讀到陳譯本的譯
文。檢索陳譯本的譯文可以發現，其依據的底本，可能性最大的
是《社會主義研究》創刊號刊載的幸德、堺合譯的《共產黨宣言》，
二者的體裁和文體的相似之處（譯語尚未固定而標注西文原句的位
置一樣，比如「自由民Freeman」、「奴隸Slave」、「貴族Patrician」、
「平民Plebeian」等）十分明顯，據此可以推斷，陳望道翻譯時依據

的底本基本上就是《社會主義研究》創刊號收錄的幸德、堺合譯的《共產黨宣言》。

　　戴季陶在1919年至1920年間竟持有十幾年前的《社會主義研究》創刊號，乍聽上去，有點離奇。不過，有證據表明，他確實持有這本創刊號。他主編的《星期評論》第31號（1920年1月）上有戴季陶譯〈馬克斯傳〉一文，這篇文章就是轉譯刊登於這本《社會主義研究》創刊號上的威廉·李卜克內西（W. Liebknecht）原著、志津野又郎譯《馬克思傳》而成的，因此，戴季陶不可能不知道這本創刊號上載有日文版《共產黨宣言》。可以肯定地說，陳望道回憶中提到的戴季陶給他的日文版，就是《社會主義研究》創刊號上的那個譯本。

　　但是，事情並不如此簡單。重新比較陳譯本和幸德、堺的合譯本就會發現，二者間有兩個較大的不同之處。一個是附在幸德、堺合譯本中的恩格斯〈致英文版序〉在陳譯本中沒有被譯出；另一個是有幾處譯語不盡相同（如，Bourgeois〔幸德、堺合譯：紳士；陳譯：有產者〕、Proletariat〔幸德、堺合譯：平民；陳譯：無產者〕）。關於這個問題，當時在日本悄悄流傳的幾個謄寫版中（圖五、六），有的與陳譯本形式相似。例如，上文提到的油印本《共產者宣言》，以及堺利彥1921年前後改訂的譯稿（未刊，現藏於法政大學大原社會問題研究所），都沒有譯出〈致英文版序〉，而Bourgeois和Proletariat也分別譯為「ブルジョア」〔Bourgeois的日文音譯〕、「有產者」和「プロレタリヤ」〔Proletariat的音譯〕、「無產者」。這樣看來，也許陳望道從戴季陶處得到的，原本就是沒有〈致英文版序〉、而譯語也是經更改的秘密流傳本，總之，這樣的可能性是無法完全排除的。

　　不過，按常識來考慮，既然手頭已經有《社會主義研究》上登載的幸德、堺的原譯，一般不會再特意去搜尋秘密流傳本。陳譯

本中沒有〈致英文版序〉，也許是陳望道認為把重要的正文部分
譯出就足夠了，因而沒有翻譯幸德、堺合譯版的序。考慮到當時
的翻譯一般是略譯，這種可能性是很大的。關於Bourgeois和
Proletariat的譯語，在當時的中國，比如陳溥賢在翻譯河上肇的著
作時，就直接採用了河上一文中的「有產者」、「無產者」，所以，
在陳望道翻譯《共產黨宣言》時，「有產者」、「無產者」已經使用得
很廣泛了。大概陳望道在把《社會主義研究》上的幸德、堺合譯轉
譯成漢語時，沒有直接採用原譯的詞語，而是將其酌情改成了當
時中國通用的詞語。

　　中譯本《共產黨宣言》，是中國歷史上第一個馬克思、恩格斯
著作的全譯本，受到了志在變革社會的早期社會主義者們的熱烈
讚揚，[109]為創建共產黨奠定思想基礎發揮了巨大作用。青年毛澤
東也是這些早期社會主義者之一。他說，第二次在北京（1919年
12月至翌年4月）的時候，「有三本書特別深地銘刻在我的心中，
建立起我對馬克思主義的信仰」，陳望道翻譯的《共產黨宣言》就
是這三本書之一。[110]不過，毛澤東第二次在北京時，陳譯本尚未
出版。據說，《共產黨宣言》的中譯本，除陳譯本外，還有當時北
京大學的「馬克斯學說研究會」譯自德語的油印本；該會成員羅章
龍認為，毛澤東讀的《共產黨宣言》可能是這個油印本。[111]遺憾的
是，這個油印本沒有保存和流傳下來，因此，也就難辨事情的真
偽。但是，不論怎樣，有一點是肯定的，那就是，陳望道以日譯
本為底本重譯的僅56頁的《共產黨宣言》被以各種形式反覆重印直
至1938年，成為中國共產黨員必讀的文獻。

5　留日回國學生群體的馬克思主義研究

　　與戴季陶等國民黨人共同活躍於上海論壇、從事馬克思主義
研究的，是曾經留學日本的知識分子，或者留日學生。以數次到

過日本的陳獨秀為主，上述李漢俊、陳望道、施存統、周佛海和李達等都屬於這一群體。他們所寫的有關社會主義的文章，被國民黨系的刊物頻繁轉載；還有些人，如李漢俊等與國民黨人緣分極深，很難將他們與國民黨系明確區分開來，但是他們基本屬於辛亥革命後接受教育的比較年輕的一代。共產黨的前身即上海的共產主義小組的大部分成員都曾留學日本。[112] 由此也可以看出，他們的言論活動與日本的社會主義研究有着密切的關係。

曾經參與上海共產主義小組的人，都承認從日本留學回國者對當時在中國介紹馬克思主義的貢獻。比如，邵力子曾這樣說過：

> 馬克思主義研究會開始時，只是翻譯和寫文章宣傳馬克思主義。李漢俊、李達、陳望道三人寫得比較多，後來周佛海也寫一點，他們都是日本留學生。那時，馬克思主義書籍主要從日本傳過來。[113]

曾經在日本留學、中共第一次代表大會上被推選為宣傳主任的李達也這樣回憶說：

> 當時馬克思、恩格斯的著作很少翻過來，我們只是從日文上看到一些。中國接受馬克思主義得自日本的幫助很大，這是因為中國沒人翻譯，資產階級學者根本不翻譯，而我們的人又都翻不了。[114]

這個時期裏，在日本留學期間通過日語文獻了解了社會主義學說以及馬克思主義，從而成為早期共產主義理論家的，當數本書序章中提到的李漢俊。

李漢俊，原名李書詩，字人傑或仁傑，號漢俊，筆名海鏡、厂晶、汗、均、人傑、先進等，湖北潛江人。1904年，14歲赴日留學，就讀於東京曉星中學，後經第八高等學校（名古屋）入東京帝國大學工科，但逐漸對社會科學發生興趣。1918年底回國，與

戴季陶等編輯《星期評論》，和陳獨秀、李達等同為「上海共產主義小組」的核心人物，主要通過其言論活動對創建共產黨做出了貢獻，是中國共產黨第一次全國代表大會的上海代表，後脱黨。國民黨重要人物李書城的胞弟。

李漢俊是上海共產主義小組的理論先驅之一，關於這一點，同為中共第一次全國代表大會代表的包惠僧曾説：「中共成立之初，李漢俊在黨內的地位僅次於陳獨秀。」[115]除日語外，李漢俊還通曉英、德、法多種語言，但其理論的來源還是日本的社會主義書籍。比如，他批駁張東蓀（上海的日報《時事新報》主編，當時關注社會主義）的〈渾樸的社會主義者底特別的勞動運動意見〉[116]中，就引用了大量日語文獻（北澤新次郎著《勞動者問題》、窪田文三著《歐米勞動問題》等）；他翻譯的《馬格斯資本論入門》（原著 Mary E. Marcy, *Shop Talks on Economics*）也並非譯自英文原著，而是譯自日文譯本（遠藤無水譯：《通俗馬克思資本論》，文泉堂1919年出版）。清楚他附於論文後的參考圖書目錄，則表明他隨時都在關注堺利彥、山川均、河上肇等馬克思主義學者的動向。比如，為了糾正對唯物史觀的種種誤解而寫的〈唯物史觀不是什麼？〉[117]一文後面列出的參考書目裏，既有《經濟學批判》、《空想的與科學的社會主義》、《唯物史觀解説》等中譯文獻，也有堺利彥著《恐怖·鬥爭·歡喜》和《從唯物史觀的立場觀之》、河上肇著《唯物史觀研究》、高畠素之著《社會主義的諸研究》。另外，在敍述馬克思主義體系的〈研究馬克思學説的必要及我們現在入手的方法〉[118]一文裏，他把「唯物史觀説」、「經濟學説」、「社會民主主義」作為扛鼎馬克思主義的三大要素，而把「階級鬥爭」作為貫穿其中的一條「金線」，這也與前文探討過的李大釗一樣，都是直接承襲了河上肇的見解（前引〈馬克思的社會主義的理論體系〉）。

當時的李漢俊對馬克思主義的理解是超群出眾的,這從他為有志於學習馬克思主義的人寫的研究社會主義的讀書指南一事也看得出來。他在1920年對「要講馬格斯社會主義以及要曉得馬格斯社會主義的人」所能提示的必須「拿來詳詳細細讀一讀」的文獻僅僅是「馬格斯社會主義三經典(共產黨宣言、空想的科學的社會主義、資本論)」;[119]但是,兩年後寫的文獻指南裏,所列書目則包括了譯自日文的書籍,顯然豐富多了。在這篇指南裏,他不僅提示了研究馬克思主義最好遵循的讀書順序,還頗具信心地説:「這樣反覆得兩三次,心得就必有可觀,以後看書也就必定容易,或者可以不待選擇而任意看了。」[120]他還斷言:「這只要略微曉得點近一二年來的日本底言論界的情形,也是可以領略的。」[121]可見,他的信心來自精通日本的社會主義文獻。

前文李達所説從日本得到的幫助,並不僅指翻譯日文刊物。據説,上海共產主義小組的陳望道、施存統等人在日本留學時就已經與堺利彥、山川均有所接觸;[122]而李達、李漢俊則在留學時對日本的社會主義思潮產生共鳴,因而在回國時帶回了許多日本的有關社會主義的文獻。甚至有些青年,如茅盾的弟弟沈澤民和張聞天等,為了求得社會主義文獻竟特意赴日留學;[123]對於他們來講,學習日語和研究馬克思主義學説是一碼事。因此,我們在前述戴季陶致堺利彥函中看到的上海的社會主義者與堺等的交流,在戴季陶脱離共產主義小組之後,則通過施存統和陳望道的渠道被繼承了下來,[124]並得到了加強,以至於後來山川均為《新青年》撰文。

刊登於《新青年》九卷一號(1921年5月)上的山川的論文〈從科學的社會主義到行動的社會主義〉的譯者附記説,該文是應《新青年》同人即上海的共產主義小組之請而寫的。[125]附記還介紹了山川的簡歷和代表著作,這使山川在中國也得到了驅多病之身為

社會主義運動奔走的名望。還有，施存統留學時曾從東京向《民國日報》副刊《覺悟》投稿介紹山川編的《社會主義研究》雜誌，不但推薦説：「買這種〔《社會主義研究》〕，比買《改造》、《解放》〔都是日本的革新派綜合雜誌〕要好得多」，而且還列出了已經出版的該雜誌的目錄、求購時的聯繫地址和價格等。[126]

切不可以為關注和翻譯這些外來的社會主義學說僅僅是文字方面的工作。因為，上海的共產主義小組為了創建共產黨而開展工作始於1920年，其首要工作就是宣傳和介紹這些外來的社會主義、馬克思主義學說，以及舉辦小範圍的學習會；實際上，這些活動的中心人物就是那些被認為通過閱讀外國文獻而通曉馬克思主義學說的人們。一方面是國內社會主義研究呈空白狀態，另一方面是新傳入的革命運動方式要求在實踐革命以前必須學習和研究一定的主義和學說，這兩個方面使外來知識和能夠理解這種外來知識的知識分子在中國早期共產主義運動中所發揮的作用變得非常大。中國早期共產主義運動的中心即上海共產主義小組的骨幹人物，如陳獨秀、李漢俊、李達、陳望道等，都是外來知識的介紹者、詮釋者，這絕不是偶然的。特別是五四時期的中國知識界宛如各種新思潮的大熔爐，許多人正如董必武講的那樣，「有無政府主義、社會主義、日本的合作運動等等，各種主義在頭腦裏打仗」，需要像李漢俊那樣的先導人物來「把頭緒理出來」，[127]指點迷津。

第四節　布爾什維克主義文獻在中國的傳播
——新的外來知識的出現

1 《新青年》雜誌的變化

陳獨秀於1915年在上海創辦的《新青年》(初時稱《青年雜誌》，第二年改名《新青年》) 曾對現代中國思想界發揮了巨大的影

響。在此，無須贅言其宣傳「批判孔教」和「文學革命」等產生了如何的震撼，以及如何率先鼓吹西方個人主義和科學主義。1920年以後，《新青年》成為以陳獨秀為首的上海共產主義小組的事實上的機關刊物，這種變化發生在1920年5月（七卷六號）短暫休刊至同年9月以新的姿態重新刊行（八卷一號）這段時間裏，八卷一號上刊登的陳獨秀〈談政治〉一文就是這種變化的標誌。這篇文章，是陳獨秀向馬克思主義轉變的一次表態，以後的每期也都闢有介紹革命後俄國現狀的「俄羅斯研究」專欄，以刊載布爾什維克主義文獻的翻譯文章，雜誌的性質因此而發生了明顯的變化。

與馬克思主義學說相比，1917年發生的十月革命以及革命後蘇俄的現狀，列寧、托洛茨基等布爾什維克領袖的演講或著作等傳到中國的卻很少。當然，報紙的外電對十月革命的爆發及其後的革命政策、內戰的情形等也有所報道，但是這些報道往往既片面，又帶有猜測和偏見，不能夠使已經對俄國革命產生了共鳴的中國知識分子滿足。在中國最早高度評價俄國革命的，是受劉師復影響的無政府主義者們，他們所辦的刊物，比如《勞動》曾刊登了〈俄國過激派施行之政略〉、〈俄羅斯社會革命之先鋒李寧事略〉等文章。[128] 但是，該雜誌只出到第五期就於1918年7月停刊了。在《新青年》暫時休刊的1920年5月以前，譯成漢語的列寧的著作和演講的數量，據筆者調查，只有四篇（不含會見外國記者的報道），且都不是全譯。[129] 有關布爾什維克主義的翻譯不多的原因之一是，中國社會主義者的主要消息來源即日本的社會主義者們，因信息管制等無從詮釋布爾什維克主義。[130] 精通日語文獻的戴季陶在1919年說過這樣的話：

> 俄國的現狀複雜異常，要想得一點可以作參考的材料，已
> 經不容易得很。而且關於布爾什維克方面的記事，尤其難得。
> 這是我們研究俄國現狀上的最大困難。[131]

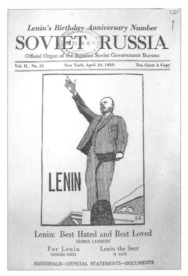

圖七　1920年4月的 *Soviet Russia*

在這種情況下，蘇維埃政府以外交人民委員加拉罕（L. Karakhan）的名義於1919年7月發表了《致中國人民及中國南北兩政府的宣言》，即《蘇俄第一次對華宣言》，表示是要把原沙俄帝國從中國掠奪的權益無條件地歸還給中國，以最明確的方式向中國知識分子表明了俄國革命的精神。宣言的詳細內容半年後，即1920年3月末到4月初才傳到中國。[132] 後來，中蘇間圍繞宣言中有無無償歸還中東鐵路的字句發生了外交糾紛；[133] 但是，在當時傳到中國的時候，這個劃時代的宣言被稱為「空前的美舉」。[134] 這以後，中國人對俄國革命和布爾什維克領導人的關心一下子高漲起來了，而重新發刊的《新青年》新闢的「俄羅斯研究」專欄，正是為了回應這種關心。

「俄羅斯研究」專欄主要刊登譯自歐美雜誌上的有關俄國革命的文章，最大來源是名稱叫《蘇維埃‧俄羅斯》（*Soviet Russia*）的雜誌。《蘇維埃‧俄羅斯》是紐約的蘇俄政府辦事處（Russian Soviet Government Bureau）的機關刊物（週刊），1919年6月創刊。這份刊

圖八　《新青年》八卷一號封面

物上刊登的許多介紹革命後俄國情況的文章被翻譯成了漢語，例如列寧的〈過渡時代的經濟〉（即《無產階級專政時代的經濟和政治》）、托洛茨基的〈我們要從哪裏做起？〉等（見表一）。另外，八卷三號（1920年11月）上還登載了列寧的演講〈民族自決〉[135]（震瀛〔袁振英〕譯）。對於《新青年》在開闢「俄羅斯研究」專欄後的變化，社會反響十分強烈，連主編陳獨秀都說：「《新青年》色彩過於鮮明，弟近亦不以為然，陳望道君〔當時代辦編輯工作〕亦主張稍改內容。」[136]同為《新青年》同人的胡適在給另外的同人的信中表示不快也是自然中事，他寫道：「今《新青年》差不多成了 *Soviet Russia* 的中譯本。」[137]

　　《新青年》復刊後的封面，則從視覺上表現了「差不多成了 *Soviet Russia* 的中譯本」的這種變化。自八卷一號起，隨着雜誌性質的變化，封面也變成了那個十分有名的圖案，按茅盾的話說，就是「這一期的封面上有一小小圖案，是一東一西，兩隻大手，在地球上緊緊相握」（見圖八）。[138]據他說，這個圖案暗示的意思是「中

表一　《新青年》「俄羅斯研究」——*Soviet Russia* 翻譯對照表

Soviet Russia 卷─號	2-15	2-19	2-24	2-25	3-1	3-4	3-5	3-6	3-7	3-8	3-9	3-10	3-13	3-16	不明
刊行年月	20.04. 10	20.05. 08	20.06. 12	20.06. 19	20.07. 03	20.07. 24	20.07. 31	20.08. 07	20.08. 14	20.08. 21	20.08. 28	20.09. 04	20.09. 25	20.10. 16	
《新青年》8-1 1920.09															
8-2 1920.10															
8-3 1920.11	(1)		(2)			(3)(4)		(5)	(6)						
8-4 1920.12	(7)				(8)(9) (14)(15)(16)		(10)			(11)(12)					(13)
8-5 1921.01							(17)			(18)	(19)(20)	(21)		(22)	(23)(24)
8-6 1921.04	(26)										(25)		(27)		

(1) 震瀛譯〈列寧：最可惡的和最可愛的〉(原篇名："Lenin: Best Hated and Best Loved," by George Lansbury)

(2) 杜洛斯基著，震瀛譯〈我們要從哪裏做起？〉(原篇名："What Should We Begin With?" By L. Trotsky)

(3) 震瀛譯〈全俄職工聯合大會〉(原篇名："The All-Russian Trade Union Congress," by Jakob Friis)

(4) 震瀛譯〈勞農協社〉(原篇名："Agricultural Cooperation," by V. Milyutin)

(5) 震瀛譯〈俄羅斯的我觀〉(原篇名："Russia: As I Saw It," by Robert Williams)

(6) 雁冰譯〈羅素論蘇維埃俄羅斯〉(原篇名："Bertrand Russell in Soviet Russia," by Jacob Wittmer Hartmann)

(7) 震瀛譯〈蘇維埃俄的教育〉(原篇名："Lunacharsky on Soviet Education")

(8) 震瀛譯〈蘇維埃俄羅斯的勞動組織〉(原篇名："Organization of Labor in Soviet Russia")

(9) 震瀛譯〈蘇維埃政府的經濟政策〉(原篇名："The Economic Policy of the Soviet Government")

(10) 列寧原著，震瀛譯〈過渡時代的經濟〉(原篇名："Economics of a Transition Period," by N. Lenin)

(11) 震瀛譯〈批評羅素論蘇維埃俄羅斯〉(原篇名："Editorials")

(12) 袁振英譯〈羅素——一個失望的遊客〉(原篇名："Concerning a Disappointed Traveler," by JB)

(13) 震瀛譯〈俄羅斯的教育狀況〉

(14) 震瀛譯〈文藝和布爾塞維克〉(原篇名："Art and the Bolsheviki")

(15) 震瀛譯〈赤軍教育〉(原篇名："Cultural Work in the Red Army")

(16) 震瀛譯〈中立派大會〉(原篇名："Non-Party Conferences," by A. Myasnikov)

(17) 震瀛譯〈俄國「布爾塞維克」和勞動的女子〉(原篇名："Russian 'Bolshevism' and the Working Women," by N. Bucharin)

(18) 震瀛譯〈蘇維埃俄羅斯的勞動女子〉(原篇名："Working Women in Soviet Russia," by Helen Blonina)

(19) 震瀛譯〈蘇維埃俄羅斯的女工〉(原篇名："Women Workers in Soviet Russia")

(20) 震瀛譯〈俄國赤軍中的女子〉(原篇名："Russian Women in the Red Army")

(21) 震瀛譯〈羅素與哥爾基〉(原篇名："Editorials")

(22) 震瀛譯〈俄國女子的狀況〉(原篇名："The Condition of Working Women in Soviet Russia")

(23) 震瀛譯〈家庭和傭備的女工〉

(24) 震瀛譯〈俄國底社會教育〉

(25) 震瀛譯〈蘇維埃政府底保存藝術〉(原篇名："The Soviet Power and the Preservation of Art," by A. Lunacharsky)

(26) 震瀛譯〈列寧與俄國進步〉(原篇名："Lenin and Russian Progress")

(27) 袁振英譯〈俄羅斯〉(原篇名："Russia," by Georg Brandes)

圖九　美國社會黨黨徽

國革命人民與十月革命後的蘇維埃俄羅斯必須緊緊團結」和「全世界無產階級團結起來」。[139]後來，這個圖案還被用作1922年上海共產黨員創刊的「新時代叢書」(商務印書館出版)的刊物封面(例如：高畠素之著，夏丏尊、李繼楨譯：《社會主義與進化論》，1922年)。[140]可見，它是早期共產黨的象徵性圖案。

　　不過，這個圖案並非《新青年》同人自己設計出來的，而是模仿了美國社會黨(Socialist Party of America)的黨徽(見圖九)。按照一般解釋，美國社會黨於1901年成立後，吸納各種社會主義勢力，至1910年代達到鼎盛時期，在幾個地方議會和地方首長選舉中獲勝，在1912年的總統選舉全國投票中，該黨候選人德布斯(Eugene V. Debs)曾贏得美國社會主義政黨歷史上最多的百分之六的選票。第一次世界大戰時，主流派堅持反戰立場，部分幹部遭逮捕入獄。俄國革命後，1919年該黨分裂為三派〔社會黨、共產黨(The Communist Party)、共產主義勞動黨(The Communist Labor Party)〕，以後逐漸衰退。看來，上海的《新青年》的同人們——他們正在開始結成共產黨的活動——不知通過什麼途徑得到了美國社會黨的刊物，看中了該黨的黨徽。

　　美國社會黨的這個黨徽，曾用於其非正式機關刊物《國際社會主義評論》(The International Socialist Review，發行地：芝加哥)的插

圖；但該雜誌於1917年被禁止發行後（1918年2月號後停刊），[141]只有查爾斯‧H‧克爾出版社（Charles H. Kerr & Co.）[142]用於部分小冊子的封面。在1920年前後能夠得到的小冊子中，比如克爾（Charles H. Kerr）的《何為社會主義》（*What Socialism Is*）[143]的封面使用了這個圖案。上海的陳獨秀等《新青年》同人很可能參考了這些小冊子。1910年代的美國，社會主義和共產主義運動活躍，因此出版了許多有關社會主義的刊物。受俄國革命的影響，在歐美先進國家當中，美國成立共產主義政黨特別早（如「共產主義勞動黨」和「共產黨」都成立於1919年9月），[144]可見美國特別關注俄國革命。而產生這些共產主義政黨的美國左翼也早就為了出版社會主義書籍而設立了出版社，其代表就是芝加哥的查爾斯‧H‧克爾出版社。

在20世紀初期，日本的社會主義者們也主要從查爾斯‧H‧克爾出版社購得英語書籍。日本早期社會主義者山邊健太郎談到這方面的情況時這樣説：

> 那個時期，社會主義的書籍總共就那麼十幾冊，其他的就必須讀英語書籍了。英語書來自美國芝加哥的查爾斯（以下不清楚——原注）書店。從明治時期到大正時期，日本的社會主義書籍都是從那裏來的。[145]

20世紀20年代中期翻譯馬克思著作的柯柏年（原名李春蕃）説，當時，「向專門出版馬克思主義著作的芝加哥克爾書局（Charles H. Kerr & Co.）購買了一批包括英譯本《資本論》在內的書」，[146]證明中國的社會主義者也曾從查爾斯‧H‧克爾出版社購書。據説，1920年下半年，陳獨秀曾經把考茨基《階級爭鬥》（*Das Erfurter Programm*）的英文版寄給在武漢的惲代英，請其翻譯[147]（惲代英翻譯的漢語版於翌年1月出版）。而該書英文版最普及的是克爾出版

社的版本，[148]因此，陳獨秀寄給惲代英的該書英文版很可能就是從克爾出版社購得的。

綜上所述，1920年9月復刊後的《新青年》的變化之一，就是來自美國的社會主義書籍取代了來自日本的同類書籍而發揮了顯著的影響。同年下半年以後，隨着創建共產黨的進程正式開始，急劇傳入中國的英語布爾什維克主義書籍，逐漸成為中國共產主義者主要的消息來源。

2 《共產黨》雜誌介紹歐美社會主義文獻

《共產黨》月刊是以陳獨秀為中心的上海共產主義小組於1920年11月創辦的黨內機關刊物，從其名稱可以看出，該刊物的創刊在中國共產黨成立過程中具有重大意義。我們將在下文（第三章第三節）敍述它具有怎樣的重大意義，此處，主要通過探討其與歐美的英語版社會主義文獻的關係，來分析該刊物在接受布爾什維克文獻方面所發揮的作用。

首先看其裝幀（見圖十）。《共產黨》月刊在封面上方以大號字配以英文 *The Communist*，其下載卷首論文。把卷首論文登在封面上，這在當時的中國期刊裏是很少見的形式，更不用説刊物名稱用大號英文印刷了。實際上，這種形式與上述《新青年》的封面一樣，也是有原型的，那就是當時在倫敦刊行的英國共產黨的黨刊 *The Communist*（見圖十一）。兩者形式如此相似，幾乎讓人以為《共產黨》就是 *The Communist* 的漢語版。很明顯，在封面上刊登卷首論文的形式，也是模仿了 *The Communist*；而《共產黨》裏面刊載有譯自 *The Communist* 的文章，則證明了封面相似並非偶然。[149]也就是説，與《新青年》一樣，陳獨秀等《共產黨》的編輯們，通過某種途徑得到了英國共產黨的黨刊，於是將其形式用於自己的刊物。

圖十　《共產黨》月刊封面

圖十一　英國共產黨黨刊
The Communist 的封面

　　看看《共產黨》的內容會發現，譯自歐美的社會主義刊物、文獻的文章佔了很大比重，與《新青年》一樣，其來源之一是《蘇維埃·俄羅斯》，譯自此刊物的文章詳細介紹了革命後蘇聯的現狀以及布爾什維克領導人的動向（見表二）。特別引人注目的是第1號上譯載的〈列寧的著作一覽表〉，這是第一次把列寧的著作目錄以比較完整的形式介紹到中國。

　　列寧的代表性著作《國家與革命》（第4號，僅譯該書第一章）、《美國共產黨黨綱》、《美國共產黨宣言》（皆載於第2號）、《加入第三次國際大會的條件》（第3號）等，無疑都是創建共產黨的重要指針。追蹤這些中譯的英文底本可以發現，《國家與革命》譯自《階級鬥爭》（*The Class Struggle*，美國的社會主義期刊）1919年2月號，[150]《美國共產黨黨綱》和《美國共產黨宣言》譯自《共產黨》（*The Communist*，美國統一共產黨的黨刊）1920年6月12日號，[151]《加入第三次國際大會的條件》譯自《國家》雜誌（*The Nation*，美國的綜合性期刊）1920年10月13日號，而《共產國際聯盟對美國

表二 《共產黨》所載記事——Soviet Russia 翻譯對照表

Soviet Russia 卷－號 刊行年月	2-14 20.04. 03	2-15 20.04. 10	2-19 20.05. 08	2-24 20.06. 12	2-25 20.06. 19	3-1 20.07. 03	3-4 20.07. 24	3-5 20.07. 31	3-6 20.08. 07	3-7 20.08. 14	3-8 20.08. 21	3-9 20.08. 28	3-10 20.09. 04	3-13 20.09. 25	4-1 21.01. 01	4-2 21.01. 08
《共產黨》 1 1920.11		(1)(2)		(3)							(4)	(5)				
2, 1920.12	(6)		(7)		(8)											
3, 1921.04													(9)(10)			
4, 1921.05															(11);	(12)
5, 1921.06																
6, 1921.07																

〔補注〕《廣東群報》1921年6月20日的廣告（「共產黨月刊第四期已到了，第三期快速到了」判斷，第三期的實際刊行時間為6月中旬，第3期的實際刊行時間比第4期提要晚一點！

《廣東群報》轉載《共產黨》第3期的文章始於1921年7月27日的〈載入第三次國際大會的條件〉，據此認為第3期的實際刊行時間是1921年7月。

從《廣東群報》1921年9月2日的廣告（「共產黨月刊第五期到了」判斷，第5期的實際刊行時間為8月下旬。另，第6期的實際刊行時間被認為是1921年8月下旬到9月（姜沛南、陳衛民：〈中國勞動組合書記部成立於「一大」以後〉，《近代史研究》，1987–2）。

(1) 震寰譯〈為列寧〉（原篇名："For Lenin," by Georges Sorel）
(2) 震寰譯〈列寧的著作一覽表〉（原篇名："A List of Lenin's Works"）
(3) 震寰譯〈共產黨第九次大會〉（原篇名："Ninth Congress of Communist Party"）
(4) 列寧演說，震寰譯〈俄羅斯的新問題〉（原篇名："New Problems for Russia," by N. Lenin"）
(5) 震雷譯〈俄羅斯的共產黨〉（原篇名："The Communist Party in Russia," by Arvit Hansen）
(6) 震瀛譯〈赤軍及其精神〉（原篇名："The Red Army and Its Spirit," by Lt. Col. B. Roustam Bek）
(7) 震瀛譯〈中國與俄國〉（原篇名："Our Neighbor China," by Lt. Col. B. Roustam Bek）
(8) 震瀛譯〈無產階級的哥薩克忠告世界的工人〉（原篇名："Appeal of the Proletarian Cossacks to the Workers of the World"）
(9) 震瀛譯〈莫斯科第一次工人的自由市府〉（原篇名："The First Workers' Commune in Moscow"）
(10) 震瀛譯〈波蘭共產黨忠告世界工人〉（原篇名："A Polish Communist Appeal"）
(11) P生譯〈勞農俄國的教育〉（原篇名："The Educational Work of Soviet Russia [An Interview with Lunacharsky]," by W. McLaine）
(12) 吉生譯〈勞農俄國的勞動婦女〉（原篇名："Working Women in Soviet Russia [Seamstress Nikolayeva]," by N. N.）

IWW的懇請》(第二號)譯自《一大工會月刊》(*The One Big Union Monthly*，美國世界產業工人同盟的刊物) 1920年9月號。[152] 僅從此處所舉即可看出，上海的共產主義者們收集了各種各樣的美國報刊，從自由主義色彩的《民族》到共產主義派的《階級鬥爭》、《共產黨》都有。

翻譯上述文章的是「P生」，就是後來在中國文學史上大名鼎鼎的茅盾即沈雁冰。這個時期，他在商務印書館的《小說月報》做編輯，同時發揮他深厚的語言功底參加了共產主義小組的活動。他這樣回憶翻譯列寧《國家與革命》時的情景：

> 我翻譯了列寧的《國家與革命》第一章，這是從英譯的《國家與革命》轉譯的。我只譯了第一章，便感到，對於馬克思主義的經典著作沒有讀過多少的我，當時要翻譯並譯好《國家與革命》，是很困難的。於是也就知難而退，沒有繼續翻譯下去。[153]

茅盾的回憶有不準確的地方。他把只翻譯了第一章的原因歸於自己能力有限，而實際上，他當時據以參考的英文刊物《階級鬥爭》上原本就只有第一章。這且不提，正如茅盾所說的那樣，當時要理解列寧的著作，確實必須有相當的馬克思主義知識，並非僅語言功力強就可以做到。

儘管翻譯上存在這樣的困難，上述布爾什維克主義文獻的翻譯，其意義是巨大的。關於這一點，茅盾曾說：「通過這些翻譯活動，我算是初步懂得了共產主義是什麼，共產黨的黨綱和內部組織是怎樣的……」[154] 也就是說，中國的共產主義者們，通過接觸這些英文布爾什維克主義文獻，對共產主義運動和「共產黨」這個組織的形態，總算有了一個比較清晰的認識，而這是從日語社會主義文獻中不可能得到的。從對雜誌的封面和形式的模仿可以清

楚地看到，上海的共產主義小組在借助於外國的共產黨（美國共產
黨、英國共產黨）來摸索中國國內未曾有人組織過的共產主義運動
以及「共產黨」的形態，對此，我們當然應該予以關注。事實上，
較早地受布爾什維克主義影響而強調「無產階級專政」和「政治運
動」的美國共產黨的章程、綱領的精神，經過翻譯，改變了上海的
共產主義運動，使其由對馬克思主義學說的學術性研究，變為對
列寧式運動論和組織論的吸收。

　　通過以上考察可知，1920 年下半年以後傳入中國的布爾什維
克主義文獻，並非直接來自蘇俄，而是來自歐美的英語文獻，借
用日本國際共運史專家山內昭人的話來說，這是「國際化了的布爾
什維克主義」[155]向中國的傳入。我們現在可以分四點來概括其歷
史背景：(1) 當時，中國和蘇俄間的交通、通訊因西伯利亞和遠東
地區的內戰而時常處於隔絕狀態，而北京政府對有關革命俄國的
消息實行管制，也使有關俄國的書籍難以流通；(2) 在美國，俄國
的移民和流亡革命家較多，這使有關俄國革命的消息能夠迅速傳
播，其結果，共產黨的成立（包括分裂、合併）也較早；(3) 日本
的社會主義者們，有關社會主義、馬克思主義的一般知識雖然較
豐富，但對俄國革命以及布爾什維克主義的理解相對落後；(4) 當
時的中國社會主義者裏面，幾乎沒有懂俄語的人才，只有通過英
語文獻來了解俄國革命的形勢和布爾什維克領導人的思想。

　　布爾什維克主義在中國如此迅速地被介紹和接受的另一個可
能的理由是，由於中國的早期共產主義者與其前的國際共產主義
運動即第二國際的運動幾乎沒有任何關係，因而共產國際布爾什
維克派的國際共產主義運動，成了他們唯一能夠選擇的社會主義
運動模式。[156]歐美和日本的共產黨的創建，儘管形式不同，但都
經歷過與第二國際的繼承或決裂的過程，而中國的共產主義運動

自一開始就處於共產國際的思想影響之下。下文中，我們將以早期中共的中心人物陳獨秀為例進行探討。

3　陳獨秀與布爾什維克主義

在1920年的上海，陳獨秀是人們所公認的共產主義組織的領導人。1919年6月，他因在北京新世界遊藝場散發題為《北京市民宣言》[157]的傳單而遭逮捕，辭去了北京大學文科學長的職務，於次年2月移居上海 (法租界環龍路老漁陽里2號)，並把這裏作為推進共產主義運動的據點，直至同年12月往廣州。

上文中已經探討過，從對馬克思主義學說的研究方面來看，陳獨秀在1920年上半年並不出眾，也還沒有完全服膺馬克思主義。而在上述改變了封面的《新青年》八卷一號上發表的〈談政治〉[158]裏面，他把自己明確界定為一個共產主義者。在這篇文章裏，他說：「你談政治也罷，不談政治也罷，除非逃在深山人跡絕對不到的地方，政治總會尋着你的」，表示自己將作為馬克思主義者重新開始談論政治。可以說，這篇〈談政治〉是對此前的《新青年》提出的巨大挑戰。因為，《新青年》雜誌的出發點本來是「蓋改造青年之思想，輔導青年之修養，為本誌之天職。批評時政，非其旨也」，[159]而該雜誌之所以能夠抓住許多青年的心，不是因為批評政治，而正是因為鼓吹思想和意識的戲劇性改造。考慮到《新青年》的這樣一段歷史，〈談政治〉就不僅是陳獨秀轉變為馬克思主義者的宣言書，同時也預示着《新青年》的內在性質將發生變化。

〈談政治〉的內容讓人多少感到有些唐突。文中並沒有說明什麼是馬克思主義，就承認了「列寧的勞動專政」，並主張通過「階級戰爭」和「政治的法律的強權」打碎資產階級的舊政治。他說：

> 勞動階級要想征服他們〔各國的資產階級〕固然很難，征服後想永久制服他們，不至死灰復燃更是不易。這時候，利

用政治的強權，防止他們的陰謀活動；利用法律的強權，防止他們的懶惰、掠奪，矯正他們的習慣、思想，都很是必要的方法。……此時俄羅斯若以克魯巴特金的自由組織代替了列寧的勞動專政，馬上不但資產階級要恢復勢力，連帝政復興也必不免。

從引文可以看到，雖然略嫌粗糙，但是布爾什維克主義最基本的概念卻是不容置疑地被提示了出來。更加值得注目的是，在中國還根本未見蹤影的德國社會民主黨之類的社會民主主義勢力（修正主義、議會主義），也被認為歪曲了馬克思原意而與無政府主義一同受到長篇大論的批判。他批判說，倍倍爾（A. Bebel）死後的德國社會民主黨放棄了革命，主張議會主義，從而向權力「投降」，激烈反對馬克思的「階級戰爭說」。當然，他也認為：「中國此時還夠不上說真有這派人」；但同時也警告說：「不過頗有這種傾向，將來這種人必很有勢力要做我們唯一的敵人。」

在這篇文章裏，陳獨秀標明他引用的社會主義文獻是剛剛翻譯出來的《共產黨宣言》和李卜克內西的《莫妥協，莫政治交易》（英文版），[160] 沒有布爾什維克主義文獻。但是，由於他已經基本上把握了布爾什維克主義的概念，雖然沒有標明出處，也可以推測他曾經讀過某種文獻，或者憑他敏銳的感覺抓住了布爾什維克主義的精神。總之，這篇文章明確地表明，對陳獨秀來說，他所接受的馬克思主義從一開始就是列寧式的馬克思主義。事實上，他正式開始詮釋、介紹馬克思主義學說，是在〈談政治〉一文發表四個多月之後的1921年1月。[161] 也就是說，陳獨秀身上發生了一個奇妙的顛倒，即，他正式研究馬克思主義是在接受布爾什維克主義之後。我們很容易發現，這種顛倒之所以會出現，正是因為與以往的國際共運組織沒有任何聯繫，而這也使布爾什維克主義更容易在中國被接受。

在日本，明治時期以來的老社會主義者堺利彥在1920年談到第二國際和第三國際時曾說：「此兩種國際社會主義今後將如何對抗，或者如何融和，確實也是一出好戲」，[162]「以俄羅斯之布爾什維克為中心和正宗的國際共產黨新近興起，稱第三國際……反對也好，贊成也好，重要的是必須先了解其內容」。[163] 但是，陳獨秀等中國的社會主義者們則沒有顧慮這些的必要。在1921年1月的題為《社會主義批評》的演講中，陳獨秀主張，中國必須進行的選擇，除了俄國共產黨的道路以外，不可能有其他的道路，德國社會民主黨的道路不值一提。可以說，陳獨秀等中國社會主義者們，是直接從西方社會主義運動經過曲折後於1919年所達到的高度出發的。

4　李大釗與布爾什維克文獻

如本章第二節所述，李大釗很早就參考日語書籍介紹馬克思主義；他也是極早就對俄國革命產生共鳴，對其從世界史的角度給予高度評價的最有名的人物，這方面廣為人知的代表性論文是寫於1918年的〈法俄革命之比較觀〉、〈庶民的勝利〉、〈Bolshevism的勝利〉[164]等。李大釗評價俄國革命，是基於他自己的獨特的地理史觀和文明觀(從東西文明的角度理解俄國)。[165] 不過，僅憑這一點，當然不能全面理解李大釗如何看待俄國革命。在本章的最後，我們來看看他所利用的有關俄國革命的文獻，並對當時中國的英文版布爾什維克文獻的大致狀況及其性質進行探討。

李大釗在1918年上半年寫〈法俄革命之比較觀〉時，當然還沒有什麼能夠參考的布爾什維克書籍，因而文章的基調顯得直觀而印象化；其引用的資料來自茅原華山著《人類生活史》(弘學館書店1914年出版)、P. S. 芮恩施著《世界政治》、[166] 昇曙夢著〈從民族特

點看俄國革命與其前途〉（《日本評論》第25號，1917年5月）等，都不能算是布爾什維克主義文獻。[167] 同年12月寫的〈Bolshevism 的勝利〉，則引用了英國《泰晤士報》(*The Times*) 載 H · 威廉斯 (Harold Williams) 的通訊報道 (原刊登日期不詳)，以及《隔週評論》(*Fortnightly Review*, London) 載 F · 哈里遜 (Frederic Harrison) 的文章 (卷首論文，1918年1月)，而特別引人注目的，則是借助托洛茨基的《布爾什維克與世界和平》(即 L. Trotzky, *The Bolsheviki and World Peace* [NewYork: Boni and Liveright, Jan 1918]) 來理解俄國革命的性質，並大量引用了該書。山內昭人曾經研究過《布爾什維克與世界和平》一書在美國的刊行和日文版 (室伏高信譯：《過激派與世界平和》，上田屋1918年5月出版) 的倉促出版，以及這些版本在翻譯方面存在的問題，[168] 在這裏，讓我們依據山內的研究，來考察李大釗是如何解讀這部著作的。

首先，通過比較可以發現，李大釗依據的版本似乎不是室伏譯日文版，而是英文版。[169] 日文版誤譯頗多，室伏本人也於出版後不久即決定毀版，這是一方面的原因；而李大釗很可能持有英文版本，因為他介紹該書的一段文字即「這本書，是在瑞士作的。著筆在大戰開始以後，主要部分，完結在俄國革命勃發以前」，就是斯蒂芬斯 (L. Steffens) 為英文版所作序文的翻譯。其實，英文版的這篇序文對該書寫作時間的解釋並不準確，並且譯文和結構也存在很多問題 (出於商業目的而進行改編)。早在該書在美國出版後不久，美國一個社會主義者指出這些缺點說：「托洛茨基當時並沒有認為自己是一個布爾什維克，也並沒有用布爾什維克和孟什維克的標準，而是用民族主義和國際主義的標準來劃分俄國的。……如果說〔美國出版托洛茨基的這本書〕尚有一個意義的話，那就是，這本書表明了托洛茨基並不是德國的爪牙，而是一

個國際主義者、革命的社會主義者。」實際上，正是英語版表明的這「一個意義」原原本本地成為了李大釗理解俄國革命的基本標準。李大釗從該書得出的結論如下：

> 可知陀羅慈基〔托洛茨基〕的主張是拿俄國的革命做一個世界革命的導火線。俄國的革命，不過是世界革命中的一個，尚有無數國民的革命將連續而起。陀羅慈基既以歐洲各國政府為敵，一時遂有親德的嫌疑。其實他既不是親德，又不是親聯合國，甚且不愛俄國。他所愛的，是世界無產階級的庶民，是世界的勞工社會。[170]

也就是說，在李大釗的眼裏，托洛茨基作為俄國革命前一名國際主義者的形象與作為布爾什維克政權領導人之一的形象互相重疊，他就是由此出發來理解俄國革命的性質的。斷章取義地引用布爾什維克政權領導人的講話來解釋俄國革命，這種做法是當時的一般傾向，並不限於中國，也是美國商業出版界大肆炒作托洛茨基這本書的理由之一。雖說解釋的方向有點不同，但李大釗也是從托洛茨基在俄國革命前的言論(恐怕李大釗還不知道托洛茨基在寫這本書時還不是布爾什維克)中看到了布爾什維克政權的性質，從而對俄國革命產生了共鳴的。這種解讀方式(不可以簡單地視為誤解)，使他對俄國革命有了獨特的理解。

如前所述，此後的李大釗開始研究並借助日語文獻來宣傳馬克思主義，與此同時，一直關注布爾什維克領導人的動向，收集有關的英語文獻。在1921年寫的〈《俄羅斯革命的過去及現在》〉[171]一文中，他列出了三種當時可以見到的列寧和托洛茨基的著作(英文版)。其中列寧的著作有：(1)《無產階級的革命》(紐約共產黨印書社印行)；(2)《蘇維埃政府的要圖》(紐約 Rand School 印行)；(3)《國家與革命》。托洛茨基的著作有：(4)《多數派與世界平

和》;(5)《俄國革命史》;(6)《無產階級革命》。這裏面,1和6是
同一部著作,故共計五種。[172]到了這個時期,李大釗關於布爾什
維克的知識已經豐富得多,比如托洛茨基曾經是孟什維克等。這
大概都是他閱讀英文版文獻的結果。在上述五種布爾什維克文獻
中,《無產階級的革命》尤其值得注目。因為這部著作在質和量兩
方面,在當時美國普及的文獻中都是出類拔萃的,因而被稱為美
國社會主義者研究和把握俄國革命及布爾什維克主義的集大成之
作,山川均等日本的社會主義者也認為是理解俄國革命最好的參
考書。[173]值得注目的另一個理由是,中共在1921年至1922年通過
人民出版社刊行的「列寧全書」、「康民尼斯特叢書」(參閱本書附
錄二〈中國社會主義書籍簡介〉之 A 34、35)的底本就是該書收錄
的〈蘇維埃的活動〉("The Soviets at Work",即〈蘇維埃政權的當前
任務〉)等文章。與日本一樣,這本書無疑對中國知識分子理解布
爾什維克主義起到了巨大作用。

小結

　　本章就馬克思列寧主義在中國的傳播如何深受同時期日本、
歐美(特別是美國)社會主義的影響進行了探討。就馬克思主義的
傳播與日本的關係而言,表現為恰在此時期復甦的日本的社會主
義思潮向中國水滿而溢;更廣泛地看,則是近代西方思想以日本
為中轉站在東亞傳播的歷史的重要一幕。而布爾什維克主義在中
國之被接受與歐美社會主義之間的關係,可以説是世界性的「思想
鏈條」的一環。如果説共產主義運動是一場沒有國界的運動,那
麼,中國的共產主義運動從開始接受社會主義學説到取得有關俄
國革命和其領導人動向的信息,以至於摸索共產主義運動的形
態,都與世界社會主義思潮和世界性共產主義運動密不可分。

　　粗略地看，馬克思主義在中國被接受的過程中，首先借助了日本的馬克思主義研究，而後借助了美國的共產主義運動接受蘇俄的影響，並逐步將其作為中國共產主義運動理論支柱；有關共產主義運動的文獻底本的轉向清楚地表明了這一點。大膽地講，借助日本接觸了世界新思潮的中國的早期社會主義者們，通過這種改變，開始借助蘇俄看世界了。而從《新青年》雜誌的體裁、內容的戲劇性變化可以看得很清楚，這種改變在1920年下半年首先始於上海。再回頭看譯自《蘇維埃‧俄羅斯》雜誌的文章的對照表（表一），我們首先發現的是，漢語譯文的發表順序與《蘇維埃‧俄羅斯》上發表的原文順序不一致，有的甚至是顛倒的。這個事實只有一個解釋，那就是，《新青年》同人用做底本的《蘇維埃‧俄羅斯》雜誌，並非定期購閱，而是於某個時期（大概是1920年下半年以後）分幾次集中購進的。

　　《新青年》雜誌同人於1920年下半年集中購進《蘇維埃‧俄羅斯》，標誌着歐美的布爾什維克文獻在這個時期的急劇傳入。那麼，是什麼使其成為可能呢？日本的社會主義者們有片山潛從美國往日本寄送布爾什維克文獻，而中國的社會主義者們似乎沒有這樣的條件。當然，上海是當時東亞最大的國際都市，原本就有可能住有追隨社會主義或布爾什維克主義的外國人。比如，住在上海、向《星期評論》投稿紀念勞動節的英國籍俄國人李澤洛維奇（Jack Lizerovitch），據說就是一位與歐美的社會主義者有聯繫的社會主義者。[174] 不過，更應予以關注的，還是來自蘇俄方面的推動，即自1920年4月魏金斯基受俄共（布）遠東局符拉迪沃斯托克分局派遣來華以後，蘇俄和共產國際的使者們帶來的影響。他們的活動，才是使中國社會主義者們的活動改變為符合布爾什維克主義的實際行動、並引導其走向創建共產黨的最大原因。

第二章

蘇俄、共產國際與中國共產主義運動

第一節　鮮為人知的「密使」

1　蘇俄接近遠東

　　俄國共產黨(布)(以下簡稱「俄共」)和共產國際對中國正式開展工作，始於1920年春派遣格里戈里‧N‧魏金斯基(Grigory Naumovich Voitinsky)一行從符拉迪沃斯托克到中國。不過，魏金斯基赴華，既是試圖影響中國社會主義運動的開始，同時也是俄共和共產國際一直推行的接近西伯利亞和遠東工作的一個結果。讓我們首先從共產國際第一次大會(1919年)開始，對魏金斯基赴華前的背景作一回顧。

　　1919年3月，還在俄國革命後的內戰和干涉戰爭硝煙四起的時候，由俄共主導在莫斯科召開了一次世界性大會，旨在創建第三國際(共產國際)以取代以往的社會主義國際。在這次有紀念意義的大會上，沒有安排時間討論、事實上也沒有怎麼討論殖民地問題和東方問題，但與會者中卻有兩名中國代表。他們是劉澤榮

(劉紹周)和張永奎，[1]其中劉澤榮受到了列寧的接見，還在大會上發了言。[2]他們的身份是「中國社會主義工人黨」(Chinesische Sozialistische Arbeiterpartei)[3]的代表。但是，這個黨不是中國本國的組織。他們是僑居俄國的中國人，「中國社會主義工人黨」是為了參加大會而成立的紙上政黨。

當時，在俄國領土上，有40萬至50萬中國人居住在西伯利亞、遠東一帶。他們中的許多人是第一次世界大戰時的勞工，據說，俄國革命爆發時，僅莫斯科就有3,000中國人。[4]革命後，部分中國僑民也響應革命而成立了各種組織，其中比較活躍的就是劉澤榮和張永奎等留學生組織的「中華旅俄聯合會」(Союз Китайсих Граждан в России，1917年4月成立於彼得格勒)，以及十月革命後由該組織發展而成的「旅俄華工聯合會」(Союз Китайсих Рабочих в России，1918年12月成立於莫斯科，會長是劉澤榮)。這個聯合會受到蘇維埃政府的承認，一方面幫助貧困的中國工人回國，同時作為事實上的中國人的共產主義組織開展活動。[5]劉澤榮等在共產國際第一次大會上所代表的「中國社會主義工人黨」，就是這個「旅俄華工聯合會」。

其後，「旅俄華工聯合會」擴大了活動規模，並建議蘇維埃政府向中國派遣代表，同時，1920年6月25日在會內成立了「俄國共產華員局」〔Центральное Организационное Бюро Китайских Коммунистов при РКП (б)，7月1日得到俄共中央委員會承認〕，成為實際上的黨組織，7月，共產國際召開第二次大會時，這次派出了劉澤榮與安龍鶴(An En-hak)(圖十二)，作為「中國工人黨中央局」(Zentralbureau der Chinesischen Arbeiterpartei)的代表。[6]在這次大會期間的7月25日，劉澤榮還在莫斯科與馬林(H. Maring)和朴鎮淳(D. Pak，朝鮮革命家)就在上海設立共產國際執行委員會遠東局一事進行了協商。[7]人們都知道，共產國際第二次大會討論

圖十二　安龍鶴畫像

的重要議題是「民族問題」和「殖民地問題」，在這次大會上共產國
際開始把眼光朝向東方[8]（共產國際指導的「東方各民族代表大會」
於此次會議後的9月在巴庫召開）；殊不知，與此同時，在俄國的
中國共產主義者已經成立了自己的共產主義組織，並參加了共產
國際的活動，還為在遠東和中國國內開展工作而加緊準備着。

　　另一方面，在內戰仍在激烈進行、列強的革命干涉軍隊仍未
撤退的西伯利亞和俄國遠東境內，從1919年初也開始了對遠東各
國的接觸。1919年3月，俄共第二次西伯利亞代表大會在鄂木斯
克秘密召開，會上提出要在遠東設立俄共中央委員會西伯利亞局
的情報宣傳機關，以「與東方及美國的共產主義者保持聯絡，組織
同他們交換情報的工作，進行書面和口頭的宣傳煽動工作」。[9]該
局成員之一加蓬（F. I. Gapon）於同年6月18日寫的專題報告稱，
必須在西伯利亞局下面設立一個遠東各國（包括中國）代表參加的
東方局。加蓬的計劃還包括與遠東各國的革命勢力建立密切關

係，並對要在這些國家建立共產黨的組織進行援助。[10]有人説，「1919年是蘇俄與外部世界完全孤立的一年」，[11]就西伯利亞來看，托木斯克、鄂木斯克、伊爾庫茨克這些重要城市確實還在反布爾什維克勢力的控制之下；但是，西伯利亞的布爾什維克們已經把視線投向遠東。

在這種情形下，曾在俄國遠東和西伯利亞一帶活動、當時正在莫斯科躲避的威廉斯基 — 西比利亞科夫 (V. D. Vilensky-Sibiryakov，俄共黨員)，於8月向俄共中央委員會提出了有關在東亞開展共產主義工作的提綱，不久獲政治局批准，並被任命為外交人民委員部遠東事務全權代表，離開了莫斯科。他赴任時接受的使命是：(1) 鑒於日本、美國、中國三國的利益發生衝突，要採取一切可能的手段來加劇這種衝突；(2) 喚起中國、蒙古和朝鮮的廣大人民群眾爭取擺脫外國資本家壓迫的自覺行動；(3) 努力支援東亞各國人民的革命運動，與日本、中國和朝鮮的革命組織建立牢固的聯繫；(4) 積極幫助朝鮮人和中國人建立游擊隊組織。[12]威廉斯基 — 西比利亞科夫於9月進入西伯利亞，在那裏活動到年底；後來，伊爾庫茨克建立了蘇維埃政權 (1920年1月)，他遂於2月14日攜楊松 (Ya. D. Yanson) 抵達伊爾庫茨克，後再赴符拉迪沃斯托克，並留在了那裏。[13]這時，符拉迪沃斯托克的俄共遠東局 (此時仍處於地下狀態) 在1月剛剛發給黨中央委員會的信中通報説，準備與中國革命家建立經常性聯繫。[14]在這種形勢下，威廉斯基不僅出席了在尼科里斯克召開的俄共遠東地區代表會議，向駐紮符拉迪沃斯托克的日本軍司令官提議日本與蘇俄建交等，[15]忙於解決遠東的懸案，後來還親自去了中國 (後敍)。同年4月，魏金斯基一行由符拉迪沃斯托克出發去中國，就是威廉斯基 — 西比利亞科夫指示的。

2　魏金斯基之前的「使者」（一）──布爾特曼

在敍述魏金斯基訪華之前，有必要對曾先於魏金斯基在中國活動的幾個革命派俄國人（包括非布爾什維克）進行考察。這些人中的大部分，我們只能在零星的警方記錄或回憶錄中知道他們的存在；事實如何，撲朔迷離。不用說，他們並不一定是有組織地活動，所以，幾乎沒有關於他們的正式記錄留存下來。又由於西伯利亞、遠東的政治形勢和革命形勢異常複雜，他們的背景關係也不易理清。儘管如此，把支離破碎的記錄拼接起來，也還是能夠依稀看得出他們的形象。[16]

作為與中國的社會主義者（李大釗）最早進行接觸的俄國使者，布爾特曼（N. G. Burtman）這個俄國人的名字並不陌生。布爾特曼在加魯尚茨（Garushiants）於原蘇聯時期進行的研究中最早被提及，又因邁斯納（Meisner）的《李大釗與中國馬克思主義的起源》[17]而為一般學者所熟知。邁斯納的這部著作開闢了美國李大釗研究的濫觴。加魯尚茨和邁斯納對布爾特曼的記述，都是以繆勒爾（A. A. Muller）1957年寫的回憶錄[18]為依據的，據說繆勒爾曾與布爾特曼共同在中國工作過。繆勒爾這樣回憶道：

> 早在我到達以前，布爾特曼已經與天津和北京的高等院校裏的進步學生建立了廣泛的聯繫，也與李大釗教授建立了密切的個人關係。布爾特曼稱李大釗是一個傑出的馬克思主義者。……當我在1919年9月與布爾特曼會面時，他依然和學生們保持聯繫，幾乎每天晚上，都有各種團體到我們的公寓來。
>
> 我們向中國學生們介紹了列寧的《帝國主義是資本主義的最高階段》，並經常討論有關中國的問題。……1920年1月初，在我們離開中國之前，一個由四名學生組成的小組已經與碼頭工人確立了聯合，並已開始從事組織工會的實際工作。[19]

看來，1919年前後，布爾特曼等已經與李大釗等中國的先進知識分子有了接觸。但是，由於繆勒爾當時的行蹤不清楚，難以推斷更具體的時期。

據後來出版的布爾特曼的傳記[20]載，布爾特曼1900年生於敖德薩。1915年前後全家遷居哈爾濱，布爾特曼在哈爾濱上中學時得知十月革命爆發的消息，1918年夏成為俄共哈爾濱秘密支部的成員。後就讀於符拉迪沃斯托克大學，1919年2月因煽動學生運動被開除。回哈爾濱後，他繼續從事地下工作，3月接受哈爾濱的布爾什維克組織的指示赴華北進行革命活動。他到天津後，在俄籍美國人斯坦因伯格經營的公司（可能是石德洋行〔Steinberg & Co.〕）工作，同時與天津、北京的學生以及李大釗、鄧中夏等接觸（1919年春）；1920年1月15日接受組織決定離開天津。在這部按繆勒爾回憶錄寫就的傳記中，布爾特曼與李大釗有過兩次接觸，都有相關的具體數字，但是沒有注明根據所在。

這部傳記給人的印象是，布爾特曼被派往中國內地，是布爾什維克有組織的活動的一環，這點卻頗令人懷疑。因為，布爾特曼逝世（1921年初）後的悼詞中只寫到，他被驅逐出符拉迪沃斯托克大學後，「返回哈爾濱，在鐵路工人中進行地下宣傳鼓動工作，1919年初加入俄國共產黨。1919年中期，高爾察克發動軍事攻勢，他不得不逃往中國」。[21]關於布爾特曼與李大釗等中國人的交往，悼詞也隻字未提。再加上，在布爾特曼所屬的俄共中央委員會西伯利亞局東方民族處於1920年12月寫成的報告[22]中，列舉了幾個曾經在中國活動的俄國人，卻根本沒有提到布爾特曼的活動。考慮到上述繆勒爾的回憶錄是在為中國革命獻身的李大釗被讚譽為「中國馬克思主義之父」後才寫就的，我們難以斷言布爾特曼和繆勒爾接觸的就是李大釗其人。縱然他們確實與中國知識分子接觸過，恐怕也不是有組織的活動，而是布爾特曼個人交際範圍內的事。

　　布爾特曼在1920年初取道蒙古回國，3月初到達上烏丁斯克（現烏蘭烏德），成為遠東共和國政府的一員，同年6月抵達伊爾庫茨克，在俄共中央委員會西伯利亞局工作，該局設東方民族處後，就任該處主席，主持該處的日常工作，直至去世。[23]

　　事情可能是這樣的，即，布爾特曼就任東方民族處主席，與他在中國內地的活動經歷恐怕不無關係；而他任上工作突出，所以就倒過來把他過去的經歷也一並解釋為曾經與中國社會主義者有交往。

3　魏金斯基之前的「使者」（二）── 波波夫、阿格遼夫、波塔波夫

　　如果説布爾特曼是在華北活動的神秘「使者」，那麼，以上海為中心開展地下活動的，則是波波夫、阿格遼夫、波塔波夫這三個俄國人。讓我們首先來看波波夫。[24]

　　查普曼（H. O. Chapman）在1928年出版的《中國革命》一書中，第一次披露了蘇俄密使「波波夫」（M. Popov）的名字。該書稱，波波夫於1919年受蘇俄派遣來華調查中國情況，數月後回國提出了報告，於是，1920年蘇俄派來了使者，幫助成立了中國共產黨。[25]這個見解，後來被駱傳華所繼承，並寫進《今日中國勞工問題》（青年協會書局1933年出版）一書（第39頁）中：「1919年俄人包樸甫到上海調查中國有無傳布共產主義的可能性。1920年蘇俄共產黨遂派員至中國，協助組織中國共產黨。」

　　根據英美的外交文件和上海公共租界工部局的文件，波波夫（別名「斯莫爾斯基」〔Smolsky〕）一共來過上海四次。第一次是在1918年5月和波德偉斯基（Podvoisky）一起從俄國到上海；後來，1919年五四運動時來過一次，1920年（年初和7月）來過兩次。據説，他來華前的身份是俄國阿穆爾軍區的現役軍人，派其來華的是該軍區布爾什維克組織，或者蘇維埃政府外交人民委員部東方

司司長沃茲涅先斯基(A. Voznesensky);他計劃在上海建立情報局,主要接觸的是張墨池、景梅九等無政府主義人士,與當時正在上海的孫中山也有所接觸。[26] 日本外務省的文件[27]也報告説,波波夫與上海的「過激派機關報」〔Shanghai Life〕(關於俄語《上海生活》報後敍)有關係;還有消息説,1920年10月,他負責與日本社會主義運動之間的聯絡工作。

關於波波夫活動的資料只有以上警方記錄,沒有發現派他來華的俄國方面的文件。警方資料有一個傾向,那就是,把一切可疑的俄國人都看成布爾什維克或「過激派」;因此,這些資料不一定準確地記錄了波波夫的活動。不過,波波夫與魏金斯基來華後正式展開的上海的共產主義運動有某種程度的關係,這一點應該是事實。但是,也不能因此就斷言,他在1918年至1919年來華時,已經是接受了布爾什維克組織任命的正式「使者」。與上述布爾特曼一樣,他的來華和活動,與其説是有組織的,也許僅僅是出於他個人的思想傾向。順言之,波波夫於1921年春由上海去北京,後來好像回到了符拉迪沃斯托克,[28]似乎再也沒有到中國來,也沒有任何跡象表明他參加了俄共和共產國際的對華工作。

和波波夫幾乎在同一時期開展活動的,是阿格遼夫(A. F. Agarev)。我們先來看警方有關阿格遼夫的記錄。駐上海的日本武官1920年3月的報告稱,據駐滬俄國武官的情報,「俄國人阿格遼夫正與李仁傑〔李漢俊〕、呂運亨等密籌,計劃發行俄漢兩種文字的《勞動》雜誌」。[29] 李漢俊,不用説是後來參與創建中國共產黨的中心人物之一,而呂運亨則是當時在上海的朝鮮獨立運動的著名志士。日本駐上海總領事也於同年5月報告説,「原符拉迪沃斯托克市長阿格遼夫」2月由上海經天津去符拉迪沃斯托克,數日後再度來華,5月15日旋又離開上海,經北京往符拉迪沃斯托克。[30] 看得出,這個時期的阿格遼夫頻繁穿梭於遠東各地。他的頭銜是

「原符拉迪沃斯托克市長」，而他在1918年6月末蘇維埃被政變推翻、符拉迪沃斯托克市會復活後，確實曾經做過市長，按黨派立場來說，阿格遼夫是孟什維克。[31]1920年1月，由革命諸黨派組成的沿海州地方自治政權成立後，阿格遼夫被這個臨時政權派往中國進行外交交涉，[32]他似乎就是在這個時候接觸上海的社會主義者的。事實上，在俄共方面1920年12月的報告中，阿格遼夫是被當作魏金斯基受派來華前獨自活動的俄國僑民之一來記述的。[33]但他與魏金斯基的活動有什麼關係，卻完全不得而知。

與阿格遼夫不同，波塔波夫（A. S. Potapov, 1872–？）由於為魏金斯基在中國打下了開展工作的基礎而引人注目。[34]波塔波夫原為沙俄帝國的高級將領（少將），20世紀初在遠東服役。1917年二月革命後，5月被派往中國，十月革命時正在中國，革命後轉而擁護布爾什維克，開始向蘇維埃政權提供遠東的軍事情報。一個時期似乎曾在日本，但1919年12月被日本政府驅逐出境，以後一直在中國。[35]波塔波夫在上海期間（1919年12月17日–1920年4月22日），[36]1920年3月與陳家鼐、姚作賓、曹亞伯、戴季陶、孫伯蘭等名士有過交往，據說曾計劃發行「過激主義之書報」；[37]4月末曾和朝鮮著名社會活動家呂運亨一起，到過當時有名的「社會主義將軍」陳炯明控制下的福建省漳州（閩南護法區），[38]29日與陳炯明會談，提出對陳的革命活動予以援助；[39]同年5月22日，波塔波夫還加入了中國無政府主義者、共產主義者的組織「大同黨」（後敍）。

關於波塔波夫當時的身份，曾在上海與他有過接觸的美國記者索科爾斯基（G. Sokolsky）曾向美國駐上海總領事克寧翰（E. S. Cunningham）密報說，波塔波夫「表面上像個布爾什維克，實際上並未得到真正信任」。[40]從這個角度講，波塔波夫與上述布爾特曼、波波夫沒有什麼大區別。但是，他和波波夫等的很大不同在於，他通過活動取得的情報肯定傳遞到了蘇俄方面，而這些情報很

大程度上影響了後來蘇俄的對華工作。陳炯明在接受波塔波夫的
訪問後寫給列寧的信，通過波塔波夫送到了莫斯科，並被附以「陳
炯明是最傑出的軍人之一，是受到人民稱讚的共產主義者」的注
釋，刊登在蘇俄《外交人民委員部通報》(1921年3月15日)上。[41]
人們都知道，後來蘇俄在中國最初的合作對象就是陳炯明。本書
無暇探討孫中山、陳炯明等國民黨與蘇俄之間的關係，[42]但是，
陳炯明給列寧的表示全面贊同布爾什維克的信，無疑使蘇維埃方
面給予了陳炯明很高的評價。

　　波塔波夫在上海和漳州收集的情報，有些是關於中國共產主
義運動本身動向的，也提供給了蘇俄方面。比如，1920年5月1
日，他在漳州看到當地舉行慶祝「五一」盛大活動，這種情形通過
他也報告給了上述威廉斯基─西比利亞科夫，並與他接觸過的上
海學生領袖的情況一同在威廉斯基的文章中被介紹了出來。[43]
1920年4月來華的「正式」使者魏金斯基從上海發回的報告有一段
稱，「我無法同波塔波夫取得聯繫，因為他去歐洲了，或者回蘇俄
了」，[44]看來魏金斯基來華是以取得波塔波夫的協助為前提的。而
在上海的日本諜報機關也在這個時期報告說，「波塔波夫從其頭領
『塔拉索夫』處得到資金，作為當地的過激共產黨人，正在開展活
動」。[45]根據這些情況，我們可以斷定，波塔波夫是威廉斯基─魏
金斯基這條推動中國共產主義運動的渠道上的重要環節。

　　波塔波夫還與提供布爾什維克書籍給中國知識分子一事有
關。他曾報告說，「我將小冊子交給了李列涅〔音譯〕，他把它譯成
中文並將它與我弄到手的托洛茨基的文章一起刊登在他的共產主義
刊物上」。[46]不清楚這裏所說的小冊子指的是什麼，但所謂「李列
涅」(Li Rienie, Ли Риение)就是李人傑(Li Renjie)，即指李漢俊，而
在共產主義刊物上發表的托洛茨基的文章，很可能就是在《新青年》
八卷三號(1920年11月)上翻譯發表的〈我們要從哪裏做起？〉。[47]

波塔波夫從漳州回到上海後，6月初會見了孫中山，向他介紹了蘇俄的情況。但是，孫中山與陳炯明不同，態度十分慎重。波塔波夫不久後就離開了上海，1920年秋，經歐洲回到了莫斯科。[48]

4　俄西伯利亞、遠東的對華工作機關

蘇俄的對華工作分為好幾個系統，既有國際共產主義組織的共產國際系統，也有外交方面的外交人民委員部系統，還有俄國共產黨的系統。這些系統不僅相互間關係複雜，而且因內戰局勢的發展而時常改組，僅弄清其變化過程就已經非常不容易了，再加上1920年4月在原俄國遠東境內成立了一個緩衝的遠東共和國（Far Eastern Republic），其外交部門和地方黨組織相互間沒有充分協商就分別加入了對華工作，使得情況更加混亂。上述布爾特曼、波波夫、波塔波夫等「鮮為人知的密使」們的活動背景難以澄清的一個原因，就在於這種組織系統上的混亂。很長一個時期，學者們連1920年4月來華的魏金斯基到底是俄共的使者，還是共產國際的使者也搞不清。[49]魏金斯基來華後，俄西伯利亞、遠東黨、政府、共產國際等各系統雜亂交錯的狀態仍然持續了一個時期，這使得中國共產黨創建過程也複雜起來。為了理解其之所以複雜的背景，有必要對西伯利亞、遠東的俄共地方黨組織和對華工作機關的沿革作一鳥瞰。[50]

首先看俄國共產黨的組織，即1918年12月17日成立的俄共中央委員會西伯利亞局（以下簡稱「俄共西伯利亞局」）和1920年3月3日成立的俄共遠東局。前者是為了貫徹執行在西伯利亞的所有工作，作為黨中央的直屬機關，而後者則是為了管轄即將成立的遠東共和國境內的黨組織，分別在鄂木斯克和上烏丁斯克（現烏蘭烏德）成立的，後來，隨着軍事形勢的好轉，又分別遷到新尼古拉耶夫斯克（現新西伯利亞）和赤塔。遠東局剛成立時是俄共西伯利亞局的

下級組織，同時，因為遠東全境尚未統一，在符拉迪沃斯托克也設了分局。這個符拉迪沃斯托克分局內設有外國處，作為對外工作機關。遠東局升格改組為與俄共西伯利亞局同級的俄共中央委員會遠東局（以下簡稱「俄共遠東局」），是 1920 年 8 月的事。[51]

而托木斯克的俄共西伯利亞局則於 1920 年 8 月在伊爾庫茨克設立了東方民族處，並以此為對外工作的窗口。當時，伊爾庫茨克有許多僑居俄國的中國人、朝鮮人，他們也為了成立共產主義組織而開始了活動，據說這就是設立東方民族處的背景。東方民族處的成員有岡察洛夫（N. K. Goncharov）、布爾特曼、加蓬，後來又加入了布龍斯泰因（M. N. Bronshtein），主持日常工作的是布爾特曼和布龍斯泰因兩個人。該處自一開始就按民族設置了下級科室，陣容頗整齊。下級科室有中國科（阿勃拉姆松〔M. M. Abramson〕、霍赫洛夫金〔V. Hohlovkin〕）、朝鮮科（格爾舍維奇〔Gershevich〕）等；因為沒有懂日語的人才，暫時沒有設日本科。[52]引人注目的是，中國科裏沒有中國人。據說阿勃拉姆松和霍赫洛夫金二人的漢語都很好；不過，也可能是因為在當地眾多的中國僑民中，找不到合適的共產主義者。由於各機關間的派系矛盾，東方民族處（以及俄共西伯利亞局）與俄共遠東局（以及其領導的遠東共和國政府）的關係卻並不協調。東方民族處屢屢向莫斯科遞函表示不滿，說由於遠東局和遠東共和國政府的阻撓，無法與遠東地區取得聯繫；同年秋，又直接要求共產國際將該處納入共產國際系統，以避免遠東共和國從中作梗。[53]

就在西伯利亞和遠東的地方黨組織的對外工作機關漸次形成的時候，俄共中央於 1920 年 9 月 2 日決定，把中國僑民團體在莫斯科成立的上述「俄國共產華員局」遷至遠東，改稱「遠東俄國共產華員局」，並令其與伊爾庫茨克的東方民族處直接聯絡、從事活

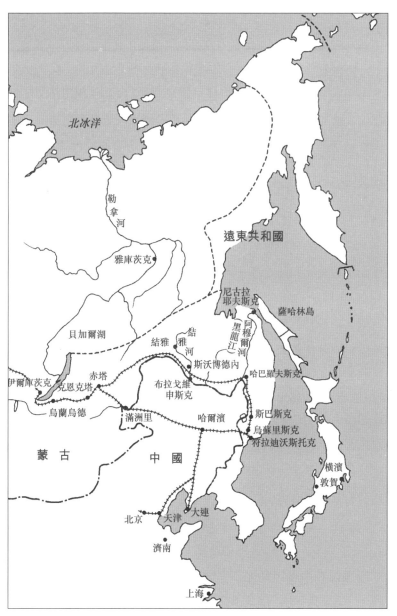

北冰洋

勒拿河

雅庫茨克

貝加爾湖

遠東共和國

尼古拉耶夫斯克

薩哈林島

結雅
結雅河

阿穆爾河
黑龍江

斯沃博德內

伊爾庫茨克

克恩克塔
赤塔

烏蘭烏德

布拉戈維申斯克

哈巴羅夫斯克

滿洲里

哈爾濱

斯巴斯克

烏蘇里斯克
將拉迪沃斯托克

蒙古

中國

橫濱

敦賀

北京

天津

大連

濟南

上海

蘇維埃俄羅斯所屬遠東周邊地圖（1920–1921年）

動。[54]該舉措大概是為了擴充該處人員。於是,誕生在莫斯科的中國人的共產主義組織終於在遠東地區獲得了從事活動的根據地。

再來看共產國際系統,其對華工作的準備工作也是自1920年下半年正式開始的。如前所述,同年7月,馬林、劉澤榮、朴鎮淳等人曾於莫斯科就在上海設立共產國際執行委員會遠東局一事進行過磋商,後來,共產國際第二次大會選出的執行委員會在8月決定,在世界各重要地區派駐駐外代表,並指定馬林為駐上海代表。[55]9月15日,該執行委員會又決定在遠東設立共產國際書記處。[56]決定作出後,上述俄共西伯利亞局東方民族處遂反覆要求把共產國際的書記處設在該處。開始時,共產國際書記處似乎準備設在遠東共和國首都、同時也是俄共遠東局所在地的上烏丁斯克(或赤塔)。[57]後來,圍繞遠東的書記處應該設在哪裏,以及如何統一山頭林立的各機關進行了反覆探索,此處不便詳述,總之最後,1921年1月,根據俄共中央委員會和共產國際分別於1月5日和15日作出的決議和決定,共產國際執行委員會遠東書記處(Дальневосточный секретариат ИККИ)設了伊爾庫茨克。根據該決定,東方民族處撤銷,其原有成員編入遠東書記處,蘇俄的外交人民委員部西伯利亞代表團的不少工作人員也納入了該書記處的機構。至此,原來分屬共產國際、東方蘇俄外交組織、黨組織的對華工作機關,基本上統一到了共產國際系統裏。

但是,東方民族處(伊爾庫茨克)和俄共遠東局、遠東共和國(上烏丁斯克、赤塔)之間的摩擦並未就此完全消釋,因為遠東共和國雖說在蘇俄控制之下,卻在以獨立國家的地位開展對華交涉。[58]遠東共和國的正式對華外交交涉,始於以優林(M. I. Yurin)為團長的代表團(名義上是商務代表團)訪華;該代表團於1920年8月26日到達北京。蘇俄和共產國際要在中國開展活動,包括文件傳遞、匯款等技術方面,不得不借助當時在北京合法活動的優

林代表團的力量。資金和情報必須經過北京—赤塔這條渠道，這就不可避免地招致了遠東共和國政府以及俄共遠東局的介入。第一位「使者」魏金斯基就是在蘇俄對華工作窗口尚未統一的時候來到中國的。

第二節　魏金斯基的活動

1　魏金斯基一行來華

作為蘇俄向中國派出的第一位「使者」、其後數次出任共產國際駐中國代表、給予中國共產主義運動以巨大影響的格里戈里·納烏莫維奇·魏金斯基，是於1920年4月從符拉迪沃斯托克被派往中國的。當時，他才剛剛27歲。派遣他的，是俄共遠東局符拉迪沃斯托克分局外國處。

魏金斯基來華，按上述蘇俄對華工作機關的演變來講，是在其中的主要機關即俄共西伯利亞局東方民族處成立以前，因此，起初可能是遠東局符拉迪沃斯托克分局獨自進行的對外工作之一。事實上，在後來東方民族處遞交給莫斯科的報告[59]（以下簡稱《報告》）中，魏金斯基一行赴中國確實被看成俄國遠東和西伯利亞城市在遠東獨自進行的行動之一。他被派往中國的1920年4月，正值身負俄共政治局使命的遠東事務全權代表威廉斯基—西比利亞科夫駐在符拉迪沃斯托克的期間，而威廉斯基的使命是「支援東亞各國人民的革命運動，與日本、中國和朝鮮的革命組織建立牢固的聯繫」；因此，威廉斯基肯定與派遣魏金斯基一事有關。當時的遠東局符拉迪沃斯托克分局勢力相當大，符拉迪沃斯托克的沿海州政府主席尼基福羅夫（Nikiforov）、交通部長庫什納列夫（Kushnarev）都是靠該分局的支持進入政府的。[60]另外，當時的符

拉迪沃斯托克儘管仍然有日本軍隊駐紮，但依然是對外交通的樞紐，這也是先於內陸的伊爾庫茨克、赤塔向中國派遣「使者」的重要背景之一。

圖十三　魏金斯基

魏金斯基（圖十三）於1893年出生於俄國維切布斯克州涅韋爾。1907年自學校畢業後，做過排字工和事務會計等，1913年為謀生計赴美，1915年加入美國社會黨。在美國、加拿大生活約五年之後，1918年春回國。他在符拉迪沃斯托克加入俄共，在西伯利亞和遠東從事鬥爭，因而遭逮捕，被判刑流放薩哈林島。服刑期間舉行暴動，1920年1月回到符拉迪沃斯托克，參加了布爾什維克的活動。[61]他不會漢語，被選拔為赴華使者，大概是因為在北美的生活使他掌握了英語，培養了他的政治觸覺。

據《報告》稱，魏金斯基一行由他本人和「兩名助手季托夫（Titov，東方學院畢業生）和謝列勃里亞科夫（B. I. Serebryakov，著名的朝鮮社會活動家）」三人全權代表。關於季托夫，只知道他是符拉迪沃斯托克東方學院[62]的畢業生；而謝列勃里亞科夫就是那位朝鮮共產主義運動史上屢見其名的金萬謙。[63]這三個人都是共產黨員。《報告》沒有明確敘述魏金斯基一行的任務，但從他們後來所從事的活動推測，他們的任務應該是調查日本、朝鮮和中國的社會運動，物色社會主義者，倘若可能，則幫助建立共產主義組織。

《報告》只說他們從符拉迪沃斯托克被派往「中國（上海）」，沒有提到所取的路線——儘管從當時的交通情況判斷，一般應該走海路。他們可能先到天津、北京，然後又去了上海，也可能徑直去了上海。不過，魏金斯基從上海發回的信[64]裏寫到經由北京收到了電報，還報告了天津的聯絡地址；所以，先到北京的可能性

要大些。當時接觸過魏金斯基的中國人的回憶錄也説，他先在北京見到了李大釗，然後按李大釗的意見去了上海。[65] 在這裏，我們就當作他先到了北京。

據以往的説法，魏金斯基一行中還有擔任翻譯的楊明齋 (旅居俄國的山東籍僑民) 和馬馬耶夫 (I. K. Mamaev)，而《報告》中沒有提到這兩個人，故在此稍加考察。一行人中有楊明齋和馬馬耶夫的説法，最早見於中共「一大」參加者包惠僧20世紀50年代的回憶錄。[66] 楊明齋出生於山東省平度縣，1901年，為生活所迫到了俄國，在俄國遠東和西伯利亞做過多種工作。也有人説，他在十月革命前後加入了布爾什維克，從事組織中國勞工的工作，回中國以前，擔任「華僑聯合會的負責人」，在符拉迪沃斯托克為俄共從事秘密工作。[67]

關於楊明齋，除包惠僧外，還有人回憶他與魏金斯基一同來北京；其中有的回憶錄還説，曾聽楊明齋本人談過魏金斯基和李大釗接觸的經過。[68] 如後文將要探討的那樣，很明顯，楊明齋也在上海與魏金斯基一同參與了創建中國共產黨的活動。所以，估計事實應該是這樣的，即開始他也許並非正式成員，但是，從魏金斯基在北京開始活動時，他就加入了進去。楊明齋後來在自己寫的個人履歷中，將自己的來華時間寫為1919年末，[69] 如果這個時間無誤，那麼，楊明齋很可能是在魏金斯基來華前因故回國，而在魏金斯基來華後又與其會合的。

關於馬馬耶夫有兩種説法，一種説法是，魏金斯基等人自北京到上海時，他留在了華北；[70] 另一種説法是，他當初就沒有加入魏金斯基一行。[71] 而後一種説法大概是正確的。因為據《報告》記載，馬馬耶夫是魏金斯基出發後留在符拉迪沃斯托克的外國處成員之一，後來又與阿勃拉姆松一起在哈爾濱從事活動。而説馬馬耶夫與魏金斯基同行的包惠僧，當時並不在北京，所以他的回

憶是否可信,值得懷疑。不過,也不能就此斷定包惠僧的回憶完全沒有根據。在1953年的回憶錄中,包惠僧說,1920年秋,馬馬耶夫來到了他當時所在的武漢,而武漢有關人士的回憶錄內容與此相符。[72]雖然至今沒有發現馬馬耶夫到過中國內地的正式記錄,但很可能他確實到過中國,並在武漢與包惠僧見過面,而包惠僧卻把此次見面與未曾直接接觸過的魏金斯基一行來華當成了一碼事。

魏金斯基在北京首先接觸的是李大釗。這時的李大釗已經對俄國革命產生了共鳴,並正在研究馬克思主義,因此二人的會面似乎是自然中事。不過,對魏金斯基來說,這是他第一次來到中國,自然應該有人把李大釗介紹給他。而這個介紹人大概是李大釗的俄國同事、北京大學的俄語和法語教師伊萬諾夫(A. A. Ivanov),或者是同為北京大學俄語教師的柏烈偉(S. A. Polevoy)。

伊萬諾夫(中國名:伊文)生於俄國,因在國內從事革命運動而逃到法國。據說,從1907年到1917年,他曾與克魯泡特金一派的無政府主義者共同活動。1917年二月革命後回國,同年9月,作為克倫斯基政府的外交代表團成員來華。十月革命後,他轉而擁護革命政權,在北京的法語報紙《北京報》(Journal de Pekin)上發表擁護蘇俄的言論;同時,自1919年9月開始在北京大學教授法語、俄語。[73]伊萬諾夫把魏金斯基介紹給李大釗一說,來自同時期在遠東活動的俄國人達林(S. A. Dalin)於1975年發表的回憶錄。[74]

主張伊萬諾夫是介紹人的說法,細究起來,都源於達林的回憶錄。不過,其他幾份資料也間接暗示了伊萬諾夫在其間發揮的作用。《報告》就把他當作魏金斯基來華前在中國獨自活動的俄國僑民之一,說他是「來自巴黎的無政府工團主義者」、「法語社會主義報紙《北京報》的事實上的編輯」;而魏金斯基從上海發回的報告中也記述到,他通過《北京報》收到了西伯利亞方面發來的電報。[75]

沒有更多的資料證實伊萬諾夫與魏金斯基的關係，但是，對於在中國沒有任何活動基礎的魏金斯基來說，「社會主義報紙」的編輯伊萬諾夫給予他的援助，哪怕僅僅是通訊方面的，也肯定是一個莫大的鼓舞。伊萬諾夫對魏金斯基一行的使命知道多少，不得而知；但是，他是李大釗的同事，有充分條件在魏金斯基和李大釗之間牽線搭橋。

與伊萬諾夫相比，柏烈偉的作用似乎大得多。魏金斯基是由柏烈偉介紹給李大釗的說法，也來自上述包惠僧的回憶錄。包惠僧說：

> 他們〔魏金斯基一行〕初到北京，人地生疏，無法開展工作。後來通過蘇俄大使館的關係，才找到北京大學俄文教授的鮑立維〔柏烈偉〕。鮑立維原是白俄而同情十月革命的。……他〔魏金斯基〕由鮑立維的介紹會見了李大釗同志，還會見了一些其他與五四運動有關的人士。[76]

這段回憶並非沒有問題。比如說蘇俄大使館也做了工作，而當時蘇俄大使館尚不存在。不過，從中卻可以看出魏金斯基在北京的活動離不開當地俄國人的協助，特別是柏烈偉的政治支持。據近年的俄國學者的研究，柏烈偉的來華時間 1917 年後半期，[77]其目的是漢學研究，同時是軍方總參謀部情報人員，代號「遠東」。[78]另外，從當時中國警方的材料看，他當時住在天津，每週數次到北京大學去講授俄語。[79]

如果說包惠僧當時並不在北京，那麼張國燾則是當時北京共產主義小組的中心人物；他的回憶要詳細一些。他說：

> 那時在中國的俄僑也有些同情蘇俄的人物，北大俄文系一位俄國籍的教員柏烈偉就是其中之一。他與李大釗先生來往頗密，常能供應一些莫斯科出版的小冊子。……他〔魏金斯基〕

以記者身份偕同旅俄華僑（具有俄共黨籍）楊明齋做助手，路經
北京，由柏烈偉介紹與李大釗先生接觸。……首先認識了李先
生，再拿着李先生的介紹信到上海去找陳獨秀。[80]

在《報告》裏，柏烈偉被當作和伊萬諾夫一樣在魏金斯基來華
以前就獨自活動的俄國僑民之一、「天津大學教授」〔原文如此〕、
共產黨員。魏金斯基在來華後寫給上級組織的幾封信中，[81]也報
告說得到了柏烈偉的積極協助。不僅如此，後來北京的優林代表
團等遠東共和國的有關使節給魏金斯基匯寄活動資金時，柏烈偉
也曾從中斡旋。[82]很明顯，柏烈偉對於魏金斯基來華後的工作，
絕不僅僅是一個介紹人。

不過，柏烈偉後來的活動情況似乎並不值得稱道。曾經與他
共同編撰過俄語語法書的張西曼說，他是一個「敗類」，一邊發
放秘密入境證明給那些希望赴俄的人，一邊貪污共產國際的公
款；後來貪污行為暴露，被勒令回國，而他害怕受處分，就逃到
美國去了。[83]當時在北京大學俄語系學習的學生也回憶說，柏烈偉
仗着有蘇俄做靠山，行為很不檢點，多次受到俄語系實際負責人
伊萬諾夫的斥責。[84]而優林也在1921年寫信指責柏烈偉處理機
密不謹慎，要求將其召回莫斯科，並給予處罰，[85]這似乎證明柏烈
偉行為不檢點並非謠傳。來自蘇俄的活動經費管理不善並非稀
罕事，同樣的問題在一部分高麗共產黨人身上也曾發生過。[86]總
之，雖說同是共產主義者，早期參加活動的人，其素質也是參差不
齊的。

2 魏金斯基在北京的活動

魏金斯基在伊萬諾夫、柏烈偉的協助下，與李大釗進行了接
觸。他們二人都談了些什麼呢？由於其後李大釗成了在北京從事

中共建黨工作的中心人物，所以，給人們的印象是，他們在初次
接觸時就商談了如何組織中國共產主義運動的問題，而實際上常
常有人這樣說，即「李大釗還和魏金斯基等在北京大學紅樓圖書館
多次討論了建立中國共產黨的問題」。[87]當然，二人的談話沒有留
下什麼記錄，此類記述無非是推測而已。但是，有一種說法使這
種推測看上去很有道理，因此在想像二人談話的具體內容前，讓
我們先對這種說法做一探討。這種說法就是通常所說的「南陳北
李，相約建黨說」，[88]即李大釗和陳獨秀在魏金斯基來華前曾就成
立共產黨進行過商議。按這種說法考慮，李大釗早就考慮成立共
產黨，因而他和俄共代表魏金斯基之間的會談，當然是圍繞成立
共產黨而進行的。

　　所謂「南陳北李說」，雖涉及幾個細節的說法稍有不同，但有
一點是一致的，那就是1920年初（2月前後）陳獨秀在秘密離開北
京赴天津的途中（或者是在天津）與同行的李大釗商議過建立共產
黨的問題，中國共產黨的黨史研究部門也持此說。[89]此說主要流
行在中國大陸，其意圖是，強調創建中共並非由於共產國際或蘇
俄的指使，而是中國共產主義者自己努力的結果。也就是說，看
起來是個微不足道的細節，本質上卻事關中共成立是蘇俄輸出革
命的結果，還是中國人自己進行革命運動的產物的問題。

　　「南陳北李說」的根據是幾部回憶錄，但是追根求源，都來自
李大釗的朋友高一涵的一系列回憶。首先，1927年5月，他在李
大釗追悼大會上所做的悼念演講中這樣說：

　　　時陳獨秀先生因反對段祺瑞入獄三月，出獄後，與先生
　〔李大釗〕同至武漢講演，北京各報均登載其演辭。先生亦因此
　大觸政府之忌。返京後則化裝同行避入先生本籍家中。在途中
　則計劃組織中國共產黨事。[90]

　　當時登載於報紙上的這個回憶有幾處與事實有出入（或者是筆錄者的錯誤），此處稍做補充。第一章曾述陳獨秀在1919年6月因散發「北京市民宣言」的傳單被逮捕，在獄中被關押至9月。出獄後，翌年1月末，他躲過監視經上海到了武漢，2月4日始在武漢停留數日，其間做了幾場演講，這就是所謂北京各報登載的演辭。不過，這次陳獨秀到武漢，李大釗沒有同行。陳獨秀是2月9日乘火車回到北京的，當天就因擅離北京受到了警察的盤問。他感到不安全，就躲到《新青年》同人胡適和李大釗那裏，不久就又逃離了北京。[91] 所謂與李大釗商議建黨，就是在這個時候。

　　高一涵在發表悼念演講前後不久，還寫過一篇悼念李大釗的文章。[92] 這篇文章也描述了陳獨秀和李大釗逃離北京的情形，他們乘坐的車輛和化裝的樣子也都被寫得生動逼真；但奇怪的是，唯獨沒有提到他們商議建立共產黨的事。而在中華人民共和國成立後經過修改補充的回憶錄[93] 裏，二人不是去了李大釗的老家，而是從北京直接去了天津；除此以外，其他內容與1927年的悼念文章幾乎相同。不用說，文中沒有提到他們曾商議建立共產黨。高一涵在追悼大會上演講時提到的二人商議建立共產黨的內容，為什麼在幾乎同時執筆的另一篇追悼文章和其後的回憶錄中都見不到呢？高一涵在追悼大會上演講的內容，並非親筆書寫，而是報社記者筆錄下來的，因此當場概括不準確的可能性也是有的。但是，不管原因如何，結果都一樣，那就是高一涵的一系列回憶成了中國「南陳北李，相約建黨說」的根據。

　　如果高一涵的一系列回憶是正確的，當然是「南陳北李，相約建黨說」的有力根據。但遺憾的是，我們不得不說他的回憶錄問題太多。這不僅因為高一涵親手寫的回憶錄中沒有商議建黨一節。最大的理由是，高在回憶中說，他當時在北京，並協助陳獨

秀逃離了北京，而此點也正是高一涵回憶錄值得相信的證據；但是，事實上，1920年的那個時間他正在日本，根本不可能知道陳獨秀和李大釗逃離北京一事，[94]因此，對他們逃離北京的過程像小說般生動逼真的描述，不客氣地講是捏造，善意的解釋則完全是道聽途説。

1927年高一涵在追悼大會上演講時，人們都已經知道陳獨秀和李大釗是共產黨創建時的領導人，而胡適和李大釗仗義隱藏並幫助過陳獨秀脫險，也是北京知識分子圈內津津樂道的美談。因此，高一涵的回憶只可能是把有關軼事適當拼湊而成的，不能據此認定陳獨秀、李大釗在魏金斯基來華前就已經商議過創建共產黨。[95]而以如此沒有根據的「南陳北李，相約建黨説」為前提推測魏金斯基和李大釗初次接觸就探討了建立共產黨，也必須重新加以考察。

關於魏金斯基和李大釗在北京接觸時的情形，追隨李大釗左右的張國燾的回憶，自然有一定的參考價值。

> 李大釗先生介紹威金斯基、楊明齋去會晤陳獨秀先生，似乎並不知道他們的秘密使命。因為李大釗先生和威金斯基後來都沒有說過他們之間有過什麼初步的商談。大概李真的以為威金斯基是一位新聞記者。威氏與陳獨秀先生在初步接觸時，尚隱藏着他的真實身份。似乎也可以推知李當時的介紹信只是泛泛的。[96]

細讀魏金斯基在同年6月和8月從上海發回的報告，其記述也主要以上海為主，裏面有陳獨秀的名字，而李大釗的名字則根本沒有出現。[97]從這點來看，魏金斯基和李大釗二人在北京的會見，大概正像張國燾所説的那樣，僅僅是蘇俄來的記者與一個對俄國革命感興趣的中國知識分子交換了意見而已。1920年4月魏

金斯基來華時，恰逢革命性的《蘇俄第一次對華宣言》見諸中國報端，在中國輿論界引起了極大反響。張國燾說：

> 這宣言約在 1920 年初才在中國報紙上發表出來。北京學生界和文化團體首先表示歡迎，在上海的全國各界聯合會和各派人物也都為之興奮，共同發表讚許的文件，我也是參加的一分子。在一般青年看來，日本和其他列強都在欺侮中國，只有蘇俄是例外。[98]

魏金斯基就是恰巧在這樣的時期來到北京的，可以想像他作為從蘇俄來訪的人士受到了熱烈的歡迎。當然，他向人們解釋了革命俄國的現狀及前途，也肯定談到了制定和發表《蘇俄第一次對華宣言》的蘇維埃政權，還可能涉及了俄共以及共產國際。但因此就得出結論說，他在北京短暫停留期間，與李大釗的交流竟達到了足以就創建中國共產黨的問題交換意見的深度，有點太過性急。比較妥當的看法是，二人的接觸，還是像張國燾說的那樣，僅僅是一般交流；而魏金斯基正式開始活動，以促進中國社會主義者結成一個組織，是在他到達上海以後。

幾乎在魏金斯基來華的同時，斯托揚諾維奇 (K. A. Stoyanovich，一名米諾爾〔Minor〕) 也被從北方的哈爾濱派遣到了天津。俄共西伯利亞局東方民族處的《報告》記錄了此次派遣。《報告》說斯托揚諾維奇懂法語，工人出身，共產黨員。哈爾濱是中東鐵路線上最大的城市，是中國城市中俄國僑民比例最高、有濃厚異國風情的城市。1917 年 6 月，哈爾濱的布爾什維克組織秘密成立了哈爾濱工人士兵代表蘇維埃，並在 11 至 12 月，對實際統治哈爾濱的中東鐵路管理局 (俄國人管理) 發動了奪權鬥爭 (不久即被鎮壓下去)，以響應十月革命。可見哈爾濱的布爾什維克組織基礎較強。[99]哈爾濱雖說是中國領土，但一半是俄國人的城市，也是布爾什維克在遠東的據點之一。不清楚斯托揚諾維奇在哈爾濱從事過什麼樣的活動，

東方民族處的《報告》稱此次派遣是符拉迪沃斯托克的活動之一。大概與派遣魏金斯基一樣，派遣斯托揚諾維奇也是俄共遠東局符拉迪沃斯托克分局的一系列行動之一。沒有跡象表明他和魏金斯基曾在天津、北京共同活動過，但魏金斯基在上海開始活動後，斯托揚諾維奇接受魏金斯基的指令從天津到了廣東，以達爾塔通訊社（the DALTA News Agency，遠東共和國的通訊社）特派記者的身份開展活動，同時參與了廣州的共產主義運動（後述）。

3　魏金斯基的身份和活動據點

魏金斯基一行持李大釗的介紹信到達上海的時間，估計是在1920年4月末或5月初。[100]魏金斯基的公開身份與在北京時一樣是新聞記者，很可能就是遠東共和國達爾塔通訊社的記者。關於這一點，魏金斯基6月寫的工作報告中有些線索。他在報告中這樣寫道：

> 我們將遵照您的提議，把很大注意力放在報道方面，雖然我們認為需要做的事情都做了。6月1日 *China Press* 發表一篇關於緩衝國〔遠東共和國〕的社論，是根據我提供給他們的材料寫的。在今天的這期上，他們全文刊登了〈告世界勞動人民書〉。[101]

China Press 是當時在上海發行的英文報紙（《大陸報》）。魏金斯基的這封信，既沒寫收信人，也沒寫日期。但從內容判斷，應該是寫給派他來華的俄共遠東局符拉迪沃斯托克分局的，或者就是寫給威廉斯基—西比利亞科夫等人的；而信的日期則是他提供的〈告世界勞動人民書〉一文在《大陸報》上發表的日期。收錄該信的資料集的編者在注解中說，沒有發現這一天的《大陸報》，故日期不詳。但是，日本外務省外交史料館收藏的資料中，卻恰巧有當日《大陸報》的這篇文章的剪報，[102]其日期是6月9日。由於這份剪報的存在，可以確定魏金斯基的報告信也是寫於6月9日。令

人感興趣的是，《大陸報》是把〈告世界勞動人民書〉作為「北京達爾塔通訊社上海分社」(the Shanghai Branch of the Dalta News Agency of Peking) 提供的消息刊登的。也就是說，由此可以清楚地看出，《大陸報》報社認為魏金斯基是達爾塔通訊社方面的人。魏金斯基在報告信中還要求寄送一些應該對外發表的文章等，這也可以證明他當初是以記者的身份開展活動的。收集情報和報道、宣傳蘇俄，都是革命活動的重要組成部分，不用説，記者的身份和俄共密使的活動是密不可分的。[103]

達爾塔是遠東共和國於1920年設立的通訊社，其在中國的活動許多方面尚不清楚，但其北京分社的業務好像是在1920年6月開始的，由一個叫霍多羅夫的任北京達爾塔通訊社的主任 (分社長)。[104] 東方民族處的《報告》稱，這個霍多羅夫原來就是一個社會民主黨人，曾在符拉迪沃斯托克做過《遙遠的邊疆》(*Далекая окраина*) 報的編輯，在魏金斯基來華前就一直是在中國獨自活動的俄國僑民之一。達爾塔通訊社後來被蘇俄的羅斯塔通訊社 (the ROSTA News Agency，塔斯社的前身) 吸收，再後來成為駐中國的蘇俄機關的重要聯絡據點。可以説，這一切都起於魏金斯基等和霍多羅夫之間的合作。[105]

魏金斯基在上海據以立足的蘇俄機關，還有他在給俄共西伯利亞局東方民族處的信中指定為通訊地址的全俄消費合作社中央聯社辦事處 (實際上是一個公營進出口公司)，以及與達爾塔通訊社上海分社同在一座樓內的俄語報紙《上海生活》報 (*Шанхайская Жизнь*，英文稱 *Shanghai Life*)。[106] 其中，《上海生活》報 (1919年9月創刊) 最早刊登了《蘇俄第一次對華宣言》，被稱為「純粹的過激派機關報」[107] (參閱圖十四)，其編輯之一古爾曼 (M. L. Goorman) 後來還被派駐上海做共產國際聯絡員與日本聯絡，作為情報員積極為蘇俄工作。[108] 在當時的國際都市上海，包括上述波波夫、阿

圖十四　俄語報紙《上海生活》

格遼夫、波塔波夫這些「鮮為人知的密使」在內，有許多布爾什維克支持者在活動，儘管他們並不一定是純粹的布爾什維克。魏金斯基絕不是在孤軍作戰。

這個時期的上海，俄國僑民大約有5,000人，是俄國革命前的十幾倍。[109] 他們中的大多數是隨着布爾什維克勢力的東進而逃到上海來的難民；不言而喻，其中出現了一些擁護布爾什維克的人。而隨着白軍的敗退和蘇維埃政權的鞏固，原在上海的舊俄國駐外機關等，逐漸地被新來的新政權官員和支持布爾什維克的俄國僑民所接收。在不肯承認遠東共和國和蘇俄的北京政府[110]所在地北京，俄國僑民要像在上海那樣被接收是困難的。相比之下，在上海，魏金斯基等人從事活動的條件要好得多。這些條件，加上交通方便，使魏金斯基得以以上海為基地開展活動。

4　魏金斯基在上海的活動

有關魏金斯基在上海活動的資料，有從符拉迪沃斯托克派遣魏金斯基的威廉斯基—西比利亞科夫的報告（1920年9月），其中有一段這樣説：

> 今年〔1920年〕5月，為領導業已展開的工作，成立了臨時的集體中心機構。其駐地設在上海，取名「第三國際東亞書記處」（Восточноазиатский секретариат III Коминтерна）。[111]

照字面解釋，可以説，在魏金斯基到上海後，共產國際的駐外機關馬上就成立了。報告中沒有出現魏金斯基的名字，但派遣魏金斯基的既然是威廉斯基，那麼，至少可以説，設立這個「第三國際東亞書記處」，無疑是以魏金斯基在上海為前提的。威廉斯基到遠東，就是為了執行莫斯科的「支援東亞各國人民的革命運動，與日本、中國和朝鮮的革命組織建立牢固的聯繫」的指令，[112]看來，他是在魏金斯基到達上海後，試圖通過設立「第三國際東亞書記處」的方式實施這一指令。儘管如此，這個「第三國際東亞書記處」是否經過共產國際中央正式承認，並被納入共產國際的組織系統內，卻甚可疑。如前所述，在此之後兩個月，莫斯科的共產國際中央還在討論設立遠東局的問題，而「共產國際執行委員會遠東書記處」(伊爾庫茨克)最終成立，是1921年1月的事。[113]所以，在上海成立的「第三國際東亞書記處」很可能僅僅是為了方便而設的「臨時」機關。

魏金斯基在全俄消費合作社中央聯社辦事處和達爾塔通訊社安下營盤後，在同行翻譯楊明齋的幫助和支持布爾什維克的上海俄國僑民的支持下，與上海各界進行了廣泛接觸，並以上海為根據地，收集有關北京、天津、南京、廣州等中國各城市以及朝鮮、日本的情報。在和上海各界人士的交流中，陳獨秀當然是主要對象。陳獨秀這年2月從北京來到上海後越發激進，他把《新青年》的編輯部(實際上編輯只有他一個人)也移至上海，並以七卷六號(封底載發行日期5月1日)為「勞動節紀念號」，整冊討論工人問題。該期還集中介紹了各界對《蘇俄第一次對華宣言》的歡迎態度。當然，這一切都不是為了迎接魏金斯基來上海而為之，但是迎接他到來的條件確實已經具備了。

除陳獨秀外，上海還有許多人士和團體有可能與魏金斯基合作。陳獨秀周圍就有：和《新青年》一樣發行紀念勞動節特刊的《星

期評論》雜誌的李漢俊、戴季陶等社會主義者；在副刊《覺悟》上連篇累牘地介紹社會主義文獻的《民國日報》的邵力子等國民黨系人士；雖有別於國民黨，但同樣致力於介紹社會主義文獻的研究系日報《時事新報》的張東蓀等記者。而團體則有：計劃聯合各工人團體、在中國工人運動史上首次正式紀念勞動節的國民黨系工人團體「中華工業協會」；[114]五四運動中誕生的全國學生運動的中心組織全國學生聯合會以及上海學生聯合會，等等。在這些方面，上海的社會運動基礎也比北京要優越得多，並且，這裏也與全國各地一樣，到處充滿了歡迎《蘇俄第一次對華宣言》所象徵的革命俄國精神的氣氛。

魏金斯基與這些人士和團體的接觸相當順利，在他1920年6月9日從上海寫給符拉迪沃斯托克的信中報告說，「現在實際上我們同中國革命運動的所有領袖都建立了聯繫」，特別是「享有很高聲望和有很大影響的教授（陳獨秀）」是中心人物，正共同進行工作。[115]在這封信中，除了他作為記者公開進行的活動外，還報告了他的真正使命即組織中國的社會主義革命運動的進展情況。看得出，魏金斯基在到達上海一個月左右的時間裏，通過與陳獨秀接觸，加快了成立共產主義組織的步伐。

魏金斯基從上海發回的報告，已發現的只有6月9日和8月17日這兩份，事實上，6月9日以前應該還有一份，但是至今尚未找到文件正本。[116]另外，威廉斯基—西比利亞科夫接到魏金斯基報告後於9月1日寫給共產國際執委會的報告，[117]也是我們探尋魏金斯基在上海活動的文件資料。這些報告，為我們生動地再現了魏金斯基的活動場面以及組織共產主義運動的經過提供了不少新的事實，但是，有些內容卻與此前長期以來被引以為據的中國人的回憶錄不相符合。這種情況意味着，在中國共產主義者和指導他們的俄國人看來，黨的創建過程是不同的，而這種不一致本身正

是歷史擺脫不掉的現象，即，本來是唯一的歷史事實，卻因觀察者所處的立場和環境不同而有各自不同的表述。對於中國共產黨創立時期的成員和魏金斯基等「使者」共同創建共產黨這一唯一的歷史事實，看法是怎樣地因人而異？為何因人而異？關於這些問題，我們將在下一章探尋各地共產主義組織成立的具體過程時再加以考察，在這裏，我們先來看看蘇俄方面執筆報告的人是如何看待共產主義組織成立過程的。

首先來看魏金斯基的報告。魏金斯基在6月9日的報告[118]中說已經與中國革命運動的所有領導人建立了關係，然後寫道，「他們在漢口、廣州、南京等地尚未設代表處，但我們在那裏的工作，可以通過一些朋友即當地的革命者立即得到反映」；而在漢口協助開展工作的，是上述把他介紹給李大釗的「柏烈偉教授」推薦的「一位編外副教授」。[119]可見，這個時期，魏金斯基借助在華俄國僑民的幫助，在上海以外的中國其他各城市也已經開展了工作。他還寫道：

> 目前，我們主要從事的工作是把各革命團體聯合起來組成一個中心組織。「聯合出版局」(Объединенное издательское бюро) 可以作為一個核心把這些革命團體團結在它的周圍。中國革命運動最薄弱的方面就是活動分散。為了協調和集中各個組織的活動，正在着手籌備召開華北社會主義者和無政府主義者聯合代表會議。……陳獨秀教授現寫信給各個城市的革命者，以確定會議的議題以及會議的地點和時間。因此，這次會議可能在7月初舉行。我們不僅要參加會議籌備工作 (制定日程和決議)，而且要參加會議。

根據此處所述，當前的工作目標是以出版機關為中心協調各地多種多樣的組織，召集會議以促進包括無政府主義者在內的社會

主義者的團結統一，而其中心人物無疑是陳獨秀。不過，設想中的核心組織即「聯合出版局」具體是什麼組織？其中國名稱不得而知。有人解釋是《新青年》雜誌的發行處、上海的群益書社，[120] 但似乎也沒有什麼有力的證據。一般來講，俄國人的報告中很少使用人名、地名、組織名稱等專有名詞，這份報告也如此；因此，要將報告中的名稱與當時中國的名稱對號入座是困難的。再者，地理觀念也與現在有點不同。比如，報告中的「華北」看上去是指北京、天津一帶，但實際上，在其他的報告中，卻多把上海等江南地區也包括在內。也就是說，當時南方政府統治的以廣東為中心的地區是「南方」，以北都看作是「北方」。總之，這個時期魏金斯基的工作對象雖然仍以上海的中國活動家為主，卻已經開始向漢口、廣州、南京等地擴展，並且，協調和統一包括無政府主義者在內的社會主義者的正式步驟即召集會議也已經提上了日程。

中國社會主義者和無政府主義者的會議是否按計劃舉行，不得而知。另一份俄國方面的文件記載，1920年7月19日，「最積極的中國同志們」在上海召開了會議，[121] 也許就是這次會議；但無從確認。不過，既然會議的決議都已經準備好了，在陳獨秀和魏金斯基等的主導下，統一和協調社會主義者的工作肯定已經付諸實施。

有意思的是，就像是為了推動魏金斯基進一步開展工作似的，派遣魏金斯基來華的威廉斯基—西比利亞科夫這時來到了中國。據中國外交部方面的記錄，威廉斯基是作為優林代表團的秘書，以「視察工商實業狀況」的名義，先於代表團於6月下旬從符拉迪沃斯托克來華的；[122] 事實上，他確實於7月4日來到了北京。[123] 他到北京後，即於第二天 (5日) 至7日，與接受電召後趕來的天津、上海等地的在華俄共黨員舉行了第一次正式會議，交換了意見。在上海開展工作的魏金斯基，以及天津的斯托揚諾維奇、柏

烈偉等很可能也參加了在北京召開的這次會議。據威廉斯基的報
告載，會上就「即將舉行的中國共產主義組織代表大會和中國共產
黨的成立」也交換了意見，確認「奠定了組織建設的初步基礎」、
需要「利用現有組織已經積累的經驗把組織建設工作繼續下去」、
要「通過有計劃地吸收當地廣大勞動人民群眾參加黨的建設工作的
方式，盡可能把組織工作轉移到這些人身上」。[124] 我們自然能夠注
意到，在這裏，魏金斯基等「積累的經驗」得到了肯定，成立中國
共產黨的日程已經臨近了。總之，這次會議發出了成立共產黨的
號令。

這次會議後，魏金斯基在上海的活動是如何進行的呢？讓我
們來看他 8 月 17 日的報告。首先必須指出的是，這份報告與 6 月 9
日的報告不同，是寫給俄共西伯利亞局東方民族處的。前面已經
探討過，西伯利亞和遠東的俄共對華工作機關，經過一番波折
後，在 1920 年 8 月成立並置於伊爾庫茨克的東方民族處之下基本
上得到了統一，這種情況，在上海的魏金斯基是知道的。順言
之，據伊爾庫茨克的東方民族處後來的報告稱，8 月 17 日的報告，
是該處從魏金斯基那裏收到的第一份、也是最後一份報告。[125]

這份報告中最值得注目的，是開頭報告「革命局」成立的一段：

> 我在這裏逗留期間的工作成果是：在上海成立了革命局，
> 由五人組成 (四名中國革命者和我)，下設三個處，即出版處、
> 情報煽動處、組織處。

這個「革命局」(Революционное бюро) 的四名中國成員的姓
名，報告中沒有記載，漢語如何稱呼也不得而知；但是，這個「革
命局」至少包括陳獨秀和李漢俊在內，[126] 其實就是後來成立共產
黨的組織基礎上海共產主義小組，這是毫無疑問的。報告還說，
除上海外，北京也成立了「革命局」，上述米諾爾即斯托揚諾維奇

和柏烈偉正在按魏金斯基的指示開展工作，斯托揚諾維奇還被從天津派往廣州去成立「革命局」，還計劃在漢口成立「革命局」；還有在滬朝鮮獨立運動志士組成的「朝鮮革命局」與中國的「革命局」互相配合進行出版工作。

有關上海「革命局」的三個處的活動，則記述得相當詳細。首先，出版處的活動是這樣的：

> 現在有自己的印刷廠，印刷一些小冊子。幾乎從符拉迪沃斯托克寄來的所有材料（書籍除外），都已譯載在報刊上。《共產黨宣言》已印好。現在有十五種小冊子和一些傳單等着複印。順便説一下，《共產黨員是些什麼人》、《論俄國共產主義青年運動》、《士兵的話》（由此間一位中國革命者撰寫）等已經印好。……這個星期，8月22日我們出版處將出版中文報紙《工人的話》（Рабочее слово）創刊號。它是週報，印刷兩千份，一分錢一份，由我們出版處印刷廠承印。

《共產黨宣言》，不用説是指同年8月剛剛出版的陳望道翻譯、陳獨秀和李漢俊校訂的那個版本。報告中提到名字的小冊子和傳單，有些尚不清楚；不過，《共產黨員是些什麼人》可能就是《誰是共產黨》，[127]《士兵的話》大概指《一個兵的説話》，[128]都是上海共產主義小組1920年前後散發的小冊子。而《工人的話》可能就是上海共產主義小組發行的週刊雜誌《勞動世界》（1920年8月15日創刊），該雜誌8月22日發行了第2期，載有陳望道、李漢俊和陳獨秀的文章。《共產黨宣言》的發行處是「社會主義研究社」，除《共產黨宣言》外，該「研究社」還出版了《馬格斯資本論入門》（馬爾西著，李漢俊譯，1920年）。據此判斷，「社會主義研究社」亦即新青年社（《勞動界》的總經售處也是新青年社），實際上相當於「革命局」的出版處。

關於情報煽動處，報告這樣寫道：

情報煽動處成立了俄華通訊局(Русско-китайское информ бюро)，現在該局為中國三十一家報紙提供消息，因為北京成立了分局，我們希望擴大它的活動範圍。我們通訊局發出的材料都經一位同志之手，主要是從俄國遠東的報紙以及《每日先驅報》(Daily Herald)、《曼徹斯特衛報》(Manchester Guardian)、《民族》週刊(Nation)、《新共和》週刊(New Republic)、《紐約呼聲報》(New York Call)、《蘇維埃‧俄羅斯》(Soviet Russia)和我們一夥人提供的文章中翻譯過來的東西。《蘇維埃日曆》(Советский календарь)的文章，如〈十月革命帶來了什麼？〉[129]也被全文刊用了。

「俄華通訊局」，就是以與魏金斯基一同來上海的楊明齋為中心設立的「中俄通信社」(有時也作「華俄通信社」)，所謂負責情報處資料(翻譯)的「一位同志」，概指楊明齋。現在能夠確認的該通信社最早的稿件，發表在這一年7月2日的《民國日報》上(《遠東俄國合作社情形》)，因此，「俄華通訊局」應該是在這之前成立的。[130]「中俄通信社」與達爾塔通訊社、羅斯塔通訊社實際上是一體的。上述霍多羅夫後來在廣東說：「華俄通信社是達羅德(總社在赤塔)、洛斯德(總社在莫斯科)兩個通信分社合組而成的。」[131]達爾塔和羅斯塔主要向國外提供消息，而中俄通信社主要向國內提供翻譯成漢語的新聞。

在這份報告裏，情報處的資料來源寫得很清楚，其中最引人注目的是，與美國左翼雜誌《紐約呼聲報》一起，還提到了《新青年》、「俄羅斯研究」專欄的主要稿源《蘇維埃‧俄羅斯》。如前章所述，在這份報告之後不久重新發刊的《新青年》開始連篇累牘地譯載《蘇維埃‧俄羅斯》等美國刊物上的布爾什維克文章，受美國社會主義運動的影響，這份刊物的影響也驟然間大了起來；而這

份報告證實了，介紹這些英語文章給《新青年》的就是魏金斯基他們。

在魏金斯基前半生中，移民北美時期 (1913–1918年) 曾加入過美國社會黨，對於美國社會主義文獻的出版情況 (刊物的傾向、出版社等)，至少比上海的中國社會主義者要熟悉得多。據此可以斷定，報告中提到的刊物自不必說，1920年下半年譯成漢語的美國社會黨系統的出版社 (比如，芝加哥的查爾斯·H·克爾出版社) 的刊物，要麼是魏金斯基提供的，要麼是他幫助訂閱的。陳獨秀等上海的《新青年》同人，在與魏金斯基接觸後，把雜誌的封面改成了美國社會黨的黨徽圖案，考慮到魏金斯基和美國社會黨的關係，其理由也就很容易理解了。魏金斯基不僅在組織共產主義運動的實際工作方面，而且在傳播其理論基礎即布爾什維克文獻方面，也起到了不小的作用。

在有關組織處的部分，魏金斯基報告了他們工作的對象，以及工作的進展情況：

> 組織處忙於在學生中間做宣傳工作，並派遣他們去同工人和士兵建立聯繫。這方面，暫時還沒有取得多大成績，但這裏已經有了幾個我們着手培養的發起組。這一週，我們組織處要召開十個地方工會和行會各出兩名代表參加的代表會議，成立工會中央局。中央局將派一名代表參加我們的上海革命局。我用英文給這次會議起草了決議，已由上海革命局討論通過。該決議已譯成中文，其綱領現在是在工會中進行宣傳的材料。

報告稱計劃設立「工會中央局」，以統一各勞動團體，甚至準備好了決議；但是，檢索《勞動界》等當時的各種報道，沒有任何跡象表明8月下旬在上海召開了類似的會議或者成立了勞動團體的統一組織。這個時期，陳獨秀等確實曾經呼籲「組織真的工人

團體呵」，[132] 也與上述中華工業協會、上海船務棧房工會聯合會、上海工商友誼會等勞動團體有過接觸；[133] 但是，這些五花八門的團體最終沒能聯合起來。這年9月，陳獨秀倒是親自活動成立了一個「上海機器工會」(10月3日召開發起會議，11月21日正式成立)，[134] 但那也不是「十個地方工會和行會各出兩名代表參加」的那種規模的會議。陳獨秀曾評論當時的勞動團體說：「新的工會一大半是下流政客在那裏出風頭。」[135] 看來，統一這些勞動團體的工作，沒有能夠像報告所說的那樣取得進展。

從上述「革命局」的工作來看，聯合各勞動團體等組織方面的成果，比出版、宣傳方面的成果小得多。不過，不管怎麼說，在北京召開的在華俄共黨員會議上作出成立中國共產黨的決定之後的1920年7月至8月間，在「革命局」的指導下，成立中國共產黨的步調確實加快了。魏金斯基的報告還就以後的工作做了這樣的預測：

> 希望在這個月內把各種革命學生團體組織起來，建立一個統一的社會主義青年同盟(Союз социалистической молодежи)。這個青年同盟，要派代表參加我們的(上海、北京和天津)革命局。……近兩週，在我們參加的情況下，在上海、北京和天津舉行了一系列學生會議，會上討論了把所有激進團體聯合起來的問題。今天，北京在舉行中國(北京、天津、漢口、南京)幾個城市的學生代表會議，目的是徹底解決聯合問題。會上主張聯合起來，組成一個社會主義青年同盟的潮流，應該是很強大的，因為前幾天，我同一些較有影響的會議代表進行了協商，並且我們最終就這個問題達成了協議。

值得注意的是，報告說準備成立革命學生團體的統一組織「社會主義青年同盟」，事先進行了磋商，並為此於「今天」即8月17日在北京召開了代表大會。召集北京、天津的代表在北京舉行的

會議，是怎樣的會議呢？可能性最大的，是8月16日至18日，北京的少年中國學會、曙光社、人道社、天津的覺悟社以及青年互助團等五團體，在北京陶然亭以及北京大學圖書館召開的發起「改造聯合」的會議。少年中國學會是當時最大的青年組織（後來的中共黨員李大釗、鄧中夏、張申府等都是會員），成立於五四運動之後不久，其宗旨是繼承中國青年曾在五四運動中發揮的奮鬥精神；曙光社是以在北京求學的山東籍學生（宋介，後來成為中共黨員）為首、於1919年11月成立的青年組織（發行《曙光》雜誌，自1920年起開始大量刊登介紹蘇俄的文章）；天津的覺悟社是以周恩來、劉清揚──後來都是中共黨員──等為中心、於1919年9月成立的進步青年團體；人道社是發行《新社會》雜誌的鄭振鐸、瞿秋白等與北京YMCA有關的青年於1920年8月結成的青年組織（刊行《人道》雜誌）。關於青年互助團，其所在地和成員都不清楚，大概是當時隨處簇生的無政府主義團體之一。

　　這五個團體的會議，好像是由天津的覺悟社牽頭，為了聯合分散於各地的進步團體而召開的。但是，在16日的茶話會上，實際召集人、代表少年中國出席會議的李大釗呼籲，為了求得內部一致，有必要明確主義，提議各團體據此主義加強聯絡。18日，各團體代表在北京大學通信圖書館舉行聯絡籌備會（少年中國學會有李大釗、張申府出席），會上決定統一團體的名稱為「改造聯合」，並通過討論決定制定活動內容和組織大綱。[136]第二天，在北京的少年中國茶話會上，李大釗說：「對內對外似均應有標明本會主義的必要，蓋主義不明，對內既不足以齊一全體之心志，對外尤不足與人為聯合之行動也。」最後決定共同討論其方針。[137]

　　報道此次會議的短消息中並沒有「社會主義青年同盟」的名稱，五團體結成的「改造聯合」也似乎只存在了很短時期，沒有任何相關資料證明其後進行了何種活動；只有曾經參加「改造聯合」

這次會議的人留下了如下的回憶：會議之後，「『覺悟社』留京的幾個社員即在李大釗先生領導下從事勞工、婦女、青年學生運動。有兩個社員經李大釗先生介紹參加了蘇聯的國際通信機構『華俄通信社』工作」。[138] 如前所述，「華俄通信社」是「革命局」的情報處的組成部分，這一點與魏金斯基報告中「青年同盟將派代表參加我們在上海、北京、天津的革命局」一節相符合。因此，可以說，魏金斯基所說的旨在發起「社會主義青年同盟」的會議，就是「改造聯合」的會議。[139] 看來，是魏金斯基在報告中把「改造聯合」這樣的聯合進步小團體的動向誇大成了要成立「社會主義青年同盟」。

儘管魏金斯基的報告有誇大其詞的地方，具體的組織名稱和人名也難以和中文名稱對號入座，但還是清楚地表明，在他到上海後，中國，特別是上海的共產主義運動在他的指導下取得了相當大的進展。我們將在下一章詳細探討中國各地建黨的具體過程，在這裏先簡單敍述一下魏金斯基回國前的足跡。不過，現存的魏金斯基報告僅有上述兩份，他8月以後的活動，只有零星資料可供參考。

首先看他的另一個任務，即接觸朝鮮、日本的社會主義運動的情況。[140] 1920年10月，魏金斯基與秘密離開日本來到上海的大杉榮（日本最著名的無政府主義者）會過面。據大杉榮著《日本脫出記》載，8月末，大韓民國臨時政府（上海）的要人M（所謂「馬某」）來訪，勸他到上海去一趟，大杉遂於10月去了上海。在上海，他會見了L（李東輝）、C（陳獨秀）、R（呂運亨）等，會見時在座的「俄國人T」，大概就是魏金斯基。[141] 大杉說，他回國前從T那裏接受了兩千日圓的活動經費。

在與中國政要的接觸方面，10月9日，魏金斯基在北京與柏烈偉一同會見了有「進步軍閥」之稱的吳佩孚的幕僚白堅武，就中

國的現狀和未來交換了意見，並介紹了革命俄國的各種組織。[142]
此舉一方面是作為記者採訪，另一方面可能是為了了解北京政府
的支柱、直系實力人物吳佩孚的動向。11月，魏金斯基根據陳獨
秀的意見，拜訪了時在上海的孫中山。[143]會見時，孫中山詳細介
紹了自己進行革命活動的經過，同時也就俄國革命的狀況提出了
許多問題。據說，孫中山還提出，從地理條件來看，他的根據地
廣州與俄國之間聯絡起來不方便，能否在符拉迪沃斯托克或滿洲
裏建一處大功率無線通信設施，以便與廣州間互相聯繫。[144]魏金
斯基對此提議是如何答覆的不得而知。這次拜訪的目的可能是為
了試探褒貶參半的孫中山的立場。

　　這一年年底，陳獨秀應重新奪回廣州的陳炯明之邀赴廣州，
魏金斯基也一前一後(或是結伴)來到廣州，停留了一段時間。其
間，他除了與已被派來廣州的斯托揚諾維奇等一起幫助廣州共產
主義小組(魏金斯基所說的「廣州革命局」)的工作以外，還和陳獨
秀一同與陳炯明舉行了會談。[145]廣州的建黨活動將在下一章敍
述，這裏需要指出的是，這次廣州之行是北京的遠東共和國外交
代表團團長優林指示的，同行者還有柏烈偉。[146]可能優林因與北
京政府之間的外交交涉遲遲沒有進展而焦急，於是派人到廣州的
南方政府去摸底。魏金斯基從廣州回到上海的時間是1921年1月
12日，[147]其後不久即經北京回俄國去了。他回國時所取的路線和
詳細時間不得而知。不過，有一點很清楚，那就是，他在這年1
月在成立於伊爾庫茨克的共產國際執委會遠東書記處工作過一個
時期。[148]後來，魏金斯基在莫斯科的共產國際第四次大會(1922
年11–12月)以及符拉迪沃斯托克等地積累了工作經驗，成了一位
遠東問題專家。他再次以共產國際執委會代表的身份來到中國，
是回國三年後的1924年4月。[149]

5 使者相繼來華

在早期蘇俄、共產國際對中國所開展的工作中，魏金斯基的活動佔有很大比重，這是不容置疑的。但是，魏金斯基在華期間，俄國方面的對華工作窗口並未統一，在魏金斯基一行以外，還存在其他渠道。連俄共西伯利亞局東方民族處這個為了統一對華工作而於1920年8月在伊爾庫茨克成立的機關，從8月到12月這段時間，也僅從魏金斯基處收到過一次報告；[150]給魏金斯基匯寄活動經費，也因該處財政困難而不得不倚靠俄共遠東局。[151]由於聯絡體制尚不健全，致使魏金斯基在華期間繼續有其他系統的各色「使者」相繼來華。其中具有代表性的人物是霍赫洛夫金 (V. Hohlovkin) 和福羅姆別爾戈 (M. Fromberg)。[152]

首先看霍赫洛夫金。關於他的中國之行，中共早期黨員彭述之轉述了1924年從李大釗那裏聽到的話，大致如下：1920年初，可能是受伊爾庫茨克的共產國際遠東書記處委託，霍赫洛夫金 (荷荷諾夫金) 來到北京訪問了李大釗，並向他試探組織共產黨一事，在得到李大釗、陳獨秀關於成立共產黨的積極反應後，霍赫洛夫金高興地回伊爾庫茨克去了；不久後，魏金斯基就被正式派來了；哈爾濱出生的霍赫洛夫金漢語很流利，後來在莫斯科的東方大學 (東方勞動者共產主義大學) 執教。[153]假如這段回憶無誤，這個霍赫洛夫金就是先於魏金斯基被派來華的蘇俄使者。不過，雖然他後來確實做過東方大學的遠東部主任，[154]但似乎並非蘇俄最早派來中國的使者。因為派遣他的俄共西伯利亞局東方民族處的報告記載，霍赫洛夫金 (該處中國科書記) 是該處於1920年8月成立「後」向中國派遣的第一位信使 (即那時魏金斯基已開始工作)。這份報告說，霍赫洛夫金的任務是運送和傳遞可以變賣的寶石、書籍以及給上海支部 (魏金斯基) 的詳細指示。[155]大概與中國方面聯繫，每每必須經過遠東共和國或俄共遠東局，不甚通暢，因而才直接派人去

的。他去中國肯定是8月以後，但成行和回國的具體時間，以及在上海是否與魏金斯基成功接觸，則沒有留下任何記錄。

另一位是福羅姆別爾戈，他是赤塔的國際工會聯合會遠東局的斯穆爾基斯 (Yu. D. Smurgis)[156] 在魏金斯基回國前的1921年1月經滿洲派來上海的。[157]福羅姆別爾戈此前似乎在俄共西伯利亞局東方民族處的情報部門工作過，據說他來中國的目的主要是與上海的魏金斯基取得聯繫，以便支援中國的工人運動。斯穆爾基斯1921年6月3日的報告說，遠東局的代表（可能即指福羅姆別爾戈）已經到達上海，但是沒有講明到達時間。不過，在另一份報告中斯穆爾基斯又說，持有福羅姆別爾戈介紹信的二十幾名中國人6月10日來到了赤塔。考慮到當時上海和赤塔之間的交通情況，福羅姆別爾戈應該是在這數月之前到達上海的。福羅姆別爾戈是否按計劃在上海與魏金斯基取得了聯繫，也無稽可查。斯穆爾基斯7月6日的報告倒是談到，福羅姆別爾戈在上海正與魏金斯基共同開展工作；但是，此時魏金斯基早已離開了中國，肯定是某種誤解，或是把1921年6月到上海的馬林或尼科爾斯基誤以為魏金斯基也未可知。[158]不過，有一點是肯定的，那就是在魏金斯基離開上海不久，福羅姆別爾戈隨後就出現在上海，並與中國的社會主義者建立了聯繫。[159]據說，1920年末，在中國開展工作的俄共黨員，總共有十幾個人。[160]

霍赫洛夫金、福羅姆別爾戈等來華以及他們在中國的活動，且不論結果如何，因其目的都與魏金斯基的工作有關，我們大致上還可以理解他們的背景；但實際上，在魏金斯基回俄國前後在中國開展工作的，還有另一條與他完全無關的渠道。這無疑反映了蘇俄、共產國際對遠東工作的混亂情形，而這另一條渠道對華工作的結果，產生了與陳獨秀等無關的另一個「中國共產黨」，致使在魏金斯基指導下啟動的創建中國共產黨的過程變得複雜起來。

第三節　中國「偽」共產黨始末

1　近藤榮藏接觸的中國「共產黨」

　　1921年初魏金斯基 (可能是為了報告在中國的工作[161]) 回國後，到同年6月馬林到達上海這段時間，蘇俄、共產國際沒有再派使者來中國。如前所述，魏金斯基回國後，上海仍然有福羅姆別爾戈等部分蘇俄人員。但是，魏金斯基對成立中國共產主義組織起到了巨大的推動作用，他的回國，對上海的共產主義者打擊不小。其後，直到馬林來華這段時間，上海共產主義小組的活動因資金困難而陷於停頓。除此以外，中心人物陳獨秀於1920年末從上海去了廣州，也是活動停頓的原因之一。例如，他們的機關刊物《新青年》(月刊) 在1921年1月出了八卷五期之後，一直中斷到4月；《共產黨》月刊也於1920年12月第2期以後，有半年多未能發行。[162] 馬林後來寫的報告表明，這些出版活動之所以中斷，並非完全由於警方干擾：[163]

　　　　魏金斯基同志在上海工作期間，在陳獨秀同志領導下組成一個中國共產黨人小組。陳幾年來一直編輯《新青年》雜誌。這個小組劃分為七八個中心，在全國的人數也不過五六十人。他們在工人學校的支持下開展工作。魏金斯基同志離去了，那裏沒有經費，學校也不得不中途停辦。[164]

　　當時的共產主義小組的成員之一包惠僧也說：「後因魏金斯基回國，陳獨秀赴粵，臨時中央的經濟來源中斷，一切工作受到影響，《共產黨》月刊也停了好幾個月沒有編印。」[165] 可見，魏金斯基回國，直接造成了活動經費的中斷。就在陳獨秀等人的活動暫時停頓期間，受蘇俄對華工作的推動，另有一部分人正在活動創建中國共產黨，這就是此前鮮為人知的另一個「中國共產黨」。

1921年5月，日本早期社會主義者近藤榮藏受日本共產主義組織委託赴上海，他在上海接觸的中國的共產黨，正是這個在20年代初曇花一現的「中國共產黨」。

近藤榮藏（1883–1965）是日本共產黨創建時期的成員，他按照1921年春秘密來日的朝鮮人李增林（或稱「林某」）的建議，於同年5月受所謂「日本共產黨暫定執行委員會」的委託隻身來到上海，與當地的國際共產主義組織接觸，並與共產國際進行聯繫，接受了活動經費。但是，他在上海接觸到的國際共產主義組織是怎樣的組織呢？或者說，一同出面接洽的中國的共產主義者是怎樣的人物呢？這些問題都還不十分清楚。近藤晚年在回憶錄[166]中寫道，在上海，歡迎他的有李東輝、朴鎮淳等朝鮮共產主義者，中國人則有「北京大學講師、中國共產主義拓荒人」「黃某」（即黃介民[167]）；而警方根據他的口供整理的文件[168]記載，當時在場的還有金河球、朴致順〔朴鎮淳〕、李東輝、金立等朝鮮人，和中國人姚作賓。

這裏提到的人裏面，朴鎮淳（1897–1938）、李東輝（1873–1935）等人都是所謂上海派高麗共產黨的領導人，背景比較清楚；問題在於黃介民、姚作賓這兩個中國人，他們到底是什麼人物呢？在當時的上海，現在的中國共產黨的前身即所謂「上海共產主義小組」，正在以李漢俊、李達等人為中心開展創建共產黨的活動，他們小組裏沒有叫黃介民、姚作賓的人。由此，不禁讓人產生這樣一個疑問：近藤在上海見到的中國共產主義者，為什麼不是李達、李漢俊等「真正」的中國共產黨黨員，而是來歷不明的黃介民、姚作賓等人呢？他們是些什麼樣的人物呢？他們又是以什麼身份一同會見近藤的呢？

「中國共產黨」這個名稱最早在中國出現，可以上溯到辛亥革命後的1912年，這方面現存的資料有1912年3月的上海《民權報》

刊登的「中國共產黨」招募黨員的廣告，以及同年4月28日的《盛京時報》(奉天)登載的「中國共產黨」的政治綱領。不過，這些「共產黨」似乎未曾實際存在過，沒有任何資料反映他們具體從事了哪些活動，其組織構成也一概不得而知。[169]到了俄國革命之後，「共產」二字對一些守舊的人來說是「大逆不道」，但卻吸引了部分激進的知識分子，除陳獨秀等人以外，1920年到1922年，陸續出現了不少打着「共產主義」旗號的團體。那時，「共產黨」還不是陳獨秀等人的組織的專用名稱。事實上，1920年3月在重慶就成立了一個「共產黨」；在北京，1922年2月則出現了一個「中國共產主義同志會」。這些組織都留下了他們自己寫下的宣言或報告等資料，也有人對這些團體的組織進行了初步研究。[170]這些「雜牌」共產黨都是時代的潮流自然激起的浪花。但是，黃介民、姚作賓組織的共產黨是在共產國際的推動下結成，因而與陳獨秀等人的共產黨之間實際上形成了互爭正統的關係，這是與那些「雜牌」共產黨的根本不同之處。而他們之創建共產黨，正是蘇俄、共產國際多渠道對華工作的結果。

2　1921年齊聚莫斯科的中國「共產黨」

就創建時期的史料而言，與「正宗」中國共產黨相比，「雜牌」共產黨幾乎沒有什麼資料可言，而黃介民、姚作賓的「共產黨」甚至連一份報告也沒有留下，更不存在比較完整的資料。不過，利用僅有的幾份資料來描畫他們組織「共產黨」的經過，還是可能的。讓我們先從他們1921年在莫斯科的遭遇看起。這方面，有當時留下的以下三份資料可以反映姚作賓1921年在莫斯科試圖與共產國際接觸的情形。

一份是當時也在莫斯科的中國無政府主義者抱朴(秦滌清)於1924年發表的〈赤俄遊記〉中的一段，大致內容如下：上海的朝鮮

人金某〔金立？〕從共產國際那裏取得了四五十萬元的活動經費，便通過姚作賓與中國無政府主義者接上了聯繫，並提供了一千元會議經費，無政府主義者大會因而得以於1920年5月在上海召開。在這次大會上，大多數人反對派代表參加共產國際的大會，只有少數人堅持派代表。最後，姚作賓於1921年經歐洲赴莫斯科，準備參加共產國際大會。姚作賓在俄國人面前自稱是共產黨的代表，並吹噓自己的組織擁有多少多少軍隊。莫斯科的中國社會主義青年團得到消息後，立即向共產國際遞交了抗議書，並以全體學生罷課相威脅，同時派代表監禁了姚、張〔張民權〕。[171]

另一份資料，是曾在民國初期組織過中國社會黨的江亢虎記錄他1921年莫斯科之行的遊記中的一節「紀中國五共產黨事」，其中有這樣的記載：為了參加1921年的共產國際第三次大會，「上海學生姚君偕朝鮮人由西歐入俄。據云，已有東方共產黨之組織，而己為其專使」。[172]江亢虎記錄下的另外四個遣使赴俄的「共產黨」是：①社會主義青年團，派來了學生「張君〔張太雷〕、于君〔概指俞秀松〕二人」為代表；②也是來自社會主義青年團的留學生們，但「不承認張、于為代表」的「少年共產黨」；③黑龍江省黑河的原中國社會黨支部的「龔君、于君」改組的「中國共產黨」；④隻身赴俄的杭州的「張君〔張民權〕」自稱代表的「支那共產黨」。江說，這五個黨都主張自己是正統組織，但②的人數最多，他們抨擊其他組織假冒「共產黨」時，「對姚尤為激昂，但不知結果如何」。

第三份資料，是曾經出席遠東各國共產黨及民族革命團體代表大會[173]的人於1922年以「CP」的筆名寫的文章〈我觀察過的俄羅斯〉，[174]其中這樣寫道：在莫斯科，「最可以表現中國人的劣性質的，就是什麼中國學生聯合會長廖某〔疑為『姚某』，即姚作賓〕和張某〔張民權〕的冒稱中國共產黨代表。原來這廖某從前曾和高麗人金某〔金立？〕騙了俄國一筆金錢，託辭在中國組織共產黨，後

來在中國連共產黨的影子都沒有留下，就和這張某再來俄國幹同樣的把戲了。可是他們被在這裏的中國學生，予以一大打擊，就回中國去了」。

由以上所述可以看出，姚作賓組織的共產黨，似乎是在朝鮮共產主義者的推動下成立的，這個黨與前來莫斯科參加1921年6月至7月召開的共產國際第三次大會的其他幾個中國「共產黨」一樣，為了取得共產國際的正式承認而互相展開了明爭暗鬥。順言之，與姚作賓一起被指冒稱「共產黨」的張民權是五四時期活動於上海、福建、南洋一帶的世界語主義者、無政府主義者。他的赴俄「是各處抱改革中國的青年聚會時，由一部分推舉的，預備參加國際第三大會」，[175] 於1921年6月由上海出發，經伊爾庫茨克來到了莫斯科。[176] 他似乎也和姚作賓一樣打了「共產黨」的旗號。就像高麗共產黨內「上海派」和「伊爾庫茨克派」相互攻訐一樣，[177] 各國的自稱「共產黨」要成為「真正」的「共產黨」，必須得到共產國際的承認，所以，大概姚作賓的共產黨為了獲得承認也使用了一些伎倆。而他們的這種做法遇到了異常猛烈的抨擊。

那麼，姚作賓接近共產國際的努力結果如何呢？我們可以根據北京的中央檔案館收藏的一件資料來推測其結局。這是一份聲明，從內容判斷好像就是上述抱朴〈赤俄遊記〉裏提到的那篇中國社會主義青年團就姚作賓的代表權問題向共產國際遞交的抗議書。中國社會主義青年團當時派來俄國的代表俞秀松，在1921年9月27日向共產國際執行委員會遠東書記處遞交的聲明中這樣說：

> 不久前來到莫斯科並自稱是中國共產黨代表的中國公民姚作賓不是該黨黨員，因此沒有任何資格同共產國際進行聯繫，凡是共產國際同他一起討論甚至決定的東西（根據姚作賓的建議，共產國際撥給款項等），中國共產黨都不承認，因為眾所

周知，姚作賓在第二次全國學生大罷課期間已成為中國學生唾棄的卑鄙叛徒。[178]

在這份聲明之前稍早的共產國際第三次大會上獲得承認的中國代表是張太雷和俞秀松，即陳獨秀等組織的共產黨，所以不難想像這篇聲明對姚作賓等的活動有多大打擊。與此同時，在莫斯科的中國社會主義青年團三十多位成員聯名向共產國際遠東書記處發表聲明，也對姚作賓作出了類似的批判，指出他對學聯的種種背叛行為。譬如他私吞學聯經費，以及他在「第二次全國學生大罷課」中的卑鄙行為，即他收取南方政府賄賂，將學聯第二次罷課的口號從原先的「反對日本帝國主義」改為「推翻北方政府」，從而導致了罷課的失敗。[179]事實上，在這以後找不到共產國際仍以姚作賓為接洽對象的跡象，三個月後召開的「遠東各國共產黨及民族革命團體代表大會」的中國代表團裏也看不到他的名字。姚作賓的「共產黨」終於未能獲得正統的地位。

那麼，姚作賓興沖沖地來到莫斯科，僅僅是為了獲得經費而採取的衝動之舉嗎？果真如此，如俞秀松聲明所說，共產國際與受到「正宗」中國共產黨在內的中國的各色共產黨猛烈攻擊的姚作賓的共產黨就提供經費等問題進行協商，又如何解釋呢？近藤榮藏為了與共產國際取得聯繫來到上海時，姚作賓等也一起出席了會見，這又如何解釋呢？實際上，從共產國際方面來看，姚作賓等的共產黨仍不失為一個值得認真考慮的革命組織。

3　大同黨──黃介民、姚作賓組織的「共產黨」

本章第二節曾述，派遣魏金斯基來華的威廉斯基─西比利亞科夫於1920年7月親自到過北京；同年12月回國後，他在莫斯科寫了一篇有關中國革命形勢的報告，名叫〈中國共產黨成立前

夜〉，[180]可以告訴我們他在中國期間所關注的是哪些社會主義勢力。該文概述了五四學生運動、各地的工人運動、民國以來的現有政黨的動向等；在「中國的革命組織」一項裏，他寫道：「從偉大的俄國革命爆發時起，在中國新的黨派像雨後春筍紛紛成立」，然後特別舉出了如下兩個組織，即擁戴陳炯明為領袖的福建「真理社」(Tchen-Li-Tche)，和「社會主義的、但正逐漸汲取更多共產主義思想的」「大同黨」(Da-Tun-Dan)，並説這些組織都誕生自「學生運動所形成的紐帶」。該文對當時已經開始活動的陳獨秀等上海共產主義小組隻字未提，令人費解。但饒有興味的是，被譽為「社會主義者、國際主義者」的黨派的這個「大同黨」的成員之一正是「Jao-Tso-sin」，[181]即姚作賓。他當時是總部在上海的中華民國學生聯合會(以下簡稱「全國學聯」)的理事。

從威廉斯基—西比利亞科夫的報告可以看出，他關注的主要是陳炯明以福建漳州為根據地推行的社會主義政策，和五四運動後形成全國規模的學生組織，而這些情報則來自本章第一節提到的波塔波夫的報告。本來，蘇俄派遣各類使者來華的契機之一，就是出於對五四時期達到高潮的全國性學生運動的震撼和關心，他們在陳獨秀等以外，把上海的全國學聯這個中國學生運動的中心組織視為可以合作的對象也是不難想像的。[182]事實上，據中國警方的文件記錄，[183]1920年3月，姚作賓和戴季陶一同在法租界貝勒路義和里14號全國學聯辦事處與俄國人(大概就是上述波塔波夫)召開了會議，討論了如何進行「過激主義」宣傳。

下列事實則表明，上述記錄未必是假，即姚作賓為了與俄共組織建立關係，曾於同年5月代表全國學聯秘密訪問了符拉迪沃斯托克。俄共方面的文件稱他為「同志」，説：「今年〔1920年〕5月，中國學生聯合會代表姚作賓同志從上海來到符拉迪沃斯托克。我們同姚同志一起討論了蘇俄對中國革命運動的援助問題、

通過創辦報紙加強我們在中國的影響問題，以及為向往蘇俄的中國學生提供幫助問題。」[184]

　　姚作賓1920年5月去符拉迪沃斯托克的時候，魏金斯基剛剛從這裏被派往中國。這時的全國學聯和上海學聯曾經給符拉迪沃斯托克的革命派學生發過回信，並熱情讚揚《蘇俄第一次對華宣言》（《民國日報》1920年3月24日），所以，姚作賓的符拉迪沃斯托克之行實際上是把學聯的態度轉化成了行動。總之，姚作賓從1920年春天開始謀求與蘇俄的革命運動合作，而對全國學聯有所期待的威廉斯基等俄共有關人也對姚作賓的態度給予了肯定的評價，這是不容置疑的。據姚作賓在1951年寫的坦白資料中交代，他以《申報》特派員的名義訪問符拉迪沃斯托克時，在那裏曾與沿海州臨時政府的領導人麥德捷夫（A. S. Medvedev）會面，由其介紹，得與威廉斯基認識，又由其介紹，回國後接觸了當時在上海活動的魏金斯基。至於1920年5月，威廉斯基報告裏說成為「臨時的集體中心機構」的「第三國際東亞書記處」，正是在這一時期成立於上海（參照本章第二節4）。在威廉斯基看來，大概已將之視作姚作賓等人的組織。但姚作賓本人表示，儘管知道魏金斯基已試圖與李漢俊、陳獨秀等人結成共產主義組織，但由於和陳獨秀等人想法存在差異，因此並沒有加入那一派，而是嘗試獨自接觸共產國際。[185]

　　關於姚作賓等的「大同黨」，許多方面尚未弄清，綜觀各種資料，大致情況如下。首先是「大同黨」成立的時期。日本警方資料記載，「大同黨」是「主張四海同胞主義的黃界民〔黃介民〕發起」，「民國6年〔1917年〕創立」的。[186]而據發起人黃介民講，大同黨的前身是1915年7月成立的「新亞同盟黨」，是當時在日本留學的他和朝鮮留學生申翼熙、張德秀，以及中國留學生陳其尤、王希天等共同組織的。[187]申翼熙是早稻田大學學生，後來是大韓民國臨

時政府的部長，韓國獨立後擔任過國會議長，並曾是總統候選人；張德秀也是早稻田大學學生，朝鮮留學生學友會幹部，一個時期曾在中國參與成立大韓民國臨時政府，後來成為《東亞日報》副社長，韓國獨立後曾任韓國民主黨幹部。他們二人都是朝鮮獨立運動史上有名的活動家。陳其尤是曾參加過黃花崗起義的國民黨系革命家，當時正在中央大學學習，後來成了陳炯明的幕僚，上述波塔波夫到漳州時，擔任接待的就是他；[188] 王希天是中國留學生的活動中心即中國YMCA的幹事，後來在關東大地震時遭日本陸軍殺害。[189] 中朝兩國留日學生傾向於聯合，從後來不久堺利彥、吉野作造等日本先進分子和中朝留日學生們共同組織「可思母俱樂部」(Cosmo Club)[190] 一事即可窺見一斑。黃介民等組織「新亞同盟黨」就是這類聯合的先聲之一。直到1922年左右為止，這個大同黨都有比較活躍的跡象，譬如有日本無政府主義者、世界語學者山鹿泰治(1892–1970)的加入等等。那之後雖然勉強維持，但至少1949年前後依然有存在的痕跡。[191]

「大同」這一名稱，不用說，是指《禮記》禮運篇中的理想社會。當然也可以按康有為式的「大同」概念來解釋。不過，莫斯科的中國僑民組織的上述「旅俄華工聯合會」的機關刊物《大同報》(Великое Равенство)就沒有康有為所謂的「大同」的意思，而是「表示社會主義世界上人人平等的意思」。[192]「大同黨」的命名想必是為了表達籠統的社會主義理想。大同黨的政綱和方針是「人類平等、世界大同」，具體地說，就是突出強調被壓迫民族的聯合，「否認某國有統治韓國並台灣之權、某國有統治印度之權、某國有統治安南之權」。[193] 據說，大同黨的前身「新亞同盟黨」的政綱和方針也是「反抗強權，互相協助，審察時機，先後圖謀各地獨立，締結一大同盟，主持亞洲大局，維持世界和平」，[194] 可見，這兩個

組織都是以反對帝國主義為基礎的國際革命組織。發人深思的是，先於魏金斯基來華的「密使」之一波塔波夫在 1920 年 5 月加入了大同黨。[195] 也就是説，波塔波夫也好，收到波塔波夫報告的威廉斯基—西比利亞科夫也好，都認為「社會主義的、但正逐漸汲取更多共產主義思想的」大同黨是一個值得考慮的革命組織。

大同黨領導人之一黃介民，原名黃覺，江西省清江人。[196] 青年時加入同盟會，在江西參加辛亥革命，1913 年赴日留學，入明治大學，加入孫中山的中華革命黨，並與陳溥賢、李大釗等一起參加中華留日學生總會的《民彝》雜誌的編輯工作。如前所述，他在這前後組織了「新亞同盟黨」。引人注目的是，「新亞同盟黨」成立後不久，他就為了實行黨的宗旨而與部分朝鮮留學生到了朝鮮，在那裏，與趙素昂[197] 等朝鮮獨立運動人士和社會主義者進行了廣泛的交往。[198] 近藤榮藏在上海會見與蘇俄、共產國際有聯繫的朝鮮共產主義者時，黃介民之所以也在場，就是緣於這時結下的關係。

1918 年，留日學生掀起反對「中日共同防敵軍事協定」的運動，黃介民也參加了進去，成為學生們組織的留日學生救國團[199] 的主要成員，還參與編輯運動機關刊物《救國日報》。翌年，五四運動爆發，黃介民以上海為中心參加了多方面的活動，還成了國民黨系勞動團體中華工業協會的領導人物之一。如前所述，中華工業協會在 1920 年曾計劃舉行中國勞動運動史上第一次正式紀念勞動節的活動，而積極推進這項活動的正是黃介民。[200] 他還積極協助設在上海的大韓民國臨時政府進行朝鮮獨立運動。當時，新亞同盟黨時期的同志申翼熙、趙素昂等朝鮮獨立運動志士，正在以臨時政府和中韓互助社[201] 為據點積極開展活動，作為謀求被壓迫民族聯合的大同黨的領導人之一，黃介民支持朝鮮獨立運動，

從主義上講，也是很自然的。總之，黃介民不僅是五四時期上海學界、工界的頭面人物，與朝鮮獨立運動也保持着關係，而他的這些活動體現在組織方面，就是他和姚作賓的大同黨。[202]

關於大同黨的黨員人數，日本警方報告稱，「印度人、朝鮮人、支那人、日本人等，合約三千人」；[203] 可是，縱然「黨員無任何負擔，……行動各依良心即可，是一個極其含混的純粹的秘密團體」，[204] 這個數字也難免有誇大之嫌。由於此外沒有任何資料，所以無法推測大同黨的實際黨員人數，也不清楚加入大同黨的其他中國人都是什麼人。不過，綜觀各種資料，大同黨的主要成員似乎還有學聯方面的康白情、王德熙、溫立等人。[205]

4　蘇俄對大同黨的工作

如前所述，魏金斯基1921年初回國後，「正統」中國共產黨的前身上海共產主義小組的活動暫時陷入了停頓。就在魏金斯基離開上海後不久，有一位朝鮮共產主義者就從共產國際來到了上海，與黃介民等大同黨人進行了接觸。他就是出席1920年共產國際第二次大會的朝鮮代表（韓人社會黨）、並被選為大會後產生的共產國際執行委員會的遠東代表的朴鎮淳。朴在這次大會期間，曾就在上海設立共產國際執委會遠東局一事，在莫斯科與馬林等進行過磋商，[206] 他來華的目的——不知是否得到了共產國際的正式批准——據推測是為了設立遠東局，以及改組韓人社會黨為共產黨組織（高麗共產黨）。[207] 據說朴攜帶巨額經費來到上海的時間是1920年底。[208] 在上海，共產國際執行委員朴鎮淳與韓人社會黨成員、大韓民國臨時政府國務總理李東輝一同接觸的，就是黃介民、姚作賓等人的大同黨。

中國共產主義者最早談到朴鎮淳在中國成立共產黨的，是王若飛1943年在延安所做的報告。王若飛在報告中說：

1919年，共產國際就派人到中國來了，起初是蘇聯華俄通訊社社長，以後有高麗人巴克京春到中國來組織黨。當時上海有黃介民一派，找到了陳獨秀，在廣州找到了區聲白、黃凌霜（黃是無政府主義，去過蘇聯）。[209]

這裏提到的「巴克京春」，正是朴鎮淳。[210]所謂最早來華的「華俄通訊社社長」，可能指的是上述達爾塔通訊社北京分社社長霍多羅夫。不過，朴鎮淳在上海活動的時期，王若飛正在法國勤工儉學，他所說的朴鎮淳來中國組黨等，並非直接見聞，而是從其他黨員那裏聽說的。共產國際以黃介民為對象開展工作一事，周恩來在60年代也談到過，[211]大概在早期加入共產黨的部分人士當中並非新鮮話題。張國燾也說，當時「黃介民要組織一個大同黨，主張聯絡中國一切的社會主義者，與朝鮮的革命派合作並溝通俄國的關係」；[212]這些話告訴我們，在共產國際和中國共產主義運動的接觸中，旅滬朝鮮人士發揮了重要的橋梁作用。

旅滬朝鮮共產主義者的活動，與中國的共產主義運動的產生有着密切的關係，比如，中朝的共產主義組織在上海擁有共同的印刷廠等。[213]但是，早期朝鮮共產主義組織的活動，由於因活動經費發生內訌，以及爭奪運動領導權等，發展過程十分複雜，至今仍難以窺知全貌。[214]不過，就來華的朴鎮淳等人的活動而言，似乎並未得到蘇俄方面的全面承認。1920年12月，領導魏金斯基工作的伊爾庫茨克的俄共西伯利亞局東方民族處，對派遣朴鎮淳赴華明確地表示了不滿：

> 克拉斯諾曉科夫安插的朴鎮淳和其工作人員朝鮮人朴愛，不斷進行反對東方民族處和朝鮮共產主義組織中央的活動。……共產國際、黨中央、外交人民委員部、遠東局派出自己的工作人員（這些人不是都勝任其使命的），執行獨立的任務，沒有總的計劃，不了解當地情況。例如，共產國際派代表朴鎮淳

去中國，他打算在那裏召開朝鮮社會黨〔韓人社會黨〕代表大會。由於在上海沒有大量朝鮮群眾，這次會議無非是朴個人對他本人所熟悉的朝鮮知識分子的挑選。……外交人民委員部要求東方民族處提供幫助，但有時從事純革命的黨的工作，不同東方民族處的工作相協調。例如，正當朝鮮真正的共產黨需要經費時，該委員部卻繞過東方民族處撥給朴鎮淳四百萬盧布供朝鮮社會黨使用。[215]

這個報告中提到的克拉斯諾曉科夫 (A. M. Krasnoshchekov)，是當時遠東共和國政府主席兼外交部長，在俄共裏，處於領導俄共遠東局的地位。[216] 關於蘇俄的遠東工作窗口分成好幾個系統並且相互間缺乏協調，東方民族處的上級機關俄共西伯利亞局與俄共遠東局以及遠東共和國爭奪對遠東工作的領導權等情況，已經在本章第一節有所探討。從上述東方民族處的報告看，朴鎮淳的工作得到了俄共遠東局、共產國際以及外交人民委員部的信任，但謀求統一遠東工作的東方民族處卻投以懷疑的目光。高麗共產黨的分裂和內部鬥爭的原因，就在於伊爾庫茨克的俄共西伯利亞局 (領導人是舒米亞茨基〔B. Shumyatsky〕) 和赤塔的俄共遠東局分別獨自組織和支援朝鮮共產主義者。馬林後來就高麗共產黨的內訌一針見血地指出，「兩派朝鮮人之間的爭吵，本來是伊爾庫茨克同赤塔之間的糾紛，特別是舒米亞茨基同志同克拉斯諾曉科夫同志之間的糾紛」。[217] 如此看來，朴鎮淳屬於赤塔的俄共遠東局系統，也就是說，他來華時的組織背景與其前的魏金斯基那條渠道稍有區別。

1920年底來到上海的朴鎮淳，是否意識到了自己所處的微妙立場，以及共產國際在他之前對中國共產主義組織已經做的工作，這些都不得而知。但是，他的身份是共產國際執行委員會遠

東代表委員，他發展共產主義組織，其對象自然也包括中國人；而他又沒有什麼可靠渠道與中國知識分子接觸，因此無疑只能在大韓民國臨時政府內傾向共產主義的人，即旅滬朝鮮活動分子的周圍來物色中國共產主義者。這樣，具有鮮明的反帝國主義意識而與朝鮮獨立運動的志士關係密切的黃介民、姚作賓等人的大同黨，就自然地成了他接觸的對象。

實際上，除了朴鎮淳以外，蘇俄還通過另外的渠道謀求與黃介民等人的大同黨（或者說「正宗」的中國共產黨以外的「共產黨」組織）進行接觸，這個渠道就是1920年9月遷到遠東的上述「俄國共產華員局」，即中國人在莫斯科成立的共產主義組織，以及與該組織有關係的、居住在俄國遠東的中國共產主義者。其中，對接觸中國內地的共產主義組織特別積極的，是隸屬於俄共阿穆爾州委員會（所在地是與中國黑河隔阿穆爾河相望的布拉戈維申斯克）。當時該地居住有許多中國移民，俄共阿穆爾州委員會有中國支部，該支部有發行中文旬刊《共產主義之星》(*Коммунистическая Звезда*)[218]的劉謙（俄國名字：費奧德羅夫〔S. Fedorov〕）。和其他「鮮為人知的密使」一樣，劉謙的生平與活動也還是個謎，但是，有幾份資料記錄了他在1920年下半年參與了組織中國共產主義運動的活動。

身為俄國共產華員局一員的劉謙，1920年7月28日，以「中國共產黨」的名義給中國的共產主義者寫信，詢問受華員局委派回到中國的江亢虎（同年9月由美國回國）的消息，信中同時希望中國同胞把江當作「親密的同志」。[219]劉謙還於同年夏天至秋天訪問了中國，並在上海見到了孫中山。回到布拉戈維申斯克後，1920年10月5日，以「中國共產黨代表」的名義向俄共阿穆爾州委員會報告了與孫中山會談的結果，同時提出了一份大膽的進攻中國內

地的計劃。[220]值得注意的是,他使用了「中國共產黨」的名稱。如本章第一節所述,俄國共產華員局雖說成立於莫斯科,但曾經選派代表出席共產國際的大會,實際上已經是共產黨組織,所以劉謙稱自己的組織為「中國共產黨」也是有其道理的。事實上,有證據表明,大同黨的姚作賓也加入了劉謙等人的這個「中國共產黨」。[221]姚作賓加入「中國共產黨」的地點和時期不清楚,不過,劉謙等人似乎有意以旅俄中國共產主義者為核心,進一步聯合江亢虎這位中國內地社會主義運動的拓荒者和姚作賓等這些全國學聯的領導人,以成立「中國共產黨」。劉謙在報告裏沒有直接談到姚作賓和大同黨,但對學生組織給予了高度評價,這表明劉謙也認為與俄國有共鳴、並有一定的組織動員能力的全國學聯,足以成為成立共產黨的基礎。

對劉謙要把成立於俄國的中國共產黨移植到中國去的構想,俄共遠東局似乎給予了一定程度的肯定,遠東局所屬的俄國共產華員局在1920年12月6日的會議上,討論了組織共產黨支部的必要性和聯絡上海、天津的青年組織的事宜,並「批准劉同志(費奧德羅夫)立即到中國出差三個月」;[222]第二年1月16日又計劃向中國派宣傳活動人員,以在孫中山控制下的地區進行共產主義宣傳。[223]這些計劃最終沒有得到實施,因為劉謙在1920年底或翌年初突然死去,[224]而同為俄國共產華員局成員的劉澤榮在奉共產國際之命回國(1920年12月)之後,不明不白地脫離了共產主義運動。[225]俄共西伯利亞局東方民族處對這些漫無計劃的對華工作,與對待派遣朴鎮淳時一樣,自然表示了不滿。東方民族處的報告說:

> 共產國際信任劉紹周〔劉澤榮〕,派他去中國工作,此人並不具備足夠的政治素養,而且就其思想和信仰而言,遠不是與社會主義運動休戚與共的人。……俄共(布)中央向東方派出中國共產主義者中央組織局〔俄國共產華員局〕,其組成人員表

現出黨性不強，政治素質差，根本不能在中國人當中組織革命工作。[226]

由此可見，黃介民、姚作賓等大同黨系的中國共產主義者所接觸的蘇俄方面的使者，無論朴鎮淳也好，劉謙等俄國共產華員局系統也好，雖然背後都有共產國際中央或俄共中央這些組織的初步支持，但是，在逐漸成為對遠東工作的主要力量（共產國際執行委員會遠東書記處）的俄共西伯利亞局東方民族處看來，都是不合格的。也就是說，在各種對華工作的錯綜複雜的組織背景中，黃介民、姚作賓的共產主義組織被納入了難免淪為旁系的分支之中，而他們後來在莫斯科爭奪「共產黨」正統時注定要失敗的理由之一，也正在於此。

不過，朴鎮淳、劉謙等來華背後所存在的蘇俄方面的意圖和想法並不統一的情形，黃介民、姚作賓等大同黨的領導人當然無從知道。所以，對於黃、姚來說，朴鎮淳的來華無疑就是共產國際使者的來訪，沒有任何理由拒絕與身為共產國際執行委員的朴鎮淳等人進行接觸；而黃、姚等人的「中國共產黨」，無論對他們自己來說，還是對促成其事的朴鎮淳來說，都是屬於共產國際的正當的共產主義政黨。至少在日本警方來看，當時的「支那共產黨」、「上海共產黨」是指黃介民而非陳獨秀派的共產黨。[227]事實上，嚴密監視旅滬朝鮮共產主義者動向的日本駐上海總領事館，十分警惕朝鮮共產主義者與黃介民、姚作賓等人的接觸和聯合。[228]而陳獨秀派的共產黨人、當時留學日本的施存統在接受警視廳審訊時也供述，黃介民等人與陳獨秀派是不同的「共產黨」：「上海之共產黨有兩種。一種乃陳獨秀創建的，信奉純粹之馬克思主義；另一種為黃界民〔黃介民〕派組織的，信奉雜以無政府主義思想之馬克思主義。」[229]

朴鎮淳、李東輝等旅滬朝鮮共產主義者，1921年5月將「韓人社會黨」改稱「高麗共產黨」（即所謂上海派高麗共產黨）。6月，

朴鎮淳、李東輝為了出席即將召開的共產國際第三次大會而離開上海經歐洲赴莫斯科，姚作賓也與他們同行。[230]姚作賓和朴鎮淳等朝鮮共產主義者既然存在如此密切的關係，那麼，近藤榮藏受「日本共產黨暫定執行委員會」委派於同年5月赴上海時，姚作賓和黃介民出現在以朴鎮淳為「主持人」的共產國際的會議上，也就不足為怪了。我們無從知道，姚作賓是作為「大同黨」黨員，還是像後來在莫斯科那樣自稱是中國「共產黨」黨員而出席會議的。但是，會議上的他肯定認為自己是已經被共產國際承認或者不久後即將被承認的中國的「共產黨」的一員；否則，他不會與出席共產國際第三次大會的朴鎮淳和李東輝（據近藤回憶，會議上還希望日本派代表出席共產國際第三次大會。[231]那麼，朴鎮淳、李東輝以及姚作賓當然是知道要召開共產國際大會的）一起去莫斯科。於是，對姚作賓來說，即將召開的共產國際大會，本來應該是他們的「共產黨」在國際共產主義運動中正式登場亮相的儀式。

和姚作賓同行的朴鎮淳和李東輝，不巧中途在科倫坡耽誤了時間，到達莫斯科已經是9月或10月，沒能出席共產國際第三次大會。[232]上述《江亢虎新俄遊記》說，「上海學生姚君偕朝鮮人由西歐入俄」，而俞秀松1921年9月27日的抗議聲明也說，姚「不久前來到莫斯科」，由這些材料來看，姚作賓似乎也和朴鎮淳、李東輝一起耽誤了行程，沒趕得上共產國際第三次大會。這個遲誤的後果是無可挽回的，因為此時不僅共產國際的大會已經閉幕，更重要的是，張太雷和俞秀松這兩位「中國共產黨」黨員已經作為中國的正式代表出席了會議。

就姚作賓的立場而言，他的赴俄同路夥伴也不相宜。如前所述，共產國際執行委員會遠東書記處的前身，即俄共西伯利亞局東方民族處早已給朴鎮淳打上了不可相信的烙印；而且，排斥上

海派高麗共產黨的伊爾庫茨克派高麗共產黨的代表南萬春（南滿春），已經以朝鮮代表的身份撇開遲到的朴鎮淳、李東輝出席了大會，並在會後替代朴成為共產國際執行委員。伊爾庫茨克派高麗共產黨[233]是在共產國際執行委員會遠東書記處領導人舒米亞茨基的人際網絡庇護下集結而成的黨派（其第一次大會——1921年5月初——時，正在該書記處工作的張太雷，受舒米亞茨基舉薦參加了大會，並致了賀詞）。[234]由於在遠東的共產國際實權人物舒米亞茨基的支持下誕生的伊爾庫茨克派高麗共產黨剛剛在第三次大會上做了朝鮮的代表，因而，隨其對峙勢力上海派高麗共產黨領導人來到莫斯科的姚作賓的處境也便岌岌可危；更何況，由於和舒米亞茨基的關係而支持伊爾庫茨克派高麗共產黨的張太雷也已經成為中國的「共產黨」的代表。一直警惕姚作賓與共產國際接觸的「中國共產黨」方面，把抗議（上述1921年9月27日的聲明）遞給了共產國際執行委員會遠東書記處，這一點也暗示了中朝各共產黨組織為了獲得正統地位而展開的較量。

當然，共產國際在高麗共產黨內訌的問題上，並沒有簡單地以承認伊爾庫茨克派取勝而作罷，其後的一個時期內，在共產國際的斡旋下，高麗共產黨兩派一邊明爭暗鬥，一邊摸索如何統一。但是，姚作賓的靠山朴鎮淳的沒落卻是無可掩飾的。姚作賓在莫斯科勉強與共產國際舉行了會談，自然得不到滿意的結果。因為，且不說共產國際第三次大會開幕的時候（1921年6月）情形如何，在他到達莫斯科的時候，在共產國際的正式使者馬林的出席之下召開了第一次全國代表大會的中國共產黨，已經在上海誕生了。姚作賓既沒有陳獨秀、李大釗在革新中國的運動中享有的聲望，也沒有足可依恃的強有力的組織。姚作賓、黃介民的「共產黨」就這樣結束了其短暫的活動。

5 姚作賓與全國學聯——後「五四」的學生運動

　　1921年下半年出現在莫斯科、主張自己是中國共產黨的大同黨的學生運動家姚作賓，到底是怎樣的人物呢？他又是出於什麼樣的動機接近蘇俄、籌劃成立共產黨的呢？在這一節的最後，我們來追溯一下如彗星般劃過上海學生運動界的學生運動家姚作賓的事跡，以探討後「五四」學生運動的展開，尤其是全國學生聯合會的消長過程。有關五四學生運動的巨大成果之一全國學聯，不少研究著作都談到它是如何「成立」的，但是，其在1920–1921年之間，即共產主義運動在中國蓬勃興起的這段時期的動向，至今尚不清楚。[235]也就是説，儘管人們都認為五四學生運動是共產黨成立的契機之一，但卻幾乎沒有人來探討後「五四」的學生運動。作為反日愛國運動而開始的五四學生運動，後來其一部分朝着社會改造的方向（最典型的就是共產主義運動）猛進，肯定有其內在的和外在的因素。[236]在這裏，我們就以姚作賓這位後「五四」學生運動的領袖、同時也是另一個「共產黨」的中心人物的活動軌跡為線索，對這些因素進行探討。

　　姚作賓（1891–1951）是四川南充人。（圖十五）據其親撰簡歷可知，他從故鄉的中學畢業後，1911年加入中國同盟會，二次革命失敗後留日，1915年成為中華革命黨一員，曾參加第三革命，很早就是孫中山一派的成員，參加過各種政治活動。1918年春，姚以私費留學生身份居於東京，似已成為出眾的留學生鬥士。同年4月8日，大約50名四川籍私費留學生因學費借貸一事在中國公使館與公使館職員毆鬥，姚在這場混戰中遭日方警察拘留。警方留下的被拘中國學生名單有這樣的記錄：「姚作賓（年二十四）學校未定」，可見他當時還沒有正式進入學校。[237]而警方第二年整理的留日學生調查書[238]記載，他此時已經正在明治大學學習，並

圖十五　姚作賓（攝於 1930 年代後期）

且是四川省同鄉會的中心人物之一，受其影響的有約 20 名留學生。可見，五四運動爆發時，姚作賓在東京，在留學生裏面，已經是一個小有影響的人物。

　　就筆者所知，姚作賓第一次在上海的學生運動圈中露面，是在 1920 年 1 月 1 日，作為任期將滿的留日學生代表理事劉振群的後任出席全國學聯總會的茶話會。[239] 所謂全國學聯，不言而喻，就是那個全國學生運動的中心組織，是為了疏通和強化「五四」後各地湧現的學生聯合會之間的聯繫，於 1919 年 6 月 16 日在上海成立的。全國學聯的成立，是全國性群眾聯合組織的先驅，無疑是五四時期學生運動高潮的一個里程碑。據說，當時的全國學聯下屬 60 餘個分會，號稱全國有 50 萬學生受其領導，儼然形成一大勢力。[240] 但是，就像許多聯合組織所常見的那樣，由各地學聯代表組成的全國學聯，在運動風起雲湧的 1919 年將要結束的時候，逐漸迷失了活動方向，致使活動停滯不前。

　　因為各地學生代表不可能長期停留在上海，不得不頻頻更換理事，而離任理事也經常得不到及時補充，這是活動停滯的現實

原因；再加上全國學聯的知名幹將段錫朋、康白情等人獲得上海
經濟界人士提供的豐厚獎學金而離開學聯赴歐美留學（當時學界引
清末舊事譏其為「五大臣出洋」[241]），組織渙散難以避免。姚作賓
就是在這種形勢下參加了全國學聯的工作的。不過，他沒有氣
餒，而是為了挽回學聯的頹勢而積極地開展工作。事實上，雖說
疾風驟雨般的1919年已經過去，但是學聯仍面臨着必須解決的問
題。那就是，如何處理因中國拒絕在《凡爾賽條約》上簽字、以至
於懸而未決的山東問題（也就是，是否由北京政府與日本直接交涉
來解決日本主張繼承的德國在山東的權益的問題，學生運動方面
當然堅決反對直接交涉）這樣一個重要問題。就任學聯理事之後
的1月至3月，姚作賓一面隨時出席學聯的總會理事會，一面作為
學聯代表，屢次擔任滬上頻繁舉行的山東問題國民大會的臨時主
席。[242]對於全國學聯來說，此次反對中日直接交涉的鬥爭，當然
是再次激起已漸趨冷卻的學生愛國運動的熱情的絕好機會。恰在
此時，1月29日，積極反對直接交涉的天津學聯遭到了流血鎮
壓，以其高昂的戰鬥性而聞名的天津學聯因此遭到了毀滅性的打
擊。[243]不過，這件事倒有可能使運動在全國範圍內再次高漲。於
是，為了研究如何推動反對直接交涉的運動，全國學聯的總會在
2月27日向全國各省區學聯發出了召開緊急會議的通知。[244]姚作
賓等全國學聯的幹部們，想必是滿懷期待而十分激動的。

　　但是，各地的代表遲遲未能到齊，他們的期待落空了。同情
學聯的上海《民國日報》報道，姍姍來遲的各學聯代表原定於3月
20日開會，但是，當日到會的不及預定人數的一半，會議不得不
臨時改為談話會，正式會議則在一週後的3月27日才得以召開，3
月31日才對北京政府發出了反對與日本直接交涉、要求廢除中日
間一切密約的「最後通牒」。[245]各報社對學聯的這些動向的報道，

也已經不如從前那樣多。1919年下半年，上海各報的「本埠新聞」欄的頭條新聞，幾乎每天都是有關「學聯」動向的報道；而今的全國學聯，顯然已經沒有了往日那樣的對輿論界的影響。

不過，事已至此，學聯已經無路可退。眼見北京政府並不理睬學聯的「最後通牒」，學聯總部遂號召各地學聯於4月14日開始大罷課。這是繼1919年之後的第二次全國大罷課。呼籲進行「最後之決鬥」的罷課指示將北京政府稱做「北廷」，並說：「毀法賣國之惡政府，決難長此存在」，[246]由此可見姚作賓等學聯領導的巨大決心。第二次大罷課的最大特點，就是提出打倒北京政府。罷課的第一天即14日，全國學聯的代表參加上海學聯在上海公共體育場舉行的集會時，也在講演中明確提出「推翻賣國政府」。[247]

可是，各地罷課學生的步調並不一致。上海、江蘇、浙江、安徽、江西等東南各省的學聯，在接到罷課指示後，陸續開始了罷課；但北京政府腳下的北京、天津的學聯，由於剛剛遭受重創，沒有立即罷課。另外，北方的學聯並不贊成上海方面以北京政府為敵的政治罷課的方針。[248]因為，從當時的政治形勢來看，否認北京政府，就意味着傾向孫中山一派的國民黨勢力，而學生們一般都不願意捲入這種黨派政治鬥爭中去。事實上，這期間的輿論，只有孫中山、國民黨系的《民國日報》等少數報紙贊成學聯的大罷課方針，如《時報》、《時事新報》、《益世報》等大報，對以推翻北京政府為目標的學生罷課都持反對態度。

4月22日，北京學生好不容易開始了罷課，然而，兩天後，淞滬護軍使在上海發布了戒嚴令，到了26日，部分與學生相呼應而罷工、罷市的工人和商店也偃旗息鼓，運動自始至終沒有出現高潮。5月6日，法租界當局查封了學聯總部，已經處於頹勢的學聯遭到了最後的致命一擊。[249]進退維谷之中，學聯總會於5月14

日滿懷悲憤發出了17日中止罷課的通電。[250]就這樣,學聯傾盡全力的「最後之決鬥」,雖然付出了巨大犧牲,卻沒能實現預期的目的,最後以慘敗而告終。

作為學聯理事的姚作賓,無疑直接參與領導了反對中日直接交涉運動和第二次大罷課。但是,俞秀松在給共產國際執行委員會遠東書記處的聲明中則指責他說:「眾所周知,姚作賓在第二次全國學生大罷課期間已成為中國學生唾棄的卑鄙叛徒。」姚作賓是學聯的負責人之一,姑且不論他主觀熱忱如何,他應該對學生罷課失敗負有一定的責任;不過,他是否因此就是「中國學生唾棄的卑鄙叛徒」,卻不敢苟同。俞秀松的聲明沒有說姚作賓有什麼值得「唾棄」的行為,問題可能出在以打倒北京政府為口號的「第二次大罷課」,在形式上支持了國民黨的黨派主張;[251]或者,「為人喜歡出風頭,好大喜功」[252]的姚作賓在學生罷課期間赴符拉迪沃斯托克謀求與蘇俄方面建立聯繫一事,被當成了意在搶功,也未可知。總之,從當時報紙的報道裏面,找不出俞秀松指責姚作賓等全國學聯負責人的值得「唾棄」的行為;上述威廉斯基—西比利亞科夫的報告,也對發動學生罷課時的學聯總會給予了高度評價。

第二次大罷課失敗以後,1920年7月,姚作賓因學聯總會理事任滿而卸任,留日學生代表理事一職由即將回國的李達繼任。[253]學聯理事會原定7月1日換屆,[254]但各地學聯雖經再三催促,[255]卻遲遲選不出繼任理事;到李達的第二屆理事終於到齊、從而得以召開理事會時,已經比預定晚了三個月。[256]姚作賓等原班人在7月29日的歡送會[257]後,離開了學聯總部一段時間。順言之,中國共產黨的重要發起人之一李達曾任學聯第二屆理事一事,在其傳記中也只有十分簡單的記述。在學生運動家當中有這樣的評斷,即「全國學聯第二屆、三屆都為右翼所把持」,[258]所以,曾經是學

聯理事，並不光彩。李達在自傳[259]中也隻字未提自己與學聯的關係，當然也沒有涉及他的前任姚作賓，因此無法從李達的自傳中了解姚作賓如何卸去學聯理事以及他後來所從事的活動。

李達擔任主席的第二屆學聯理事會，沒有進行什麼引人注目的工作，只是消磨時日。奇怪的是，1921年1月，姚作賓突然替代了李達重新成為學聯理事，並就任主席。[260]是姚作賓不滿於學聯理事會虛度時日呢，還是姚作賓難以割捨學聯的工作？這些都不得而知；不過，姚作賓於同年4月寫給東京的留日學生總會和總會工作人員龔德柏的信[261]中，倒是談到了李達退任一事。信中寫道：「李達此番辭職的第一原因是辦事產生種種差誤，最近數月耗盡精力，身心疲憊，且受環境所迫，不勝同情者也。」所以他解釋說，為私，則「目睹此情景，從交友上，我不得不幫助他」；為公，則處此「各理事不負責，各學生不出力」的學界現狀，為避免「總會倒斃」，自己也「不得不出來暫時維持本會」。從這封信看，他是為了維持將要崩潰的學聯，萬般無奈才再次出山的。

實際上，學聯在經濟上也已經瀕於崩潰。姚作賓在信中還說，如果各地學聯按規定上繳會費，預算應該有一萬兩千多元；但是，實際上只有留日、上海、山東等幾個地方的學聯繳納會費，全國學聯的經費基本上來自募捐和借款。而關於借款，他也訴苦說：「時至今日，已徹底走投無路。」他是較晚投身於學生運動的，留給他的只有處理戰敗善後的差使。但是，面對困境，他很頑強。從報紙的報道看得出，他一邊代表學聯頻繁出席各處的集會，一邊到各地方學聯視察，以協調立場，或「解決經濟問題」。[262]這邊有上海的學生運動家被捕，他就跑到檢察廳去要人；那邊的火柴廠因查出日貨而與學生發生爭執，他又跑去調查，[263]簡直是在孤軍奮戰。與此同時，他還聯繫上海的朝鮮共產主義

者，與國際共產主義運動也建立了關係。說起來，1921年5月，他參加為迎接「日本共產黨」的使者近藤榮藏而舉行的「共產國際遠東局」的會議時，其身份之一就是全國學聯總會主席。

如前所述，1921年6月，姚作賓和朴鎮淳、李東輝等同赴莫斯科。同年7月11日的日本警方報告稱，姚作賓「不久前，受全國學生聯合會委派（據說該總會支付旅費一千元）考察西伯利亞地區過激派形勢」。[264] 估計這次所謂西伯利亞之行，其實就是6月的莫斯科之行。而假如正苦於經費枯竭的學聯果然支付一千元巨款以成其行，那麼，他與共產國際的交涉，除了鞏固他自己的「共產黨」外，也許還是徹底解決學聯財政困難的孤注一擲之舉。[265]

上述署名CP的〈我觀察過的俄羅斯〉說，姚作賓等人遭到莫斯科的中國留學生的痛擊，不久就回國去了。回國的旅程似乎充滿了艱辛，甚至有人傳說「姚作賓被放逐到伊爾庫茨克去，幾乎死在那裏」。[266] 在莫斯科的努力失敗後，他再也沒有回到上海的學聯總部，[267] 而他和黃介民的「共產黨」不久也就消散了。

姚作賓於1920–1921年投身其中的中國學生運動，儘管面臨着亟待解決的難題，可是由於組織渙散、學生的思想意識開始分化、輿論的冷漠、警方鎮壓日趨苛烈等等原因，已經處於消退狀態。學聯對《蘇俄第一次對華宣言》發表熱情洋溢的聲明，學聯代表姚作賓赴符拉迪沃斯托克試圖與「過激派」俄國人建立關係，正是在這個時期。姚作賓等部分學聯負責人不滿足於低迷的學生運動，或者為了打破這種沉悶狀態，從而把眼光投向革命俄國，並非不可理解。這樣看來，學生運動消退時期常見的組織分化，以及部分領導人伴隨組織分化而走向急進這類現象，在全國學聯具體表現了出來。

全國學聯成立時的1919年6月，學生運動曾經在愛國的旗幟下達成了高度團結。可是，到了1920年，面對逐漸採取鎮壓態度

的北京中央政府，不得已採取了否認的方針，從而踏進了曾慎重避開的政治領域；同時，運動的方法和目的的多樣化也需要為此提出具體策略。就如何對待與北京政府的關係而言，有的學生呼籲暫時支持政府以打破對外危機，有的學生則從無政府主義立場出發堅決反對與政治發生關係；就運動方法而言，也出現了各種各樣的新主張，比如教育救國、科學救國等改良主義主張，通過實踐改造社會的主張則有工讀互助團運動、各種「新村」運動、平民教育運動等。而姚作賓等學聯負責人選擇的道路則是，通過與蘇俄合作，把學生運動轉化為革命運動。

　　從共產國際、蘇俄方面（儘管其對華工作渠道不統一）來看，反帝國主義傾向日趨明顯、越來越激進以至於否認北京的軍閥政府、並具有潛在組織動員能力的全國學聯，顯然是一個革新的、因而是值得與之聯合的革命預備組織。姚作賓等人成立共產黨與蘇俄之間的關係，乍看上去十分奇異，可實際上是以雙方的一致願望為基礎的。在這個意義上講，雖說姚作賓等成立共產黨這件事只不過是中國共產黨創建過程中的一段秘聞，或者頂多是一個插曲，卻證明了五四學生運動即使在組織方面──儘管與「正宗」共產黨沒有什麼直接關係，並且不久就消逝了──也是朝向孕育共產主義運動發展，並且與蘇俄的對華推動工作密切相關的。

第三章

中國共產黨的成立

第一節　上海的建黨活動

1　對中共發起組形成的研究

　　如第二章、特別是其第二節所述，以陳獨秀為中心的上海的激進知識分子，自1920年下半年起，加快了成立共產主義組織的行動。而這些活動是在魏金斯基的直接支持下進行的，這一點，從魏金斯基同年8月的報告中看得很清楚，即報告裏「革命局」的活動中，「出版處」、「情報處」，實際上就是陳獨秀等人的「社會主義研究社」(新青年社) 和「華俄通信社」。

　　但是，如第二章第二節曾提到的那樣，魏金斯基的報告生動地傳達了上海共產主義組織的狀況，其內容卻與此前長期以來被引以為據的中國人的回憶錄不相符合。比如，關於共產主義組織的前身，在魏金斯基的報告中，看不到有關中國人在回憶錄中屢屢提及的「馬克思主義研究會」、「社會主義者同盟」等，而報告中的「革命局」、「社會主義青年同盟」等組織，在中國人的回憶錄中則從未出現過。如何解釋回憶錄和報告之間的這種矛盾呢？再

者，魏金斯基報告中的「革命局」，亦即中共發起組，很明顯在1920年8月時已經存在，但到底是什麼時候、怎樣成立的呢？讓我們首先對此前的一般看法作一整理。

在中國，由陳獨秀等在中共第一次大會前結成的上海的共產主義小組，被稱為「上海共產主義小組」，或「中共發起組」。[1]研究「上海共產主義小組」的專著《上海共產主義小組》(中共上海市委黨史資料徵集委員會編，知識出版社1988年版)一書，根據陳望道、邵力子、李達的回憶[2]認為，1920年5月組織的「馬克思主義研究會」是該小組的雛形；後來，在該研究會的基礎上，在魏金斯基的支持下，7月至8月間誕生了有比較完整黨綱的「上海共產主義小組」，自稱「共產黨」或「社會黨」(第9–10頁)。不過，邵力子和陳望道的回憶是該書判斷「馬克思主義研究會」曾經存在的唯一依據，而有人對是否曾經存在「馬克思主義研究會」表示疑問。[3]至於所謂7月至8月間成立的「上海共產主義小組」，眾多的回憶之間差距很大，僅憑回憶錄難以弄清其真實情況。[4]

20世紀90年代初，發現了上海共產主義小組成員俞秀松當年的日記，[5]其中有些內容足以推翻此前的定論。日記的1920年7月10日條寫道：「經過前回我們所組織底社會共產黨以後，對於安那其主義和波爾雪佛克主義，都覺得茫無頭緒，從前信安那其主義，的確是盲從的。」[6]「對於安那其主義和波爾雪佛克主義……」一段，行文確實有些不自然，但由此終於明確了7月以前存在一個名叫「社會共產黨」的組織。不過，通過日記並不能弄清「上海共產主義小組」成立的詳細過程。因為，現存的俞秀松日記(儘管每天的記述相當詳細)起於1920年6月17日夜，止於7月25日，其中除7月10日條外，都沒有提到「社會共產黨」；因此，只能據此判斷該「社會共產黨」大概成立於6月17日以前，而關於其成立的詳細時間及成員，仍然不得而知。

關於「社會主義者同盟」，一般見解認為，這是陳獨秀、李大釗等早期共產主義者和黃凌霜·梁冰弦·鄭佩剛等無政府主義者，在柏烈偉的斡旋下，為謀求社會主義者的大團結而於1920年初成立的，也是後來的共產黨的組織基礎之一。但是，與上述「馬克思主義研究會」一樣，「社會主義者同盟」曾經存在的根據，細究起來，也只有梁冰弦和鄭佩剛等無政府主義者的回憶，[7]有些被認為參加了該同盟活動的人，甚至否認「社會主義者同盟」曾經存在。[8]由於梁、鄭的回憶相當詳細、具體，因此，不少學者為了把它們納入中共成立史中去，對其進行了種種解釋；[9]但是，在沒有其他資料的情況下，這些解釋終究不過是推測。

莫斯科檔案館的文件資料，即上述魏金斯基1920年6月和8月的報告，為改變「馬克思主義研究會」、「社會共產黨」以及「社會主義者同盟」資料不足的現實情況提供了一線光明。魏金斯基的報告和俞秀松日記以及上述回憶錄之間存在着諸多不一致之處，從這個角度看，這些資料既非互相否定，也非互相印證。近年來，有些學者試圖對這三種資料進行全面的合理解釋，其代表就是楊奎松和金立人的研究。[10]

楊奎松以俞秀松日記記述不自然(對布爾什維克主義態度不明確)為根據，認為「社會共產黨」和所謂「上海共產主義小組」不一定相同，進而認為，魏金斯基報告中的上海的「革命局」就是「上海共產主義小組」，它是由包括了無政府主義者和共產主義者的「社會主義者同盟」(楊奎松認為，該同盟成立於1920年7月19日)發展而來的；其理由是，鄭佩剛回憶錄敍述的「社會主義者同盟」的活動和所謂「上海共產主義小組」的活動幾乎一致。這樣，魏金斯基報告屢屢談到的與無政府主義者的合作，以及「革命局」派到廣州的俄國人最初接觸的是無政府主義者，都被解釋為是「革命局」繼承了「社會主義者同盟」的方針的結果。在此基礎上，楊奎

松推測，「革命局」即「上海共產主義小組」成立的時間，應該是在「社會主義者同盟」成立（7月19日）和記錄了「革命局」活動的魏金斯基報告完成的8月上旬之間。

然而，金立人卻提出了完全不同的解釋。針對楊奎松認為俞秀松日記的記述不自然這一點，金立人認為，從當時中國青年的一般知識水平看，俞秀松日記中的「波爾雪佛克主義」一語，並非現在通常理解的作為共產黨組織原則的「布爾什維克主義」，其表達的也並不一定是與「無政府主義」相對立的概念；由此得出了這樣的結論，即，俞秀松日記中的「社會共產黨」才相當於「上海共產主義小組」，而從有關人物的回憶推測，其成立提上日程是在組織「馬克思主義研究會」的1920年5月，其正式成立在6月。同時，對於中國人的回憶錄和魏金斯基報告內容不一致，金立人提出了如下獨特見解，即，魏金斯基重視的是如何把包括無政府主義者在內的各革新團體組織在一起，可陳獨秀等人的活動，自一開始就排除了無政府主義者，並且所要整合的不是團體，而是陳獨秀信得過的個人；「革命局」是按魏金斯基旨在組織各革新團體的方針而成立的，而陳獨秀本來就不太相信無政府主義者和舊有的工人團體，因而沒有採取統一行動，而是獨自地進行了建黨工作（社會共產黨）；因此，「上海共產主義小組」與「社會主義者同盟」以及「革命局」是兩碼事，後來成為中共建黨的組織基礎的，並非魏金斯基系統的「革命局」（隨着「社會主義者同盟」的解散〔金立人認為其解散時間是1920年12月〕而消失），而是陳獨秀等人的「社會共產黨」即「上海共產主義小組」。根據這樣的解釋，金立人得出結論：「中共上海發起組是中國擁護、追求馬克思主義的革命者獨立自主地建立起來的。」[11]

楊、金兩位都是中國黨史研究的一流學者，他們的推論，都很值得傾聽；但遺憾的是，又各有缺陷。先來看楊氏的見解。從

俞秀松日記也看得出，他在這個時期與陳獨秀來往十分密切，並且除所謂「上海共產主義小組」外，他沒有參與任何其他黨派組織的活動，因此，不能因為他對布爾什維克的態度不夠明確，就說他日記中的「社會共產黨」與陳獨秀等的上海共產主義小組沒有直接關係。關於「社會主義者同盟」，楊氏不但認為它成立於7月19日，還介紹了開會時的討論內容；可實際上，其所依據的1927年的俄語書中只說「1920年7月19日，『最積極的中國同志們』的會議在上海召開了」，[12] 根本沒有提到會議的性質和內容。另外，魏金斯基在8月17日的報告中談到的「社會主義青年同盟」到底是否真正存在過？是什麼樣的組織？這些也都沒有任何解釋。

金氏的見解，不乏灼見，比如他指出當時激進青年對「布爾什維克主義」的理解有混亂，魏金斯基和陳獨秀對應該通過何種方法推進建黨工作（是組織革新團體，還是組織值得相信的個人）所持的主張不同，等等。但是，把「革命局」（金氏認為它是「社會主義者同盟」的指導機關）看作與陳獨秀等的「上海共產主義小組」（金氏認為它的名稱是「社會共產黨」）沒有任何關係，則有失妥當；因為，魏金斯基在8月17日的報告中談到的「革命局」的活動，顯然包括了陳獨秀等人積極進行的活動，比如出版《共產黨宣言》以及《勞動界》雜誌等。就史實考證方面來講，金氏僅憑回憶錄就對學術界尚存爭議的「馬克思主義研究會」5月成立說予以肯定，不無問題；他援引所謂「南陳北李，相約建黨說」作為陳獨秀等獨立建黨的證據，但是，正如本書第二章第二節曾探討過的那樣，這個說法是不成立的。楊氏也提到的7月19日的「最積極的中國同志們」的會議，金氏卻斷言就是「革命局」成立的會議，但是，如前所述，我們無從知道這次會議的性質、內容。最後，和楊氏一樣，金氏也對魏金斯基在8月17日的報告中談到的「社會主義青年同盟」隻字未提。

　　與成立中共的組織基礎即「上海共產主義小組」相關的團體，見於漢語資料和俄語資料的，加在一起為數不少；但是，它們都是些什麼樣的組織？相互間有什麼關係？甚至是否真正存在過？這些問題至今尚未得到令人信服的解釋。因此，為了敘述上海的建黨工作過程，必須從探討這些組織的真實情況及其相互關係入手。

2　中共發起組的幾個側面（一）——
「馬克思主義研究會」和「社會共產黨」

　　相當於中共發起組，即所謂「上海共產主義小組」的組織，見於漢語資料的有「馬克思主義研究會」、「社會主義者同盟」、「社會共產黨」等；而見於俄語資料的則有「革命局」(Революционное бюро)、「社會主義青年同盟」(Союз социалистической молодежи)等。其中，除回憶錄外沒有任何其他佐證的「馬克思主義研究會」，其真實性顯然首先值得懷疑。說「馬克思主義研究會」是中共發起組的前身的，是邵力子和陳望道，但被認為是其成員的施存統、沈雁冰（茅盾）都明確否認上海有過「馬克思主義研究會」這個組織。[13]為什麼會出現不同的主張呢？陳望道的幾部回憶錄都談到「馬克思主義研究會」的存在，其中一部這樣説：

> 1920年春，上海復旦大學邀我來教書，當時上海正在組織馬克思主義研究會，也就是現在大家説的共產主義小組。我就把《共產黨宣言》交給研究會出版。[14]

　　按這段回憶來説，他翻譯的《共產黨宣言》是通過「馬克思主義研究會」出版的；但是，實際上，1920年8月刊行的《共產黨宣言》，其出版者是上海的「社會主義研究社」，即《新青年》雜誌的發行者「新青年社」。也就是説，陳望道因記憶不準確，把「社會

主義研究社」誤作「馬克思主義研究會」了，如此而已。如第二章
第二節所述，「社會主義研究社」實際上就是「新青年社」，同時也
就是魏金斯基所說的上海「革命局」的出版機關；因此，陳望道等
所說的「馬克思主義研究會」，並非什麼組織名稱，而僅僅是籠統
地指稱陳獨秀等《新青年》同人和魏金斯基等人的活動。

那麼，上海的中共發起組到底是什麼時候成立的？最初的名
稱是什麼呢？它和魏金斯基報告中的「革命局」之間又是什麼關係
呢？我們首先來探討中共發起組成立的時間。談到中共成立時間
的同時期資料，有張太雷向共產國際第三次大會提交的書面報
告，和施存統在日本被逮捕後所作的口供記錄。

張太雷的報告說，「中國第一批共產黨細胞（коммунистические
ячейки）是1920年5月在上海和北京成立的。從那時起，中國其他
地方也出現了許多共產黨細胞」。[15] 鑒於張太雷赴俄國前的諸多活動
尚不清楚，因而我們不得不懷疑這份報告是否準確地反映了當時的
實際情況。但是，無論如何，這是中共成立時期的正式報告，其中
稱建黨活動最早始於1920年5月，當然比其他回憶錄要可信得多。

施存統的口供，是他在日本留學時於1921年底被警視廳逮
捕、接受審訊時的記錄。從前，他在所謂「曉民共產黨事件」的預
審法庭上所作的證詞曾經被介紹過；[16] 但是，筆者在日政府內務
省警保局編刊的《外事警察報》（第10號，1922年2月）中，發現了
〈施存統在警視廳所做陳述要點〉（請參閱本書附錄三〈施存統口
供〉）。這份資料記錄的施存統關於上海共產主義小組成立所作的
陳述，比他在預審法庭上的證詞更加詳細。他說：

> 上海之社會主義團體，與余有關者乃共產黨、社會主義
> 青年團及社會主義大學校。此皆為秘密團體，故沒有固定辦事
> 地點，與各地同志相互聯絡，每以各團體主任或委員住處為通

信地址。⋯⋯社會主義青年團成立於大正9年〔1920年〕8月，目的在從事實際運動；現居上海南成都路輔德里625號之李達專掌團務，李人傑負總責。李達又名李鶴鳴，李人傑又稱李漢俊，皆曾留學日本。社會主義大學校為宣傳主義之所謂通信學校，由陳獨秀、俞秀松、吳明（無無〔原文如此〕）、李人傑、沈定（玄廬）、王仲甫（重輔）及余等七人於大正9年5月成立，其團員與社會主義青年團同，然前者專事實際運動，後者則以宣傳主義為目的。初與上海之俄國過激派代表〔大概是魏金斯基〕有關係，每月接受宣傳費用約一千元，幹部等亦每人每月接受三十元報酬；然前年〔原文如此〕以降關係斷絕，現已不再接受該代表任何資助。現有學員約六十人。

當然，這是施存統在被警察拘押時的口供，所以，不能斷言他沒有隱瞞任何事實。但是，從他如實坦白了本屬不可泄露的中共有關人的別名、住處等來看，基本上還是可信的。施存統直到1920年6月赴日以前，一直在上海跟隨陳獨秀進行活動，到日本後，也與上海的共產主義人士保持着頻繁聯繫，因此，比起張太雷，他更加直接地見聞了早期上海共產主義小組的情況，他甚至知道蘇俄方面所提供資金的具體金額，可以證明這一點。

遺憾的是，施存統沒有談到「共產黨」成立的時間。不過，他提到了「社會主義青年團」和「社會主義大學校」這兩個與黨有關的組織，並明確地說它們分別成立於1920年8月和5月。的確，共產主義小組旨在從事實際運動而組織的「社會主義青年團」成立時，施存統已經在日本，他是通過來自上海的聯繫間接知道的。但是，中國社會主義青年團提交給青年共產國際第二次大會（1921年7月）的報告也說，「第一個青年團創建於上海，其原則是準備社會革命。⋯⋯1920年8月22日，社會主義青年團 (Социалистический союз молодежи）舉行了一次正式會議」,[17]也證明青年團是於同年8月成立的。[18]

據施存統的口供,1920年5月成立的所謂「社會主義大學校」,是上海共產主義小組的宣傳機關,而它肯定就是前文探討過的出版陳望道譯《共產黨宣言》和李漢俊譯《馬格斯資本論入門》的「社會主義研究社」。在魏金斯基1920年8月的報告中,《共產黨宣言》的出版是上海「革命局」出版處的活動,由此可以判明,相當於該出版處的「社會主義研究社」,是由陳獨秀、俞秀松、陳公培(吳明)、李漢俊、沈玄廬、王仲甫(重輔)和施存統等七人,在施存統尚在上海的同年5月組織起來的。[19]這七人中,除了王仲甫(重輔)不知是什麼人物以外,[20]其他六人都是許多回憶錄屢屢提到的參與發起組織中共的人物。

無論是張太雷的報告,還是施存統的口供,以及同時期的其他文件,都主張共產黨的發起組成在1920年5月,因此,可以説他們採取某種形式而進行的活動——即所謂「上海共產主義小組」的活動——就是在這前後開始的;而這種活動之轉化為有「組織」性質的活動,則始於「社會共產黨」的成立。

如前所述,「社會共產黨」的名稱,見於上海共產主義小組成員俞秀松的日記1920年7月10日條。俞秀松在北京的工讀互助團運動失敗後,於同年3月和施存統一起來到上海,[21]此後即加入陳獨秀等的團體從事活動,這在上述施存統的口供中有所涉及。因此,從常識考慮,他日記中的「社會共產黨」應該就是上海共產主義小組。至於日記所反映的對布爾什維克主義的曖昧見解(「對於安那其主義和波爾雪佛克主義,都覺得茫無頭緒」),正如金立人指出的那樣,從當時激進青年對布爾什維克主義理解的混亂考慮,也絕非不自然。

　　總之，我們還是應該尊重這樣一個不可改變的事實，即，在上海共產主義小組成員之一俞秀松的日記裏，明確地記載着「社會共產黨」的存在。那麼，這個「社會共產黨」是什麼時間組織起來的？如前所述，現存的俞秀松日記始於1920年6月17日夜，止於7月25日，在7月10日以前都沒有涉及「社會共產黨」。也就是說，從日記看，我們只能推測，組織「社會共產黨」應該是在6月17日以前的事。

　　對於推測「社會共產黨」的成立時間與其組織性質極具參考價值的，是施存統在這個時期的活動和他晚年的回憶錄，以及施存統口供中提到名字的俞秀松和陳公培的回憶錄。據施存統回憶，在他赴日前的1920年6月曾舉行過兩次會議，在戴季陶退出之後的第二次會議上，為了準備成立共產黨（施存統認為，「上海小組」自始便稱「共產黨」），由陳獨秀、俞秀松、李漢俊、陳公培、施存統五人起草了黨綱，其後，他因赴日留學於6月20日離開了上海。[22] 雖然這是50年代寫的回憶錄，但其內容（比如成立時的成員）和他1921年的口供幾乎完全吻合，應該說比其他人的回憶錄要可靠得多。[23] 施存統的口供和回憶錄與其他人回憶錄的不同之處在於，其中含有1920年6月赴日留學這一時間標誌；也就是說，他所說的上海共產主義小組的活動，都是他還在上海的同年6月以前發生的事。

　　俞秀松和陳公培的回憶也和施存統的回憶錄內容相符。首先來看俞秀松的回憶。關於建黨過程，俞秀松1930年在莫斯科寫的自傳中這樣描述道：「1920年春，我們曾想成立中國共產黨，但在第一次會議上我們之間未達成一致意見。這第一次努力未能成功，過了一段時間，在第二次會議上，我們宣布了黨的存在。」[24] 可見，俞秀松和施存統一樣，都說曾經舉行了兩次發起會議，黨

是在第二次會議上成立的。陳公培的回憶雖然有幾處細節與施存統不同，但也同樣說在他自己和陳獨秀、李漢俊、施存統、俞秀松等參加的發起中共的籌備會議上，制定了五六條簡單的章程。陳公培說，「這次會是1920年夏舉行的」，但同時又回憶說，開過會的「當晚，施存統去日本……由李漢俊、戴季陶把施介紹給宮崎寅藏〔宮崎滔天〕的兒子宮崎龍介」。[25]施存統留學日本，確實是在戴季陶和宮崎父子的幫助下才實現的，由此判斷，陳公培的回憶是十分可信的。

那麼，施存統是何時赴日的呢？按陳公培的回憶來說，施存統離開上海的那一天，正式制定了章程，因而就是實質意義上的黨組織成立的日子；可是，事情遠非如此簡單。施存統說，他是1920年6月20日離開上海赴日的，這需要加以若干說明。6月20日是船離港的日期，他在俞秀松等朋友們的陪同下到碼頭乘船，是在前一天即19日晚上。[26]但是，俞秀松在當天的日記裏，雖然記錄了送施存統上船，但卻隻字未提他自己應該也出席了的「社會共產黨」的發起會議。因此，對陳公培說的發起會議在施存統上船的那天召開的說法，不能毫不懷疑；不過，可以推斷，發起會議的舉行距施存統離開上海應該相隔不久。這種推斷的證據是，為施存統舉行的歡送宴會是在6月16日[27]（陳公培也可能錯把歡送會這天當成施存統出發的日期），而初時參加了創建「共產黨」會議的戴季陶為了治療神經衰弱離開上海去湖州的時間，是6月17日前後。[28]

綜上所述，我們可以得出這樣的結論，即，在中共第一次大會約一年之前的1920年6月中旬——而非通常所認為的1920年7、8月——以陳獨秀、李漢俊、施存統、俞秀松等為中心，在上海成立了後來被認為是黨組織雛形的「社會共產黨」，這個「社會

共產黨」就是黨史上的「上海共產主義小組」。當然,這時的「社會
共產黨」,還是僅具有簡單的綱領、章程的初步組織。但是,這個
「黨」[29]後來在最初成員以外,又有陳望道、邵力子、沈玄廬等陳
獨秀的友人,以及李達(8月由日本回到上海[30])、周佛海(1920年
夏從日本暫時回國[31])、沈雁冰、袁振英等新成員加入,同時一邊
反覆研究修改黨的綱領和章程草案,一邊開展馬克思主義宣傳或
工人運動。他們活動的據點就是《新青年》編輯部,即位於法租界
環龍路老漁陽里二號的陳獨秀寓所。

如前面所探討過的那樣,在1920年6月,陳獨秀等人的共產
主義小組曾稱為「社會共產黨」。但是,為什麼魏金斯基在8月的
報告裏對此隻字未提呢?換言之,魏金斯基報告中的上海的「革命
局」與這個「社會共產黨」有什麼關係呢?如上所述,金立人認為
這兩者之間沒有關係,而施存統卻明確地說魏金斯基也參與了發
起「共產黨」的會議,[32]僅憑這點,金氏見解就不能成立。所以,
我們不得不這樣考慮,即「革命局」和「社會共產黨」是對同一個組
織的不同稱呼。金氏見解的合理之處在於,他指出了魏金斯基和
陳獨秀對應該通過何種方法推進建黨工作(是組織革新團體,還是
組織值得相信的個人)所持的主張不同。也就是說,由於依據不
同的文化背景考慮問題,魏金斯基重視組織建設,試圖以「革命
局」為核心集結學生團體和工人團體,而陳獨秀等中國成員則試圖
以《新青年》雜誌同人為主吸納人才,這就使他們對建黨工作這同
一個過程形成了兩種觀感。

眾所周知,布爾什維克的前身俄國社會民主工黨,是以工人
階級解放鬥爭協會為中心的各地的社團、「崩得」(猶太工人團體)
的代表,於1898年在明斯克舉行會議,集結了分散於各地的許多
團體而成立的(不過,活動家們於會後全部被逮捕)。可以推測,
熟知布爾什維克建黨歷史的魏金斯基曾設想在中國也同樣以集結

現存革命團體的方式創建革命政黨。魏金斯基在報告裏反覆談到
如何統一無政府主義組織和現有工人團體，卻極少提及中國活動
家個人的名字，並不單單因為語言障礙，而是他對創建中國革命
政黨的設想的鮮明反映。

　　另一方面，當時的陳獨秀儘管與新興工人團體保持着接觸，
但明顯地不相信現有的工人團體。在魏金斯基撰寫報告的1920年
8月，陳獨秀也發表了一篇名為〈真的工人團體〉的短評，其中
說：「工人要想改進自己的境遇，不結團體固然是不行。但是像上
海的工人團體，就再結一萬個也都是不行的」，[33]與魏金斯基對工
人團體的看法明顯不同。從他的同一時期的另一篇文章〈談政治〉
看得出，他對無政府主義者也顯然沒有好感。用這種態度來從事
創建共產主義小組的活動，陳獨秀自然會基於自己的信任關係去
吸納個人。如此，參與建黨的中國人在撰寫回憶錄等時，幾乎無
一例外地從這樣一個角度來記述建黨過程，即，急進分子的結合
誕生了「黨」。

3　中共發起組的幾個側面（二）——
　　「社會主義者同盟」和「社會主義青年團」

　　經常被提及的中國共產黨創建時期的另一個組織，是見於梁
冰弦、鄭佩剛等無政府主義者的回憶錄的「社會主義者同盟」。所
謂「社會主義者同盟」是怎樣的組織？梁冰弦撰有關「社會主義者
同盟」的最早回憶錄中有這樣一節：

> 　　1920年春間，接到一封用世界語寫的信，署名是布魯威
> 〔柏烈偉〕，信則發自天津。布氏自我介紹，說他是布爾什維克
> 黨人而久居華北。……他相信中國的自由社會主義者對蘇聯的
> 革命領導者布爾什維克黨人不會生疏，或許會樂於攜手……那
> 時留守學舍〔晦鳴學舍〕的鄭佩剛，把布氏的信寄與北大黃超海

〔黃凌霜〕，讓他們就近接洽。黃氏約同陳獨秀、李大釗與布氏在津在京敍話幾回，結果產生一「社會主義者同盟」。[34]

根據梁冰弦的回憶錄，以及受此觸發而作的鄭佩剛的回憶錄，以陳獨秀為中心的「社會主義者同盟」，是社會主義者的統一戰線組織，「當時凡進行社會主義宣傳的人，不分什麼派別，都可自願參加」；在魏金斯基的推動下，「同盟」不僅在上海開了一個「又新印刷所」，出版發行包括陳望道譯《共產黨宣言》在內的共產主義、無政府主義書籍，在北京、廣州也發行了《勞動者》、《勞動音》等雜誌。[35]也就是說，如果這些回憶無誤，那麼，1920年成立的社會主義者的統一戰線組織「社會主義者同盟」相當於各地的「共產主義小組」，而上海的「同盟」是中共發起組。上述楊奎松、金立人兩位學者，儘管語感不同（楊奎松認為「社會主義者同盟」、「革命局」、「上海共產主義小組」是同一個組織；金立人認為前二者是同一組織，但與陳獨秀等人的「上海共產主義小組」沒有關係），卻都認為「社會主義者同盟」是存在的。

舉出「社會主義者同盟」作為無政府主義者和共產主義者的統一戰線組織的，都是無政府主義者，沒有中共人士提到這個組織，當時的報紙雜誌上也見不到這個組織的名稱。因此，我們不能即刻斷定當時的聯合組織的名稱就是「社會主義者同盟」。但是，各地社會主義者在1920年下半年結成了廣泛的協作關係，卻是事實。如前所述，魏金斯基在他的報告中反覆提到與無政府主義者的合作，北京的「共產主義小組」1920年11月創刊的《勞動音》雜誌上，也有當時著名的無政府主義者黃凌霜寫的文章。如此看來，「社會主義者同盟」應該是實際存在的，可當時的資料中為何不見其名呢？

實際上，據信參與發起「社會主義者同盟」的黃凌霜的文章，曾經談到「同盟」，這就是1923年4月發表在巴黎的中國無政府主義者所創辦的《工餘》雜誌(第十六號)上的〈同志凌霜的一封來信〉。該信有關「同盟」的部分如下：

> 當露國革命之初，憂國人對於露潮之誤會，為譯一九一九旅俄六週見聞記(北京晨報出版)，足下曾為余讀稿，想尚憶之，其後與李君大釗會露人於天津，余復攜露人某君南至廣州設立通信社，遂開露黨在中國活動之局。[36]

信中提到的《一九一九旅俄六週見聞記》，指北京晨報社1920年4月出版的蘭塞姆(Ransome)原著、兼生(黃凌霜)翻譯的《一九一九旅俄六週見聞記》。[37]黃凌霜在該書出版前，好像請同志讀過。這且不提，問題是接下來的「其後與李君大釗會露人於天津……」一段，內容與梁冰弦、鄭佩剛談到「社會主義者同盟」的回憶錄一致。對照他們的回憶錄，可以斷言黃凌霜和李大釗一起在天津見到的俄國人就是柏烈偉，而一同去廣州設立通信社的「露人某君」，可以斷定就是中共方面的文件[38]也曾提到的、黃凌霜將其介紹到廣州革命界、設立了俄國通訊社的斯托揚諾維奇和佩爾林(L. A. Perlin)等人；[39]而黃凌霜「攜露人某君南至廣州設立通信社」的記述，則與魏金斯基1920年8月撰寫的報告內容(在北京、天津，有斯托揚諾維奇和柏烈偉正在開展活動，為了在廣州建立「革命局」，斯托揚諾維奇將被派至廣州)完全一致。可見，梁冰弦、鄭佩剛的回憶絕非虛構。

不過，他們的回憶錄反映了事實，並不等於所反映的全部是事實。黃凌霜的信只說由於他協助了俄國人(柏烈偉)和李大釗，使得蘇俄在中國得以開始開展活動，卻並沒有說他們的組織叫什

麼名稱,因此,當時的無政府主義者和共產主義者的聯合體稱做什麼,及其與中共發起組之間處於怎樣的關係,這些問題仍然沒有得到解決。

解決這些問題的線索,還是魏金斯基的報告。在1920年8月的這份報告裏,魏金斯基告訴我們,他當時正在試圖成立「統一的社會主義青年同盟」,並且,8月17日,「徹底解決聯合問題」的會議在北京召開,「會上主張聯合起來,組成一個社會主義青年同盟的潮流,應該是很強大的」。如本書第二章第二節所述,這次會議就是少年中國學會、覺悟社等的聯合會議,李大釗也出席了,會議的結果產生了「改造聯合」。而在會議之後,「『覺悟社』留京的幾個社員即在李大釗先生領導下從事勞工、婦女、青年學生運動。有兩個社員經李大釗先生介紹參加了蘇聯的國際通信機構『華俄通信社』工作」,[40] 可見「改造聯合」的活動融入了蘇俄通訊社的對華工作。黃凌霜的信也記述了他們的小組設立了通訊社,由此自然得出這樣一個結論,即,黃凌霜信中所說的他與李大釗、柏烈偉一起進行的活動,對於梁冰弦等無政府主義者來說,是「社會主義者同盟」,在魏金斯基看來,是「社會主義青年同盟」,而李大釗則稱其為「改造聯合」。如果再做進一步的推論,那麼,這許多名稱所指稱的統一戰線組織,和1920年8月成立的「社會主義青年團」,即共產主義小組的外圍組織是同一個組織。其根據是,魏金斯基所說的「社會主義青年同盟」的俄語原文 (Союз социалистической молодежи) 與中國「社會主義青年團」提交給青年共產國際第二次大會的以俄語表述的自稱 (Социалистический союз молодежи[41]),是相同的名稱,只不過語序不同而已。而「中國社會主義青年團」第一次全國代表大會 (1922年5月) 的報告稱,1920年8月成立的青年團,「只不過帶有社會主義的傾向,並沒確定了哪一派社會主義。所以分子就很複雜:馬克思主義者也有,

無政府主義者也有」，這種情形與無政府主義者回憶錄所談的「社會主義者同盟」的情況完全相同。總之，「社會主義者同盟」、「社會主義青年同盟」、「社會主義青年團」和「改造聯合」實際上是一碼事，都是通過社會主義者的大聯合與蘇俄人士共同進行的活動，只不過由於所處的角度和語言環境不同，出現了四種表述而已。

　　稱社會主義者的統一戰線組織為「社會主義者同盟」的鄭佩剛回憶說，「社會主義者同盟」的發端 (收到柏烈偉來信) 在1920年3月，在上海正式成立是同年5月；[42] 但是，若「社會主義者同盟」果為「社會主義青年同盟」、「社會主義青年團」的別稱，其正式成立應該是同年8月。因為，旨在聯合社會主義者的活動，是在上述中國共產黨的發起組 (中國人稱之為「社會共產黨」，魏金斯基稱之為「革命局」) 成立之後進行的。

　　另外，部分人之所以稱社會主義者的統一戰線組織為「社會主義者同盟」，可能是比照了「日本社會主義同盟」的名稱，該「同盟」1920年8月開始加快了籌建步伐，其動向也備受中國國內關注 (如第一章第二節所述，李大釗加入了該「同盟」)，同年8月就做了詳細報道。[43]

4　中共發起組的活動

　　上述第2、3小節探討的內容概要如下，即中國共產黨的上海發起組，在魏金斯基到達上海後，以陳獨秀等《新青年》同人 (李漢俊、施存統、俞秀松、陳公培等) 為中心，從1920年5月開始以「社會主義研究社」的形式開始活動；進入6月後一個時期稱「社會共產黨」(或「共產黨」、「社會黨」)，8月設立了「社會主義青年團」，以廣泛團結青年社會主義者，擴大勢力；同時，上海的發起組本身的成員也不斷增加，主要從事出版、宣傳等活動。這些活動，在魏金斯基眼裏，被看成是上海「革命局」的活動，而「社會

主義青年團」的活動則被部分無政府主義者當作是「社會主義者同盟」的活動。

從時期來看，這一系列建黨準備工作，是在《新青年》暫時停刊期間（1920年5月至8月）進行的，在這個意義上，從9月的八卷一號重新刊行後的《新青年》，毫無疑問帶有中共發起組的機關刊物的性質。上海的中共發起組的主要活動，除了上述發行《新青年》、《勞動界》等期刊，出版《共產黨宣言》以外，還開展了面對青年的教育活動（開辦「外國語學社」），以及工人運動（設立「上海機器工會」）。

外國語學社是1920年9月開辦的外語學校。上海《民國日報》（9月28日）上刊登的該學社的招生廣告稱，該學社設有英、俄、日三個班，還準備開設法語班和德語班；學費各班每月兩元，校址在法租界霞飛路新漁陽里六號，即當時的社會主義青年團所在地。新漁陽里六號直到同年6月是戴季陶的寓所，距《新青年》編輯部（陳獨秀寓所）極近。外國語學社名義上教授外語，李漢俊、李達、楊明齋等似乎也都在這裏講授過初級外語；[44] 但實際上，是各地學生運動家和衝破封建家庭藩籬的青年慕陳獨秀之名來上海後的避難所，或者希望赴蘇俄的青年們的留學介紹所。

比如，繼北京之後，上海也摸索實行了工讀互助團運動，而「上海工讀互助團」、「滬濱互助團」的成員羅亦農、卜士奇、袁篤實這些後來的中共黨員，都曾在外國語學社學習；提倡「留俄勤工儉學」的長沙「俄羅斯研究會」（1920年9月時的總幹事是長沙縣長姜濟寰，書記幹事是毛澤東），則介紹劉少奇、任弼時、蕭勁光等——後來也都是中共黨員——來外國語學社學習。[45] 據說，「俄羅斯研究會」的實際負責人，是陳獨秀的好友、時任船山中學校長的賀民範，彭述之就是經賀民範介紹來外國語學社學習，以準備赴俄留學的。[46]

當時，赴法勤工儉學潮頭已過，而新生俄國則代替法國受到部分激進青年的注目。實際上，當時不僅流傳着某某機關介紹中國青年赴俄學習，還有報道說，有的青年為了去俄國而尋找各種途徑。[47]上海的外國語學社就是為了滿足青年們赴俄留學的熱切需要而進行預備教育的機關之一。不用説，學員中不少人相繼加入了社會主義青年團，外國語學社因而成了上海共產主義小組的重要的人才來源。1920年時，外國語學社的學員有60人左右，其中不少似乎是無政府主義者。[48]

在當時的上海，教授語言並斡旋赴俄留學的機關，除外國語學社外，還有一所名叫「新華學校」的世界語學校，和共產主義小組關係極近；施存統「口供」中所説「宣傳主義之學校，另有法租界〔原文如此〕之世界語學校」就是指「新華學校」。地處上海北四川路公益坊的新華學校（也稱「新華世界語學校」），是1919年冬從歐洲來的斯托帕尼（V. Stopani）和陸式楷等世界語學者開辦的，[49]也是標榜世界主義的無政府主義者的活動據點。[50]有些外國語學社的學員，也同時在「新華學校」學習世界語，看來雙方也有一些人員的交流。[51]例如，外國語學社的學生廖劃平、袁文彰、抱樸（秦滌清）等1921年3月準備赴俄國時，就持有「新華學校」教師斯托帕尼的介紹信。[52]

斯托帕尼是意大利人，出生於俄國，據說他為了躲避兵役而從高加索去符拉迪沃斯托克，後來到了上海。[53]關於他的政治立場，尚有許多不明之處，不過，從中國無政府主義刊物《民聲》刊登的他的信中，可以了解他思想立場的一個側面。在這封信中，他一方面説，「我極端贊成無政府主義」，同時又宣稱自己是「布爾什維克黨」。他如此解釋這種看上去自相矛盾的立場，即無政府主義作為終極理想是正確的，適合促進人民覺醒，但不能一蹴而就；既然如此，也就不太適合「革命」。在這個意義上，布爾什維

克主義是無政府主義者到達真幸福和真自由這一理想的第一階段，在現時，不得不借助布爾什維克主義。實際上，列寧也並不反對無政府主義，而是相信無政府主義必定會實現。[54]持此種立場的斯托帕尼在「新華學校」教授世界語，那麼，各種關心社會主義和蘇俄的青年聚集到「新華學校」，而他也不辭辛勞介紹青年們赴俄國，也是順理成章之事。

當時的上海共產主義小組成員之一、對無政府主義頗感興趣的俞秀松也曾學習過世界語，[55]但不清楚他是否曾在斯托帕尼的「新華學校」學習過。不過，在俞秀松那裏，無政府主義和共產主義還遠沒有分化，並非像斯托帕尼那樣，一方面堅信無政府主義的「真理」，同時明確地把布爾什維克主義當作實現「真理」的手段。眾所周知，中國的世界語運動和無政府主義運動的關係十分密切。當時，蘇俄對無政府主義的態度尚不明朗，許多人相信，赴俄國後可以通過世界語和俄國革命家交流，[56]所以，世界語被認為和俄語一樣是接近革命俄國的橋梁。「外國語學社」的部分學員也到「新華學校」學習的原因正在於此。

自稱「布爾什維克黨」的斯托帕尼，在促成廖劃平、抱樸等無政府主義者赴俄國之後，不知為什麼，於1921年3月27日飲彈自戕，翌日死去，[57]因此，他生前與上海共產主義小組以及魏金斯基等人的關係也就不得其詳。從「外國語學社」和「新華學校」的關係來推測，他們之間應該有某種聯繫；但是，從斯托帕尼為那些等不及「外國語學社」安排的青年們獨自斡旋赴俄[58]來看，他和魏金斯基等之間的關係似乎並不非常密切。

和「外國語學社」以青年為對象不同，「上海機器工會」成立的目的是進行工人運動。如前所述，陳獨秀不相信現有的工人團體，因此，「上海機器工會」可以說是成立新的「真的工人團體」的

一種嘗試。「上海機器工會」是在上海的江南造船廠做工的湖南人李中（原名李聲澥，湖南第一師範學校畢業生）和電燈廠工人陳文煥應上海共產主義小組出版的《勞動界》雜誌的號召而發起的，[59] 1920年10月3日舉行了發起會議。據報道，發起會議的地點是「霞飛路漁陽里的外國語學社」，與會者七八十人，陳獨秀和楊明齋作為名譽會員發了言。[60] 陳獨秀等只作為名譽會員，是因為正式會員只限於機器工人，這一點反映了陳獨秀呼籲成立「真的工人團體」的意圖；而開會地點選在「外國語學社」即社會主義青年團所在地，則說明該工會得到了陳獨秀等人的有力支持。

該工會於11月21日正式成立，當日的成立大會有近千人參加，孫中山、戴季陶、胡漢民等國民黨的重要人物也和陳獨秀、楊明齋一起與會；陳獨秀呼籲不允許資本家干預工人團體，而孫中山則在長達兩個小時的演講中講解了他自己所提倡的民生主義，會議圓滿結束。[61] 與會者人數不少，但多半是趕來祝賀，工人會員實際上只有370人左右。[62] 不過，這個工會的特點是與其他現存工會涇渭分明：「第一不要變為資本〔家〕利用的工會；第二不要變為同鄉觀念的工會；第三不要變為政客和流氓把弄的工會；第四不要變為不純粹的工會；第五不要變為只掛招牌的工會。」[63] 這些傾向還得到了美國具有戰鬥性的工會組織IWW（世界產業工會同盟）的積極評價，該組織在工會成立後不久即發來了賀電。[64] 因此，中國警方自然認為上海機器工會是布爾什維克在「社會黨陳獨秀」授意下合謀組織起來的，並擺出了鎮壓的態度。[65]

但是，上海機器工會的實際活動相當溫和，主要是在工人中間進行教育以及相互扶助等工作，並沒有如警方所嚴密防範的那樣激進。就筆者資料調查所見，該工會並沒有發起要求改善具體勞動條件的運動，也沒有對當時上海發生的其他行業的工潮進行

支援。陳獨秀等共產主義小組對該工會只是從旁協助和支持，並沒有對其進行一元化領導，這表明這個時期的共產主義小組還在摸索知識分子與工人如何合作。繼上海機器工會之後，宗旨類似的「上海印刷工會」也成立了，社會主義青年團員們也深入工廠進行調查，陳獨秀和李漢俊對幾次工潮也進行了積極的聲援；[66]但是，共產黨本身主動組織工會，是在1921年中共「一大」召開，並成立了「中國勞動組合書記部」之後。

第二節　中國各地的共產主義小組

1　北京共產主義小組

　　中國共產黨成立初期，北方的北京，南方的廣州，其活動與上海一樣十分活躍。那時，北京的李大釗、廣州的譚平山與陳獨秀並稱「南陳北李」、「南譚北李中間陳」，可見，北京和廣州都是僅次於上海的共產主義小組開展活動的重要據點。在北京，五四運動以後，以北京大學為主的學生們正在積極開展平民教育以及工讀互助團的運動；而在廣州，由於北京政府的統治力量鞭長莫及，工人數量又僅次於上海，所以早就存在着工人運動和無政府主義運動。北京和廣州的共產主義小組的活動，一方面受到來自上海的影響，同時又由於這兩個城市具有的特殊條件，其建黨過程與上海有若干不同之處。首先來看北京的情況。

　　關於北京共產主義小組的成立過程，最可靠詳盡的史料，是中共第一次全國代表大會文件中的〈北京共產主義組織的報告〉。[67]這份報告是出席會議的北京代表（據認為是張國燾）執筆的，其中關於北京黨組織的成立過程這樣寫道：

北京的共產主義組織僅僅是在十個月以前才產生的。……
在去年〔1920年〕10月這個組織成立時，有幾個假共產主義者
混進了組織，這些人實際上是無政府主義分子，給我們增添了
不少麻煩，可是由於過分激烈的言論，他們使自己和整個組織
脫離了。他們退出以後，事情進行得比較順利了。

報告談到的黨組織的活動有：發行《勞動音》、[68]《工人的勝
利》、《五一節》等小冊子，散發上海印刷的《共產黨宣言》、《馬格
斯資本論入門》，[69]翻譯《俄國革命和階級鬥爭》、《共產黨綱領》
(未出版)，[70]還介紹了「我們的一個同志」發行的《曙光》[71]雜誌。
此外，還詳細敍述了對工人開展的工作，説工人工作非常困難，
應該重視教育對工人帶有優越意識的知識分子。

不少學者認為，北京的共產主義小組最初始於1920年3月在北
京大學內發起的「馬克斯學説研究會」；但是，上述報告根本沒有提
及這個研究會。因此，正確的看法應該是，該研究會並非北京的共
產黨組織的直接母體，而是為了滿足當時青年學生中萌發的對馬克
思主義的關心而準備成立的一般性學術團體。順言之，稱該研究會
發起(不是成立)於1920年3月的，是該研究會翌年11月的啟事，[72]
正式成立是中共「一大」後的1921年11月，而以共產黨系的學生為
中心舉行學習會、講演會則更晚些。所以，北京的共產主義組織的
成立，還是如報告寫明的那樣，是在上海方面正式開始建黨的準備
工作之後的1920年10月。[73]如果説在這之前有什麼成立組織的動
向，則應該是李大釗等於同年8月組織的「改造聯合」，或者魏金
斯基同年8月的報告裏談到的柏烈偉指導的北京的「革命局」等。

北京小組的報告説，小組成立時，有數名無政府主義者加入
了小組，後來又一起退出了。在上海和廣州，也都有無政府主義
者加入早期共產主義組織，這件事本身並不奇怪。不過，無政府

主義者一起退出北京小組，意味着所謂無政府主義者和共產主義者的分裂，在此，有必要就此時期和其後二者的關係加以探討。共產黨方面有關人士曾屢次回憶北京小組裏無政府主義者和共產主義者的對立和分裂，但是，這些回憶畢竟都是以布爾什維克主義為正統的，涉及該時期和過程時，也難免有隔靴搔癢之感。我們在進行探討時，還是應該重視當時的文字資料。

幸運的是，關於北京的共產主義組織的活動，有當時混入組織的警方諜報員所寫的報告可供參考。1921年2月至7月，一個名叫關謙的諜報員偽裝成同志參加了北京的兩個共產主義團體（無政府黨互助團和社會主義青年團），並留下了一系列諜報記錄。[74]他的第一份報告（1921年2月12日）稱，「至於共產主義青年團一方面是主張共產，主張階級專政，已於無政〔府〕黨分立，各不相助」，表明這時無政府主義派和共產主義派已經分裂。不過，其中有些人似乎兩派的會議都參加，關謙本人就是混在這些人裏刺探雙方的組織內幕的。

首先來看無政府主義派。從關謙的報告看，2月到3月，「無政府黨互助團」方面脫離了共產主義派，並準備成立全國規模的統一的無政府主義組織；同時，還共同湊集旅費，準備派同志赴俄國，以了解革命俄國的實際狀況。在無政府主義派的會議上，還報告中國各地的無政府主義者的活動情況，可見當時無政府主義者在全國範圍內交流非常頻繁。尤其引人注目的是，廣州方面的通訊多次報告該地的無政府主義者和共產主義者發生對立，即陳獨秀和區聲白等不和，陳獨秀的態度如何蠻橫等。關謙報告說，陳獨秀使用軟硬兩手，一方面在廣州與無政府主義者激烈衝突，同時又在寫給北京的信中呼籲與黃凌霜等無政府主義者合作；而北京的無政府主義派則回信給陳獨秀，意欲弄清陳的真實意圖。

如下文將要探討的那樣，由於陳獨秀和區聲白在該年年初展開論戰，廣州方面的無政府主義者和共產主義者之間發生了徹底對立，這個時期也許進行了旨在修復關係的最後努力。在無政府主義派的會議上討論的基本上是陳獨秀的動向，而幾乎沒有涉及北京的共產主義派。由此可見，無政府主義派認為，無政府主義和共產主義的關係取決於共產主義派領導人陳獨秀持何種態度。

關於共產主義派（社會主義青年團），[75]關謙報告他第一次參加該派會議的那天（3月16日），青年共產國際方面有人謀求接觸，即會議上傳達了「俄國少年共產黨員格林（英語作Green，俄語作Грин）」要求派代表參加將要召開的「世界少年共產黨大會」的來信。關謙的報告稱，當時住在天津的格林才20歲左右，時常來北京（寄住於燈市口12號）；此次來京已有兩週，會議當天有事回天津，不能出席會議，因留書一封。信中要求立即選出代表，以參加預定於4月25日召開的青年共產國際第二次大會，[76]並表明旅費將由他代付。

有關此處的格林，我們不知道他更詳細的生平，及其來華的時期和經過。[77]不過，上海的社會主義青年團也收到了以「谷林」的名義發來的要求派代表參加青年共產國際第二次大會的邀請信，信中「谷林」的所屬機關為青年共產國際執委會東方書記處（Eastern Secretariat of the Executive Committee of the Communist International of Youth）。[78]看來，格林肯定是青年共產國際的有關機關派在中國的聯絡人員。北京的社會主義青年團在傳達了格林來信的當日的會議上，馬上進行了選舉，選出何孟雄並計劃讓其不久後與格林一同赴俄國。關謙的報告中還有北京青年團交何孟雄帶給青年共產國際的信件抄件，[79]信中報告，北京的「青年團成立只有四個月，現有團員已過半百之數」，還說，「中國還沒有一個

中國青年社會主義者的總會,所以,在即將召開的青年共產國際大會上,我們的代表只有發言權,無表舉權」。這封信寫於1921年3月,按其「青年團成立只有四個月」之說推算,北京的青年團應該是前一年11月成立的,即相當於黨的「共產主義組織」成立後不久。

被選為代表的何孟雄後來確曾試圖赴俄,但不幸的是,4月,他在中俄邊境的滿洲裏,與北京、天津、上海的13名青年[80]一同被逮捕,關進了監獄。這其中的詳情,關謙引用關押在黑龍江監獄中的何孟雄請求營救的信,做了詳細報告。何孟雄在信中說,他由於持有格林的介紹信,赴俄計劃被發覺,故而遭到逮捕;但是,青年團發給他的證書以及給青年共產國際的信,因為縫在棉衣裏面沒被發現,被幸免逮捕的格林拿走了。北京社會主義青年團接到何孟雄被逮捕的消息後,即於4月25日開會討論營救措施,決定由李大釗出面通過官界的關係進行營救,並募集了所需款項。李大釗等的努力沒有白費,5月,何孟雄等13名青年被釋放。但是,赴俄的目的最後沒能實現。[81]

在關謙的有關北京的無政府主義者和共產主義者活動內情的報告中,有魏金斯基的得力助手柏烈偉或參與無政府主義派的會議,或幫助他們赴俄國,甚或給他們以經費方面的支持(2月19日、28日報告)的內容,而看不到參與共產主義派(社會主義青年團)活動的跡象的情況,這一點頗耐人尋味。他是不介意中國無政府主義者和共產主義者之間越來越明顯的裂痕,還是如當時就有人指出的那樣,借蘇俄的背景獨斷專行呢?也許兼而有之。不過,對於他們這些俄國人來說,少數激進知識分子之間發生的這種對抗攪不起多大的風浪,明確區分誰是無政府主義者,誰是共產主義者,並只支持共產主義者,這意味着把本來人數極少的社會主義者再行篩選,沒有多大意義。對於無政府主義者和共產主義者,中國社會主義者開始意識到它們的區別,而蘇俄有關人並

不着意加以區分。北京共產主義小組裏的這兩種態度，在下一小節將要討論的廣州共產主義小組裏也存在。

　　關於北京的共產主義組織的具體人數及成員，此前存在從10人到15人等多種説法，[82]但是，其根據都是後來的回憶錄，出入頗大。較早的文字資料，有俄國人納烏莫夫 (C. N. Naumov) 根據口頭調查於1927年寫就的《中國共產黨簡史》，其中關於北京的早期組織這樣寫道：

> 　　組織中八位同志，有六位是無政府主義者，兩位是共產主義者。無政府主義者以黃凌霜為首，兩位共產主義者是李大釗和張國燾。……三名無政府主義者不久即脱離了北京的組織，但是，組織因為有(一)鄧中夏、(二)羅章龍、(三)劉仁靜、(四)姓名不詳等四位新成員的加入反而得到了加強。[83]

據此，組織成立時的人數大約是八人，其中共產主義者自一開始就參加的是李大釗、張國燾，後來又加上鄧中夏、劉仁靜、羅章龍等，他們形成了共產主義派的中心。此外，1929年末或1930年初之間，張國燾在莫斯科舉行了有關中共建黨的連續演講。他在演講中稱，北京的小組是1920年「七、八月間」成立，成立時的成員有8人，當中2人(李大釗、張國燾)是共產主義者，其餘都是無政府主義者。因為他是北京小組的中心成員，不排除的確有這樣的記憶；不過考慮到這段內容酷似上文納烏莫夫的記錄，張國燾在演講之際，也可能根據納烏莫夫的文章調整了自己的記憶。[84]

2　廣州共產主義小組

　　中共發起組在上海形成後，在北京的共產主義小組成立前後，廣州共產主義小組的組織工作也在進行。不過，自劉師復以來，廣州就是無政府主義者的根據地，因此，廣州共產主義小組

的組織工作要比上海和北京複雜得多。關於廣州的建黨過程，一些曾經親與其事的無政府主義者留下了回憶錄；但是，這些回憶錄相互間出入頗大，要據此再現具體過程相當困難。[85]我們的研究還是應該以原始資料為根據。

讓我們首先來看一份最可信的資料〈廣州共產黨的報告〉。[86]這份報告與上述〈北京共產主義組織的報告〉一樣，是中共「一大」的廣州代表(據認為是陳公博)為出席大會而準備的書面報告。

> 去年，這裏沒有任何組織，也不可能找到能在廣州做組織工作的人。我們回到廣州的時候，創辦了《社會主義者》〔Социалист〕日報，但不能說《社會主義者》就是某種組織，它是一個宣傳機構。……去年年底，B和佩斯林〔Песлин〕來到廣州，建立了俄國通訊社，對組織工會採取了措施，並在《勞動世界》〔Мир Труда〕週刊上發表了文章。黃凌霜同志把他們引薦給廣州革命界，這樣一來，他們就被無政府主義者包圍了。儘管組織了共產黨，但是與其稱作共產黨，不如稱作無政府主義的共產黨。黨執行委員會的九個委員當中，七個是無政府主義者，只有米諾爾〔Минор〕和佩斯林同志是共產主義者。由於觀點不一致，譚平山、譚植棠和我〔陳公博〕拒絕加入這個小組。他們出版的報紙叫《勞動世界》，印數為三千份。……一月，陳獨秀同志來到廣州，與他同時來的還有B同志。他們進行過非常熱烈的爭論，認為必須擺脫無政府主義者，也就在這時，無政府主義者退出了黨。於是，我們開始成立真正的共產黨，並宣布《社會主義者》日報為從事黨的宣傳工作的正式機關報。黨員共有九人，包括陳獨秀、米諾爾和佩斯林在內。

這份報告比較詳細地記述了廣州共產主義組織的成立過程，但是，其中有幾處錯誤，還有化名，故先作簡單說明。首先，所謂《社會主義者》日報，就是當時從北京大學回來的陳公博、譚平

山等創辦的《廣東群報》(1920年10月20日創刊)。該報的英文名稱為 *The Social*，大概譯成俄語時寫成了 Социалист。而所謂無政府主義派發行的《勞動世界》週刊，是《勞動者》(1920年10月3日創刊)週刊之誤。還有，報告稱陳獨秀到廣州的時間是1921年1月，正確時間應該是1920年12月末。[87]

讓我們再來看看報告中的人物。所謂1920年末來廣州的「B」，肯定就是魏金斯基 (Войтинский)。如前所述，魏金斯基在這一年的年底訪問了廣州，從廣州回到上海的時間是1921年1月12日。而和「B」即魏金斯基一同來廣州的佩斯林，正確名字是佩爾林 (L. A. Perlin)。[88] 我們不太清楚佩爾林的生平及其與魏金斯基的關係，從報告觀之，他好像在魏金斯基、米諾爾前後來廣州，一邊從事羅斯塔通訊社或達爾塔通訊社的工作，一邊通過著名的無政府主義者黃凌霜的引薦接觸了當地的社會主義者。從黃凌霜投給《勞動者》的文章[89]看，他這個時期肯定恰好在廣州。順言之，當時在廣州從事活動的無政府主義者譚祖蔭在回憶錄中說，1920年10月，「Perkin (波金)」等俄國人隨黃凌霜等來到廣州。[90] 且不論時期是否準確，這與報告中所述佩爾林來廣州是一致的。最後，所謂在廣州活動的米諾爾，就是在魏金斯基一行來華的幾乎同時被從哈爾濱派往天津的斯托揚諾維奇的別名，這在本書第二章第二節曾介紹過。斯托揚諾維奇是受魏金斯基指示，1920年8月從天津來廣州設立「革命局」的，[91] 他在9月底從廣州發出了有關羅斯塔通訊社工作的報告，[92] 9月以後肯定在廣州。和夫人一同到達廣州的斯托揚諾維奇，不但從事羅斯塔通訊社的工作，還以「米諾」的名字開辦了俄語學校，[93] 以物色「革命局」需要的人才。很早就在廣州開展活動的斯托揚諾維奇，其身份是羅斯塔通訊社的派駐記者，甚至有人說，他雖然沒有得到正式承認，但實際上是蘇俄在廣州的「國家代表」。[94]

綜合這些俄國人的經歷和〈廣州共產黨的報告〉看，廣州共產主義組織成立的過程大致是這樣的，即，1920年以後，受魏金斯基指示來廣州的斯托揚諾維奇、佩爾林等，部分因為引薦者黃凌霜的影響，首先與當地的無政府主義者(區聲白、梁冰弦、鄭佩剛等)進行了接觸，成立了主要由無政府主義者組成的「共產黨」組織，並開始發行《勞動者》雜誌。而這時正在發行《廣東群報》的譚平山、陳公博、譚植棠等，即後來的中共成員，因為主義不同沒有參加。後來，1920年底，陳獨秀和魏金斯基在差不多時間來到廣州，他們即展開了與無政府主義者的論戰，同時着手組織新的黨組織；不久後，排除了無政府主義者的共產主義組織成立了。也就是說，在北京，共產主義組織在開始階段曾與無政府主義者有過合作，而在廣州，則在俄國人的支持下，成立了一個主要由無政府主義者組成的「共產黨」。關於這一點，譚平山1922年在講演中談到廣州社會主義青年團成立時曾有所涉及。他說：

> 青年團前年〔1920年〕已經發起於上海，各省成立的也有八區。廣州一區在前年8月亦經成立，兄弟亦是當時一個職員。但前年的青年團，當時沒標明哪種主義，也沒有擬有具體的計劃，團員宗旨也不能一致，所以去年三四月間自行宣布解散。[95]

譚平山在這裏談到，1920年下半年成立的組織，在1921年初解散了。當然，他所說的是社會主義青年團的情況。不過，共產黨和青年團實際上是密不可分的，[96]所以，他說的也就是共產黨組織的情況。

負有成立「革命局」的使命來到廣州的斯托揚諾維奇、佩爾林等開始時的工作對象何以主要是無政府主義者？這除了他們不了解當地社會情況這一不言而喻的原因外，還應該考慮到，與北京的情形相似，他們似乎從來沒有感到有必要嚴格區分中國的社會

主義思潮，而廣州原本就是中國無政府主義運動的最大根據地，
這一特殊要素也不可忽視。無政府主義者和斯托揚諾維奇、佩爾
林等成立的「共產黨」，在共產主義者陳公博眼中，「與其稱作共產
黨，不如稱作無政府主義的共產黨」，事實上不久後就解散了。不
過，這個「共產黨」到底有其「執行委員會」，還發行了雜誌，因此
有必要在這裏對其加以探討。

　　有關這個無政府主義派的「共產黨」的活動情況，除其《勞動
者》雜誌外，原始資料並不多；不過，他們散發的傳單，以及屬於
他們這一派的社會主義青年團的簡章和會議記錄倒是有所保存，
從中可以窺見其傾向。廣州的日報《廣州晨報》曾報道，1920 年 12
月 23 日，廣州市內有人散發了以「共產黨廣州部」的名義印刷的傳
單。[97] 傳單頌揚巴枯寧、蒲魯東、克魯泡特金提倡的「無政府共產
主義」「最純全、最圓滿、最正大」，稱遵循這個主義進行「社會革
命」的時機已經來臨，號召人們行動起來。該傳單旗幟鮮明地主
張無政府主義，雖然也提到了馬克思等「集產主義派」，但只是將
其作為社會主義學說的一個派別。《勞動者》雜誌的每一篇評論
中，都能看到這類無政府主義傾向。陳公博報告中所謂「與其稱
作共產黨，不如稱作無政府主義的共產黨」之語，無疑就是指這種
傾向。而這些活動都是明確地以「共產黨廣州部」的名義進行的。

　　同一時期的《廣州晨報》上，還刊登了廣州社會主義青年團的
簡章。[98] 這份簡章規定了團的章程，稱團的宗旨是「研究社會主
義，並實行社會改造」，引人注目的是，其中通訊地址為「廣州晨
報社晨光編輯部石龍」。所謂「石龍」，就是當時有名的無政府主
義者趙石龍。從上述「共產黨廣州部」的號召傳單能夠在《廣州晨
報》上全文刊登來推測，該報社很有可能是無政府主義派「共產黨」
的大本營。《廣州晨報》是國民黨的機關報，有人認為該報也標榜
無政府主義。[99] 被認為曾經是無政府主義派「共產黨」成員的人物

的回憶錄，都沒有涉及他們和趙石龍的關係。但是，1921年2、3月，陳獨秀和區聲白之間發生所謂「無政府主義論戰」，趙石龍的《廣州晨報》也隨之展開了對陳獨秀的批判（見後文），由此判斷，趙石龍肯定也是無政府主義派「共產黨」的一員。

廣州社會主義青年團的簡章，於1921年1月再次刊登在《廣東群報》上；[100] 內容和《廣州晨報》所載幾乎相同，只是其前言稱，廣州的社會主義青年團成立於「兩月以前」，按此推算即成立於前一年的11月。上述譚平山的講演說成立時間是在8月，似乎應取時期近者即《廣東群報》的11月說。果真如此，上述「共產黨廣州部」即無政府主義派「共產黨」也很可能是在同一時期成立的。

舒米亞茨基發表在伊爾庫茨克的俄語刊物上的〈中國的青年革命運動（工作報告摘要）〉，[101] 介紹了無政府主義者佔大多數的廣州社會主義青年團開會的部分情景。據該文稱，在1920年12月5日召開的廣東地區社會主義青年團的會議上，報告了各方面的工作情況，比如，佛山、廣州的工人組織工作比較順利；《勞動者》雜誌已出第六期，從第七期開始將把印數增加到四千份；設立了圖書室，以便向團員提供參考書等。雖然無法斷定舒米亞茨基文中提到的活動家如「關關」（音譯，Гуань-гуань）、「張德」（音譯，Чжан дэ）等到底是誰，不過，《勞動者》雜誌第6期確實是在開會的那天即12月5日發行的，據此可以斷定，舒米亞茨基的文章無疑是根據這次會議的某種形式的記錄寫成的。上述譚平山的講演稱青年團沒有開展什麼值得一提的活動，可舒米亞茨基的文章告訴我們，一直摸索如何與工人進行聯合的無政府主義者們，早就把活動的舞台轉移到了社會主義青年團，並進行了一定程度的工作。綜上所述，無政府主義者在斯托揚諾維奇、佩爾林的推動下成立的廣州的「共產黨」，在1920年11月至12月間，開展了以宣傳為主的一系列工作。

　　如陳公博〈廣州共產黨的報告〉所述，1920年底陳獨秀等來到
廣州，使廣州的「共產黨」這個無政府主義者的一統天下發生了巨
大變化。這年秋天重新奪回廣州的國民黨的陳炯明邀請陳獨秀來
廣州，並請其就任廣東教育界改革的關鍵機關廣東教育委員會的
委員長。[102]這時，上海的建黨工作已經開始走上軌道，正在尋求
進一步擴大影響的陳獨秀，對有「進步」、「開明」之譽的陳炯明的
政策可能抱有一定的期待。據張國燾回憶，陳獨秀到廣州赴任之
前，曾寫信給各地共產主義小組徵求意見，北京的李大釗、張國
燾表示贊同。他們認為，陳獨秀去廣州赴任，可以在廣東傳播新
文化和社會主義的新思想，還可以成立共產主義組織。[103]

　　陳獨秀到廣州後，立即積極地進行講演活動，1921年1月16
日在公立法政學校所作的題為《社會主義批評》的講演尤其有名。
在這次講演中，陳獨秀介紹了各種形式的社會主義，徹底批判了
無政府主義和德國社會民主黨之流的「國家社會主義」，對蘇俄的
布爾什維克主義則表達了最大程度的讚賞。兩天後，講演概要在
《廣東群報》一經刊出，[104]立即遭到了當地無政府主義者的代表人
物、上述無政府主義派「共產黨」成員區聲白的激烈反駁。1921年
與「無政府主義論戰」由此拉開了序幕。

　　陳獨秀早在〈談政治〉（1920年9月）一文中，就批判中國的無
政府主義者是「根本上反對政治」的。對此，朱謙之、黃凌霜、鄭
賢宗（太朴）等馳名的無政府主義者引蘇俄的工農專政進行了反駁
（皆登載於《新青年》）。無政府主義和布爾什維克主義之間的這種
潛在對抗，終於因陳獨秀的《社會主義批評》講演而表面化，從1
月到4月，區聲白和陳獨秀共發表了六篇文章進行公開辯論。[105]
在這場爭論中，雖然陳獨秀極力避免非理智的批判，承認區聲白
不是「卑鄙的」「中國式無政府主義」，但結果卻只能使兩者間根本
原理的區別更加明顯。這種區別在於，是承認集權性的組織和領

導對於社會改造運動的積極作用，還是以謳歌「自由組織」、「自由聯絡」的無政府主義為最根本的真理。

在這裏，我們無暇詳細探討陳獨秀和區聲白之間總計超過兩萬五千字的爭論。[106] 不過，就其與廣州的共產主義組織的關係而言，上述〈廣州共產黨的報告〉中所謂「他們進行過非常熱烈的爭論，認為必須擺脫無政府主義者」，無疑指的就是這場與「無政府主義論戰」。這場論戰促使無政府主義者在論戰過程中脫離了黨。

那麼，無政府主義者脫離廣州共產主義組織——即陳公博所謂「真正的共產黨」成立——又是在什麼時候呢？陳公博的報告並沒有提及詳細時期。不過，從間接資料推測，大概是在1921年2月至3月。同年3月初，無政府主義者和陳獨秀派在《廣州晨報》和《廣東群報》上互相毀謗，是一個標識。如前所述，《廣州晨報》是無政府主義派人士的堡壘之一，該報於3月2日突然開始對陳獨秀派進行人身攻擊，呼喊：陳等意在將廣州的公立學校攫為私有，甚至想篡奪《廣州晨報》。被點名批判的陳獨秀、陳公博、沈玄廬、袁振英等則於第二天、第三天連續在《廣東群報》上刊登文章予以回敬，包括揭露《廣州晨報》的趙石龍等的個人生活。[107] 這次攻訐發生在「無政府主義論戰」鑼鼓正酣之時，表明無政府主義者和共產主義者之間的矛盾已經超出了理論對抗，達到了感情破裂的程度。

無政府主義刊物《民聲》的復刊，體現了雙方已經徹底決裂。1916年停刊的《民聲》雜誌，經區聲白、梁冰弦、鄭佩剛等人籌劃，於1921年3月15日在廣州復刊。[108] 復刊的時間和地點，以及批判馬克思主義和布爾什維克主義的文章已佔到復刊的後評[109] 等，都表明無政府主義者和共產主義者決裂、亦即無政府主義者退出黨組織，是《民聲》雜誌復刊的契機。換言之，無政府主義派「共產黨」在俄國人的資金支持下發行的《勞動者》雜誌於同年1月停刊，因而與陳獨秀等人最終分裂，導致了無政府主義者在同年

3月回歸於劉師復時期的《民聲》的老路。這一點也可證明陳獨秀的「真正的共產黨」是1921年的2、3月成立的。

關於無政府主義者和共產主義者之間的對立，有的回憶錄稱，陳獨秀直到最後都希望避免分裂、保持統一戰線。[110]但是，當時北京的無政府主義者組織從廣州得到的信中卻說，對主張雙方合作的無政府主義者，陳獨秀則毫不客氣地要求他們服從自己一派的「集權主義」，[111]而陳獨秀在這個時期的言論也表明，他認為中國的無政府主義者品行上「懶惰、放縱、虛無、放任」，[112]這在很大程度上影響了雙方走向決裂。關於無政府主義者和共產主義者分裂後成立的廣州的「真正的共產黨」的成員，陳公博的報告稱，「黨員共有九人，包括陳獨秀、米諾爾和佩斯林在內」。其餘六人，可能是報告中提到的廣東人譚平山、陳公博、譚植棠，和跟陳獨秀差不多時間來廣州的袁振英、沈玄廬、李季等上海共產主義小組的有關人。

重組後的廣州共產主義組織，由於排除了有工人運動經驗的無政府主義者，因而在工人運動方面沒能開展什麼值得注目的工作，但在宣傳和出版方面取得了很大進展。進入1921年後，在他們的「正式機關報」《廣東群報》上，從上海的《共產黨》月刊轉載的文章，以及介紹蘇俄的文章都顯著增多，這表明共產黨在南方已經開始確立有效的宣傳陣地。其領導人陳獨秀在廣州一直工作到1921年9月，這期間，他一方面受到來自無政府主義者的批判，同時又遭到反對他在廣州推行的教育改革的守舊派的誹謗（「廢德仇孝」、「禽獸學說」）。

3　武漢、長沙、濟南的共產主義小組

武漢、長沙和濟南都曾派代表參加中共「一大」，因此，這幾個城市此前肯定曾存在某種程度的共產主義組織。不過，他們的活動是在陳獨秀等的影響之下開展起來的，其規模比上海、北

京、廣州還要小，保存下來的資料也就更少。再就黨和團(社會主義青年團)的關係而言，甚至上海、北京、廣州在早期也難分彼此，其他地方城市裏就只有團活動的一些痕跡，而團組織的輪廓並不清晰，殊難界定。因此，有的學者由此認為，比如長沙在中共「一大」前有社會主義青年團，但並無「共產主義小組」即黨的組織。[113]的確，如果以後來的黨團關係為標準來嚴密界定其組織，這種看法也許能夠成立。但是，考慮到在早期的共產主義小組(有的僅三四名成員)裏，黨和團的組織範圍以及名稱既很模糊又相互重疊，追究長沙的組織是黨還是團，沒有什麼意義。換言之，武漢和長沙的共產主義小組的資料中的「團」，幾乎就是「黨」的意思。

【武漢】

武漢的共產主義組織，是1920年秋在來自上海方面的推動下成立的。關於何人參與其事，有人說是上海的李漢俊曾商之於舊友董必武；也有人說，從廣東回武漢的劉伯垂途經上海時入了黨，回到武漢後建立了共產主義組織。這些說法都是以後來的回憶錄為根據的，[114]現在已經無從確認。如本書第二章第二節所述，還有的回憶錄談到，1920年秋，名叫馬馬耶夫的俄國人曾作為蘇俄使者在武漢短期逗留；[115]但是，這也同樣沒有文字史料可資佐證，真相到底如何，不得而知。

不過，當時的俄語資料證實，1920年11月，武漢(武昌)確實成立了共產主義組織；上述舒米亞茨基的〈中國的青年革命運動(工作報告摘要)〉中就收錄了武漢社會主義青年團的成立會議和其後的幾次會議的議事記錄。據舒米亞茨基介紹的會議記錄載，武漢社會主義青年團舉行成立會議是在11月7日。在有18人參加的這次會議上，Лючуй(劉伯垂)和Дун(董必武)首先做了發言，然後，Бо(包惠僧)宣讀了青年團章程。章程如下：

一、名稱：武漢社會主義青年團（Уханьский Кружок Социалистической Молодежи）。

二、團的目的：研究社會主義，實現社會主義理想。

三、團的會議預定每週舉行一次。

四、不論任何人，經我團團員一人介紹，就可以加入團。

五、社會主義青年團的駐地暫設於武昌。

據這份會議記錄稱，武漢的社會主義青年團，是劉伯垂、張國恩、董必武、包惠僧、鄭凱卿等，為了「學習科學理論，實現自由平等，消滅資本家，並排除阻礙我們擴大勢力的各種障礙」而發起成立的。劉伯垂說：「簡單地講，我們結社的目的就是實現社會主義」，但是，幾個在會上發言的人，卻都沒有闡明社會主義為何物。比如，董必武在發言呼籲必須認識社會主義的科學的正確性，就如同牛頓和哥倫布發現真理那樣。他說：

> 自大戰結束以來，科學領域發生了重大變革。……嶄新理念的潮流正向我們湧來。當今之際，我們應該怎樣行動呢？不用說，我們應當加入給世界帶來新文明的運動中去。中國知識分子的義務，就是加入到這場運動中去。

而包惠僧則說，為了破除頑固墨守「忠孝」的湖北教育界，「必須傾全力學習社會主義」。董必武和包惠僧晚年曾回憶道，當時他們對「社會主義」的認識是極其模糊的。[116] 透過會議記錄，我們也確實可以看出當時的那種思想狀況，即，但凡旨在破除舊社會、實行社會改造的，都稱其為「社會主義」，並相信那就是科學真理。對他們來說，俄國革命的成功，就像牛頓發現萬有引力定律一樣，無疑是社會主義之所以正確的科學根據。

他們後來開始簡要介紹馬克思主義，並試圖結合馬克思主義來理解俄國革命，的確也是事實。11月14日、21日的青年團會議

上的演講，就援引剩餘價值學説解釋工人為什麼貧困，還通過略
圖標出俄國的政黨發展過程，以理解布爾什維克的歷史。由於在
應用剩餘價值學説解釋工人貧困原因的演講中，同時提倡應該擁
有英國式的工會組織，舒米亞茨基在這些引用文的末尾特意注上
了問號和感歎號，表示出對遠東的「共產主義者」們的理論水平的
輕蔑。這種態度只能説明革命成功後的布爾什維克領導人的優越
意識，卻半點也不能貶低中國的「社會主義者」們的努力。本書著
者面對這些演講，一讀之下，倒是不禁驚歎在中國的一個地方城
市竟能對「社會主義」有如此之深的理解。

武漢社會主義青年團的會議上，反覆提出要改變知識分子的
優越感，與「勞動者」打成一片。從包惠僧在團的第七次會議上的
演講中，我們可以了解他們所謂的知識分子和「勞動者」聯合的一
個側面。他説：

> 無論在學校，還是在家庭裏，自己和傭人應該平等相待。
> 不借助別人而能夠做到的事，不用吩咐傭人，而應該自己來做。

當時的中國知識分子説起「勞動者」，首先產生的印象就是幾
乎每個知識分子家庭都有的傭人，或者他們經常接觸的人力車夫
等，包惠僧的演講所反映的也就是當時他們腦中的這種「勞動者」
形象。當然，在中國知識分子社會裏，長期以來，「勞心者治人，
勞力者治於人」是「天下通義」（《孟子》），所以，在提倡與之相反
的「勞工神聖」時，比起工廠裏的「勞動者」，知識分子更容易發現
他們生活裏的「勞力者」，從而將轉變自己的「勞心者」意識看作是
與「勞動者」的聯合，這一點也不奇怪；毋寧説，這種意識轉變本
身就是革命性的。正因如此，在無政府主義者提出「不用僕役」、
「不乘轎及人力車」等生活信條以後，這種禁慾性的實踐才抓住了
要求從根本上改造社會的青年們的心。

　　由發現生活中的「勞動者」到開始接近工廠勞動者，已經無須太多的時間。武漢的青年團（包惠僧）通過武漢的揚子機器製造廠原技師的介紹，於12月19日考察了該廠，邁出了走向工廠勞動者的第一步。雖然這次視察實際上僅僅是向工廠的技術人員簡單地詢問了一些問題，但在當時大多數知識分子和工廠勞動者極端隔絕的情況下，能夠走進勞動現場，已經是一件值得紀念的大事了。[117]

　　武漢的共產主義小組有關人士回憶說，該小組成立於1920年秋，其成員之一的陳潭秋在1935年寫的自傳裏提到，他是1920年10月入黨的。[118]據此可以認為該小組也應該誕生於10月前後。其主要成員則是青年團發起人劉伯垂、董必武、張國恩、包惠僧、鄭凱卿，以及報告中沒有出現、但是後來作為武漢代表出席中共「一大」的陳潭秋等。包惠僧在回憶錄中還提到，武漢的組織成立時，上海的「臨時中央」曾撥款一二百元，支部成立後的兩三個月間，上海方面每月匯來兩百元活動經費，並說這些經費是共產國際提供的。[119]這一提及地方共產主義小組活動經費的唯一資料，因為是事後回憶，其具體數字無法確認，但由此看得出，武漢的組織和上海之間存在某種程度的聯繫。

【長沙】

　　與武漢的情形一樣，在有關長沙的共產主義小組的資料中，見不到「黨」的存在，只有關於「社會主義青年團」的點滴記述。

　　長沙的共產主義小組的中心人物毛澤東，曾於1920年5月至6月到上海會見過陳獨秀。毛澤東回憶説：「我第二次到上海去的時候，曾經和陳獨秀討論我讀過的馬克思主義書籍。陳獨秀談他自己的信仰的那些話，在我一生中可能是關鍵性的這個時期，對我產生了深刻的印象。」[120]據毛澤東回憶，所謂他所讀過的「馬克

思主義書籍」,是陳望道譯《共產黨宣言》、考茨基著《階級爭鬥》以及克卡朴著《社會主義史》。[121] 不過,他去上海時,這三冊書實際上都還沒有出版,也幾乎沒有社會主義書籍的單行本。大概他是根據以前在報紙或雜誌上讀過的文章與陳獨秀進行交流的。

從時期判斷,毛澤東這次與陳獨秀會見,可能沒有具體涉及成立共產黨。但是,毛澤東於同年7月回到長沙後,自夏至秋投身於湖南自治運動,還從事文化運動,設立了「文化書社」、「俄羅斯研究會」等;同時與上海的陳獨秀似乎一直保持着聯繫。順言之,「文化書社」經銷的書籍(1920年10月)包括《新青年》(150多冊)、《勞動界》(130冊)等上海共產主義小組的刊物,代銷這些刊物的數量比其他刊物多得多。[122] 毛澤東大概就是通過代銷這些刊物,與上海的陳獨秀保持着定期聯繫的。

據毛澤東的友人張文亮的日記記載,毛澤東曾於11月17日寄給他10份社會主義青年團的章程,並委託他物色同志,12月27日又寄來9冊上海發行的《共產黨》月刊。[123] 每次寄送的資料都較多,由此也可看出毛澤東實際上成了與上海之間的聯絡窗口。毛澤東翌年1月寫給蔡和森的信表明他了解並贊同上海方面建黨的動向,信中説:「黨一層,陳仲甫〔獨秀〕先生等已在進行組織。出版物一層,上海出的《共產黨》,你處諒可得到,頗不愧『旗幟鮮明』四字(宣言即仲甫所為)。」[124]

正如張文亮日記所示,1920年11月,毛澤東的手裏已經有了社會主義青年團的章程。據張的日記,青年團的「宗旨在研究並實行社會改造」,這個表述其實和前面引用過的廣州、武漢的社會主義青年團宗旨是一樣的。據此推測,似乎各地的共產主義小組在這個時期都接到了督促其成立社會主義青年團的指示。張文亮12月2日的日記載:「澤東來時,他說,青年團等仲甫來再開成立會……並囑我多找真同志。」可見毛澤東曾準備請陳獨秀來長沙,以舉行青年團成立大會。但是,陳獨秀最終沒能來湖南,青年團

於1921年1月3日「新民學會」（毛澤東等於1918年4月發起成立的團體）開會時決定成立，13日召開了成立大會。[125]

　　有關長沙的共產主義小組成立經過的原始資料只有這些，更詳細的情況不得而知；不過，有一點是十分清楚的，那就是，毛澤東個人在其中發揮了極大作用。就「黨」組織而言，毛澤東致蔡和森信表明，他似乎已經自認是上海黨組織的外地成員，但是，我們卻無從知曉長沙的共產主義小組的組織狀況。[126]1920年8、9月，時在法國的蔡和森就成立共產黨一事致信毛澤東時[127]曾告誡說，事情一定要秘密進行；也許毛澤東採納了這個意見，活動因此十分縝密。長沙的早期黨員，除毛澤東外，還有和他一同出席中共「一大」的何叔衡以及彭璜等。總之，這些黨員不過是與毛澤東交往過密的兩三個志同道合者，遠非一個團體或組織。

【濟南】

　　中共第一次代表大會，濟南有王盡美、鄧恩銘兩名代表參加。但是，在那以前，濟南存在什麼樣的共產主義組織？這些組織又是什麼時間成立的？很遺憾，沒有任何原始資料可以解答這些問題。武漢和長沙的情況，因為有直接當事人的回憶錄，尚可粗知其概要；而濟南的情況，由於直接當事人王盡美和鄧恩銘都離世得早，他們生前沒有任何回顧材料，只有周圍的有關人士寫的間接回憶錄。在國內當時曾經存在的「共產主義小組」裏，就數濟南小組的真實情況最難把握。此前關於「濟南共產主義小組」（山東共產主義小組）的幾乎所有研究，其所依據的也都是間接的回憶資料，[128]而這些回憶的內容，有不少都經不起推敲，[129]因而，這類資料再多，也不可能使我們把握事實真相。

　　目前，已經得到確認的中共「一大」以前的濟南共產主義小組的成員只有兩個人，即山東省立第一師範學生王盡美和山東省立第一中學學生鄧恩銘。[130]他們是如何與上海的共產主義小組建立

聯繫的呢?關於這個問題,時在上海的李達的回憶錄中的相關內容,是唯一資料。李達説:

> 〔中共發起組〕推陳獨秀擔任書記,函約各地社會主義分子組織支部。……於是由陳獨秀函約李大釗在北平組織,王樂平在濟南組織(王只介紹了濟南五中三個學生組織〔原文如此〕,他自己未參加)。[131]

受陳獨秀委託在濟南發起組織的王樂平,時任山東省議會議員,五四運動時期是山東省的運動領袖之一,國民黨系的有名人物;1919年10月開辦「齊魯通訊社」(1920年改名「齊魯書社」),以經銷各地進步刊物。[132]齊魯書社與陳獨秀的新青年社也有聯繫,曾在《新青年》雜誌上刊登過廣告,[133]還是《新青年》雜誌在濟南的「代派處」(代售處)。王樂平與王盡美是同鄉,據説還是遠房親戚。[134]鑒於王樂平與《新青年》關係如此密切,陳獨秀委託他負責在濟南成立共產主義組織,是非常有可能的。王樂平自己似乎並沒有直接參加創建濟南的共產主義組織,但是,這個過程與上述長沙的情形一樣,都標誌着陳獨秀的個人威望和人際關係對於中國各城市成立共產主義組織所發揮的作用極大。

1920年11月,王盡美等人提出「研究學理」和「促進文化」的宗旨,成立了名叫「勵新學社」的學生團體,並發行《勵新》雜誌為機關刊物。[135]這幾乎就是所謂「濟南共產主義小組」唯一值得一提的活動。不過,《勵新》所刊登的多數文章,都是談山東的教育改革、家庭問題、婦女解放問題的,並沒有着意研究社會主義、馬克思主義的跡象,也見不到湖南長沙那樣的旨在成立社會主義青年團所開展的活動。綜上所述,事實恐怕是這樣的,即出席中共「一大」的王盡美、鄧恩銘等,與其説代表了濟南的「組織」,不如説是作為與上海的共產主義小組有聯繫的濟南人士出現在會場上的。

第三節　中國共產黨的成立——
《中國共產黨宣言》和《致共產國際的報告》

1　共產國際執行委員會遠東書記處（伊爾庫茨克）獲得的中國情報

　　如本章第一、二節所述，1920年下半年，創建中國共產黨的活動首先在上海摸索展開，同年10月至翌年初，北京、廣州、武漢、長沙、濟南等地的共產主義者——儘管他們對馬克思主義的理解程度不一——開始響應並形成程度不同的組織。中國各地的這些共產主義者和有相同思想傾向的留日學生代表，在共產國際代表來華後，於1921年7月齊集上海，舉行了中國共產黨第一次全國代表大會。但是，大會召開之前的這段時間，即1920年底至第二年的前半年，恰值曾指導上海中共發起組工作的魏金斯基回國和新任共產國際代表馬林來華（1921年6月）之間的時期，形成了史料上的一段空白，既沒有俄國方面的較為確切的報告，也缺乏中國方面的原始資料。如前所述，魏金斯基回國後，由於經費不足，中國共產黨的建黨工作曾出現短時期停滯；但建黨工作並沒有因此而完全停頓。

　　這段「空白時期」的史料，有《中國共產黨宣言》，這可算是中共最早的正式文件。第一次世界大戰後，受蘇俄影響，各國相繼成立了共產黨，這些共產黨為了表明其誕生的必然性和奮鬥目標，模仿馬克思、恩格斯的《共產黨宣言》制定了各國的《共產黨宣言》；所謂《中國共產黨宣言》即屬此類。不過，《中國共產黨宣言》有不少疑問沒有解決，因為其現存文本譯自英語，而原文寫就的時間、地點以及過程不得其詳。

　　「空白時期」的另一個謎團，是所謂「中共三月會議」，即中共「一大」前的1921年3月，為了清算與無政府主義者的關係而召開

的會議。最早赴俄的中共黨員張太雷，在提交給共產國際第三次大會的書面報告中提到「中共三月會議」，但是，是否真正召開過這次會議，至今尚無定論。也就是說，中共最早的正式文件和正式報告都有待解決的疑點。

在這一節中，作者擬探究上述疑點，並就中國共產黨正式成立的時間提出自己的見解。為此，有必要對伊爾庫茨克的共產國際執行委員會遠東書記處及其刊物的情況首先加以探討。因為，上述文件和報告，不是在中國國內，而是在伊爾庫茨克寫成的。魏金斯基暫時離開中國的時期，恰好與蘇俄和共產國際的對華工作在新成立於伊爾庫茨克的共產國際執行委員會遠東書記處（以下簡稱「遠東書記處」）之下終於得到統一的時期相重合。那麼，負責指導中國共產主義運動的伊爾庫茨克的遠東書記處，在多大程度上掌握了中國國內的情況呢？

關於1921年1月成立的遠東書記處的人員構成及其到任時期，尚有若干不明之處，但是，其中心人物是共產國際遠東全權代表鮑里斯·舒米亞茨基（Boris Z. Shumyatsky，1886–1938）。另外有全權副代表明斯克爾（Minsker）、布卡蒂（Bukaty）、斯列帕克（Slepak）、鮑格里茨基（Bogritsky）、加蓬（Gapon）等，[136] 初時沒有中國人（後來加入了張太雷）。該書記處1921年2月創辦了《共產國際遠東書記處通訊》雜誌（*Бюллетени Дальне-Восточного Секретариата Коминтерна*），[137] 同年5月又創辦了《遠東人民》雜誌（*Народы Дальнего Востока*），[138] 從這兩份雜誌可以了解遠東書記處所獲得的部分中國情報。不過，且不說《遠東人民》，在此前的中共創建史研究中，幾乎沒有人利用過《共產國際遠東書記處通訊》（見圖十六）；以下簡稱《通訊》），故在此略加詳察。

《通訊》第一期刊登的〈中國的罷工運動（摘要介紹中國的工人刊物）〉（署名：布拉索夫斯基）和〈文獻目錄（中國共產黨刊物概

圖十六　《共產國際遠東書記處通訊》

觀）〉（署名：伊里伊奇）這兩篇文章，[139]可以幫助我們了解伊爾庫茨克在多大程度上，以及經過多長時間才能得到中國出版的有關中共的刊物。前一篇文章在開頭部分介紹説，作者手頭存有1920年7月至12月出版的部分中國工人刊物，並從其中的各期《勞動界》引用了數篇。[140]遠東書記處的前身即俄國共產黨中央委員會西伯利亞局東方民族處1920年12月的報告[141]稱，上海的魏金斯基寄來了一些雜誌和小冊子，其中包括《勞動界》。可見，1920年12月中共上海發起組出版的刊物，在1921年初就已經傳到了伊爾庫茨克。

　　後一篇〈文獻目錄〉舉出的中共刊物，除中譯《共產黨宣言》（文章將其出版地誤作北京）外，小冊子有《蘇維埃・俄羅斯》，定

期刊物則有上海出版的《共產黨》和《勞動界》、北京出版的《勞動音》、廣州出版的《勞動者》，並分別做了簡要介紹。其中，關於《蘇維埃‧俄羅斯》，除了出版形式（1920年北京刊，共31頁，附列寧肖像）外，對其內容的介紹也尤其詳細。中國方面的資料裏見不到《蘇維埃‧俄羅斯》（也沒有原件遺存），從〈文獻目錄〉介紹的概要判斷，大概為《新青年》的「俄羅斯研究」專欄的文章集成。如本書第一章第四節所述，「俄羅斯研究」的資料來源是美國出版的《蘇維埃‧俄羅斯》（Soviet Russia），可能是在出單行小冊子時沿用了該雜誌的名稱。定期刊物中的《勞動者》，如前一節所述，是廣州無政府主義者在與共產主義者分裂前發行的；但是，饒有興味的是，〈文獻目錄〉卻斷定它是中共的刊物。〈文獻目錄〉還稱，關於包括《共產黨》在內的刊物，已收集到至前一年12月號的各期；可見，中國出版的刊物，伊爾庫茨克大概在一到兩個月後即可收到，這與前述〈中國的罷工運動〉所介紹的情況差不多。可以斷定，伊爾庫茨克和上海間人和物的交流大概需要一兩個月。

順言之，同一期《通訊》刊登的未署名的〈中國的勞動者〉（Рабочие в Китае）一文，轉載自上海的英文報紙《字林西報》（North China Daily News）。這恐怕也是以記者身份進行活動的魏金斯基等人連同中共的出版物一起寄到伊爾庫茨克的。

另外，該期《通訊》還刊登了三封中國同志即瞿秋白、俞頌華和楊勳（音譯，Ян-Сюнь）的來信。瞿秋白、俞頌華當時都在俄國，分別是北京的《晨報》和上海的《時事新報》的駐俄國特派記者。瞿秋白後來是中共領導人，但是這個時期還沒有直接參加中國的共產主義運動。瞿秋白的來信題為〈中國工人的狀況和他們對蘇俄的期望〉，俞頌華的來信題為〈我為何來到蘇俄〉，後者注明撰稿日期為1921年1月29日。[142]他們二人1920年10月16日離開北京，與北京政府的外交人員一同經哈爾濱、滿洲里、赤塔進入俄國，第二年1月7日抵達伊爾庫茨克，兩天後即9日離開伊爾庫

茨克，同月 25 日到達莫斯科。[143] 從他們的行程看，俞頌華的來信
應該寫於他們到達莫斯科之後，再經某種方式傳回伊爾庫茨克，
發表在《通訊》上的。瞿秋白的來信沒有注明日期，但似乎不太可
能寫於在伊爾庫茨克短暫停留期間，大概是在途經赤塔逗留約半
月期間寫成，而後傳遞到伊爾庫茨克的。

　　瞿秋白在來信中首先敍述了中國的社會狀況，然後談到了社
會主義運動的動向。他說，致力於介紹社會主義學說的報刊有《晨
報》、《時事新報》、《新青年》、《解放與改造》等。來信的最後說，
「不久前，上海成立了社會主義青年黨 (Партия социалистической
молодежи)。雖然成員人數不多，但這個黨的組成畢竟是中國社
會主義運動的萌芽」。瞿秋白來俄國前是北京的俄文專修館 (外交
部的俄語專業學校) 學生，曾在北京的《新社會》等刊物上多次發
表文章，呼籲解決社會問題；而他所屬的人道社，是「改造聯合」
這一事實上的「社會主義青年團」於 1920 年 8 月發起時的團體之一
(儘管不清楚瞿秋白是否參加了發起會議)，所以，瞿秋白即使不
是共產主義小組成員，也應該了解一些社會主義青年黨即社會主
義青年團的動向。

　　俞頌華在來信中自稱「社會主義者」，介紹了中國的產業狀
況、工界狀況，並表達了對革命俄國的期望，但沒有直接談及中國
的社會主義運動。楊勳 (Ян-Сюнь) 在來信 (〈中國的勞動問題〉)[144]
中用統計表對中國工人的處境做了介紹。該信日期是 1920 年 1
月，發自南京，楊勳的身份是新聞記者，但是，中國的共產主義
小組裏沒有此人，因此不知道他是什麼人物。通觀各期《通訊》，
來自中國人的信僅此三件，並不見共產主義小組成員的投稿。至
1920 年底，就連魏金斯基從上海直接寄給伊爾庫茨克的報告也只
有一件，[145] 所以，伊爾庫茨克的遠東書記處對收集到的中國情
報，包括這些中國記者的文章在內，看來幾乎是無從甄別地悉數
刊登在《通訊》上的。

　　然而，約一個月後發行的《通訊》第2期（1921年3月20日）所
載文章，卻具體地介紹了中國的革命組織的活動。這篇文章就是
遠東書記處負責人舒米亞茨基親自執筆的〈中國的青年革命運動
（工作報告摘要）〉。[146] 該文如其題目所示，是介紹中國的青年革
命運動，特別是各地的社會主義青年團的活動狀況的。其中尤其
引人注目的是，文章以相當篇幅引用了武漢、廣州、天津的「社會
主義青年團」、「共產主義青年團」的會議記錄，披露了自1920年
11月上旬至12月上旬在上述三城市召開的共六次會議的記錄。其
中一部分，在本章第一節探討廣州和武漢的共產主義小組的活動
時已經介紹過。包括青年團章程在內的這些記錄，是會議的原始
記錄，極具史料價值。

　　舒米亞茨基在文中並沒有解釋是如何得到這些會議記錄的，
但是，他在七年後為追悼張太雷所發表的文章中說，這些記錄是
張太雷1921年初來伊爾庫茨克時隨身帶來的。[147] 關於張太雷赴俄
國，本節第四小節將作詳述，總之，他於1921年初抵達伊爾庫茨
克是事實，因而，會議記錄由他帶至伊爾庫茨克，概不為虛。舒
米亞茨基在文末注明執筆的時間和地點是「伊爾庫茨克1921年2
月」。如果他引用的會議記錄是張太雷帶來的，張太雷這時應該已
經到達伊爾庫茨克。遠東書記處有關中國共產主義運動的情報，
似乎自1921年初才格外豐富起來，寄自中國的刊物是其來源之
一，另一個來源則是中國的活動家們直接帶來的資料，他們從這
個時期逐漸開始來到伊爾庫茨克。

　　遠東書記處繼《通訊》之後發行的《遠東人民》第2期（1921年
6月23日）上刊載的〈中國的社會主義文獻〉[148]（無署名），則證實
了這種推測。該文列出了42種漢語社會主義刊物（包括單行本、
小冊子、雜誌、報紙）。其書目本身自屬難得，而刊物名稱全部用
俄語和漢語（以俄文擬漢音）兩種文字表示，尤其耐人尋味。[149]

這樣的處理，如果沒有熟悉中國國內社會主義運動情況的中國人
——也許是張太雷——的合作，是不可能做到的。

綜上所述，舒米亞茨基領導的伊爾庫茨克的遠東書記處，直
至1921年2月前後，都是通過偶爾來自俄國國內或國外的情報了
解中國社會狀況的，是不全面的；自同年2月以後，中國活動家
們開始攜帶着有關共產主義運動的報告來到俄國，這增加了遠東
書記處所得到的情報量。基於這些情報寫就並發表在《共產國際遠
東書記處通訊》和《遠東人民》上的有關中國的報道，反映了中國
共產主義組織自1920年底至翌年上半年的活動進展。而真實地反
映了這種進展的，正是中共的第一個正式文件《中國共產黨宣言》。

2 《中國共產黨宣言》——「中國共產黨」的成立

現存的《中國共產黨宣言》，是蘇共中央1956年至1957年移
交給中國共產黨的「中共駐共產國際代表團檔案」中的部分漢語文
件之一。[150]（見圖十七）該《宣言》由正文和一位姓「Chang」的人寫
於1921年12月10日的前言部分組成，正文又分三章，即〈共產主
義者的理想〉、〈共產主義者的目的〉和〈階級鬥爭的最近狀態〉。
正文有漢字兩千多字，不算太長。這份文件的存在及其內容之被
披露，是檔案移交後的1958年的事，北京的《黨史資料匯報》（中
共中央辦公廳秘書局編輯）第一期最早做了報道。[151]不過，該刊
物是僅供高級幹部閱讀的內部刊物，一般人直到20世紀80年代以
後才知道它的存在。

讓我們先看《宣言》正文的內容。第一章〈共產主義者的理
想〉，主張工廠、原料、土地、交通機關等生產手段收歸社會公
有，並預言，由於政權、軍隊等統治機構是保護少數人利益、壓迫
勞動群眾的，將被廢除。不過，這些「理想」並非一蹴而就，在〈共
產主義者的目的〉一章中，提出了逐步實現的步驟，強調為了廢除

圖十七　現存的《中國共產黨宣言》

資本主義制度，必須進行階級鬥爭。而關於政權，則需與俄國革
命一樣，從資本家那裏奪取政權，取得由工人、農民掌握的政權。
引人注目的是，此處強調了由產業工會組織的總罷工作為對資本制
度鬥爭的方式將發揮巨大作用。也就是說，按照設想，由革命的
無產階級組織的產業工會，將不斷地通過罷工動搖資本主義國家；
而在奪取政權的關鍵階段，由共產黨號召實行的總罷工，將給予資
本主義國家最後一擊；這些產業工會在革命後將轉化為執掌社會經
濟命脈的機關。這裏所設想的，與其說是布爾什維克主義的革
命，不如說更接近無政府工團主義的革命模式。但是，在「階級鬥
爭的最近狀態」中論述世界革命形勢時，俄國的「無產階級專政」仍
然被當作不僅是俄國、而且是人類社會發展的必然過程，並宣稱，
「無產階級專政」作為向共產主義社會過渡階段，只要資本主義的
殘渣餘孽和反革命勢力還存在一天，就具有其積極意義。總之，
《宣言》從共產主義的最終理想和其一般的實現步驟談起，後半部
分則更加具體地解釋了在當前時期應該採取的實施方法。

可見，就正文的內容看，《宣言》的確是正在組成的中共在即將開始活動時的重要文件。但是，《宣言》是由誰、在什麼時間、什麼地點、經過怎樣的過程寫成的？沒有任何資料可以用來回答這些問題。[152] 也許就因為這個緣故，該《宣言》雖然也被收錄在中共中央現今的正式歷史文獻集《中共中央文件選集》之中，但並非作為正式篇目，而是作為附錄資料。因此，我們只有通過「Chang」寫的前言來探討《宣言》的制定過程。下面是前言中有關《宣言》的制定和形成的部分。

> 這個宣言是中國共產黨在去年〔1920年〕11月間決定的。這宣言的內容不過是關於共產主義原則的一部分，因此沒有向外發表，不過以此為收納黨員之標準。這宣言之中文原稿不能在此地找到，所以兄弟把他從英文稿翻譯出來。……〔這個宣言〕會提出遠東人民會議中國代表團中之共產主義小組討論。……
>
> Chang 1921 年 12 月 10 日

通過這段記述可以知道，這個《宣言》（漢語本）並不是原本，而是「Chang」從英語重新翻譯成漢語的；[153]《宣言》雖然從未向外發表，卻是中共中央在1920年11月正式通過的。關於《宣言》的制定，我們只知道這些情況，但前言還提供了一些線索，使我們可以了解翻譯的經過。「Chang」只說在「此地」找不到《宣言》的漢語原本，沒有明確所謂「此地」具體指什麼地方；不過，我們不難推測「Chang」其人是誰，以及「此地」指何處。線索就是前言中提到的「遠東人民會議」，和前言寫就的日期。所謂「遠東人民會議」，從「1921年12月」這個日期推斷，無疑是指1922年初在莫斯科和彼得格勒召開的「遠東各國共產黨及民族革命團體代表大會」[154]（中國共產黨也曾派代表參加）。果真如此，「Chang」就是出席這次大會

的中國代表團中共產主義小組的有關人,亦即張國燾;[155]而所謂
「此地」即指張國燾等出席大會的中國代表團曾長時間逗留過的西
伯利亞的伊爾庫茨克。[156]只有這樣,張國燾才有可能在「此地」找
不到《宣言》的漢語原本,只有根據《宣言》的英文本重新譯成漢
語;而《宣言》的英文本則可能是伊爾庫茨克的遠東書記處保存的。

張國燾可能於1921年底在伊爾庫茨克看到過《中國共產黨宣
言》,這種推斷是有根據的,那就是上述在伊爾庫茨克發行的俄語
刊物《遠東人民》創刊號(1921年5月)[157]上刊登的舒米亞茨基的〈共
產國際在遠東〉。[158]在這篇文章裏,舒米亞茨基說中國的共產主義
者已經在某種程度上集結起來,並指出:

> 中國的共產主義者已經不再是宣傳家的小集團,而是作為
> 一個明確的社會階層而存在,他們正在把進步的中國無產者和
> 革命的知識分子集結在共產主義組織之內。至今,中國的共產
> 主義者已經有了七個地方(縣級)組織,並在更多的產業地區成
> 立了支部。共產主義者們的活動基礎是……中國社會主義青
> 年團。……最近,中國的中央召開了共產主義各組織的協商會
> 議,這次會議將中國的共產主義工作的任務做了這樣的規定:
> 「我們的任務乃是組織和集中群眾鬥爭的力量,使其打擊更為
> 有力、強大。這一切都將通過宣傳工作,組織工人、農民、士
> 兵、職員、學生,成立具有統一中心的強有力的產業工會,以
> 及創建革命的無產階級的唯一政黨即共產黨,才能實現。」[159]

如引文中所示,舒米亞茨基在文中不僅提到了中國共產主義
組織召開了會議,而且介紹了會議通過的文件的部分內容。而文
中引用的「我們的任務乃是……」一段,則正是《中國共產黨宣言》
第二章〈共產主義者的目的〉中的字句。《中國共產黨宣言》的相關
部分如下:

共產黨的任務是要組織和集中這階級鬥爭的勢力，使那攻打資本主義的勢力日增雄厚。這一定要向工人、農人、兵士、水手和學生宣傳，才成功的；目的是要組織一些大的產業組合，並聯合成一個產業組合的總聯合會，又要組織一個革命的無產階級的政黨——共產黨。

兩者是相同的，這是再明白不過的了。[160]舒米亞茨基文中引用的字句和《宣言》一致，我們由此可以得出兩個結論。第一，曾被部分學者懷疑是後人偽造的《中國共產黨宣言》，肯定是當時的文件，而且，在舒米亞茨基寫這篇文章（大概是1921年4月或5月）[161]以前，肯定已經被遞送到了伊爾庫茨克。只有這樣，張國燾也才有可能在這一年的12月在伊爾庫茨克將它重新譯成漢語。

第二個結論是，根據舒米亞茨基所說，這份《宣言》是在「中國的中央」——大概是在上海——召開的「共產主義各組織的協商會議」上提出的，並且至少是經過某種形式的會議通過的正式文件。張國燾說，《宣言》是「中國共產黨決定的」，舒米亞茨基也證實了這一點。張國燾在北京大學讀書時就是一個有名的學生運動家，還與李大釗共同以北京方面代表人物的身份參與了1920年以後的創建中共的活動；既然他明確地說「這個宣言是中國共產黨在去年11月間決定的」，應該是可信的。此外，更值得注意的事實是，張國燾後來在莫斯科舉行的有關中共創立的連續演講中，曾介紹過北京共產主義小組的《黨綱》，而這一《黨綱》的內容與《宣言》幾乎相同。演講時，張國燾說明稱，這份《黨綱》是據陳獨秀從魏金斯基處得到的內容翻譯而來。[162]根據張國燾對《宣言》的兩次說明進行綜合判斷，《宣言》應該是1920年11月左右由魏金斯基起草、提議，陳獨秀收到之後再譯成中文，送至各地的共產主義小組處。即便未曾對外發表，因為在張的說明中屬於「收納黨員

之標準」，故而《宣言》不僅是創建之初中共最早的正式文件，還是標誌着「中國共產黨」這一組織誕生的、具有劃時代意義的文件。

◆　◆　◆

　　《中國共產黨宣言》的形成，即「中國共產黨」正式成立，發生在1920年11月，還有其他根據。這就是《共產黨》月刊的創刊（1920年11月7日）。無論從刊物的名稱看，還是從其創刊的日期（俄國革命紀念日）看，該刊物的創刊都標誌着中國的共產主義者宣告了共產黨已經正式成立。《共產黨》是中共發起組面向黨內發行的月刊，如第一章第四節所述，其形式模仿了當時在倫敦發行的英國共產黨的機關刊物《共產黨》(The Communist)。致力於成立共產黨的上海共產主義小組，以11月7日即俄國十月革命紀念日為期，創辦了以《共產黨》為名稱的刊物，這是正式成立「共產黨」的明確表示。《共產黨》創刊號的文章〈世界消息〉則明確地使用了「我們中國的共產黨」的字句，這是中共在刊物中第一次自稱「共產黨」。這樣看來，在正式成立「共產黨」之時，為了闡明在中國進行共產主義運動的目的而制定《中國共產黨宣言》，也是非常自然的事了。事實上，《共產黨》創刊號卷首的〈短言〉（無署名）的基本立場──「我們只有用階級戰爭的手段，打倒一切資本家階級從他們手中搶奪來政權；並且用勞動專政的制度，擁護勞動者底政權，建設勞動者的國家以至於無國家，使資產階級永遠不至發生」──與《中國共產黨宣言》又是一致的，這説明二者是在極其相近的時期內寫成的。

　　已如反覆談到的那樣，1920年中期以後，在蘇俄和共產國際的推動下，以陳獨秀為首的上海小組開始了成立共產主義組織的活動，這期間，他們有時自稱「社會共產黨」，有時也自稱「共產黨」。當然，這些稱呼並沒有經過具體會議正式決定，而作為一個組織，其輪廓也還不清晰。如果説有什麼標誌結束了這個模糊的

時期，給「中國共產黨」的成立在時間上給予了明確的界定的話，這個標誌就是1920年11月制定的《中國共產黨宣言》以及《共產黨》月刊的創刊。這一點，不僅對於制定《宣言》、創辦《共產黨》月刊的中國的共產主義者是如此，對於收到《宣言》和刊物的伊爾庫茨克的遠東書記處來說也是如此，遠東書記處在其機關刊物上出版的文章中，也明確地稱中國的共產主義組織為「中國共產黨」。鑒於這些情況，我主張中共成立的日期是1920年11月。

關於中國共產黨的正式成立，一般多以1921年7月召開的第一次全國代表大會為分期，表述為「1921年7月，共產黨的第一次全國代表大會在上海召開，成立了中國共產黨」等。必須指出，這種說法要成立需要許多前提。其前提之一是，共產黨要開代表大會才算成立。但是，若採用此說法，代表大會之前就已經通過了《中國共產黨宣言》，並發行了《共產黨》月刊，又當如何解釋呢？張太雷等1921年6月（即中共「一大」前）出席共產國際第三次大會時，其身份分明是「中國共產黨」代表，這又如何解釋呢？這些事實都表明，中國共產黨在1921年7月以前已經存在，1921年7月的黨的大會，儘管是「第一次全國代表大會」，但是黨並不是通過此次大會誕生的。即使單就順序而言，第一次全國代表大會的文件上有「本黨定名為『中國共產黨』」的字句，卻沒有任何字句是宣告黨的成立的。[163]

3　中國共產黨向共產國際第三次大會提交的報告

如果說中共最早的內部正式文件是《中國共產黨宣言》，那麼，中共代表（張太雷）向共產國際第三次大會（1921年6月22日至7月12日）提交的、注明日期為1921年6月10日的書面報告，就是中共面向黨外的最早的正式報告。該報告最早以〈共產國際第三次大會上的中國共產黨（中國代表的報告）〉為題，刊登在伊爾

庫茨克發行的《遠東人民》第三期(1921年8月)上。[164]1928年，舒米亞茨基在為悼念張太雷而寫的文章中引用了其中的一部分，後來就再也無人提及。1971年，當時的蘇聯學者佩爾西茨(Persits)，在莫斯科的馬克思列寧主義研究院中央檔案館(當時)所藏的「俄共(布)中央委員會遠東局」的文件中，發現了內容幾乎完全相同的、題為〈給共產國際第三次大會中國共產黨代表張太雷同志的報告〉的俄語打印稿，並與《遠東人民》刊登的報告比較研究後發表，[165]這才為世人所知。再到後來，中國的中央檔案館也發現了內容相同的俄語打印稿，並被翻譯成漢語。[166]

總體來看，張太雷的報告中，介紹中國社會概況較多，而具體的記述則較少(比如，黨員人數就沒有提及)。但是，該報告涉及中共創建過程的幾個重要情況，其中最值得注目的是〈中國的共產主義運動〉一章，其中談到1921年3月召開了「各組織的代表會議」。相關部分引用如下：

> 在1921年3月以前，中國還沒有一個統一的共產主義組織。在許多地方我們不得不同無政府主義者一起共事⋯⋯為了闡明我們的宗旨、原則和策略，為了把無政府主義分子從組織中清除出去，我們認為有必要在1921年3月召開各組織的代表會議。這次會議發表了關於我們的宗旨和原則的宣言，並制定了臨時性的綱領。這個綱領確定了我們組織的工作機構和工作計劃，表明了我們對社會主義青年團、同業公會、行會、文化教育團體和軍隊的態度，也表明了共產黨對工會的態度。[167]

冷靜地閱讀這份報告，可以這樣來理解，即，為了把無政府主義者排除出去，共產黨在1921年3月召開了代表會議，會上制定了黨的宣言和臨時綱領。據此理解，實質上的黨的代表大會，在共產黨的第一次全國代表大會於同年7月初在上海召開前，早就召開過了。發現張太雷報告的佩爾西茨在比較報告中的「三月

會議」和中共「一大」的會議內容後也斷言，中共「一大」只不過基本上審議了「三月會議」事先準備的議題而已。[168]佩爾西茨認為中共「一大」前曾經召開過類似預備會議的「三月會議」的見解，在中國的中共黨史學界引起了爭議，再加上張太雷報告的中譯本的出版，於是出現了不少研究「三月會議」的論文。[169]但是，這些論文幾乎都僅憑張太雷報告這個唯一資料來探討是否曾經召開過所謂「三月會議」，並以此比照驗證其他資料，而在探討張太雷報告本身的資料價值方面，卻留下了缺憾。在此，我們首先來探討有關「三月會議」的其他資料。

其實，提及「三月會議」的文字資料，張太雷報告並非唯一的一件，1921年與張太雷同在莫斯科的瞿秋白也曾在他寫的文章中談到過「三月會議」。這就是1921年寫成的題為〈社會主義運動在中國〉的俄語打印稿，和1929–1930年寫的題為〈中國共產黨歷史概論〉的中文手稿。這兩份資料也都是「中共駐共產國際代表團檔案」的一部分。[170]其中，〈社會主義運動在中國〉，無論是內容，還是文體，都與張太雷報告的〈中國的共產主義運動〉一章，即上文簡要引用的部分幾乎相同。乍看起來，瞿秋白的文章證實了張太雷報告中有關「三月會議」的記述（至少給人這樣一種印象，即張太雷報告實際上是與瞿秋白共同執筆而成的）。但是，〈社會主義運動在中國〉的俄語打印稿第一頁上卻分明有眉注：「摘自中國共產黨代表在共產國際第三次代表大會上的報告1921年。」[171]

這樣看來，瞿秋白之所以在其文章中涉及「三月會議」，僅僅是由於他所參照的張太雷報告談到了「三月會議」。事實上，瞿秋白1920年底就已經離開了中國，[172]1921年3月即使召開了這次會議，他也不可能知道。至於〈中國共產黨歷史概論〉寫道：「1921年3月（據秋白的報告）的第一次大會是肅清無政府黨的大會——通過第一決議」，[173]似乎「三月會議」是黨的第一次代表大會，其藍本則

是他自己數年前寫的文章（亦即張太雷報告的摘要），這與〈社會主義運動在中國〉沒有任何區別，只不過是根本未曾出席過「三月會議」的瞿秋白，在張太雷報告的基礎上加上了自己的揣測而已。因此，張太雷提交給共產國際的報告就成了所謂「三月會議」的唯一根據；換言之，判斷旨在排除無政府主義者的「各組織的代表會議」，即「三月會議」是否真有其事，全在於張太雷報告是否可信。

張太雷報告，除「三月會議」外，還這樣提到了中國共產黨的地方組織：

> 截至今年〔1921年〕5月1日止，中國共產黨已經有七個省級地方黨組織，它們是：1.北京組織……2.天津組織及其唐山站分部……3.漢口組織……4.上海組織……5.廣東組織……6.香港組織……7.南京組織……

首先應該指出的是地方組織的數字，即1921年5月有七個地方組織。實際上，這個數字與上一小節引用的舒米亞茨基〈共產國際在遠東〉的記述一致。也就是説，就這一點可資證實伊爾庫茨克得到的有關中共黨組織的情報是張太雷帶來的。果真如此，由於舒米亞茨基引用了《中國共產黨宣言》中的一節，那麼，將《宣言》帶到伊爾庫茨克的，也有可能是張太雷。總之，在當時的文件中，只有張太雷報告記述了具體時期的、包括具體地名在內的黨組織情況，因而這份報告不僅對於了解黨的活動情況，而且對於了解這些情報是如何傳到共產國際的，也是最重要的資料。

4 「中共使者」張太雷

如前所述，張太雷提交給共產國際的報告，對於探討中共的創建過程，以及所謂的「三月會議」，都是極其重要的原始資料，學術界對此並無異議。張太雷被認為是派到共產國際工作的最早

的中共黨員，又由於他在1927年底的廣州起義中壯烈犧牲，從而在中共黨史上被賦予了極高的地位。但出人意料的是，他到底是以何種資格、如何於1921年初出現在伊爾庫茨克的，卻幾乎完全不得而知。這樣，如果説他提交給共產國際大會的報告，當然包括他對「三月會議」的記述，都是為了讓人認為共產主義者的組織工作正在發展而杜撰出來的，也未嘗不可。要探討張太雷是如何去俄國的，必須進行細致入微的分析；但此點既然牽涉到給共產國際的報告這份中共早期少數文件中尤其重要的資料的真實性，避而不談是不可能的。

我們首先要考察的，是張太雷與中共的關係，以及他赴俄國的時間。張太雷在1921年下半年以後 (即自共產國際第三次大會回國後) 顯然是作為中共黨員進行活動的；但是，他1921年赴俄以前的活動卻幾乎是個謎。有關他在天津 (就讀於北洋大學) 參加五四運動以及與共產主義運動的關係的資料，都是在他去世後由別人寫成的紀念文字發表的，其中大部分是中華人民共和國成立後寫成的；[174] 而關於他與天津的學生運動的核心、後來融入中共的周恩來等人的團體的關係，當然也沒有任何原始資料；他何時入黨、赴俄是受誰所派、赴俄時的具體身份如何等等，這一切都不清楚。[175] 當然，中共的創建活動是秘密進行的，沒有留下記錄並非不可思議；不過，中華人民共和國成立後，許多有關創建中共的原始資料都在中國被發掘了出來，而唯獨張太雷與早期中共的關係，除了共產國際方面的資料外，卻沒有任何資料可資證明，這不能不説是一件怪事。面對這種情況，甚至可以説，張太雷是沒有任何預兆而突然於1921年初出現在伊爾庫茨克，從而登上歷史舞台的。

在回憶張太雷的文章中，有關他赴俄後的活動唯一較詳盡的，是舒米亞茨基於1928年寫的長篇悼念文章，題為〈中國共青

團和共產黨歷史片斷(悼念中國共青團和共產黨的組織者之一張太雷同志)〉。[176]張太雷的傳記自不待言,連中共成立史的研究,尤其是關於中共向共產國際派駐的最早使者的研究,都毫無例外地基於舒米亞茨基的這篇回憶錄。這篇回憶錄受到如此的重視,自然有其理由。理由之一是,這篇文章是關於張太雷赴俄的唯一資料;作者舒米亞茨基是遠東書記處的負責人,與赴俄後的張太雷有過直接接觸;而且他在文中還多處引用了原文,則是另一個理由。也就是說,這篇回憶錄之被尊重,不單純因為它是回憶錄,還因為它具有幾乎和原始材料相同的可信性。[177]

但是,舒米亞茨基的回憶錄終究是回憶錄。如果把他引用的所謂原文,與真正的原文做一比較,立刻就會發現他引用時的杜撰和竄改。讓我們一一進行說明。首先,舒米亞茨基引用的所謂原文,其實是本節第一小節介紹過的〈中國的罷工運動(摘要介紹中國工人的刊物)〉、〈中國的青年革命運動(工作報告摘要)〉等。如前所述,前者主要介紹了上海發行的《勞動界》雜誌的文章。儘管這些文章中沒有一篇出自張太雷之手,可舒米亞茨基在引用這些文章時,一概將其當作張太雷來俄國前發表的文章。[178]例如,舒米亞茨基說《勞動界》9月號上的一篇文章是出自張太雷之手,而實際上卻是陳獨秀所作。[179]而後者,本來是舒米亞茨基對自己收集的中國各地的社會主義青年團的會議記錄加以編輯而成;但在回憶錄中,廣州社會主義青年團的部分會議記錄也被說成是張太雷曾經參與的天津社會主義青年團的會議記錄。很明顯,這些都是故意竄改。

事實可能是這樣的,即,舒米亞茨基在1928年執筆悼念張太雷的文章時,重新閱讀了他數年前在伊爾庫茨克編輯的那些刊物,意在從中尋找有關張太雷的材料,結果卻沒有找到合適的,於是就把多少帶有革命性內容的事跡都歸在了張太雷的名下;而

既然是寫悼念文章，就不得不把張太雷描寫成一個早期就參加了革命的人物。鑒於舒米亞茨基所作的回憶錄有恣意竄改之處，根據該回憶錄來探究張太雷赴俄的經過及其在伊爾庫茨克的活動，縱然不是完全不可能，至少也是相當危險的。而有的學者依據該回憶錄推測張太雷抵達伊爾庫茨克是在1921年3月末或4月初，[180] 這個見解當然也必須重新考慮。

那麼，張太雷到底是在何時、以什麼身份來到伊爾庫茨克的遠東書記處的呢？現在，能夠用來確認張太雷進入俄國的比較可靠的文件資料，是遠東書記處1921年3月22日的會議記錄，其中記載了張太雷在這次會議上被任命為遠東書記處中國科的書記。[181] 但是，張太雷的任期卻有一個附加條件，即「到中國共產主義組織的代表大會派出新的書記時為止」。也就是說，他此時是中共的正式代表到任前的臨時代表；反過來說，他來俄國時，並不一定是中共正式承認的代表。不過，有一點是清楚的，即，他在這次會議之前肯定已經到達了伊爾庫茨克。而其到達的日期，恐怕是在1921年1月至2月間。做如此推斷的根據是，舒米亞茨基在1921年2月寫的上述〈中國的青年革命運動（工作報告摘要）〉一文中，收錄了據推測是張太雷帶來的中國社會主義青年團的文件（其中包括天津社會主義青年團的會議記錄）。

綜上所述，1921年1月至2月間，張太雷攜帶着包括中國各地社會主義青年團會議記錄在內的情報來到了伊爾庫茨克，將其交給了遠東書記處，並獲得了一定程度的信任；於是，儘管他不是中國共產黨的正式代表，卻在3月被任命為遠東書記處中國科的臨時書記。根據當時天津至伊爾庫茨克的交通條件倒過來推算，他離開天津的時間應該是1920年12月或1921年1月。[182] 當時，中國警方在中國東北防範極嚴，不斷有赴俄國的人被逮捕、下獄；而在西伯利亞等待他的，又是食品和燃料的極端匱乏，在

寒冬進入俄國是需要冒生命危險的。想必張太雷一路上遭受了不少磨難。

那麼，張太雷是以什麼身份、亦即受什麼組織的派遣赴俄國的呢？關於這個問題，沒有任何原始資料；如前所述，舒米亞茨基的回憶錄也未必信實。但是，張太雷無疑是攜帶着中國各地社會主義青年團的會議記錄進入俄國的，這給人以受命於社會主義青年團的印象。實際上，張太雷作為中國代表，不僅出席了共產國際第三次大會，確實也出席了同一時期召開的青年共產國際第二次大會。[183]

關於張太雷赴俄前的行蹤，據說曾與他共同進行社會主義青年團工作的諶小岑在其回憶錄中談到了張太雷在天津的活動；該回憶錄應該是詳細記述張太雷在天津時期活動的唯一資料。據該回憶錄稱，張太雷從在北洋大學求學時就參加了學生運動，因擅長英語而為天津的英文報紙 North China Star（《華北明星報》）和俄國人柏烈偉做過口譯和筆譯，從而得以與北京的李大釗以及柏烈偉建立聯繫。天津社會主義青年團於1920年11月成立了，張成為該青年團實際上的負責人。[184]

在張太雷攜帶至伊爾庫茨克的社會主義青年團的文件中，也確實包括天津社會主義青年團的章程和會議記錄。細心地閱讀這些章程和會議記錄，我們會發現幾個有趣的事實。首先，章程的內容和成立於廣州的無政府主義系統的社會主義青年團的簡章[185]（刊登於《廣州晨報》）完全相同，和武漢社會主義青年團的簡章也非常類似。1920年秋冬在中國各地成立的社會主義青年團，儘管名稱一樣，但是，從無政府主義者佔主導地位的廣州社會主義青年團，到無政府主義者和共產主義者平分天下的北京和武漢的社會主義青年團，實際上呈魚龍混雜的狀態。不過，由上述事實可知，各地的青年團至少在表面上是遵照統一的章程同時開展活動

的。毛澤東在1920年11月得到的社會主義青年團章程，想必也與
此無異。暫且不說天津社會主義青年團是否也如廣州社會主義青
年團那樣信奉無政府主義，但是，二者的章程相同，這至少表明
天津社會主義青年團和其他各地的青年團是根蒂相結的。

其次，天津社會主義青年團的會議記錄載，在有14人出席的
第六次會議（1921年12月9日）上，由於書記「張（Чжан）」到北京
出差，「吳（У）」代替「張」就任書記；然後，「諶（Шэнь）」就發行
面向工人的日報《來報》（Лай-бао）——名稱取嶄新的未來將要到
來之意的「來」字，亦諧指英語「Labor」〔勞動〕——一事做了說明，
並決定次年1月2日正式創刊。[186]

此處所見人名「張」、「吳」、「諶」，依據諶小岑回憶錄推斷，
當分別指張太雷、吳南如和諶小岑（吳、諶後來沒有參加共產
黨）。所謂 Лай-бао，即《來報》，據說是張太雷等天津的社會主義
者團體在1921年初短時期發行的報紙，諶小岑在回憶錄中也將其
作為天津社會主義青年團的主要活動之一。[187]但是，《來報》的實
物至今沒有發現，當時的其他報刊和警方資料也都沒有提及，難
以確認是否真正發行過；即使確曾發行，恐怕其流通範圍也極
小。總之，如果這份會議記錄可靠，我們就有根據斷定，張太雷
確實曾於1920年底組織過天津社會主義青年團。如果「張」即張太
雷到北京出差是為了聯絡北京共產主義小組，而且，如前所述，
各地社會主義青年團奉行的章程又是基本統一的，那麼，也可以
推測，張太雷等人的活動步調與北京小組肯定是一致的。[188]

由以上事實觀之，1921年初赴俄的張太雷，縱然不是共產黨
派出的正式代表，也很可能是受命於幾乎等於共產黨的社會主義青
年團。有的回憶錄也說：「張太雷那時是社會主義青年團團員，在
該團成立後曾被推為代表去莫斯科參加少共國際的大會。」[189]不
過，我們不可就此斷定他赴俄時的身份已經是社會主義青年團派出

的出席青年共產國際大會的代表。理由有二。第一，出席青年共產國際大會的邀請函是1921年3月中旬才傳遞到中國的，[190]這時候張太雷已經在伊爾庫茨克；第二，出席青年共產國際的正式代表即北京的何孟雄、上海的俞秀松二人，於同年4月試圖赴俄（如前所述，何孟雄在路上被逮捕，沒能進入俄國）；俞秀松在赴俄途中寫回的信中明確地說到，參加青年共產國際第二次大會的中國代表是兩個人（俞、何二人），[191]也沒有任何跡象表明還有其他中國代表（至少在俞秀松看來，張太雷不算代表）。至於在天津似乎與張太雷有過接觸的柏烈偉，確實曾接受魏金斯基的指示開展工作，但同時也在幫助脫離了共產主義小組的北京的無政府主義者赴俄。

另外，莫斯科檔案館藏有關共產國際第三次大會的資料中，保存有各國代表遞交給大會的、由本國組織簽發的委任狀，張太雷的委任狀並非中國的有關組織簽發，而是來自伊爾庫茨克的共產國際執行委員會遠東書記處。[192]就這樣，張太雷赴俄時的身份越來越無從認定。

5 共產國際第三次大會的中國代表── 國際舞台上的明爭暗鬥

帶着張太雷赴俄的種種謎團，重讀他提交給共產國際的書面報告（其內容不是關於社會主義青年團，而是關於共產黨的），幾個疑點自然浮現出來。首先是關於1921年5月時存在的七個地方組織。張太雷列舉的七個地方是北京、天津、漢口、上海、廣州、香港和南京，但其中的天津、香港和南京這三個城市事實上不存在黨組織；即使說報告是反映了這些地方的社會主義青年團的情況，他此時報告1921年5月的情況，也顯然不自然。因為，如前所述，他離開中國的時間，至遲不會晚於同年1月；而在5月，他應該已經在伊爾庫茨克，5月4日，他還代表中國共產黨列席了在伊爾庫茨克召開的高麗共產黨代表大會，並致了賀詞。[193]

　　關於所謂「中共三月會議」，也存在類似的疑點。張太雷在報告中寫道，為了把無政府主義分子從組織中清除出去，中共於1921年3月在中國國內召開了會議；而他這個時期並不在中國國內，不可能直接了解這次會議。前文已經考察過，所謂「中共三月會議」，其唯一根據就是張太雷的這份報告；既然張太雷不可能直接了解這次會議，那麼，也就不能斷定「三月會議」是先於中共「一大」而召開的建黨會議，甚至連張太雷報告的執筆經過及其是否信實，也必須加以重新考慮。

　　但是，這並不是説張太雷報告完全是捏造的。因為，報告所記述的當時中國共產主義運動的一些情況，若非當事者，不可能知道得如此詳細。例如，「中國第一批共產黨細胞是1920年5月在上海和北京成立的」一段有關中共建黨過程的敍述表明，報告的執筆者在赴俄前雖然不十分清楚建黨過程，但是至少曾經通過某種渠道聽説過。那麼，張太雷不可能直接了解的「三月會議」以及黨在1921年5月時的地方組織狀況，卻被他寫進了報告，這是為什麼呢？這個問題的答案，就可能性而言，有兩個。

　　第一個可能的答案是，報告執筆者為了給人以中國的共產主義運動深入發展的印象，作為權宜之計，捏造了事實上從未召開和並不存在的會議和地方組織。如前一章第三節所述，在1920年至1921年的中國，打着「共產主義」旗號的組織和人物並不少見，後來發展成中共的共產主義組織，當時還並不是代表中國的唯一的共產黨。鑒於這種背景，不能徹底排除如下的可能性，即張太雷在報告中提及「三月會議」和詳細記述地方組織，是為了提高他自己所屬的共產黨組織的地位，從而在與其他諸多共產主義組織爭奪正統地位的競爭中取勝。據説，在共產國際第三次大會召開前後，除張太雷代表的共產黨外，還有四個「共產黨」的代表也來到了莫斯科，其中包括不承認張太雷等人的代表資格的「少年共產黨」，他們都主張自己的組織是正統，爭奪得十分激烈。[194]而張太

雷則反覆要求共產國際不要理睬那些「共產黨」。[195] 各國的共產主義組織要「真正」成為「共產黨」，就必須取得共產國際的承認，為了達到這個目的，在提交給共產國際的報告中或誇大其詞，或煞有介事地加進一些數字和成就，並不稀奇。[196] 所以，我們不能斷定唯獨張太雷報告是個例外。如果真是那樣，再加上張太雷赴俄時的身份本來就不清楚，那麼，他的報告就沒有什麼真實性可言。

第二個可能的答案是，張太雷在1921年初進入俄國之後，又得到了最新情報。關於這一點，舒米亞茨基回憶道：「張太雷同志到了伊爾庫茨克以後，收到了共產黨任命他為遠東書記處中國科書記的委任，並要他擔負準備中共中央致共產國際『三大』的報告這一任務。」[197] 如前文指出的那樣，舒米亞茨基的回憶錄確有美化張太雷的傾向；但是，如果此處回憶屬實，則張太雷在赴俄後又得到了來自中國的最新情報的推論就能夠成立。不過，當時中俄間的通信情況，使我們對此即刻間難以置信；更何況，如回憶屬實，反過來則不期然地意味着中共當初未曾給予張太雷任何身份。

因此，我們只有做這樣的考慮，即張太雷報告是在另外的中共有關人的幫助下寫成的。說起出席共產國際第三次大會的中國代表，此前人們往往只注意到張太雷，可實際上，中國代表還有其他人。

關於出席共產國際第三次大會的中國代表的組成，需要多費些筆墨。因為，大會的會議速記中對這一正式文件的記載，有的地方前後有出入。在德語記錄的開頭，中國代表是「共產主義團」〔Kommunistische Gruppen〕和「左派社會主義黨」〔Linke Sozialistische Partei〕，而在記錄的末尾，則被改為「共產黨〔K. P.〕一人、青年團〔Jugend〕一人」。[198] 在這兩名代表中，「共產黨一人」無疑是指作為中國代表在大會上作口頭報告的張太雷 (Chang Tai-lai)，但是，另

一名代表則不知道是誰。所以，要推斷是誰對張太雷報告提供了幫助，必須首先探明另一位中國代表。

　　首先，所謂「左派社會主義黨」，即指時在莫斯科的江亢虎的「社會黨」。江亢虎說，他曾作為「社會黨員」列席了共產國際第三次大會，並得到了發言權；而他的代表證也被保存至今。因此，毫無疑問，他的確出席了這次大會。[199]可是，「左派社會主義黨」的名稱在大會速記的末尾不見了，又是為什麼呢？如果這不是編輯時的失誤，就可能是中國代表在大會上圍繞正統地位展開爭奪的反映。果然，大會期間，江亢虎曾經給共產國際寫過這樣一封信：

> 在第三次大會的開幕日〔1921年6月22日〕，我領到了有表決權的代表證(no. 20)。但是，在參加大會四天之後，卡把斯基(Kabasky)同志命令我交回代表證。既沒有任何說明，還剝奪了我作為出席者的權利。我認為這是一種侮辱，表示抗議。……希望您告訴我向何處申訴，才能重新得到原來的代表證，或者申請新的入場證。[200]

　　收繳了江亢虎代表證的卡巴斯基，就是共產國際執行委員會書記科別茨基(M. Kobetsky)。關於這次收繳代表證事件，江亢虎在另外的地方進一步這樣記述道：

> 〔我〕本以社會黨代表名義出席第三國際會，已就緒矣。開某團代表張〔張太雷〕某為中國共產黨代表，係由東方管理部〔遠東書記處〕部長舒氏〔舒米亞茨基〕所介紹而來者，因往訪之，……。不意相晤之下，張閃爍其詞，不自承為代表。余方異之，及出席時，見張與舒氏在座，因詢之曰，君代表券乎？請相示。張不可，而轉索余券。余立示之，張乃以其券相示，則亦代表券也。出席二三日，不意國際會竟將余券收去。余據理力爭，經二日，國際會乃託為誤會還余。於是余乃得出席。

> 至終事後細訪其故，始知張某等竟設為種種證據，致書於國際
> 會，以中政府偵探目余。不知彼所指為證據者，余到時均一一
> 預有詳細聲明，國際會察之，故卒還余券也。[201]

對於江亢虎接觸共產國際，張太雷等人十分敏感，並試圖加以阻撓，這從張太雷在大會期間寫給共產國際主席季諾維也夫的信中也可以得到證實。在這封信中，張太雷稱江亢虎是「反動的北京政府大總統的私人顧問」、「十足的政客」，並強烈抗議共產國際大會的資格審查委員會承認江亢虎的代表資格。[202] 在第二章第三節中，我們已經看到，在共產國際第三次大會前後，幾個中國「共產黨」的代表同時出現在莫斯科，並為了獲得共產國際的承認而相互明爭暗鬥；而在這裏，我們則可以看出，對張太雷等人來說，江亢虎的社會黨也和姚作賓的「共產黨」一樣，都是必須排除的障礙。張太雷等人的抗議似乎起到了作用，江亢虎的與會資格不再是正式代表，他的名字也從中國代表的最終名單上被刪掉了。[203] 也就是說，江亢虎開始時是作為中國代表出席大會的，但由於正統「中國共產黨」的抗議，大會期間被取消了正式中國代表的資格。大會速記的末尾見不到開頭曾經出現的「左派社會主義黨」的名稱，正是這一過程的反映。

事實上，江亢虎的代表證有兩張，一張保存在莫斯科（俄國社會政治史檔案館），頒發日期、代表證號碼、參會資格都如江亢虎所說，分別是6月22日、20號、表決權代表（圖十八）。另一張代表證保存在中國，格式完全一樣，但頒發日期是7月2日，號碼是244號，頒發人是科別茨基（圖十九）。有趣的是，新的代表證的其代表資格被改為發言權代表。江亢虎說共產國際方面承認了他的解釋，「故卒還余券」；但實際上，他拿到的不是原來那張被收回的代表證，而是把他的參會資格降為發言權代表的另一張代表證。

圖十八　江亢虎最初的代表證　　　圖十九　江亢虎被降格為發言權
　　　　　　　　　　　　　　　　　　　代表後的代表證

　　那麼，排除了江亢虎之後，張太雷之外的另一名「青年團」代
表到底是誰呢？實際上，學術界早就知道，出席共產國際的中國代
表，除張太雷外，還有其他人；而這另一名代表，學者們一直認為
是「Yang Ho-te」。[204]這種見解，追溯其根據，仍然源自舒米亞茨基
1928年寫的回憶錄（悼念張太雷的文章）。在該文中，舒米亞茨基
說，張太雷到達伊爾庫茨克後，從中國又來了「楊厚德」〔音譯，
Ян-Хоу-Де〕（有的地方也稱「楊好德」〔音譯，Ян-Хау-Де〕），他們
二人參加了共產國際大會。而在張太雷提交給共產國際的報告中，
「厚德」被稱為「中國最有威望的共產黨員之一」，不僅如此，報告
原文甚至還有「楊好德」的簽名。[205]很明顯，這位「楊」就是出席共
產國際大會的另一位中國代表，也是協助張太雷起草報告的人。

　　曾有一種見解認為，這個神秘人物「楊」即楊明齋。[206]其主要
根據是，楊明齋有一個別名叫「楊好德」（Yang Haode）。但事實上
很難立刻斷定出席共產國際大會的中國代表「Yang」就是楊明齋。
因為這段時期楊明齋雖然似乎確實去了西伯利亞，但在共產國際
第三次大會召開期間，他分明留在了伊爾庫茨克。[207]

出席共產國際第三次大會的中國代表問題，由於蘇聯解體後共產國際檔案的解密而終於得到解決。據共產國際執行委員會遠東書記處簽發給中國代表團的代表證可知，出席這次大會的中國代表是張太雷 (Чиан Таи Лей) 和俞秀松 (Сю Сун)，另有陳為人 (Чен Вун Инь) 和瞿秋白 (Цюй Цубе) 也以旁聽者的身份參加了大會。[208]如前所述，俞秀松是以社會主義青年團代表的身份離開中國、前往出席青年共產國際大會的，這與共產國際大會的會議速記表中稱有一名「青年團」代表也相符。那麼，方才提到的「Yang」會是俞秀松嗎？關於「Yang」的身份，且待後文細述，先來看大會報告的內容及張太雷之外的人物關係。

6 《給共產國際第三次大會的報告》的起草者

如本章第一節所述，俞秀松自1920年3月底到上海之後，一直與陳獨秀等人從事的創建中共的活動關係密切。後來，他作為出席青年共產國際第二次大會的中國社會主義青年團的正式代表，於1921年3月29日從上海出發，取道北京、哈爾濱，經陸路隻身進入了俄國。[209]從時間上看，他比張太雷晚到三四個月。雖然難以確定他到達伊爾庫茨克的具體時間，但是，他於6月4日在莫斯科領到了參加共產國際大會的資格證明書(14日與張太雷、陳為人一起住進了大會代表宿舍)；[210]所以，他進入俄國後與張太雷會合了，這是毫無疑問的。而張太雷報告是他們到達莫斯科後不久的6月10日寫成的。也就是說，俞秀松協助起草報告的可能性是存在的。報告的「中國第一批共產黨細胞是1920年5月在上海和北京成立的」一段，以及有關機器工會的內容，並非張太雷所知情，而是該時期在上海的俞秀松所提供的情報，這樣看，也就容易理解了。

陳為人赴俄的經過和時間，仍不甚明瞭。不過，比他們稍遲，於8月5日到達莫斯科的抱朴（秦滌清）說，陳為人「代表中國社會主義青年團，加入青年共產國際大會」。[211] 赴俄以前，陳為人曾是1920年成立於上海的外國語學社的學生，這一點較為明確；同年11月至翌年1月間，他在上海共產主義小組主辦的《勞動界》雜誌上接連不斷地向工人發表呼籲文章，據此推斷，他也可能是該小組的成員之一。[212] 從他與張太雷、俞秀松一同抵達莫斯科這一點判斷，可能他也是經西伯利亞進入俄國後，再與他們會合的。總之，他也有可能為張太雷報告提供材料。

除他們之外，為張太雷報告提供材料的，還有遠東書記處，該機構此前曾收集到一些不甚完整的中國情報。將張太雷報告和俄國共產黨中央委員會西伯利亞局東方民族處（遠東書記局的前身）1920年12月的報告加以比較，這一點馬上就一目了然，即，張太雷報告所述共產黨的組織結構（情報處、出版處、組織處）及其活動內容，在相當程度上來自東方民族處的報告，而該報告是根據魏金斯基1920年8月的報告寫成的。而且，張太雷報告提及的共產黨的刊物，在東方民族處的報告中也看得到。

這樣看來，在一定程度上我們可以解釋為什麼給共產國際的報告中含有張太雷不可能知道的內容。該報告署名是張太雷，故而常被稱為「張太雷報告」；但是，更接近事實的看法應該是，報告所記述的有關中共的情況，與其說是張太雷本人早已了解的，倒不如說是他到達伊爾庫茨克之後在得到的新情報的基礎上進行加工的結果。例如，就「中共三月會議」而言，由於俞秀松是1921年3月29日離開上海的，因而對這次會議，是可能有所了解的。

不過，即使給共產國際的報告中確實含有俞秀松、陳為人等提供的內容，該「報告」的疑點並非就此全部消解。因為，報告中

敍述的5月1日這個時間的黨的組織狀況，俞秀松、陳為人等人也不可能知道；而且，報告中地方黨組織的分布與當時的共產主義小組的實際分布並不一致。因此，即使不能斷定其為捏造，最起碼也含有故意誇張的因素。說到「中共三月會議」，儘管另有許多資料可以證實，1921年初，無政府主義者的確正在從北京、廣州等地的共產主義小組中被排除出去；但是，至於是否在同年「3月」召開了「各組織的代表會議」，並制定了「宣言」和「臨時性的綱領」，則沒有任何資料可資證明。因而，事實是否如此，仍然值得懷疑。

有的中國學者認為，張太雷報告反映的是社會主義青年團的情況，而非黨的情況，並據此解釋「三月會議」的召開和地方組織的分布。[213] 由於青年團的代表俞秀松也參與了起草報告，所以，這種見解看上去能夠成立。但是，問題依然存在。因為，中國社會主義青年團代表在提交給配合共產國際大會而召開的青年共產國際大會（1921年7月9–23日）的報告[214]裏，詳細敍述了青年團的成立經過，卻並不包含相當於「三月會議」的內容。

這樣看來，如下的看法也許更合理，即，張太雷報告中有關「三月會議」和地方組織分布等煞有介事的記述，是為了主張自己所屬的黨的活動更有成就，從而在與其他諸多「共產黨」爭奪正統的競爭中勝出而採取的一種權宜手段。能否斷定其為捏造，還有待探討；但是，有一點是明確的，那就是，不能無條件地全面相信張太雷報告。

7　共產國際第三次大會與中國共產黨

提交給共產國際第三次大會的報告的作成經過，既然是如前所述的情況，那麼張太雷在赴俄之前不一定是中共黨員，而他也不必是國內某個組織的正式代表。

　　證實這一點的，是第三次大會結束後不久，在伊爾庫茨克召開的共產國際遠東書記局主席團的會議記錄（1921年7月20日）。而這則資料的存在，還使本章第5節中尚且存疑的楊好德（楊明齋）出席共產國際大會一說之謎渙然冰釋。會上從第三次大會回來的舒米亞茨基和從中國來的中共黨員楊好德（Ян Хаодэ即楊明齋）分別作了如下發言：

　　舒米亞茨基同志：……出席〔共產國際第三次〕大會的代表並非總能反映本國組織的現狀。比如英國就是這樣。代表的產生常常是偶然的。這是由於一些資本主義國家的反動勢力肆虐，聯絡也因之不暢而造成的。為了與一切冒險組織劃清界限和介紹中國共產黨的工作，由我作為遠東書記處的領導人，和張太雷同志起草了一份報告。……我們寫了這個報告，為的是將其納入第三次代表大會的記錄之中，使其成為下一步工作的基礎，並以此證明共產黨的成熟。所有的前期工作都是代表團和我做的，現在只需第三次代表大會予以確認。我沒有等到代表大會結束，但我完全相信，代表大會提出東方問題時，我們的論點將獲得通過。由於中國還沒有集中統一的中國共產黨，我們本以為，中國代表團不僅沒有表決權，而且也沒有發言權。但是，在我做了詳盡而客觀的報告之後，共產國際執行委員會小局已決定，給予中國代表團發言權。

　　楊好德同志：格里戈里〔魏金斯基〕同志走後，他們〔上海的中共組織〕就沒有得到來自共產國際遠東書記處以及柏烈偉同志的任何信息。他們甚至不知道有共產國際遠東書記處的存在。收到共產國際遠東書記處發來的電報，並得知派遣代表團出席第三次代表大會的建議和批准張同志〔張太雷〕的委任狀後，他們非常高興。儘管張同志在他們那裏什麼工作也沒做，他們還是批准了他的委任狀。得到廣州的消息後，他們決定派遣兩同志前去代表大會，因經費不足，只派出了楊好德同志一

人，他們也準備了一個報告，是通過霍多羅夫同志寄的，伊爾庫茨克這裏暫時還沒收到。[215]

從舒米亞茨基的發言可知，張太雷等中共代表團在莫斯科的活動，的確曾得到舒米亞茨基鼎力支援。由於舒米亞茨基的支援，原本連代表資格都成問題的張太雷等，得到了有發言權的代表資格；舒米亞茨基的話即使有溢美的成分，但其勢力無疑是很大的。而更引人注目的是楊好德（即楊明齋）的發言。那就是，在魏金斯基於1921年初離開中國後，上海的中共中央與共產國際對中國工作的窗口（伊爾庫茨克的遠東書記局）並未一直保持聯繫，結果，向共產國際大會派代表一事，就在中國國內的組織不知情的情況下，由遠東書記局主導，任命了與國內組織沒有直接關係的張太雷，而中共則是在事後才予以承認。中共中央接到大會通知，克服了資金困難，派遣了代表楊好德（楊明齋）。楊好德雖然來到了伊爾庫茨克，卻沒能參加大會。[216]像本章第5節所介紹的那樣，共產國際三大的中國代表，除張太雷外，還有一位叫「楊好德（Ян Хаодэ 或 Ян-Хоу-Дэ）」的人物，[217]也有人認為「楊好德」就是楊明齋，[218]中共在第三次大會上留下的部分文件（比如給共產國際的報告）上，甚至還有楊好德的署名。[219]大概這是因為楊明齋雖然實際上並未出席大會，但無疑是從中國派來的代表。這正是「事實比小說還離奇」。

順言之，上述楊明齋的發言說，張太雷出席第三次大會時的委任狀，是遠東書記局簽發、中共事後承認的；這封委任狀和俞秀松的委任狀一同保存在共產國際檔案裏，簽發者正是遠東書記局（伊爾庫茨克），日期是1921年5月16日。[220]至於張太雷去俄國前沒有在國內直接參與中共的活動這一事實，也可以從同時期就讀於北京大學、在京津地區參加社會主義運動的劉仁靜回憶得到間接證實。劉仁靜說：「記得那時〔1922年〕我還不認得張太雷，

我第一次見到張太雷是後來在上海的蘇聯領事館內〔領事館成立的時間是1924年〕。」[221]基於這種看法來推測中國代表出席共產國際第三次大會的經過，大體如下。

首先來看張太雷。他在去俄國前，通過在天津接觸柏烈偉等布爾什維克的支持者，對蘇俄產生了共鳴，並通過這個渠道知道了社會主義青年團的存在，於是，就在天津徵求好友成立了青年團。後來，他收集到了廣州、武漢等地青年團的情報，去了俄國。大膽地講，這個行動可能是他自己的決定，代表的是他自己成立的天津社會主義青年團。這個行動的目的，恐怕並非是要與共產國際組織取得聯繫，而是與當時去俄國的大多數中國青年一樣，是為了考察新俄，或者是留學。實際上，早期的社會主義青年團往往被看作留俄中介機關。上海的青年團就聚集了許多希望赴俄留學的青年，他們中有的人甚至直言不諱地說，「加入青年團，不過想得到留俄的介紹」。[222]在據信是張太雷赴俄前不久寫給妻子的信中，有一句是「立志要到外國去求一點高深學問，謀自己獨立的生活」；[223]這並不一定是為了掩飾自己的某種特殊任務，也許是真實目的的吐露。這種情形，在出席青年共產國際大會的中國社會主義青年團的正式代表俞秀松那裏也看得到；他也說，他去俄國的目的，除了出席會議外，也是為了留學，以求取知識。[224]

作為負有使命的職業革命家的中國共產黨黨員赴俄，開始成為特殊的行動，那是稍後一個時期的事。在這個時期，中國青年赴俄的動機，首先還是渴望實地觀察革命俄國的實際情況，如若可能則留學，掌握新知識；所以，不一定非要斷定唯獨張太雷是當初就帶有某種特殊目的赴俄的。如果說他赴俄有什麼特別意義，則在於他首先成功赴俄。對於正需要中國情報的伊爾庫茨克的遠東書記處來說，有一定的語言能力、並且是攜帶着有關社會

主義運動的情報來俄的張太雷，無疑是求之不得的人才。舒米亞茨基此時正因劉澤榮、朴鎮淳等的個人素質問題而傷腦筋，所以，遠東書記處任命張太雷為中國科書記——又是中國共產黨的正式代表來赴任前的臨時任命——不存在任何障礙。

再來看俞秀松。稍遲來到伊爾庫茨克的社會主義青年團代表俞秀松，在這之前是否認識張太雷，不得而知。[225]不過，一直認為中國代表只有自己和何孟雄兩個人的俞秀松，肯定沒有想到張太雷已經在伊爾庫茨克；更出乎他意料的，張太雷還就任了遠東書記處中國科書記。從遠東書記處方面來考慮，儘管對張太雷的任命是「到中國共產主義組織的代表大會派出新的書記時為止」的臨時措施，但是，從中國新來的俞秀松，雖然是共產黨員，但其正式資格只是社會主義青年團代表，所以，也不便罷免張太雷，重新任命俞秀松。再者，眼見共產國際大會迫近，而中國共產黨的新的正式代表遲遲沒有到任。於是，遠東書記處推薦了該局中國科書記張太雷和本來是出席青年共產國際大會的代表俞秀松，以中國共產黨代表的身份出席在莫斯科召開的共產國際大會，他們和與其會合的陳為人一同起草了提交給共產國際大會的報告。

且不說張太雷如何，就俞秀松而言，他可能準備了一些青年團的報告資料，以備出席青年共產國際大會時使用，但顯然沒有準備提交給共產國際的有關中國共產黨的報告資料，他所了解的，至多是關於他自己曾經參與過的上海方面創建共產黨的過程，以及他所記憶的離開上海之前的黨的一些情況而已。至於陳為人，他也許對社會主義青年團的情況有所了解，關於上海方面共產黨的事情，可能比張太雷知道得還要多一些，但絕不會比自始參與創建共產黨的俞秀松更詳細。給共產國際的報告的內容，整體上看，概況介紹多，而具體記述少，是因為三位報告起草者本來並非為了出席共產國際大會而去俄國的，因此事先並無準備。[226]他們儘管能夠記得起社會主義刊物以及黨成立的大概過

程，但由於沒有準備，卻説不出具體數字、日期等。理應寫進報
告的數字（比如黨員人數）在報告裏卻見不到，對地方組織活動的
介紹有較大失誤，這一切並非因為他們認為黨的這方面的活動不
值得寫進報告，而是他們的個人經歷所留下的記憶不足以彌補這
些方面的空白所致。遠東書記處保存的來自中國的報告等資料，
雖然稍嫌陳舊，還是被採用到報告裏，正反映了他們為彌補資料
匱乏所做的努力。

在莫斯科召開的共產國際第三次大會的最後一天（7月12
日），作為中國代表發言的是張太雷。發言的不是俞秀松，而是張
太雷，這不僅因為張太雷的頭銜是遠東書記處中國科書記，也許
還因為他的語言能力較強的緣故。[227]但是，由於時間關係，預定
在大會最後一天進行的有關東方問題的討論沒能充分展開，因
此，張太雷的發言也比事先準備的「給共產國際的報告」短了許多
（僅五分鐘）。[228]「報告」的有關中共的建黨過程及現狀部分，在發
言時全部被省略。結果，在大會閉幕之後，「報告」的內容被刊登
在伊爾庫茨克的《遠東人民》雜誌上，而其原件則被塵封在莫斯科
的檔案館裏。

如上所述，嚴格來講，張太雷也好，俞秀松也好，他們也許
都不能算是中國方面正式派來的「黨」的代表，但是，他們出席共
產國際大會這件事，對於中國共產黨卻是意義重大的。首先，這
是誕生於中國國內的共產主義組織參加的第一次共產國際大會。
在共產國際的第一次和第二次大會上所看到的、中國僑民在俄國
成立的共產主義組織代表中國出席大會的情況，此後再也沒有出
現，從此，名副其實的中國的共產主義組織登上了國際共產主義
運動的舞台。

其次，姑且不説張太雷，上海的中國共產黨成員之一俞秀松
出席了這次大會，而他所代表的共產黨，在與齊集莫斯科的其他
各色的中國「共產黨」爭奪正統地位的競爭中勝出，從而成為共產

國際承認的唯一的中國共產黨。乍看起來，這一點沒有什麼特別的。但是，比如在當時的美國和朝鮮，曾經因為幾個共產主義政黨在一個國家（地區）內分立，就正統地位、統一組織等問題，以共產國際為舞台長期糾紛不斷；相比之下，中國共產黨在起步時就順利地解決了類似問題，是比較幸運的。試想，如果這次大會沒有中共代表參加，上述姚作賓的「共產黨」或江亢虎的「社會黨」等組織就有可能與共產國際建立起關係。如此，也就可能出現如高麗共產黨那樣的最壞局面，即不得不把本應用到革命運動中去的時間和精力浪費在內部爭鬥及其調停上去。當然，在中共後來的長期歷史中，有一個時期也曾出現成立「第二中央」的動向，但終究沒有釀成牽涉到共產國際爭奪正統地位、從而使黨陷於分裂的局面。就與共產國際的關係而言，中共的誕生及其開始發展算是比較順利的。

在共產國際第三次大會召開的幾乎同一時期，青年共產國際第二次大會也在莫斯科舉行，俞秀松、張太雷、陳為人三人也出席了這次會議。據青年共產國際大會文件記載，俞秀松是有議決權的代表，而張太雷和陳為人是有發言權的代表。[229]俞秀松他們也為這次大會準備了報告，但是，由於他們最終沒有機會發言，報告也就沒能在大會上宣讀。[230]

關於社會主義青年團在中國成立的經過，在本書敍述共產黨成立經過時已經屢屢談到，故不再重複。但是，還有一點需要在此順便指出。中國社會主義青年團在第一次全國代表大會（1922年5月，廣州）時曾發表過一篇文章，這篇文章指出：1920年下半年各地成立的社會主義青年團，由於青年的思想傾向複雜，沒能很好地開展工作；「到了1921年5月，看看實在辦不下去了，就只得宣告暫時解散」。[231]也就是說，這年3月俞秀松離開上海時尚存的中國社會主義青年團，等到他抵達莫斯科時，已經不復存在

了。因此，準確地說，俞秀松等是代表一個形式上不存在的組織
參加青年共產國際大會的。這些都是因為當時上海和莫斯科之間
的人員、物資流動需時太久，導致現實與認識之間產生了偏差。
這說起來或許是笑談，但是，類似的或大或小的偏差，在後來中
共和共產國際的關係發展過程中，反覆出現過多次。

第四章
中國共產黨第一次全國代表大會

第一節　召開大會的準備工作

1　馬林、尼科爾斯基來華

　　就在張太雷就任伊爾庫茨克的共產國際執行委員會遠東書記處（以下簡稱「遠東書記處」）中國科書記，也就是俞秀松作為出席青年共產國際大會的代表離開上海赴俄國的時候（1921年3月），共產國際方面出現了促成中國共產黨召開代表大會的動向，這就是向中國派遣共產國際代表馬林（Maring）和尼科爾斯基（Nikolsky）。

　　中國共產黨在1920年11月制定了《中國共產黨宣言》，同時創辦了《共產黨》月刊，事實上已經成立。但是，如上一章所述，由於1921年初魏金斯基（Voitinsky）回國，再加上缺乏資金，沒有能夠切實開展活動，《新青年》和《共產黨》的發行也陷於停頓。在這種情況下，1921年勞動節前夕即4月29日，上海法租界當局又查封了「外國語學社」。[1]而共產黨的外圍組織社會主義青年團，也因團員青年的思想傾向複雜，「到了1921年5月，看看實在辦不下去了，就只得宣告暫時解散」。[2]改變這種困難局面的，是分別受

共產國際和遠東書記處派遣於6月初到達上海的馬林和尼科爾斯基。他們到上海後就立即督促召開黨的代表大會，並出席了於7月召開的第一次代表大會。

讓我們先看遠東書記處派遣尼科爾斯基的經過。共產國際遠東書記處根據魏金斯基和抵達伊爾庫茨克的張太雷等人的報告，在1921年3月份就已判斷召開中共的黨代表大會的時機已經成熟。莫斯科的共產國際執行委員會3月27日收到的舒米亞茨基(Shumyatsky)的報告稱，遠東書記處已經制定了有關在中國開展共產主義工作的提綱，準備交給「在我們的代表的參加與指導之下於5月在上海召開的中國共產主義者代表大會」上討論。[3]可見，遠東書記處這時不僅制定了中共大會的提綱，為了對大會進行指導，還準備派遣(或者已經派出了)他們的代表；在上海召開的大會，當初是預定在5月份。雖然沒有發現遠東書記處制定的提綱，但是從舒米亞茨基4月末或5月初寫下的〈共產國際在遠東〉[4]一文可以判斷，中共的大會無疑是預定在5月召開的。舒米亞茨基引用了在中國的「共產主義者協商會議」上提出的《中國共產黨宣言》的一段，然後這樣說道：

> 而在我寫這幾行字的時候，可能在中國，中國共產主義組織的代表大會已經快要結束了。在這次大會上，協商會議所説的那些關於「統一的共產黨」的話，肯定要成為現實。就這樣，第三國際的中國支部正在那裏出現。

可見，舒米亞茨基認為，在他「寫這幾行字的時候」，即4月末或5月初，在遙遠的中國，「共產主義組織的代表大會」正在按他3月向莫斯科報告的那樣如期召開，並展望「協商會議所説的話」即前一年11月制定的《中國共產黨宣言》的精神，將在這次大會上化為堅定的組織──「第三國際的中國支部」。而受派遣出席並指導即將召開的中共大會的，就是尼科爾斯基。

與馬林一同出席中共「一大」的尼科
爾斯基（原名 Vladimir Abramovich Neiman-
Nikolsky，或 Berg Viktor Aleksandrovich,
1898–1943年），長期以來一直被認為
是作為赤色工會國際的代表出席會議
的；其實，他是受伊爾庫茨克的共產
國際遠東書記處派遣來到中國的。[5]
（圖二十）他的經歷，包括他來華時的身
份得以弄清，是俄國學者卡爾圖諾娃
（Kartunova）的功勞。[6]根據卡爾圖諾娃

圖二十　尼科爾斯基

的研究，尼科爾斯基曾在赤塔的商業學校接受教育，1919–1920年
參加革命派軍隊，1921年加入俄國共產黨，同年參加共產國際的
工作。我們難以確定他在伊爾庫茨克的遠東書記處從事了什麼工
作，以及他受遠東書記處之命啟程前往中國的詳細時間；但是，從
上述舒米亞茨基的報告和文章（〈共產國際在遠東〉）來判斷，他在
4月應該已經離開了伊爾庫茨克。卡爾圖諾娃還指出，他不僅是遠
東書記處的代表，還兼赤塔國際工會聯合會遠東局[7]代表，其任務
除了準備和出席中共的大會外，還負責向中國的共產主義運動提供
資金，和安排向不久後在蘇俄召開的遠東各國共產黨及民族革命團
體代表大會派遣中國代表。[8]他來華的路線不得而知，抵達上海的
時間是6月3日前後，與馬林幾乎同時到達。[9]

在上海與他幾乎每天接觸的馬林說，「尼科爾斯基同志從伊爾
庫茨克接到的指示中說，黨的領導機關的會議必須有他參加」。[10]
中共方面的成員對這種近乎監視的做法表示了反對。但反過來
講，有了這樣的指示，他出席中共「一大」也就是理所當然的了。
他離開上海的時間是1921年10月或11月。[11]

人們對國共合作促成者的馬林（Maring，原名 Hendricus J. F. M.
Sneevliet, 1883–1942年）並不陌生，以他在中國的活動為主要內容

圖二十一　馬林

的詳細評傳和資料集也已經出版，[12]所以在此對他的經歷僅作簡單介紹。(圖二十一)馬林生於荷蘭，在鐵路公司做事務工作時參加了工人運動和荷蘭社會民主勞動黨、荷蘭社會民主黨的工作，1913年赴荷屬東印度(現印度尼西亞)。他在爪哇島的活動為人所熟悉的是，通過成立(東)印度社會民主聯盟(1914年成立)與伊斯蘭聯盟合作，為日後印度尼西亞共產黨的成立鋪平了道路。1918年遭荷屬東印度驅逐出境，回荷蘭後，即作為荷屬東印度代表參加了共產國際的第二次代表大會，並因其在殖民地工作的經歷當選為執行委員。如本書第二章開頭所述，在這次大會期間的1920年7月，他與朴鎮淳、劉澤榮(劉紹周)就設立共產國際執行委員會遠東書記處進行了討論。[13]8月，執行委員會決定在世界的重要地區派遣駐外代表，而被指定為駐上海代表的就是馬林。

馬林自己說，他是1921年3月從莫斯科出發的，他這時已經知道，在伊爾庫茨克似乎有共產國際的遠東書記處。[14]1921年3月，正是遠東書記處的舒米亞茨基向共產國際執行委員會報告中共的大會將於5月在上海召開的時間。難以確認馬林離開莫斯科之前是否得到了這個消息；但是，馬林只說他去中國的任務是「研究遠東各國的運動，與之建立聯繫並就共產國際是否需要和可能在遠東建立一個辦事處，做一些研究工作」，[15]而沒有直接談及中共的大會，所以，有可能他離開莫斯科時並不十分了解中國的共產主義運動的情況。馬林晚年回憶說，「沒有給我什麼專門的指示」，「當時，雖有共產國際伊爾庫茨克局在進行與遠東的聯繫工作，莫斯科仍想派一個共產國際的直接代表駐在中國」。[16]

從這些話來看，儘管同屬共產國際系統，但是，莫斯科的執行委員會和伊爾庫茨克的遠東書記處卻有可能分別單獨向中國派去了代表。

馬林經維也納、威尼斯，通過蘇伊士赴中國。[17] 途中，4月在維也納被捕，被判押送出境。儘管各國警方得知他正在趕往中國的消息而加以阻撓，[18] 他搭乘的阿奎利亞號 (*Acquila*) 還是經過新加坡，在6月3日到達了上海。[19] 在旅館小住後，他於6月14日住進公共租界麥根路 (Markham Road，現康定東路) 32號 (其後，又遷到匯山路〔Wayside Road，現霍山路〕6號)，[20] 和幾乎同時抵達上海的尼科爾斯基取得了聯繫，又與受赤塔的國際工會聯合會遠東局派遣、已經在上海開展工作的福羅姆別爾戈 (Fromberg)[21] 共同開始了活動。

與魏金斯基一樣，馬林在上海的公開身份是記者。荷蘭警方在馬林到上海後不久整理的資料中寫道，他不僅冒名安德萊森 (Andresen)，還自稱是日本《東方經濟學家》(*Oriental Economist*) 雜誌的記者。[22] 所謂《東方經濟學家》，就是在東京出版的《東洋經濟新報》。不過，馬林自稱《東洋經濟新報》記者，卻並非完全捏造；他在前往中國之前，曾經憑《東洋經濟新報》的「三浦」(Miura) 給他的介紹信取得了在日本居留的簽證。他在給「三浦」的信 (1920年11月4日) 中這樣寫道：

> 我在日本使館，憑您的信件辦妥了護照簽證。本想經西伯利亞徑直赴日，但在俄國聽說那樣走十分困難，我遂回到荷蘭。現正覓船準備盡快前往您處。非常感謝您的幫助，如若可能，希望〔1921年〕1月或2月開始為您的雜誌工作。[23]

這位「三浦」，除了是《東洋經濟新報》主編、以其「反對大日本主義」而聞名的三浦鐵太郎以外，不可能是別人，[24] 而介紹馬林和三浦認識的，也許是曾在東洋經濟新報社工作過的片山潛，或

者是馬林的同志魯特赫爾斯 (S. J. Rutgers)[25]等。三浦對馬林其人了解多少不得而知；但是，從這封信可以清楚地看出，馬林曾經準備在《東洋經濟新報》幫助工作；他開始時預定經由西伯利亞到日本，後來改變路線來到了上海，而他到上海的時間也比當初的計劃晚了約半年。他申領日本簽證，是想在日本及朝鮮開展工作；但是，途中在維也納被捕，使他的行蹤被各國警方察覺，結果，他不僅未能到達日本或朝鮮，[26]在上海的行動也受到荷蘭總領事館和租界當局的監視。

根據馬林的敍述，[27]他和伊爾庫茨克的遠東書記處之間的關係不是很融洽。到上海之後的馬林，作為共產國際執行委員會的代表，儘管開始時與尼科爾斯基每天一同工作，但「與伊爾庫茨克的書記處並無組織上的聯繫」。可是，不久「伊爾庫茨克來的密使通知我說，〔共產國際的〕執行委員會已指定我為〔遠東〕書記處成員。伊爾庫茨克那裏決定讓我留在上海。實際我只是名義上參加了書記處」。看來，他的共產國際執行委員會代表的身份中途被降為遠東書記處代表了。他舉出作為遠東書記處成員卻並沒有什麼積極活動的理由是，在上海期間，「從未收到過伊爾庫茨克來的任何文件」；結果，他「沒有參與過書記處的決策和全盤工作」，「在上海期間，我只局限於幫助尼科爾斯基執行書記處交給他的任務，我從不獨自工作，以避免發生組織上的混亂」。

在他給共產國際執行委員會的包含上述內容的報告裏，能看得出他對遠東書記處(伊爾庫茨克)的不信任。而導致這種不信任的原因，除了自己的身份被未經預告突然改變以外，還與他在上海被牽連進高麗共產黨(朝鮮共產黨)的內訌和遠東書記處對此的干預有關。關於這一點，他指出，分為伊爾庫茨克派和上海派的高麗共產黨內兩派衝突的直接原因，是伊爾庫茨克的遠東書記處(負責人是舒米亞茨基)和赤塔的遠東共和國對外機關(負責人是克拉

斯諾曉科夫〔Krasnoshchekov〕)爭奪領導權，對二人的宗派行為表示
批判。高麗共產黨的內訌和伊爾庫茨克、赤塔的各組織之間的關
係十分錯綜複雜，在此不加詳述。唯一清楚的一點是，馬林認為
「在伊爾庫茨克設一個共產國際辦事處，實際上對遠東毫無用處。
那個城市太偏遠了，不可能經過滿洲同東方國家保持經常聯繫」，
因而主張共產國際的指導機構應該設在中國，而非不遠不近的西伯
利亞。而他被派來上海，本來正是為了在上海設立指導機構的。

　　我們不知道從伊爾庫茨克來向馬林傳達改變他身份的密使是
何時抵達上海的，所以，馬林在7月9日發出的報告[28]不是寄給遠
東書記處，而是寄給莫斯科的共產國際執行委員會的，這是否意
味着此時他的身份尚未被改變？還是被改變了身份以後，他仍然
以執行委員會代表自居？不過，報告裏卻含有如下重要內容：

> 希望本月〔7月〕底我們要召開的代表會議，將大大有利於
> 我們的工作。同志們那些為數不多而分散的小組將會聯合起
> 來。此後就可以開始集中統一的工作了。

這是他在報告中共的大會即將召開。

2　大會的召集

　　馬林晚年回憶到達上海時的情景說，由於對中國的共產主義
運動幾乎什麼都不知道，「在上海需要從頭做起」。[29]他事先可能
連中國的共產主義組織發展到了什麼水平也不太了解。不過，遠
東書記處給在上海與他一起工作的尼科爾斯基的任務是明確的，
那就是出席中共的大會，並對其進行指導；因此，他就與尼科爾
斯基共同按照這個方針督促上海的共產黨領導核心召集大會。

　　中共的第一次全國代表大會，與其說是中共黨員自發召集
的，倒不如說是在派駐到上海的馬林等的督促之下召集的；關於

這一點，當時實際上代替陳獨秀領導上海共產黨的李達曾經這樣說：

> 6月間，第三國際派了馬林和尼可洛夫〔尼科爾斯基〕兩人來到上海。他們和我們接洽了之後，知道我們黨的情形，就要我即時召開黨代表大會，宣布中共的正式成立。當時黨的組織共有七個地方單位。我發出了七封信，要求各地黨部選派代表，到上海參加。[30]

中共的黨代表大會在共產國際代表的催促之下召集得相當勿忙，中國方面的最高負責人「南陳北李」即陳獨秀和李大釗都未赴會，也可以證實這一點。有人認為，「南陳北李」缺席的原因是他們工作太忙。[31]但是，事實上陳獨秀在大會之後的9月就回到了上海。[32]所以，如果稍微推遲會期，陳獨秀和李大釗都很有可能出席。可是，實際上沒有等待他們就開會了，這只能是因為共產國際代表急於召集大會。當然，圍繞着黨的工作，在陳獨秀所在的廣州和上海之間保持着書信聯繫，[33]所以，在馬林抵達之後，關於召集大會一事肯定是經過陳獨秀同意的。

接到上海方面聯繫的各地組織，並沒有什麼統一的章程或明文規定的組織規則，所處的政治狀況和活動條件也各不相同，所以產生代表的方法也多種多樣。比如，北京好像是開會決定的，而長沙和濟南則似乎是與上海的共產黨有聯繫的人自發地代表當地出席的。通過當時的記錄可以確定其行蹤的，有長沙代表毛澤東和何叔衡、廣州代表陳公博以及北京代表劉仁靜。

謝覺哉的日記表明，毛澤東和何叔衡離開長沙的時間是6月29日。他在這一天的日記裏寫道，「午後六時，叔衡往上海，偕行者潤之〔毛澤東〕，赴全國〇〇〇〇〇之招」。[34]沒有寫出來的五個字，也許是「共產黨大會」或者是「共產主義者」。總之，長沙代

表在那之前肯定已經接到上海方面召開大會的通知。考慮到當時長沙和上海之間的交通狀況，五天左右能夠到達上海，所以，7月上旬他們應該已經在上海。而廣州代表陳公博攜新婚妻子乘船赴上海的時間是7月14日，到達上海是22日前後。[35]北京代表劉仁靜，則首先參加了於7月1日至4日在南京召開的「少年中國學會」年會（7月2日抵達南京），[36]之後接着到上海參加了黨的大會，所以他也肯定於6月末以前接到了召開大會的通知。

把這些與會者的行蹤連起來可以看出，首先是上海的李達、李漢俊等人在6月中旬決定在上海召開大會，向各地發出了通知；接到通知的各地代表們於6月末陸續赴上海，7月初開始齊集上海。[37]馬林的「希望7月底我們要召開的大會，將大大利於我們的工作」的報告，就是在代表們正在前來赴會的情況下寫的。

中共「一大」考證研究的重要俄語文件《中國共產黨代表大會》[38]記錄了中共第一次代表大會的過程。這份文件是在大會結束時或結束後不久寫成的正式報告，其中也有幾處涉及召集大會的經過和時期。這份文件是50年代蘇共中央移交給中國共產黨的檔案資料（「中共駐共產國際代表團檔案」）的一部分，其譯文首次於1958年刊登在《黨史資料匯報》第6號上，此後在中國才為人所知。[39]不過，《黨史資料匯報》只是供一部分幹部閱讀的內部資料，因而一般學者幾乎不得與聞。[40]後來，當時的蘇聯學者科瓦廖夫（Kovalev）從莫斯科的馬克思列寧主義研究院中央檔案館（當時）的資料中發現了與此完全相同的文件，並於1972年連同詳細注釋公開發表，[41]至此，這份重要文件才為一般學者所了解。這份《中國共產黨代表大會》文件中，關於大會的召集和召開這樣寫道：

> 代表大會定於6月20日召開，可是，來自北京、漢口、廣州、長沙、濟南和日本的代表，直到7月23日才〔全部〕到達上海，於是，代表大會開幕了。[42]

根據這份報告，大會本來預定在6月20日召開，但因為代表沒有到齊，實際開會拖到了7月23日，即比預定時間推遲了一個多月。這個說法有些勉強。為什麼呢？如前所述，馬林和尼科爾斯基是6月3日前後抵達上海的，即使李達、李漢俊等上海的黨員在他們的督促之下即刻向各地發出召開大會的通知，從當時的交通和通信等情況來考慮，也不會把會期定在6月20日。也有一種見解認為，之所以把「6月20日」這個沒能實現的日期寫進報告裏，是為了使派遣中共代表出席6月22日開幕的共產國際第三次大會正當化。[43]這種看法有點過於穿鑿。事實上，馬林7月9日從上海發回的報告只說大會預定在「7月底」召開，而沒有談及會期推遲或與共產國際大會的關係，從其口氣來看，大會一開始就是預定在7月底召開。

另外，出席大會的廣州代表陳公博，在大約兩年半之後向哥倫比亞大學提交的碩士論文〈共產主義運動在中國〉中寫道，大會「於7月20日召開」。[44]如此看來，唯一可能的就是，俄語文件《中國共產黨代表大會》的「在6月20日」（на 20 июня）並非虛構，而是「7月20日」（20 июля）這個日期的筆誤。[45]在俄語文章中，把「6月」和「7月」寫錯並不鮮見，[46]此處也很有可能是寫錯了。果真如此，則所有問題都可以解釋得通。即，馬林和尼科爾斯基到上海後一個半月這段時間，對於從發出開會通知到代表們齊集上海來講是比較充分的，而這也與馬林7月9日的報告所說的「7月底」的預定日期一致。長沙的毛澤東以及北京的劉仁靜是在6月末赴上海的，如果說大會預定時間是「6月20日」，就無法解釋他們的行程；而如果是「7月20日」，就非常自然了。

俄語文件《中國共產黨代表大會》說，大會實際開會時間推遲到7月23日，是因為部分代表「直到7月23日才到達上海」。這裏，廣州代表陳公博的行蹤值得留意。如前所述，他是7月22日

到上海的。如果本來預定開始會議的日期是「7月20日」，而實際開始時間推遲了三天，這可以解釋為是預定出席的部分代表遲到了的緣故（不清楚除陳公博外是否還有遲到者）。綜上所述，中共第一次代表大會召開的經過是這樣的，即於6月3日前後抵達上海的馬林和尼科爾斯基，與中共負責人李達、李漢俊等接觸之後，要求召開黨的大會，於是，李達等在6月中旬決定7月20日為預定開會時間，並向各地的組織進行聯繫。6月下旬接到通知的各地代表於6月末陸續前往上海，但是，部分代表未能如期在上海會合，為了等待遲到的代表，開會時間於是推遲了三天。

據說，各地的代表們，除了開會通知外，每人還收到了100元的匯款作為旅費。[47]從外地赴上海開會的有10人左右，簡單計算，需開支旅費約1,000元。考慮到當時中國工人的平均月工資是10–15元，北京到上海之間的頭等鐵路客票約50元，三等是15元左右，[48]所以，這100元旅費是很高的。當時的共產黨，因為經費困難，連《共產黨》月刊都不能順利發行，難以想像能夠獨自立即籌措到1,000元的旅費。而尼科爾斯基的任務之一就是向中國的共產主義運動提供資金幫助，因此，這筆經費自然是共產國際代表提供的。在第一次代表大會召開約一年之後的1922年6月，中共的活動經費約17,000多元中，94%即16,000多元是共產國際援助的，獨自籌措的只有1,000元。[49]就這樣，單從活動資金方面看，早期的中共也是不得不依靠共產國際的。

關於準備參加中共「一大」的各地代表們是如何理解「共產黨」這個特殊政黨的性質的，以及他們有多強的職業革命家意識，沒有任何資料；不過，他們在收到巨額旅費之後，肯定會感到，自己所加入的組織，與從前靠無償奉獻或個人捐助維持的自願性團體，以及那些沒有堅定的主義而反覆聚合離散的國內政黨相比，性質是完全不同的。

第二節　第一次代表大會的召開

1　時增時減的「一大」出席者人數──回憶錄是如何寫成的

　　在中共創建史的考證研究中，1921年召開的中國共產黨第一次全國代表大會（以下一般簡稱「中共『一大』」）的與會人數和會期一直是被探討最多的問題。特別是1949年中華人民共和國成立後，大家對實際掌握中國政權的中共的歷史起點即第一次代表大會給予了更多的關注，因而出現了許多回憶錄和研究論文。説起中共的「成立」，即指1921年的第一次代表大會，這主要是1949年以後的事。[50]與此同時，即隨着黨史上的中共「一大」受到廣泛關注，「一大」以前的建黨活動──如前所述，共產黨實際上在1920年11月已經成立──逐漸被視為建黨的準備過程。對此，有人認為，這反映了中共有關人為了提高出席中共「一大」的毛澤東的位置，通過把中共「一大」之前陳獨秀等的組織稱作「共產主義小組」，相對降低對後者的評價。[51]直率地講，中共「一大」是後來才被賦予超越實際的象徵性意義的。準確地説則是，掌握了政權的中共必須正式確定自己的來歷，外界也希望如此，結果中共「一大」的會期和與會者變成了特別重要的歷史問題。

　　關於中共「一大」的與會代表和會期的問題，由於原始資料極少，有關人的回憶出入很大，因而出現了各種各樣的解釋。1949年以後，由於黨史的研究資料不僅在國外而且在國內也長期未得到公開，外國（如蘇聯、美國、日本）的研究和所發掘的資料又很難反映到國內的研究上來，因而使本來就複雜的研究狀況更加複雜，如果要對中國國內國外關於中共「一大」的研究史和研究交流史作一總結的話，足可以寫一本書。[52]

　　既然以不斷變化的中國政治形勢為背景的、有關中共「一大」的回憶錄和資料公布的過程本身，與如何解決中共「一大」的代表和會期等問題密切相關，那麼，就不可能把這二者完全分開來探討。更準確地講，問題不在於代表人數（或其資格）和會期，而在於回憶錄和「定論」之間搖蕩不定的關聯性。在這個意義上，首先必須探討的是，在1949年以後的中共「一大」研究中佔有重要地位的中共有關人員的回憶錄的執筆過程和「定論」的演變。比如，和包惠僧、李達一樣屢次回顧中共「一大」經過的董必武，因是在中共「一大」出席者中至1949年從未離開過共產黨的要人，所以，他的回憶錄被給予很高的評價；但奇怪的是，在他的一系列回憶錄中，有關大會參加者部分前後並不一致。下面，我們就循着董必武見解變化的軌跡，對增減不定的大會出席者人數問題作一探討。這並不是因為代表和會期問題不重要，而是因為通過探討下文要介紹的回憶錄寫作過程和「定論」的變化，就可以理解，代表以及會期的問題，實際上是抬高中共「一大」的「意識」和回憶錄作者在執筆時所處的「政治立場」之間的變量問題。

　　關於出席中共「一大」的中國人的人數，最可靠的資料是上文探討大會召開經過時介紹過的俄語文件即《中國共產黨代表大會》，和陳公博的碩士論文〈共產主義運動在中國〉，兩者皆主張是12人（沒有列出姓名）。但是，由於這兩份資料長期沒有公開，所以，並沒有能夠反映到1949年以前的有關人的回憶錄中。[53]而在中國國內最早涉及這個問題的，是1927年1月中共有關人士發表的兩篇文章，[54]都主張是11人。不過，也都沒有列出姓名。

　　中華人民共和國成立以前的回憶錄最早給出姓名的，應該是周佛海1927年發表的《逃出了赤都武漢》。[55]周說，出席大會的是「廣東代表陳公博、包惠僧，上海代表李漢俊、李達，北京代表張

國燾、劉仁靜，武漢代表董必武、陳潭秋，長沙代表毛澤東、何叔衡，濟南代表是兩個學生，以後不甚聞名，忘其姓字。日本代表是我」。也就是説，算上濟南代表二人，是「13人」。[56]記住了濟南兩個代表名字的是武漢代表陳潭秋。他於1936年在莫斯科寫下了〈第一次代表大會的回憶〉，[57]在這篇文章中，陳給出了濟南代表王盡美、鄧恩銘的名字，説出席會議的共13人，除王、鄧以外11人的名字和所代表的地區與上述周佛海列出的名單完全一致。至此，出席中共「一大」的人數和成員基本上明確了。

中共在延安時期，基本上以「13人」為定論。但是，奇怪的是，抗日戰爭結束前開始出現「12人」説，到了中華人民共和國建國後的1951年（即中共建黨30週年）成了定論。[58]30年代曾經成為定論的「13人」，後來卻被「12人」取代，筆者認為，很大原因在於毛澤東1936年秋天向埃德加．斯諾（Edger Snow）談起自己的經歷時所説的「上海這次有歷史意義的會議〔中共『一大』〕」的參加者「一共有12個人」這句話。[59]斯諾的那部使毛澤東一舉成為世界著名人物的採訪即《紅星照耀中國》（*Red Star over China*），1938年在上海出版了中譯本《西行漫記》，而前一年在延安已經出了幾種名曰《毛澤東自傳》的節譯本。[60]1940年代撰寫了〈毛澤東同志的初期革命活動〉、〈毛澤東同志傳略〉、並最先提出「12人説」的蕭三（1896–1983），當然也知道《毛澤東自傳》等處的記述。既然如此，蕭的「12人説」也應該是繼承了毛的説法。

那麼，在毛澤東的記憶裏，這12個人都是誰呢？蕭三寫的幾部毛澤東傳可以提供一些線索。尤其重要的是他為1944年中共建黨紀念日發表的〈毛澤東同志的初期革命活動〉（《解放日報》1944年7月1日、2日），在這裏，蕭三説出席中共「一大」的是「12人」，還列舉了他們的名字（毛澤東、董必武、何叔衡、陳潭秋、王寒燼、張國燾、周佛海、陳公博、李達、李漢俊、包惠僧、俞

秀松——其中王寒燼〔與王盡美非同一人物〕和俞秀松沒有到會）。
這大概是最早明確提出「一大」代表是「12人」的中共方面的文章。
蕭三在這裏舉出的12人，可能是在毛澤東會見斯諾時說的人名以
外，又加上了蕭三自己的推測；不過，蕭三在寫這篇文章時，曾
親自採訪過毛澤東，所以，這12個人很可能是毛澤東告訴蕭三
的。[61] 由此可以設想，毛澤東記憶中的代表和周佛海及陳潭秋所
說有出入。

　　1945年，毛澤東本人在中共第七次代表大會之前不久說，中
共「一大」代表是「12人」，於是，這「12人」的說法就成了黨的正
式見解。[62] 延安時期，特別是中共第七次代表大會之後，毛澤東
在黨內確立了領導地位和絕對權威；因此，他說中共「一大」代表
是「12人」，哪怕只是一句話，也足以推翻以前的回憶錄所持的
「13人」的立場。在20世紀40年代，沒有出現關於大會代表的新
資料，所以，中華人民共和國建國後的研究都一致主張是「12
人」，其原因只能是毛澤東的表態。[63] 就這樣，50年代以後中國國
內黨史學界長期採信「12人」的立場，[64] 因而導致了這樣一個逆轉
現象，即建國後執筆的回憶錄，都或多或少地受到這個「定論」的
影響。

　　如前所述，在這些回憶錄裏，董必武的回憶錄佔有重要位
置。那麼，關於大會代表，董必武是怎麼說的呢？其實，早在20
年代末，他就談到過這個問題。當時，何叔衡寫信給他詢問中共
「一大」的情況，在莫斯科的董必武在回信中列出了11個人的名字
（和上述周佛海所舉出的相同）和「山東代表（姓名忘記了）」。[65] 我
們無法知道這時候他說的「山東代表」是幾個人，或者他事先是否
看到過周佛海列出的名單；而後來，他在1937年會見尼姆‧韋爾
斯（Nym Wales）時，列出了13個人的名字，其中包括兩名山東代
表。[66] 看來，董必武原來記得有13個人出席大會，這個記憶因陳

潭秋的回憶錄而得到印證，所以，他到了1949年仍多次談到是13
個人。[67] 如前所述，中華人民共和國成立後，越來越多的人主張
是「12人」，而他直至1956年仍然沒有輕易改變自己的主張，說
「關於代表名額，過去發表的都是12人，在我的記憶裏，卻好像
是13個」。[68]

　　他放棄己見，是在1959年從中央檔案館送來了俄語文件《中
國共產黨代表大會》等中共「一大」文件的譯文之後。在被要求對
這些文件的真實性作鑒定時，他說，「在未發現中文文字記載以
前，我認為是比較可靠的材料」。接着又寫到，「如『一大』代表人
數……問題，在〈中國共產黨第一次代表大會〉一文中都明白地答
覆了。我過去對『一大』代表人數，是同意陳潭秋同志回憶的說法
〔13人說〕，今後我願意放棄這個意見」。[69] 在這裏，他放棄了代表
人數是「13人」的立場，改為同意「12人」。後來，1963年，人民
大學方面有人詢問「一大」代表人數時，他也根據〈中國共產黨第
一次代表大會〉和李達回憶錄（採「12人」說）回答說是12人。[70] 就
這樣，他的有關中共「一大」的回憶，受當時發表的其他回憶錄和
新發現資料的影響很大。

　　古往今來的回憶錄都是或多或少參考其他有關人的回憶錄和
當時的文獻來回首往事的，所以董必武的做法並不奇怪。在這個
意義上，可以說回憶錄總是某種「學習」的產物。但是，就董必武
來講，問題在於1959年他所看到的資料裏面，實際上混有並非原
件、而是經過加工的資料。那是一份中央檔案館獨自寫的含有毛
澤東在內的中共「一大」後黨中央委員名單。董必武看過名單後，
對中央檔案館做了如下答覆：

　　　　至於「一大」選出了那些中央委員，我記不起有哪些人，來
　　信中說，從蘇聯接收來的檔案中，有一份第一屆中央委員會的

名單，共有下列九人。……這份材料如果和上述三個文件〔〈中國共產黨第一次代表大會〉、〈中國共產黨第一個決議〉、〈中國共產黨第一個綱領〉〕是放在一起，我同樣認為是比較可靠的。[71]

董必武加上「這份材料如果和上述三個文件是放在一起」這樣一個前提條件，對其可靠性給予了保證。但是，事實並非如此。本來，中央檔案館方面應該立即對他講明那名單並不是原件，但並沒有那樣做。這樣，董必武就誤以為中央委員會的名單也必定是依據某種原件資料寫成，而寫進回憶錄發表了出去。這就是1961年《人民日報》上刊登的董必武的那篇談話。[72] 在談話裏，他不但高度評價了毛澤東的功績，還說，「毛主席不僅是黨的第一次全國代表大會的成員，並當選為當時中央委員會的委員」。而關於「一大」的文件，他時而說「以後就遺失了」，時而又說「一大」通過的綱領，「無文字可徵」。然後說道，根據他的記憶，其中提出了「反對帝國主義」和「反對軍閥」。在這裏，他曾經親眼見到過的「一大」文件被說成根本不存在，而文件上根本未曾有的「反對帝國主義」卻成了綱領的內容之一。說起來，由於中央檔案館的疏忽和董必武「學習」不認真，這篇談話成了既非史料介紹又非回憶錄、令人啼笑皆非的東西。

當時很少有回憶錄發表，而他的談話又發表在最大的報紙《人民日報》上，其影響之大可想而知。就像董必武本人參考李達的回憶錄那樣，其他中共「一大」有關人肯定也會參考董必武的這篇談話。也就是說，20世紀六七十年代出現的有關人的回憶錄，即使不能斷定其根本不可靠，最起碼不可輕易相信。

刊登在《人民日報》上的董必武的回憶錄，特別是其中關於中央委員會一段，果然引起了部分黨史學者的關心，甚至有些人寫信給中央檔案館，反映這個問題。至此，中央檔案館才終於發現

出了差錯，於是在1964年7月再次致函董必武，解釋五年前送閱
的中央委員會的「名單沒和『一大』的三份材料放在一起」，這份名
單「不一定準確」；[73] 但是，這個說明已經為時太晚。這封信讓董
必武異常震驚，他馬上向各方面聯繫，解釋《人民日報》上的「談
話」有錯誤。[74]1971年8月4日的回憶錄〈董必武談中國共產黨第一
次全國代表大會和湖北共產主義小組〉可以看作是為此所作的解釋
之一。文中談到關於中共「一大」的俄語文件時，這樣寫道：

> 有沒有中央委員會記不清了。1961年，沈德純、田海燕
> 〔1961年把董必武談話拿到《人民日報》發表的董的秘書〕問我
> 時，我說主席「一大」當選為中央委員，這個回憶是錯誤的。我
> 當時是根據解放後蘇聯交來的兩個文件說的，有一個文件上寫毛
> 主席是中央委員，那是不可靠的。這兩個材料在檔案館，檔案
> 館的兩個材料，我說第一個材料綱領是比較可靠的……〔但是〕
> 另一個材料不可靠，說毛主席當選為中央委員，當時兩個材料放
> 在一起，我以為是一個人寫的。……後來知道這個材料不可靠。
> 這個問題，不值得去更正，都是個秘密文件，國家機密。[75]

遺憾的是，這份發言在董必武生前沒有公開發表。部分黨史
學者以及其他中共「一大」有關人也許知道這個訂正，但是，當時
徹底神化毛澤東的「文化大革命」正值高潮，包括董必武在內，誰
也不可能把毛澤東從中共「一大」中央委員的名單上劃掉。董必武
1961年的談話，在毛澤東去世後也沒有馬上得到更正，甚至到了
1977年還在被照舊引用，[76]其後也一直影響着對中共「一大」的研
究和其他回憶錄。就這樣，大會的原始資料即俄語文件被當作「秘
密文件」、「國家機密」，與董必武的更正談話一起，一直被秘而不
宣，直到20世紀80年代。[77]

再回過頭來看中共「一大」代表人數的問題。由於發現了俄語文件《中國共產黨代表大會》，原來堅持是「13人」的董必武也轉而執「12人」説，卻沒想到使中共「一大」代表人數就此定格在毛澤東講過、其後在中國成為定論的「12人」上面。但是，這又產生了另一個問題，即在周佛海和陳潭秋的回憶錄中已經得到互相印證的13人中誰不是代表的問題。在「12人」説已成定論的中華人民共和國建國前後，第一次列出代表名單的，是李達在1949年前後寫的自傳，[78]在那份名單裏，原來被認為是廣州代表的包惠僧的名字不見了。當時，李達還不可能看到過中共「一大」的俄語文件，所以，可能是他按照當時的一般説法減掉了一個。後來，有人問起為什麼要減掉包惠僧，他這樣回答説：

> 包惠僧並不是由地方黨組織推選到上海出席的代表。……7月1日晚上開會的時候，包也隨代表們開會去了，代表們也沒去拒絕他，這是事實。因為當時並不知道組織代表資格審查委員會，但代表們並不承認他是代表。事後，包惠僧自稱是廣州黨組織的代表，這不是事實。廣州代表只有陳公博一人。[79]

按李達的解釋，出席大會的是13人，但是正式代表是12人；包惠僧確實出席了，但並不是代表。不過，這個解釋怎麼看也難以自圓其説。首先，以往的所有回憶錄，包括中華人民共和國成立以前的回憶錄在內，都清楚地記載包惠僧是廣州代表，並且都未曾有隻字片言涉及他的代表資格問題；第二，李達的解釋使人立即產生這樣一個疑問，連資格審查委員會也沒有，第一次召開大會的中共怎樣分得出誰是代表，誰是一般出席者？李達説，「代表們並不承認他是代表」；恐怕不承認包惠僧是代表的，並不是當時的代表們，而是執筆寫自傳時的李達本人。看來，李達是費盡

心機地要把「13人」這個事實和「12人」這個當時的一般説法加以調和，才把包惠僧從代表中減掉的。

那麼，為什麼被減掉的是包惠僧而不是別人呢？理由之一可能是，按李達的判斷，包惠僧來自武漢，而武漢已經有董必武和陳潭秋兩名代表，因此包不可能是武漢代表；同樣，來自武漢的黨員也不可能是廣州代表。[80] 另一個必須指出的理由是對包惠僧的反感。事實上，董必武在轉而同意「12人」説之後 (1971年)，也附和李達説，「廣州〔的代表〕是一個人，實際到了兩個，有一個包惠僧，他是一個新聞記者，是列席的，不是代表」。[81] 董必武早就不滿地説，包惠僧寫的回憶錄「常有鼓吹自己的不實之處」。[82] 董必武在考慮必須減掉一名代表時，對包惠僧的這種反感很有可能影響了他對包惠僧的印象。不管怎樣，這個時候，毛澤東在黨的第九次代表大會 (1969年) 上的講話中談到 (可能是按照李達的解釋) 的「12人」説，已經是必須「認真學習、徹底貫徹執行」的「定論」；毛澤東在講話中列舉了除包惠僧以外的12位代表的名字，排除了包惠僧。[83] 所以，即使僅僅為了服從黨的決定，董必武也不得不對這個「定論」表示贊同。

董必武在談到對中共「一大」的回憶擺脱不了當時的政治傾向時，直截了當地説道：

> 回憶那時的事，難於擺脱現在的思想意識，如果加上了現在的思想就不一定可靠。你們想想，兩個人回憶一件事，如果事先不商量，回憶的結果就不可能一樣。[84]

説這話時的董必武身居國家副主席和中共中央政治局委員的高位。[85] 連他都難以擺脱「現在的思想意識」，更不用説與他相比社會地位低得多的李達、包惠僧、劉仁靜[86]等這些留在大陸的「一

大」代表，他們更不可能擺脫各個時期中共的「思想意識」。就這樣，中華人民共和國成立後的中共「一大」研究陷入了混亂，相關回憶受到資料管理人員（就董必武的例子來講，是中央檔案館）以及研究人員提供的錯誤資料的影響，也不斷受到「學習」、「思想意識」和「定論」的影響而被扭曲，而被扭曲了的回憶又反過來影響研究。再加上，對錯誤回憶的更正不能馬上公開發表，最可靠的原始文件又被當作「國家機密」，因此，要通過研究弄清歷史事實，根本就是不可能實現的。筆者之所以認為，代表以及會期的問題，實際上是抬高中共「一大」的「意識」和回憶錄作者在執筆時所處的「政治立場」之間的變量問題，就是這個緣故。

2　大會代表

如前所述，中共「一大」是被成為執政黨的中共賦予了特殊意義的。因此，會期及參加會議的人數存在些微差異，對於必須確定黨的歷程的中共來說，都是極其重要的問題。但是，黨的創建史的整體輪廓，卻並不因為這些差異的存在而發生變化。由於對包惠僧參加會議的資格解釋不同，中共「一大」代表的人數，有人說是12人，有人說是13人。但是，包括包惠僧在內的13個人——且不管其資格如何——出席了大會確是不爭的事實，重要的只是如何整體把握這一事實與俄語文件所記載的「12人出席」的差異而已。關於這一點，幾乎所有的可能性都已經被探討過，還有日本學者蜂屋亮子的論文（以下簡稱「蜂屋論文」）提出了極具見地的看法。[87]下面將依據這些研究成果進行論述，另輔以若干補充。

概觀各種回憶錄，出席大會的都應該是13人，但是，中共「一大」結束後不久寫成的兩個資料即俄語《中國共產黨代表大會》和陳公博的碩士論文〈共產主義運動在中國〉都主張是12人，這是

為什麼呢？陳公博論文可以認為記憶有誤，暫且不說；《中國共產黨代表大會》是大會結束後不久寫成的，那上面的「12人」這個數字不應該受到懷疑。

首先應該指出的是，這個記載絕非筆誤。如前所述，我們不得不認為俄文《中國共產黨代表大會》中有關預定開會時間的記述是筆誤（「7月」誤寫為「6月」）。但是，關於代表人數的記述卻沒有作同樣懷疑的餘地。因為，這12個人的地區分布寫得很清楚，是「七個地方（包括上海），兩個地方各有一名代表、五個地方各有兩名代表」，加起來正好是12人。在七個地區中，只派了一個代表的地區有兩個，這一點也很清楚。其中一個地區肯定是周佛海代表的日本地區，所以，國內的六個地區中，還有一個地區是一名代表。

那麼，國內六個地區中，只派了一位代表的是哪個地區呢？如果我們接受上述李達的解釋，這個地區就是廣州，廣州代表是陳公博一人，而包惠僧不是代表，只是出席了會議而已，結果就是「出席會議者13人，代表12人」。正式提出這個見解的，是「文化大革命」結束後最早進行實證研究的邵維正1980年發表的論文，[88] 在該論文裏，邵氏認為包惠僧出席會議是受在廣州的陳獨秀指派的。在中國，現在這個變相的「13人」說已經成了定論。[89]

與這種見解不同，中國以外的史學家多認為，長沙代表何叔衡由於被指出缺乏代表資格，中途離開會議回長沙。也就是說，那一個代表的地區是長沙。[90] 若對這一說法的根據追根究柢，就會發現其實來自張國燾的這段回憶：

> 在大會開始之前，幾位主要代表還會商過代表的資格問題；結果認為何叔衡既不懂馬克思主義，又無工作表現，不應出席大會；並推我將這一決定通知毛澤東。他旋即以湖南某項

工作緊急為理由，讓何叔衡先行返湘處理。因此，後來出席大會的代表只有十二人。[91]

　　當然，撰寫回憶錄的張國燾雖然直到1930年代都是與毛澤東並肩同行的黨的高級幹部，但後來在路線鬥爭與權力鬥爭中落敗，1938年脫黨，其後流亡海外。這份回憶錄是他流亡加拿大時所寫，因為是極熟知共產黨歷史內幕的高級領導人撰寫，因此受到很高的評價。不過，也正因為此，此書在中國則被視為叛變者為了向黨洩憤、極盡誹謗中傷之能事的作品，評價甚為惡劣。故而這段將何叔衡排除出「一大」代表的敘述，也多被認為不過是「大叛徒」張國燾虛構捏造的說法罷了。[92]

　　在寫作本書初版之際，筆者也曾認為這段回憶缺乏旁證，是不可靠的資料。然而，那之後得以確認的數種資料，皆可說明張國燾此言未必荒唐無稽。資料分別是：(1) 1928年中共第六次全國代表大會時作成的歷屆黨大會代表統計資料，(2) 1929年末，或次年年初張國燾在莫斯科舉辦的有關黨史的連續演講記錄，(3) 差不多同一時期在莫斯科的何叔衡與董必武之間的往來書信。若對這些資料加以詳細分析，則可以窺知，早在1920年代末──也就是張國燾還在黨的領導地位時，就認為何叔衡不能被算進第一次大會的代表當中。前文也已談過，中共「一大」出席人數一事，是針對代表們所說的13人，該如何合理地說明俄語文件中記載的12人這一問題。也就是說，該問題關乎會議結束後的認識及記錄問題，即文件執筆者沒有將誰計入代表、沒有被當作代表的人究竟是誰。下面就從這一視角來考察資料 (1) 至 (3)。

　　(1) 即第六次大會在莫斯科召開之際，作為會議參考資料而完成的文件〈中共歷次大會代表黨員數量增加及其成分比例表〉。第六次大會從議事到進程都非常周到，留下許多包括會議速記在內

的文獻，大約是有必要整理黨的組織發展過程，因此對過去黨的歷屆代表大會情況作了一番統計記錄。當中的一份文件就是這〈比例表〉，記錄了「一大」到「六大」歷屆大會的代表及人數。「一大」欄下有11名代表，但名單上僅記錄了十位：張國燾、劉仁鏡(靜)、董必武、包惠僧、李達、李漢俊、毛澤東、周佛海、王燼美、陳公博。也就是說，並沒有何叔衡、陳潭秋、鄧恩銘這三人的名字。[93]

這份統計表可以視為基於「六大」代表們以各自出席過的大會為中心提交的記錄而作成的匯總性資料(亦即某種回憶錄)。六大代表當中出席過「一大」的是張國燾與何叔衡這兩位，因此，不妨將統計表中「11人」的數位及10位出席者名單看作是張國燾或何叔衡提交的文件，而這份名單裏顯然沒有何叔衡。由此可以推測，何叔衡本人也認為自己並非「一大」代表。

(2)是張國燾就自身所知、以中文寫就的早期中共黨史原稿，由俄國研究者舍維廖夫(石克強，K. V. Shevelev)在莫斯科檔案館發現。[94]有關「一大」出席者的記述是：「當時到上海開會的有11代表。上海是李漢俊、李達，北京是張國燾、劉仁靜，武漢是董必武、陳潭秋，湖南是毛澤東，廣東是陳公博、包惠僧，山東是王盡美、鄧恩銘，日本是周佛海。(似乎止11個表決權)。」這比(1)多了陳潭秋與鄧恩銘二人的名字，但還是沒有何叔衡。此外還應當注意的是，只有何的名字沒有被記錄，並不是張國燾的筆誤。這份手稿的相關部分如下：「湖南是毛澤東　　，廣東是⋯⋯」(即「毛澤東」之後有大約兩字空白)，可以看出張國燾對是否應在「毛澤東」後加上「何叔衡」，一直到最後都猶豫未決，但結果還是沒有把何的名字填入此處。(見圖二十二)那麼，暗示一直猶豫的張國燾曾經試圖確認此事的，便是資料(3)。

(3)〈董必武給何叔衡的信(1929年12月31日)〉是董必武就中共「一大」具體事項，對何叔衡詢問作出的覆信。[95]當時，二人

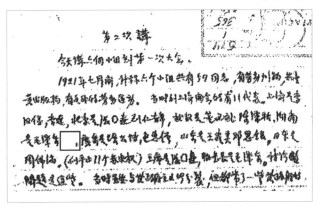

圖二十二　張國燾關於中共成立前後情況的講稿中，
毛澤東的名字後有留空

都在莫斯科，現在可以確認的只有董必武就何叔衡的某些詢問所
作的答覆（山東代表的名字不明之外，列舉了11人的名字〔包括何
叔衡〕），在這封信中，張國燾也有所登場。且將信中能說明事情
前後的部分引用如下：

> 叔衡同志：
>
> 　二十六日的信，今日午後接到一張欠資的通知後，才往郵
> 局去取來，照你所約「五日」之期已趕不及了，幸而有張同志
> 之便，免得又經郵局周轉，耽擱時日。不過關於第一次中共代
> 表大會，我已記不甚清，只盡可能的寫出來，供你們的參考。
> ……以上是我所能記著的。國燾同志還能記得許多，請問問
> 他，當更知道詳細點。

由董必武覆信所云「供你們參考」、「國燾同志還能記得許多，
請問問」可以推知，這封回信不僅寫給何叔衡，也默認會給張國燾
過目。若聯想當時張國燾在莫斯科講授有關黨史的連續演講，那
麼他在演講中就有必要談及出席者的成員等「一大」相關的經過，
如果說是匆匆向何叔衡、董必武確認細節，道理也講得通。[96]也就

是說，張國燾並非是到了晚年撰寫回憶錄的階段才潦草否認何叔衡是「一大」的正式出席者，從1920年代末開始，已處在黨的領導人地位的張國燾就未曾把何叔衡算入「一大」代表之中。如此說來，他的回憶錄就絕不是脫黨者不負責任的虛言。

由以上資料 (1) 至 (3)，可以看出在1920年代末，莫斯科曾有過確認「一大」代表的動向，當時張國燾就沒有把何叔衡視為代表；而在中國還留有可以確證這點的資料。也就是說，由當時的某些情況可以判斷，正如張國燾所說的那般，何叔衡雖然來了上海，但是沒有等到大會召開就回了老家。何叔衡友人謝覺哉在1921年6月29的日記中曾寫到毛澤東與何叔衡的啟程（「叔衡往上海，偕行者潤之，赴全國○○○○○之招」[97]），就謝氏日記而言，可確認何叔衡在8月初已返回長沙。[98]可以推定，何與毛雖一同去了上海，但至少沒有等到「一大」閉幕那天，就已離開上海、回到湖南。

如前所述，在1949年之後的中華人民共和國時期，很長一段時期裏都認為「一大」代表是12人。而也有極少一部分著述將何叔衡排除在外[99]——大約是因為不仔細的緣故。於是身在國外的張國燾撰寫回憶錄之際，也就無所顧慮地表露了過去就有的觀點。

那麼，明明參會者有13人，而那份被認為是大會閉幕後就完成的俄語文件《中國共產黨大會》卻將大會參加者寫作12人，是誰被排除在外了呢？應該就是確實在中途已離開的何叔衡。考慮到《中國共產黨代表大會》是中共「一大」剛閉幕就完成的文件，那麼將13位出席者寫作「12人」，並非是因為將代替陳獨秀參會的包惠僧作為指派代表這一特殊分類而導致的結果；而是因為大會結束時，參會者之一的何叔衡已不見蹤跡——較之前者，這一觀點的說服力要強得多。根據這個觀點，再看《中國共產黨代表大會》裏「各有一名代表」的「兩個地方」，應該是「日本」與「長沙」，廣

州代表則是陳公博與包惠僧。根據上述考證，中共「一大」的參與者名單應如下：

> 北京代表　張國燾、劉仁靜
> 濟南代表　王盡美、鄧恩銘
> 武漢代表　董必武、陳潭秋
> 上海代表　李漢俊、李達
> 長沙代表　毛澤東（何叔衡或許亦曾出席，但未及大會結束，就已返回湖南，故而未被計入代表名單）
> 廣州代表　陳公博、包惠僧
> 日本代表　周佛海
> 共產國際代表 馬林、尼克爾斯基

3　會期

　　關於中共「一大」的會期，也已經有數不清的論文發表，大凡可能的見解都已經得到探討。所以，為了簡便起見，下面基本上依據這些已有成果論述，適當補充一些個人的看法。另外，在這個問題的研究史方面，不能忘記香港的民間史學家鄧文光進行的考證研究；他從事的也是中共「一大」研究，但是沒有得到應有的重視。

　　由於中國共產黨在沒有明確根據的情況下就把「七一」定為建黨紀念日，[100] 所以中共「一大」的會期，很早以來就是爭論的焦點之一。對此，最早進行實證研究的，是鄧文光自20世紀60至70年代發表的一系列論文。[101] 鄧氏的研究，由於其後又有許多資料被發掘和利用，所以，從現在已經達到的研究水平看，確實存在明顯的錯誤。[102] 但是，在當時，連利用為數不多的回憶錄都需要從甄別作者真偽做起，資料極端匱乏，能達到如此水準，已經具有劃時代的意義。現在，鄧氏的研究在中國以外地區偶爾被引用，而在中國，以實證方法闡明中共「一大」的功勞，基本上都被

歸於邵維正80年代初進行的研究，[103]鄧氏的貢獻卻完全被忽視。毫無疑問，邵氏的研究對弄清中共「一大」的事實發揮了重要作用，鄧氏的研究在中國之被忽視這件事本身，也許就是中國國內和國外缺乏中共「一大」研究方面交流的證明。總之，鄧氏的研究工作應該得到相應的尊重。

在探討中共「一大」的會期時，現時最可靠的資料還是俄文《中國共產黨代表大會》。這件資料在記載了大會召集過程之後，就大會本身的過程這樣寫道：

> 來自北京、漢口、廣州、長沙、濟南和日本的代表，直到7月23日才〔全部〕抵達上海，於是代表大會開幕了。……主席張〔國燾〕同志在第一次會議上說明了這次大會的意義。大會必須制定綱領和實際工作計劃。會議擬定議事日程，聽取各地小組活動及其總情況的報告。這用了兩天時間。……我們在這裏非常高興地指出斯內夫利特〔馬林〕同志和尼科爾斯基同志出席了第一次代表大會，並給我們做了寶貴的指示。……根據尼科爾斯基同志的建議，我們決定打電報給伊爾庫茨克，向他們〔遠東書記處〕報告代表大會的進程。根據斯內夫利特同志的建議，決定選出一個起草綱領和工作計劃的委員會。該委員會用了兩天時間起草計劃和綱領，這個期間沒有開會。代表大會的第三、四、五次會議專門研究了綱領。……代表大會的第六次會議是深夜裏在一個同志家召開的。會議剛開始，就有一個偵探闖進屋裏，他道歉說走錯了，可是終究使我們不能再繼續開會。這個偵探的到來，沒有使黨受到損失，儘管在他來過之後，很快警察就突然前來進行了搜查。在這以後，我們提高了警惕，為了繼續開會，只好到附近一個小城市去。我們在那裏研究了委員會起草的實際工作計劃。……〔經過激烈討論後，通過了委員會的提案〕委託黨中央局起草黨章。選舉三位同志

組成書記處，並選出組織部和宣傳委員會。代表大會在閉幕時高呼：「共產黨萬歲！」等口號。[104]

許多回憶錄都證實，偵探和警察闖入後，為了討論剩下的議程而去的「附近一個小城市」就是浙江省嘉興。為躲避劫難，最後一天的會議，是在距上海約100公里——快車需兩小時——風景優美的嘉興南湖的船上進行。我們可以根據這份報告，把大會過程整理成如下的日程表：

7月23日[105]開幕。第一次會議，制定議事日程並聽取匯報。

7月24日第二次會議，聽取匯報。

7月25-26日休會。起草委員會制定「章程」和「實際工作計劃」草案。

7月27日第三次會議，討論「章程」草案。

7月28日第四次會議，討論「章程」草案。

7月29日第五次會議，討論「章程」草案。

7月30日夜第六次會議。因偵探闖入和租界警察搜查而流會。

×月×日繼續開會（嘉興南湖船上），討論和通過草案，選舉執行機關，閉幕。

僅從這個報告看，閉幕日期無法確定，但是23日會議開始至30日的日程，基本無誤。這段時間的日程，在會議參加者之一陳公博於大會結束後不久寫的〈十日旅行中的春申浦〉[106]中也可以得到證實。這篇文章記錄了陳公博7月22日到31日這十天在上海的經歷，其中與《中國共產黨代表大會》的記載完全一致的地方，是不少大會參加者的回憶錄都談到的偵探闖入和其後武裝警察前來搜查的那天夜裏的情形。就這件事，陳公博寫得既含糊又誇張，然後說，「於是我們〔陳公博及其新婚妻子〕翌日便乘車遊杭」。但

是，在另外一處卻説，去杭州是「31日夜」。這與法租界警察的搜查發生在31日前一天的夜裏，或者按《中國共產黨代表大會》的記載，召開第六次會議的日期是30日，完全相符。

陳公博説，他之所以去杭州，除了前一天夜裏租界警察搜查了李漢俊私宅外，另一個原因是，他租住的大東旅社的隔壁房間在31日凌晨發生了凶殺案 (孔阿琴被殺事件)。經查當時報紙的報道，這件凶殺案確實發生在7月31日凌晨。[107] 也就是説，陳公博30日夜裏的經歷太不平凡：租界警察搜查大會會場使他驚魂未定，凌晨就又碰上了隔壁房間裏發生凶殺案。由於他的這一難忘經歷，並且由於他把經歷記錄了下來，使我們得以確認租界警察搜查中共「一大」會場是發生在7月30日夜。

剩下的問題是大會最後一天即嘉興的「南湖會議」的日期。「南湖會議」是在租界警察搜查而中斷的7月30日的會議 (第六次會議) 之後不久，這一點是清楚的。但是，有一份史料卻使問題複雜起來，那就是駐赤塔的赤色工會國際全權代表斯穆爾基斯 (Smurgis) 同年10月13日寫的一封信。[108] 這封信在談到中共「一大」的召開時這樣寫道：

> 您大概已經知道，自7月23日到8月5日，在上海舉行了中國共產黨的代表會議，或者更確切地説，是自稱為中國共產主義者的代表大會。這次代表會議為中國共產黨奠定了基礎。

按這封信所説，大會的最後一天是8月5日。如本書第二章第二節所述，斯穆爾基斯是赤塔的國際工會聯合會遠東局的負責人，福羅姆別爾戈1921年1月赴上海就是受他所派，出席中共「一大」的尼科爾斯基同時兼任國際工會聯合會 (在這封信的時間是赤色工會國際) 遠東局代表，按常識講，斯穆爾基斯的這封信應當是

基於來自中國的報告寫成的。在7月30日因租界警察搜查被迫中止的大會，竟然五天後才又重新開會，這顯然不自然；不過，由於這封信是談到大會閉幕日期的唯一文字材料，因而有些學者就此認為大會是「8月5日閉幕」的。就這樣，關於大會閉幕日期，現在仍然是「7月31日」、「8月1日」、「8月2日」、「8月5日」幾種見解並存。[109]

這幾種見解，除了主張「8月5日」的見解有斯穆爾基斯的信作根據以外，都是對現存幾種矛盾的回憶錄加以解釋而得來的。但是，大會參加者的名字姑且不論，利用回憶錄來確定特別不容易記憶的日期，前提就很難成立；更不用説，中華人民共和國成立後的回憶錄，還受到以「七一」為建黨紀念日這一「定論」的干擾，而這個「定論」出現以前的回憶錄也存在着「南湖會議」在租界警察搜查的次日和第三天召開這兩種主張，[110]因此，根據回憶錄來確定某一具體日期本來就是不可能的。

如果撇開自相矛盾的回憶錄，另外尋找線索，那麼8月1日傍晚襲擊嘉興的暴風可能成為推定閉幕日期的根據。8月3日《申報》的「地方通信」稱這場暴風是「巨災」：「本月一日午後五時許」，嘉興突然陰雲遮日，狂風大作，房舍多有損壞，「最慘者，南湖中之避暑遊船……被風吹覆者四五艘……而溺斃者竟有三人」。也就是説，就在中共「一大」的代表們舉行最後一天會議的南湖，在8月1日這天發生了這場慘禍。4日的《申報》還繼續報道説，受暴風襲擊的嘉興車站和電話線的搶修作業一直持續到2日夜。假如會議果真在8月1日或2日在嘉興南湖舉行，那麼應該有某位代表記得並談到這次災害，但是，有人記得南湖會議持續到晚上，卻沒有任何人談及這場暴風災害。這意味着，南湖會議並不是8月1日或2日召開的。[111]

本書初版中，曾以嘉興8月1日發生過這樣的自然災害、以及當時的緊迫狀況（面對租界警察搜查這一意外事態，有必要儘快結束大會）為根據，認為在30日夜裏的搜查之後，次日（即7月31日）將會場轉移到嘉興南湖，迎來了大會最後一天，即提出了7月31日閉幕日說。而且，對斯莫爾斯基信中提到的8月5日閉幕的一段話，也提供了這樣的解釋：赤塔的斯莫爾斯基已經獲知在租界警察搜查發生之前決定的大會日程，就以為大會應該是如計劃那般從7月23日至8月5日舉行。

那之後，在中國又有一系列新的考證，對這場暴風的發生與災害規模、災後重建過程、上海與嘉興之間列車時刻表、遊船預約手續等問題進行了非常詳細的調查；在此基礎上，重新考察與會代表在會後的移動路線、回憶、安排代表們來到嘉興的李達夫人的回憶錄（1959年）等問題，由此提出新說，即南湖會議是在8月3日召開。這已成為今日主流的見解。[112] 其考證理由如下：在密探闖入會場後，代表們立即疏散，從會場撤離。通知大會新場所與時間、轉移至南湖的一系列工作需要花一定時間，因而次日來不及抵達南湖。那之後，8月1日發生風災，8月2日災後重建，要等8月3日鐵路、遊船大致恢復後才能出發。這是很合理的解釋，筆者亦基本同意這一判斷。

在曾經召開了南湖會議的嘉興，如今成立了嘉興學院紅船精神研究中心，展開了包括上述考證在內的、以南湖會議為中心的研究活動，並致力於史料的搜集與整理工作。[113] 所謂「紅船精神」，即2005年時任中共浙江省委書記的習近平提出的概念。該研究中心以探明「一大」閉幕日為重點研究課題，為了完成這項考證，在向海內外派出資料調查團的同時，還尋求合上海氣象台、上海鐵路博物館等機構的專家協助，為考證「一大」閉幕日發起了

人力物力的總動員，由此得出了8月3日這一結論。這項考證當然具有壓倒性的優勢，而每當看到傾注其中的精力與熱情，就不能不重新思考黨史的特殊性。

除了出席者和閉幕日問題，有關中共「一大」，若要進行細緻的考證，那麼還有無數的小問題。知道了開幕日，接下來閉幕日就成了新問題。閉幕日近成定論，那麼接下來就是在南湖怎麼行動，是集體行動還是分組行動，船上提供了什麼飲食……既然萬事萬物都有細節，那麼一切細節都可作為問題成立。但是，包括閉幕日的日期在內，這些南湖會議的細節，並不能改變創立之初黨的形象與性質。超出細節之外的探討與求索，就算為黨研究的人們依然關注，也不再屬於我們歷史研究者的課題。

4　大會會場被搜查之謎

中共「一大」最大的突發事件是7月30日夜法租界警察對會場（李漢俊私宅）的搜查，這個事件也影響到對大會日程的推定。當時沒有人被逮捕，但是中共因此被迫改變了大會會場和日程，發生了不小混亂。這次搜查對代表們也是一次非常意外的大事，包括馬林在內，幾乎所有的大會參加者都在回憶錄中提到這件事。秘密召開的大會，何以會遭到警方搜查呢？

我們自然能夠想到，馬林到上海後，他的行動就受到了荷蘭駐上海總領事館以及公共租界、法租界當局的監視。在從莫斯科到中國的路上，這一年的4月在維也納被捕以後，馬林的中國之行顯然已經受到懷疑。到上海後，警方也沒有放鬆對他的監視，這從各國警方屢屢相互通報他的住處等情報和部分往來信件也看得出來。[114]馬林對此有所察覺，採取了一些措施，例如通過別人收發信件和電報等；然而卻無法完全隱匿他個人的行動。現在還

沒發現有關馬林在中共「一大」期間行動的警方資料，但是，馬林在會議期間被盯梢的可能性是很大的。

實際上，警方當時已經得到共產主義組織要在上海開會的情報。日本警視廳6月末得到的情報[115]說，「上海支那共產黨」近期將召集各地(北京、上海、廣州、蘇州、南京、蕪湖、安慶、鎮江、蚌埠、濟南、徐州、鄭州、太原、漢口、長沙)代表開會，日本人也將參加。這份報告雖然把預定開會日期誤作「6月30日」，但開會地點卻是「上海法租界貝勒路」，即現在的中共「一大」會址所在的「黃陂南路」，不見得是虛報。這份報告沒有涉及情報來源，我們不知道警視廳是通過何種渠道弄到這份情報的。但是，按照當時的外交慣例來考慮，日本警方的情報肯定是來自或者通報給了駐上海的各國當局。上海的租界當局很可能基於這些情報加強了警戒。

事實上，法租界當局還制定了一個條例，這很可能是加強警戒的一個步驟。這就是7月31日《民國日報》報道的取締集會條例。[116]該報道說，條例規定，自8月1日以後，凡集會須於48小時前取得法租界警察局長許可，秘密集會，或不事先申明集會目的者，一旦探知，即加以處罰。假如警方事前得到了「共產黨」將要召開代表大會的消息，匆忙制定這樣一個條例的目的也就很容易理解了。據陳公博〈十日旅行中的春申浦〉記載，警察在搜查會場時，誤認陳為「日本社會黨」，[117]這也許反映了日本警視廳得到的大會將有日本人參加的情報。

在中國，對中共「一大」的研究細緻入微，甚至有人查找搜查會場的「偵探」的名字，[118]還有人按照據說曾參與了搜查的人物的回憶寫出「傳奇」，[119]意在進一步弄清搜查時的實際情形。如果有租界當局的原始材料則另當別論，否則，連親自參加了大會的當事人都記不清，不用說自稱參加過搜查的人的回憶，更不可靠。這些都只能說明在中華人民共和國成立後的中國，中共「一大」被賦予了多麼特殊的地位。

　　總之，租界當局在密切監視馬林行動的同時，肯定意識到了共產主義分了將要開展具體行動。在這樣的形勢下，中共「一大」會場遭到搜查幾乎是不可避免的。

5　大會討論的內容

　　中共「一大」上進行的討論，形成了大會通過的第一個章程即〈中國共產黨綱領〉和第一個決議即〈中國共產黨目前政策〉。[120]第一個章程包括如下四項綱領條文。

　　　　一、革命軍隊必須與無產階級一起推翻資本家階級的政權，必須支援工人階級，直到社會的階級區分消除為止。

　　　　二、承認無產階級專政，直到階級鬥爭結束，即直到消滅社會的階級區分。

　　　　三、消滅資本家私有制，沒收機器、土地、廠房和半成品等等生產資料，歸社會公有。

　　　　四、加入第三國際。[121]

　　第四項姑且不論，如何才能在中國實現這些目標，當然需要立足於國情加以闡發，但是見不到這方面的內容，這與資本主義先進國家的共產黨綱領相似。有人對中共「一大」竟然通過了如此激進的綱領感到不可理解。[122]為什麼呢？因為中共「一大」是在馬林等出席並指導之下召開的，但是，其綱領卻幾乎沒有反映出馬林在印度尼西亞曾初步實踐、並在他參加過的共產國際第二次大會（1920年7月）上決定的《關於民族與殖民地問題的決議》的方針，即在「落後國家」裏，共產黨必須首先與資產階級民主主義派結成同盟，加入民族解放運動的共同鬥爭的方針；我們都知道，這個方針後來成為國共合作路線的理論根據。據說馬林在大會演講時，還「談到了他在爪哇的活動」。[123]如果他真的承認了要直接進行社會主義革命的激進綱領，確實令人感到奇怪。

　　筆者對這個問題的解釋留待後述，在此暫先明確這樣一點，即他們這些早期共產黨員這時都有一個直線發展的思考模式，那就是「社會主義革命＝工人奪取政權以建設公有制經濟」。讓我們來看他們在大會上討論時的情形。大會討論經過在《中國共產黨代表大會》裏面記載得頗詳細，焦點有如下兩個：(1) 是否應該進行議會工作，以及共產黨員是否應該做官和當國會議員（「章程」第十四項）；(2) 中共與其他政黨的關係，以及是否應該結成統一戰線（「章程」第三、四項，「決議」第五項）。特別是關於前者爭論較激烈。

　　關於第一個問題，一種意見認為，既然社會主義革命起義的機會並非總是存在，平時應該同時利用合法和非合法手段進行活動。對於這種立場，另一種意見援引德國社會民主黨的例子進行反駁說，議會工作不僅會使人抱有無用的幻想，而且會使黨本身變質。與此相關，在黨員做官的問題上也發生了意見分歧。當時，黨員中與北京政府政界有關聯的倒是沒有，但是，特別是廣東的有些共產黨員與孫中山等國民黨有各種形式的關係，比如陳獨秀當時正在廣東政府任要職（廣東省教育委員會委員長）。因此，如何看待這些人的活動成了焦點。

　　第二個問題可以看作是第一個問題間接派生出來的，因為這關係到部分共產黨員對與其保持各種關係的廣東政府作何評價。對於社會各階級的共同敵人軍閥，應該共同鬥爭，在這一點上代表們沒有分歧，但是，是否應該把廣東政府與「軍閥」等同起來，意見就不一致了。爭論的焦點是，是否應該把對共同敵人作共同鬥爭放在首要位置，還是在共同鬥爭的同時，重點與其他政黨鬥爭。

　　大會通過的「章程」和「決議」對於第一個問題做出了某種妥協，允許在一定條件下任公職：「黨員除非迫於法律，不經黨的特

許，不得擔任政府官員或國會議員。士兵、警察和胥吏[124]不受此限(原注：此項規定引起激烈爭論，最後留至1922年第二次會議再作決定)。」

但是，在第二個問題上，激進派的主張佔了上風，做出了如下規定：

> 中國共產黨徹底斷絕同黃色知識分子階層及其他類似黨派的一切聯繫。(「章程」)
>
> 對現有其他政黨，應採取獨立、攻擊和排他的態度。在政治鬥爭中，在反對軍閥主義和官僚制度的鬥爭中，在爭取言論、出版、集會自由的鬥爭中，我們應始終站在完全獨立的立場上，只維護無產階級的利益，不同其他黨派建立任何聯繫。(「決議」)

與此相關，入黨條件也規定：「在加入我們隊伍之前，必須與企圖反對本黨綱領的黨派和集團斷絕一切聯繫。」也就是說，這些規定沒有反映出共產國際第二次大會決議中提出的與資產階級民主派結盟的方針。

就最後形成這種結論的討論過程，大會參加者在回憶錄中各有比較詳細的記述；把這些記述結合起來，可以看到這樣一個陣式，即李漢俊、陳公博等始終努力把討論朝溫和的方向引導，而張國燾、劉仁靜等則滿口「教條」言詞，主張通過一個好戰的綱領。由於紙面有限，不可能把這些回憶全部羅列出來；為了一窺代表們當時對馬克思主義的理解，此處僅介紹在大會上積極發言，並參加了大會文件起草的劉仁靜的回憶。如前所述，利用回憶錄確定具體事實時要十分謹慎，而為了了解大會的氣氛，還是可以參考的。

　　大會上與李漢俊這位知名的馬克思主義理論家展開激烈爭論的劉仁靜，在代表北京地區參加大會時年僅19歲，是年齡最小的代表；但是，由於他涉獵過不少馬克思主義文獻，故被大家送了個「小馬克思」[125]的外號。他在談到自己被選為中共「一大」代表時這樣説：

> 現在仔細回想起來，我能被選為黨的「一大」代表，除了一些偶然性的原因……外，畢竟還需要我也具有一定條件。我年紀比人小，組織能力比人差，特點只在我比較注意鑽理論。張國燾在回憶錄中稱我為「書呆子」，説我逢人就滔滔不絕地宣傳無產階級專政。這在一定程度上反映了我當時的面貌。在學習馬克思主義的初期，人們常常把能高談馬克思主義當水平高的標誌。既然那時我除了會引證或復述馬列的話外別無所長，而我又恰恰被選為「一大」代表，這個事實就突出説明當時黨內認識水平，同時，馬克思學説研究會的研究水平由此也可見一斑。[126]

　　同為大會參加者之一的包惠僧亦説，當時「我們多數同志幾乎是先當了共產黨員才學習馬列主義」。[127]共產黨建黨時的這種理論狀況，使劉仁靜發言的水平顯得出類拔萃。把剛剛從書上讀來的馬克思主義理論原樣不變地在黨的大會上宣講，這確實有點「教條」；不過，值得深思的是，共產黨成立時的一般知識狀況，不外乎是否知道馬克思主義的術語和概念，即「教條」。

　　劉仁靜如何在大會以前就知道那些他「逢人就滔滔不絕地宣傳」的無產階級專政的概念的呢？就這個問題，他也留下了回憶錄。他説，他恰好讀了馬克思的《哥達綱領批判》，注意到其中説到從資本主義到共產主義的過渡時期只有實行無產階級專政，就把這話照搬到大會發言中去了。[128]在大會以前，《哥達綱領批判》只有人部分引用，尚未正式介紹到中國來，大部分代表不知道《哥

達綱領批判》為何物；而劉仁靜竟能據此為無產階級專政的理論根據，「滔滔不絕地宣傳」，因此，要說他進一步主張共產黨員必須與其他政黨斷絕一切關係，並使其在黨綱中有所反映，是絲毫不值得奇怪的。

這樣看來，中共「一大」的文件，確實是代表們基於他們對馬克思主義的理解，經過討論而產生的。但是，劉仁靜等大會代表的回憶錄中，忽視了、或者說錯誤地傳達了一個重要的事實。曾參與大會文件起草的張國燾說，「我們〔起草文件時〕又找不到各國共產黨的黨綱、黨章等做參考。因此，一般說來，大會的工作多半是由我們自己在摸索進行」。[129]張國燾想證實大會文件是代表們獨自擬訂的，但是，很明顯，大會通過的這些文件是有藍本的。

首先，「章程」的藍本是前一年12月在機關刊物《共產黨》月刊 (第2期) 上翻譯發表的〈美國共產黨黨綱〉。[130]比較兩者可以清楚地發現，雖然有幾處按照中國的情況做了修正，但是關於入黨條件和組織規定，無論是形式還是用語，基本上是模仿了〈美國共產黨黨綱〉。例如，在中共「一大」上引起激烈爭論的關於做官的規定，美國共產黨的黨綱中也看得到同樣的規定(第二條第五項)。

再看「決議」，也分明參考了刊登在上述同一期《共產黨》月刊上的〈美國共產黨宣言〉。[131]比如，在中共「一大」上，圍繞斷絕與其他政黨關係的問題，與做官問題一樣引起了激烈爭論；〈美國共產黨宣言〉中也有類似的明確規定：「在任何情形下面，美國共產黨保持那不調和的階級戰爭，並且否認與不信任革命的階級戰爭底團體或黨派共同做事，例如勞工黨、社會黨……」中共既然在大會之前就已經得到了這些美國共產黨的文件，並且還進行了翻譯，那麼，他們在自己開大會時援用這些文件是自然的事。也就是說，中國共產黨參考手頭的美國共產黨的章程和綱領起草了第一次代表大會的章程和決議，提交大會討論；其中有關做官和與

其他政黨斷絕關係的規定儘管受到了部分代表的反對，但是，大會文件還是基本上照原案通過了。

順言之，當時，中共也還得到了關於英國共產黨第一次大會召開經過的報告，[132] 這也可能被用於召開大會的參考。共產黨的大會是或者應該是怎樣的？對此，中國的共產黨員們無法有一個明確概念，因此就模仿歐美共產黨的先例來召開自己的代表大會。這種模仿其實一點也不特殊，因為1921年4月所謂「日本共產黨暫定執行委員會」制定的《日本共產黨章程》(據信為山川均起草)，[133] 也和中共「一大」的「章程」一樣參考了英國共產黨的章程。[134] 亞洲的共產黨人對「共產黨」這一特殊政黨沒有具體的概念，他們在描繪黨的構造和前景時，只有較早建黨的歐美共產黨的文件可作參考。進一步講，既然中國共產黨人設想中的共產主義運動本來就是全球性的運動，那麼，中國共產黨在首次起草「章程」和「決議」時與歐美的共產黨統一步調，根本談不上是模仿，而無疑是理所當然的。在這個意義上，中共的成立與其早期活動，毫無疑問是國際共產主義運動在亞洲的發展。

這樣看來，中共「一大」制定的「章程」和「決議」謀求直接進行社會主義革命，因而帶有濃厚的激進色彩的理由也就很容易理解了。也就是説，在馬林和尼科爾斯基到後匆忙決定召開大會的中國共產黨方面，只好參考、模仿他們得到的歐美共產黨的文件，準備了大會文件草案，也就是那些按中國國情來看相當激進的文件。而這些文件，對於視共產主義運動為全世界共同運動的早期中共黨員來説，不僅不是「激進綱領」，肯定也沒有感到任何不合適。由於租界當局搜查這一突發事件，使大會不得不臨時改變會址，並匆忙宣告閉幕(馬林和尼科爾斯基都沒有出席在南湖召開的最後一天的會議)。這恐怕也是大會文件未能反映出馬林的意向和共產國際第二次大會決議所規定方針的理由之一。[135]

　　中國共產黨的第一次全國代表大會，因意外事件的發生而提前閉幕，致使部分議題未能審議；但是，儘管如此，大會在共產國際代表列席之下得以召開，使中國共產黨曲折的建黨歷程告一段落。從蘇俄方面部分人來看，如上述斯穆爾基斯所言，也許是「自稱為中國共產主義者的代表會議」，但是，過多地議論其理論水平沒有多少意義。因為，允許中共召開第一次代表大會的正是他們這些布爾什維克。如果說斯穆爾基斯稱中共黨員為「自稱為共產主義者」表達了什麼的話，也許可以這樣理解，即暗示了他們這些布爾什維克領導人的言論流露出「馬克思主義理論家」的優越感，同「知識與指導」這一共產主義政黨特有的屬性結合在一起，將在其後的蘇俄、共產國際和中共的聯繫中建立起一種「指導與被指導」的關係。

第三節　年輕的黨員們——早期黨員施存統的歷程

1　非「孝」青年

　　1921年7月召開第一次代表大會的中國共產黨是一個年輕的黨。這不只是説中國共產黨由醞釀到成立的時間短，更主要是指她是由包括學生在內的青年知識分子所組成的。舉一個數字講，參加第一次代表大會的黨員，其平均年齡只有不到28歲，加上沒有參加大會的陳獨秀、李大釗這兩位巨頭，也只有29歲。也就是説，早期參加創建中共的許多黨員，是生於19世紀90年代以後，在辛亥革命前後度過了善感的青少年時期，又在五四新文化運動時期在各地領導社會運動中嶄露頭角的。那麼，這些在五四時期接受新文化運動的洗禮從而轉變成共產主義者的青年們，其精神世界是如何變化的呢？當然，他們成為共產主義者的契機和道路

各不相同，選擇一個特定人物做他們的代表是困難的。但是，如果要舉出一個代表人物的話，從草創時期就是黨員的施存統是最合適的。他在清末、民國時期就讀於新制學校，接受過新文化運動的洗禮，在反孔教運動和杭州的學生運動中站在前列，經過吸收新思潮和對社會改造的各種各樣的摸索之後，在參與創建中共的過程中，逐漸由無政府主義轉而信奉馬克思主義、布爾什維克主義。可見，某種程度上，他的經歷對當時的年輕黨員來講是有代表性的。

正如本書屢次談到的那樣，施存統是作為中共創建時期的中心黨員和理論家而在史書上留下名字的。20世紀30年代以後，他參加中間黨派的民主運動，在國共兩黨之間保持中立；而在中華人民共和國建國時期，則以民主黨派人士的身份就任勞動部副部長而為人所知。但是，儘管他是創建中共的主要成員之一，他在中共黨史上的地位卻只是配角。這主要是因為他後來的脫黨問題，即1927年自己主動在報紙上發表聲明[136]拋棄了共產黨的緣故。不過，他脫黨的這段經歷，[137]絲毫不影響他在中共創建時期的足跡，以及他代表了當時年輕黨員這一事實。而本書重視施存統的另一個理由，是有關他的寶貴資料至今尚有保存。亦即，在有關中共創建的過程和當時黨員活動的原始資料極端匱乏的情況下，卻存在日本警察對時在日本留學的施存統進行監視所留下的資料，[138]和施存統在警視廳的口供、在東京地方法院的證詞等。所以，即使從考證史實的角度來講，施存統的存在也是不可忽視的。

青年時期的施存統在談到自己的經歷時是相當雄辯的，尤其是他1920年在日本留學時發表的自傳〈回頭看二十二年來的我〉，[139]在同時期青年寫的自我分析中也是最出色的。我們先據此看看他赴日留學前的經歷。[140]

施存統（後改名復亮，化名方國昌，筆名光亮、亮、文亮、伏量、CT等）1899年生於浙江省金華縣（現金華市）葉村，父施長

春，母徐氏，存統是長子。父施長春有田五畝，也租地耕種，農閒時運送稻米，是個兼業農戶。母徐氏出身於書香門第，識字。施存統一邊幫父親做農活，10歲上了私塾，12歲上了初等小學堂。在學堂裏，老師反覆要求「做伴同睡」，上課不用教科書，而用《論語》、《孟子》。總之，施存統接受的是早期特有的那種學校教育。後來，經過一番曲折，得到伯父資助學費，於1917年進了杭州的浙江省立第一師範學校（以下簡稱「浙江一師」）。施存統立志做一個儒教信徒，並且特別仰慕孔子的弟子子路（仲由）——這也是他以「子由」為號的原因——他既是一個夢想「升官發財」的學業優秀的學生，同時也是一個熱衷賭博的浪蕩公子。而使他的人生觀發生巨大變化的，也正是浙江一師。

當時的浙江一師，不僅是浙江省的最高學府，而且在校長經亨頤「與世俱進」的方針之下，因厲行革新學校管理而有名。尤其是國文科，在所謂「四大金剛」即劉大白、陳望道、夏丏尊、李次九等革新教員的影響下，廢除文言，教授口語，很早就把新文化運動的精神帶進了教室，因而被浙江省教育廳斥為「學無本原，一知半解……不免有思想中毒之弊。長此以往，勢必使全校學生墜入魔障」。[141]而學生們如施存統等卻對此感到清新和共鳴，非常歡迎，學校的景象宛如新文化運動實驗場。施存統與俞秀松、傅彬然、周伯棣等結成摯友或同志，也是在浙江一師就讀的時候。

1919年，北京發生五四學生運動，施存統馬上舉雙手歡迎。五四時期他在杭州的活動，比如，為了經銷《新青年》、《星期評論》等刊物而設立「書報販賣部」等，還是值得介紹的，但為了避免瑣碎，此處省略。浙江一師時期的施存統特別值得一提的，還是讓他名揚全國的非「孝」事件。[142]

非「孝」事件是因杭州的進步學生刊物《浙江新潮》第2號（1919年11月）刊登施存統痛罵孝道的文章〈非「孝」〉而發生的筆禍，是

五四時期發揚反儒教精神的最大事件之一。遺憾的是，該期《浙江新潮》在中國也沒有保存下來，不能參照原文（後於2021年發現。參見田丹〈施存統《非「孝」》釋讀〉，《魯迅研究月刊》2021年第8期）。不過，施存統自己在第二年寫的〈回頭看二十二年來的我〉中，敘述了這篇文章的寫作經過，可以知其梗概。文章說，使他寫〈非「孝」〉的「事實的刺激」是使疾病纏身的母親陷於悲慘境地的家庭，特別是父親的狠毒行為。讓我們通過其中一段，來看他從無政府主義的立場發表〈非「孝」〉時所抱有的心境。

> 我在這種環境，絕對沒有做孝子的方法。……我要救社會，我要救社會上和我母一樣遭遇的人！我母已無可救，我不能不救將成為我母這樣的人！……人類是應當自由的，應當平等的，應當博愛的，應當互助的；「孝」的道德與此不合，所以我們應當反對「孝」。

所謂被說成「已無可救」的「我母」，就是當時在家鄉患神經性疾病而人事不醒的母親，所謂「這種環境」，即指認定母親是不治之症，要把治病的錢用來送葬的父親的冷酷行徑。而被強迫向這樣的父親盡「孝」即屈從的施存統，通過閱讀《進化》、《民聲》、《實社自由錄》、《近世科學與無政府主義》這些當時流行的無政府主義書籍得到「思想的啟發」，百感交集之下寫下了〈非「孝」〉。孔教最大的德行當然是「孝」，而正面以此為「非」，這在當時對孔教的批判日趨高漲的思想狀況之下，也是破天荒的嘗試。他對自己由孔教的信奉者轉變為孔教的反叛者的過程曾經做了這樣的回顧，即入浙江一師的那年（1917年）他在《新青年》讀到陳獨秀的反孔教論時，曾唾棄陳為「一個刻薄文人」；但是，不久後再次讀這篇文章時，成了《新青年》的「半信徒」，到了1919年下半年就「全體都贊同」了。可見，他是受《新青年》哺育而成長起來的時代產兒。

1919年下半年發表〈非「孝」〉時的施存統，既是一個反孔教之徒，同時精神方面又是一個不折不扣的無政府主義者。現在，我們沒有必要絮說他在理論上成熟與否。事實上，當有人善意地批評〈非「孝」〉「可惜沒有鍛鍊成熟」時，他申訴道，〈非「孝」〉的價值就在於「反抗精神」這四個字，那種批評是次要的，是不理解他的目的和動機。我們只要能夠從中窺到五四青年特有的的激進情緒，即把徹底否認舊道德直接和社會改造相聯繫，那就足夠了。

在〈回頭看二十二年來的我〉裏面，他還毫不掩飾自己的隱秘，坦白了自己是如何斷然戒掉手淫這一青年的「自殺行為」的，對於自己在浙江一師學習的兩年半中，堅決拒絕一般學生習以為常的賭博和作弊，從未坐過人力車，不抽煙，不喝酒，從心底感到自豪。那時的他，已經是要求自己全面實踐提高品行、肉體禁慾和社會改造的五四青年的一員，無論是信條，還是生活習慣，都是一個地地道道的中國無政府主義者。而在這前後，武漢的惲代英、長沙的毛澤東也正循着同樣的思路開始邁出改造社會的第一步，暫不説他們是否如施存統那樣把「改造社會」的夢想天真地寄託於無政府主義的理想。[143]

《浙江新潮》刊登的施存統的〈非「孝」〉引起了巨大反響（其中大部分是對他的誹謗）。據他自己説，不僅他自己被稱為「妖怪」，連同在杭州讀書的表妹也被「冷嘲熱罵」為「禽獸底表妹」。而對於早就不高興經亨頤以及浙江一師的教育方針的浙江省當局來説，〈非「孝」〉是一個再好不過的攻擊材料，校內校外到處聲討〈非「孝」〉為大逆不道自不待言，新舊兩派圍繞着縱容「煽惑」的經亨頤的去留問題發生對立，第二年又發生集體毆鬥，警察封鎖學校，終於發展成所謂「浙江一師風潮」。[144]12月2日，北京政府下令禁售《浙江新潮》，[145]致使該雜誌僅發行至第三號就不得不停刊。在杭州無處存身的施存統，遂於1920年1月1日和俞秀松、傅彬然、周伯棣一起去了北京。[146]

不過，施存統等去北京，並非單單為了出去躲避風頭，而是為了實踐他們「自由、平等、博愛」的理念而採取的積極行動。北京有施存統十分景仰的陳獨秀——陳曾就〈非「孝」〉草成一文，讚賞道，「《浙江新潮》的議論更徹底，〈非孝〉…… 文章，天真爛漫，十分可愛」。[147]這時陳獨秀等發起的北京工讀互助團正待呱呱落地，施存統等去北京的目的，正是為了投身於以「各盡所能，各取所需」為理想、以圖邁出改造社會第一步的工讀互助團運動。據說，被《新青年》、《星期評論》這些青年們喜愛的刊物稱為浙江〈非「孝」〉事件的驍將的他們參加互助團，在社會上引起了極大注目。到北京之後，他們終於見到了陳獨秀、李大釗、胡適這些新文化運動的名將。

2　摸索中國改造之路
——北京工讀互助團、上海共產主義小組

施存統於1月10日興奮地加入北京工讀互助團第一組的共同生活，[148]一邊做一些小規模的手工勞動，一邊在大學聽課。但是，與團員們的理想相反，本應是新社會雛形的北京工讀互助團，一開始就因團員之間的摩擦而陷於停頓，再加上沒有經濟支撐，兩個月左右就解散了。團員間產生感情齟齬的最初原因是團員們圍繞中途加入第一組的易群先(國會議員易宗夔之女)發生的戀愛糾紛；[149]被指為一方當事人的施存統大失所望。3月23日，北京工讀互助團最後決定解散。[150]陳獨秀此時已經遷離北京，互助團的發起人李大釗、胡適等擔心團員們的去向，在解散之前考慮為他們在北京大學介紹印刷廠排字工或圖書館管理員之類的工作。但是，施存統和他的無政府主義同志兼刎頸之交俞秀松決定拒絕他們的斡旋，離開北京。[151]施存統和俞秀松處理完團的善後，就像為了追隨陳獨秀似的，於3月26日去了上海，翌日抵達上海。[152]

　　據說，在赴上海時，他們開始準備到福建省漳州去，投靠被稱為「社會主義將軍」的陳炯明。當時，秉承劉師復思想的梁冰弦等無政府主義者正集聚在陳炯明那裏，要在陳的庇護下實行無政府主義政策。到上海的當天，他們就棲身於星期評論社。他們沒想到，在那裏的際遇改變了他們的人生。

　　施存統等在上海先去投靠星期評論社是理所當然的。因為那裏有「浙江二沈」，即沈玄廬[153]和沈仲九。沈玄廬與戴季陶一樣對浙江一師的革新教育表示共鳴，曾在《星期評論》雜誌上表示支持非「孝」；而沈仲九則是施存統在杭州陷於四面楚歌境地時極少數理解者之一（〈非「孝」〉事件時，任浙江省教育廳的《教育潮》雜誌主編[154]）。順言之，這時的星期評論社，宛如浙江一師革新派的避風港，被逐出杭州的「四大金剛」中的陳望道和劉大白也存身於此。除他們以外，戴季陶（《星期評論》主編）、李漢俊、邵力子等也時常進出星期評論社，更是那些慕《星期評論》之名不斷從家裏逃來的青年男女們獲得解放的場所。[155]俞秀松剛到上海時在給友人的信中這樣寫道：「這裏的同志，男女大小十四人，主張都極徹底，我實在還算不得什麼。但是和愛快樂天真的空氣，充滿我底四周，真覺得做人底生趣。」[156]這也應該是施存統的感受。

　　在星期評論社，施存統表示想投靠陳炯明，沈玄廬和戴季陶聽後回答說：「投身軍隊，不如投身工場要緊。」說來也巧，在他們到上海以前，正好在北京工讀互助團決定解散的那天，戴季陶曾寫下〈我對於工讀互助團的一考察〉[157]一文，從資本主義社會的矛盾探討了工讀互助團運動的局限，疾呼「投向資本家生產制下的工場去！」他面對施存統和俞秀松很可能再次談了自己的看法，二人接受規勸，沒有去漳州，決意選擇走資本主義社會象徵的工廠工人的道路，並暫時棲身於星期評論社。為他們四處奔走尋找合適工廠的就是給他們以建議的戴季陶。[158]就這樣，俞秀松在4月

成了虹口厚生鐵廠的工人。[159]而施存統則於4月份撰寫〈「工讀互助團」底實驗和教訓〉[160]一文，從他自己的角度對工讀互助團運動進行總結，對戴季陶「投向資本家生產制下的工場去！」的話表示全面贊同。不過，這時他正好患了肺病，不得不暫緩進入工廠。據他自己說，直到6月出發到日本之前，他都在星期評論社做「見習事務員」。[161]與此同時，他參加了陳獨秀、李漢俊等從事的創建共產黨的活動，這一點，前文已多次提到。他在親眼見證了共產黨的前身即上海共產主義小組（當時暫時稱「社會共產黨」）成立之後，在戴季陶和宮崎滔天、宮崎龍介父子的幫助下，於1920年6月赴日本留學去了。

3　留日生活

施存統在上海時受其影響最大的，是當時在上海在馬克思主義研究方面與李漢俊齊名的戴季陶，勸施存統去日本留學的也是他。當時，正趕上施存統暫時存身的《星期評論》於1920年6月停刊，社員們都在考慮以後的出路。星期評論社解散後，原來聚集在法租界白爾路（Rue Eugene Bard）三益里辦公樓的同人們一個一個地離去了。他們之中，除了施存統以外，考慮出洋、留學的也不少。[162]

施存統十分傾倒戴季陶，他自己也坦白承認，與諸多同人相比，自己「近來的思想，差不多處處都受他的影響」。[163]戴季陶自然也喜歡施存統，並為他的前途費心。戴季陶高度評價堺利彥、山川均等對馬克思主義的研究，[164]又非常喜愛高知、青森、京都等地的自然環境，[165]就勸施存統去日本留學兼治肺病。當然，日本有他多年的同志宮崎滔天和其子宮崎龍介，斡旋留學也方便；宮崎龍介前一年秋天來中國時，還親自拜訪了戴季陶。[166]就這樣，戴季陶就拜託宮崎龍介幫助施存統留學。6月19日，朋友們把施存統送上了船[167]（第二天起航）。

　　施存統出現在照顧他留學的宮崎父子(當時住在東京府北豐島郡高田村3626番地)的面前，是6月26日。宮崎龍介當天寫的信[168]中提到的「從支那來的患肺病的朋友」即指施存統。施存統在日本沒有別人可以依靠，大概到日本後馬上就去拜訪了宮崎家。宮崎龍介的信中還提到，當天，施存統就在宮崎龍介的陪同下去了醫院，可見他的肺病相當嚴重。當時的宮崎龍介，作為宮崎滔天的長子，又是東京帝國大學新人會的發起人之一而為人知；雖然那年3月因糾紛而被新人會除名，[169]但依然是一個社會活動家。他仍然參與《解放》雜誌的編輯工作，5月，北京大學學生訪日團來訪時，他也為之奔走。[170]這時，宮崎被委託管理清末革命家黃興曾經擁有的邸宅，還將其作為新人會會員共同活動的場所[171](龍介離開新人會後裏面也住着不少人)。在租定住處以前，施存統大概就暫時住在那裏。7月，他從宮崎家搬到不遠的高田村1556番地的三崎館。[172]

　　施存統決定在日本學習經濟學；[173]但是，為此必須先掌握日語。來留學之前，日語能力極強的戴季陶對他説，日語「用功兩年，大概可以自由一點；若要真正自由，總非三四年不行」。[174]他在目白的東京同文書院登記了學籍(1921年春退學)，[175]最初的三四個月專心學習日語。[176]他的日語會話能力到最後似乎也只是「還須努力學習」[177]的水平，但是，經過刻苦學習，閱讀方面長進很快，當年年底，已經可以向《民國日報》投寄長篇譯稿，因而被人稱讚説「存統學了半年日語已經可以譯書了」。[178]

　　當時的施存統，在上海受戴季陶的影響，對馬克思主義似乎已經有了一定的理解。[179]但是，他剛到日本留學時的思想立場，則是無政府主義和馬克思主義的混合物(對他而言幾乎沒有什麼不自然)，正像他自己説的那樣，「話雖如此，但是我對於他〔戴季陶〕所抱的主義，卻還沒有絕對信仰，就是我一向所相信的『安那其』主義，也只承認他是一個合理的理想」。[180]他在上海期間，以

及初到日本時與中國無政府主義運動保持着聯繫，[181]證明了這一點。可是，沒想到，與中國無政府主義運動的接觸，使日本警察的監視網察覺了他的存在和行動。警視廳開始警惕施存統，始於景梅九等當時在上海發行的無政府主義刊物《自由》第1期（1920年12月）上登出的「存統　東京府下高田村一五五六番地、三崎館」的日本通信地址，第二年1月，擔任防範「無政府共產主義者」在中日兩國間暗中活動的警視廳外事科查明了施存統「出入宮崎滔天家，並購閱支那報紙雜誌」，也已經發現他就是「極端地排斥儒教否認忠孝」的〈非「孝」〉的作者。[182]這之後，直到回國，他的行動受到了日本警察的嚴密監視。

以無政府主義的立場發表〈非「孝」〉一事，使施存統在中國聲名遠播，除了上述《自由》雜誌以外，1月14日他還收到了安徽省蕪湖第五中學學生組織的無政府主義團體「安社」的宗旨書，要求他介紹無政府主義書籍。[183]我們不知道他是如何對待這些無政府主義運動的，但在1月，他告誡那些責備馬克思主義不徹底和布爾什維克專政的無政府主義者們説：

> 「自由組織，自由聯絡」和「各盡所能，各取所需」，這自然是我們要達到的理想，然而我們無論從政治上、經濟上、教育上，總沒有可以看到從現社會一步跳到那個理想的理由，這其間當然要有一種過渡機關。[184]

由此推測，這時的施存統對「安社」提出的「無政府主義真理」不會舉雙手贊同。關於施存統自己對無政府主義和馬克思主義的思想立場留待後敍；事實是，在對待無政府主義比對待馬克思主義研究更加戒備的警方的報告中，也沒有記錄他與中國無政府主義運動發生關係。而4月以後出現在警方報告中的施存統，已經

不是一個無政府主義者，而是一邊與陳獨秀、李達等「上海共產黨」互相聯絡、一邊與正在籌備成立「日本共產黨」的堺利彥、高津正道等日本社會主義者接觸的「要注意支那人」。

根據1921年4月23日警方報告[185]記載，施存統近來「與我國社會主義者堺利彥、高津正道、山崎今朝彌等交通，翻譯彼等著述宣傳該主義之雜誌及其他印刷品等，向支那內地人介紹」。所謂「翻譯彼等著述……向支那內地人介紹」，大概指施存統翻譯並時常在《民國日報》副刊《覺悟》上發表的山川均等的文章（後述）。這份報告還指出，施存統「有同上海該主義者鶴某與我國社會主義者共謀近期於上海召開秘密會議商議該主義之宣傳方法之疑。據上述鶴某近來寄與該人信件觀之，現正與日本社會主義者準備發行秘密出版物，並有商定寄送該出版物之事實」。「鶴某」就是當時上海的共產黨負責人李達。也就是說，這時的施存統似乎已經成為溝通中日兩國共產主義運動的橋梁。

根據施存統同年末在警視廳所作的口供，[186]他初次與堺利彥面談是在1920年12月，目的是為了轉遞上海的李達給堺利彥的信件（為翻譯而詢問文章的空字），那是經過謝晉青[187]介紹，和朝鮮人權某（大概是權熙國）[188]一同去的；第二次是2月份，是應上海李漢俊之請，購買堺翻譯的《空想的及科學的社會主義》一書。[189]兩次往訪都是為了聯繫社會主義書籍的事，大概就是這種斡旋被日本警方當成了「現正與日本社會主義者準備發行秘密出版物，並有商定寄送該出版物之事實」。

另一方面，施存統接觸的高津正道，當時（1921年6月）正在寫一篇介紹中國的共產主義運動的文章——〈支那的布爾什維克運動〉。[190]這篇文章非常具體地列舉了中國的「布爾什維克信奉者」的真實姓名（陳獨秀、李大釗、戴季陶、李漢俊、沈玄廬）、機關

刊物(《共產黨》)、活動內容(社會主義青年團和工人夜校)、地方組織所在地,等等。高津正道在這篇文章之前發表的〈支那的無政府主義運動〉[191]中寫道:「本文曾得到CT(施存統筆名)君指教,深表感謝。」由此觀之,〈支那的布爾什維克運動〉也肯定是基於施存統提供的情況寫成的。施存統本人在警視廳也承認曾經與高津見過幾次面。

就這樣,施存統到日本留學之後成了中日兩國之間共產主義運動的信息中轉站。而他在日本留學的時期,正是中國方面正式開始建黨活動的時期,施存統和周佛海(當時在鹿兒島的第七高等學校學習)二人也與陳獨秀等保持聯繫,在日本從事建黨活動。這就是所謂的中共「日本小組」。4月下旬,周佛海從鹿兒島給施存統寄來了兩封信(郵戳日期分別是4月19日、4月28日),傳達了廣州陳獨秀來信的意思。4月19日的信中寫道:

> 昨日接獨秀來信說:與上海、湖北、北京各處的同志協商,命你我二人作為駐日代表,聯絡日本同志。日人中很少知道我們有此團體〔共產黨〕,我等應竭盡全力。但我有兩個困難:一、我明年將離開鹿兒島。這一年間,居住在這個偏僻的地方,什麼事也未能幹。二、我大學志願在京都,但和日人聯絡仍然不便。我有以上兩個困難,擁有代表虛名,實在慚愧。此意請轉告獨秀。你居東京,極為方便。[192]

從這封信看,由「駐日代表」即施存統和周佛海組成的所謂中共「日本小組」,是陳獨秀建議在4月下旬成立的。信中寫得很清楚,所謂「日本小組」的目的,是「聯絡日本同志」,實際負責的不是在鹿兒島的周佛海,而是東京的施存統。從這個意義上看,上述施存統與堺、高津等的接觸,正是「聯絡日本同志」,使其了解他們「團體」存在的任務的一環。附帶地說,解放後他在有關「日

本小組」活動的回憶錄中說，這個組織後來發展到彭湃（當時在早稻田大學學習）、楊嗣震、林孔昭等十幾人，開過兩三次會。[193]遺憾的是，關於「日本小組」的活動情況，日本警方的報告中找不到相關記錄。[194]

　　日本警方掌握了施存統等與中國共產主義組織相呼應，對日本「同志」展開活動的動向，當然就更加警惕施存統。施存統在5月8日寫給上海邵力子的信（這封信也被警方檢查過）中可以看到「我近來每天都遭到日本警察騷擾，真可惡」[195]的字句，反映出他被嚴密監視的狀況。6月17日，警視廳外事科科員找到他，並進行了訊問。他回答他們說，他是「由戴天仇〔戴季陶〕介紹給宮崎，並在宮崎的幫助下才得以居住現在的宿舍」，「現在，上午專心自修英語，下午則研習日語及經濟類書籍。如果準備得充分，希望進慶應大學學習經濟學」；還說，「來日本後，平均每月從家裏收到約一百元的學資」，而匯款手續是戴季陶實際辦理的。[196]不過，他的家境絕非豐裕，也不可能給發表過〈非「孝」〉的兒子每月匯這麼多錢。真實情況恐怕是後來宮崎滔天向警察說的那樣，「戴季陶……認為施存統頭腦清晰，將來大有希望，遂送其來我國留學，每月並資助學費五十元左右」。[197]施存統沒有實說，大概是怕警察知道他接受上海有名的社會主義者戴季陶的資助而加強對他的防範。

　　除此之外，他還極力否認與社會主義人士的交往，說「在當地的日本人中，除宮崎龍介之外沒有結交任何朋友……和日本社會主義者一次也沒有交往過」，「胡適先生……是我最崇拜的人之一。在陳獨秀發表其言論思想時，我曾為其學說折服，但他現在已在廣東政府做官……早已不是思想界人」，「我雖然研究社會主義，但並非社會主義者，故沒有從事過該主義之宣傳」。[198]這些都同樣是在掩飾自己。但是，警方已經掌握了他與堺等日本社會主

義者以及陳獨秀等中國共產主義組織進行接觸的事實，當然不會相信他的話。儘管施存統不滿意地說，「最近警察跟蹤我，我的一舉一動受到很大束縛。豈有此理」。但是，對他的監視以後也沒有鬆懈過，倒是處境更加嚴峻，以至於「房主要求搬到別處去住，十分窘迫」。

施存統接受警視廳外事科訊問的1921年6月，正是李達、李漢俊在同月3日抵達上海在馬林等的督促之下，開始準備召開中共「一大」的時期。中共「一大」當初預定在7月20日召開，如前所述，不久後要召開會議的情報已經被日本警方掌握。當然，警方的報告中沒有涉及這個情報的來源，因此，不能斷定警察是從施存統和上海之間的聯絡中獲得了情報。但是，施存統等「日本小組」在決定派周佛海出席中共「一大」時，肯定事先已經得到上海方面關於召開大會的通知，施存統和周佛海也肯定就此有所聯絡；而施存統這時的所有往來信件幾乎都要被警方檢查。所以，我們根據推斷，警方得到的情報是從施存統身邊泄露出去的。總之，通過派遣周佛海出席在7月末召開的中共第一次代表大會一事，「日本小組」的實際負責人施存統，已經成為一個名副其實的中國共產黨黨員。

4 從無政府主義到布爾什維克主義

在日本生活一年以後，就好像與中共第一次代表大會的召開相呼應似的，施存統最終告別了無政府主義，開始承認自己是布爾什維克的信徒。這很大程度上得益於他在日本吸收的共產主義理論。

來日本留學以前，他就時常在《星期評論》、《民國日報》副刊《覺悟》上發表文章，特別反覆呼籲打破封建性的人與人之間的關係以及婚姻制度，但並沒有翻譯或論述過社會主義學說（包括無政

府主義）。[199] 他當時的語言能力恐怕也還沒有達到閱讀英語或日語社會主義書籍的水平，頂多利用現有的漢語無政府主義書籍或從日語翻譯過來的文獻報道來了解各種社會主義學説的輪廓而已。通過與戴季陶、陳獨秀、李漢俊等個人交往，他也許理解了馬克思主義學説的概要，但是，與其改造社會的熱情相比較，其理論基礎大概仍然不過是一知半解。

到日本留學後，他馬上接觸了日語社會主義文獻，並將其翻譯後向上海的報刊投稿，這使他從一個社會主義學説的初學者成長為一個理論探索者。他最初翻譯的日語社會主義文獻，是1921年1月的〈勞動問題〉（《民國日報》《覺悟》1月6日至8日。原著是北澤新次郎《勞動者問題》〔同文館1919年出版〕）；到了這一年的年底，也就是他回國的時間，已總計翻譯了11篇。其中，河上肇和山川均的文章就佔8篇，[200] 看得出他在各種社會主義學説中，尤其關心馬克思主義學説。在純粹翻譯以外，僅1921年一年，他還發表長短文章共計五十幾篇，其中有關社會主義學説和馬克思主義的，許多也是以河上、山川、堺等的研究成果為依據的。顯然，他在掌握了日語以後，通過閱讀日本的社會主義文獻，一下子加深了對馬克思主義的理解。

從施存統論述在中國進行社會主義革命可能性的幾篇文章中，可以看出他在日本留學期間對馬克思主義的理解。在中國這樣的落後農村社會脱離貧困、發展工業的過程中，馬克思式的社會主義是否有效？中國是否存在實行社會主義的條件？對中國的社會主義者來説，這些問題是關乎他們所進行的運動為何必須存在的理論難題。施存統主要從兩個方面論述了在中國進行社會主義革命的可行性。一個方面是，由於俄國革命的成功，世界上的資本主義正在走向滅亡，如此，中國的資本主義就不可能單獨發展。他説：

俄羅斯共產主義國家，已經替全世界無產階級開一個新紀
元了。從此各國無產階級，必然奮起猛進，推倒有產階級，與
俄羅斯同志們攜手協力建設共產主義的世界。支那是世界底一
塊地方，住在這塊地方的無產階級，也當然要起來與全世界無
產階級同心協力幹這個全世界的社會革命，共同創造「人底世
界」。……總之，中國底資本主義雖不發達，世界底資本主義
卻已由發達而崩壞了；決沒有世界底資本主義滅亡而中國底資
本主義能獨存之理。這是從世界底大勢看起來，支那也非實行
共產主義不可的。[201]

不過，他的觀點顯然僅是社會主義必要論，對有無社會條件
實行社會主義，還遠未做出回答。的確，要證明中國存在社會主
義運動的物質條件即資本主義積累，在當時幾乎是不可能的；而
且，他當時能讀到的日本社會主義者的文章，不可能直接論述中
國實行社會主義革命的可能性。不過，河上肇、山川均既接受馬
克思的唯物史觀，又不排除人在社會變革中的主觀能動性，其相
關論述對思考中國問題不無啟發。比如，山川曾這樣論述知識分
子在社會變革中的作用：

知識階級之向背，並無力使該發生的不發生；但在現今形
勢下，該發生的以怎樣的方式發生，則主要取決於有知識的無
產階級的向背。……知識階級必須覺悟到這個重大使命。未來
的社會性變革將採取何種方式？如果某種過渡狀態難以避免，
怎樣才能將這個過渡時期縮至最短？在過渡時期內，怎樣才能
最大限度地節約人的精力和犧牲？知識階級縱然不能解決所有
這些問題，卻也握有至少解決大部分問題的鑰匙。總之，這要
視知識階級在多大程度上看清楚社會進化的方向，並在多大程
度上明確地理解歷史的必然而定。[202]

當時，施存統對山川、河上非常崇拜，[203]當然不會不去注意人的這種主觀能動性。他試圖以按照唯物史觀來判斷歷史趨勢（山川稱之為「社會進化的方向」）的「人的努力」來彌補中國共產主義革命所缺少的物質基礎。社會革命的確需要「經濟的必然」，但並不排除「人的努力」，即如下的見解：

> 要想在支那實行共產主義，是一件很困難的事，也是一件特別該努力的事。共產主義的經濟基礎，現在支那還非常薄弱；我們要使共產主義完全實現，就非努力造成一個共產主義的經濟基礎不可。現在的支那，實行共產主義，已成的「經濟的必然」很少，未來的「人們底努力」很多。我們底職務，就是盡這個「人們底努力」，去完成那個「經濟的必然」。[204]

簡單地說就是這樣的邏輯，即在中國實現共產主義的經濟基礎的確薄弱，但是，越是薄弱，就越需要「人們底努力」。他自己也認識到，嚴格地講，這與馬克思的唯物史觀是矛盾的，但似乎並沒有認為是什麼大的錯誤。他說：

> 我們很知道：如果在中國實行馬克思主義，在表面上或者要有與馬克思所說的話衝突的地方；但這並不要緊，因為馬克思主義底本身，並不是一個死板板的模型。所以我以為我們只要遵守馬克思主義底根本原則就是了；至於枝葉政策，是不必拘泥的。[205]

施存統接着認為，所謂「馬克思主義底根本原則」就是「唯物史觀」，而據那個「唯物史觀」，「國際的社會主義戰勝國際的資本主義」是「一件千真萬確的事」，並做出結論說，必須從這裏來領會馬克思主義的精髓。[206]

　　要指出施存統的這些議論自相矛盾或者自賣自誇是容易的，或許也可以從中看到後來中國共產主義運動中始終揮之不去的試圖通過主體努力克服客觀狀況的傾向的萌芽。但是，我們面對施存統，不應該按現在的眼光去考察其議論內容的水準高低，而是應該看到，他在理解馬克思主義和唯物史觀的關係時，儘管還有些牽強附會，卻是努力從整體上去把握，從而堅固了他對共產主義的信念。他甚至斷言：「我們在支那提倡共產主義，決沒有與馬克斯底主張衝突；就是馬克斯生在支那，恐怕也一定要提倡共產主義。」[207] 這些話表現出的，是他已經掌握了馬克思主義精髓的信心；而給予他這種信心的，正來自他在日本吸收的理論。

　　日本的社會主義文獻給予他的影響，也可以從他肯定布爾什維克、與無政府主義訣別方面看得到。使他開始肯定布爾什維克的，是馬克思的《哥達綱領批判》和山川、河上根據該文指出布爾什維克主義革命工農專政的正當性的論文。馬克思在《哥達綱領批判》(1875年) 這篇有名的文章中，構想在從資本主義社會到社會主義社會的政治過渡時期，無產階級將實行革命的獨裁。自1920年起，山川以及河上在其馬克思主義研究的過程中指出，這個構想是俄國革命中工農專政的理論根據。[208]

　　《哥達綱領批判》的全譯本在中國出版是1922年的事，[209] 但是，1921年夏就有人介紹其部分內容，尤其是在政治過渡期無產階級實行革命的獨裁。這就是山川均1921年為《新青年》寫的〈從科學的社會主義到行動的社會主義〉，[210] 以及施存統受此啟發於同年8月寫的〈馬克思底共產主義〉。[211] 特別是後者，是當時中國的馬克思主義研究的最高成就。文中不僅大量地引用《哥達綱領批判》，還從《共產黨宣言》、《社會主義從空想到科學的發展》、《法蘭西內亂》等馬克思、恩格斯著作中引用了豐富的證據，證明無產階級專政不僅沒有脫離馬克思主義，而正相反，是馬克思主義的

精髓所在。在此基礎上，施存統明確地說：「純粹的馬克思主義，據我看來，只有布爾塞維克主義」，又引用山川均對《哥達綱領批判》的見解（「這是唯物史觀說當然的結論與應用」——上述山川均〈從科學的社會主義到行動的社會主義〉的一節），以證明自己的這個闡述沒有錯誤。很清楚，施存統的這篇文章，是依據山川的〈從科學的社會主義到行動的社會主義〉和他自己翻譯的山川均論文〈考茨基的勞農政治反對論〉（《社會主義研究》三卷二號，1921年3月）寫成的。

山川在〈考茨基的勞農政治反對論〉一文中，認為曾被視為正統派馬克思主義者的考茨基，其反對無產階級專政的理論是脫離了馬克思主義，而對列寧和布爾什維克，山川則肯定其為馬克思主義正統派。可以說，使山川轉而承認布爾什維克主義的《哥達綱領批判》的理論，原封不變地被施存統繼承下來，又通過施存統促進了中國國內發生了同樣的變化。時值圍繞社會革命中「獨裁」問題的爭論拉開了序幕，所以，從時機上看，施存統依據山川的見解來把《哥達綱領批判》具有的意義較早地介紹到中國，其作用是巨大的。因為，這不僅使他自己實現了轉變，而且為中國的社會主義運動轉變成遵奉布爾什維克主義的「共產黨」找到了重要的理論根據。早期中共黨員的必讀書目《社會主義討論集》（新青年社1921年出版），主要收錄了無政府主義論戰的論文，其中施存統的文章僅次於陳獨秀佔到五篇（都是在留學期間寫成）之多，證明了他在這方面的理論貢獻。

在〈馬克思底共產主義〉前後發表的〈第四階段獨裁政治底研究〉、〈唯物史觀在中國底應用〉等文章，[212]也反映了山川均等闡述的《哥達綱領批判》對施存統的影響。對於當時仍堅持認為「我決不根本反對無政府主義」[213]的施存統來講，從《哥達綱領批判》推論出的過渡手段即無產階級專政的理論，同時也是合理解釋無

政府主義的最終理想與布爾什維克主義關係的理論。他這樣説：
「無產階級專政，本是一種革命手段，並不是共產黨底目的」，經
過無產階級專政的「社會革命期」和「共產主義半熟期」到達「共產
主義完成期」，則「各盡所能，各取所需」的理想就會實現，[214] 而
通過唯物史觀科學地預見到這一點的，就是《哥達綱領批判》。

　　通過《哥達綱領批判》，一方面確認馬克思主義和無政府主義
的最終目標相同，同時認為無產階級專政是實現這一理想的手
段，這種見解，實際上和這一時期的河上肇是相同的。[215] 在這個
意義上也可以説，施存統與日本的社會主義研究步調一致。就這
樣，他無須丢掉無政府主義的最終理想，而從布爾什維克主義裏
看到了貫徹「純粹的馬克思主義」的「過渡時代手段」的樣板。從這
種觀點出發，施存統對只注重理想的「中國式的無政府主義」加以
批判，[216] 並進一步聲明：「我相信近世無政府主義原理不適用於現
在中國，所以不敢附和無政府主義。……我所信的馬克斯主義，
就是布爾什維克主義。」[217]

　　從這裏，我們可以看到當時的激進青年從無政府主義轉而信
奉布爾什維克主義、進而加入中共的典型思想變化軌跡。即施存
統是一方面在根本上不放棄無政府主義的最終理想，或者説正是
為了實現這個最終理想，而在馬克思主義 (布爾什維克主義) 那裏
找到了通向「階級完全消滅，國家也因而失其效用」的「無國家社
會」的「無產階級必須掌握政權」[218] 的理論；而這顯然迴異於在〈中
國式的無政府主義〉(《新青年》九卷一號，1921 年 5 月) 裏對中國
無政府主義裏面存在的「放縱」、「懶惰」這些自古未改的性情大加
非難的陳獨秀。筆者認為，像施存統這樣的例子當時絕非少數。
這個時期的施存統毫不掩飾他對列寧的崇拜，説：「我很佩服列寧
先生，我很希望大家都學列寧先生。」[219] 當時也在日本留學的無政
府主義者張景曾這樣回憶施存統是如何表現出對蘇俄的好感：「施

君每日讀書的精神很令人欽佩，他說：『列寧在蘇聯一天要工作十八九小時，只捨得休息五個小時，像我們青年，應該更要比他努力一些才對。』我有一幅列寧像，他寫上『世界革命』四字，我貼在書案壁上。」[220] 這大概是在山川均影響下轉而信奉布爾什維克主義的施存統 1921 年下半年的形象。

　　如上所述，日本的馬克思主義研究，特別是《社會主義研究》及其主編山川均，對施存統加深理解馬克思主義影響非常大。實際上，施存統也是非常欽佩山川均其人的。他當時寫的介紹《社會主義研究》和山川均的活動狀況的〈介紹《社會主義研究》〉[221] 一文中，除詳細載明了已經出版的該雜誌的目錄、購閱時的聯繫地址、價格等以外，還對山川不顧肺疾傾全力研究馬克思主義大加稱讚。同樣身患肺病仍專心研究馬克思主義的施存統，肯定從山川身上看到了自己的身影。

　　據施存統自己說，他第一次去久已仰慕的山川家裏拜訪，是1921 年 9 月。[222] 當時，施存統已經翻譯了山川的四篇論文，並且，如前所述，他已經在山川的影響下轉變成了布爾什維克主義者，想必山川是很愉快地歡迎了這位「同志」的。而對施存統來講，見到尊敬的山川，肯定也與其前見到堺利彥一樣，是一大快事。他後來明確地對警視廳的警官說：「據我看，在日本的社會主義者中，第一位是堺利彥，第二位是山川均。」[223] 也許與只讀他們的文章相比，通過交談，施存統更增強了對他們的敬意。後來，他們之間的交誼沒有中斷，直到這年年底被捕以前，為了確認雜誌上發表的山川論文空字，施存統還去拜訪過山川。

5　東京被捕以及被驅逐出境

　　中共「日本小組」即施存統和周佛海接受的任務是，逐一介紹日本的馬克思主義研究，同時「聯絡日本同志」，發揮共產國際和

日本共產主義運動之間的橋梁作用。而施存統作為「日本小組」事實上的唯一一個成員，也確實執行了這些任務。在施存統1921年夏轉變成布爾什維克主義「信徒」之後的活動中，有一件事不可不提，那就是在張太雷為推動日本方面派人參加預定在這年秋天召開的「遠東各國共產黨及民族革命團體代表大會」(以下簡稱「遠東大會」)而秘密來日本時，施存統介紹張太雷與日本社會主義者進行了接觸。也就是說，10月上旬張太雷來日本後，施存統就躲過警察的嚴密監視出面斡旋，使不了解日本情況的張太雷成功地會見了堺利彥、近藤榮藏。

據說，張太雷在出席共產國際第三次大會之後，參加了「遠東大會」的籌備工作，為了邀請中國、日本的代表參加大會，於8月或9月回國，之後不久受馬林派遣秘密來到了日本。[224] 中共「一大」後仍然留在中國的馬林曾經說過，張太雷受派遣去日本之後，才與日本同志接上了聯繫。[225] 從這個意義上講，張太雷訪日是共產國際與日本共產主義發生聯繫的轉折點。

據施存統在東京地方法院所作的證詞[226] (以下簡稱「證詞」)，以及他在警視廳所作的口供[227] (以下簡稱「口供」)記載，「中國社會主義青年團團員」 張太雷帶着「俄國過激派代表」「S君」(Sneevliet，即馬林)[228] 的秘密使命和周佛海的介紹信來到他租住的三崎館，是在10月5日。張太雷在他那裏住了一個星期左右，到後的第二天，就在他陪同下拜訪了他曾經見過面的堺利彥，並要求派人參加「遠東大會」。堺立刻叫來近藤榮藏與張和施會談。不過，也許是施存統的日語還做不了口譯，雙方用英語進行了交談。施存統在「證詞」中還說，後來張太雷又與堺會見過一次，確認了派遣出席大會的人數；其中一次會見時，張交給近藤派遣旅費1,000元，用的是朝鮮銀行的百元鈔，其中500元由施存統在朝鮮銀行兌換成日本紙幣，他自己也拿了100元，作為翻譯日本社

會主義文獻的稿酬，並用這些錢付了拖欠的房費。張太雷完成使命回國是在10月13日前後，是從東京回上海的。

這些「證詞」和「口供」幾乎沒有隱瞞任何事實，這一點後文還要談到。不過，關於張太雷來日本的經過和離開日本的時間等尚有諸多不明之處，需要進行若干補充。首先，派遣張太雷到日本一事，馬林似乎沒有與陳獨秀商議，而是自行決定的。根據當時在上海的張國燾講，在張太雷出發後才得到消息的陳獨秀責備馬林專橫，二人因此產生了感情對立，最後導致陳獨秀命令周佛海和李達給施存統發去密函，讓施存統不要協助張太雷。張國燾詳細敍述了這其間的情形，並稱這是「中共中央第一次大爭吵」。[229]張國燾還回憶道，幸好施存統把接到的密函拿給張太雷看後，接受了張的解釋，張才總算完成了任務。當時，陳獨秀強烈要求由中國人自己處理黨務，對馬林動輒擺出共產國際的權威不滿意，這一點有關人士在回憶中不止一次地指出過。所以，陳獨秀對馬林，以及他的助手兼翻譯、部分人評為「有善於交際的海派作風」[230]的張太雷採取這種舉動，是不難想像的。

關於張太雷抵達和離開日本的時間，施存統在「證詞」中分別說是「10月5日」、「10月13日」。但是，也有的警方資料說是「8月下旬」、「10月2日」，[231]無法斷定。至於離開日本的時間，也有「8月下旬」、「12月12或13日前後」[232]等見解，也必須進行若干探討。首先需要搞清楚的是與馬林意見相左的陳獨秀的動向。陳獨秀為了領導上海的中共中央的工作而離開廣州是9月10日，同年10月4日被上海的租界警察逮捕，10月26日被釋放，恢復自由。[233]據說，為了陳獨秀獲釋，馬林和從日本回國來的張太雷都做了努力，陳獨秀和馬林之間因派張太雷赴日而僵持的關係從而得到緩和。[234]從上述派張赴日的經過考慮，張太雷赴日應該在陳獨秀9月中旬到上海之後，其回國時間最遲應該在陳被釋放那天以前。

另外，日共領袖德田球一也回憶説，他為了出席「遠東大會」而離開日本是「10月上旬」，是與張太雷一同乘「日本郵船春日丸」到上海的。[235] 如果德田所説無誤，張太雷離開日本的時間可以通過查對春日丸的航海記錄來確定。據日本報紙刊登的這一時期的航期表，該船9月25日、10月12日、10月30日自橫濱起航。考慮到上海方面這一時期發生的情況，張太雷最有可能乘坐的是10月12日由橫濱起航、經停神戶後10月14日再起錨的班輪。而這個日期，與施存統的「證詞」正好一致。雖然不能斷定德田球一和張太雷乘坐的肯定是「春日丸」，從當時上海的情況考慮，可以做出這樣的結論，即施存統「證詞」中所説的張太雷來去日本的時間沒有錯。

在日本代表出席「遠東大會」之後，日本的共產主義者與共產國際的關係一下子密切起來了。從這點看，施存統介紹張太雷和堺、近藤會見，其意義不可低估。他的存在體現了這個時期中日兩國間社會主義思想的交流和共產主義運動的聯合，在日本和中國的共產主義運動史上留下了深深的足跡。但是，他為中國共產主義運動提供理論或聯結中日兩國共產主義運動而進行工作的時間沒有持續太久。在張太雷來日本後不到三個月，他的留學生活突然宣告結束，他因參與授受「赤化宣傳運動資金」的嫌疑而遭逮捕，隨後又被驅逐出境。

導致施存統被捕的，是發生在11月下旬的所謂「格雷事件」，以及近藤榮藏受此牽連被拘捕（11月25日）後釀成的「曉民共產黨事件」（嫌疑是散發傳單宣傳反對軍隊）。此前的研究，已經使「曉民共產黨事件」相當清楚了，[236] 此處不再詳述。而「格雷事件」與施存統也曾參與的共產國際和中國、日本的聯絡活動有關，又幾乎沒有搞清楚，[237] 所以需要稍費筆墨。所謂「格雷事件」，是指一個叫

鮑里斯・格雷 (Boris P. Gray [Grey]) 的人，因攜帶據信是提供給日本
共產主義運動作活動經費用的巨資 (約7,000日元) 入境，於11月
24日在橫濱被拘捕、並被驅逐出境的事件。拘捕他的日本警方資
料記載，1889年生於莫斯科的格雷，英國國籍，1920年前後起在
俄國遠東活動，1921年10月以達爾塔通訊社通信員身份來上海，
與近藤榮藏派來上海傳遞「日本共產黨」文件並接受活動經費的青
年重田要一同於11月下旬來日本 (11月20日到長崎，22日住進
橫濱的賓館)。他來日本的目的是接觸日本的社會主義人士，並提
供活動經費，準備與近藤會見，親手交給他5,000日元宣傳經費，
他隨身攜帶的筆記本上還寫有山川均、荒畑寒村等的名字。[238]

　　受「格雷事件」牽連的近藤榮藏的回憶，與警方的這份資料基
本一致。他説，經施存統介紹與張太雷會見後，為了領取早先約
定的共產國際提供的活動經費，他和山川均一同寫好了報告和綱
領，交給尚未被警察注意到的早稻田大學學生重田要一送到上
海。[239]而來人就是格雷。近藤大惑不解的是，重田確實完成了任
務，轉交時，警方也沒有動他一根指頭，而那些文件何以落到了
警方手中？其實，重田在「格雷事件」前後也受到了日本警察的審
訊，[240]結果，文件落入警察手中，[241]而近藤也因此被拘捕。

　　這個格雷，確實是蘇俄、共產國際派來的密使。在共產國際
執行委員會遠東書記處籌設的1920年11月到12月之間，格雷作
為書記處預定成員之一，名字頻頻出現在俄國共產黨的有關文件
中，其後，他擔任堪察加革命委員會主席直到第二年秋天，這些
情況都有據可查。[242]他是1921年9月從堪察加出發的，化裝成商
人來到上海是10月。[243]派格雷去日本一事，當時在上海的馬林也
曾參與其事，這一點，馬林自己的話可以證實。馬林説：「〔至於
日本的治安防範之嚴密〕格雷〔Gray〕同志的那段經歷就是一個突

出的例子。……格雷同志拿着一張英國護照於11月中旬離開上海，11月22日就在東京被捕。與他有聯繫的日本同志也在警察局招了供。」[244]

據報道，「格雷事件」發生後，警視廳開始考慮徹底肅清可疑的外國人，同時，在搜查介於格雷和日本人之間從事聯繫的外國人的過程中，查出了施存統。[245]不知道是否從格雷身上搜出了能夠證明施存統就是在日聯繫人的物品，不過，隨着對格雷、重田、近藤的審訊，曾經在張太雷提供經費給近藤時居間斡旋的施存統浮出水面，只不過是時間問題。果然，在近藤被捕後不到一個月，12月20日，施存統也被逮捕，並被關押在日比穀警察署。[246]

施存統被關押後，立即在警視廳外事科接受了嚴厲審訊。他生來身體弱，嚴酷的審訊，加上在寒冷的拘留所一個星期的關押，使他身體更加虛弱。[247]讀本書附錄〈施存統口供〉即可發現，他這時所作的口供，內容也非常詳細。[248]在警視總監向內務大臣申請判處他驅逐出境的那一天（12月23日），他又被提到東京地方法院，在「曉民共產黨事件」的預審法庭上，基本上按照口供內容作了證。「口供」和「證詞」的相當部分是關於張太雷來日事，這在上文已有交代，下面讓我們來看看其他內容。

在施存統就張太雷來日本一事回答訊問後，法官問：「上海生活的古曼，你認識嗎？」近藤在預審法庭上說，同年11月曾向「上海生活的古曼」書面報告過曉民共產黨的活動情況，[249]法官此問大概就是為了進一步追究這個問題。所謂「上海生活的古曼」，是指本書第二章第二節談到的魏金斯基的合作者古爾曼（Goorman）。[250]法官還問到認識不認識黃界民〔黃介民〕，這大概也是在追究近藤講過的同年5月到上海時與黃介民等「上海共產黨」有過接觸一事。[251]對於這些訊問，施存統一概回答說「不認識」。不過，施存統在警視廳所作的口供中曾經談到「黃介民派所組織」的共產黨即

大同黨系統的「共產黨」，所以，不能就此斷定他真的不認識黃介民。關於古爾曼也一樣。他接觸過的日本的社會主義者(堺利彦、高津正道、近藤榮藏、高瀨清、宮崎龍介等)和與陳獨秀等共產黨有關係的中國社會主義者的名字，他都能對答如流，而有意識地隱瞞與古爾曼和黃介民的關係，大概是因為感覺到他的回答會直接影響對近藤榮藏的審理。

經過被捕和其後的審訊，施存統大概已經感到自己將不可避免某種懲處，也就不再掩飾自己的任務和立場。他在「口供」中承認自己是中國共產黨黨員，任務是「聯絡上海共產黨與日本社會主義者」。在預審法庭上所作的「證詞」中，對「從十九歲就一直研究〔社會主義〕」的自己的思想立場，也明確地說：「原來我是無政府主義者，現在則是共產主義者，即屬於馬克思派。」這也是他對促使自己從一個無政府主義者最終轉變為馬克思主義者的一年半的留學生活所作的總結。

12月27日，內務大臣下令把在押中的施存統驅逐出境。[252]第二天，各報都着重報道了逮捕和驅逐施存統的消息，並配發了他的照片。日本新聞界對繼「格雷事件」之後揭發出的「密使」，以「經手赤化宣傳經費之可疑支那人被驅逐出境……潛伏於高田村的施存統」(《國民新聞》)、「支那人施存統被命令離境……赤化運動暴露」(《東京日日新聞》)為題大做文章。在中國，《晨報》(北京)和《申報》(上海)也做了簡短報道。[253]但是，施存統經常投稿的《民國日報》卻對逮捕和驅逐出境隻字未提，大概是顧忌提起「經手赤化宣傳經費」的施存統與該報的關係。

施存統最可倚靠的宮崎龍介，當時身處「白蓮事件」(著名女詩人柳原白蓮突然離開身為煤礦資本家的丈夫，與宮崎私奔結婚的事件)的漩渦之中，自己也成為新聞界追逐的對象，因而根本不可能為施存統奔走。代他受警方訊問的宮崎滔天這樣說：

他來我國後，我聽説他訪問了我國社會主義者堺利彥、大杉榮等之後，曾前後三次懇切告誡他説，我國的社會主義者皆賣文賣名之徒，並非真正的社會主義者，與他們繼續交際，於前程不利。當時他本人明言今後絕對不再與堺等交際，我也相信了他的話。總之，警察既處以驅逐出境，諒已掌握大量證據。[254]

但是，宮崎滔天接着又説：「使鄰國支那一青年不得再度入境的做法，未免太過狹隘，我若主事，決不如此處置。」這話一方面表現了宮崎滔天作為中國革命支持者的風骨；同時，在當時到處高喊警惕「赤化運動」的形勢下，他至多也只能把話説到這個程度。

與施存統有交誼的中國留學生大部分表面上反應冷淡，比如田漢説：「假使真如報上所説那樣宣傳社會主義，串通日本社會主義者危害日本治安，也只有被處以驅逐出境。」[255]就這樣，施存統匆匆忙忙做了回國的準備之後，12月28日，在三崎館住處與同住的約20名中國學友一起「共進茶點約十分鐘」，[256]傍晚，在兩三個朋友的陪同下趕赴橫濱，又在神奈川縣警察局刑警的護送下，登上「亞利桑那丸」，走進了三等統艙。據報紙報道，身着豎領制服的施存統不時從窗口眺望陸地，面露淒涼。[257]第二天即29日上午八點半，載着施存統和兩名警視廳警官的「亞利桑那丸」起航了。[258]

在到上海的船上，施存統顯得氣宇軒昂，驅逐出境似乎使他更加堅定了自己的信念。他對護送他的警視廳的警官大膽地説了這樣一番話：

這次，日本政府驅逐我出境，把我趕出國外。鑒於我在日本的行動，現在日本政府的措施也是理所當然的。也就是説，這都是現在日本的各種制度使然，我沒有任何反感。然而，我回國後，準備就此次離境在《民國日報》副刊《覺悟》上面發表

感想。……現今俄國已經全面赤化，人民生活得自由幸福。然
日本各報仍在刊登與此相反的文章，説到底都是為資本家進行
宣傳。中國眼下文化運動正盛，將來再興起工人運動、軍隊運
動，相信必定能夠赤化。日本將來也有可能赤化。所以，我將
以各種方法對日本聯繫。……總之，我將來不會拋棄現在信奉
的主義，還要更加研究它，還要更進一步地聯繫日本人。[259]

　　這些話，清楚地表明了一個獲得了共產主義信仰的中國青年
無限期望俄國革命、憧憬世界革命的心情；他表示要繼續與日本
同志聯合，盼望日本興起革命，則婉轉地表達了他對日本社會主
義運動的共鳴，和對使自己加深了對馬克思主義的理解的感謝。
對於確立了自己堅定信念的施存統來講，已經沒有什麼東西值得
害怕。他正在前往的中國，已經湧現出了一批和自己一樣信仰共
產主義的青年，而其核心中國共產黨正迫切需要更多的積極分子
來加入。

　　從浙江農村到杭州，再到北京、上海、東京，然後再回到上
海，施存統所走過的這些道路，也是五四青年們為了不斷地追求
新思想和變革中國的方案，從尊儒到反儒、又從無政府主義、工
讀互助團運動到馬克思主義、布爾什維克主義所走過的道路。在
他把握着馬克思主義這個畢生的指針回到上海時，已經沒有了青
年時代的彷徨。載着施存統的「亞利桑那丸」經過神戶、門司抵達
上海時，已經是新年過後的 1922 年 1 月 7 日。[260] 共產黨給回國的
施存統分配的，是黨的外圍組織社會主義青年團的總負責人這樣
一個重要職務，他立即把全部精力投入到了這項工作中去。得到
施存統這樣滿懷理想而又富於朝氣的青年的支持，召開過第一次
全國代表大會的中國共產黨正式登上「革命」舞台的日子已經為時
不遠了。

終章

永遠的小聚會

今年 (2021年)，中國共產黨迎來了成立100週年的盛典。眾所周知，中國共產黨將7月1日定為黨的成立紀念日，因此建黨100週年的慶祝活動通常在此日舉行。然而若將黨的起點放在「一大」，那麼正如本書所述，「一大」開幕的實際日期是7月23日。但直到1950年代末確認了記載該信息的資料 (俄語文件《中國共產黨代表大會》)，再到1980年代這份檔案廣為公開，中共已在很長一段時間內將7月1日作為黨的紀念日 (七一)，舉行了各種各樣的紀念活動。對此，中國共產黨曾有過這樣的說明：

> 雖然黨的誕生紀念日並不是「一大」開幕的具體日期，但是，幾十年來「七一」這個光輝的日子已經深深地銘記在全黨和全國各族人民的心中，所以根本沒有必要改變黨的誕生紀念日。[1]

那麼，包括制定七一節在內，中共是從何時開始、以何種方式決定黨的成立紀念活動的呢？中共紀念建黨的歷史，可追溯至1930年代中期。後來，建黨的意義被不斷加大宣傳。特別是1949年之後，這個最初僅有13人參加的小聚會，一躍成為歷史上廣受

矚目的重大事件。1950年代初，在上海確認了「一大」會場遺址之後不久，就馬上展開了復原工程，原本很普通的民居轉眼成為宏麗的紀念館。同時一舉推進的，還有聚焦「一大」、有關建黨活動的資料收集及研究。某種意義而言，上海新天地的中共「一大」會址紀念館的發展歷程，也是講述「一大」如何被紀念、被彰顯的歷史遺跡。[2]

就這樣，「一大」的意義越來越被顯揚，圍繞「一大」與建黨活動的史實也被賦予莫大的意義，並似乎逐漸影響到有關「一大」參與者和早期中共黨史的研究。這小小的會議得到了與本身不甚相稱的關注，甚至改變了相關人士的人生。在本書即將結束的時候，作為「尾聲」，讓我們來看看這小小的會議是如何被紀念的，大會出席者的人生又因此受到了怎樣的影響。也就是說，大會與大會出席者的「後續」究竟是如何。但是，如果仔細研究「一大」的紀念方式，就會發現其與某個問題密不可分，即如今中共「一大」研究資料是在怎樣的時代中誕生的。

被紀念的「七一」──從紀念日到開幕日

中共「一大」召開後的數年間，這個在上海法租界舉行的小集會可以說幾乎已被遺忘。共產黨時常根據歷史重大事件的發生日期，以「某某事件某某週年」為名舉行活動，但在早期，卻沒有紀念過黨的成立本身。紀念黨的成立、並為之慶祝，則是稍微遲一些的事，一般認為，最早的事例是1936年夏天舉行的建黨15週年紀念活動。

不過，這個活動是當時駐莫斯科的中共代表團主持的，舉行之前也並未與國內的中共中央商量。當時，中國國內的共產黨剛剛結束了長征，不要說建黨紀念活動，就是與莫斯科的無線電通訊也

是好不容易才恢復。但莫斯科的紀念活動(出席「一大」的陳潭秋致辭等等)[3]卻不是在成立紀念日舉行,活動本身最初也是計劃在8月1日進行,因為與其他活動日程衝突,後來延期至8月7日舉行。[4]

　　與之相對,7月1日這個現在的建黨紀念日據說是兩年後經過如下的過程制定下來的:1938年5、6月間,毛澤東在延安舉行的演講〈論持久戰〉中說:「7月1日,是中國共產黨建立的17週年紀念日,這個日子,又正當抗戰的一週年。」這篇文章在7月1日刊登於共產黨的機關報《解放》(第43、44期),是將共產黨的成立與「七一」相結合的最早事例。又據說因為當時完全沒有能確定第一次大會召開日期的資料,於是毛澤東與董必武等當時在延安的相關人士討論之後,姑且將紀念日定在了月初的一號,便是「七一」的由來。[5]

　　這種意義之下,毛澤東在演講中不將「七一」作為黨的成立日(即大會召開之日),而堅持稱其為黨成立的「紀念日」,也可以說是留下了一些餘地,即「紀念日」與真正的召開日期之間可能存在出入。只是就通常的感覺而言,既參加過「一大」、又是黨的領導者的毛澤東,沒有作特別說明,就說「7月1日是中國共產黨建立的17週年紀念日」,那麼這應該也很容易被理解成7月1日或許發生了什麼和黨成立相關的事件。

　　1938年以後,共產黨將「七一」作為黨成立的「紀念日」來慶祝,但隨着年復一年的紀念,「七一」不僅僅是紀念日,而被理解(甚或誤解)成黨事實上誕生的日子——這也在所難免。更何況,共產黨自己在1941年發出的紀念慶祝通告中,也稱「今年七一是中共產生的20週年」,[6]不知不覺中也助長了這樣的理解,因而「七一」被作為黨誕生的日子寫入歷史書,只是時間問題而已。

　　在黨內知名人士撰寫的文章中,明確記載7月1日召開了黨的第一次大會的文章,最早是蕭三的〈毛澤東同志的初期革命活動〉

（《解放日報》1944年7月1日）。正如前文所述，蕭三的毛澤東傳
對「一大」參加者通說的形成起到了一定作用，關於「一大」會期，
也明確稱「1921年7月1日，中國共產黨在上海召開第一次成立大
會」。這樣，「七一」就不單是紀念日，還成了中國共產黨最早召
開大會的日子。在胡華《中國新民主主義革命史》（1950年）、胡喬
木《中國共產黨的三十年》（1951年）等中華人民共和國成立之初刊
行的黨史代表作中，這一見解被全盤繼承，在人民共和國初期大
約30年間，「一大」開幕日是7月1日已成定論。

資料的篡改

　　定論一旦成型，常常會有獨自的走向，進而束縛人們的常
識，甚至遮蔽歷史的真相。原本不過是紀念日的「七一」，經過
1940年代，因為已經被替換為共產黨最早召開的大會日期，到了
中華人民共和國時期，還出現了這樣的逆轉現象：本來先於定論
存在的歷史資料或相關人士的回憶錄為了符合這一「定論」而作出
改變。也就是說，儘管證據上顯示，「七一」作為「一大」會期有些
站不住腳，但既然是黨定下的紀念日，那麼無論如何也要將它跟
黨的成立日聯繫在一起，這種努力可謂本末倒置。

　　在陳潭秋撰寫的「一大」回憶錄中，就可以看到這樣倒置的例
子。陳氏回憶錄〈第一次代表大會的會議〉撰於黨成立15週年的
1936年，刊登於共產國際的刊物《共產國際》。《共產國際》是莫斯
科發行的中文雜誌，故其流通範圍未必有多廣。而陳潭秋本人也
沒有見到人民共和國的成立就死於獄中（1943年），因此儘管是有
關「一大」的重要回憶錄，卻是不大容易見到的資料。中華人民共
和國成立之後的1952年，該回憶錄刊登《黨史資料》的創刊號。
但奇怪的是，在中國國內重新發表的陳譚秋回憶錄中，有幾處作
了未加說明的更改。

現將陳氏回憶錄原版與《黨史資料》版排列如次：（圖二十三）

圖二十三　陳潭秋回憶的兩個版本（左：《共產國際》中文版的陳潭秋回憶；
右：《黨史資料》發表的陳潭秋回憶）

　　1921年的夏天，上海法租界蒲柏路，私立博文女學校的樓
上，在7月下半月，忽然新來了九個臨時寓客。……這次到會
的一共有13個人……7月底大會開幕了。

（《共產國際》1936年第4/5號，第83–84頁）

　　1921年6月的下半月，在上海法租界蒲柏路的女子學校，突
然來到了九個客人。……中共第一次代表大會是在7月初開的。

（《黨史資料》第1期，1952年，第3–4頁）

　　也就是說，原先的回憶錄中，明明寫了大會是在7月末開幕
（出席者在這之前的7月下半月抵滬），但後來被改成了大會於7月
初召開，為了符合這一邏輯，代表們的抵滬時期也相應改為「6月
下旬」。這只能是一種可能，即把原本顯然是「7月底」召開的資

料強行「篡改」為可證明是「七月初」召開的資料。[7]又及，《黨史資料》絕不是面向一般讀者的刊物，而是面向研究中共歷史的極少數專家的內部讀物。在這樣的刊物上，卻未經說明就更改了資料內容，許多不能見到《共產國際》版原文的專家大概就把這則資料當成了可以說明「7月1日召開一大」的證明。這是因為遵守「七一」說這種當時的普遍說法，要比原樣公開歷史資料更為重要。[8]

再舉一個相同的例子。1979年，參加過長征的紅軍將領蕭鋒出版了《長征日記》，其中1935年7月1日條中，寫到長征中的紅軍部隊舉行了「慶祝黨成立14週年」的活動。[9]如果這一記述屬實，那麼就是黨最早期的成立紀念活動，但由於日記在出版之前有過整理和刪改，因此這一部分也極有可能經過了後來的改動。整理日記之際，看到「七一」這個日期的瞬間，就立刻想到這正是慶祝建黨的紀念日，於是便改成了有紀念活動，甚至自己也參加了。從這個例子足見即便是日記也不可輕信。

要之，「七一」這一日期深深刻在中國人心上的數十年，正是在這種不自然的異樣氛圍中，以錯誤的事實認知束縛人們記憶與心靈的時代。同樣，熱心搜集中共「一大」相關資料，同時向相關人士約寫回憶錄或進行採訪，也正是在這種氛圍之下進行的。上一章第一節列舉了董必武的例子，由此提請讀者注意，圍繞「一大」出席人數的回憶常常受到各相關人士「政治立場」的影響。而相關人士圍繞「一大」開幕日、即黨的成立紀念日的回憶中，這種情況同樣有顯著的表現。

想不起來的日期 ——「七一」與「一大」出席者的「後半生」

在這裏，還要重新請出本書中屢屢登場、參加了中共「一大」的四位人物。也就是順利活到1949年之後，並生活在中國大陸的四位出席者：董必武、李達、包惠僧、劉仁靜。

對他們而言，1949年既是他們曾經見證成立大會的這個政黨迎來巨大成就的年份，也是他們開始回憶這個政黨成立細節的年份。此外，毛澤東雖然確實也參加了「一大」，且生活在中國大陸，但因為他後來幾乎登上神壇，自不可與這四位同一而論。

如前所述，1949年以後，「七一」不僅是紀念日、還是大會召開之日——這一理解已成定論，但是在中國共產黨的歷史研究部門、或中共「一大」相關人士之間，私下似乎仍存在這樣的懷疑意見：大會日期好像不是7月1日。然而不是7月1日，又是何時？由於無法確認這點，因而對這四位曾經的參會者進行了反覆的採訪，嘗試了種種能夠回憶起日期、或有關日期線索的努力。也就是說，從1949年開始，直到他們去世，這四位被反覆詢問了同一個問題。

以今日的感覺而言，很難說明他們當時受到了怎樣的重壓。因為那還是篤信「天大地大，不如黨的恩情大」（歌曲《爹親娘親不如毛主席親》的歌詞）的時代。當然，採訪一方內心並未期待相關人士能突然回想起具體日期等信息。而且，因為人的記憶力本就存在局限，且不論30年前的會議的場所、成員等，最難記住的日期自然更不容易回憶起來，能記得反倒奇怪。實際上，他們在採訪中，不僅對日期，很多時候都會回答「記不太清了」。當然，他們四人肯定也不能直說「沒想到那一天的相聚會成為載入史冊的一天」。接下來，我們依次來看1949年之後，他們四人不同的社會地位對各自的回憶造成了怎樣的影響。

【董必武】

留在共和國的四名「一大」代表當中，社會地位最高的當然是董必武，那時他已身居國家副主席之位，同時還是中共中央政治局委員。可以說，這四名當事人之中，董必武相對而言最有條件較為自由、直率地表達觀點。董必武最早談及「一大」日期，是在

1929年年底所撰的〈給何叔衡的信〉，[10]信中他只提「7月（？）」，還加上括弧和問號，這意思就是「好像是7月，但是正確不正確沒有把握」。後來在1956年，他接受報社採訪的時候，就明確回答說「黨的第一次全國代表大會是在1921年7月1日召開」。[11]原先只有模糊記憶的董必武過了幾十年忽然想起了具體的日期，最大的可能就是他附和了當時的固定說法。

由於身居高位，董必武能夠較早地看到莫斯科歸還的那份俄語文件。1959年，中央檔案館送來這份俄語文件請董必武作鑒定，他在覆信中說，「在未發現中文文字記載以前，我認為是比較可靠的材料」。[12]至於開會日期，他讀了俄語文件的記載，即「直到7月23日代表們全部到達上海，於是代表大會開幕了」以後，說：「究竟是23，還是哪一天，也不肯定，我黨已定『7月1日』為黨第一次代表大會開幕日期，我想不變也可以。」[13]再後來的1971年，他在一個黨史工作人員的內部會議上表示，「7月1日這個日子也是後來定的，真正開會的日子沒有哪個說得到的」。[14]

就是說，他在與從事黨史研究的工作人員座談時曾小範圍告知七一不是實際的日期，另一方面也認為，七一既然是黨決定的日期，俄語文件的出現也不會影響這一決定。可以說，因為有相當鞏固的黨內地位，董必武對「一大」日期的回憶和反應是比較現實、比較靈活的。同時，我們也不能忽視，他把那份俄語文件叫作「秘密文件」、「國家機密」，根本沒有考慮公開發表這份歷史材料。[15]

【李達】

與董必武比較靈活的回應形成鮮明對比的，是李達、包惠僧、劉仁靜這三位有離黨經歷的人。因為他們都是所謂的有歷史問題的人，考慮到自己的發言、回憶錄或許會引起負面風波，所以他們不得不慎重一點。這三人當中，始終保持固執態度的是李

達。李達，中共「一大」的上海代表，1923年離開中共後，長期從
事教育、著述方面的工作。共和國成立之前，曾專程來北京參加
新政協會議，共和國成立後不久由劉少奇介紹、毛澤東等人做歷
史證明人，重新加入中國共產黨。後來歷任湖南大學校長、武漢
大學校長，也曾作為馬克思主義哲學家、毛澤東思想研究專家開
展工作，是一位非常著名的教育家。他重新入黨時受到毛澤東的
親自鼓勵，毛澤東說，「早年離開了黨，這是在政治上摔了一跤，
是個很大的損失。往者不可咎，來者猶可追」。[16]李達對毛的鼓勵
非常感激，據說，為了不辜負毛的期待，也為了洗刷「脫黨」這負
面經歷，李達無疑比別人更加努力積極地遵守、配合黨的方針。
從這個意義上來說，他必須成為一個最堅定忠誠的黨員。

　　李達在1920年代末曾提過「一大」的日期，不過他1928年時的
相關記載只是「民國十年夏季召集第一次代表大會」。[17]與董必武一
樣，李達的記憶也是十分模糊的。李達第一次明確提出「一大」召
開日期的文章是1949年重新入黨時寫的自傳。在這自傳裏，李達
詳細地回顧了建黨過程，關於「一大」的日期，他說，「7月1日下
午7時在貝勒路李漢俊寓所舉行第一次會議」。[18]他的回憶講到大
會開幕的具體時間，即下午7時，但據認為「7月1日」這個日期不
是直接來自自己記憶的日期，因為他寫這份自傳的時候，中共黨
史著作已經把七一認作「一大」召開的歷史上的日期。[19]顯然，原
先只有模糊記憶的李達，為了配合黨的固定說法，積極追隨了當
時的定說。但與董必武不同的是，此後，李達一直固執地堅持了
七一說，不曾動搖過分毫，甚至在1959年中央檔案館送來那份俄
語文件、詢問「一大」具體情況時，他也硬說「『一大』開會的具體
時間是7月1日」，並說「蘇聯中央檔案中關於『一大』的材料，是
不確實的」。[20]李達那種固執己見的強硬立場與董必武較為現實、
靈活的態度形成了鮮明的對比。

　　據筆者掌握的資料，從1949年到1966年文革中含冤死去時為止，李達總共有十多次回憶起「一大」的情形。簡單而言，他平均每年至少要接受一次以上的採訪，而且每次都被詢問同樣的問題。李達每次回憶開會的具體時間，如晚上幾點，雖然有稍微的變化，但在7月1日召開這一點卻是堅定不移的。這說明，他可能因為懷有脫黨分子這樣的內疚，才特意做出超人的努力來沿襲黨的固定方針、固定說法。結果，黨史上的固定說法最後甚至變成了自己記憶的一部分了。

　　那麼，作為一名忠誠的黨員，李達是不是從來沒有說過與權威觀點不一致的話呢？其實，他曾經披露過一些有趣的軼事。那是在1962年，李達在湖北省委黨校的一個訓練班上講話時，曾說過毛澤東、何叔衡參加「一大」的時候是「S. Y.」而不是「C. P.」。他說他當時對這兩位湖南代表說「你們既然來了就參加C. P.開會吧，以後回去在湖南就組織C. P.」。[21]現在來看，這是一個重要證言，說明了建黨時期黨團不分的情況。但是，讓李達未曾料到的是，他無意中說的這個證言卻導致了無法挽救的後果，那就是：1966年武漢大學開始批鬥李達的時候，這個講話作為罪行材料被揭發了出來，作為「惡毒攻擊毛主席革命經歷」的罪證。據說，李達看了這份揭發材料後，意氣消沉地說：「真後悔，我當時不該把這實況講出來，引來這場大禍。」[22]李達的這一境遇說明當時的所謂回想過去的確是十分敏感的政治行為。

【包惠僧】

　　1949年專程到北京與中央領導見面的「一大」代表還有包惠僧。包惠僧也是脫黨分子，1927年悄悄離開黨的組織，後來變成了國民政府的官員，曾歷任幾個不大不小的職位。留在大陸的他，把脫黨後的情況向黨組織交代後，幸運地被安排了內務部研

究室研究員、國務院參事等比較清閒的職務。與李達不同，長期
在國民黨陣營的包惠僧不可能重新入黨。但正是由於這樣的身份
和地位，使得從事過新聞工作、又沒有李達那樣重大壓力的包惠
僧能夠憑藉自己的記憶去撰寫中共早期的回憶錄。這就是1953年
接受中央宣傳部黨史資料室的採訪後寫成的回憶錄。在這篇文章
裏，包惠僧說，「開會的時間，是在各學校放暑假不久，約計總在
7月10日左右」。[23]這篇回憶錄後來經過修改，1957年以「棲梧老
人」為筆名發表在《新觀察》第13期上。那就是引起海內外專家們
關注的〈中國共產黨成立前後的見聞〉。

　　不過，包惠僧原先寫的「7月10日左右」召開這一說法明顯與當
時的固定說法有衝突，並且「7月10日左右」召開也缺乏可靠的根
據，結果1957年《新觀察》公開發表的時候，這篇文章就只寫了「在
各學校放了暑假以後」。就是說，與當時的定說有衝突的「7月10日
左右」這一具體日期被慎重地刪掉了。結果讀到「在各學校放了暑假
以後」的讀者，理所當然地理解成召開日期應當是7月1日。這就說
明，1950年代的新聞界裏，包惠僧一個人的力量是絕對無法打破固
定說法的。文革結束後的1978年，熬過十年浩劫的他能夠有機會
再次回顧中共「一大」召開的具體日期時，他說：「在我記憶中不是
7月1日，而是7月半前後，那時正放暑假，不然在中學當教師的陳
潭秋、董必武都不可能來出席會議的。」[24]當時對包採訪的是黨史專
家，那麼他們理應向包惠僧告知所謂俄語文件的內容。正因為如
此，第二年包惠僧重新回憶「一大」時，「一大」的召開日期再往後移
動，就是「7月15日以後」，或者「7月20日左右」。[25]

　　這裏補充一句，董必武、李達的回憶也好，包惠僧的回憶也
好，他們的回憶，尤其是1949年以後的回憶，可以說都是某種
「學習」的產物。不同時期的回憶有不同內容，只能說他們「學
習」時的課本不同而已。在俄語文件發現之前，那課本是以胡喬

木的書為代表的黨史權威著作的説法，那之後就是俄語文件。當然也有像李達那樣拒絕接受俄語文件的記載而堅守黨的固定説法的當事人。

【劉仁靜】

眾所周知，劉也是脱黨分子，但與李達、包惠僧不同的是，劉離開中共後參加了托派組織，而在中華人民共和國初期的政治指標上，托派被認定為「工人階級之死敵的匪幫、奸細」。[26] 對很多托派人士來說，人民共和國的成立就意味着托派活動的最終破產。因此，以托派領袖而聞名的劉仁靜等人，在人民共和國不得不靠認錯來清算過去。劉在1950年年底《人民日報》上發表的聲明就是他的自我批評。後來改名為「劉亦宇」的他，被安排在人民日報社工作，打個比方說，當時的他雖未坐牢，但實際上是身在獄外的政治犯人。結果就是，與前面講的三人不同，尋訪他的黨史專家並不多，他自己也不敢寫有關建黨時期的回憶錄。後來隨着文革的爆發，他果然被公安局收審，一關就是十一年半。等到他恢復自由、有人來尋訪的時候已經是1979年了。當年訪問劉老的邵維正教授描述當時的情景說：

> 對劉仁靜的訪問就很不容易了。當我費了很多周折，找到了他在白雲路的新居時，老人沉默寡言，十分拘謹，對我問的幾個問題都是一句同樣的回答：「年齡大了，記不清了。」對此我冷靜想了想，又覺得可以理解。劉老一生坎坷，幾度磨難，對人對事十分敏感，尤其是對涉及歷史、政治方面的問題更是謹小慎微，這大概是他不願開口的內在原因。[27]

據說，後來受到邵教授的慰問和鼓勵，諸如「現在時代變了」，或「回憶已不是政治問題」等，劉仁靜思想上的戒備也逐漸

放鬆了，開始說上一兩句話。但十分意外的是，他的那一兩句話卻給邵教授提供了一條解決「一大」日期問題的線索。就是說，劉仁靜回想當年赴上海參加「一大」之前，曾出席了在南京舉行的少年中國學會的大會。邵教授馬上去翻查少年中國學會的會刊，果然，該學會的大會確實在南京召開，而出席者名單上也果然有劉仁靜的名字。但十分偶然的是，少年中國學會大會的開幕日期恰恰是7月1日。[28] 至此，中共「一大」的召開日期肯定不是七一、而是比七一晚就得到了證實。當時邵教授等黨史專家已知道俄語文件的內容，對日期不是七一已經有把握，所以客觀地說，劉仁靜回憶的衝擊力已經不是那麼大。但劉仁靜對黨史專家千方百計找來的資料卻感慨萬分，從而得到了勇氣，解開了長期封印的記憶。那就是收錄於1980年版《一大回憶錄》中的劉仁靜的長篇回憶〈一大瑣憶〉。[29] 這篇文章就像其題目所表示的那樣，是一份圍繞「一大」的回憶，但就其形成過程而言，卻可以說是一個離黨分子恢復人性的珍貴記錄。

　　就這樣，留在大陸的四名「一大」出席者，由於「一大」以後的政治處境不一，四人四樣地面對了後來變成「開天闢地的大事變」的那一次小型會議。其實，這四個人的回憶產生的經過、背景都不一樣，那麼能不能對這些形成過程各不一樣的回憶一概論之呢？於此可見，研究中共「一大」最需要注意和探討的，與其說是「一大」會議本身舉行得如何，不如說是1949年以後「一大」研究是在何種資料狀況下、以及在何種意識形態下進行的。[30]

　　如今，發掘「一大」本身的新資料已不容易，但若探討「一大」研究的歷史、相關資料的形成過程，則還有很多研究的餘地。換言之，「一大」研究的困難在於原始材料十分稀少，同時也在於不同環境、條件下形成的回憶錄太多。為什麼回憶如此之多？前文介紹的四名「一大」代表在回想「一大」之際，為何會那般辛苦、那般

費精神？為什麼有關「二大」的研究沒有「一大」的那麼多、那麼受矚目？皆是因為中共「一大」作為中國共產黨的起點，有着極大的象徵意義。但太大的象徵意義是否給回想「一大」經過的出席者、從事「一大」研究的黨史工作者、甚至給黨史界帶來了過大的壓力？我們現在也常說黨史研究與一般的史學研究不同，政治性很強，但是1949年到文革時期的黨史研究所背負的政治意味則比現在更強。其實按現在的標準來看，那段時期的黨史研究是在相當不正常的意識形態下進行的。那麼，那段時期的政治環境給中共「一大」研究乃至黨史研究起到了何種作用？在我看來，解決這些問題對進一步深入研究「一大」一定會有很大的幫助。

可以說，1921年7月在上海舉行的這場小規模會議，後來改變了中國的命運。因為以此會議為契機而始的中國共產黨的革命運動，歷經28年的艱苦奮鬥與曲折坎坷，最終誕生了巨大的成果：中華人民共和國成立了。曾參加過這個小會議的董必武後來重訪會場舊址時，回顧由「一大」起步的黨的歷程，懷着某種感慨，揮毫作書：「作始也簡，將畢也鉅。」再看如今擁有將近一億黨員、已成為世界最強政黨的中國共產黨，對這句引自莊子的名言應該也有更深切的感受。

只是，100年前的那個夏天，究竟有多少參會者是懷着這樣的信念前往會議現場的呢？如果當時真有人確信，今天這個日子召開的會議將銘刻於歷史，成為偉大的起點，那麼一定會在日記之類的文字裏留下包括日期、會議梗概之類在內的記錄。遺憾的是，這類記載並未留到今天。這也是圍繞中共「一大」展開的研究總是伴隨很大困難的緣故。正如本書詳述的那般，比起「一大」象徵意義之巨大，「一大」本身的資料實在太少。同時，又如前文提到的董必武之例所見，不得不承認如回憶錄之類日後完成的資料存在不少

先入之見。更極端地說，根據各種資料復原「一大」當時情況的工作當然重要，而只有闡明後來圍繞「一大」展開的定義或相關研究、史料編纂、定論之形成究竟是怎樣的情況，關於「一大」具體的史實考證才能算完成。「一大」是如何被紀念的，又是如何被研究的，「一大」的資料經過了怎樣的處理？在本書增訂版中，筆者對這些問題懷有比從前更大的關心，進而對「一大」展開了種種考證。

在慶祝建黨100週年的熱烈氣氛中，除了今年出版的書籍之外，必然還會有無數筆墨再次投入到有關中共「一大」成員、日程等種種問題之上。[31] 然而，若不思考這些研究依據的諸多回憶錄是在怎樣的時代氛圍中誕生、又是出於何種立場寫成，那麼這些研究乍一看似是「考證」，到底卻只是資料的互相排比與拼湊而已，幾乎沒有什麼意義。歷史學家非常重視孜孜矻矻挖掘細小的史實，在當中發現歷史深處的真相與啟示，並稱之為「上帝在細節之中」。另外，也有這樣的情況，雖然同樣是考察細小的史實，但對於人類或社會整體而言卻談不上有什麼意義，這些往往就被評價為「鄰貓生子」式的研究。[32] 在這世上有無數的事實與現象，因此必須從中發現什麼是有價值的問題。也就是說，應當找到並選擇那些細節中藏着上帝的問題。

那麼，有關中共「一大」種種細小的史實，又屬於什麼樣的問題呢？稍微冷靜一些思考就會明白，對於諸如官方黨史撰述、紀念活動、展覽等格外重視「一大」的場合而言，「一大」代表的人數和成員或許是很重要的問題，但人數、成員並不會對黨的成立概況或意義產生決定性影響。那裏並沒有藏着上帝。上帝藏在哪裏呢？應該是這裏：為什麼後來這小小的會議在中國會被賦予神聖的意義，考證相關史實之際為什麼竟投入了這般巨大的人力物力？

　　因此，我們這些在海外進行中共黨史研究的人，就不應滿足於和中國國內的黨史研究者在同樣的角度埋頭考證，滿足於「與鄰居一起數小貓」，還應關注到「鄰居家為何在意小貓有幾隻」。此外，鄰居的思想與意識因之發生了怎樣的變化？如果可以搞清楚這些問題，那麼這樣的研究雖然也是在關注細小史實，卻無疑能夠讓讀者切實感受到「上帝在細節之中」。改革開放至今已過去了四十多年，包括「一大」在內的黨史研究已有了相當程度的發展，而在躬逢百年慶祝盛典的今年，也應該到了好好思考以上這些問題的時候。

附錄一
日中社會主義文獻翻譯對照表

　　本篇係將1919年至1922年間發表在中國國內報刊，且屬譯自（包括部分翻譯）或大量引用日語文獻的有關社會主義的論文，按原著者分別整理而成。其中，這期間經常被翻譯、引用的山川均、山川菊榮、河上肇、高畠素之、堺利彥等分別單獨列項，並以發表時間先後為序排列論文名、書名於下；其餘原著者則另作一項，同樣以發表時間先後為序排列。整理本篇時，盡量多地調查了各種報刊；但是，要把五四時期發行的大量雜誌全部閱讀是不可能的，因此，本篇主要是同時期日本有代表性的上述五位社會主義學者的著作在中國翻譯的情況，而關於其他學者，則殊難全面反映。

　　屬同時翻譯或參考多部日語文獻而成的漢語譯作，皆以「*」記號標出。報紙、雜誌、單行本的卷號、刊行日期（版權頁的發行日期，有時與實際刊行日期不符），原則上採如下方式標注。報紙及報紙副刊：發行年、月、日；雜誌：卷–號（或刊行年–月）；單行本：刊行年（有時同時標出月份）。

【山川均】

〈勞動運動戰術のサボターヂュ〉(《改造》1919–9)
　　戴季陶:〈《薩波達舉》的研究〉(《星期評論》34,1920.1) *
〈現代文明の經濟的基礎〉(山川《社會主義者の社會觀》1919.11所收)
　　施存統譯:〈現代文明底經濟的基礎〉(《覺悟》1921.2.23–24)
〈フランス勞動總同盟の研究〉(《改造》1920–4)
　　鄒敬芳譯:《勞動總同盟研究》(泰東圖書局,1921.5)
〈勞農露國の經濟組織〉(《社會主義研究》2–7,1920.9)
　　陳國榘譯:〈蘇維埃俄國底經濟組織〉(《國民》2–4,1921.5)
〈產兒調節と新マルサス主義〉(《改造》1920–10)
　　平沙(陳望道)譯:〈生育節制和新馬爾塞斯主義〉(《婦女評論》1922.5.
　　17)
〈勞農露國の勞動組合〉(《解放》1920–10)
　　陳望道譯:〈勞農俄國底勞動聯合〉(《新青年》8–5,1921.1)
〈ソヴィエット露國の農業制度〉(《社會主義研究》2–9,1920.11)
　　周佛海:〈勞農俄國底農業制度〉(《新青年》8–5,1921.1)
　　陳國榘譯:〈蘇維埃俄国底新農制度〉(《國民》2–4,1921.5)
〈カウツキーの勞農政治反對論〉(《社會主義研究》3–2,1921.3)
　　施存統譯:〈考茨基底勞農政治反對論〉(《覺悟》1921.4.22–29)
　　施存統編譯:《社會經濟叢刊》(泰東圖書局,1922.1) *
〈勞農治下のクロポトキン〉(《社會主義研究》3–2,1921.3)
　　鳴田抄譯:〈由英歸俄後的克魯泡特金〉(《覺悟》1921.4.7)
〈勞動組合運動と社會主義〉(《日本勞動新聞》45,1921.3)
　　光亮(施存統)譯:〈勞動組合運動和階級鬥爭〉(《覺悟》1921.8.19)
〈社會主義國家と勞動組合〉(《改造》1921–4)
　　周佛海譯:〈社會主義國家與勞動組合〉(《新青年》9–2,1921.6)
〈勞農ロ國無政府主義の人人〉(《社會主義研究》3–4,1921.5)
　　施存統譯:〈勞農俄國底安那其主義者〉(《覺悟》1921.6.1)
〈ソヴィエトの研究〉(《改造》1921–5)
　　均:〈勞農制度研究〉(《共產黨》5,1921.6)
　　王文俊譯:《蘇維埃研究》(北京知新書社,1921.8)
《レーニンとトロツキー》(1921.6)
　　張亮譯:《列寧傳》(人民出版社,1922.1)
〈梅雨時期の日本〉(《改造》1921–7)
　　羅豁譯:〈梅雨節的日本〉(《覺悟》1921.7.12)
《勞農露西亞の研究》(與山川菊榮合著,1921.9)

　　李達編譯：《勞農俄國研究》(商務印書館，1922. 8)

《勞農革命の建設的方面》(與山川菊榮合譯，原著者：列寧，1921. 9)

　　象予譯：〈勞農俄國底建設事業〉(《晨報副鐫》1922. 2. 15)

《農村問題》(與堺利彥合著，無產社小冊子，1921. 10)

　　Y. D. 譯：〈農民為什麼苦呢？〉(《覺悟》1921. 12. 6)

《タンクの水》(1921. 11)

　　晉青(謝晉青)譯：〈奴隸和鐵鎖〉(《覺悟》1921. 11. 14)

　　長庚譯：〈水槽底水〉(《覺悟》1922. 5. 1)

〈インタナショナルの歷史〉(《社會主義研究》1922–9)

　　熊得山譯：〈國際勞動同盟的歷史〉(《今日》2–3，1922. 10)

此外，還有以下兩篇譯文：

李達譯：〈從科學的社會主義到行動的社會主義〉(《新青年》9–1，1921. 5)

譯者無署名：〈對於太平洋會議的我見〉(《新青年》9–5，1921. 9)

【山川菊榮】

〈一九一八年と世界の婦人〉(《中外》1919–2)

　　李大釗：〈戰後之婦人問題〉(《新青年》6–2，1919. 2)

〈社會主義の婦人觀〉(翻譯，原著者：P. Rappaport，《社會主義研究》1–1，
　　1919. 4)

　　衡譯：〈社會主義的婦人觀〉(《覺悟》1919. 6. 20)

　　鶴鳴(李達)譯：〈社會主義底婦女觀〉(《婦女評論》1921. 10. 5)

〈五月祭と八時間勞動の話〉(《解放》1919–6)

　　李大釗：〈「五一」May Day運動史〉(《新青年》7–6，1920. 5)

《婦人の勝利》(1919. 6)

　　藹廬譯：〈歐美近代婦女解放運動〉(《解放與改造》1–4，1919. 10)

　　K譯：〈山川菊榮女史婦女解放的意見〉(《北京大學學生週刊》5，1920. 2)

　　Y. D. 譯：〈日本婦女狀況〉(《婦女雜誌》7–1，1921. 1)

　　李漢俊譯：《婦女之過去與將來》(商務印書館，1921. 7)

　　黃芬譯：〈原始社會的男女關係〉(《學燈》1921. 9. 21)

　　嬰彥譯：〈男女爭鬥之過去現在及將來〉(《婦女雜誌》8–2，1922. 2)

〈世界思潮の方向〉(《解放》1919–8)

　　金剛、李漢俊譯：〈世界思潮之方向〉(《覺悟》1919. 9. 5)

〈婦人論に序す〉(A. Bebel著，村上正雄譯《社會主義と婦人》，1919. 8序文)

　　戴季陶譯：〈現代女子問題的意義〉(《星期評論》23，1919. 11)

〈婦人勞動運動の大勢〉(《勞動年鑑(大正九年版)》1920. 5所收)

吳文庵譯：〈各國婦女勞動運動的大勢〉(《勞動界》1，1920. 8)

〈勞農露國の結婚制度〉(《解放》1920–10)

　　李達譯：〈勞農俄國底結婚制度〉(《新青年》8–6，1921. 4)

〈勞農露西亞に於ける婦女の解放〉(《社會主義研究》3–1，1921. 2)

　　徐增明譯：〈勞農俄國底婦人解放〉(《學燈》1921. 5. 26)

　　李達譯：〈勞農俄國底婦女解放〉(《新青年》9–3，1921. 7)

〈勞農露國の代表的三婦人〉(《社會主義研究》3–1，1921. 2)

　　徐逸樵譯：〈勞農露國代表的三婦人〉(《學燈》1921. 3. 2)

〈勞農露國婚姻法〉(《社會主義研究》3–1，1921. 2)

　　働生譯：〈俄國婚姻律全文〉(《覺悟》1921. 6. 17)

〈レーニンの婦人解放論〉(《社會主義研究》3–1，1921. 2)

　　李達譯：〈列寧底婦人解放論〉(《新青年》9–2，1921. 6)

〈紳士閥と婦人解放〉(《解放》1921–3)

　　李達譯：〈紳士閥與婦女解放〉(《婦女雜誌》7–6，1921. 6)

〈產兒制限論と社會主義〉(《社會主義研究》3–5，1921. 6)

　　味辛譯：〈產兒制限與社會主義〉(《婦女雜誌》8–2，1922. 6)

〈勞動婦人の解放〉(堺為子編《無產社小冊》1921. 9 所收)

　　Y. D. 譯：〈勞動婦女底解放〉(《婦女評論》1921. 12. 21)

《リープクネヒトとルクセンブルグ》(水曜會小冊子 1921. 11)

　　李特(李達)譯：〈李卜克內西傳〉(《覺悟》1922. 1. 15)

　　李特等譯編：《李卜克內西紀念》(小冊子，1922. 1)

〈回教國の婦人問題〉(《女性改造》1922–11)

　　祁森煥譯：〈回教國的婦女問題〉(《晨報副鐫》1922. 11. 14)

此外，還有以下幾篇譯文：

鄭伯奇：〈訪問日本婦女問題女論客山川菊榮女士之談話〉(《少年世界》
　　　1–8，1920. 8)

黃芬譯：〈山川菊榮特集(12篇)〉(《學燈》1921. 10. 3–11. 19)

【河上肇】

《貧乏物語》(1917. 3)

　　楊山木譯：〈救貧叢談〉(《學藝》2–1 至 2–8，1920. 4–11)

　　止止(李鳳亭)譯：《貧乏論》(泰東圖書局，1920. 7)

　　楊山木譯：《救貧叢談》(商務印書館，1920. 12)

〈マルクスの〈資本論〉〉(河上《社會問題管見》1918. 9 所收)

　　淵泉(陳溥賢)譯：〈近世社會主義鼻祖馬克思之奮鬥生涯〉(《晨報副刊》
　　　1919. 4. 1)

〈共同生活と寄生生活〉(河上《社會問題管見》1918.9所收)

　　髯客譯:〈共同生活和寄生生活〉(《晨報副刊》1919.7.6)

　　築山醉翁(陳光燾)譯:〈共同生活及寄生生活〉(《解放與改造》1–1，
　　　1919.9)

〈婦女問題漫談〉(河上《社會問題管見》1918.9所收)

　　陳望道譯:〈婦女勞動問題底一瞥〉(《星期評論》48，1920.5)

〈マルクスの社會主義の理論的體系〉(《社會問題研究》1，1919.1)

　　淵泉(陳溥賢)譯:〈馬克思的唯物史觀〉(《晨報副刊》1919.5.5)*

　　羅琢章、籍碧譯:〈馬克司社會主義之理論的體系〉(《學燈》1919.8.5–12.
　　　24)

　　李大釗:〈我的馬克思主義觀(上)〉(《新青年》6–5，1919.5)*

　　范壽康譯:〈馬克思的唯物史觀〉(《東方雜誌》18–1，1921.1)

〈思索の必要と研究の態度〉(《社會問題研究》1，1919.1)

　　無署名:〈思索之必要與研究之態度〉(《學燈》1919.12.25)

〈マルクスの唯物史觀〉(《社會及國體研究錄》1–1，1919.3)

　　淵泉(陳溥賢)譯:〈馬克思的唯物史觀〉(《晨報副刊》1919.5.5)*

　　陳望道譯:〈馬克斯底唯物史觀〉(《覺悟》1920.6.17)

〈勞動と資本〉(翻譯，原著者:馬克思，《社會問題研究》4，1919.4)

　　食力譯:〈勞動與資本〉(《晨報副刊》1919.5.9)

〈社會主義の進化〉(《社會問題研究》5，1919.5)

　　酈廓中譯:〈社會主義之進化〉(《學燈》，1919.6.11)

　　黃七五譯:〈社會主義進化談〉(《學燈》，1920.9.2)

　　施存統譯:〈社會主義底進化〉(《覺悟》，1921.2.27–28)

　　施存統編譯:《社會經濟叢刊》(泰東圖書局，1922.1)*

〈利己主義と利他主義〉(《社會問題研究》6，1919.6)

　　東里譯:〈利己主義與利他主義〉(《學燈》1919.12.9)

〈資本家的思想の一例〉(《社會問題研究》9，1919.10)

　　黃七五譯:〈資本家思想底一例〉(《學燈》1920.7.7)

〈マルクスの唯物史觀に關する一考察〉(《經濟論叢》9–4，1919.10)

　　安體誠譯:〈河上肇博士關於馬可思之唯物史觀的一考察〉(《學燈》1919.
　　　12.6–8)

〈同盟怠業の道德的批判に就て〉(《經濟論叢》9–5，1919.11)

　　戴季陶:〈《薩波達舉》的研究〉(《星期評論》34，1920.1)*

〈資本論に見はれたる唯物史觀〉(《經濟論叢》10–2，1920.2)

　　蘇中譯:〈見於資本論的唯物史觀〉(《建設》2–6，1920.8)

〈近世經濟思想史論〉(1920.4)

　　酈廓中譯:〈馬克斯剩餘價值論〉(《學燈》1920.6.27–7.4)

李培天譯：《近世經濟思想史論》(泰東圖書局，1920. 9)

〈腦味噌の問題〉(翻譯，原著者：G. R. Kirkpatrick，《社會問題研究》15，
　　1920. 5)

　　于樹德譯：〈腦筋問題〉(《覺悟》1920. 6. 12)

〈共產者宣言に見はれたる唯物史觀〉(《社會問題研究》16，1920. 6)

　　施存統譯：〈見於《共產黨宣言》中底唯物史觀〉(《覺悟》1921. 5. 15–19)

　　施存統編譯：《社會經濟叢刊》(泰東圖書局，1922. 1) *

〈科學的社會主義と唯物史觀〉(翻譯，原著者：恩格斯，《社會問題研究》
　　17，1920. 7)

　　蘇中譯：〈科學的社會主義與唯物史觀〉(《建設》3–1，1920. 12)

〈社會主義の未來國〉(翻譯，原著者：J. Borchardt，《社會問題研究》21，
　　1921. 3)

　　熊得山譯：〈社會主義的未來國〉(《今日》1–2，1922. 3)

〈斷片〉(《改造》1921–4)

　　李茂齋譯：〈斷片 (見日本改造雜誌)〉(《曙光》2–3，1921. 6)

〈次の日の問答〉(《我等》3–5，6，1921. 5，6)

　　CT (施存統) 譯：〈馬克斯主義和勞動全收權〉(《覺悟》1921. 7. 19)

〈マルクスの理想及び其の實現の過程〉(《社會問題研究》27，1921. 11)

　　施存統譯：〈馬克思底理想及其實現底過程〉(《東方雜誌》19–6，1922. 3)

〈マルクス主義に謂ふ所の過渡期について〉(《經濟論叢》13–6，1921. 12)

　　光亮 (施存統) 譯：〈馬克思主義上所謂「過渡期」〉(《覺悟》1921. 12. 18)

〈唯物史觀問答──唯物史觀と露西亞革命〉(《我等》1922–1)

　　CT (施存統) 譯：〈俄羅斯革命和唯物史觀〉(《覺悟》1922. 1. 19)

【高畠素之】

〈個人主義と社會主義〉(《新社會》2–5，1916. 1)

　　曉風 (陳望道) 譯：〈個人主義與社會主義〉(《覺悟》1921. 8. 26)

《社會主義と進化論》(1919. 3)

　　張光煒譯：〈社會主義與進化論〉(《新中國》2–7，1920. 7)

　　夏丏尊、李繼楨譯：〈社會主義與進化論〉(《覺悟》1921. 3. 10)

　　夏丏尊、李繼楨譯：《社會主義與進化論》(《商務印書館，1922. 3)

《マルクス資本論解説》(翻譯，原著者：考茨基，1919. 5)

　　淵泉 (陳溥賢) 譯：〈馬氏資本論釋義〉(《晨報副刊》1919. 6. 2–11. 11)

　　戴季陶譯：〈商品生產的性質〉(《覺悟》1919. 11. 2)

　　戴季陶譯：〈馬克斯資本論解說〉(《建設》1–4，1919. 11)

　陳溥賢譯：《馬克斯經濟學說》(商務印書館，1920. 9)

《社會問題總覽》(1920. 2)

　　李達譯：《社會問題總覽》(中華書局，1921. 4)

　　盟西譯：《社會問題詳解》(商務印書館，1921. 4)

　　陳望道譯：〈社會主義底意義及其類別〉(《東方雜誌》18–11，1921. 6)

《社會主義的諸研究》(1920. 11)

　　施存統譯：《馬克斯學說概要》(商務印書館，1922. 4)

〈マルサス人口論の盛衰と資本主義〉(高畠《社會主義的諸研究》1920. 11 所收)

　　陳昭彥譯：〈馬爾塞斯人口論之盛衰與資本主義〉(《學藝》3–1，1921. 5)

【堺利彥】

〈共產黨宣言〉(翻譯，原著者：馬克思、恩格斯，《社會主義研究》1，1906. 3)

　　陳望道譯：《共產黨宣言》(社會主義研究社，1920. 8)

〈科學的社會主義〉(翻譯，原著者：恩格斯，《社會主義研究》4，1906. 7)

　　衡石譯：〈科學的社會主義〉(《覺悟》1920. 1. 5–8)

《男女關係の進化》(1908. 5)

　　郭須靜譯：〈男女關係的進化〉(《新潮》1–5，1919. 5)

《社會主義倫理學》(翻譯，原著者：考茨基，1913. 1)

　　伯陽(李文範)譯：〈倫理與唯物的歷史觀〉(《閩星》1–4，1919. 12)

　　秋明譯：〈倫理與唯物史觀〉(《學燈》1921. 7. 7)

　　董亦湘譯：〈倫理與唯物史觀〉(《覺悟》1922. 9. 7)

《自由社會の男女關係》(翻譯，原著者：E. Carpenter, 1915)

　　哲父譯：〈自由社會的男女關係〉(《星期評論》28，1919. 12)

《自由社會の自由戀愛》(翻譯，原著者：E. Carpenter, 1916)

　　厚庵譯：〈男女關係論〉(《晨報副刊》1919. 6. 29)

〈ボリシエキキの建設的施設〉(《新社會》5–6，1919. 2)

　　壽凡譯：〈廣義派之建設〉(《解放與改造》1–4，1919. 10)

〈唯物史觀概要〉(翻譯，原著者：L. Budin，《社會主義研究》1–1，1919. 4)

　　無署名(陳溥賢)：〈馬氏唯物史觀概要〉(《晨報副刊》1919. 7. 18)

〈マルクス説とダアヰン説〉(翻譯，原著者：A. Pannekoek，《社會主義研究》1–1，1919. 4)

　　施存統譯：《馬克思主義和達爾文主義》(商務印書館，1922. 1)

〈フーリエーの社會主義〉(《社會主義研究》1–3，1919. 7)

祝枕江譯：〈福利耶之社會主義〉（《解放與改造》1–3，1919. 10）

〈道德の動物的起源及び其の歴史的變遷〉（堺《唯物史觀の立場から》所收，1919. 8）

　　李大釗：〈物質變動與道德變動〉（《新潮》2–2，1919. 12）＊

〈宗教及哲學の物質的基礎〉（堺《唯物史觀の立場から》所收，1919. 8）

　　李大釗：〈物質變動與道德變動〉（《新潮》2–2，1919. 12）＊

〈歐洲戰爭の經濟的原因〉（堺《唯物史觀の立場から》所收，1919. 8）

　　李大釗：〈物質變動與道德變動〉（《新潮》2–2，1919. 12）＊

〈マルクス主義の分化〉（翻譯，原著者：W. P. Larkin，《社會主義研究》1–5，
　　1919. 9）

　　戴季陶編譯：〈英國的勞動組合〉（《星期評論雙十節紀念號》，1919. 10）＊

〈勞動者の天下〉（《新社會小冊子》，1919. 10）

　　晉青（謝晉青）譯：〈勞動者底天下〉（《覺悟》1921. 12. 16）

《女性中心と同性愛》（與山川菊榮合譯，原著者：Lester Ward/E. Carpenter,
　　1919. 11）

　　丐尊（夏丏尊）譯：〈女性中心説〉（《婦女評論》1921. 8. 3）

　　李達譯：《女性中心説》（商務印書館，1922. 1）

《唯物史觀解説》（翻譯，原著者：H. Gorter，新版，1920. 1）

　　李達譯：〈唯物史的宗教觀〉（《少年中國》2–11，1921. 5）

　　李達譯：《唯物史觀解説》（中華書局，1921. 5）

〈社會主義の淵源及び其完達〉（堺《恐怖・鬥爭・歡喜》1920. 4所收）

　　丹卿譯：〈社會主義發達的經過〉（《東方雜誌》17–24，1920. 12）

〈女の演説〉（《改造》1921–6）

　　曉風（陳望道）譯：〈女性底演説〉（《覺悟》1921. 5. 29）

《婦人問題》（無產社小冊子，1921. 10）

　　伯焜（唐伯焜）譯：〈戀愛自由説〉（《婦女評論》1921. 10. 19）

　　伯焜：〈婦女底天職〉（《婦女評論》1921. 11. 2）

　　伯焜譯：〈我們的家庭主義〉（《婦女評論》1921. 11. 16）

　　伯焜譯：〈女子國有麼？〉（《婦女評論》1921. 11. 30）

　　伯焜譯：〈男女結合底目的〉（《婦女評論》1921. 12. 7）

　　伯焜譯：〈婦女與經濟的平等〉（《婦女評論》1921. 12. 14）

　　伯焜譯：〈婦女問題概觀〉（《婦女評論》1921. 12. 28）

　　唐伯焜譯：《婦女問題》（民智書局，1922. 6）

〈《女天下》の社會學的解説〉（《新小説》1922–7）

　　丐尊譯：〈《女天下》底社會學的解説〉（《婦女評論》1922. 8. 2）

此外，還有以下譯文：

譯者無署名：〈太平洋會議〉(《新青年》9–5，1921. 9)

【其他】

志津野又郎譯：〈マルクス傳〉(原著者：W. Liebknecht，《社會主義研究》1，
　　1906. 3)

　　戴季陶譯：〈馬克斯傳〉(《星期評論》31，1920. 1)

福田德三：《續經濟學講義》(1913. 5)

　　李大釗：〈我的馬克思主義觀(下)〉(《新青年》6–6，1919. 11)*

福田德三：《續經濟學研究》(1913. 11)

　　李大釗：〈我的馬克思主義觀(下)〉(《新青年》6–6，1919. 11)*

宮崎龍介譯：〈地底の露西亞〉(原著者：S. Stepniak，《東方時論》3–1，1918.
　　1)

　　可叔譯述：〈地底的俄羅斯〉(《晨報副刊》1919. 2. 27)

北澤新次郎：《勞動者問題》(1919. 1)

　　李漢俊譯：〈IWW概要〉(《星期評論》33，1920. 1)

　　施存統譯：〈勞動問題〉(《覺悟》1921. 1. 6–18)

　　施存統編譯：《社會經濟叢刊》(泰東圖書局，1922. 1)*

米田莊太郎：〈デモクラシーと我國──社會學的考察〉(《大阪朝日新聞》
　　1919. 2. 23)

　　微譯：〈民主主義與社會主義〉(《晨報》1919. 4. 2)

米田莊太郎：《挽近社會思想の研究》(1919. 4)

　　劉震譯：〈法的社會主義之研究〉(《法政學報》2–5，1920. 5)

吉野作造：〈民本主義・社會主義・過激主義〉(《中央公論》1919–6)

　　晨曦譯：〈民主主義–社會主義–布爾塞維克主義〉(《晨報副刊》1919. 7. 1)

尾崎士郎、茂木久平：《西洋社會運動者評傳》(1919. 6)

　　築山醉翁(陳光燾)譯：《西洋之社會運動者》(《晨報副刊》1919. 8. 1)

河田嗣郎：《社會問題及社會運動》(1919. 6)

　　李大釗：〈我的馬克思主義觀(上)〉(《新青年》6–5，1919. 11)*

賀川豐彥：〈唯心的經濟史觀の意義〉(《改造》1919–7)

　　無署名：〈馬氏唯物史觀的批評〉(《晨報副刊》1919. 7. 25)

久留弘三：《勞動運動》(1919. 7)

　　周佛海譯：〈勞工運動〉(《覺悟》1919. 9. 18–29)

　　陳望道譯：〈勞動運動通論〉(《勞動界》19–23，1920. 12–1921. 1)

佐野學：〈勞動者運動の指導倫理〉(《解放》1919–8)

    大悲、漢俊譯：〈勞動者運動之指導的倫理〉(《覺悟》1919. 9. 9–14)

    壽凡譯：〈勞動運動之倫理的指導〉(《解放與改造》1–2，1919. 9)

〈露國の片面レーニン語る〉(《大阪每日新聞》1919. 9. 7)

    戴季陶譯：〈李寧的談話〉(《星期評論》16，1919. 9)

室伏高信：〈ギルドソーシアリズム及び其の批判〉(《批評》7，1919. 9)

    戴季陶編譯：〈英國的勞動組合〉(《星期評論雙十節紀念號》1919. 10) *

遠藤無水譯：《通俗マルクス資本論 附マルクス傳》(原著者：Mary E. Marcy, 1919. 11)

    李漢俊譯：《馬格斯資本論入門》(社會主義研究社，1920. 9)

中目尚義譯：《マルクス派社會主義》(原著者：W. P. Larkin,1919. 11)

    李達：〈馬克思派社會主義〉(《新青年》9–2，1921. 6)

    李鳳亭譯：《馬克斯派社會主義》(商務印書館，1922. 6)

室伏高信：《社會主義批判》(1919. 11)

    紹虞譯：〈布爾塞維克的批判〉(《解放與改造》2–16，1920. 8)

    李培天譯：〈社會主義批評〉(《學燈》1921. 1. 6)

小泉信三：〈學問藝術と社會主義〉(《三田學會雜誌》13–11，1919. 11)

    劉步青譯：〈科學藝術與社會主義〉(《學燈》1920. 2. 5)

賣文社編：《勞動經濟論》(1919. 12)

    施存統譯：〈勞動經濟論〉(《覺悟》1921. 3. 27～4. 4)

賣文社編：《現時の勞動問題概論》(1919. 12)

    馮飛譯述：《勞動問題概論》(華星印書社，1920. 7)

吉野作造：〈唯物史觀の解釋〉(《中央公論》34–13，1919. 12)

    陳望道、張維祺譯：〈唯物史觀底解釋〉(《浙江省立第一師範學校校友會 十日刊》10，1920. 1)

遠藤無水譯：《科學的社會主義 附エンゲルス傳》(原著者：恩格斯，1920. 1)

    鄭次川譯：《科學的社會主義》(群益書社，1920. 8)

森戶辰男：〈クロポトキンの社會思想の研究〉(《經濟學研究》1，1920. 1)

    于樹德譯：〈克魯泡特金社會主義思想之研究〉(《建設》2–3，1920. 4)

    枕江(祝枕江)譯：〈克魯泡特金之社會思想研究〉(《解放與改造》2–9， 1920. 5)

村上正雄：〈社會主義と個人主義〉(《社會主義研究》2–3，1920. 4)

    明權譯：〈社會主義與個人主義〉(《學燈》1920. 8. 16)

茅原退二郎譯：《露西亞革命實記》(原著者：托洛茨基，1920. 4)

    周詮譯：《俄國革命紀實》(人民出版社，1922. 1)

淺野護譯：《過激主義の心理》(原著者：J. Spargo,1920. 5)

　　陳國榘譯：《布爾什維主義底心理》(商務印書館，1921. 5)

中目尚義譯述：《過激派の本領》(1920. 5)

　　孫範譯：《過激黨真相》(泰東圖書局，1921. 3)

櫛田民藏：〈マルクス學に於ける唯物史觀の地位〉(《我等》1920–10)

　　施存統譯：〈唯物史觀在馬克思學上底位置〉(《東方雜誌》19–11，1922. 6)

佐野學：〈露西亞農民史論〉(《解放》1921–1)

　　李達譯：〈俄國農民階級鬥爭史〉(《新青年》8–6，1921. 4)

　　王兆相譯：〈俄國農民史論〉(《時事月刊》1–3，1921. 4)

橫田千元：〈勞農露西亞問答〉(《水曜會小冊子》，1921. 11)

　　光亮 (施存統) 譯：〈勞農俄國問答〉(《先驅》13，1922. 11)

附錄二

中國社會主義書籍簡介
（1919–1923）

　　本篇為中國（包括香港）自 1919 年 1 月至 1923 年 12 月刊行的有關社會主義的單行本簡介，目的是盡量準確地把握這類書籍在當時的出版狀況。本篇收錄的大部分為筆者在中國和日本各大圖書館、資料館所親見；對殊難確認者，則以圖書目錄或圖書卡為據，同時查閱當時的報刊，確認了其的確發行。另外，鑒於這個時期發行的社會主義書籍多為譯作，故特別留意確認其原著或重譯時的底本。

【本篇所收書籍的範圍】

　　同為論社會主義的書籍，其所論述的，有工人、社會、婦女、俄國革命、共產國際等多方面問題，要對所有這些書籍進行考察，事實上是做不到的。因此，本篇主要以馬克思主義（包括馬克思、恩格斯以外的著作，及其反對論）為主，收錄了據此探討工人問題、婦女問題、俄國革命等的書籍；而同為當時流行思潮的基爾特社會主義、合作社主義、無政府主義等書籍，原則上不予收錄。

【關於本篇所收書籍的刊行時期】

　　將刊行時期限定為自1919–1923年之間，個人研究能力有限是一個方面的原因，同時也是基於如下認識，即，與辛亥革命前一樣，1919年也是社會主義思潮大行其道的一年；而中國國民黨第一次全國代表大會於1924年1月召開，則象徵着國共合作的開始，此後，共產黨員活動的重心從學習、介紹社會主義學說轉移到了實際政治工作上來。換言之，1919年開始的宣傳、介紹社會主義思想的活動，進入1924年之後轉化成了旨在實現國民革命的政治運動。

【説明】

　　本篇把在中國刊行的書籍分為A、B兩類記述。其中A類為實際刊行日期明確的書籍；B類則為1923年以前確實刊行，但難以確認具體刊行日期的書籍。

　　凡例

　　1. A類按刊行時間排列。

　　2. 以書名為標題，依據該書籍版權頁和相關資料，盡所知標出著者、譯者、出版社、刊行年月於其下。

　　3. 凡實際親見的藏書，將其保存館所標於解説文開頭（常用略稱：國圖＝中國國家圖書館；上圖＝上海圖書館；近史所＝中國社會科學院近代史研究所；歷史所＝中國社會科學院歷史研究所；人文所＝京都大學人文科學研究所）。

　　4. 由於譯自英語版的書籍居多，故原著為西方書籍（包括俄語書籍）時，原則上標注英語書名。

　　5. 書志説明所用數字代號①–⑦，分別表示載於如下同時期書目。

①文化書社（長沙）1920–1921年經售書目（湖南省新聞出版局出版志編寫組：《文化書社——中國早期傳播馬克思主義的書刊發行機構》，湖南出版社1991年版，第8–9、21–23、37–47頁）。

②收錄於伊爾庫茨克的俄語雜誌《遠東人民》（*Народы Дальнего Востока*）第2期（1921年6月23日）所載「中國的社會主義書籍」中的書籍。

③陳獨秀給共產國際的報告中記述的書籍（〈中共中央執行委員會書記陳獨秀給共產國際的報告（1922年6月30日）〉，《中共中央文件選集》第1冊，中共中央黨校出版社1989年版，第48–50頁）。

④北京的馬克思學說研究會1922年的藏書目錄（〈馬克思學說研究會通告（四）〉，《北京大學日刊》1922年2月6日）。

⑤李漢俊1922年推薦的研究馬克思主義學說的書籍（李漢俊：〈研究馬克思學說的必要及我們現在入手的方法〉，《民國日報》《覺悟》1922年6月6日）。

⑥冰冰：〈一個馬克思學說的書目〉（《中國青年》1924年3月第24期）介紹的書籍。

⑦施存統：〈略談研究社會科學——也是一個書目〉（《中國青年》1924年4月第26期）推薦的參考書籍。

【A類】

A1　《社會主義平議》，南海譚荔恒、香港劉鑄伯合著，東興毛澄宇、南海潘孔言同校，香港華商總會報社1919年8月

近史所藏。著者譚荔恒、劉鑄伯生平不詳。統篇以孔教觀點批判社會主義，名曰「平議」，內容實為抨擊，稱社會主義的特點就是「共妻、殺人」、「社會主義之流毒且千萬倍於楊墨佛老」。該書使人們得以了解，這個時期的中國同時存在着迥異於作為世界

思潮的社會主義的、以儒教觀點為支柱的社會主義，並且華商總會這個商業組織此時已在進行反社會主義宣傳，頗耐人尋味。

A2　《綜合研究各國社會思潮》，邵振青編著，商務印書館1920年4月

邵振青即有名的進步記者邵飄萍。邵飄萍在五四時期曾主持北京的《京報》。1919年8月，《京報》因發表過激言論被迫停刊，邵飄萍也逃離北京，並於同年冬天接受《大阪朝日新聞》之邀，作為該報顧問開始居住日本。故該書概為其在日本時所著。與A8《新俄國之研究》類似，該書對在日本廣泛涉獵的海外思潮的動向，尤其是社會主義運動、工人運動的狀況進行了翻譯、介紹，引用了山川均：〈社會主義の定義〉〔社會主義的定義〕（《社會主義研究》1919年6月號）等。對俄國革命及其領導人也有所記述。

A3　《社會主義與中國》，馮自由著，社會主義研究所（香港）1920年4月

近史所藏。由三章組成：第一章中國社會主義之過去及將來，第二章從社會主義解決中國之政治問題，第三章中國社會主義之宣傳方法。該書主要回顧了社會主義思想（包括民生主義）在中國的傳播史，也簡單地介紹了社會主義學說。第一章〈中國社會主義之過去及將來〉曾在《民國日報》《覺悟》（1920年1月16—19日）連載（轉載《香港晨報》新年增刊）。發行處「社會主義研究所」不詳。

A4　《一九一九旅俄六週見聞記》，蘭姆塞著，兼生譯，北京晨報社1920年4月

原著為 Arthur Ransome, *Six Weeks in Russia in 1919*, 1919。《晨報副刊》曾於1919年11月12日至1920年1月7日連載兼生譯：《一九一九旅俄六週見聞記》，後出版單行本。譯者「兼生」即有名的無政府主義者黃淩霜。（①②）

A5　《勞農政府與中國》，張冥飛輯譯，漢口新文化共進社
1920年6月

京都大學法學部圖書館藏。據《民國日報》1920年9月10日廣
告載，該書為泰東圖書局發行，泰東圖書局似也出版過。譯者張
冥飛1923年曾做過上海《中國晚報》主筆，而《中國晚報》據信多
少與國民黨有關係。該書翻譯、收錄了不少俄國革命文件（法令、
布告），是這個時期比較完整、因而較為出色的蘇俄政權資料集。
明顯譯自英語，但是沒有注明出處。1918年至1919年，美國的
《國家》（The Nation）雜誌曾將譯載的蘇俄政府的憲法、法令類匯集
成冊，該書有可能是此類小冊子之翻譯。（①）

A6　《勞動問題概論》，賣文社編，馮飛譯述，華星印書社
（北京）1920年7月

近史所藏。原著為高畠素之派的實務指導小冊子、賣文社
編：「勞動問題叢書」中的《現時の勞動問題概論〔現時勞動問題概
論〕》，賣文社1919年版。該書是為指導從事工人運動的活動家而
作。譯者馮飛的生平等不詳。

A7　《貧乏論》，河上肇著，止止（李鳳亭）譯述，泰東圖書局
1920年7月

原著是日本暢銷書之一的河上肇：《貧乏物語》，弘文堂1917
年版。但據《新人》1卷6號《新人社消息》稱，「止止君」在翻譯時
刪除頗多，似為抄譯。第三版注明為李鳳亭譯，據此推測「止止
君」即李鳳亭。向新人月刊社投寄批評函的人中確有名李鳳亭者
（《新人月刊社消息》，《新人》1卷2號），但其生平等不詳。此
外，A19也是《貧乏物語》的中譯。（①）

A8　《新俄國之研究》，邵飄萍著，日本東瀛編譯社（大阪南
區）1920年8月

歷史所藏。大阪南區的東瀛編譯社的詳情不明；但是，卷末有泰東圖書局的廣告，《評論之評論》創刊號(1920年12月)上的廣告也稱該書為泰東圖書局發行，概實際刊行者是泰東圖書局。邵飄萍生平，請參閱A2。主要翻譯著者在日本收集的有關俄國革命的報道文章而成。卷末有「嘉定吳定九」譯：〈列寧與紐約世界報特派員林康阿耶談話〉和〈美國派使勃烈脫(William C. Bullitt)之報告〉兩篇附錄。(①②)

A9 《共產黨宣言》，馬格斯、安格爾斯著，陳望道譯，社會主義研究社1920年8月

國圖、上圖藏。原著為 K. Marx/F. Engels, *Communist Manifesto*, 1848，是中國第一部馬克思、恩格斯著作的全譯本。關於陳望道翻譯時依據的日語底本的考證，請參閱本書第一章第三節4《中譯本〈共產黨宣言〉》。1921年，人民出版社作為《馬克思全書》第一種重印時，作「陳佛突譯」。(①②③④⑤⑥⑦)

A10 《科學的社會主義》，恩格兒著，鄭次川編譯，王岫廬校訂，群益書社1920年8月

附《恩格兒傳》。　原著為 F. Engels, *Socialism: Utopian and Scientific*, 1883，僅抄譯第三章。由於書名一樣、同附有恩格斯傳、且都是只翻譯第三章等，可以斷定參照了遠藤無水譯：《科學的社會主義》(文泉堂1920年版。只抄譯原著第三章，並附有考茨基：《恩格斯傳》)。關於恩格斯著《社會主義從空想到科學的發展》，此前曾有衡石重譯：〈科學的社會主義〉(《民國日報》《覺悟》1920年1月5–8日，也只譯出第三章)；但衡石譯依據堺利彥譯：〈科學的社會主義〉(《社會主義研究》1906年7月第4號)，與鄭次川譯本沒有直接關係。(①②)

A11 《馬克斯經濟學說》，柯祖基著，陳溥賢譯，商務印書館1920年9月

近史所藏。原著為 K. Kautsky, *Karl Marx' Oekonomische Lehren*, 1887，但陳譯底本為高畠素之譯：《マルクス資本論解説〔馬克思資本論解説〕》，賣文社出版部 1919 年版。高畠譯本在當時被譽為最準確地介紹了馬克思《資本論》。中譯本是在《晨報副刊》1919 年 6 月 2 日至 11 月 11 日連載 (淵泉譯：《馬氏資本論釋義》) 的基礎上，經修訂後出版的單行本。關於譯者陳溥賢，請參閱本書第一章。據說，刊行前，陳溥賢曾寫信給高畠素之，請其告知原文空白部分應如何補正，但沒有得到答覆。《東方雜誌》17 卷 14 號 (1920 年 7 月) 近刊廣告稱，淵泉譯注之《資本論解説》將於近期出版，可見，該書開始時曾準備沿用日譯本書名，作《資本論解説》刊行。考茨基的這部著作，戴季陶也曾翻譯，並在《建設》雜誌發表過《馬克斯資本論解説》的連載 (1919 年 11 月 –，未完)，亦同屬高畠譯本的重譯。另，據說李達曾出過同名譯作，此為訛傳。(①②④⑤⑥⑦)

A12 《馬格斯資本論入門》，馬爾西著，李漢俊譯，社會主義研究社 1920 年 9 月

中共一大會址紀念館藏。原著為 Mary E. Marcy, *Shop Talks on Economics*, c. 1911，但李譯是遠藤無水譯：《通俗マルクス資本論附マルクス傳〔通俗馬克思資本論附馬克思傳〕》(文泉堂 1919 年版) 的重譯。原著在日本備受稱讚，除遠藤譯外，同時期還出版過岡野辰之介譯：《マルクス主義と勞動者》〔馬克思主義與勞動者〕和島田保太郎譯：《マルクス經濟學入門》〔馬克思經濟學入門〕。嚴格講來，原著並非解說《資本論》，而是社會主義的簡明入門著作。包惠僧、張國燾、劉弄潮等都回憶說曾經讀過該書，讀者似頗廣。《北京大學日刊》1922 年 2 月 6 日載出版部代售書籍目錄中的《馬格斯資本論》，以及《新青年》9 卷 5 號 (1921 年 9 月) 載「人民出版社通告」中的李漱石 (李漢俊) 譯《資本論》等，概皆指此書。(①②④⑤⑥⑦)

A13　《近世經濟思想史論》，河上肇著，李培天譯，泰東圖書局 1920 年 9 月

國圖藏。原著為河上肇：《近世經濟思想史論》，岩波書店 1920 年版。該書解説自亞當‧斯密至馬克思、恩格斯等西方經濟學思想；但⑦評其譯文「太錯得不可解了」。譯者李培天，字子厚，雲南省賓川人，1895 年生。早年留學日本，在明治大學學習。據《新人》1 卷 6 號廣告稱，他還準備翻譯出版恩格斯《科學社會主義》，以作「學術研究會叢書」之一；但實際上似沒有刊行。（②⑤⑥⑦）

A14　《社會主義史》上、下，克卡樸著，李季譯，新青年社 1920 年 10 月

人文所藏。原著為 T. Kirkup, *A History of Socialism*, 1906。該著作概述了社會主義運動自空想社會主義至馬克思主義的歷史，在日本，堺利彥也曾在《社會主義研究》雜誌第 3 號（1906 年 5 月）上依據該著作介紹歐洲的社會主義。該書是影響毛澤東轉變為共產主義者的三本書之一。譯者李季是上海共產主義小組成員之一，1920 年前後與陳獨秀關係密切，主要從事從英語圖書翻譯有關社會主義的著作，著有自傳《我的生平》，亞東圖書館 1932 年版。（①②④⑥）

A15　《經濟史觀》，塞利格曼著，陳石孚譯，陶孟和校，商務印書館 1920 年 10 月

國圖藏。原著為 Edwin R. A. Seligman, *The Economic Interpretation of History*, 1903。該著作以經濟觀點解釋歷史，這點與馬克思主義相近；但從其拒絕使用「唯物史觀」、另倡「經濟史觀」來看，絕非為解釋馬克思主義而作；統篇貫徹「經濟一元論」，以至於⑦評其

為「有許多誤解曲解之處」。中譯依據1912年版原著，附注中記述了各國(日、俄、西、法)翻譯該書的狀況。日本出版有河上肇譯:《歷史之經濟的説明 新史觀》，昌平堂川岡書店1905年版。(①⑤⑥⑦)

A16　《社會主義總論》，鄺摩漢著，北京又新日報社1920年11月

《世界改造叢書》之一。由社會主義的起源、定義、要素、分類、學説、政略、國家等七章組成。著者鄺摩漢原名鄺振翎，原同盟會會員，當時留學回國不久。在北京以《今日》雜誌為中心進行活動，有時翻譯河上肇論文並向《時事新報》《學燈》欄投稿。「世界改造叢書」以譯作為主，故該書實際上可能是譯作。世界改造叢書由「馮飛、鄺摩漢、何海鳴」三人編輯，華星印書社刊行；該叢書之一馮飛譯述:《勞動問題概論》(A6) 卷末廣告載，《社會主義總論》也是由華星印書社刊行。又新日報社和華星印書社的關係不詳。

A17　《失業者問題》，飄萍、吉人合著，泰東圖書局1920年11月

飄萍，即邵飄萍；吉人則不詳。因邵飄萍翻譯日語文獻頗眾，故雖稱「合著」，很可能是賣文社編輯部編撰:《失業問題》(賣文社1919年版) 的翻版。(①)

A18　《社會問題概觀》上、下，生田長江、本間久雄共著，周佛海譯，中華書局1920年12月

原著為生田長江、本間久雄著:《社會問題十二講》，新潮社1919年版。該書簡明論述了法國革命、產業革命和資本主義的形成、社會主義各種學説、工會、普選、婦女問題等。④中記周佛海譯:《社會問題概論》，概為該書之誤。(①④)

A19 《救貧叢談》，河上肇著，楊山木譯，商務印書館1920年12月

國圖藏。原著為日本的暢銷書之一、河上肇著：《貧乏物語》（弘文堂1917年版），楊譯似匯集《學藝》2卷1號（1920年4月）至2卷8號（1920年11月）連載的楊山木譯：《救貧叢談》（抄譯）而成。此前，同年7月，已有李鳳亭譯《貧乏論》出版（A7）。

A20 《階級爭鬥》，柯祖基著，惲代英譯，新青年社1921年1月

中共一大會址紀念館藏。原著為 K. Kautsky, *Das Erfurter Programm*, 1892；似譯自英語版 *The Class Struggle* (*Erfurt Program*), trans. William E. Bohn, 1910。關於惲代英翻譯此書的時間，請參照本書第一章注 (147)。影響毛澤東轉變為共產主義者的三本書之一。（①②④⑤⑥⑦）

A21 《工團主義》，哈列著，李季譯，新青年社1921年1月

中共一大會址紀念館藏。原著為 J. H. Harley, *Syndicalism*, 1912 (?)。譯作底本似為英語，為了解工團主義的簡明入門書籍。關於譯者李季，請參閱 A14。（①②④）

A22 《過激黨真相》，孫範譯述，泰東圖書局1921年3月

近史所藏。原著為英國雜誌 *The Round Table* 所刊登文章匯集而成的 The Macmillan Company (ed.), *Bolshevik Aims And Ideals and Russia's Revolt Against Bolshevism*, 1919。但從書名判斷，譯作底本似為中目尚義譯述：《過激派の本領》〔過激派真面目〕，大鐙閣1920年版。譯者孫範的生平不詳。該書由〈布爾塞維克之運動〉和〈反布爾塞維克之運動〉兩篇組成，在解說布爾什維克的同時，斷定布爾什維克是「可稱之為革命暴君政治的一種暴君政治，完全排斥民

主主義，完全排斥思想及行動的一切自由」。而對於高爾察克的反革命運動，則說他們「由衷希望使其國家不再陷於混亂局面」。總之，該書反布爾什維克色彩濃厚。(①)

A23　《社會問題總覽》共三卷，高畠素之著，李達譯，中華書局1921年4月

原著為高畠素之編：《社會問題總覽》，公文書院1920年版。原擬依原著章節出四冊，即劉正江譯：《社會政策》，李達譯：《社會主義》，正樹譯：《勞動組合》，正格譯：《婦人問題》(《解放與改造》2卷13號廣告)，但最後由李達一人全部翻譯。一如書名所示，這本書概述了各種社會問題(社會政策、社會主義、工會、婦女問題)，並考察了各國的相關狀況。由於原著《第二編社會主義》解說社會主義理論簡明扼要，其他抄譯者也頗多，商務印書館也刊有盟西譯：《社會問題詳解》(A24)。

A24　《社會問題詳解》共三卷，高畠素之著，盟西譯，商務印書館1921年4月

原著為高畠素之編：《社會問題總覽》，公文書院1920年版。據《中國青年》第9、10號(1923年12月)載惲代英：《研究社會問題發端》、《研究社會政策》評論，盟西譯比前項(A23)李達譯《社會問題總覽》翻譯得準確。④有李季譯：《社會問題詳解》，概為盟西譯之誤。有關原著內容，請參照《社會問題總覽》(A23)。(④)

A25　《勞動總同盟(之)研究》，山川均著，鄒敬芳(錦芳)譯述，泰東圖書局1921年5月

近史所藏。原著是山川均：〈フランス勞動總同盟(CGT)の研究〉〔法國總工會研究〕(《改造》1920年4月號、5月號)，內容為對法國總工會的歷史、組織、現狀的研究。山川執筆時參照了

布蓋特（Pouget）、帕弗洛夫斯基（Pawlowsky）、列文（Levine）、路易（Louis）、柯爾（Cole）、裴羅鐵（Pelloutier）、埃斯泰（Estey）等人的著作。（①）

A26　《唯物史觀解說》，郭泰著，李達譯，中華書局1921年5月

人文所藏。原著為 H. Gorter, *Der Historische Materialismus*, 1909，但李譯底本為堺利彥譯：《唯物史觀解說》，大鐙閣1920年版。該書是當時系統詮解馬克思主義的為數不多的著作之一，堺譯序稱，「直至幾年前，該書始終被看作是同類著作中唯一較通俗的」。李達在譯者自序中說，翻譯過程中，除日語版外，還在李漢俊幫助下參考了德語版。李達並推薦與考茨基的《倫理與唯物史觀》（已有堺利彥譯日語版：《社會主義倫理學》）一同閱讀。《東方雜誌》17卷14號（1920年7月）載有同名書籍（郭泰著，淵泉譯：《唯物史觀解說》）的近刊預告，但實際似未曾刊行。（⑤⑥⑦）

A27　《歐洲勞傭問題之大勢》，桑田熊藏著，劉景譯，吳貫因校，內務部編譯處1921年5月

原著為桑田熊藏：《歐洲勞動問題の大勢》〔歐洲工人問題大勢〕，有斐閣1920年版。該書內容為論述工人運動、社會主義、社會改良主義，同時介紹了英、法、德各國工會的組織和沿革。概作為北京政府應對社會運動的參考資料而譯。

A28　《布爾什維主義底心理》，施罷戈著，陳國榘譯，商務印書館1921年5月

原著為 J. Spargo, *The Psychology of Bolshevism*, 1919。但陳譯底本似為淺野護譯日語版：《過激主義の心理》〔過激主義的心理〕，日本評論社出版部1920年版。譯者陳國榘（字伯雋），廣東省東莞人，時為北京大學學生，《國民》雜誌社社員，在該雜誌上翻譯介紹山川均的論文。原著者施罷戈基本上持馬克思主義立場，主張以社會主義改造社會，但對布爾什維克卻持批判態度，斥其為「抽

掉了馬克思主義真髓的幽靈」、「精神病患者」、「一種沒有理性的歇斯底裏」。

A29 《社會主義與個人主義》，王爾德著，袁振英譯，受匡出版部（香港）1921年5月

原著為 Oscar Wilde, *The Soul of Man under Socialism*, 1919。該書認為個人主義是近代各種思想的中心，而社會主義則是個人主義最完美的實現形態。譯者袁振英，別名仲斌、震瀛、無夢青年等，廣東省東莞縣人；是著名的無政府主義者，當時應陳獨秀之邀參加編輯《新青年》，任該雜誌「俄羅斯研究」專欄主編。

A30 《共產主義與智識階級》，田誠著，漢口1921年6月

中共一大會址紀念館藏。出版社、發行處不明。封面書名用英語 The Communism and Intellectual Class 印就，但並非譯作，為一呼籲中國知識分子像俄國知識分子那樣加強對科學社會主義的信念、投身到社會主義運動中去的小冊子。上海革命歷史博物館（籌）編：《上海革命史研究資料》（上海三聯書店1991年版）收有該小冊子的翻印本。任武雄曾推測，「田誠」為陳獨秀的別名。不過任氏後來修正了觀點，認為這是陳潭秋的別名。〈關於《共產主義與知識階級》的作者問題的再商榷〉，《上海革命史資料與研究》第5輯，上海古籍出版社，2005年。另外也有一種說法認為這是李大釗的筆名（馮鐵金〈關於「田誠」是李大釗筆名的考證〉，《李大釗軼文輯注與研究》（線裝書局，2013年）。

A31 《婦女之過去與將來》，山川菊榮著，李漢俊編譯，商務印書館1921年7月

原著為山川菊榮：《婦人の勝利》〔婦女的勝利〕，日本評論社出版部1919年版。共由五章（一章緒論、二章原始社會的男女關係、三章論文明社會的男女關係、四章論近代婦女運動、五章結論）組成，幾乎完全譯出。據原著自序稱，山川菊榮在寫這部書

時，參考了堺利彥：《男女關係の進化》、倍倍爾（A Bebel）：《過去、現在及將來的婦女》、格里坎（W. M. Gallichan）：《原始社會婦女的地位》、希爾馬海爾（K. Schirmacher）：《近代女權運動論》等多部著作。

A32　《蘇維埃研究》，山川均著，王文俊譯，北京知新書社1921年8月

原著為山川均：〈ソヴィエトの研究〉〔蘇維埃研究〕，《改造》1921年5月號；後收入山川均、山川菊榮合著：《勞農露西亞の研究〔工農俄國研究〕》，アルス〔阿爾斯出版社〕1921年版。山川的該論文是當時日本有關革命後俄國狀況的唯一比較準確的研究。李達也翻譯過山川均研究蘇維埃的論文（請參閱A54之《勞農俄國研究》）。譯者王文俊生平等不詳。

A33　《工錢勞動與資本》，馬克思著，袁讓譯，人民出版社1921年12月

中共一大會址紀念館藏。原著為K. Marx, *Lohnarbeit und Kapital*（《僱傭勞動與資本》），1891。據說中譯的底本為1891年德語版和1902年英語版。譯者袁讓的生平等不詳。（③④⑤⑥⑦）

A34　《勞農會之建設》，列寧著，李立譯，人民出版社1921年12月

中共一大會址紀念館藏。原著為Lenin, *The Immediate Problems of the Soviet Government*（*The Soviets at Work*）（《蘇維埃政權的當前任務》），但翻譯底本可能是下列三種之一，即N. Lenin/L. Trotzky, *The Proletarian Revolution in Russia*, 1918，或山川均、山川菊榮合譯之日語版：〈社會主義革命の建設的方面ソヴィエットの當面の問題〉〔社會主義革命的建設性一面──蘇維埃當前的問題〕（《社會主義研究》1921年8月號），或山川均、山川菊榮合譯：《勞農革命の建設的方面》，三德社1921年版。另外，山川夫妻譯依據N. Lenin,

The Soviets at Work. The International Position of the Russian Soviet Republic and the Fundamental Problems of the Socialist Revolution, 1918。譯者李立不詳，或為人民出版社主編李達的別名。（③④⑦）

A35　《討論進行計劃書》，列寧著，成則人譯，人民出版社1921年12月

國圖藏。原著為 Lenin, *Letters on Tactics* (1917), Lenin, *The Tasks of the Proletariat in the Present Revolution* (1917)。翻譯底本也許是收入 N. Lenin / L. Trotzky, *The Proletarian Revolution in Russia* (1918)的 Problems in Tactics，又或者是 Lenin, *Towards Soviets: Theses and a Letter on Tactics* (London: British Socialist Party, 1919 [?])。譯者成則人即沈澤民（茅盾〔沈雁冰〕胞弟）。（③④）

A36　《共產黨底計劃》，布哈林著，太柳譯，人民出版社1921年12月

原著概為 BukhArin, *The Program of the Communists* (Bolsheviki), ca. 1920，即後來有名的《共產主義ABC》。1922年3月2日的《廣東群報》刊有布哈林著、太柳譯：〈共產黨底計劃〉，該號「人民出版社通告」欄還載有該書目錄。在④裏書名作《共產黨底計劃、政治理想、社會結構學》(太柳譯)。譯者太柳不詳；但「人民出版社通告」(《新青年》9卷5號，1921年9月)有「張空明譯：《共產黨計劃》」，據此推測，太柳或許就是張空明即張國燾(張特立)。關於張國燾又稱張空明，請參閱羅章龍：《椿園載記》，生活‧讀書‧新知三聯書店1984年版，第113頁，及A43。（②③④⑥⑦）

A37　《李卜克內西紀念》，李特等編譯，人民出版社1922年1月

國圖藏。據③載，1922年1月15日，在全國的卡爾‧李卜克內西紀念會上，散發了五千冊印有「李卜克內西傳、盧森堡傳和斯巴達卡司團宣言」的小冊子，此小冊子或即《李卜克內西紀念》。

李特是李達的筆名。另，《先驅》也於1922年1月15日創刊號特辟副刊《里布克奈西特紀念號》，同日的《民國日報》《覺悟》也載有署名李特的《李卜克內西傳》，皆與此小冊子類似。譯作可能參考了山川菊榮著：《リープクネヒトとルクセンブルグ》〔李卜克內西和盧森堡〕，水曜會小冊子，1921年版。（③）

A38　《社會經濟叢刊》，施存統編譯，泰東圖書局1922年1月

上圖藏。翻譯、匯編有關社會主義的日語論文而成，收有北澤新次郎：《勞動者問題》〔工人問題〕、河上肇：《社會主義の進化》〔社會主義的發展〕、河上肇：《共產黨宣言に見はれたる唯物史觀》〔見於共產黨宣言的唯物史觀〕、賣文社編：《勞動經濟論》、山川均：《カウツキ一の勞農政治反對論》〔考茨基的工農政治反對論〕。（⑥⑦）

A39　《馬克思主義和達爾文主義》，派納柯克著，施存統譯，商務印書館1922年1月

原著為 A. Pannekoek, *Marxismus und Darwinismus*, 1914。施譯屬堺利彥抄譯的日語版：〈マルクス説とダアキン説〉〔馬克思學説和達爾文學説〕（《社會主義研究》1919年4–10月號；後收入堺利彥：《恐怖‧鬥爭‧歡喜》，聚英閣1920年版）之重譯。《東方雜誌》19卷10號（1922年5月）刊有已出版書籍的廣告，其中載原著者為「班納柯克」；又，《晨報副鐫》自1922年1月12日開始連載「班納哥克（Pannekoek）」著、雁汀譯：《達爾文主義與馬克斯主義》。這篇與施譯關係如何不詳。（⑤⑥⑦）

A40　《俄國革命紀實》，托洛茨基著，周詮譯，人民出版社1922年1月

國圖藏。原著為 L. Trotzky, *From October to Brest-Litovsk*, 1919。但是，托洛茨基的這部著作，已有茅原退一郎翻譯的日譯本：《露西亞革命實記》〔俄國革命紀實〕，日本評論社1920年版。從中譯書名推測，周譯本概為此日譯本的重譯。譯者周詮的生平等不詳。（③⑦）

A41　《共產黨禮拜六》，列寧著，王靜譯，人民出版社1922年1月

中共一大會址紀念館藏。原著為 Lenin, *The Great Initiative: Including the Story of "Communist Saturday"*（《偉大的創舉》）, 1919。列寧這部著作的翻譯，山川均、山川菊榮合譯：〈共產黨土曜日〉〔共產黨星期六〕（《社會主義研究》1921年11月號）的發表早於中譯本，但不清楚中譯本是否依據日譯本。譯者王靜的生平等不詳。（③⑦）

A42　《女性中心說》，堺利彥編述，李達譯，商務印書館1922年1月

譯自華德（Lester Ward）及卡朋特（E. Carpenter）原著、堺利彥、山川菊榮合譯：《女性中心と同性愛》〔女性中心與同性愛〕，アルス〔阿爾斯出版社〕1919年版（原著是 Lester Ward, *Pure Sociology*, Chap. 14, 1903 及 E. Carpenter, *The Intermediate Sex*, 1912）的堺譯部分（華德著部分）。在此之前，堺譯：《女性中心說》已被譯成漢語，《民國日報》副刊《婦女評論》自1921年8月已開始連載「夏丏尊譯、日本堺利彥達指、美國瓦特原著：《女性中心說》」，後來民智出版社出版了單行本，可見在中國傳播極廣。另，陳望道也曾計劃將其作為亞東圖書館的《社會經濟叢書》之一於1920年出版，還在《少年中國》1卷12期至2卷2期上連發廣告（計劃1920年12月刊行，書名定為《女性中心與同性愛》），但實際沒能出版。

A43　《俄國共產黨黨綱》，俄國共產黨著，希曼譯，人民出版社1922年1月

中共一大會址紀念館藏。翻譯俄國共產黨 (布) 第八次大會通過的各種決議案的解說文而成。「希曼」為張西曼別名。《廣東群報》1922年3月2日的「人民出版社通告」載有出版廣告和該書目錄。《青年週刊》(《廣東群報》附錄) 1922年3月7日廣告作「布哈林著」，應該是與幾乎同時期刊行的A36混為一談了。有關此書各版本的收藏情況，可參考張小曼《尋找張西曼譯〈俄國共產黨黨綱〉早期中譯本》(《黨的文獻》2002年第3期) ((3)(6)(7))。

A44　《國際勞動運動中之重要時事問題》，季諾維埃夫著，墨耕譯，人民出版社1922年1月

國圖藏。原著不詳，或為季諾維也夫在共產國際大會等所做的報告、演講。墨耕是李梅羹的筆名。關於李梅羹的生平，請參閱吳家林、謝蔭明：《北京黨組織的創建活動》，中國人民大學出版社1991年版，第163–164頁，以及上海革命歷史博物館 (籌) 編：《上海革命史研究資料》，上海三聯書店1991年版，第205頁。《廣東群報》1922年3月2日的「人民出版社通告」載有出版廣告和該書目錄，據此可知書中含有加入共產國際的條件。(③⑦)

A45　《列寧傳》，山川均著，張亮譯，人民出版社1922年1月

近史所藏。原著為山川均：〈レーニンの生涯と事業〉〔列寧的生涯和事業〕，《社會主義研究》1921年4月號；後收入山川均：《レーニンとトロツキー》〔列寧與托洛茨基〕，改造社1921年版，譯自季諾維也夫1918年所做關於列寧的講演寫成的傳記。中譯較忠實於原著。《廣東群報》1922年4月曾予以轉載 (《廣東群報》4月12日之〈列寧傳〉)。譯者張亮的生平等不詳。(③⑦)

A46　《勞農政府之成功與困難》，列寧著，墨耕譯，人民出版社1922年2月

中共「一大」會址紀念館藏。原著為Lenin, *The Achievements and Difficulties of the Soviet Government*（《蘇維埃政權的成就和困難》），1919，但③以原著為*Erfolge und Schwierigkeiten der Sowjetmacht*；果然如此，則可能譯自德語版（1920年）。關於譯者墨耕（李梅羹），請參閱《國際勞動運動中之重要時事問題》（A44）。（③）

A47　《社會主義與進化論》，高畠素之著，夏丏尊、李繼楨譯，商務印書館1922年3月

上圖藏。原著為高畠素之：《社會主義と進化論〔社會主義與進化論〕》，賣文社出版部1919年版。但高畠著本身大量參考了劉易斯（A. Lewis）和考茨基的著作，近乎譯作。原著介紹了有代表性的進化論者與唯物史觀的關係，以馬克思主義和達爾文主義之間存在繼承關係為前提，反映出當時認為馬克思主義唯物史觀與進化論不可分割的情形。高畠的這部著作，此前已由夏丏尊和李繼楨譯出，並以〈社會主義與進化論〉為題，自1921年3月10日始在《民國日報》《覺悟》上連載。該書或為其單行本。（⑤）

A48　《馬克斯學說概要》，高畠素之著，施存統譯，商務印書館1922年4月

上圖藏。原著為高畠素之：《社會主義的諸研究》，大鐙閣1920年版。中譯只抄譯其第一編〈マルクスに關する諸研究〉〔馬克思研究〕。《馬克思研究》為匯集高畠在各種雜誌所發表論文而成，簡明評述了唯物史觀、馬克思經濟學說的基礎和資本主義的歷史性發展。（⑥⑦）

A49　《第三國際議案及宣言》，第三國際編，成則人譯，人民出版社1922年4月

國圖藏。收有《第三國際議案》、《第三國際共產黨第二次大會宣言》。原著不詳，或為翻譯、匯集美國雜誌 *Soviet Russia* 以及 *The Communist* 載共產國際資料而成。譯者成則人即沈澤民。（③⑥⑦）

A50　《勞動運動史》，施光亮編，中國勞動組合書記部（勞動學校教科用書）1922年4月

中共一大會址紀念館藏。工人教育用書，敍述了各國工人運動的歷史變遷及其經驗教訓。施光亮即施存統筆名。施存統翻譯日語書籍頗豐，或許參考了高畠素之著實務指導用書即賣文社編「勞動問題叢書」中《勞動運動史》，1920年5月版。

A51　《社會主義與社會改良》，伊利著，何飛雄譯，陶孟和校，商務印書館1922年5月

國圖藏。原著為 R. T. Ely, *Socialism and Social Reform*, 1894。此前，《時事新報》副刊《學燈》自1920年5月12日已開始連載（何飛雄譯：〈社會主義與社會改良〉），該書或即其單行本。在日本，伊利的這部著作曾被幸德秋水在《社會主義神髓》中引用，安部磯雄也曾將其譯為〈社會主義と社會改良〉〔社會主義與社會改良〕出版（收於《社會政策二論》，大日本文明協會1909年版）。但中譯未見參考日譯本的痕跡。

A52　《馬克思紀念冊》，中國勞動組合書記部編印，1922年5月

外務省外交史料館藏（《過激派其他危險主義者取締關係雜件社會運動狀況ノ部支那國》，分類目錄4—3—2—1—4—5）。為紀念馬克思誕辰104週年而刊行，由以下三篇文章組成，即《馬克思誕生104週年紀念日敬告工人與學生》、威廉‧李卜克內西：《馬

克思傳》(戴季陶譯：〈馬克斯傳〉，《星期評論》第31號，1920年1月)、《馬克思學說》(陳獨秀：〈馬克思學說〉，《民國日報》《覺悟》1922年5月5日；及《新青年》9卷6號，1922年7月)。據③稱，該書由共產黨在全國各地方組織所在地共散發兩萬冊。(③)

A53　《馬克斯派社會主義》，拉爾金著，李鳳亭譯，商務印書館1922年6月

原著為 W. P. Larkin, *Marxian Socialism*, 1917。但譯者李鳳亭也是《貧乏論》(河上肇)的翻譯者(A7)，故而有可能譯自中目尚義譯日語版：《マルクス派社會主義》〔馬克思派社會主義〕，日本評論社出版部1919年版。該書綜合論述了馬克思學說的起源、發展變化；但由於拉爾金不同意馬克思的勞動價值說，⑦評論說，該書沒有特色、謬誤頗多。據《東方雜誌》17卷14號(1920年7月)載近刊廣告稱，一湖(彭蠡)譯《馬克思派的社會主義》(納肯著)即將發行；概譯者後來替換。(⑥⑦)

A54　《勞農俄國研究》，山川均、山川菊榮共著，李達編譯，商務印書館1922年8月

歷史所藏。原著為山川均、山川菊榮合著：《勞農露西亞の研究》〔工農俄國研究〕，アルス〔阿爾斯出版社〕1921年版。比起俄國革命的史實和經過，該書着重講解無產階級專政、蘇維埃組織、工會、農民、教育制度、婦女解放等革命後建設的狀況，在當時幾乎是唯一一部全面介紹蘇俄的著作。山川均有關俄國革命的論文被譯成漢語的，此前曾有1921年8月出版的王文俊譯：《蘇維埃研究》(A32)。(⑦)

A55　《社會主義討論集》，陳獨秀、李達等著，新青年社1922年9月

收錄了主要在《新青年》等發表的社會主義論戰、無政府主義論戰的論文共二十五篇；後收入《民國叢書》，上海書店1996年影印本，第5編17社會科學總論類。（⑥⑦）

A56　《婦女問題》，堺利彥著，唐伯焜譯，上海民智書局1922年6月

原著為堺利彥：《婦人問題》，無產者小冊子1921年版；唐譯本翻譯了其中六篇文章（〈自由戀愛說〉、〈女子國有麼〉、〈婦女的天職〉、〈婦女與經濟的平等〉、〈我們的家庭主義〉、〈婦女問題概觀〉）。《民國日報》副刊《婦女評論》第12–22期（1921年10月19日至12月28日）已於此前連載，此或其單行本。原著是堺擅長的充滿幽默的啟蒙讀物。堺論婦女的文章，另有李達譯：《女性中心說》（A42），說明堺在當時的中國被視為與山川菊榮並列的婦女問題大家。關於譯者唐伯焜，除了他曾向當時的《民國日報》副刊《婦女評論》投過稿件外，其他如生平等不詳。

A57　《價值價格及利潤》，馬克斯著，李季譯，陶孟和校，商務印書館1922年10月

原著為 K. Marx, *Value, Price and Profit*（價值、價格與利潤），1898，但不知李譯依據何種版本。（⑥⑦）

A58　《人生哲學與唯物史觀》，柯祖基著，郭夢良、徐六幾、黃卓共譯，商務印書館1922年10月

國圖藏。原著為 K. Kautsky, *Ethik und Materialistische Geschichtsauffassung*, 1906。中文版譯自英語版（*Ethics and the Materialist Conception of History*, trans. John B. Askew, 1907），但有可能也參考了堺利彥譯日語版：《社會主義倫理學》，丙午出版社1913年版。該書站在唯物史觀的立場論述了希臘哲學、基督教倫理學以至康德

哲學的倫理學說史，同時闡發了馬克思唯物史觀。李達在其譯作
《唯物史觀解說》(A26) 的後記向讀者推薦同時閱讀的《倫理與唯物
史觀》(A26) 即指該書。國民黨系的李君佩也曾計劃以相同書名翻
譯出版，但沒有實現。(⑦)

A59　《資本主義與社會主義》，塞里格門、尼林著，岑德彰
譯，商務印書館1923年1月

近史所藏。原著為 Edwin R. A. Seligman / S. Nearing, *A Public
Debate "Capitalism vs. Socialism,"* 1921。收錄了塞裏格門和尼林圍繞
社會主義進行論戰時的論文。譯者岑德彰是廣西省西林人，生於
1899年，在美國哥倫比亞大學獲碩士學位後回國。從其經歷推
測，譯作底本可能是在美國得到的英語版。順言之，該書在日本
也有河上肇的譯作出版（〈一經濟學者と一社會主義者との立合演
說〉〔一位經濟學者與一位社會主義者同台演講〕，《社會問題研究》
1921年12月第28冊）。

A60　《社會主義之意義》，格雷西著，劉建陽譯，商務印書
館1923年1月

武漢大學圖書館藏。原著為 J. B. Glasier, *The Meaning of Socialism*,
Leicester, 1919。內容為對各種社會主義學說的述評。譯者劉建陽的
生平等不詳。

A61　《馬克斯經濟學原理》，恩脫門著，周佛海譯，商務印
書館1923年4月

上圖藏。原著為 Ernest UntermAnn, *Marxian Economics: A
Popular Introduction to the Three Volumes of Marx's "Capital,"* 1913，但周
譯底本是山川均譯日語版：《マルクス經濟學》〔馬克思經濟學〕，
大鐙閣1921年版。原著為馬克思《資本論》全三卷的概述，但以唯

物史觀考察人類歷史的記述約佔全書三分之二的篇幅，堪稱以唯物史觀寫成的資本主義發展史。恩脫門的這部著作，另有人民出版社計劃出版楊壽譯本，但未能實現。（⑥⑦）

A62　《唯物史觀淺釋》，劉宜之著，向警予校，上海書店1923年4月

國圖藏。該書為初學者簡述了唯物史觀的意義，概括了階級鬥爭論。上海書店為中共所辦。譯者劉宜之的生平等不詳。（⑥⑦）

A63　《社會主義淺說》，梅生編著，星五校，教育研究會1923年4月

近史所及中共一大會址紀念館藏。雖稱梅生編著，實為摘譯高畠素之《社會問題總覽》（公文書院1920年版）之《第二編社會主義》而成。內容有社會主義的定義、共產主義和集產主義的區別、社會主義理論解說、各國社會主義政黨的動向等。高畠素之：《社會問題總覽》一書，此前亦曾有李達譯本和盟西譯本出版（A23、A24）。譯者梅生和校訂者星五，其生平等皆不詳。

A64　《社會主義與近世科學》，安銳戈佛黎著，費覺天譯，商務印書館1923年5月

上圖藏。原著為 Enrico Ferri, *Socialismo e scienza positiva: Darwin, Spencer, Marx*, 1894，費譯乃據日文版（蔭田三郎譯：《近世科學と社會主義》〔近世科學與社會主義〕1921年）翻譯。而日文版譯自英譯本（*Socialism and Modern Science*, tran. Robert Rives La Monte [Chicago: Charles H. Kerr, 1909]）。該書評述了達爾文、斯賓塞、馬克思等各種學說。譯者費覺天原名費秉鐸，湖北省黃梅人，在北京大學學習時曾是《國民》雜誌社社員，1920年12月成立的北京大學社會主義研究會會員（《北京大學日刊》1920年12月4日）。

A65　《資本的利潤及資本的發生》，彭守樸譯，馬克思主義研究會1923年5月

國圖藏。據譯者説明稱，原著為俄國出版的《馬克斯學説》，但具體指何種著作不詳。概為《今日》2卷4號（1922年12月）和3卷1號（1923年2月）載彭守樸譯：〈資本的利潤〉、〈資本的產生〉匯集而成的單行本。發行處北京「馬克思主義研究會」和共產黨系的「北京大學馬克思學説研究會」無關，是《今日》雜誌的胡鄂公等「中國共產主義同志會」於1922年5月成立的組織（楊奎松、董士偉：《海市蜃樓與大漠綠洲——中國近代社會主義思潮研究》，上海人民出版社1991年版，第185–187頁）。譯者彭守樸的生平等不詳，但《今日》雜誌常刊登他的文章，是胡鄂公、彭澤湘等組織的「中國共產主義同志會」的成員。

A66　《近世社會主義論》，伊黎著，黃尊三譯，商務印書館1923年6月

原著為R. T. Ely, *French and German Socialism in Modern Times*, 1883。但是，從書名和譯者判斷，中譯底本概為河上清譯、田島錦治補閱：《近世社會主義論》，法曹閣書院1919年翻印再版。日語版第一版刊於1897年，遲至1923年才翻譯，似稍遲；但是，如此不避陳舊，正反映了當時社會主義之流行。黃尊三，曾留學日本、《三十年日記》作者，關於其生平，請參閱黃尊三著，實藤惠秀、佐藤三郎譯：《清國人日本留學生日記》，東方書店1986年版。

A67　《陳獨秀先生講演錄》，中國社會主義青年團廣東區執行委員會編，廣州丁蔔圖書社1923年9月

國圖藏。收有三篇文章和附錄，即〈一、我們為什麼相信社會主義？〉、〈二、我們相信何種社會主義？〉、〈三、社會主義如何在中國開始進行？〉、附錄〈社會之歷史的進化〉。一如書名所

示，為陳獨秀講演詞整理匯編而成，其中包括曾發表在1921年1月9日《廣東群報》上的〈社會主義批評──在廣東公立法政學校演詞〉。（⑥）

A68　《婦人和社會主義》，山川菊榮著，祁森煥譯，商務印書館1923年11月

原著為山川菊榮：《女性の反逆》〔婦女的反抗〕，三德社1922年版，以及山川菊榮在各種雜誌上發表的評論共十篇（〈社會主義と婦人〉〔社會主義與婦女〕、〈婦人運動の四潮流〉〔婦女運動的四大潮流〕、〈無產階級の婦人運動〉〔無產階級的婦女運動〕等），部分論文此前經祁森煥翻譯後曾在《婦女雜誌》上刊登（《婦女雜誌》9卷1號，1921年1月）。該書附有山川菊榮傳。祁森煥還曾翻譯過山川菊榮的其他論文（比如，〈回教國的婦女問題〉，《晨報副鐫》1922年11月14日），但其生平等不詳。

A69　《社會主義之思潮及運動》上、下，列德萊著，李季譯，陶履恭校，商務印書館1923年11月

近史所藏。原著為 Harry W. Laidler, *Socialism in Thought and Action*, 1920。由第一部《社會主義之思潮》（社會主義的各種學說、社會主義對資本主義的批判）和第二部《社會主義之運動》（國際主義的起源、各國社會黨對第一次世界大戰的態度、1914–1919年間各國社會主義運動概要）組成，卷末附有長達十五頁的英語社會主義書籍簡介。李季是作為《社會主義史》（A14）的續編翻譯這部書的，1921年3月脫稿，也發了刊行預告（《新青年》9卷1號，1921年5月），但實際出版似因故延遲。

A70　《俄國革命史》，朱枕薪編譯，商務印書館1923年11月

原著不詳。《民國日報》1924年1月18日載廣告稱，該書全面記述了俄國革命的原因和結果。《勞農俄國之考察》（請參閱A75）

也錄有朱枕薪的文章 (《蘇維埃俄羅斯的過去與現在》)，似與本書內容有關。

　　A71　《社會主義初步》，刻爾卡普著，孫百剛譯，中華書局1923年11月

　　人文所藏。原著為 Thomas Kirkup, *A Primer of Socialism*, 1913，但孫譯極有可能譯自町野並樹譯日語版：《社會思想の變革》〔社會思想的發展〕，下出書店1921年版。在克卡樸《社會主義史》(請參閱A14) 摘要的基礎上，充實了有關當時社會主義思潮的內容，從古代經濟到社會主義學說的起源、社會主義各派別 (包括布爾什維克) 的概要，做了簡要概括。譯者孫百剛是日本文學翻譯家，譯有倉田百三原著《出家とその弟子》〔出家及其弟子〕》(創造社1927年版) 等。

　　A72　《社會主義神髓》，幸德秋水著，高勞譯，商務印書館1923年12月

　　原著為幸德秋水：《社會主義神髓》，朝報社1903年版。這部著作曾是日本明治時期社會主義研究的最高水準，但到了大正民主時期後期，早已被後起的堺、高畠、山川等更高水平的研究所超過。中譯本的刊行，標誌着在清末的中國曾盛極一時的幸德的名氣這時仍未消逝。「高勞」即有名的《東方雜誌》主編杜亞泉的筆名。1907年曾有蜀魂遙譯：《社會主義神髓》出版，後來，《東方雜誌》(8卷11號至9卷3號，1912年) 又連載了高勞的同名譯作。該書或即《東方雜誌》連載的高勞譯作之單行本。

　　A73　《馬克思主義與唯物史觀》，范壽康、施存統等譯述，商務印書館1923年12月

　　集錄《東方雜誌》刊載的有關馬克思主義的論文而成，包括18卷1號 (1921年1月) 的范壽康：〈馬克思的唯物史觀〉(原著為河上

肇：〈マルクスの社會主義の理論的體系 其三〕〔馬克思的社會主義的理論體系之三〕，《社會問題研究》第3冊，1919年3月）、19卷11號（1922年6月）的施存統：〈唯物史觀在馬克思學上底位置〉（原著為櫛田民藏：〈マルクス學に於ける唯物史觀の地位〉，《我等》1920年10月號）等。

A74 《近代社會主義》，東方雜誌社編，商務印書館1923年12月

集錄了《東方雜誌》刊載的七篇論文，包括Louis Levine著、錢智修譯：〈論工團主義之由來及其作用〉、勞人：〈新組合主義之哲學〉、昔塵：〈邊悌之社會主義〉、〈柯爾和基爾特社會主義〉等。

A75 《勞農俄國之考察》，東方雜誌社編，商務印書館1923年12月

近史所藏。集錄了《東方雜誌》刊載的有關蘇俄的如下三篇論文：朱枕薪：〈蘇維埃俄羅斯的過去與現在〉（原載《東方雜誌》19卷11號）、林可彝：〈俄國為什麼改行新經濟政策〉（《東方雜誌》19卷15號）、羅羅、錫琛合編：〈勞農俄國之面面觀〉（原載刊物不詳）。

【B類】

B1 陳獨秀著（施存統著述？）《政治主義談》，社會主義研究社

中共一大會址紀念館藏。為14頁摺頁，版權頁作「著述者：施存統，印刷者：上海印書局，發行者：上海社會主義研究社（未標記發行年月日）。內容是陳獨秀發表在《新青年》第8卷第1號（1920年9月）的〈談政治〉，應該是在《新青年》發表之後製作的小冊。唯版權頁標註的「著述者：施存統」不明何意。

B2　《兩個工人談話》，安利科・馬齊特斯太著，李少穆譯，人民出版社

中共一大會址紀念館、國圖藏，無版本記錄頁。《新青年》9卷6號（1922年7月）載廣告作人民出版社出版，已刊。似譯自 Enrico Malatesta, *A Talk between Two Workers*。採問答形式，啟蒙性小冊子。雖帶有無政府主義傾向，但反對資本主義的觀點貫穿始終。譯者李少穆的生平等不詳。（①②）

附錄三
施存統口供

　　這是施存統 1921 年 12 月被捕後在日本警視廳接受審訊時的口供，原題〈附警視廳に於ける施存統の陳述要領〉〔施存統在警視廳供述概要〕，收錄於《外事警察報》（第 10 號，1922 年 2 月）所載〈施存統の追放顛末〉〔驅逐施存統始末〕中。文中（　）為原注，〔　〕為引者注。

附　施存統在警視廳供述概要

一　生平

　　余（施存統）曾學於淛〔浙〕江省杭州第一師範學校，第三學年中途退學，不久後入北京工讀互助團，該團辦事處位於北京騎河樓鬥雞坑 7 號。約三月後，至上海白爾路三益里 17 號星期評論社做見習事務員，旋因患肺病辭職。大正 9 年〔1920 年〕7 月 10 日來日。

來日後，一邊療病，一邊就讀於東京同文書院。客年〔1921年〕春退學，專心研究社會主義。

二 與上海社會主義團體之關係

上海之社會主義團體，與余有關者乃共產黨、社會主義青年團及社會主義大學校。此皆為秘密團體，故沒有固定辦事地點，與各地同志相互聯絡，每以各團體主任或委員住處為通信地址。

上海之共產黨有兩種。一種乃陳獨秀所創建，信奉純粹之馬克思主義；另一種為黃界民〔黃介民〕派所組織，信奉雜以無政府主義思想之馬克思主義。而余有關者乃前者。

社會主義青年團成立於大正9年8月，目的在從事實際運動；現居上海南成都路輔德里625號之李達專掌團務，李人傑負總責。李達又名李鶴鳴，李人傑又稱李漢俊，皆曾留學日本。

社會主義大學校為宣傳主義之所謂通信學校，由陳獨秀、俞秀松、吳明（無無）、李人傑、沈定（玄廬）、王仲甫（重輔）及余等七人於大正9年5月成立，其團員與社會主義青年團同，然前者專事實際運動，後者則以宣傳主義為目的。

初與上海之俄國過激派代表有關係，每月接受宣傳費用約一千元，幹部等亦每人每月接受三十元報酬；然前年以降關係斷絕，現已不再接受該代表任何資助。現有學員約六十人。其中，在中國內地者，長沙11名，武昌9名，濟南10名，廣州7名，北京5名，上海18名；國外者，日本2名，法國2名，俄國1名。在日本之學生，即鹿兒島第七高等學校周佛海及余二人〔旁點為原文所注〕。

此類團體之宣傳手段為報紙、雜誌、通信。除社會主義大學校採通信手段外，其他多利用報紙、雜誌。宣傳主義之學校，另有法租界之世界語學校。該校發行《自由》雜誌以為宣傳機關，謝

晉青及余為該雜誌之駐日代表。然該雜誌已停刊，故現無任何關係。

　　禁止攜入日本之《共產黨》雜誌，其發行地點不明，亦不知與上述共產黨有無關係。余自廣州共和書局訂閱。

　　現今，留日中國學生中，除周佛海及余外，更無同志。故即使余為上海共產黨之駐日代表，其目的亦非為對留學生開展工作，實為聯絡上海共產黨與日本社會主義者。

三　本人與中國人主義者之關係

　　在杭州師範學校學習期間，余曾發表論文〈非孝〉，排斥儒教、否認忠孝。因該文頗受中國青年歡迎，以至於為主義者所知，後得以結交同志，開始交往。其主要者為陳獨秀、戴天仇〔戴季陶〕、李達、張國燾、俞秀松、黃璧魂（女）、李淖、周佛海、謝晉青、李人傑、楊明齊〔楊明齋〕、李和明、哲民〔費哲民〕、李靈丹、邵力子等，余來日後仍有書信往來。就中，陳獨秀、戴天仇二人乃余最崇拜者，彼等一直匯寄生活費與余。

　　謝晉青（警視廳指定乙類需要監視之人物，現居上海）確為友人，然非同志；彼同羅豁、陳春培皆為無政府主義者，唯其主義與大杉榮派稍異。

　　黃璧魂乃三十四五歲婦女，廣東省香山縣議員，為上海及廣州女學聯合會之重要人物。據聞其夫曾在上海做公司職員，現在廣東為官。

　　俞秀松乃余同學，於上海〔北京〕工讀互助團及上海星期評論社皆同行止；然去年〔1921年〕1月赴莫斯科，至今未曾聯繫。

　　邵力子為上海民國日報副刊《覺悟》之主筆，余居上海時曾向《覺悟》投稿，而彼亦向余所參與之週報《星期評論》投稿，緣此多有交往。

四　與本國社會主義者之關係

迄今交往之日本社會主義者，有堺利彥、高津正道、伊井敬（近藤榮藏別號，由羅馬字縮寫 E. K. 轉訛）、宮崎龍介、山川均、高瀨清等。

最初得會堺乃前年〔1920年〕12月許，李達來函與堺，詢問其載於《改造》雜誌文中所略者何字，余代轉。時經謝晉青介紹與朝鮮人權某〔概權熙國〕一同訪堺。

次乃去年〔1921年〕2月，李人傑託余購買其時尚未能公開出版之賣文社刊《空想的及科學的社會主義》一書時，以及數月前介紹上海俄國過激派代表所派張太雷時。

與高津正道，三四月前曾於神田美土代町基督教青年會館及中國基督教青年會館晤面，但未曾過府往訪。

與宮崎龍介，因其父〔宮崎滔天〕與戴天仇相識，經戴介紹結識其父子，時時過府拜晤。

與山川均，去歲〔1921年〕9月，同友人唐伯焜一同造訪府上。後因面諮《改造》雜誌所刊論文刪減部分再訪。最後往訪乃11月或12月初，鹿兒島之周佛海赴上海之際；周接該地俄國過激派領袖 S（似 Semeshko）致山川信，然因故不得來京，託余轉交。余即持該信至山川處。

時山川曰余：「汝固知近來日本社會主義者多被起訴，來自伊爾庫茨克之日人代表亦將遭起訴；煩請通過上海汝友將此件通知給在滬日人伊爾庫茨克代表切勿回國。」該日本人姓名，當時記得，現已忘卻。

五　本人與張太雷之關係

張又稱張復，江蘇省人，天津北洋大學中途退學，現為上海社會主義青年團員，然非幹部。

　　10月15日，張持時在上海之周佛海介紹信，負上海俄國過激派成員 S（似 Semeshko）使命來訪，並囑余介紹堺。余遂於次日同張訪堺於其私宅，介紹張與堺及伊井（近藤）二人相識。時張以面額 100 元之朝鮮銀行鈔 10 張親手交與堺，謂宣傳費；伊井即以其中 500 元囑余兌換。翌日遂至朝鮮銀行分行兌換，後徑赴堺處交與伊井。

　　時余受張 100 元朝鮮銀行鈔，用以付清拖欠房費。

　　同月 13 日，張自東京乘列車回上海，至今未接任何聯繫。云云。

注 釋

序 章

1　原建築坐落在望志路和貝勒路（Rue Amiral Bayle）交叉處，後門是從貝勒路樹德里進去，故有時稱貝勒路樹德里3號。

2　關於中華人民共和國成立後尋找和確認中共「一大」會址的經過，請參閱沈之瑜〈「一大」會址是怎樣找到的〉，載《上海灘》1988年第10期；葉永烈《紅色的起點》（上海人民出版社，1991年），第1–12頁。

3　〈上海遊記〉，《芥川龍之介全集》第5卷（岩波書店1977年版），第47–48頁。另有如下論文論述芥川龍之介與李漢俊在上海晤面，青柳達雄：〈李人傑について——芥川龍之介「支那遊記」中の人物〉〔李人傑——芥川龍之介〈支那遊記〉中的人物〕，《國文學——言語と文藝》〔國文學——語言與文藝〕第103號，1988年；單援朝：〈上海の芥川龍之介——共產黨の代表者李人傑との接觸〉〔芥川龍之介在上海——與共產黨代表人物李人傑的接觸〕，《日本の文學》〔日本的文學〕第8集，1990年；關口安義：《特派員芥川龍之介》（每日新聞社1997年版）等。

4　前引《芥川龍之介全集》第5卷，第48–49頁。

5　張國燾：《我的回憶》第1冊（明報月刊出版社1971年版），第134頁。《馬林致共產國際執行委員會、赤色工會國際的報告（1923年5月31日）》〔Tony Saich, *The Origins of First United Front in China: The Role of Sneevliet (Alias Maring)* [Leiden, 1991, p. 539], 李玉貞主編：《馬林與第一次國共合作》（光明日報出版社1989年版），第191頁〕。

6　《芥川龍之介全集》第11卷，岩波書店1978年版，第147–148頁。據此函來看，把李漢俊介紹給芥川的是澤村幸夫。關於澤村幸夫，請參閱萩野修二〈支那通について〉〔中國通〕，《中國研究月報》第554號，1994年12月20日。萩野修二：〈ある「支那通」の軌跡——澤村幸夫について〉〔一位「中國通」的軌跡——關於澤村幸夫〕，《中國文學會紀要》第15號，1994年。

7　在2001年以前的數字，參見邵維正：〈新時期黨的創建研究述評〉，《黨的文獻》2001年第1期；拙稿：〈中共創建史研究述評〉，載曾慶榴、洪小夏主編：《中國革命史研究述論》（華星出版社2000年版）。最近發表的研究動向分析有：張玉菡、姚金果〈改革開放以來中共創建史研究綜述〉，《北京黨史》2016年第4期。

8　中共中央黨史研究室一室編著：《〈中國共產黨歷史（上卷）〉若干問題說明》（中共黨史出版社1991年版），第22頁。關於此正式見解是否妥當，在中國國內也有若干不同意見。請參見王學啟、張繼昌〈對中國共產黨是馬克思列寧主義同中國工人運動相結合的產物的再認識〉，載《杭州大學學報》（哲社版）1989年第3期；曹仲彬、杜君〈論中國共產黨是馬克思列寧主義同中國工人運動相結合的產物——與王學啟、張繼昌商榷〉，載《中共黨史研究》1991年第6期等。

9　毛澤東：〈論人民民主專政紀念中國共產黨二十八週年（1949年6月30日）〉，《毛澤東選集》第4卷（人民出版社1991年版），第1470–1471頁。

10　詳細論述中國以日本為媒介接受西方近代思想的著作之一是狹間直樹編《共同研究梁啟超——西洋近代思想受容と明治日本》（みすず書房〔美鈴書房〕1999年版）；中譯本：《梁啟超‧明治日本‧西方》（社會科學文獻出版社2001年版）。

11　李大釗：〈我的馬克思主義觀〉，見《李大釗文集》第3卷（人民出版社1999年版），第15頁。這段話源自日本經濟學者福田德三的《續經濟學研究》（同文館1913年版）第一篇，第八章〈難解なるカール‧マルクス〉〔難解的卡爾‧馬克思〕開頭部分。見後藤延子〈李大釗とマルクス主義經濟學〉〔李大釗和馬克思主義經濟學〕，信州大學《人文科學論集》第26號，1992年。

12　包惠僧：《共產黨第一次全國代表會議前後的回憶》，中國社會科學院現代史研究室、中國革命博物館黨史研究室編：《「一大」前後》（二），第二版（人民出版社1985年版），第313頁。

13　黃修榮：《共產國際與中國革命關係史》上冊（中共中央黨校出版社1989年版），第63–64頁。目前可以見到的專論巴庫大會的論文，只有伊藤秀一〈バクーの東方各民族大會について〉〔關於在巴庫召開的東方各民族代表大會〕，《神戶大學文學部紀要》第1號，1972年。

14 向青:〈關於共產國際和中國革命問題〉,《北京大學學報(哲學社會科學版)》1979年第6期;向青:〈中國共產黨創建時期的共產國際和中國革命〉,《近代史研究》1980年第4期(後收於:向青《共產國際與中國革命關係論文集》〔上海人民出版社,1985年〕);楊奎松:《「中間地帶」的革命:中國革命的策略在國際背景下的演變》(中共中央黨校出版社,1992年)。

15 當然,並非全部莫斯科檔案都已被開放。比如,即使現在利用頻率最高的俄國社會政治史檔案館(РГАСПИ〔露加斯皮〕,原俄國現代史資料研究保存中心)所保存的文件,其中歸在全宗514(中國共產黨)下的1,222個卷宗,就因優先使用權歸中國的理由,原則上不予開放。補注——現在,全宗514(中國共產黨)檔案基本上已開放了。

16 1994年後,俄羅斯科學院遠東研究所和柏林自由大學東亞研究會合作,正在陸續刊行原蘇聯的有關中國革命的檔案。俄文版:*ВКП (б), Коминтерн и Национально—Революционное Движениев Китае: Документы*, T. I. (1920–1925), Москва, 1994; T. II. (1926–1927), Москва, 1996; T. III. (1927–1931), Москва, 1999;德文版:*RKP (B), Komintern und die national-revolutionäre Bewegung in China: Dokumente.* Band 1. (1920–1925), München, 1996; Band 2. (1926–1927), Münster, 1998;漢語版:中共中央黨史研究室第一研究部譯:《聯共(布)、共產國際與中國國民革命運動(1920–1925)》(北京圖書館出版社1997年版);中共中央黨史研究室第一研究部譯:《聯共(布)、共產國際與中國國民革命運動(1926–1927)》(北京圖書館出版社1998年版);李玉貞譯:《聯共、共產國際與中國(1920–1925)》第1卷(東大圖書公司1997年版)。

17 僅舉有代表性的專著如下。關於魏金斯基的有,В. И. Глунин, Григорий Войтинский, *Видные советские коммунисты: участники китайской революции*, Москва, 1970 (格盧寧:〈格里戈里 · 魏金斯基〉,《著名的蘇聯共產黨人:中國革命的參加者》);《維金斯基在中國的有關資料》,中國社會科學出版社1982年版。關於馬林的有,《馬林在中國的有關資料(增訂本)》(人民出版社1980年版);Tony Saich, *The Origins of First United Front in China: The Role of Sneevliet (Alias Maring)* (Leiden: Brill, 1991);李玉貞主編:《馬林與第一次國共合作》(光明日報出版社1989年版)。

18 關於這些檔案的返還經過,請參閱裴桐〈1956年赴蘇聯接受檔案追憶〉,《黨的文獻》1989年第5期。

19 根據馬貴凡〈赴蘇查閱共產國際檔案情況述略〉(《中共黨史通訊》1991年第16期)和〈蘇共中央檔案工作代表團向中央檔案館移交一批檔案資料〉(《黨的文獻》1991年第4期)記述,自蘇聯解體前的1990年至翌年,蘇聯又交還了一批文件,這些文件也同樣沒有公開。

20 中國社會科學院現代史研究室、中國革命博物館黨史研究室編:《「一大」前後》(一——三)(人民出版社1980–1984年版)。

21 森時彥:〈中國における勤工儉學運動研究の動向〉〔中國勤工儉學運動研究的動向〕,《東洋史研究》40卷4號,1982年;森時彥:〈中國共產黨旅歐支部的成立〉,《愛知大學國際問題研究所紀要》第80號,1985年。

22 參加中共「一大」的13人的傳記,收於鄭惠、張靜如主編《中共一大代表叢書》(河北人民出版社1997年版)。

23 《中國共產黨第一次代表大會》,中央檔案館編:《中共中央文件選集》第1冊(中共中央黨校出版社1989年版)。有關中共成立之初的全國黨員人數,除這裏的53人說之外,還有記錄顯示為57人。前者出現於當時說明中共「一大」情況的報告書中;後者是中共六大時據回憶推算的數位。參照:中共嘉興市委宣傳部、嘉興市社會科學界聯合會、嘉興學院紅船精神研究中心:《中國共產黨早期組織及其成員研究》(中共黨史出版社,2013年版),第2–5頁。

第一章

1 關於社會主義思想在清末中國的傳播,狹間直樹:《中國社會主義の黎明》〔中國社會主義的黎明〕(岩波書店1976年版)和 Martin Bernal, *Chinese Socialism to 1907* (Ithaca, N.Y.: Cornell University Press, 1976) (中譯本:伯納爾著,丘權政等譯:《1907年以前中國的社會主義思潮》〔福建人民出版社1985年版〕) 敍之甚詳。

2 周佛海:〈實行社會主義與發展實業〉,《新青年》8卷5號,1921年1月。

3 楊紀元:〈毛澤東不可能在北京看到陳譯本《共產黨宣言》〉,載《黨史研究資料》1981年第2期;竹內實:《毛澤東》(岩波書店1989年版),第49–56頁。

4 E. H. Carr, *1917: Before and After* (London: Macmillan, 1969), pp. 8–9.

5 同上注。

6 美國社會學家阿爾文・古爾德納 (Alvin W. Gouldner) 注意到理論、道義定位和意識形態等在現代革命中的重要性,及其影響實際運動的巨大作用,論述了作為革命運動領導人的「知識分子」,因其具有「知識」而獲得正當性和權威的傾向。參見 Alvin W. Gouldner, *The Future of Intellectuals and the Rise of the New Class* (New York: Palgrave, 1979) (中譯本:古爾德納著,杜維真等譯:《新階級與知識分子的未來》〔人民文學出版社2001年版〕)。本章意在強調這樣一個現代性,即,不論在任何國家,在馬克思主義催發的革命中,都可以發現「通過知識進行指導」以及知識分子作為知識承載者所發揮的巨大作用。

7　南博、社會心理研究所編著：《大正文化1905–1927》重訂版（勁草書房1987年版），第299頁。

8　清水安三：《支那新人と黎明運動》〔中國的新人與黎明運動〕（大阪屋號書店1924年版），第162、167頁。

9　羅家倫：〈今日中國之雜誌界〉，載《新潮》1卷4號，1919年4月。

10　中共中央馬克思恩格斯列寧斯大林著作編譯局研究室編：《五四時期期刊介紹》第1–3集（共6冊）（生活·讀書·新知三聯書店1979年版）。

11　據估計，1920年前後中國的文盲人口比例約為80%（狹間直樹等著：《データでみる中國近代史》〔中國近代史數據〕，有斐閣1996年版，第34頁）。另外，帕特森（D. D. Patterson）曾推算，20世紀20年代初期，中國每四百人中有一人「能夠閱讀雜誌、報紙」（Joseph T. Chen, *The May Fourth Movement in Shanghai* (Leiden: E. J. Brill, 1971), p. 61；中譯本：陳曾燾著，陳勤譯：《五四運動在上海》（台北經世書局1981年版）。

12　張召奎：《中國出版史概要》（山西人民出版社1985年版），第299頁。

13　陳望道：〈回憶黨成立時期的一些情況〉，中國社會科學院現代史研究室、中國革命博物館黨史研究室編：《「一大」前後》（二），第二版（人民出版社1985年版）。

14　〈文化書社第一次營業報告〉，張允侯等編：《五四時期的社團》（一）（生活·讀書·新知三聯書店1979年版），第53—54頁；〈文化書社社務報告〉，同前，第64頁。

15　要大致了解中國報紙的副刊，王文彬編《中國報紙的副刊》（中國文史出版社1988年版）很方便，但遺憾的是，該書有關每種副刊的敍述過於簡單。

16　關於五四時期的報紙，小關信行《五四時期のジャーナリズム》〔五四時期的新聞界〕（《五四運動の研究》〔五四運動研究〕第3函，11〔同朋舍1985年版〕）敍之甚詳。

17　關於馬克思、恩格斯、列寧著作的中譯歷史，以下的專著和目錄較詳盡。中共中央馬克思恩格斯列寧斯大林著作編譯局馬恩室編：《馬克思恩格斯著作在中國的傳播》（人民出版社1983年版）；北京圖書館馬列著作研究室編：《馬克思恩格斯著作中譯文綜錄》（書目文獻出版社1983年版）；北京圖書館編：《列寧著作在中國（1919–1992年文獻調研報告）》（書目文獻出版社1995年版）。另有資料集《社會主義思想在中國的傳播（資料選輯）》（共6冊，中共中央黨校科研辦公室1985年版、1987年版）較全面地收錄了在中國發表的有關社會主義的文章。本世紀以來，有幾種優秀的書籍目錄與解題相繼發表，當中的代表性著作有田子渝《馬克思主義在中國初期傳播史（1918–1922）》（學習出版社，2012年）；嘉興學院紅船精神研究中心編《馬克思主義在中國早期傳播史料長編（1917–1927）》（共3卷，長江出版社，2016年）。

18 韓一德、姚維斗《李大釗生平紀年》(黑龍江人民出版社,1987年),第72頁。此外,據説李大釗於1919年夏離開北京,並非政治意義上的避難,而是因為妻子臨產之故。宋霖《李大釗家族史研究》(安徽人民出版社,2005年),第45–47頁。

19 如果按黨派系列劃分,北京的《晨報》和上海的《時事新報》屬於研究系,受梁啟超等人的影響較大。關於梁啟超等研究系在民國時期的政治活動和文化活動,張朋園《梁啟超與民國政治》(食貨出版社1978年版)敍之頗詳。

20 中國有關李大釗等中國馬克思主義思想的研究成果不勝枚舉。日本有關此方面的研究述評,關於李大釗的思想研究有,丸山松幸、齋藤道彥:《李大釗文獻目錄》,東洋學文獻中心叢刊第10輯(東京大學東洋文化研究所1970年版),以及後藤延子:〈日本における中國近代思想史研究〉〔日本的中國近代思想史研究〕(《中國研究月報》第491號,1989年);而中國則有李權興等編《李大釗研究辭典》(紅旗出版社1994年版),都是綜合性研究。

21 前引小関信行〈五四時期的新聞界〉,第107頁。

22 王炯華《李達與馬克思主義哲學在中國》(華中理工大學出版社1988年版)認為〈馬氏唯物史觀概要〉的譯者是中共創建時期主要成員之一李達(第13頁);但是,當時正在日本留學的李達,並未見其向《晨報》投稿,故王炯華的推斷不無勉強。

23 前引《馬克思恩格斯著作在中國的傳播》,第248頁。

24 河上肇:〈マルクス資本論解説〉〔馬克思資本論解説〕,載《社會問題研究》第7冊,1919年7月。

25 《晨報副刊》連載的〈馬氏資本論釋義〉於1920年9月出版了單行本。為此,陳溥賢曾寫信給高畠素之,請其告知原文空白部應如何補正,但沒有得到高畠的答覆。陳溥賢譯:《馬克斯經濟學説》(商務印書館1920年版),第3頁。

26 前引《五四時期期刊介紹》第1集,上冊,第98頁;《李大釗傳》(人民出版社1979年版),第58頁。

27 〈李守常啟事〉,載《晨鐘報》1916年9月5日。

28 據説李大釗曾參與《晨報》或《晨報副刊》的編輯工作,這一常見説法似乎源自成綱在〈李大釗同志鬥爭史略〉(《新中華報》1941年4月27日)中李大釗曾任晨報主任編輯的錯誤記錄。一般認為,該李大釗傳依據的是收錄進《烈士傳》的一篇傳記(成綱〔陳剛〕撰),而《烈士傳》是1936年在莫斯科為紀念中共成立15週年而刊行。後來,這篇紀念文中的訛誤廣為流布,加上李大釗曾為《晨報副刊》投稿,逐漸演變出種種過度解釋,譬

如「協助《晨報》開闢『馬克思研究』專欄」（張靜如等編《李大釗生平史料編年》〔上海人民出版社，1984年〕，第75頁），甚至「在李大釗的影響下，原來《晨報》舊人中，也有人寫了記〈近世社會主義鼻祖馬克思的奮鬥生涯〉這樣的文章」（李龍牧《五四時期思想史論》〔復旦大學出版社，1990年〕，第198頁）。

又及，關於李大釗究竟何種程度上參與了《晨報》的編輯與方針策劃，本書初版中曾指出，「沒有原始資料能夠證明李大釗直接參與了《晨報副刊》的編輯工作」。對此，王憲明、楊琥、王素莉、朱成甲等人曾提出反論（朱成甲：〈五四時期馬克思主義傳播與李大釗歷史作用問題的探討 —— 兼評石川禎浩《中國共產黨成立史》的有關論述〉，《中共黨史研究》2009年第8期；王素莉：〈「五四」前後馬克思主義在中國傳播的若干問題探討 —— 也評石川禎浩《中國共產黨成立史》的有關論述〉，《中共黨史研究》2010年第5期；王憲明、楊琥：〈五四時期李大釗傳播馬克思主義的第二陣地 ——《晨報副刊》傳播馬克思主義的貢獻與意義〉，《安徽大學學報》2011年第4期，等等）。這些觀點當中，從「李大釗是否主編了《晨報》（副刊）並不重要，重要的是他在《晨報》（副刊）發表的諸篇文章……使這份改良派的報紙有了傾向革命的面貌」（王素莉），到「什麼是原始材料？……李大釗本人所發表的文章和與之相關的活動這種『原始材料』，則早已是明白地告訴人們他當時所承擔的工作責任」（朱成甲），可見程度及批判的重點有微妙的差異。的確，本書初版對陳溥賢的意義作了相當高的評價，但這並非出於貶抑李大釗崇高地位的目的，而是出於想要重新指出這樣一種事實的意圖：即馬克思主義在中國的傳播，並不是後來投身共產主義運動實踐的中共黨員一手包辦的。

29　最早指出「淵泉」並非李大釗筆名、而是陳溥賢筆名的，應該是楊紀元的〈「淵泉」不是李大釗筆名〉（《黨史研究資料》1987年第10期）。楊氏論文根據詢問梁漱溟而得的回答，從而明確淵泉並非李大釗，應是陳博生（陳溥賢）。而筆者也曾考證出淵泉是陳溥賢的筆名（石川禎浩：〈李大釗のマルクス主義受容〉〔李大釗之接受馬克思主義〕，《思想》第803號，1991年），不過筆者是根據《晨報副刊》所載〈馬氏資本論釋義〉（淵泉譯）與後來刊行的陳溥賢譯《馬克斯經濟學說》（商務印書館，1920年）文本相同的考證，從而得出結論。有關「淵泉」筆名的考證，有不少針對本書初版的批判，如《光明日報》2006年8月28日刊登的三篇批判文，又如另外幾篇評論（張靜如：〈從「淵泉」不是李大釗筆名說起〉，《黨史研究與教學》2006年第6期；吳二華：〈誰更早考證出了「淵泉」不是李大釗？—— 兼與石川禎浩先生商榷〉，《黨史研究與教學》2006年第6期；吳二華：〈關於「淵泉」筆名的學術史考證〉，《史學月刊》2008年第1期）。

對這一系列批判文章，也有中國學者發表了評論，認為這些批判文章製造了一種假命題進行批判，是以偏概全、扣帽子式的批判，有悖學術道德 (田子渝：〈《中國共產黨成立史》是非的三個問題〉，《黨史研究與教學》2007 年第 1 期)。而這再次引發了新一輪的批判與反擊 (許全興：〈學風與方法 —— 對田子渝先生遲到的回應〉，《黨史研究與教學》2009 年第 3 期；田子渝：〈也談學風與方法 對許全興先生的回應〉，《黨史研究與教學》2009 年第 5 期)。足見圍繞「淵泉」這一筆名展開的論爭，已不僅僅出於單純的對學術的關心。

30 有關陳溥賢 (陳博生) 的生平，請參照：葉明勳、黃雪邨：〈追憶陳博生先生〉，《傳記文學》39 卷 1 期，1981 年；姜亮夫撰：《歷代名人年里碑傳總表》(台灣商務印書館增補排印本 1970 年版)；支那研究會編：《最新支那官紳錄》(富山房 1918 年版)；外務省情報部：《現代中華民國‧滿洲帝國人名鑒》(東亞同文會 1937 年版)；橋川時雄編：《中國文化界人物總鑒》(中華法令編印館 1940 年版)；島田大輔：〈日中戰爭期中國の日本通ジャーナリストの對日認識 陳博生 (中央通訊社東京特派員 總編輯) の軌跡〉〔中日戰爭時期日本通新聞工作者的對日認識 —— 陳博生的人生道路〕，《メディア史研究》〔新聞傳播史研究〕第 48 期，2020 年等。

31 據筆者所見，暗示李大釗和陳溥賢之間關係的資料，只有梁漱溟：〈回憶李大釗先生〉，《回憶李大釗》(人民出版社 1980 年版)，第 89 頁。該文提到，李大釗被張作霖逮捕、殺害後，陳溥賢曾到停放李遺體的寺廟去過。據此揣測李大釗和陳溥賢在「五四」以後可能仍一直交往。

32 《晨報副刊》1919 年 11 月 6 日。

33 《晨報副刊》1919 年 11 月 18 日。

34 這兩篇文章都沒有署名，但從內容可以看得出是出自陳溥賢之手。

35 淵泉：〈東遊隨感錄 (十)〉，載《晨報副刊》1919 年 10 月 29 日。

36 淵泉：〈什麼叫做危險思想？〉，載《晨報》1919 年 6 月 29 日。

37 〈黎明會 (1 月 5 日東京通訊) 吉野博士〉(載《每週評論》第 5 號，1919 年 1 月) 好像是吉野致《每週評論》同人信的譯文，其中記述李大釗曾贈送《每週評論》給吉野，而吉野則約定贈送《黎明會講演集》。筆者發現該文，受到松尾尊兊〈五四期における吉野作造と李大釗〉〔五四時期的吉野作造與李大釗〕(吉野作造：《現代憲政の運用〔現代憲政的運用〕》附錄〔みすず書房 (美鈴書房) 1988 年版；修改後再收於松尾：《民本主義と帝國主義》〔民本主義和帝國主義〕〔みすず書房 (美鈴書房) 1998 年版〕) 的啟發。

38 〈致胡適 (1919 年 3 月)〉，《李大釗文集》第 5 卷 (人民出版社 1999 年版)，第 286 頁。

39 明明(李大釗):〈祝黎明會〉(1919年2月,見《李大釗文集》第2卷,第283–284頁)。這篇文章原先發表於《每週評論》。《每週評論》刊載的文章有不少無署名或者用筆名,有關這些文章作者的考證,李繼華等《李大釗軼文輯注與研究》(線裝書局,2013年)一書中收入的諸篇論文皆可參考。

40 關於吉野作造和李大釗在五四時期的交流,以及北京大學學生團訪日,請參照松尾尊兊:〈民本主義者と五四運動〉〔民本主義者與五四運動〕,收於松尾:《大正デモクラシーの研究》〔大正民主主義研究〕(青木書店1966年版),修改後再收於前引《民本主義和帝國主義》;前引松尾:《五四時期的吉野作造與李大釗》;王曉秋:〈李大釗與五四時期的中日文化交流〉,《李大釗研究論文集——紀念李大釗誕辰一百週年》(北京大學出版社1989年版);拙稿〈吉野作造と1920年の北京大學學生訪日團〉〔吉野作造與1920年的北京大學學生訪日團〕,《吉野作造選集月報》第14號,《吉野作造選集》第8卷附錄(岩波書店1996年版)。有關吉野(黎明會)與李大釗的關係,有觀點認為,「吉野於1906–1909年曾在北洋法政專門學校任教,同一時期,李大釗正在該校就讀,上過他的課。吉野是李大釗最尊重的老師之一,關係頗為密切」(前引松尾〈五四時期的吉野作造與李大釗〉)。不過,吉野在北洋法政專門學校本科以正規教習身份教授「法學通論」課程之際(1907年12月起約1年期間),李大釗還在讀預科,因此他應該並未直接接受過吉野的指導。且以常識而論,在大約兩百人的學生中,吉野與李大釗特別接近似無可能。應該說,兩者之間真正的交流始於1918年年底,而陳溥賢也參與其中。

41 筆者發現該文,受到了前引松尾:〈民本主義者與五四運動〉啟發。

42 陳溥賢1919年的第二次訪日在7–8月間,在日期間應邀再次往訪吉野,並就日中兩國教授和學生之間的交流進行了協商(淵泉:〈訪問吉野作造博士記〉,《晨報》1919年8月16日)。另,吉野作造日記8月7日、11日、29日記載了和陳溥賢來往的情況(《吉野作造選集》第14卷(岩波書店1996年版),第214、217頁)。

43 《李大釗等致宮崎龍介函(1920年4月27日)》,宮崎黃石藏。另,該信也收錄於《李大釗文集》第5卷,第294頁,但是,發信人「陳啟修、陳傳賢、李大釗」中,「陳傳賢」為「陳溥賢」之誤。

44 1910年,日本政府借口社會主義者幸德秋水等人對明治天皇圖謀不軌,實行大逮捕,殘酷鎮壓進步的民主力量,結果幸德秋水等十一人被執行死刑。史稱「大逆事件」。關於「大逆事件」以前的中日社會主義思潮的交流,請參閱前引狹間直樹《中國社會主義的黎明》,第88–90頁。

45 馮自由:《社會主義與中國》(社會主義研究所1920年版),第11頁。

46 《時事新報》(東京) 1919年6月9日晚報報道。筆者發現該文，受到了金原左門《昭和への胎動》〔昭和時代的萌動〕(小學館1988年版) 的啟發。

47 關忠果等編著：《雜誌〈改造〉の四十年》〔《改造》雜誌40年歷史〕(光和堂1977年版)，第40–46頁。

48 〈マルクス出版界を壓倒する《資本論解說》〉〔馬克思統治出版界《資本論解說》〕，載《解放》1920年1月號。

49 王光祈：〈工讀互助團〉，載《少年中國》1卷7期，1920年1月。

50 〈上海時事新報北京晨報共同啟事〉，載《晨報》1920年11月27日。據該文講，中國各報社其前未曾在歐洲派駐特派記者。同時被派往俄國做特派記者的是後來的中共領導人瞿秋白。

51 齋藤道彥譯：《我的馬克思主義觀(上)》(櫻美林大學《中國文學論叢》第2號，1970年) 和後藤延子：〈李大釗とマルクス主義經濟學〉〔李大釗與馬克思主義經濟學〕(信州大學《人文科學論集》第26號，1992年) 附有對照表，分別證明李大釗〈我的馬克思主義觀〉之前半部分是根據河上論文，而後半部分是根據福田德三的著作寫成的。另外，專門探討河上對李大釗以及中國的馬克思主義影響的論文有，鄭學稼：〈河上肇與中國共產主義運動〉，收於《中共興亡史》第1卷下(帕米爾書店1984年再版)；楊奎松：〈李大釗與河上肇——兼談李大釗早期的馬克思主義觀〉，載《黨史研究》1985年第2期；後藤延子：〈李大釗と日本文化——河上肇‧大正期の雜誌〉〔李大釗與日本文化——河上肇‧大正時期的雜誌〕，《信州大學人文學部特定研究報告書》1990年等。全面探討河上肇在中國的影響的專著有，三田剛史：《甦る河上肇——近代中國の知の源泉》〔復活的河上肇——近代中國知識的來源〕(藤原書店2003年版)。

52 安雅琴：〈陳溥賢《馬克思的唯物史觀》與李大釗《我的馬克思主義觀》文本關係考——基於唯物史觀的相關論述〉，《中共黨史研究》2016年第2期；吳二華：〈陳溥賢在李大釗接觸河上肇馬克思主義觀點時的中介作用〉，《中共天津市委黨校學報》2007年第1期。

53 有關陳溥賢帶給李大釗的影響究竟有多大，存在不同的意見。以下幾種研究均認為影響不大、或者說李大釗的理解才是正確的。安雅琴：〈陳溥賢《馬克思的唯物史觀》與李大釗《我的馬克思主義觀》文本關係考——基於唯物史觀的相關論述〉，《中共黨史研究》2016年第2期；吳二華：〈陳溥賢在李大釗接觸河上肇馬克思主義觀點時的中介作用〉，《中共天津市委黨校學報》2007年第1期。

54 高一涵和李大釗交誼頗厚，他在回憶(〈回憶李大釗同志〉，《五四運動回憶錄(續)》〔中國社會科學出版社1979年版〕)中說，李在日本留學時(1914–1916年)就曾通過河上肇的著作接觸了馬克思主義。有的研究據此認定李在五四運動前即已接受馬克思主義。關於此點，前引後藤〈李

大釗與日本文化——河上肇和大正時期的雜誌〉對高一涵回憶錄的內容
做了進一步剖析，證明這種認定是不正確的。

55 河上肇在1919年時，雖然在《社會問題研究》雜誌上研究馬克思主義，
但是對馬克思主義的唯物史觀仍存懷疑，認為不應該只進行物質方面的
改造，還必須通過倫理解放人的靈魂。堺利彥把這個時期河上的思想稱
為「靈肉二元論」，指出其帶有強烈的道德主義傾向（〈河上肇君を評す〉
〔評河上肇君〕，《新社會》5卷7號，1919年3月）。

56 關於茅原華山與李大釗的關係，請參閱拙稿〈李大釗早期思想中的日本
因素——以茅原華山為例〉（收於石川禎浩《中國近代歷史的表與裏》〔北
京大學出版社，2015年〕）。

57 李大釗：〈物質變動與道德變動〉（1919年12月，《李大釗文集》第3卷，
第100–116頁）引用了堺利彥《唯物史觀の立場から》〔從唯物史觀之立場
觀之〕（三田書房1919年8月版）中的翻譯和論文，由此判斷，這個時期
的李大釗肯定已經看過堺利彥的著作。

58 關於社會主義同盟，請參照藤井正：〈日本社會主義同盟の歷史的意義
——「大同團結」から「協同戰線」へ〉〔日本社會主義同盟的歷史意義——
從「大同團結」到「協同戰線」〕，增島宏編：《日本の統一戰線〔日本的統
一戰線〕》上（大月書店1978年版）。

59 山邊健太郎：〈パリ・コミューン百年と日本〉〔巴黎公社一百週年與日
本〕（《圖書》1971年8月號）和後藤延子〈李大釗資料拾遺、並びに覺書〉
〔李大釗資料拾遺及備忘〕（信州大學《人文科學論集》第21號，1987年）
都對李大釗加入日本社會主義同盟及丸山幸一郎在其中的作用有所介紹。

60 除李大釗外，從姓名判斷像是中國人或朝鮮人的還有呂磐石、趙文謨、
陳泉榮、張省吾、黃登明、林覺文、柳來禎等。另外，關於加入社會主
義同盟的中國人和朝鮮人，請參閱松尾尊兊〈コスモ俱樂部小史〉〔可思
母俱樂部小史〕，《京都橘女子大學研究紀要》第26號，2000年。

61 關於丸山幸一郎在北京的活動，請參閱飯倉照平〈北京週報和順天時
報〉，《朝日ジャーナル》〔朝日專刊〕1972年4月21號；山下恒夫：〈薄幸
の先驅者・丸山昏迷〉〔不幸的先驅丸山昏迷〕，《思想の科學》〔思想的
科學〕1986年9–12月號。

62 清水安三：〈回憶魯迅——回想の中國人 (1)〉〔回憶魯迅——回憶中的
中國人〕，櫻美林大學《中國文學論叢》第1號，1968年。

63 不見死生（清水安三）：〈李大釗の思想及人物〉〔李大釗的思想及其人〕，
《北京週報》第256號，1927年5月。

64 內務省警保局：〈本邦社會主義者・無政府主義者名簿〉〔我國社會主義者
及無政府主義者名冊〕，社會文庫編：《社會主義者・無政府主義者人物
研究史料 (1)》，柏書房1964年版，第178–179頁。另外，與此同時，丸

山還與周作人、魯迅等中國的文學家、作家積極交流，1922年始先於日本國內在《北京週報》上翻譯介紹魯迅、周作人、謝冰心等的文學革命成果。在當時居住北京的日本人中，丸山尤其積極地支持中國的新文學。但是，他於1924年患腎炎，同年9月在故鄉長野縣病故，年僅29歲。

65 後藤延子：〈李大釗における過渡期の思想——「物心兩面の改造」について〉〔李大釗的過渡時期思想——關於「物心兩面之改造」〕，《日本中國學會報》第22集，1970年；齋藤道彥譯：〈物質變動與道德變動〉，櫻美林大學《中國文學論叢》第5號，1974年，第6號，1976年。另外，齋藤對於李大釗的引用來自被禁止發售的那期《新社會》提出疑義；但是，堺的這些文章都被收錄於1919年8月公開發行的論文集(前引堺利彥《從唯物史觀的立場觀之》)裏面，所以，自然的推斷應該是，李大釗讀的不是《新社會》，而應該是《從唯物史觀的立場觀之》。

66 李大釗：〈亞細亞青年的光明運動〉，1920年4月，《李大釗文集》第3卷，第176–177頁。

67 《李大釗文集》第2卷，第277–282頁。

68 《李大釗文集》第3卷，第178–192頁。

69 〈發起馬克斯學說研究會啟事〉，載《北京大學日刊》1921年11月17日。

70 〈馬克思學說研究會通告(四)〉，載《北京大學日刊》1922年2月6日。不過，該藏書目錄的著者名、書名不一定準確，要通過這些目錄了解當時社會主義書籍的出版情形，必須與其他資料核對。

71 朱務善：〈回憶北大馬克斯學說研究會〉，前引《「一大」前後》(二)。此處所謂河上所舉雞蛋孵化小雞的例子，原載河上《唯物史觀研究》第一章(弘文堂書房1921年版)。

72 五四時期前後，在北京致力於介紹社會主義思想和報道俄國革命的另一位記者，是《京報》的邵飄萍。他在1920年通過泰東圖書局和商務印書館出版了《綜合研究各國社會思潮》、《新俄國之研究》、《失業者問題》等書，而這些書都是他自1919年底作為《大阪朝日新聞》顧問在日本時執筆的。如此看來，他也是一位向中國傳播日本思潮的人。詳見旭文編著《邵飄萍傳略》(北京師範學院出版社1990年版)，第74–82頁。

73 陳溥賢〈從北京到西貢〉(《晨報》1920年12月22、23日)記載，陳溥賢作為駐英特派記者於1920年11月20日離開北京，經法國赴英國。另外，有人認為陳溥賢赴英是「五四」後資產階級資助的一系列留洋之一(許德珩：〈五四運動六十週年〉，前引《五四運動回憶錄(續)》，第65頁)。陳溥賢於1922年10月回國，從11月1日重新開始在《晨報》社工作(〈陳溥賢啟事〉，載《晨報》1922年11月1日)。

74 〈言論壓迫の喜劇——支那LT生より〉〔言論壓迫之喜劇——支那LT生投稿〕,載《新社會評論》7卷4號,1920年6月。據信該信為上海的某社會主義者寫給堺利彥的,其中説北京政府査禁馬克思主義書籍對上海沒有直接影響。

75 嚴格地講,因為當時「中國國民黨」還沒有正式成立(「中華革命黨」的孫中山一派1919年10月才改組為「中國國民黨」),所以,把孫中山一派人士稱為國民黨員是不恰當的。此處為了方便,將他們稱為「國民黨系人士」。

76 關於國民黨系人士在五四時期的文化活動,呂芳上《革命之再起》(中研院近代史研究所1989年版)以及劉永明《國民黨人與五四運動》(中國社會科學出版社1990年版)敍之甚詳。

77 同為國民黨系的謝英伯説,他在五四時期以前就在上海開設了「馬克斯派社會主義講習會」,主張自己才是「中國共產派之提倡最先者」(〈謝英伯致大光報函〉,《廣州民國日報》1924年5月14日)。謝英伯在美國留學時(1914–1916年)經江亢虎介紹入蘭德學校(Rand School)學習。回國後,任「中國社會黨籌備處」主任,以期等待江亢虎回國(1917年6月),重建中國社會黨。但是,重建未成,江一個多月後即回美國,中國社會黨在這個時期的重建似乎無果而終。謝英伯在自傳(《人海航程》)裏以及《廣州民國日報》上所説的「社會主義講習會」也許是指追隨江亢虎社會黨的某種活動,或者是指他自己也曾參與過的1922年初的廣東社會主義青年團。謝説他也曾進行過言論方面的工作,但其內容無從確認。這方面的情況,請參照謝英伯:〈人海航程〉,《革命人物志》第19集(中央文物供應社1978年版),第350、353頁;〈社會主義家組織政黨之籌備〉,《民國日報》1917年6月14日。

78 〈蔡林彬給毛澤東(1918年8月21日)〉,《蔡和森文集》(人民出版社1980年版)。

79 比如胡適、廖仲愷、胡漢民:〈井田制度有無之研究〉,載《建設》2卷1號,1920年2月。

80 關於清末知識分子對社會主義的理解與中國的傳統思想密不可分,請參閱前引狹間直樹《中國社會主義的黎明》,第133–136頁。

81 《建設》雜誌的編輯中用「民意」作筆名的有胡漢民和朱執信,但是,建設社在朱故後的1921年編的《朱執信集》,將《建設》雜誌上署名「民意」的文章都作朱執信著而收錄在內。另外,廣東省哲學社會科學研究所歷史研究室編《朱執信集》(中華書局1979年版),也把署名「民意」的文章(包括《建設》1卷6號所載信函)作朱執信著收錄。的確,由於胡漢民也

曾參與編輯《建設》，難以完全否定「民意」是胡漢民的筆名的可能性。但是，既然建設社也把署名「民意」的文章作朱著，此處也取「民意」即朱執信筆名的立場。

82 關於戴季陶在五四時期對馬克思主義的研究，請參閱前引呂芳上《革命之再起》；湯本國穗：〈五四運動狀況における戴季陶——「時代」の方向と中國の進む道〉〔五四運動形勢下的戴季陶——「時代」的方向和中國前進的道路〕，《千葉大學教養部研究報告》B–19，1986年。

83 《建設》1卷4號–3卷1號，1919年11月–1920年12月；《民國日報》《覺悟》1919年11月2–7日。戴季陶譯：〈馬克斯資本論解說〉似乎原擬連載後即出版單行本（李漢俊譯：《馬格斯資本論入門》〔社會主義研究社1920年版〕，譯者序），但是實際刊行延至1927年（考茨基著，戴季陶譯，胡漢民補譯：《資本論解說》〔民智書局1927年版〕）。

84 李達：〈中國共產黨的發起和第一次、第二次代表大會經過的回憶〉，前引《「一大」前後》（二），第7頁；〈袁振英的回憶〉，前引《「一大」前後》（二），第472頁；以及《陳公博、周佛海回憶錄合編》（春秋出版社1967年版），第27–28頁。

85 關於王光祈與工讀互助團運動，請參閱小野信爾〈五四運動前後の王光祈〉〔王光祈五四運動前後〕，《花園大學研究紀要》第22號，1990年。

86 李守常（李大釗）：〈都市上工讀團底缺點〉，1920年4月，見《李大釗文集》第3卷，第174頁。

87 陳獨秀：〈工讀互助團失敗底原因在哪裏？〉，載《新青年》7卷5號，1920年4月。

88 陳獨秀：〈告北京勞動界〉，載《晨報》1919年12月1日。

89 從〈實行民治的基礎〉（載《新青年》7卷1號，1919年12月）和〈我的解決中國政治方針〉（《時事新報》《學燈》1920年5月24日）可以看出，陳獨秀注意到了杜威的「民治論」，並主張將其應用於中國。

90 張國燾：《我的回憶》第1冊（明報月刊出版社1971年版），第97頁。

91 存統：〈青年應自己增加工作〉，載《民國日報》《覺悟》1920年8月26日。

92 戴天仇（戴季陶）：〈三民主義〉，載《解放》1920年2月號。這封寫給堺利彥的信日期為「民國8年〔1919年〕1月7日」，但文中寫到將另寄《星期評論》新年號（《星期評論》1919年6月創刊，1920年6月停刊），由此判斷，「民國8年1月7日」應為「民國9年〔1920年〕1月7日」之誤。信中謂李君佩翻譯的考茨基著作連載於《閩星》雜誌，但中途停載。

93 戴季陶：〈資本主義下面的中日關係〉。原載於1920年7月的《黑潮》2卷1號，此處引自《民國日報》《覺悟》1920年7月17日的轉載。

94 胡適：〈歸國雜感〉，載《新青年》4卷1號，1918年1月。

95　戴天仇：〈反響〉，載《解放》1920年12月號。《解放》雜誌是大鐙閣發行的。

96　平記念事業會編著：《平貞藏の生涯》〔平貞藏的一生〕，非賣品，1980年版，第101–102頁；宮崎龍介：〈新裝の民國から〉〔新氣象民國通信〕，《解放》1919年12月號。宮崎龍介和李漢俊是在東京帝國大學結為朋友的。

97　戴季陶：〈訪孫先生的談話〉、〈對付「布爾色維克」的方法〉，皆載於《星期評論》第3號，1919年6月。

98　戴季陶：《孫文主義之哲學的基礎》（民智書局1925年版）有關民生主義部分；Benjamin I. Schwartz, *Chinese Communism and the Rise of Mao* (Cambridge, Mass.: Harvard University Press, 1951).

99　有關朱執信傳播馬克思主義，前引狹間《中國社會主義的黎明》第3章敍之甚詳。

100　舍譯：〈共產黨的宣言〉，載《每週評論》第16號，1919年4月；李澤彰譯：〈馬克斯和昂格斯共產黨宣言〉，載《國民》2卷1號，1919年11月。

101　陳望道的生平，請參閱鄧明以《陳望道傳》（復旦大學出版社1995年版）。

102　西方各種語言的翻譯狀況方面，最具代表性的為 Bert Andreas, *Le Manifeste Communiste de Marx et Engels, Histoire et Bibliographie 1848–1918* (Milano: Feltrinelli, 1963)（安德烈亞斯：《馬克思、恩格斯著〈共產黨宣言〉：歷史與書目》）。從書志角度考察日語版《共產黨宣言》的有，大島清：〈日本語版《共產黨宣言》書誌〉，收於櫛田民藏著，大內兵衛補修：《〈共產黨宣言〉の研究》〔《共產黨宣言》研究〕（青木書店1970年版）；鹽田莊兵衛：〈共《產黨宣言》の日本語譯をめぐって〉〔關於《共產黨宣言》日譯本之研究〕，《季刊科學と思想》〔季刊科學與思想〕第69號，1988年；石堂清倫：〈堺利彥と《共產黨宣言》その他〉〔堺利彥與《共產黨宣言》及其他〕，《初期社會主義研究》第10號，1997年等。

103　本書初版刊行之後，又有幾種相關研究陸續問世。當中代表性的研究有：陳力衛：〈《共產黨宣言》的翻譯問題 —— 由版本的變遷看譯詞的尖銳化〉（《21世紀》第93期，2006年）；賀婷：〈陳望道譯《共產黨宣言》（1920年）の翻譯底本について〉〔關於陳望道《共產黨宣言》（1920年）的翻譯底本〕（《マルクス・エンゲルス・マルクス主義》〔馬克思、恩格斯、馬克思主義〕第49號，2008年）；大村泉：〈幸德秋水/堺利彥譯〈共產黨宣言〉の成立・傳承と中國語譯への影響〉〔幸德秋水/堺利彥譯《共產黨宣言》的成立、傳承，及其對中譯本的影響〕（《大原社會問題研究所雜誌》第603號，2009年）；陳紅娟：〈版本源流與底本甄別：陳望道《共產黨宣言》文本考辨〉（《中共黨史研究》2016年第3期）。

104 陳望道:〈關於上海馬克思主義研究會活動的回憶——陳望道同志生前談話紀錄〉,《復旦學報》(社會科學版)1980年第3期。另外,中共上海市委黨史研究室《中國共產黨上海史》(上海人民出版社1999年版,第44頁)認為陳望道從杭州回義烏的時間是1920年4月13日。

105 陳望道:〈回憶黨成立時期的一些情況〉,前引《「一大」前後》(二),第20頁。

106 〈俞秀松日記〉1920年6月27日、28日條,《上海革命史資料與研究》第1輯,開明出版社1992年版,第278–279頁。

107 伍仕豪:〈陳望道翻譯的《共產黨宣言》初版時間略考〉,載《黨史資料叢刊》1981年第1輯;任武雄、陳紹康:〈《共產黨宣言》陳譯本出版時間補證〉,《黨史資料叢刊》1981年第3輯。説校訂者是陳獨秀和李漢俊的是玄廬(沈玄廬):〈答人問《共產黨宣言》底發行所〉,《民國日報》《覺悟》1920年9月30日。

108 中共中央馬克思恩格斯列寧斯大林著作編譯局馬恩室編:《馬克思恩格斯著作在中國的傳播》,人民出版社1983年版,第14頁;前引鄧明以《陳望道傳》,第38頁。

109 陳譯本《共產黨宣言》刊行後第二個月即1920年9月即進行了第二次印刷,可見當時非常受歡迎。前引玄廬〈答人問《共產黨宣言》底發行所〉説,《共產黨宣言》刊行後,不少人來函詢問該書是何處發行。

110 E. Snow, *Red Star over China* (New York: Grove, 1968), p. 155;中譯本:《斯諾文集　第2卷　紅星照耀中國》(新華書店1984年版),第135–136頁。

111 羅章龍:〈回憶北京大學馬克思學説研究會〉,前引《「一大」前後》(二),第192–193頁。

112 研究留日學生與中共建黨的論文有,王奇生:〈取徑東洋、轉道入內——留日學生與馬克思主義在中國的傳播〉,載《中共黨史研究》1989年第6期;金安平:〈近代留日學生與中國早期共產主義運動〉,載《近代史研究》1990年第2期;彭煥才:〈留日學生與中國共產黨的創立〉,《湘潭大學學報》1992年第4期等。

113 邵力子:〈黨成立前後的一些情況〉,前引《「一大」前後》(二),第68頁。

114 李達:〈中國共產黨成立時期的思想鬥爭情況〉,前引《「一大」前後》(二),第52頁。

115 包惠僧:〈懷念李漢俊先生〉,載《黨史資料叢刊》1980年第1輯。

116 《星期評論》第50號,1920年5月。

117 《民國日報》《覺悟》1922年1月23日。

118 《民國日報》《覺悟》1922年6月6日。

119 李漢俊譯:《馬格斯資本論入門》,社會主義研究社1920年版,譯者序。

120 前引李漢俊:〈研究馬克思學説的必要及我們現在入手的方法〉。

121 前引李漢俊:〈渾樸的社會主義者底特別的勞動運動意見〉。

122 施復亮(施存統):〈中國共產黨成立時期的幾個問題〉,《「一大」前後》(二),第34–35頁;前引鄧明以《陳望道傳》,第13頁。如本書第四章第三節所述,施存統與堺及山川確有接觸,但是,沒有證據表明陳望道也與他們有過接觸。

123 茅盾:《我走過的道路》上冊(生活·讀書·新知三聯書店香港分店1981年版),第152–153頁。

124 晉青(謝晉青):〈日本社會運動家底最近傾向〉(載《民國日報》《覺悟》1921年3月14日)之陳望道附記,以及前引〈言論壓迫之喜劇——支那LT生投稿〉。

125 該文原文(日語版)未收入《山川均全集》,據此推測,可能是專門為《新青年》而作。據山川論文的譯者説明説,《新青年》也曾向堺約請文章,但因堺太忙未獲成稿。另外,中共在成立後不久,曾把堺和山川對華盛頓會議(1921–1922年)的見解印成小冊子,在上海等地散發了約五千冊(〈中共中央執行委員會書記陳獨秀給共產國際的報告〔1922年6月30日〕〉,中央檔案館編:《中共中央文件選集》第1冊〔中共中央黨校出版社1989年版〕,第48頁)。

126 CT(施存統):〈介紹《社會主義研究》〉,載《民國日報》《覺悟》1921年9月27日。

127 〈董必武談中國共產黨第一次全國代表大會和湖北共產主義小組〉,《「一大」前後》(二),第369–370頁。

128 一純:〈俄國過激派施行之政略〉、持平:〈俄羅斯社會革命之先鋒李寧事略〉,皆載於《勞動》第2號,1918年4月。較早而稍詳細地介紹列寧和托洛茨基生平的文章,還有今井政吉著,超然、空空譯:〈列寧與脱洛斯基之人物及其主義之實現〉,載《解放與改造》1卷2號,1919年9月。

129 這四篇文章是,一、金侶琴譯:〈俄國問題〉,《時事新報》《學燈》1919年5月15、16、19日,原文為〈告貧苦農民〉,1903年,轉譯自Robert Crozier Long翻譯的英文本;二、侶琴(金侶琴)譯:〈鮑爾雪維克之所要求與排斥〉,載《解放與改造》1卷1號,1919年9月,原文為〈俄國的政黨和無產階級的任務〉,1917年,轉譯自Crozier Long翻譯的英文本;三、鄭振鐸譯:〈俄羅斯之政黨〉,載《新中國》1卷8期,1919年12月,原文為〈俄國的政黨和無產階級的任務〉,1917年,轉譯自英文版(收於Clara E. Fanning, comp., *Selected Articles on Russia; History, Description and Politics* [New York: H.W. Wilson, 1918]);四、侶琴(金侶琴)譯:〈建設中的蘇維埃〉,《解放與改造》2卷6號,1920年3月,原文為〈蘇維埃政權

的當前任務〉，1918年，譯自英文版。前引北京圖書館編《列寧著作在中國 (1919–1992年文獻調研報告)》中不包括一和四。關於在這個時期翻譯列寧著作的金侶琴 (原名金國寶，1894–1963年) 的生平，請參閱鍾鳳〈金侶琴──最早中譯列寧著作的人〉，《人物》1984年第6期。

130 有關堺利彥、山川均、高畠素之等日本社會主義者對俄國革命的看法，以及布爾什維克文獻向日本傳播的研究論文，最早的是村田陽一：〈最初に日本へ紹介されたレーニンの文獻〉〔最早介紹到日本的列寧著作〕，載《經濟》第72號，1970年。但是，山內昭人〈ボリシェヴィキ文獻と初期社會主義──堺‧高畠‧山川〉〔布爾什維克文獻與早期社會主義者──堺、高畠、山川〕(《初期社會主義研究》第10號，1997年) 要詳盡得多。

131 〈李寧的談話〉(《星期評論》第16號，1919年9月) 中戴季陶的附記。

132 最早將《宣言》全文介紹至中國的，據說是上海的俄文報紙《上海生活》(Шанхайская Жизнь)。田保國《民國時期中蘇關係》(濟南出版社，1999年，第6頁) 認為是在1920年3月25日，李丹陽、劉建一〈《上海俄文生活報》與布爾什維克在華早期活動〉(《近代史研究》2003年第2期) 一文則認為當在3月31日。而在此之前，中文報刊對《宣言》已有所介紹，如2月24日《民國日報》介紹了《宣言》的概要。4月3日，北京的《晨報》發表了《宣言》全文，同時刊登了敦促對該宣言提起注意的時評，即署名淵泉的〈國人宜注意對俄問題〉。4月5日，上海各報刊也同時介紹了《宣言》全文。

133 關於《蘇俄第一次對華宣言》中到底有無明確表示無償歸還中東鐵路的字句，以下幾篇論文進行了探討。伊藤秀一：〈第一次カラハン宣言の異文について〉〔關於第一次加拉罕宣言的異文〕，神戶大學文學會《研究》第41號，1968年；藤井昇三：〈中國革命と第一次カラハン宣言〉〔中國革命與第一次加拉罕宣言〕，《アジア經濟》〔亞洲經濟〕10卷10號，1969年；М. С. Капица, Важнейший документ из истории Советско-Китайских отношений, Проблемы Дальнего Востока, 1979, No. 2 (賈丕才：〈蘇中關係史中的一份重要文件〉，載《遠東問題》)。但是，李玉貞〈從蘇俄第一次對華宣言談起〉(《蘇聯、共產國際與中國革命的關係新探》〔中共黨史出版社1995年版〕) 和《孫中山與共產國際》(中研院近代史研究所1996年版，第55–56頁) 確認，1919年8月外交人民委員部印刷的中文版《蘇俄第一次對華宣言》確曾明確表示無償歸還中東鐵路。

134 〈對於俄羅斯勞農政府通告的輿論〉，《新青年》7卷6號，1920年5月。

135 中文版轉譯自美國雜誌《解放者》(*The Liberator*) 1920年6月號。原文是《在俄共 (布) 第八次大會上的講話 (關於黨綱的報告)》(1919年)。

136 〈關於新青年問題的幾封信〉，張靜廬輯注：《中國現代出版史料》甲編(中華書局1954年版)，第7頁；任建樹等編：《陳獨秀著作選》第2卷(上海人民出版社1993年版)，第223頁。

137 〈關於新青年問題的幾封信〉，前引《中國現代出版史料》甲編，第9–10頁；耿雲志、歐陽哲生編：《胡適書信集》上冊(北京大學出版社1996年版)，第265頁。

138 前引茅盾《我走過的道路》上冊，第149頁。

139 同前。

140 關於《新時代叢書》，請參閱陳紹康、蕭斌如〈介紹《新時代叢書》社和《新時代叢書》〉，《黨史研究資料》1983年第9期。另外，1923年在日本秘密出版的《共產黨宣言》(京都大學經濟學部圖書館河上文庫藏)，其封面也模仿了美國社會黨的黨徽圖案，但是握在一起的兩隻手中間不是大西洋，而是太平洋。

141 山內昭人：《リュトヘルスとインタナショナル史研究——片山潛・ボリシェヴィキ・アメリカレフトウィング》〔魯特赫爾斯與國際共運史研究——片山潛・布爾什維克・美國左翼〕(ミネルヴァ書房〔MINERVA書房〕1996年版，第167、310頁)。該書資料調查翔實，本書有關美國社會主義文獻的許多書誌性敘述以該書為據。

142 芝加哥的查爾斯・H・克爾出版社是一家有名的出版社會主義書籍的出版社，創設於1886年，1899年開始出版社會主義書籍，低價刊行原來稀少昂貴的各種社會主義書籍，對美國社會主義運動貢獻頗大 (Charles H. Kerr, *What Socialism Is* [Chicago, 1913], p. 21)。

143 出版年份不詳，京都大學經濟學部的藏本購於1917年，該書1927年曾再版。1920年前後，是可能在書籍上看到美國社會黨的黨徽圖案的。

144 Theodore Draper, *The Roots of American Communism* (New York: The Viking Press, 1957), pp. 178–184. 下文中，關於美國共產主義運動以及政黨動向等，除特別注明外皆依據此書。

145 遠山茂樹等編：《山邊健太郎・回想と遺文》〔山邊健太郎・回憶和遺文〕(みすず書房〔美鈴書房〕1980年版)，第222頁。

146 柯柏年：〈我譯馬克思和恩格斯著作的簡單經歷〉，前引《馬克思恩格斯著作在中國的傳播》，第29頁。

147 惲代英等人的互助社機關刊物《互助》第1期(1920年10月)「我們的消息」欄有「代英近來規定每日讀書或作文七小時。……他所譯《階級戰爭》一書，預備半月內譯完」的通報(前引《五四時期的社團》(一)，第200頁)。據此推斷，惲代英受陳獨秀委托開始翻譯《階級爭鬥》的時期大概是1920年秋。發現這件史料，得益於湖北大學田子渝教授的啟發。

148 K. Kautsky, *The Class Struggle* [*Erfurt Program*], trans. By William E. Bohn (Chicago: Charles H. Kerr & Co., 1910).

149 《*The Communist*》第1號(1920年8月5日)上文章(Arthur McManus, "The Task Awaiting the Communist Party")的譯文,刊登在《共產黨》第1號(震寰譯:《共產黨未來的責任》)。

150 有關英譯《國家與革命》各種版本的刊行情況,請參閱前引山內《魯特赫爾斯與國際共運史研究》,第301–302頁。

151 《美國共產黨黨綱》和《美國共產黨宣言》,準確地講,應該是「美國共產黨」統一派和「美國共產主義勞動黨」合併並後結成的「美國統一共產黨」(The United Communist Party of America) 於1920年5月所制定的「章程」和「綱領」(*Revolutionary Radicalism. Report of the Joint Legislative Committee Investigating Seditious Activities, filed April 24, 1920, in the Senate of the State of New York*, Vol. 2, Albany, New York, 1920, pp. 1859–1901; Draper, *op. cit.*, pp. 218–222)

152 〈共產國際聯盟對美國IWW的懇請〉最初似乎刊登在美國左翼期刊《團結》(*The Solidarity*) 1920年8月14日號上(Draper, *op. cit.*, p. 435),但《共產黨》所載譯文譯自美國雜誌《一大工會月刊》(*The One Big Union Monthly*)。

153 前引茅盾《我走過的道路》上冊,第154頁。

154 同上書,第153頁。

155 前引山內《魯特赫爾斯與國際共運史研究》,第117–128頁。

156 關於五四時期中國新聞界介紹第二國際、第三國際(共產國際)的情況,資料集有《社會主義思想在中國的傳播(資料選輯)》第1輯下冊(中共中央黨校科研辦公室1985年版);論文有徐有禮:〈五四前後中國報刊對共產國際的介紹〉,《黨史研究資料》1986年第11期。

157 前引《陳獨秀著作選》第2卷,第25–26頁。

158 同上書,第154–164頁。關於〈談政治〉在《新青年》歷史上的地位,請參閱野村浩一《近代中國の思想世界──〈新青年〉の群像》〔近代中國的思想世界──《新青年》群像〕(岩波書店1990年版),第296–320頁。

159 〈通信〉,《青年雜誌》1卷1號,1915年9月。

160 W. Liebknecht, *No Compromise, No Political Trading*, trans. by A. M. Simons and M. Hitch (Chicago: Charles H. Kerr & Co., 1911).

161 陳獨秀:〈社會主義批評(在廣州公立法政學校演講)〉,1921年1月,前引《陳獨秀著作選》第2卷,第241–256頁。

162 〈時評〉,《新社會評論》7卷2號,1920年3月。

163 〈海外時潮〉，《新社會評論》7卷4號，1920年6月。

164 皆收於前引《李大釗文集》第2卷。

165 詳細請見前引拙稿〈李大釗早期思想中的日本因素——以茅原華山為例〉。

166 P. S. Reinsch, *World Politics at the End of the Nineteenth Century: As Influenced by the Oriental Situation* (New York: MacMillan Co., 1900). 另外，該書有日譯本（高田早苗抄譯：《帝國主義論》〔東京專門學校出版部1901年版〕），但李大釗的引用似來自原書。

167 美國學者德利克（A. Dirlik）指出，李大釗的「法蘭西之革命……實十九世紀全世界人類普遍心理變動之表徵。俄羅斯之革命……實二十世紀全世界人類普遍心理變動之顯兆」的觀點，是受了《勞動》第3號（1918年5月）刊登的勞人〈李寧之解剖〉的影響；該文說：「法蘭西—革命孕育十九世紀之文明，俄羅斯—革命將轉移二十世紀之世局」（A. Dirlik, *The Origins of Chinese Communism* [New York: Oxford University Press, 1989], p. 27）。

168 前引山內《魯特赫爾斯與國際共運史研究》，第304–305頁；前引山內《布爾什維克文獻與早期社會主義者——堺‧高畠‧山川》。

169 托洛茨基的這部，後來被從英文版譯成漢語（舍我譯：〈廣義派與世界和平〉，載《解放與改造》1卷7號，1919年12月。但未繼續譯載）。

170 〈Bolshevism的勝利〉，前引《李大釗文集》第2卷，第245頁。

171 前引《李大釗文集》第4卷，第98–122頁。刊登該文的《新青年》9卷3號（底頁發行日期1921年7月1日）的實際刊行時間應為8月下旬到9月之間。根據有二。其一，該期刊登的公博（陳公博）：〈十日旅行中的春申浦〉中有關於中共第一次代表大會的記錄；其二，該期所登廣告稱已經出版的《共產黨》第5號在廣州出現是在9月初（《廣東群報》1921年9月2日廣告）。

172 原書分別如下：一、N. Lenin/L. Trotzky, *The Proletarian Revolution in Russia*, Edited, with an Introduction, Notes and Supplementary Chapters by Louis C. Fraina (New York: Communist Press, 1918)；二、N. Lenin, *The Soviets at Work. The International Position of the Russian Soviet Republic and the Fundamental Problems of the Socialist Revolution* (New York: Rand School of Social Science, 1918)；三、《國家與革命》的英語版本未能確定；四、L. Trotzky, *The Bolsheviki and World Peace* (New York: Boni and Liveright, 1918)；五、L. Trotzky, *From October to Brest-Litovsk* (NewYork: Socialist Publication Society, 1919); *History of the Russian Revolution to Brest-Litovsk* (London: Leo & Unwin, 1919). 包括《國家與革命》的英語版在內的各種書籍的刊行情況及內容，前引山內《魯特赫爾斯與國際共運史研究》敍之甚詳（第295–307頁）。

173 前引山內〈布爾什維克文獻與早期社會主義者——堺·高畠·山川〉。

174 李澤洛維奇投稿，李漢俊譯：〈五一〉，《星期評論》第48號，1920年5月。關於李澤洛維奇在上海的活動，有的論文利用英國外交檔案進行了研究（李丹陽：〈紅色俄僑李澤洛維奇與中國初期共產主義運動〉，《中山大學學報》2002年第6期）。

第二章

1 較早研究劉澤榮（劉紹周）和張永奎的論文是，李玉貞：〈關於參加共產國際第一、二次代表大會的中國代表〉，載《歷史研究》1979年第6期；稍後的有劉以順：〈參加共產國際「一大」的兩個中國人〉，載《黨史研究資料》1986年第6期；劉以順：〈參加共產國際一大的張永奎情況簡介〉，載《革命史資料》1986年第4期等。另外，劉澤榮本人曾就他在蘇俄的活動和參加共產國際大會寫有回憶錄（劉澤榮：〈回憶同偉大列寧的會晤〉，載《工人日報》1960年4月21日；劉澤榮：〈十月革命前後我在蘇聯的一段經歷〉，載《文史資料選輯》1979年第60期）。

2 中國社會科學院近代史研究所翻譯室編譯：《共產國際有關中國革命的文獻資料（1919–1928）》第1輯（中國社會科學出版社1981年版），第12–14頁。

3 "List of the Delegates to the First Congress of the Communist International in Moscow," *The Communist International*, No. 1, 1919. 另外，兩位代表的名字分別作Lau-Siu-Djau和Chan-Su-Kooy。

4 李玉貞：〈旅俄華僑與孫中山先生的革命活動〉，張希哲、陳三井主編：《華僑與孫中山先生領導的國民革命學術研討會論文集》（台北史館1997年版）。

5 本書敍述僑居俄國的中國人的動向以及其聯合會的活動時，主要依據下述研究成果：А. И. Картунова, К вопросу о контактах представителей Китайской секции РКП (б) с организациями КПК: По новым документам 1921–1922, *Проблемы Дальнего Востока*, 1988, No. 2〔卡爾圖諾娃：〈關於俄共（布）華人分部代表與中共組織的聯繫問題（據新發現的1921–1922年文獻寫成）〉，載《遠東問題》；中譯見《國外中國近代史研究》第16輯，1990年〕；薛銜天、李玉貞：〈旅俄華人共產黨組織及其在華建黨問題〉，載《近代史研究》1989年第5期；李玉貞：《孫中山與共產國際》（中央研究院近代史研究所1996年版），第43–53頁；前引李玉貞〈旅俄華僑與孫中山先生的革命活動〉。

6 *Der zweite Kongreß der Kommunistischen Internationale: protokoll der Verhandlungen von 19. Juli in Petrograd und vom 23. Juli bis 7. August 1920 in Moskau*, Hamburg,

1921, S.780.第二次代表大會的兩名中國代表當中，An En-hak（Ан Ен-хак）常被寫作「安恩學」，不過據最新考證可知，此人應是「安龍鶴」（前引李玉貞〈旅俄華僑與孫中山先生的革命活動〉）。關於俄國共產黨員局的活動，可參照李玉貞〈也論吳廷康與俄國共產黨員局〉（《中共創建史研究》第2輯，2017年）。

7　俄國社會政治史檔案館（原俄國現代史資料保存中心）資料，全宗489，目錄1，卷宗14，第122頁。不過，經過一番曲折，遠東局最後設在了伊爾庫茨克。

8　請參閱伊藤秀一〈コミンテルンとアジア（一）──第二次大會に關する覺書〉〔共產國際和亞洲（一）──第二次大會研究筆記〕，大阪市立大學中國史研究會編：《中國史研究》1971年第6號；神戶大學文學會編：《研究》1971年第47號。

9　М. А. Персиц, Восточные интернационалисты в России и некоторые вопросы национально-освободительного движения (1918-июль 1920), *Коминтерни Восток*, Москва, 1969（佩爾西茨：〈旅俄東方國際主義者與民族解放運動的若干問題〉，載《共產國際與東方》）。

10　同前；К. В. Шевелев, Из истории образования Коммунистической партии Китая, *Проблемы Дальнего Востока*, 1980, No. 4（舍維廖夫：〈中國共產黨成立史〉，載《遠東問題》；中譯見《「一大」前後》（三）〔人民出版社1984年版〕）。

11　E. H. Carr, *The Bolshevik Revolution: 1917–1923*, Vol. 3 (London: Macmillan, 1961), p. 109.

12　《威廉斯基─西比利亞科夫就國外東亞人民工作給共產國際執委會的報告（1920年9月1日，莫斯科）》（《文件四》）。

13　同前；上田秀明：《極東共和國の興亡》〔遠東共和國的興亡〕（アイペックプレス〔埃佩出版社〕1990年版），第98、108頁。

14　前引舍維廖夫〈中國共產黨成立史〉。

15　原暉之：《シベリア出兵──革命と干 1917–1922》〔出兵西伯利亞──革命與干涉〕（築摩書房1989年版），第527–529頁；前引上田秀明《遠東共和國的興亡》，第108頁。

16　此十餘年來，旅英歷史學者劉建一、李丹陽夫婦對來華使者展開了深入細緻的史實挖掘。已發表的主要業績有如下數種，期待研究成果結集刊行之日。劉建一、李丹陽：〈《上海俄文生活報》與布爾什維克早期在在華活動〉，《近代史研究》2003年第2期；劉建一、李丹陽：〈從海內外檔案探尋中國共運之源〉，《檔案春秋》2011年第10期；劉建一、李丹陽：〈為吳廷康小組來華建黨鋪路的俄僑〉，《北京黨史》2011年第6期；劉建一、李丹陽：〈早期蘇俄遣華人員稀世影像〉，《檔案春秋》2011年第7期。

17　分別是 Ю. M. Гарушянц, Борьба Китайских Марксистов за создание Коммунистической Партии Китая, *Народы Азии и Африки*, 1961, No. 3（加魯尚茨：〈中國馬克思主義者創建中國共產黨的鬥爭〉，載《亞非人民》）；M. Meisner, *Li Ta-chao and the Origins of Chinese Marxism* (Cambridge, Mass.: Harvard University Press, 1967), pp. 115, 282；中譯見中共北京市委黨史研究室編譯組譯：《李大釗與中國馬克思主義的起源》（中共黨史資料出版社 1989 年版），第 128 頁。

18　A. A. Мюллер, *В пламени революции (1917–1920гг.)*, Иркутск, 1957, стр. 144–145（繆勒爾：《在革命的烈火中》）。其中與李大釗接觸的部分有中文節譯（〈李大釗與布爾特曼〉，載《黨史研究資料》1981 年第 6–7 期）。

19　前引《李大釗與中國馬克思主義的起源》，第 128 頁。因其中譯不一定準確，本書引文參照俄語原文，適當地加以修改。

20　В. Н. Кутик, Н. Г. Буртман—революционер—интернационалист, *Опыт и уроки истории КПК. К 60-летию образования партии*, Москва, 1981, стр. 209〔庫季科：〈布爾特曼——革命家、國際主義者〉，《中共歷史的經驗教訓——紀念中共成立六十週年》；中文節譯見《國外中共黨史研究動態》1990 年第 3 期〕。

21　К-н, Л., Нюма Буртман, *Народы Дальнего Востока*, No. 2,1921（〈紐姆·布爾特曼〉，載《遠東人民》）。該悼詞的作者 К-н，Л 是常與布爾特曼一起活動的學友考夫曼（L. G. Kaufman）。

22　〈關於俄共（布）中央西伯利亞局東方民族處的機構和工作問題給共產國際執委會的報告（1920 年 12 月 21 日，伊爾庫茨克）〉（《文件八》）。

23　同前；前引〈紐姆·布爾特曼〉。

24　本書有關波波夫的敘述，除特別注明外，皆依據前引李玉貞：《孫中山與共產國際》，第 55–56 頁；李丹陽、劉建一：〈英倫航稿——早期來華的蘇俄重要密使考〉，《中共黨史研究》1998 年第 5 期；李丹陽、劉建一：〈早期來華的蘇俄重要使者——波波夫〉，《檔案與史學》2002 年第 6 期。波波夫的詳細俄文傳記有：M. B. Крюков, *Улица Мольера, 29: Секретная миссия полковника Попова*, Москва, 2000（劉克甫：《莫利愛路 29 號：波波夫上校的秘密使命》）。

25　H. Owen Chapman, *The Chinese Revolution, 1926–1927: A Record of the Period under Communist Control as Seen from the Nationalist Capital, Hankow* (London: Constable & co. ltd, 1928), p. 45.

26　C. M. Wilbur, *Sun Yat-sen: Frustrated Patriot* (New York: Columbia University Press, 1976), pp. 115–116；中譯見韋慕廷著，楊慎之譯：《孫中山——壯志未酬的愛國者》（中山大學出版社 1986 年），第 123–124 頁。

27 〈上海佐藤少佐給總長的電報(1920年10月7日)〉(《C》)、〈外高秘第351號有關上海方面過激派等件(1921年3月18日)〉(《C》)。

28 〈上海之過激派與朝鮮人之狀況(大正10年8月4日)〉,載《外事警察報》第5號,1921年8月。

29 〈上海佐藤少佐給總長的電報(1920年3月12日)〉(《C》)。

30 〈駐上海總領事山崎給內田外務大臣的電報(1920年5月15日)〉(《C》)。

31 前引原暉之《出兵西伯利亞——革命與干涉》,第274、348頁。

32 前引上田秀明《遠東共和國的興亡》,第144–145、153頁;H. K. Norton, *The Far Eastern Republic of Siberia* (London: George Allen & Unwin Ltd., 1923), p. 148.

33 《關於俄共(布)中央西伯利亞局東方民族處的機構和工作問題給共產國際執委會的報告(1920年12月21日,伊爾庫茨克)》(《文件八》)。

34 除特別注明外,以下有關波塔波夫的敘述,依據如下研究成果:Г. В. Ефимов, *Сунь Ятсен. Поиск пути: 1914–1922*, Москва, 1981, стр. 118–119(葉菲莫夫:《孫逸仙——道路的探索》);前引李玉貞《孫中山與共產國際》,第56–59、131–134頁。有關波塔波夫在中國活動的文件,藏於俄國社會政治史檔案館(全宗514,目錄1,卷宗6)。

35 〈上海電第38號間諜(俄國軍官)通報(1920年4月19日)〉(《C》)。

36 〈上海公共租界警察局長給美國駐上海總領事的報告(1920年11月11日)〉,《陳競存先生年譜》1920年條(收於海豐人文資料編輯組編刊《海豐人文資料》17〔1996年版〕,第175頁)。

37 〈盧永祥覆電(1920年3月13日)〉,《五四愛國運動檔案資料》,中國社會科學出版社1980年版,第618–619頁。

38 關於陳炯明在閩南護法區施行的開明政策,請參閱嵯峨隆:〈陳炯明支配下の新文化運動——閩南護法區を中心に〉〔陳炯明統治地區的新文化運動——以閩南護法區為主〕,載小島朋之、家近亮子編:《歷史の中の中國政治——近代と現代》〔歷史上的中國政治——近代和現代〕(勁草書房1999年版)。

39 前引李玉貞《孫中山與共產國際》,第131頁;《陳競存先生年譜》1920年5月29日條,收於前引《海豐人文資料》17,第175頁。《陳競存先生年譜》所記使者名字為「路博將軍」,此即波塔波夫。其詳細考證請參閱劉德喜:〈蘇俄、共產國際與陳炯明的關係〉,載《孫中山研究論叢》第6集,1988年;邱捷:〈「路博將軍」及其同孫中山、陳炯明的會見〉,載《學術研究》1996年第3期。還有的回憶記載,蘇俄使者曾向陳遞交了列寧的親筆信(陳其尤:〈1919年蘇聯派第一個使者到漳州〉,《文史資料選輯》第24輯,1961年),但至今未發現該親筆信。

40　Wilbur, *op. cit.*, p. 115.

41　A. S. Whiting, *Soviet Policies in China:1917–1924* (Stanford: Stanford University Press, 1968), pp. 116, 305. 刊載於《外交人民委員部通報》(Вестник НКИД) 上的陳炯明致列寧信，由李玉貞全文譯出 (前引《孫中山與共產國際》，第132–133頁)。陳炯明在信中這樣表達了對布爾什維克主義的全面贊同:「我更堅信，布爾什維克主義帶給人們的是福音，我將傾全力在全世界傳播布爾什維克主義。」此外，同一期《外交人民委員部通報》當中，除陳氏書信之外，還刊登了姚作賓與黃介民寫給列寧的信，這應該也是由波塔波夫帶去的莫斯科 (李玉貞:〈中國共產黨成立之前的蘇俄秘使〉，《中國共產黨創建史研究文集1990–2002》〔上海人民出版社，2003年〕，第367頁)。

42　關於孫中山、陳炯明等國民黨與蘇俄的關係，請參閱如下專著。劉德喜:《兩個偉人和兩個大陸》(中國檔案出版社1995年版);前引李玉貞:《孫中山與共產國際》; M. Kriukov, "The Winding Road to Alliance: Soviet Russia and Sun Yatsen (1918–1923)," *Far Eastern Affairs*, 1999, No. 2–3; Н. Л. Мамаева, *Коминтерн и Гоминьдан: 1919–1929*, Москва, 1999 (瑪瑪耶娃:《共產國際與國民黨》)。

43　Wl. Wilenski (Sibirjakow), "Am Vorabend der Entstehung der kommunistischen Partei in China," *Die Kommunistische Internationale*, No. 16, 1921 (〈中國共產黨成立前夜〉，載《共產國際》德語版;中譯見《黨史通訊》1986年第1期)。

44　〈魏金斯基給某人的信 (1920年6月，上海)〉(《文件一》)。

45　〈上海電第38號間諜 (俄國軍官) 通報 (1920年4月19日)〉(《C》)。

46　〈波塔波夫給契切林的報告 (1920年12月12日，莫斯科)〉(《文件七》)。

47　杜洛斯基著，震瀛譯:〈我們要從哪裏做起?〉(原文是 L. Trotsky, "What Should We Begin With?" *Soviet Russia*, Vol. 2, No. 24, Jun 1920)。譯者震瀛是袁振英。

48　〈魏金斯基給某人的信 (1920年6月，上海)〉(《文件一》) 的編者注，及前引 Ефимов, *Сунь Ятсен. Поискпути 1914–1922*, стр. 117–119 (《孫逸仙——道路的探索》)。

49　馬貴凡:〈維經斯基第一次來華時的身份不是共產國際代表〉，載《黨史通訊》1985年第11期。

50　本書關於西伯利亞、遠東的俄共地方組織和對華工作機關沿革的敍述，除特別注明外，皆依據如下研究成果: И. Н. 索特尼科娃 (Сотникова) 報告、馬貴凡編譯:〈負責中國方面工作的共產國際機構〉，《國外中共黨史研究動態》1996年第4期; Г. М. Адибеков, Э. Н. Шахназарова, К. К. Шириня, *Организационная Структура Коминтерна: 1919–1943*,

Москва,1997 (阿蒂貝克夫等編：《共產國際的組織機構》)；堀江則雄：《遠東共和國の夢》〔遠東共和國的夢想〕(未來社1999年版)；山內昭人：《初期コミンテルンの組織構造 (二)——東アジア關係》〔早期共產國際的組織結構 (二)——東亞部分〕，「早期共產國際與東亞關係研究會」第二次研討會 (京都) 報告，1999年7月。

51 關於黨組織的沿革，依據 *Сибирское бюро ЦК РКП (б), 1918–1920гг.: сборник документов,* ч. 1, Новосибирск, 1978, стр. 59, 253–254, 304–305 (《俄共 (布) 中央委員會西伯利亞局 (1918——1920年) 史料集》第Ⅰ部)。包括該資料集在內，有關黨組織的沿革，得山內昭人先生指教頗多，特此感謝。

52 〈關於俄共 (布) 中央西伯利亞局東方民族處的機構和工作問題給共產國際執委會的報告 (1920年12月21日，伊爾庫茨克)〉《文件八》)。

53 前引索特尼科娃報告，馬貴凡編譯《負責中國方面工作的共產國際機構》。

54 前引李玉貞〈旅俄華僑與孫中山先生的革命活動〉。

55 Г. М. Адибеков, Э. Н. Шахназарова, К. К. Шириня, *Организационная Структура Коминтерна: 1919–1943*, Москва, 1997, стр.30. 馬林離開莫斯科赴中國的時間是1921年3月。

56 前引索特尼科娃報告，馬貴凡編譯《負責中國方面工作的共產國際機構》。

57 〈俄共(布)中央西伯利亞局關於共產國際遠東書記處日本科的組織與活動的計劃 (1920年10月25日以後)〉、〈斯米爾諾夫給季諾維也夫的信 (1920年11月13日)〉，皆收於：*Дальневосточная Политика Советской России: 1920–1922гг.*, Новосибирск, 1996, стр. 147–151, 155–156 (《蘇俄的遠東政策》)。

58 關於遠東共和國與中國之間的外交交涉， 請參閱 М. А. Персиц, *Дальневосточная республика и Китай*, Москва, 1962 (佩爾西茨：《遠東共和國與中國》)；李嘉谷：《中蘇關係 (1917–1926)》(社會科學出版社1996年版)，第3章。

59 〈關於俄共 (布) 中央西伯利亞局東方民族處的機構和工作問題給共產國際執委會的報告 (1920年12月21日，伊爾庫茨克)〉《文件八》)。

60 前引堀江則雄《遠東共和國的夢想》，第87頁。

61 В. И. Глунин, Григорий Войтинский, *Видные советские коммунисты: участники китайской революции*, Москва, 1970, стр. 68 (格盧寧：〈格里戈里·魏金斯基〉，《著名的蘇聯共產黨人：中國革命的參加者》)。

62 東方學院 (Восточный институт) 1899年創辦於符拉迪沃斯托克，1920年成為國立遠東大學東方系。

63 Dae-Sook Suh, *The Korean Communist Movement: 1918–1948* (Princeton: Princeton University Press, 1967), p. 18. 金萬謙屬於高麗共產黨的伊爾庫茨克派。1926年，為了與張作霖交涉中東鐵路問題，金被蘇聯共產黨中央委員會派至奉天，其後也做過外交方面的工作。補注——最近出版了金萬謙的詳細傳記：Б. Пак, *Ким Мангым* (И. С. Серебряков), Москва, 2001 (鮑里斯‧朴:《金萬謙(謝列勃里亞科夫)傳》)。

64 〈魏金斯基給俄共(布)中央西伯利亞局東方民族處的信(1920年8月17日，上海)〉(《文件二》)。

65 張國燾:《我的回憶》第1冊(明報月刊出版社1971年版)，第85–87頁；羅章龍:〈回憶黨的創立時期的幾個問題〉，張申府:〈中國共產黨建立前後情況的回憶〉，皆收於中國社會科學院現代史研究室、中國革命博物館黨史研究室編:《「一大」前後》(二)，第二版(人民出版社1985年版)。

66 棲梧老人(包惠僧):〈中國共產黨成立前後的見聞〉，載《新觀察》1957年第13期。在中共第一次大會出席者中，包惠僧留下的回憶錄最多、最詳細，這些回憶錄後來被集成一冊，刊行了《包惠僧回憶錄》(人民出版社1983年版)。在幾乎無原始資料可資利用的時期，包惠僧的回憶錄在中共成立史研究中曾具有極大分量；然而，隨着原始資料的發掘，他的回憶錄中杜撰和記憶混亂越來越明顯。關於其他當事人(比如董必武)懷疑包惠僧的回憶錄，請參閱劉廷曉、馬鴻儒:〈董必武同志為什麼放棄一大代表是十三人的意見？〉，載《黨史通訊》1984年第8期。順言之，有一個時期，曾有人推測「棲梧老人」是董必武的筆名，最早論證「棲梧老人」是包惠僧的筆名的，是香港的民間學者鄧文光(鄧文光:〈研究現代史的甘苦〉，載《人物與思想》第18期，1968年；後收入鄧文光《現代史考信錄——研究現代史的甘苦(初稿)》〔東風出版社1974年版〕，以及鄧文光《中共建黨運動史諸問題》〔青驄出版社1976年版〕)。

67 楊明齋的傳記有余世誠、張升善:《楊明齋》(中共黨史資料出版社1988年版)。其中收集資料頗豐，但其在俄時期的活動並不清楚。

68 前引張國燾:《我的回憶》第1冊，第85–86頁。

69 ВКП (б), *Коминтерн и Национально-Революционное Движение в Китае: Документы*, Т. I. (1920–1925), Москва,1994, стр. 768 (《俄共(布)、共產國際與中國國民革命運動》第1卷)；Steve A. Smith, *A Road Is Made: Communism in Shanghai 1920–1927* (Richmond: Curzon Press, 2000), pp. 16, 232.

70 С. А. Далин, *Китайские Мемуары: 1921–1927*, Москва, 1975, стр. 31；中譯見達林著，侯均初等譯《中國回憶錄》(中國社會科學出版社1981年版)，第26頁。

71 А. И. Картунова, Интернациональная помощь рабочему классу Китая (1920–1922 гг.), *Проблемы Дальнего Востока*, 1973, No. 1 (卡爾圖諾娃:〈對中國工人階級的國際援助〉,載《遠東問題》;中譯見徐正明等編譯《共產國際與中國革命——蘇聯學者論文選譯》〔四川人民出版社1987年版〕)。

72 包惠僧:〈共產黨第一次全國代表回憶前後的回憶〉、董必武:〔創立中國共產黨〕,皆收於前引《「一大」前後》(二)。

73 關於伊萬諾夫的生平,請參閱 В. Н. Никифоров, Алексей Алексеевич Иванов (Ивин), *Народы Азии и Африки*, 1965, No. 4 (尼基福羅夫:〈阿列克賽·阿列克塞維奇·伊萬諾夫〉,載《亞非人民》);徐萬民:〈伊文與伊鳳閣辨〉,載《中共黨史研究》1993年第5期;李丹陽:〈英倫航稿最早與李大釗接觸的蘇俄代表——伊萬諾夫〉,載《中共黨史研究》1999年第4期。據北京大學保存的校方文件記載,伊萬諾夫從1919年9月被正式聘用(關海庭、陳坡:〈關於柏烈偉和伊凡諾夫的若干材料〉,載《黨史通訊》1983年第19期)。另外,20年代初在北京大學還有一位伊萬諾夫(A. I. Ivanov,中國名伊鳳閣,因研究黑城的西夏文物而有名),越飛來華時協助其工作;二人常被混同,但僅同姓而已。

74 前引達林, *Китайские Мемуары: 1921–1927*, стр. 31;中譯見前引《中國回憶錄》,第26頁。在中國,類似說法首見於《維經斯基在中國的有關資料》(中國社會科學出版社1982年版),第460–461頁。

75 《魏金斯基給俄共(布)中央西伯利亞局東方民族處的信(1920年8月17日,上海)》(《文件二》)。

76 前引棲梧老人〈中國共產黨成立前後的見聞〉。

77 О. Горощенова, *Династия Полевых: сеять разумное, доброе, вечное…*, Иркутск, 2010 (奧爾加·尸戈羅謝諾娃:《柏烈偉王朝:「播種理性、善良與永恒……」》)。這一信息,得到岳秀坤教授的指教,此致謝意。

78 М. Алексеев, *Советская военная разведка в Китае и хроника: "китайской смуты" (1922–1929)*, Москва, 2010 (米哈伊爾·阿列克謝耶夫:《蘇聯在「動蕩時期」中國的軍事情報機構概述 (1922–1929)》);М. Болтунов, *Разведка "под крышей". Из истории спецслужбы*, Москва, 2015 (米哈伊爾·波爾圖諾夫:《「幕後」的智慧:保安機構史》)。這一信息,得到岳秀坤教授的指教,此致謝意。

79 〈關謙關於北京無政府黨互助團集會活動及籌資赴俄調查等情致王懷慶呈(1921年2月)〉,中共北京市委黨史研究室:《北京青年運動史料》(北京出版社1990年版),第499頁。據北京大學校方文件記載,他於1921年1月被聘為該大學俄語系講師(前引關海庭、陳坡:〈關於柏烈偉和伊凡諾夫的若干材料〉)。

80　前引張國燾《我的回憶》第1冊，第85–86頁。

81　〈魏金斯基給某人的信（1920年6月，上海）〉（《文件一》）、〈魏金斯基給俄共（布）中央西伯利亞局東方民族處的信（1920年8月17日，上海）〉（《文件二》）。

82　〈斯米爾諾夫為籌措在上海開展共產國際的工作籌集外匯問題向俄共（布）中央遠東局的請求（1920年12月21日以後）〉，前引 *Дальневосточная Политика Советской России: 1920–1922гг., стр. 180*（《蘇俄的遠東政策》）。

83　前引張西曼《歷史回憶》，第5頁；關山復：〈關於柏烈偉和伊凡諾夫的幾點情況〉，載《黨史通訊》1984年第3期。據張西曼講，柏烈偉與蘇俄斷絕關係後仍留在北京，在北京大學任俄語講師，直至20世紀30年代。近年還出版了柏烈偉的傳記。（А. Хисамтдинов, Верный друг китайского народа Сергей Полевой, *Проблемы Дальнего Востока*, №1, 2006, стр.149–158〔希薩蒂諾夫：〈中國人民信賴的友人：柏烈偉〉，《遠東問題》〕）。

84　高興亞：〈五四前後的北京大學俄語系〉，載《文史資料選輯》第135輯，1999年。

85　〈優林給蘇俄政府的信（1921年10月7日以後）〉。這封信作為中國政府沒收的過激派往來信件，轉收於《高警第27941號關於過激派在遠東的宣傳工作（1921年10月7日）》（《C》）。

86　〈關於俄共（布）中央西伯利亞局東方民族處的機構和工作問題給共產國際執委會的報告（1920年12月21日，伊爾庫茨克）〉（《文件八》）。

87　李新、陳鐵健主編：《偉大的開端》（中國社會科學出版社1983年版），第321頁。

88　虞崇勝：〈「南陳北李，相約建黨」的時間和地點〉，載《江漢論壇》1986年第5期；蕭超然：〈關於「南陳北李，相約建黨」之我見〉，載《百年潮》2001年第7期。未免引起誤解，這裏有爭議的「南陳北李，相約建黨」一說，並非指一般熟知的事實，即李大釗在北京、陳獨秀在上海等地各自展開建黨活動，並作出了很大貢獻；而是指圍繞下列說法是否合理展開的探討，即1920年初陳獨秀逃離北京之際，曾與說明他出逃的李大釗約定建立共產黨。

89　中共中央黨史研究室一室編著：《〈中國共產黨歷史（上卷）〉若干問題説明》（中共黨史出版社1991年版），第41頁；中共中央黨史研究室一室編著：《〈中國共產黨歷史（上卷）〉注釋集》（中共黨史出版社1991年版），第30頁；中共中央黨史研究室《中國共產黨歷史　第一卷（1921–1949）》（第2版，上冊，中共黨史出版社，2011年），第57頁。

90 〈中大熱烈追悼南北烈士〉,載《漢口民國日報》1927年5月24日。

91 關於陳獨秀回北京後的情況,請參閱《胡適口述自傳》(華東大學出版社 1992年版),第185–186頁;蘇長聚:〈關於〈陳獨秀傳〉(上)一書中幾處史實的訂正與商榷〉,載《中共黨史通訊》1991年第6期。胡適日記 (1920年2月9日條)中有「因C.T.S.〔指陳獨秀〕事,未上課」的記述(〈胡適日程與日記〉,《胡適遺稿及秘藏書信》第14冊〔黃山書社1994年版〕,第244頁),看得出胡適在為陳獨秀事奔走。

92 高一涵:〈李大釗同志傳略〉,《中央副刊》第60號,1927年5月23日。

93 高一涵:〈和大釗同志相處的時候〉,載《工人日報》1957年4月27日;高一涵:〈李大釗同志護送陳獨秀出險(1963年10月執筆)〉,載《文史資料選輯》第61輯,1979年等。這些回憶錄後被以〈回憶李大釗同志〉為題,收於《五四運動回憶錄(續)》(中國社會科學出版社1979年版)。

94 高一涵1920年2月13日從日本寄給胡適、陳獨秀的信(前引《胡適遺稿及秘藏書信》第31冊,第178–179頁),證明當時高一涵正在日本。

95 除高一涵回憶錄外,少年中國學會會員章志的下述回憶(章志:〈關於馬列主義在天津傳播情況〉,載張靜如等編:《李大釗生平史料編年》〔上海人民出版社1984年版〕,第98頁;中共上海市委黨史資料徵集委員會編:《上海共產主義小組》〔知識出版社1988年版〕,第71頁)也常被作為「南陳北李,相約建黨説」的「旁證」:

> 陳獨秀先生、李大釗同志,還有一位無政府主義同志(山西人,姓名已忘)正當那時〔1920年初〕由京來津。……次日晚間,李、姜〔姜般若,天津的無政府主義者〕、山西同志、南開胡維憲同學連我到特別一區某蘇聯同志家中集會商談京津地下工作情況約一小時。第二天天津《益世報》登載「黨人開會,圖謀不軌」的消息。李大釗同志急忙到姜先生家中通知我們防患未然。他立刻搭車回京。……陳獨秀先生因事已提前去上海,未能參加集會。

這段回憶説的好像是1920年2月陳獨秀在李大釗的陪同下去天津避難。但是,不能僅憑這點就斷定那時二人就成立共產黨一事進行了商議。再者,所謂《益世報》刊登的報道文章也沒有確認其是否真正存在,由這個十分曖昧的回憶引出「南陳北李,相約建黨説」,難免有牽強附會之嫌。本書初版曾指出「南陳北李,相約建黨」一説根據不充分,對此見解,後來中國國內學界也有反論,最近一篇是黃愛軍的〈「南陳北李,相約建黨」確有其事　與石川禎浩先生商榷〉(《太原理工大學學報〔社會科學版〕》(2019年第4期)。不過文章僅指出李大釗後來有可能跟高一涵提過此事,而圍繞回憶是否真實可信的討論卻離提出確切的證據相距甚遠。

96　前引張國燾《我的回憶》第1冊，第87頁，原注2。

97　《文件一》、《文件二》。《文件二》中有「《中國社會主義報》出版者李同志是我們上海革命局成員」的字句，資料集俄語版編者以該「李同志」不清楚是何人，而漢語版編者則認為是「李震瀛」；筆者認為是李漢俊。總之，肯定不是李大釗。

98　前引張國燾《我的回憶》第1冊，第83頁。另外，《新青年》七卷六號（1920年5月）所收〈對於俄羅斯勞農政府通告的輿論〉，反映了中國各團體對《蘇俄第一次對華宣言》的狂熱反響。

99　關於哈爾濱的俄國僑民的狀況以及哈爾濱工人士兵代表蘇維埃的活動，請參閱前引原暉之《出兵西伯利亞——革命與干涉》，第144–151頁；李興耕等：《風雨浮萍——俄國僑民在中國（1917–1945）》（中央編譯出版社1997年版），第22–46頁；薛銜天等編：《中蘇國家關係史資料匯編（1917–1924）》（中國社會科學出版社1993年版），第328–334頁。

100　沒有文件證實魏金斯基到達上海的準確時間。陳公培的回憶錄〔〈回憶黨的發起組和赴法勤工儉學等情況〉，前引《「一大」前後》（二）〕說，「我在這年〔1920年〕的『五一』以前，在《星期評論》社碰到他〔魏金斯基〕」。有關人的回憶還說，除楊明齋外，來華的魏金斯基一行中還有一名朝鮮人「安某」（仿魯：〈清算陳獨秀〉，載《陳獨秀評論》，北平東亞書局1933年版）。這位「安某」大概是高麗共產黨方面的安恭根或安秉贊等，但無確證。另外，柳建輝：〈魏經斯基1920年4月到過濟南嗎？〉（載《黨史研究》1986年第5期）論證，魏金斯基一行從北京赴上海的途中曾在濟南接觸過當地學生的說法沒有根據。

101　〈魏金斯基給某人的信（1920年6月，上海）〉（《文件一》）。

102　〈公信第286號第2部呈送遠東社會黨局發表宣言書之剪報件（1920年6月10日）〉（《C》）。

103　抱朴：〈批評中國出版的關於俄國革命的書籍（續）〉，載《時事新報》《學燈》1924年2月27日。

104　В. Н. Никифоров, *Абрам Евсеевич Ходоров, Народы Азии и Африки*, 1966, No. 5（尼基福羅夫：〈阿勃拉姆·埃布塞維奇·霍多羅夫〉，載《亞非人民》），Whiting, *op. cit.*, pp. 116–118；黃平：《往事回憶》（人民出版社1981年版），第3–4頁；〈俄代表與各報記者之談話〉，載《晨報》1920年9月18日；石克強（К. В. Шевелев）：〈孫中山與遠東電訊社（1920–1921）〉，載中國孫中山研究學會編：《孫中山和他的時代》（中華書局1989年版）；李丹陽、劉建一：〈霍多洛夫與蘇俄在華最早設立的電訊社〉，載《民國檔案》2001年第3期。

105　有一種觀點認為，最早在中國為羅斯塔通訊社工作的是共產黨員「亞列格塞夫」（Alegseev, Alexieff）（李雲漢：《從容共到清黨》（中國學術著作獎

助委員會1966年版),第65頁;Wilbur, *op. cit.*, pp. 117, 326–327)。其根據是布施勝治著《ソウエート東方策》〔蘇維埃的東方政策〕(燕塵社1926年版)。布施在該書中記述道,1921年春,共產黨員「亞列格塞夫」由莫斯科來華,在廣州開設羅斯塔通訊社分社及俄語學校,同年3月會見孫中山,秘密締結了蘇俄和南方政府互相合作的協定(第270–272頁)。但是,這位「亞列格塞夫」是否真有其人,值得懷疑。1921年4月,霍多羅夫和斯托揚諾維奇曾在廣州採訪過孫中山(〈有關孫中山的幾件資料〉,載《國外中國近代史研究》第3輯,1982年),大概布施把霍多羅夫和斯托揚諾維奇誤以為是「亞列格塞夫」。

106 日本駐上海總領事館警察經過徹底調查(木下義介:〈上海に於ける過激派一般(大正11年6月)〉〔上海過激派的基本情況〕,第15–16頁〔《C》〕),查明了達爾塔通訊社與上海生活報社同在一座樓內辦公,並互相配合活動。根據該調查,全俄消費合作社中央聯社位於現九江路與江西路交叉口處,達爾塔通訊社和上海生活報社位於虹口的長治路與塘沽路交叉口處。關於《上海生活》,李丹陽、劉建一〈《上海俄文生活報》與布爾什維克早期在華活動〉(《近代史研究》2003年第2期)一文考述甚詳。

107 前引木下義介《上海過激派的基本情況》,第12頁。

108 〈特別需要監視人物狀況調查大正10年度〉、〈特別需要監視人物近況大正11年度1月調查〉,皆收於松尾尊兊編:《續·現代史資料 二 社會主義沿革》第2卷(みすず書房〔美鈴書房〕1986年版),第62、110頁。

109 前引木下義介《上海過激派的基本情況》,第1–2頁。

110 中國政府和遠東共和國(優林代表團)之間的外交談判,直到1922年11月遠東共和國與蘇俄合並也沒有達成兩國建交。到了1924年之後,中蘇才正式建交。

111 〈威廉斯基—西比利亞科夫就國外東亞人民工作給共產國際執委會的報告(1920年9月1日,莫斯科)〉(《文件四》)。

112 同前。

113 在共產國際的組織沿革史專著:Г. М. Адибеков, Э. Н. Шахназарова, К. К. Шириня, *Организационная Структура Коминтерна: 1919–1943*, Москва, 1997(阿蒂貝克夫等編:《共產國際的組織機構》)裏,也沒有關於1920年在上海成立「共產國際東亞書記處」的記述。

114 關於「中華工業協會」,以及五四運動前後上海的勞動運動,江田憲治:《五四時期の上海勞動運動》〔五四時期的上海工人運動〕(《五四運動の研究》〔五四運動研究〕第5函,17〔同朋舍1992年版〕)敍之甚詳。

115 〈魏金斯基給某人的信(1920年6月,上海)〉(《文件一》)。

116 同前。

117 《文件三》、《文件四》。

118 《文件一》。

119 中文版（中共中央黨史研究室第一研究部譯）譯者注引加魯尚茨考證，認為此人是 Б. И. 潘克拉多夫。潘克拉多夫（B. I. Pankratov）是蘇聯著名的漢學者，1916年畢業於符拉迪沃斯托克的東方學院，自1918年起在漢口做俄語教師，同時在湖南、湖北做方言調查。20–30年代，先後在北京的俄文法政專門學校、羅斯塔通訊社、蘇聯駐北京大使館工作（中國社會科學院文獻情報中心編：《蘇俄中國學手冊（上）》〔中國社會科學出版社1986年版〕，第447頁；彭澤湘：〈自述〉，載《黨史研究資料》1983年第1期）。

120 在《文件一》的中文譯本（中共中央黨史研究室第一研究部譯）裏，該處為「群益書店」。

121 И. М. Мусин, Очерки рабочего движения в Китае, *Вопросы китайской революции*, т. 1, Москва,1927, стр. 228（穆辛：〈中國勞動運動概論〉，《中國革命諸問題》第1卷。

122 〈收駐崴邵領事電民國9年6月17日〉、〈發駐崴邵領事電民國9年6月19日〉，皆收於中研院近代史研究所編刊：《中俄關係史料：一般交涉（民國九年）》，1968年版，《俄對華外交試探》，第50頁。

123 《文件四》。

124 同前。稍後，俄共西伯利亞局在10月12日的會議上討論了東方民族處的工作，並要求「注意在中國和朝鮮創建共產主義組織」（前引佩爾西茨〈旅俄東方國際主義者與民族解放運動的若干問題〉）。

125 《文件八》。

126 該報告在最後部分説，「《中國社會主義報》（*Китайская социалистическая газета*）出版者李同志（т. Ли）是我們上海革命局成員」。不清楚《中國社會主義報》具體指什麼報紙，但所謂「李同志」大概指李漢俊。

127 共產國際執委會遠東書記處於1921年刊行的《遠東人民》雜誌（*Народы Дальнего Востока*）第2號（1921年6月23日）載有〈中國的社會主義文獻〉（Социалистическая литература в Китае）一文，該文用俄音標注漢音的方法介紹了當時在中國刊行的書籍、雜誌，其中有《誰是共產黨》。另據《文件八》稱，《共產黨員是些什麼人》的作者是「米寧（Минин）」，不清楚是何人。

128 李得勝：《一個兵的話》（1920年再版，出版社不明，收於上海革命歷史博物館（籌）編：《上海革命史研究資料》〔上海三聯書店1991年版〕）。作者李得勝的生平不清楚。另，該小冊子的內容與無政府主義團體「真理社」在1919年發行的《兵士須知》（李得勝述）相同。關於《兵士須知》的封面、內容以及散發情況，請參閱中國第二歷史檔案館編《中國無政府主義和中國社會黨》（江蘇人民出版社1981年版），封面照片及第19—

28、30、33頁。在前引《中國的社會主義文獻》中，該小冊子名為《一個
兵士的談話》。

129 中譯本正式名稱似乎是〈十月革命給了我們什麼〉(前引《中國的社會主
義文獻》)，但沒有發現中譯本原件，其出處也難以確認。

130 上海革命歷史博物館(籌)編：《上海革命史資料與研究》第1輯(開明出
版社1992年版)收有〈中俄(華俄)通信社新聞稿目錄〉。關於該通訊社的
活動概況，請參閱方行〈新民主主義革命史上的第一個新聞通信社——
上海「中俄(華俄)通信社」〉，載《上海黨史研究》1992年第9期；任武
雄：〈建黨時期的中俄通訊社和華俄通訊社〉，載《黨史研究資料》1994
年第11期。另外，也有觀點認為，嚴格而言，「中俄通信社」與「華俄
通信社」是不同系統的通信社，不可混為一談(陸米強：〈「中俄」與「華俄」
通信社不能混為一談〉，《世紀》2004年第6期；李丹陽、劉建一：〈「中
俄通信社」與「華俄通信社」異同之考辨〉，《上海革命史資料與研究》第
13輯，2013年)。

131 〈本報記者與華俄通信社駐華經理之談話〉，載《廣東群報》1921年5月
17日。

132 陳獨秀：〈真的工人團體〉，載《勞動界》第2號，1920年8月。

133 沈以行等編：《上海工人運動史》上卷(遼寧人民出版社1991年版)，第
76–82頁。

134 〈通信〉，載《勞動界》第7號，1920年9月；〈上海機器工會開發起會紀
略〉，載《勞動界》第9號，1920年10月；〈上海機器工會成立紀〉，載《民
國日報》1920年11月22日。

135 前引陳獨秀〈真的工人團體〉。

136 「改造聯合」的宣言和約章，載於《少年中國》2卷5期，1920年11月。

137 〈少年中國學會消息〉，載《少年中國》2卷3期，1920年9月。

138 諶小岑：〈五四運動中產生的天津覺悟社〉，載《五四運動回憶錄》下冊，
中國社會科學出版社1979年版。

139 對於本書初版提及的這一解釋，李永春、張海燕在〈「改造聯合」與「社
會主義青年團」不是同一個組織　與石川禎浩商榷〉(《中共黨史研究》
2008年第5期)一文中曾提出批判，認為是對這些組織的具體情況缺乏
深入考察而作出的武斷推論。批判要點在於筆者的論證過程中有太多隨
意的解釋與淺薄的理解，但這二位先生在文中有關社會主義青年團成立
過程的論證，也很難說是根據原有資料而得，同樣只是對既往研究(關
於楊明齋的人物傳記、社會主義青年團史年表等等)不加揀擇的援引，
而這些既往研究是依據不確切的史料而堆砌的推論。魏金斯基的報告傳
達了中國國內怎樣的動向？可惜在這些研究中看不到試圖說明這一問題
的態度與關心。社會主義青年團這一組織擁有怎樣程度的框架？二位先

生似乎認為其有着相當清晰的組織活動框架，但是以今日的組織觀念去追尋建黨之初社會主義流派的運動，難免有將當時人與組織複雜的離合聚散過分簡單化的危險。

140 魏金斯基曾數次從上海向日本派出信使（朝鮮人），以謀求與日本的社會主義者（魏金斯基印象中的社會主義者似乎是大杉榮、堺利彥、山川均等人）接觸（《文件一》、《文件二》）。

141 大杉榮著，飛鳥井雅道校訂：《自敍傳‧日本脫出記》（岩波書店 1971 年版），第 284–295 頁；〈特別需要監視人物近況　大正 11 年度 1 月調查〉，前引松尾編《續‧現代史資料　二　社會主義沿革》第 2 卷，第 104 頁。關於「M」，有人認為，「不敢肯定馬某其人即上述馬馬耶夫」（岩村登志夫：《コミンテルンと日本共產黨の成立》〔共產國際與日本共產黨的成立〕（三一書房 1977 年版），第 78、105 頁），也有人認為「M」是「Yi Ch'un suk（李春熟）」（R. A. Scalapino, *The Japanese Communist Movement, 1920–1966* (Berkeley: The University of California Press, 1967), p. 12；警保局：〈朝鮮人近況概要大正 11 年 1 月〉，朴慶植編：《在日朝鮮人資料集成》第 1 卷〔三一書房 1975 年版〕，第 124 頁）。飛鳥井氏采「李春熟」說。在日本的有關研究中，多數認為「俄國人 T」是「切倫〔音譯〕」（前引大杉榮著，飛鳥井雅道校訂《自敍傳‧日本脫出記》，第 292–295 頁；犬丸義一：《第一次共產黨史研究增補日本共產黨的成立》〔青木書店 1993 年版〕，第 79 頁），但其根據不明，「切倫」其人的生平也一概不得而知。

142 中國社會科學院近代史研究所編：《白堅武日記》第 1 冊（江蘇古籍出版社 1992 年版）中，有「昨，俄勞農代表包利克、外金斯克來談中國現在並將來，俄之組織統系可為鑒也」（第 277 頁，1920 年 10 月 10 日條）。白堅武 9 日剛剛見過李大釗（李與白系北洋法政專門學校的學友，關係致密），據此推斷，有可能是李大釗把魏金斯基介紹給他的。

143 魏金斯基：〈我與孫中山的兩次會見〉，前引《維經斯基在中國的有關資料》，第 109–113 頁；原載《真理報》1925 年 3 月 15 日。關於會見的時間，魏金斯基只說「在 1920 年的秋」，但同時又說，會見後，「不久，孫中山到廣州去了」（孫中山出發去廣州是 11 月 25 日），故作 11 月。

144 同前。

145 〈廣州共產黨的報告〉，中央檔案館編：《中共中央文件選集》第 1 冊（中共中央黨校出版社 1989 年版）；唐寶林、林茂生：《陳獨秀年譜》（上海人民出版社 1988 年版），第 135 頁；前引魏金斯基〈我與孫中山的兩次會見〉。

146 〈索科洛夫—斯特拉霍夫關於廣州政府的報告（1921 年 4 月 21 日，發件地不詳）〉（《文件九》）。

147 同前。

148 前引 Далин, *Китайские Мемуары: 1921–1927*, стр. 27–32（中譯見前引《中國回憶錄》，第 23–27 頁）。

149 有一些人認為，魏金斯基第二次來華是在 1923 年 11 月至 12 月間（比如，前引《維經斯基在中國的有關資料》，第 472–473 頁；周文琪、褚良如：《特殊而複雜的課題——共產國際、蘇聯和中國共產黨關係編年史》〔湖北人民出版社 1993 年版〕，第 66 頁）。但是，魏金斯基這個時期正在莫斯科出席共產國際執行委員會的會議（《共產國際執行委員會會議記錄（1923 年 11 月 26 日）》，〔《文件九十五》〕），不可能來華。

150 《文件八》。

151 〈斯米爾諾夫為籌措在上海開展共產國際的工作籌集外匯問題向俄共（布）中央遠東局的請求（1920 年 12 月 21 日以後）〉，前引 *Дальневосточная Политика Советской России: 1920–1922 гг.*, стр. 180（《蘇俄的遠東政策》）。

152 此外還有一位索科洛夫——斯特拉霍夫（K. N. Sokolov-Strahov），他於 1921 年在上海與魏金斯基取得聯繫，並據魏金斯基提供的情報報告了廣州的政治局勢（《文件九》）。但是，只知道他 1920 年 11 月在布拉戈維申斯克，其來華的過程及時間等不詳。

153 Claude Cadart, Cheng Yingxiang, *L'Envol du communism en Chine: Memoires de Peng Shuzhi* (Paris: Gallimard, 1983), pp. 162–166（《共產主義在中國的發軔：彭述之的回憶》）；以及彭述之〈中國第一個共產主義組織是怎樣形成的？〉（收於《彭述之選集》第 1 卷〔十月出版社，1983 年〕，第 43 頁）。

154 抱朴（秦滌清）：〈赤俄遊記〉，載《晨報副鐫》1924 年 8 月 27 日。

155 《文件八》。補注——最近公布的〈俄共（布）中央委員會西伯利亞局東方民族處致魏金斯基的電報（1920 年 9 月 30 日，伊爾庫茨克）〉（收於 K. Шевелев, К80-летию образования Компартии Китая: новые документы, *Проблемы Дальнего Востока*, 2001, No. 4〔舍維廖夫：〈紀念中共創立 80 週年：新資料〉，《遠東問題》〕；中譯見《百年潮》2001 年第 12 期）稱，「近幾天我們會派遣信使〔指霍赫洛夫金〕」，可知霍赫洛夫金是 1920 年 10 月間成行的。

156 國際工會聯合會是 1920 年 7 月成立於莫斯科的臨時機關，翌年 7 月，在此基礎上成立了赤色工會國際。該聯合會於 1920 年 11 月指示駐赤塔的斯穆爾基斯成立國際工會聯合會遠東書記處（Новые материалы о первом съезде Коммунистической Партии Китая, *Народы Азии и Африки*, 1972, No. 6〔〈中國共產黨第一次大會新資料〉，載《亞非人民》〕；中譯見《「一大」前後》（三）〔人民出版社 1984 年版〕，第 47 頁）。

157 以下有關福羅姆別爾戈的敍述，依據 А. И. Картунова, Профинтерн и профсоюзное движение в Китае (Изистории их взаимоотношений), *Народы*

Азии и Африки, 1972, No. 1〔卡爾圖諾娃：〈赤色工會國際與中國職工運動（相互關係史）〉，載《亞非人民》；中譯見《國外中國近代史研究》第20輯，1992年〕以及前引《中國共產黨第一次大會新資料》。

158 馬林曾説在上海與他共同工作的有福羅姆別爾戈（〈馬林致共產國際執行委員會的報告（1922年7月11日）〉，Tony Saich, *The Origins of the First United Front in China: The Role of Sneevliet (Alias Maring)* (Leiden: Brill,1991), p. 306；李玉貞主編：《馬林與第一次國共合作》〔光明日報出版社1989年版〕，第60頁）。

159 吳家林、謝蔭明：《北京黨組織的創建活動》（中國人民大學出版社1991年版）稱，「在赤色職工國際代表弗來姆堡〔福羅姆別爾戈〕的幫助下，北京共產黨組織創辦了《工人週刊》」（第239頁），但沒有注明根據何在。不清楚福羅姆別爾戈在中國活動到什麼時候，不過，據日本警方資料稱，1927年時，他是上海的蘇聯銀行「遠東銀行」的總經理（〈上海的勞農俄國遠東銀行搜查及封鎖事件〉，載《外事警察報》第62號，1927年8月）。

160 〈關於俄共（布）中央西伯利亞局東方民族處的機構和工作問題給共產國際執委會的報告（1920年12月21日，伊爾庫茨克）〉（《文件八》）。

161 徐相文：〈從蘇俄的亞洲戰略看中共「一大」以前的建黨活動〉（《國史館館刊》復刊第23期，1997年）認為，召回魏金斯基，是為了使遠東共和國與北京政府之間的外交談判能夠順利進行而做出的讓步。這種見解過於穿鑿。因為，魏金斯基等人的活動對北京政府的威脅，尚不足以成為外交交涉的籌碼。

162 《共產黨》月刊第3、4號實際發行日期，比雜誌底頁記載的1921年4月、1921年5月要晚。關於這一點，請參閱本書第一章表2。

163 《共產黨》月刊第3號，因被上海法租界警察沒收了部分版面，缺了一頁。另外，《新青年》8卷6號載〈本社特別啟事〉聲明説，由於「特種原因」，以後發行地將移到廣州。據《新青年》9卷1號稱，所謂「特種原因」，即指「八卷六號排印將完的時候，所有稿件盡被辣手抓去，而且不准在上海印刷」。不過，據説，〈本社特別啟事〉是為了瞞哄警方，實際上，以後仍繼續在上海發行（茅盾：《我走過的道路》上冊〔生活・讀書・新知三聯書店香港分店1981年版〕，第157頁；陳望道：〈關於上海馬克思主義研究會活動的回憶——陳望道同志生前談話記錄〉，載《復旦學報（社會科學）》1980年第3期）。

164 前引〈馬林致共產國際執行委員會的報告（1922年7月11日）〉（Saich, *op. cit.*, p. 309；前引李玉貞主編《馬林與第一次國共合作》，第62頁）。

165 包惠僧：〈黨的「一大」前後〉，前引《上海共產主義小組》，第117頁。李達和楊明齋也有同樣的回憶和發言（〈李達自傳（節錄）〉，載《黨史研究

資料》1980年第8期；〈共產國際遠東書記處主席團會議上的楊好德同志的發言（1921年7月20日）〉，《百年潮》，2001年第12期）。

166　近藤榮藏：《コムミンテルンの密使》〔共產國際的密使〕（文化評論社1949年版），第128–129頁。

167　李丹陽：〈朝鮮人「巴克京春」來華組黨述論〉（載《近代史研究》1992年第4期）認為，這位「黃某」即指黃介民。

168　〈特別需要監視人物近況　大正11年度1月調查〉，前引松尾編《續·現代史資料　二　社會主義沿革》第2卷，第106頁。近藤從上海回到日本下關後，被日本警察逮捕。

169　觀其政治綱領，部分內容與1912年成立的「中國社會黨」相似，疑為模仿該黨的組織。

170　楊奎松：〈有關中國早期共產主義組織的一些情況〉，載《黨史研究資料》1990年第4期；楊奎松、董士偉：《海市蜃樓與大漠綠洲——中國近代社會主義思潮研究》（上海人民出版社1991年版），第185–187頁；楊世元：〈1920年的「重慶共產主義組織」解析〉，載《重慶黨史研究資料》1996年第1期。

171　《晨報副鐫》1924年8月26日、28日。抱朴，原名秦滌清，原為無政府主義者，1920年加入上海社會主義青年團，翌年赴俄留學。抱朴這篇文章中談及的莫斯科中國社會主義青年團的抗議書（抱朴、任弼時等35人連署），就是本書第121頁提到的文件。

172　《江亢虎新俄遊記》（商務印書館1923年版），第60頁。

173　遠東各國共產黨及民族革命團體代表大會，是在共產國際的倡導下，為了對抗華盛頓會議而召集遠東各國的革命團體，從1922年1月21日至2月1日在莫斯科召開的（2月1日在彼得格勒閉幕）。有關大會概況，C. A. Горбунова, Съезд народов Дальнего Востока и революционное движение в Китае, *Проблемы Дальнего Востока*, 1987, No. 4（戈爾布諾娃：〈遠東各國共產黨及民族革命團體代表大會與中國革命運動〉，載《遠東問題》；中譯見《國外中國近代史研究》第13輯，1989年）；川端正久：《コミンテルンと日本》〔共產國際與日本〕（法律文化社1982年版）第4章敍之甚詳。至於該大會的中國代表問題，則有楊奎松〈遠東各國共產黨及民族革命團體代表大會的中國代表問題〉，載《近代史研究》1994年第2期。

174　CP：〈我觀察過的俄羅斯〉，載《廣東群報》附錄《青年週刊》第6號，1922年4月2日。

175　崔醒吾：〈張民權是否到莫斯科？〉，載《時事新報》《學燈》1921年10月24日。

176　張民權（號美真）是活躍於五四時期的世界語主義者、無政府主義者。當時，他的名字屢屢見於報端，但其生卒年及籍貫（一說是湖南人）等不

詳。綜合各種資料，其主要活動如下：他是成立於1918年的留日學生救
國團的幹部，1919年春為了進行救國宣傳從上海赴廣東、南洋，1920年
2月回國。3–4月在福建漳州宣傳無政府主義，4月20日被陳炯明拘捕，
後退避上海。在上海，與世界語學校「新華學校」有關係。1920年10月，
作為「活躍分子」，在上海的各類團體中露面，出席工商友誼會的成立大
會等。後於1921年6月得其他同志的資金援助從上海赴莫斯科出席共產
國際大會。據說，他自莫斯科回國後不久即去世。前引李丹陽、劉建一
〈英倫航稿——早期來華的蘇俄重要密使考〉和〈「兵丁貧民共產黨團」及
其首領張墨池〉(《中共創建史研究》第4輯，2019年) 認為，「張民權」與
當時的無政府主義活動家「張墨池」，以及無政府主義者、參與編輯《民
聲》雜誌的「盛國成」為同一人物。順言之，張墨池在1922年是中韓國民
互助社的主要成員 (孫安石：〈1920年代、上海の中朝連帶組織——「中
韓國民互助社總社」の成立、構成、活動を中心に〉〔1920年代、上海的
中朝協作組織——「中韓國民互助社總社」的成立、組織結構與其活
動〕，載《中國研究月報》第575號，1996年)。另外，有的記錄載，張民
權是廣東省五華人，1921年加入國民黨，1926年曾在國共合作下的廣
州，後留學蘇聯，1949年以後在台灣 (中華民國留俄同學會編：《六十年
來中國留俄學生之風霜踔厲》〔中華文化基金會1988年版〕，第38–39、
527–528頁)。不過，兩位張民權不是同一人物。

177 以下若無特別注明，有關共產國際與朝鮮共產主義者的關係的敘述，皆
依據水野直樹：〈コミンテルンと朝鮮——各大會の朝鮮代表の檢討を
中心に〉〔共產國際與朝鮮——對歷次大會朝鮮代表的探討〕，載《朝鮮
民族運動史研究》第1號，1984年。

178 中央檔案館藏，《中共駐共產國際代表團檔案》。莫斯科的檔案館也藏有
類似的文件 (俄國社會政治史檔案館資料，全宗495，目錄154，卷宗
81，第9頁)。

179 《中國社會主義青年團成員向共產國際遠東書記處提交的聯名聲明 (1921
年10月)》(俄國社會政治史檔案館資料，全宗514，目錄1，案卷7，第
9、12頁)。

180 Wl. Wilenski (Sibirjakow), Am Vorabend der Entstehung der kommunistischen
Partei in China, *Die Kommunistische Internationale*, No. 16, 1921 (威廉斯基——
西比利亞科夫：〈中國共產黨成立前夜〉，載《共產國際》德語版；中譯見
《黨史通訊》1986年第1期)。

181 德語與漢語讀音有差距，但同時舉出的其他人名，如 "Di-Kan" ＝狄侃、
"Kai-Bei-Dsin" ＝康白情、"Wan-Dei-Shi" ＝王德熙、"Fan-Fu-Guan" ＝馮復
光、"Tzen-Tsao-Schen" ＝陳肇燊等，都是1920年初全國學生聯合會理事
會的理事；據此判斷，"Jao-Tso-sin" 即姚作賓。關於當時學聯理事的姓

名，請參閱〈兩學生會消息〉，載《申報》1919年12月12日；〈學生總會理事會開會〉，載《民國日報》1920年2月14日。

182 據威廉斯基説，「由各地學生代表組成的學生組織的執行部」（即「全國學生聯合會總會理事會」）的七名成員中，包括姚作賓在內的三人是「大同黨」黨員，一人是「真理社」成員。另，魏金斯基在上海也曾與上海學聯的負責人狄侃、程天放有過接觸（程天放：《李公祠四年》，《傳記文學》1卷7期，1962年）。

183 〈盧永祥覆電（1920年3月13日）〉，前引《五四愛國運動檔案資料》，第618–619頁。

184 〈關於俄共（布）中央西伯利亞局東方民族處的機構和工作問題給共產國際執委會的報告（1920年12月21日，伊爾庫茨克）〉（《文件八》）。另，日本外務省的文件也記錄道，姚作賓作為全國學聯的「代表，為謀求與俄國過激派協作，曾於本年〔1920年〕4月赴哈爾濱、符拉迪沃斯托克旅行」（〈外秘乙第225號關於需特別監視支那人之動靜件（1920年8月9日）〉〔D〕）。據姚作賓後來在坦白資料中交代，他以《申報》特派員身份去往符拉迪沃斯托克。據説他去符拉迪沃斯托克是受到全國學聯大會決議的派遣，當時得到了四百元的旅費（本書第121頁提到的中國社會主義青年團成員的抗議書）。

185 姚作賓〈漢奸姚作賓補充陳述書（1951年3月21日）〉，青島市檔案館藏，檔號C010684（引自郝昭荔：〈漢奸的自我認知與思想改造 —— 以偽青島市長姚作賓為個案的考察〉，《抗日戰爭研究》2020年第3期）。

186 〈上海に於ける思想團體〉〔上海的思想團體〕，載《外事警察報》第21號，1923年。

187 黃紀陶〈黃介民同志傳略〉（《清江文史資料》第1輯，1986年）。但這篇以黃介民訪談為基礎的傳記僅稱「新亞同盟黨後改稱大同黨」，並未明言改稱時期。據黃介民1920年末撰寫的自傳《三十七年遊戲夢》（《近代史資料》第122號，2010年。關於這份自傳的研究，張衛波〈「大同黨」與中共早期組織關係考 —— 以黃介民《三十七年遊戲夢》為例〉〔《上海革命史研究與資料》第11輯，2011年〕所敍甚詳），改稱時期在1920年1月30日。另外，關於新亞同盟黨在朝鮮獨立運動中起到的作用，詳見小野容照〈植民地期朝鮮・台灣民族運動の相互連帶に関する一試論 —— その起源と初期変容過程を中心に〉〔試論殖民地時期朝鮮、台灣民族運動的互相聯繫 —— 以其起源及初期變化過程為中心〕（《史林》第94卷第2號，2011年）。

188 陳其尤：〈1919年蘇俄派第一個代表到漳州〉，載《文史資料選輯》第24輯，1961年。

189 關於王希天的生平，請參閱仁木文子〈震災下の中國人虐殺〉〔震災中虐殺中國人事件〕（青木書店1993年版）。

190 關於可思母俱樂部，請參閱松尾尊兊〈コスモ俱樂部小史〉〔可思母俱樂部小史〕，載《京都橘女子大學研究紀要》第26號，2000年。

191 山鹿泰治：《たそがれ日記》〔黃昏日記〕第1分冊，4《秘密結社大同黨》（《黃昏日記》的這一部分內容全文轉錄於坂井洋史〈山鹿泰治と中國〉〔山鹿泰治與中國〕，載《貓頭鷹》第2號，1983年。該處敍述以此為據）。據山鹿稱，大同黨是一個「為自由和和平而努力的結社」，其口號是「超越國籍和階級，向五大洲尋求同志」。關於之後大同黨的活動，詳見李丹陽〈「慷慨悲歌唱大同」──關於中華民國時期的大同黨〉（《晉陽學刊》2019年第2期）。

192 劉澤榮：〈十月革命前後我在蘇聯的一段經歷〉，載《文史資料選輯》第60輯，1979年，第219頁。另，刊登於《解放與改造》一卷二號（1919年9月）的今井政吉著，超然、空空譯：〈列寧與脱洛斯基之人物及其主義之實現〉，也認為布爾什維克的主義是「純粹的大同主義」。

193 王覺源：《中國黨派史》（正中書局1983年版），第94頁。該書除大同黨的政綱外，還簡單地介紹説大同黨的黨員中有中國人、朝鮮人、台灣人、越南人、印度人等中外人士，但未注明所據。

194 前引黃紀陶〈黃介民同志傳略〉。

195 前引李玉貞《孫中山與共產國際》第57頁。此外，黃介民還曾給蘇聯政府（列寧）寫過信，所署日期為1920年5月22日。這封信經波塔波夫介紹，刊登於《外務人民委員部通報》第1/2合訂號（1921年3月），李玉貞〈中國共產黨成立之前的蘇俄秘使〉，《中國共產黨創建史研究文集1990–2002》（上海人民出版社，2003年），第367–368頁。

196 前引黃紀陶〈黃介民同志傳略〉。以下除非特別注明，關於黃介民生平的敍述皆依據該文。

197 趙素昂（原名趙鏞殷，1887–1958年），朝鮮獨立運動的理論家，以其「三均主義」聞名。在明治大學學習結束後回國，執教於法學專修學校，後來赴中國，參加了獨立運動。1919年4月，大韓民國臨時政府在上海成立，趙就任國務院秘書長。20年代初，他似乎也與臨時政府的其他成員一樣，一邊與共產國際聯絡，一邊從事活動，馬林致共產國際的報告中提到的朝鮮共產主義者中，也有他的名字（前引〈馬林致共產國際執行委員會的報告（1922年7月11日）〉，Saich, *op. cit.*, p. 314；前引李玉貞主編《馬林與第一次國共合作》，第66–67頁）。1929年與金九、李東寧等成立韓國獨立黨，臨時政府遷至重慶後，仍任外交部長，在政界佔有重要地位。

198 據説，趙素昂在自傳中也提到了與黃覺（黃介民）的交往（崔忠植：《三均主義與三民主義》〔正中書局1992年版〕，第12頁）。

199 關於留日學生反對中日共同防敵軍事協定的運動和留日學生救國團的活動，張惠芝：《「五四」前夕的中國學生運動》（山西教育出版社1996年版）敍之甚詳。

200 黃介民與陳獨秀一同出席了1920年4月18日的「籌備勞動紀念大會」（《民國日報》1920年4月20日），在1920年5月1日的「五一節紀念大會」上擔任主席（《民國日報》1920年5月3日），1920年5月16日，仍是中華工業協會總務部主任兼對外代表（《民國日報》1920年5月19日）。

201 關於1921年初以後在上海等中國各地成立的中韓互助社（中韓國民互助社），請參閱小野信爾〈三一運動と五四運動〉〔三一運動與五四運動〕，飯沼二郎、姜在彥編：《殖民地期朝鮮の社會と抵抗》〔殖民地時期朝鮮的社會與抵抗〕（未來社1982年版）；前引孫安石：〈1920年代、上海的中朝協作組織——「中韓國民互助社總社」的成立、組織結構與其活動〉。

202 黃介民後來繼續從事中華工業協會的工作，同時參與編寫YMCA的識字教材，參加了「五卅」運動。其後，回到江西，組織「江西革命同志會」，呼應國民革命軍北伐，還擔任了江西省政府水利局長。1927年，國民黨開始反共，他不滿於蔣介石的獨裁，辭去國民黨的要職，回家鄉賦閒。中華人民共和國成立後，歷任國民黨革命委員會中央團結委員會委員、江西省人民政府檢察廳副廳長等職。

203 前引〈上海的思想團體〉。

204 前引山鹿泰治《黃昏日記》第1分冊，4《秘密結社大同黨》。

205 前引威廉斯基—西比利亞科夫〈中國共產黨成立前夜〉。

206 俄國社會政治史檔案館資料，全宗489，目錄1，卷宗14，第122頁。

207 韓人社會黨在上海改稱高麗共產黨，是在1921年5月。詳見前引水野直樹：〈共產國際與朝鮮——對歷次大會朝鮮代表的探討〉。

208 Dae-Sook Suh, *The Korean Communist Movement: 1918–1948*, p. 14.

209 王若飛：〈關於大革命時期的中國共產黨〉，載《近代史研究》1981年第1期。

210 關於「巴克京春」即朴鎮淳的考證，以及朴鎮淳與中國共產主義運動的關係，請參閱前引李丹陽〈朝鮮人「巴克京春」來華組黨述論〉。

211 周恩來：〈共產國際和中國共產黨（1960年7月）〉，見《周恩來選集》下卷（人民出版社1984年版），第303頁。

212 前引張國燾《我的回憶》第1冊，第82、130頁。

213 〈魏金斯基給俄共（布）中央西伯利亞局東方民族處的信（1920年8月17日，上海）〉（《文件二》）。

214 關於在上海的大韓民國臨時政府與中國共產主義運動之間關係的初步研究有，沐濤、孫科志：《大韓民國臨時政府在中國》（上海人民出版社

1992年版）；前引李丹陽〈朝鮮人「巴克京春」來華組黨述論〉；孫春日：
〈上海臨時政府與創建中國共產黨的初期活動（1919年9月—1921年7
月）〉，載《白山學報》〔韓語〕第42號，1993年。另外，辛亥革命時期的
革命家王維舟（1925年加入中共）在其回憶錄中談到，「我於民國9年
（1920年5月），經朝鮮金笠和李某二同志介紹，在上海加入朝鮮共產黨」
（王維舟：〈我的回憶〉，載《中共黨史資料》第1輯，1982年），但真實情
況不詳。

215 〈關於俄共（布）中央西伯利亞局東方民族處的機構和工作問題給共產國
際執委會的報告（1920年12月21日，伊爾庫茨克）〉（《文件八》）。中國
社會主義青年團成員在莫斯科發出的聲討姚作賓的抗議書（見本書第121
頁）中，也指出姚的惡劣行為與朴鎮淳的欺詐活動有關係。

216 近年來有如下三種克拉斯諾曉科夫的傳記問世：上杉一紀：《ロシアに
アメリカを建てた男》〔在俄國建立了美國的人〕（旬報社1998年版）；前
引堀江則雄《遠東共和國的夢想》；Б. И. Мухачев, *Александр
Краснощеков*, Владивосток, 1999（穆哈切夫：《亞歷山德 · 克拉斯諾曉
科夫》）。

217 前引《馬林致共產國際執行委員會的報告（1922年7月11日）》（Saich, *op.
cit.*, pp. 312–313；前引李玉貞主編：《馬林與第一次國共合作》，第65
頁）。

218 關於布拉戈維申斯克的中國共產主義者與其活動，請參閱《阿穆爾華僑
傾向共產》，載《民國日報》1921年1月29日；В. М. Устинов, Китайские
коммунистические организации в Советской России (1918–1920гг.),
Вопросы Истории КПСС, 1961, No. 4（烏斯季諾夫：〈在蘇俄的華人共產
主義組織〉，見《蘇共歷史問題》；中譯見《益陽師專學報》1981年第2–3
期）；薛銜天：〈關於旅俄華工聯合會機關報《大同報》〉，載《近代史研究》
1991年第3期；余敏玲：〈蘇聯境內出版的中文期刊1918–1937〉，載《前
進報》，中研院近代史研究所1996年版。

219 前引李玉貞《孫中山與共產國際》，第85頁。不過，儘管江亢虎的傳記
（比如，汪佩偉：《江亢虎研究》〔武漢出版社1998年版〕）中記述，江與
克拉斯諾曉科夫是同在美國時期的朋友（第172頁），但並無資料證明江
是受俄國共產華員局委派回國的。

220 〈劉謙給俄共（布）阿穆爾州委的報告（1920年10月5日）〉（《文件六》）。

221 前引李玉貞《孫中山與共產國際》，第85頁。

222 А. И. Картунова, К вопросу о контактах представителей Китайской
секции РКП (б) с организациями КПК: По новым документам 1921–1922,
Проблемы Дальнего Востока, 1988, No. 2（卡爾圖諾娃：〈關於俄共（布）

華人分部代表與中共組織的聯繫問題：據新發現的1921–1922年文獻寫成〉，載《遠東問題》；中譯見《國外中國近代史研究》第16輯，1990年）。

223 前引李玉貞《孫中山與共產國際》，第371頁。

224 前引《江亢虎新俄遊記》，第60頁。據該書稱，劉謙死後，黑龍江省黑河的中國社會黨舊支部（暫不明其是否屬於江亢虎的中國社會黨流派）逃往俄國境內，改組為「中國共產黨」。此外，阿穆爾州華僑總會的報告當中稱，「中華社會黨」在那之後改名「華工協會」，繼續進行活動。李玉貞〈在國際背景下對中共創建時期幾個問題的思考〉，《上海革命史資料與研究》第5輯，上海古籍出版社，2005年。

225 劉澤榮被內定為新設的共產國際遠東書記處成員（前引 *Дальневосточная Политика Советской России: 1920–1922гг.*, стр. 155, 176〔《蘇俄的遠東政策》〕），12月13日與中國政府官員張斯麐一起到達滿洲裏（瞿秋白：〈歐俄歸客談〉，《瞿秋白文集（政治理論編）》第1卷〔人民出版社1987年版〕，第149頁），但回國後即脫離了共產主義運動，供職於中國政府外交部。

226 《文件八》。從《貝拉·庫恩給斯米爾諾夫的信（1920年10月1日）》（前引 *Дальневосточная Политика Советскй России: 1920–1922гг.*, стр. 142〔《蘇俄的遠東政策》〕）中，也可以看出對劉澤榮的評價很低。

227 〈特別需要監視人物狀況調查　大正10年度〉，前引松尾編《續·現代史資料　二　社會主義沿革》第2卷，第62頁；〈大正11年朝鮮治安狀況　其二（國外）〉，朝鮮總督府警保局：《大正11年朝鮮治安狀況》第3卷，高麗書林1989年復刻版，第424頁。

228 〈上海ニ於ケル共產黨ノ狀況〉〔共產黨在上海的情況〕，載《外務省警察史》第47卷，不二出版社2001年復刻版，第3–5頁。

229 〈警視廳に於ける施存統の陳述要領〉〔施存統在警視廳供述概要〕，載《外事警察報》第10號，1922年。請參閱本書附錄三〈施存統口供〉。

230 前引《大正十一年朝鮮治安狀況》第二卷，第371頁，及〈上海に於ける過激派並朝鮮人の狀況（大正十年八月四日內務省に於て開かれたる各府縣高等課長會議席上に於て警保局外事課長大塚內務書記官口述）〉〔上海過激派與朝鮮人狀況（於大正十年八月四日內務省各府縣高等課長會議上，警保局外事課長，大塚內務書記官口述）〕（《外事警察報》五號，1921年）記載朴鎮淳、李東輝、姚作賓從上海出發是在6月19日。這段記述可由馬林發給共產國際遠東書記局的報告（1921年7月7–9日〔俄國社會政治史檔案館資料，全宗495，目錄154，案卷102，第25–33頁；中譯版〔李玉貞譯〕刊載於《黨的文獻》2011年第4期〕）證實。

231 前引近藤榮藏《共產國際的密使》，第131–132頁。

232 前引水野直樹〈共產國際與朝鮮——對歷次大會朝鮮代表的探討〉。

233 關於伊爾庫茨克派高麗共產黨的成立過程，請參閱原暉之〈ロシア革命、シベリア戰爭と朝鮮獨立運動〉〔俄國革命、西伯利亞戰爭與朝鮮獨立運動〕，菊地昌典編：《ロシア革命論》〔論俄國革命〕（田畑書店1977年版）。

234 Торжественное открытие, учредительного съезда корейских коммунистических организаций, *Бюллетени Дальне-Восточного Секретариата Коминтерна*, No. 6, 1921（〈開幕典禮朝鮮共產主義組織成立大會〉，載《共產國際遠東書記處通訊》）。

235 研究全國學聯活動概要的有，翟作君等：〈新民主主義革命時期中華全國學生聯合會歷次代表大會介紹〉，載《青運史研究》1984年第1期至1985年第2期；翟作君、蔣志彥：《中國學生運動史》（學林出版社1996年版）。但是，有關1920–1921年這一時期的記述並不詳細。

236 就1919年下半年的中國學生運動，詳細探討其走向改造社會的內在意識轉變的論文有，小野信爾：〈神聖面包——民國8年秋季北京的思想界〉，中國社會科學院科研局、《中國社會科學》雜誌社編：《五四運動與中國文化建設——五四運動七十週年學術討論會論文選》（社會科學文獻出版社1989年版）。

237 〈外秘乙第239號支那四川省留日自費學生之暴行件（1918年4月9日）〉（《G》）。

238 〈外秘乙第390號支那留學生中有影響人物等件（1919年8月18日）〉（《G》）。

239 〈學生總會歡送劉振群紀事〉，載《申報》1920年1月3日。另，派姚作賓為留日學生代表，似乎是留日學生總會正式決定的（〈留日學生國恥會盛況〉，載《民國日報》1920年5月14日）。

240 前引翟作君、蔣志彥《中國學生運動史》，第48頁。

241 許德珩：〈五四運動六十週年〉，前引《五四運動回憶錄（續）》，第64頁。可看出許認為全國學聯只不過是學生運動家的進身階梯。

242 〈昨日國民大會之盛況〉，載《民國日報》1920年2月1日；〈國民大會委員會紀事〉，載《民國日報》1920年2月11日。

243 關於天津學聯的動向，請參閱片岡一忠〈天津五四運動小史〉，《五四運動の研究》〔五四運動研究〕第1函，2（同朋舍1982年版）。

244 〈全國學生會宣言〉，載《時事新報》1920年5月16日。

245 〈學生聯合會開會紀〉，載《民國日報》1920年3月21日；〈學生總會評議部開幕〉，《民國日報》1920年3月28日；前引〈全國學生會宣言〉。

246 〈通告各地一致罷課〉，載《民國日報》1920年4月14日。

247 〈體育場學生大會記〉，載《民國日報》1920年4月15日。

248 無射:〈為京津滬學生解紛〉,載《民國日報》1920年4月20日。否認北
　　京政府的問題,在翌年即1921年的第三次全國學聯代表大會上引發了尖
　　銳對立,學聯因此而分裂,並解散了一段時間(前引翟作君、蔣志彥《中
　　國學生運動史》,第83–86頁)。

249 〈封閉學生總會與各界聯合會〉,載《申報》1920年5月7日。當日被查封
　　的還有同在法租界內的上海學聯、全國各界聯合會、上海各界聯合會。

250 前引〈全國學生會宣言〉。

251 在莫斯科的中國社會主義青年團成員向共產國際遠東書記處提交的聲明
　　(見本書第121頁)中,列舉了姚的惡行,當中一條就是收取南方政府賄
　　賂,將學聯第二次罷課的口號從「打倒日本帝國主義」改為「推翻北方政
　　府」,導致罷課失敗(俄國社會政治史檔案館資料,全宗514,目錄1,
　　案卷7,第12頁)。此外,前引威廉斯基—西比利亞科夫〈中國共產黨成
　　立前夜〉也說,「北京的學聯認為,上海的學聯是南方軍閥[指國民黨]手
　　中的玩物,有軍閥在他們背後出謀劃策」。當時的共產主義者對孫中山
　　及國民黨的評價相當低,後來開始國共合作時,最大障礙就是這些共產
　　主義者不信任孫中山、國民黨。認為1920年全國學聯的動向有呼應國民
　　黨的政治主張的一面,請參閱末次玲子〈五‧四運動と國民黨勢力〉〔五
　　四運動與國民黨〕,中央大學人文科學研究所編:《五‧四運動史像の再
　　探討》〔五四運動史像的再探討〕(中央大學出版部1986年版)。

252 當時學聯負責人之一喻育之的談話(承蒙李丹陽女士賜教)。此外,在中
　　國社會主義青年團成員們向共產國際遠東書記處提交的痛斥姚作賓的聲
　　明(見本書第121頁)中,列舉姚有如下惡行:1920年3月,在全國學聯
　　總會決定之下,姚被派往俄國,其時雖然得到了充作旅費的四百元,但
　　實際上卻沒有訪俄,而且也不曾向學聯執行部報告。但是,旅費問題且
　　另說,姚作賓在1920年5月的確到訪了符拉迪沃斯托克,並與當地的俄
　　國共產黨接觸,這些都是確鑿之事。

253 〈外秘乙第225號關於需特別監視支那人之動靜件(1920年8月9日)〉
　　(《D》)。

254 〈學生總會之通電〉,載《時事新報》1920年5月25日。

255 〈兩學生會選舉近聞〉,載《民國日報》1920年7月7日。

256 〈學生總會第二屆理事會記〉,載《申報》1920年10月10日。

257 〈學生總會理事會交替會〉,載《民國日報》1920年7月30日。

258 范體仁:〈孫中山先生在全國學聯第五屆代表大會上〉,《江蘇文史資料
　　選輯》第7輯,1981年。

259 前引《李達自傳(節錄)》。李達是否知道或參與了姚作賓等人的大同黨
　　系「共產黨」,以及姚作賓是否知道李達等為創建中共而從事的活動,這
　　一切都不得而知。

260 〈學生會報告當選理事〉，載《民國日報》1921年1月28日。

261 〈外秘乙第559號留日學生救國團近況（1921年4月29日）〉（《G》）。也許是因為姚作賓把所有精力都用來進行實際活動，所以查遍當時的主要報刊，也找不到他寫的文章（這也是人們難以了解他所成立的「共產黨」的目的和內情的理由之一），這封信就成了他僅存的幾篇文章之一。

262 〈學界歡迎策進會代表〉，載《民國日報》1921年1月24日；〈學生會代表出發考察〉，載《民國日報》1921年3月23日；〈南京學生聯合會紀事〉，載《民國日報》1921年4月2日。

263 〈援救被捕學生報告書〉，載《民國日報》1921年1月26日；〈三團體參觀熒昌火柴廠〉，載《民國日報》1921年2月26日。

264 〈外秘乙第1067號上海學生聯合會總會理事內定件（1921年7月11日）〉（《G》）。

265 陳獨秀等人的中國共產黨接受了共產國際許多資助，這不是秘密。順言之，1922年的資助金額是一萬六千多元（〈中共中央執行委員會書記陳獨秀給共產國際的報告（1922年6月30日）〉，前引《中共中央文件選集》第1冊，第47頁），佔所有經費的94%。

266 抱朴：〈赤俄遊記〉，載《晨報副鎸》1924年8月28日。

267 關於姚作賓坎坷的後半生（抗日戰爭時期成為「漢奸」，任青島「偽」市長），請參閱拙稿〈中國「ニセ」共產黨始末（續）——姚作賓は生きていた〉〔中國「偽」共產黨始末（續）——姚作賓還活着〕，載《飆風》1997年第32號；以及前引郝昭荔：〈漢奸的自我認知與思想改造——以偽青島市長姚作賓為個案的考察〉。

第三章

1 中共「一大」以前，「共產主義小組」只是對各地開展活動的組織的統稱。當時，這些組織的成員稱自己的組織為「共產黨」或「共產黨支部」，所以，對於把「一大」前的各地組織稱為「共產主義小組」，在中國也有不同意見。詳見方曉編：《中共黨史辨疑錄》上冊（山西教育出版社1991年版），第29–31頁；中共中央黨史研究室一室編著：《〈中國共產黨歷史（上卷）〉注釋集》（中共黨史出版社1991年版），第35–37頁。本書採用「共產主義小組」或「共產主義組織」，是鑒於當時稱呼不統一，並不意味着當時也如此稱呼。

2 陳望道：〈回憶黨成立時期的一些情況〉，邵力子：〈黨成立前後的一些情況〉，皆收於中國社會科學院現代史研究室、中國革命博物館黨史研究室編：《「一大」前後》（二），第二版（人民出版社1985年版）；〈李達自傳（節錄）〉，載《黨史研究資料》1980年第8期。

3　請參閱任武雄：〈1920年陳獨秀建立的社會主義研究社──兼談上海「馬克思主義研究會」的問題〉，載《黨史研究資料》1993年第4期。

4　對各種有關「上海共產主義小組」的回憶錄進行比較研究的論文有，本莊比佐子：〈上海共產主義グループの成立をめぐって〉〔關於上海共產主義小組的成立〕，《論集近代中國研究》（山川出版社1981年版）；味岡徹：〈「中國共產黨小組」をめぐる若干の問題〉〔關於「中國共產黨小組」的若干問題〕，載《駒澤大學外國語部論集》第30期，1989年。

5　關於發現日記的經過，請參照安志潔、俞壽臧〈珍藏七十一載重現在黨的紀念日──俞秀松烈士部分日記被發現〉，載《上海黨史》1991年第7期。

6　〈俞秀松烈士日記〉，上海革命歷史博物館（籌）編：《上海革命史資料與研究》第1輯（開明出版社1992年版），第297頁。

7　海隅孤客（梁冰弦）：〈解放別錄〉，載沈雲龍主編：《近代中國史料叢刊》第19輯（文海出版社1968年版），原載《自由人》〔香港〕1951年11月24、28日，12月1、5日；鄭佩剛：〈無政府主義在中國的若干史實〉，載《廣州文史資料》第7輯，1963年；〈鄭佩剛的回憶〉，前引《「一大」前後》（二）。鄭佩剛的回憶錄明顯地參考了梁冰弦的回憶錄，所以，嚴密地講，能夠用以證實「社會主義者同盟」確曾存在的，只有梁冰弦的回憶錄。

8　〈譚祖蔭的回憶〉，載中共中央黨史資料徵集委員會編：《共產主義小組》下（中共黨史資料出版社1987年版）；〈黎昌仁的回憶〉，載高軍等編：《無政府主義在中國》（湖南人民出版社1984年版）；譚天度：〈廣東黨的組織成立前後〉，前引《「一大」前後》（二）。

9　任武雄：〈對「社會主義者同盟」的探索〉，載《黨史研究資料》1993年第6期；胡慶雲：〈何謂社會主義者同盟〉，載《黨史研究資料》1993年第10期；沈海波：〈試論社會主義者同盟〉，載《黨史研究與教學》1998年第1期等。

10　楊奎松：〈從共產國際檔案看中共上海發起組建立史實〉，載《中共黨史研究》1996年第4期；金立人：〈中共上海發起組成立前後若干史實考〉，載《黨的文獻》1997年第6期、1998年第1期。

11　金立人參與編輯的中共上海市委黨史研究室：《中國共產黨上海史》（上海人民出版社1999年版）也採用了金氏自己的這個見解。

12　И. М. Мусин, Очерки рабочего движения в Китае, *Вопросы китайской революции*, т. 1, Москва, 1927, стр. 228（穆辛：〈中國工人運動概述〉，載《中國革命問題》第1卷）。本書同頁記載中共第一次大會在「1921年8月」，第二次大會在「1922年8月」，在具體時間的記述方面，此書原本就不是可依憑的資料。又及，最早介紹Мусин此書，應該是К. В. Шевелев, Из истории образования Коммунистической партии Китая,

Проблемы Дальнего Востока, 1980, No. 4（舍維廖夫〔石克強〕：〈中國共產黨成立史〉，《遠東問題》；中譯見：《「一大」前後》三〔人民出版社，1984年〕，第150–170頁）。

13　施復亮（施存統）：〈中國共產黨成立時期的幾個問題〉；沈雁冰：〈回憶上海共產主義小組〉；皆收於前引《「一大」前後》（二）。

14　陳望道：〈談馬克思列寧主義在中國的勝利〉，見《陳望道文集》第1卷（上海人民出版社1979年版）。

15　Китайская Компартия на III конгрессе Коминтерна (Доклад Китайской делегации), *Народы Дальнего Востока*, No. 3, 1921（〈共產國際第三次大會上的中國共產黨〉〔中國代表的報告〕，載《遠東人民》）；〈張太雷在共產國際第三次代表大會的書面報告（1921年6月10日）〉，載中央檔案館編：《中共中央文件選集》第1冊（中共中央黨校出版社1989年版），第552頁。

16　所謂「曉民共產黨事件」，是1921年冬日本發生的破壞社會主義運動的案件。1921年11月，以近藤榮藏為首的「曉民會」（傾向共產主義、無政府主義的秘密組織）會員在東京散發反對陸軍的傳單，日本政府揚言此為「曉民共產黨」的行動而大肆逮捕其成員，12月開始審判。施存統雖未直接參與「曉民會」的活動，但由於與近藤的關係，被強迫充當「曉民共產黨」案的證人（參閱本書第四章第三節）。證詞的全部內容，請參閱拙稿〈中共創立時期施存統在日本的檔案資料〉，載《黨史研究資料》1996年第10期。

17　Доклад Делегации Китайского Социалистического Союза Молодежина 2-м Конгрессе Коминтерна Молодежи, *Народы Дальнего Востока*, No. 4, 1921（〈中國社會主義青年團在青年共產國際第二次大會的報告〉，載《遠東人民》；中譯見共青團中央青運史研究室、中國社會科學院現代史研究室編《青年共產國際與中國青年運動》〔中國青年出版社1985年版〕，第52頁）。

18　〈中國社會主義青年團第一次全國大會〉（載《先驅》第8期，1922年5月）也報道説：「1920年8月某日，上海有八個青年社會主義者，為實行社會改造和宣傳主義起見，組織了一個團體，這團體叫做上海社會主義青年團。」

19　施存統也在1927年發表的脱離中共的聲明（〈悲痛中的自白〉，《中央副刊》1927年8月30日）中説道：「當1920年5月間，陳獨秀、戴季陶諸先生發起組織共產黨時，我便在內。」

20　陳獨秀字仲甫，但此外又舉陳獨秀名，故王仲甫和陳獨秀不應是同一人。施存統在「曉民共產黨」案的預審法庭上也説「王仲甫」是其同志之一，可見「王仲甫」並非筆誤。

21　〈俞秀松致駱致襄信 (1920年4月4日)〉，載《紅旗飄飄》第31集 (中國青年出版社1990年版)，第236頁。

22　施復亮 (施存統)：〈中國共產黨成立時期的幾個問題〉，載《黨史資料叢刊》1980年第1輯；施復亮：〈中國共產黨成立時期的幾個問題〉、〈中國社會主義青年團成立前後的一些情況〉，皆收於前引《「一大」前後》(二)。

23　中國共產黨第一次全國代表大會文件〈中國共產黨第一次代表大會〉中有如下記載：「中國的共產主義組織是從去年〔1920年〕年中成立的。起初，在上海該組織一共只有五個人。」前引《中共中央文件選集》第1冊，第556頁。

24　《俞秀松自傳 (1930年，莫斯科)〉，俄國社會政治史檔案館 (原俄國現代史資料保存研究中心) 資料，全宗495，目錄225，卷宗3001；轉引自楊福茂：〈俞秀松對創建中國共產黨和社會主義青年團的貢獻〉，載《中共黨史研究》2000年第5期。

25　陳公培：〈回憶黨的發起組和赴法勤工儉學等情況〉，前引《「一大」前後》(二)。

26　前引〈俞秀松烈士日記〉，6月19日條。

27　1920年6月19日的《民國日報》《覺悟》上，有費哲民和孫祖基的送別詩兩首，據認為是6月16日晚為施存統舉行的歡送會上所作。

28　1920年6月16日的《民國日報》《覺悟》記載，戴季陶將於6月17日前往湖州。

29　當時，陳獨秀曾稱他們自己的組織為「社會黨」。見〈對於時局的我見〉，載《新青年》八卷一號，1920年9月。

30　李達結束在日本的留學生活回國，是1920年8月19日，遊杭州後抵上海是9月6日。見《外秘乙第325號留日學生總會及該會文牘主任李達之行動 (1920年9月10日)〉；《外秘乙第395號留日學生總會件 (1920年9月27日)〉；(《G》)。依據回憶錄進行的中共成立史研究裏面，李達的回憶錄往往佔有重要地位；但是，其回憶錄有關1920年8月以前的記述，引用時應該特別慎重。

31　周佛海：〈扶桑笈影溯當年〉，《陳公博‧周佛海回憶錄合編》(春秋出版社1967年版)，第139–140頁。

32　前引施復亮：〈中國共產黨成立時期的幾個問題〉。

33　陳獨秀：〈真的工人團體〉，載《勞動界》1920年8月第2期。

34　海隅孤客 (梁冰弦)：〈解放別錄〉，前引《近代中國史料叢刊》第19輯，第8頁；原載《自由人》(香港) 1951年11月24日。

35　〈鄭佩剛的回憶〉，前引《「一大」前後》(二)。

36　北京大學圖書館、北京李大釗研究會編：《李大釗史事綜錄》(北京大學出版社1989年版)，第545頁。另，《國風日報》副刊《學匯》也刊登了〈同

志凌霜的一封來信〉（1923年6月18、20–25日），此處注明寫信日期為 1923年3月10日。見中國人民大學中共黨史系中國近現代政治思想史教研室編刊：《中國無政府主義資料選編》（1982年版），第458–471頁。

37 原著為 Arthur Ransome, *Six Weeks in Russia in 1919* (London: George Allen & Unwin Ltd., 1919). 兼生譯《一九一九旅俄六週見聞記》，在出版單行本前，曾在《晨報副刊》上連載（1919年11月12日至1920年1月7日）。

38 〈廣州共產黨的報告〉，前引《中共中央文件選集》第1冊，第20頁。

39 當時在廣州活動的無政府主義者譚祖蔭也談到，1920年10月，黃凌霜曾受李大釗指示，陪俄國人 Perkin（波金，大概是佩爾林）等來廣州。見前引〈譚祖蔭的回憶〉。

40 諶小岑：〈五四運動中產生的天津覺悟社〉，《五四運動回憶錄》下冊（中國社會科學出版社1979年版）。參加「華俄通信社」工作的覺悟社的兩個社員，大概是曾於1921年5月隨霍多羅夫來廣州的薛撼岳（見《廣東群報》1921年5月17日）和梁乃賢。

41 Доклад Делегации Китайского Социалистического Союза Молодежи на 2-м Конгрессе Коминтерна Молодежи, *Народы Дальнего Востока*, No. 4, 1921（〈中國社會主義青年團在青年共產國際第二次大會的報告〉，載《遠東人民》；中譯見前引《青年共產國際與中國青年運動》，第51–57頁）。另，該報告稱，社會主義青年團開始時的名稱是「青年社會革命黨」。

42 前引〈鄭佩剛的回憶〉。

43 佛突（陳望道）：〈日本社會主義同盟會底創立〉（載《民國日報》《覺悟》1920年8月22日）翻譯、介紹了日本社會主義同盟的章程草案，還說，「中國方面，也已由他們〔日本社會主義同盟發起人〕直接傳來」。

44 介紹外國語學社活動的，幾乎都是回憶錄；通過概括這些回憶錄研究外國語學社的，有以下幾篇論文。陳紹康：〈上海外國語學社的創建及其影響〉，載《上海黨史》1990年第8期；青谷政明：〈外國語學社（上海）ノート〉〔外國語學社研究筆記〕，載《地域綜合研究》20卷1號，1992年等。

45 中共中央文獻研究室編：《劉少奇傳》（中央文獻出版社1998年版），第23–25頁；中共中央文獻研究室編：《任弼時傳（修訂本）》（中央文獻出版社2000年版），第29–31頁；蕭勁光：〈回憶參加旅俄支部前後的一些情況〉，載《黨史資料叢刊》1981年第1輯；蕭勁光：〈赴蘇學習前後〉，載《革命史資料》三，文史資料出版社1981年版。

46 Claude Cadart and Cheng Yingxiang, *L'Envol du communism en Chine: Memoires de Peng Shuzhi* (Paris: Gallimard, 1983), pp. 161–162（《共產主義在中國的發軔：彭述之的回憶》）；中譯見〈被遺忘了的中國建黨人物〉，載《爭鳴》（香港）第68期，1983年。

47 〈湖南之俄羅斯研究會〉，載《民國日報》1920年9月23日；秋白（瞿秋白）：〈北大三青年赴俄之旅況——願赴俄者注意〉，載《晨報》1920年12月14日；抱朴（秦滌清）：〈赤俄遊記〉，載《晨報副鐫》1924年8月23日。

48 S. N. Naumov, "A Brief History of the Chinese Communist Party," in C. M. Wilbur and J. L. How, *Missionaries of Revolution: Soviet Advisers and Nationalist China, 1920–1927* (Cambridge, Mass.: Harvard University Press, 1989), p. 450（原文為：Калачев [С. Н. Наумов], Краткий очерк истории Китайской коммунистической партии, *Кантон*, 1927, No. 1〔卡拉切夫（納烏莫夫）：〈中國共產黨簡史〉，載《廣州》〕）。另，關於「外國語學社」的學生名單（推測），見前引《上海革命史資料與研究》第1輯所收慕水〈外國語學社師生名錄〉。

49 〈組織世界語學會〉，載《民國日報》1920年3月27日；〈世界語學社議訂草章〉，載《民國日報》1920年4月1日；侯志平：《世界語運動在中國》（中國世界語出版社1985年版），第27頁。

50 木下義介：〈上海に於ける過激派一般〉（大正11年6月）〔上海過激派的基本情況〕，第27–36頁（《C》）。

51 王迪先：〈關於上海外國語學社和赴俄學習的幾個問題〉，載《黨史研究資料》1985年第1期。前引〈鄭佩剛的回憶〉稱，陳獨秀、沈玄廬等也曾來新華學校講演。另，鄭佩剛提到的從俄國來的新華學校教員「Stoping」，可能就是斯托帕尼。

52 劃平（廖劃平）：〈旅俄通信〉，載《人聲》1921年第2期，收於前引王迪先：〈關於上海外國語學社和赴俄學習的幾個問題〉。袁文彰：〈赴俄失敗的回憶〉，載《民國日報》《杭育》1924年7月30日；抱朴：〈赤俄遊記〉，載《晨報副鐫》1924年8月25日。

53 〈世界語學會追悼會紀〉，載《民國日報》1921年4月11日。

54 〈俄國同志V. Stopani來函〉，載《民聲》1921年4月第31號。

55 前引〈俞秀松烈士日記〉，6月29日條。

56 前引抱朴：〈赤俄遊記〉，載《晨報副鐫》1924年8月25日、9月7日。

57 〈少年俄人自戕之檢驗〉，載《民國日報》1921年3月31日；〈一個自殺的青年〉，載《民聲》1921年4月第31號。

58 前引劃平〈旅俄通信〉。

59 〈上海機器工會聚餐會紀事〉，載《勞動界》1920年12月第19期。

60 〈上海機器工會開發起會紀略〉，載《勞動界》1920年10月第9期；〈本埠機器工會開會記〉，載《民國日報》1920年10月6日。

61 〈上海機器工會成立紀〉，載《民國日報》1920年11月22日；江田憲治：〈孫文の上海機器工會における演説〉〔孫中山在上海機器工會的演講〕，

載《孫文研究》1992年第14期。另，關於與會人數，江田論文作「三百餘人」。

62 前引〈上海機器工會聚餐會紀事〉。

63 前引〈上海機器工會開發起會紀略〉。

64 〈美國IWW致上海機器工會書〉，載《勞動界》1921年1月第24期。另，該函是以IWW執行部總幹事羅伊‧布朗（Roy Brown）的名義發來的，日期是1920年12月14日。

65 〈北京電〉，載《申報》1920年10月16日。

66 陳獨秀：〈無理的要求〉，載《勞動界》1920年9月第6期；李漢俊：〈我對於罷工問題的感想〉，載《民國日報》1921年3月5日；李漢俊：〈法租界電車罷工給我們的教訓〉，載《民國日報》《覺悟》1921年3月8日。

67 〈北京共產主義組織的報告〉，前引《中共中央文件選集》第1冊，第10–19頁。該報告是1956–1957年由當時的蘇共中央移交給中國共產黨的「中共駐共產國際代表團檔案」的一部分，原件藏於俄國社會政治史檔案館（全宗514，目錄1，案卷13，第19–28頁）。有關該報告的發現經過，請參閱李玲：〈《中國共產黨第一個綱領》俄文本的來源和初步考證〉，載《黨史研究》1980年第3期。俄文原件的第一頁見於楊冬權〈破解中共一大之謎——中央檔案館藏中共一大檔案介紹〉（《黨的文獻》2011年第3期）。

68 原文（漢語）為《勞動者》，但《勞動者》雜誌是在廣州出版的。概為北京小組1920年11月創刊的《勞動音》之誤寫。

69 原文（漢語）為《經濟學談話》，概為《馬格斯資本論入門》（李漢俊譯）的原書名（Shop Talks on Economics）之譯。

70 《俄國革命和階級鬥爭》的底本是什麼不得而知。《共產黨綱領》概即後來出版的希曼譯《俄國共產黨黨綱》（人民出版社1922年1月版）。關於《俄國共產黨黨綱》，請參閱本書附錄二〈中國社會主義書籍簡介〉。

71 報告稱，《曙光》「不純粹是我們的刊物，而是一個混合性的刊物」。《曙光》是以山東學生宋介等為中心於1919年11月創刊的，報告中「我們的一個同志」概指宋介。

72 〈發起馬克斯學說研究會啟事〉，載《北京大學日刊》1921年11月17日。

73 順言之，魏金斯基於同年10月到過北京（參閱本書第二章第二節之4）；故北京的共產主義組織有可能是在魏金斯基北京的影響下成立的。

74 中共北京市委黨史研究室編：《北京青年運動史料》（北京出版社1990年版），第497–511頁。另外，《近代史資料》1957年第5期，中國社會科學院近代史研究所、中國第二歷史檔案館史料編輯部編：《五四愛國運動檔案資料》（中國社會科學出版社1980年版）、中國第二歷史檔案館編：

《中國無政府主義和中國社會黨》（江蘇人民出版社1981年版）、《歷史檔案》1991年第4期等，也都部分地收錄了關謙報告，但《北京青年運動史料》所收較為全面。

75　在關謙報告裏，共產主義派時而稱「社會主義青年團」，時而又稱「共產主義青年團」。但從其成員（李大釗、張國燾、劉仁靜等）看，並考慮到當時「團」和「黨」的區分並不明確，其所記述內容，大概包括了北京共產主義組織「團」和「黨」兩方面的動向。

76　青年共產國際第二次大會在莫斯科實際召開，是7月9日。

77　一般認為，青年共產國際向中國派遣的第一位使者，是1922年來華的達林（S. A. Dalin）；但是，他的回憶錄（С. А. Далин, *Китайские Мемуары: 1921–1927*, Москва, 1975；中譯：《中國回憶錄》〔中國社會科學出版社1981年版〕）以及其他俄語資料集並無此類記述。

78　〈萬國青年共產黨寫給上海社會主義青年團的信〉，載《共產黨》1921年5月第4期。

79　〈十月革命影響及中蘇關係文獻檔案選輯〉，載《近代史資料》1957年第5期。

80　上海外國語學社第一批派往俄國的董鋤平等一行七八個人在滿洲裏被逮捕（見董鋤平：〈回憶中國勞動組合書記部〉，載《黨史資料叢刊》1982年第1期），大概何孟雄也在此次被逮捕者之中。另外，北京的無政府主義派資助的三名四川學生（劉仲容、劉稀、孟知眠）也同時被逮捕。有關四川的無政府主義組織當時的活動，請參閱楊世元：〈1920年的「重慶共產主義組織」析解〉，載《重慶黨史研究資料》1996年第1期。

81　據抱朴〈赤俄遊記〉（《晨報副鑴》1924年8月23日）記載，同一時期試圖赴俄的抱朴，5月在哈爾濱，與從齊齊哈爾監獄釋放出來的13名青年有過接觸，他們對抱朴說赴俄如何危險，並勸其放棄赴俄。

82　朱政、任銳：〈中共「一大」前黨員簡介〉，載上海革命歷史博物館（籌）編：《上海革命史研究資料》（上海三聯書店1991年版）；吳家林、謝蔭明：《北京黨組織的創建活動》（中國人民大學出版社1991年版），第106–113頁；〈北京共產主義小組有多少成員？〉，前引方曉編《中共黨史辨疑錄》上冊等。

83　S. N. Naumov, "A Brief History of the Chinese Communist Party," in Wilbur and How, *op. cit.*, pp. 450–451（原文為 Калачев [С. Н. Наумов], Краткий очерк истории Китайской коммунистической партии, *Кантон*, 1927, No. 1〔卡拉切夫（納烏莫夫）：《中國共產黨史》,《廣州》〕）。

84　〈張國燾關於中共成立前後情況的講稿〉,《百年潮》2002年第2期。北京共產主義組織的最早成員還有張申府。納烏莫夫沒有提到他，可能是因

為他1920年10月就離開北京，經上海去了法國的緣故。晚年的張申府
著有較詳細的回憶錄（張申府：《所憶》（中國文史出版社1993年版）；V.
Schwarcz, *Time for Telling Truth Is Running Out: Conversations with Zhang Shenfu*
(New Haven: Yale University Press, 1992)；中譯見舒衡哲著，李紹明譯《張
申府訪談錄》〔北京圖書館出版社2001年版〕）。

85　關於對廣州共產主義小組的考證研究，請參閱〈廣州黨的早期組織何時
建立？〉，前引方曉編《中共黨史辨疑錄》上冊。

86　〈廣州共產黨的報告〉，前引《中共中央文件選集》第1冊，第20–25頁。
原文為俄語，原件藏於俄國社會政治史檔案館（全宗514，目錄1，案卷
13，第29–32頁）。

87　陳獨秀1920年12月17日由上海出發，途經香港，12月25日抵達廣州
（〈陳獨秀君啟程赴粵〉，載《民國日報》1920年12月18日；〈香港電陳獨
秀昨抵粵（26日）〉，載《申報》1920年12月27日）。與陳獨秀同行的有袁
振英、李季等。

88　М. А. Персиц, Из Истории Становления Коммунистической Партии
Китая, *Народы Азии и Африки*, 1971, No. 4（佩爾西茨：〈中國共產黨形成
史〉，載《亞非人民》；中譯見《國外中國近代史研究》第6輯，1984年）；
К. В. Шевелев, Из истории образования Коммунистической партии
Китая, *Проблемы Дальнего Востока*, 1980, No. 4（舍維廖夫：〈中國共產
黨成立史〉，載《遠東問題》；中譯見《「一大」前後》(三)，人民出版社
1984年版）。另，上述兩篇論文部分地引用了佩爾林回憶錄。

89　兼生：〈實際的勞動運動〉（載《勞動者》1920年10月第1期）注有「1920
年9月28日，草於廣州東山」。

90　前引〈譚祖蔭的回憶〉。

91　《魏金斯基給俄共（布）中央西伯利亞局東方民族處的信（1920年8月17
日，上海）》（《文件二》）。

92　《斯托揚諾維奇給某人的信（1920年9月29日，廣州）》（《文件五》）。

93　〈俄語學校招生廣告〉，載《廣東群報》1921年2月16日。

94　前引 Далин, *Китайские Мемуары: 1921–1927*, стр. 90；中譯見前引《中國
回憶錄》，第82頁。

95　〈譚平山答詞〉，載《廣東群報》附錄《青年週刊》1922年3月，第4期。

96　羅章龍曾説，「當時黨團是不分的」（〈羅章龍談北京團及《先驅》〉，載《青
運史資料與研究》第1集，1982年）。有關早期的共產黨和社會主義青年
團的關係，請參閱拙稿〈施存統と中國共產黨〉〔施存統與中國共產黨〕，
載《東方學報》京都，第68冊，1996年。

97　〈共產黨廣州部傳單〉，載《廣州晨報》1920 年 12 月 24 日（《C》）。另有報道說，1920 年秋也曾有「廣東共產黨」的傳單在廣州市內散發。見〈共產黨的粵人治粵主張〉，載《勞動者》1920 年 10 月第 2 期。

98　《公第 174 號社會主義青年團簡章報告件（1920 年 12 月 8 日）》（《C》）。

99　〈來函〉，載《廣東群報》1921 年 3 月 3 日。

100　〈廣州社會主義青年團之組織〉，載《廣東群報》1921 年 1 月 27 日。

101　Б. Шумяцкий, Юношеское революционное движение Китая (обзор отчетов о работе), *Бюллетени Дальне-Восточного Секретариата Коминтерна*, No. 2, 1921（舒米亞茨基：〈中國的青年革命運動（工作報告摘要）〉，《共產國際遠東書記處通訊》）。這篇文章的執筆時間是 1921 年 2 月。

102　有關陳獨秀前往廣州赴任的背景及其在廣州的活動，村田雄二郎：〈陳獨秀在廣州（1920–1921 年）〉（載《中國研究月報》1989 年第 496 期）敍之甚詳。

103　張國燾：《我的回憶》第 1 冊（明報月刊出版社 1971 年版），第 128 頁。

104　〈陳獨秀先生在公立法政演講詞——社會主義批評〉，載《廣東群報》1921 年 1 月 18、19 日。

105　《新青年》9 卷 4 號（1921 年 8 月）上集中刊登了這六封公開信，但其最初刊載的報刊及日期分別如下。區聲白：〈致陳獨秀先生信〉，載《廣東群報》1921 年 1 月 22 日；〈陳獨秀答聲白的信〉，載《廣東群報》1 月 27 日；區聲白：〈答陳獨秀先生書〉，載《廣東群報》2 月 14–16 日；〈陳獨秀再答區聲白書〉，載《新青年》1921 年 8 月 9 卷 4 號；〈區聲白再答陳獨秀書〉，載《民聲》4 月 5 日第 30 號增刊；〈陳獨秀三答區聲白書〉，載《新青年》1921 年 8 月 9 卷 4 號。

106　有關「無政府主義論戰」的詳細經過，請參閱蔡國裕《1920 年代初期中國社會主義論戰》（台灣商務印書館 1988 年版）之第四章〈無政府主義者與馬克思主義者的論戰〉，以及嵯峨隆：〈劉師復死後の《民聲》について〉〔劉師復死後的《民聲》〕，載《法學研究》1995 年 68 卷 2 號。

107　玄廬：〈告晨報記者〉、〈答晨報攻擊我個人的〉、〈袁振英質問夏重民〉、博（陳公博）：〈可憐的生活和主張〉，以上載於《廣東群報》1921 年 3 月 3 日；博：〈正告夏重民〉，載《廣東群報》1921 年 3 月 4 日。陳獨秀雖然沒有發表文章，但以毀壞名譽為由向《廣州晨報》社長夏重民提出了抗議，並要求二十四小時之內賠禮道歉（《廣東群報》3 月 3 日）。

108　關於《民聲》雜誌，請參閱狹間直樹〈《民聲》解題〉，載《民聲》原本復刻版（朋友書店 1992 年版）。

109 有關《民聲》復刊後的傾向，前引嵯峨隆〈劉師復死後的《民聲》〉敍之甚詳。

110 前引〈黎昌仁的回憶〉。

111 〈關謙關於北京社會主義青年團與無政府黨互助團活動情形致王懷慶呈 (1921年3月13日)〉，前引《北京青年運動史料》，第503頁。

112 陳獨秀：〈中國式的無政府主義〉，載《新青年》1921年5月9卷1號。

113 胡慶雲、肖甡：〈關於湖南共產主義小組問題的商榷〉，載《近代史研究》1984年第2期。

114 〈董必武的回憶〉，前引《共產主義小組》上；包惠僧：〈創黨的開始及武漢臨時支部〉，前引《共產主義小組》上。

115 包惠僧：〈共產黨第一次全國代表會議前後的回憶〉；董必武：〈創立中國共產黨〉，皆收於前引《「一大」前後》(二)。

116 前引包惠僧：〈共產黨第一次全國代表會議前後的回憶〉；董必武：〈董必武談中國共產黨第一次全國代表大會和湖北共產主義小組〉，前引《「一大」前後》(二)。

117 包惠僧於翌年春發表的〈我對於武漢勞動界的調查和感想〉(載《民國日報》《覺悟》1921年4月9日)，就是在對工廠進行考察的基礎上寫成的。

118 〈新發現的陳潭秋檔案資料影印件〉，《上海革命史資料與研究》第13輯，2013年。

119 包惠僧：〈回憶武漢共產主義小組〉，載《黨史研究資料》1979年第9期。張國燾在1929年前後撰寫的有關中共黨史的演講記錄中稱，在中共「一大」之前，湖南等地的地方組織每月得到上海黨中央的二、三十元補助(前引〈張國燾關於中共成立前後情況的講稿〉)。

120 E. Snow, *Red Star over China* (New York: Grove, 1968), p. 157；中譯本：《斯諾文集第2卷紅星照耀中國》(新華書店1984年版)，第137頁。

121 *Ibid.*, p. 155；中譯本：同前，第136頁。關於這三冊書目，請參閱本書附錄二〈中國社會主義書籍簡介〉(A9、14、20)。

122 〈文化書社第一次營業報告〉，張允侯等編：《五四時期的社團》(一)(生活‧讀書‧新知三聯書店1979年版)，第53–54頁。

123 〈張文亮日記〉，前引《共產主義小組》下，第518頁。

124 〈給蔡和森的信(1921年1月21日)〉，中共中央文獻研究室編：《毛澤東文集》第1卷(人民出版社1993年版)。

125 〈新民學會會務報告(第二號)〉，前引《五四時期的社團》(一)，第597頁；〈毛澤東致彭璜的信(1921年1月6日)〉，中共中央文獻研究室編：《毛澤東年譜》上卷(人民出版社、中央文獻出版社1993年版)，第79頁。只不過，〈毛澤東致彭璜的信〉原為促請彭出席1月13日召開的團的

成立大會而寫的，所以，嚴格來講，沒有資料證明這一天確曾召開了成立大會。

126 1957年7月，李達出席武漢大學哲學系青年教師的座談會時，談及毛澤東參加中共「一大」的情況，曾有如下敍述：

> 毛澤東、何叔衡到上海找李達時，李問，「你們是C. P.，還是S. Y.？」，毛説：「我們是S. Y.」，李説：「我們是開C. P.的會，你們既然來了就參加C. P.開會吧，以後回去在就組織C. P.。」（王炯華《李達評傳》〔人民出版社，2004年〕，第465頁）。

如果實際情況正如李達所説，那麼毛澤東嚴格意義上從事的是SY的活動，也就是社會主義青年團的活動；而上海召開的是CP、也就是共產黨的會議。既然來了上海，姑且就先參加這個會議，以後再去組織共產黨的活動。而這段提及「一大」「真相」的談話後來在文革期間也成為攻擊李的材料。

127 〈蔡林彬給毛澤東（1920年8月13日）〉、〈蔡林彬給毛澤東（1920年9月16日）〉，見《蔡和森文集》（人民出版社1980年版）。

128 請參閲〈濟南共產主義小組綜述〉，前引《共產主義小組》下；余世誠、劉明義：《中共山東地方組織創建史》（石油大學出版社1996年版）。

129 比如，有的回憶錄説，濟南小組是在北京的陳為人幫助下建立的；還有的説，魏金斯基一行1920年4、5月從北京到上海，途經濟南時，與當地的社會主義者進行過接觸，但是，柳建輝通過研究證明，這些説法都不可信。柳建輝：〈陳為人幫助建立中共山東黨組織的時間問題〉，載《黨史研究》1986年第4期；柳建輝：〈魏金斯基1920年4月到過濟南嗎？〉，載《黨史研究》1986年第5期。

130 柳建輝：〈「濟南共產主義小組」成員新探〉，載《黨史研究資料》1986年第11期。另，在人名辭典裏，王盡美有時作「王燼美」，有考證認為應作「王盡美」。邵維正：〈中國共產黨第一次全國代表大會召開日期和出席人數的考證〉，載《中國社會科學》1980年第1期；肖姓：〈關於王盡美「名字」的考證〉，《中共黨史研究》2001年第6期。

131 〈李達自傳（節錄）〉，載《黨史研究資料》1980年第8期。

132 〈山東新文化與齊魯書社〉，載《晨報》1920年10月7日。

133 〈濟南齊魯書社廣告〉，載《新青年》1920年10月8卷2號。

134 丁龍嘉、張業賞：《王盡美》（河北人民出版社1997年版），第25頁。

135 〈會務報告〉，載《勵新》1920年12月1卷1號；〈我們為什麼要發行這種半月刊〉，載《勵新》1920年12月1卷1號。皆收於前引《共產主義小組》下，第620–622頁。

136 И. Н. 索特尼科娃 (Сотникова) 報告、馬貴凡編譯：〈負責中國方面工作的共產國際機構〉， 載《國外中共黨史研究動態》1996年第4期；Г. М. Адибеков, Э. Н. Шахназарова, К. К. Шириня, *Организационная Структура Коминтерна: 1919–1943*, Москва, 1997, стр. 26–28 (阿蒂貝克夫等編：《共產國際的組織機構》)；前引Далин, *Китайские Мемуары: 1921–1927*, стр. 27–38；中譯見前引《中國回憶錄》，第23–33頁。關於這些人的生平和經歷，達林回憶錄敍之甚詳。

137 《共產國際遠東書記處通訊》(非定期刊物) 創刊於1921年2月27日，據說總共發行至第9期，現在保存下來的是第1–7期 (5月29日)。見 K. В. Шевелев, Предыстория единого фронта в Китае и учредительный съезд КПК, *Китай: традиции и современность*, Москва, 1976, стр. 208 (舍維廖夫：〈中國統一戰線的經過史和中共成立大會〉，見《中國——傳統與現代》；中譯見徐正明等編譯《共產國際與中國革命——蘇聯學者論文選譯》〔四川人民出版社1987年版〕)。

138 《遠東人民》雜誌發行至第5期 (1921年11月10日)。

139 原文為：В. Власовский, Забастовочное движение в Китае (Обзор Китайской рабочей прессы); А. Ильич, Библиография (Обзор изданий Китайской компартии).

140 能夠確認的被引用文章有，翼成：〈一個工人的報告〉，載《勞動界》第1期；畸：〈上海申新紡紗廠一瞥〉，載《勞動界》第1期；袁實篤：〈上海米貴罷工的情形〉，載《勞動界》第1–4期；陳獨秀：〈真的工人團體〉，載《勞動界》第2期；吳芳：〈最近勞動界罷工運動一斑〉，載《勞動界》第6期。

141 《關於俄共 (布) 中央西伯利亞局東方民族處的機構和工作問題給共產國際執委會的報告 (1920年12月21日，伊爾庫茨克)》(《文件八》)。

142 原文為：Цюй-Бо (Кантон), Положение китайских рабочих и их надежды на Россию; Юй-Сун-хуа, Зачем я приехал в Советскую Россию. 另外，瞿秋白的信收於《瞿秋白文集 (政治理論編)》第1卷 (人民出版社1987年版)，標題為〈中國工人的狀況和他們對俄國的期望〉。但是，該譯文並非譯自《通訊》，而是譯自《亞非人民》(*Народы Азии и Африки*) 1970年第5期。

143 周永祥：《瞿秋白年譜新編》(學林出版社1992年版)，第40–53頁。

144 原文為：Ян-Сюнь, Рабочий вопрос в Китае.

145 《關於俄共 (布) 中央西伯利亞局東方民族處的機構和工作問題給共產國際執委會的報告 (1920年12月21日，伊爾庫茨克)》(《文件八》)。

146 原文為：Б. Шумяцкий, Юношеское революционное движение Китая (обзор отчетов о работе).

147 Б. Шумяцкий, Из истории комсомола и компартии Китая (Памяти одного из организаторов Комсомола и Компартии Китая тов. Чжан-Та-Лая), *Революционный Восток*, No. 4–5, 1928, стр. 212（〈中國共青團和共產黨歷史片斷（悼念中國共青團和共產黨的組織者之一張太雷同志）〉，見《革命的東方》；中譯見《回憶張太雷》〔人民出版社 1984 年版〕，第 190 頁）。

148 原文為：Социалистическая литература в Китае, *Народы Дальнего Востока*, No. 2, 1921.

149 被列入目錄的，有以下 42 種刊物：

【共產主義】《共產黨宣言》、《資本論入門》、《馬克斯經濟學説》、《階級戰爭》、《科學的社會主義》、《共產黨計劃》、《旅俄六週見聞錄》、《新俄羅斯之研究》

【社會主義】《社會主義史》、《工團主義》、《社會改造原理》、《政治理想》、《到自由之路》、《實業自治》、《社會主義運動》、《社會問題》、《各國社會思潮》、《近世經濟思想史》、《政治思想學史》、《克魯泡特金的理想》

【小冊子】《蘇維埃·俄羅斯》、《一個兵士的談話》、《兩個工人談話》、《職業同盟》、《告遠東少年》、《誰是共產黨》、《共產黨無政府黨及議會》、《共產黨指針》、《十月革命給了我們什麼》、《社會改造家之傳略》

【雜誌】《共產黨》、《新青年》、《曙光》、《勞動者》、《勞動音》、《勞動界》、《勞動與婦女》、《星期評論》

【報紙】《群報》、《民國日報》、《來報》、《閩星》

150 前引《中共中央文件選集》第 1 冊，第 547–551 頁。中共上海市委黨史資料徵集委員會編：《上海人民革命史畫冊》（上海人民出版社 1989 年版），第 61 頁以及中共「一大」會址紀念館編：《偉大的開端 —— 中國共產黨創建歷史陳列》（上海人民出版社 2017 年版）第 64 頁，載有原件照片。另，李新、陳鐵健編：《偉大的開端》（中國社會科學出版社 1983 年版）説「《宣言》原件為俄文」（第 333 頁），但是，至今並未發現有俄文本《宣言》。

151 前引《中共中央文件選集》第 1 冊，第 551 頁；《建國以來毛澤東文稿》第 7 冊（中央文獻出版社 1992 年版），第 296 頁。順言之，據説，該刊物的第 6 期和第 10 期（皆刊於 1958 年），譯載了同為「檔案」一部分的中共第一次全國代表大會的三個文件（前引李玲〈《中國共產黨第一個綱領》俄文本的來源和初步考證〉）。

152 楊奎松教授指出魏金斯基可能參與了起草《宣言》，説《中國共產黨宣言》是由魏金斯基協助上海組織（即所謂中共發起組）起草的，或者是代為起草的（楊奎松：《中間地帶的革命 —— 中國革命的策略在國際背景下的演變》〔中共中央黨校出版社 1992 年版〕，第 25 頁；楊奎松：《中共與莫斯

科的關係（1920–1960）》〔東大圖書公司1997年版〕，第7頁）。這種可能
性是有的，但楊奎松沒有提示任何根據。

153 中央檔案館所藏英文版《宣言》，或許是張國燾譯成中文時的底本（《黨
的文獻》2011年第4期彩圖部分有照片）。

154 關於「遠東各國共產黨及民族革命團體代表大會」及其中國代表團，請參
閱川端正久《コミンテルンと日本》〔共產國際與日本〕第四章〔法律文化
社1982年版〕；川端正久：〈極東諸民族大會と中國〉〔遠東各國共產黨
及民族革命團體代表大會與中國〕，載《思想》第790、791號，1990年；
楊奎松：〈遠東各國共產黨及民族革命團體代表大會的中國代表問題〉，
載《近代史研究》1994年第2期。

155 過去有人認為，張太雷也出席了遠東各國共產黨及民族革命團體代表大
會，而「Chang」即精通英語的張太雷（比如，Tony Saich and Benjamin
Yang, (eds.), *The Rise to Power of the Chinese Communist Party: Documents and
Analysis* (New York: Routledge, 1995), p. 95）。但是，近年已經弄清，張太
雷確實做了準備工作，但並未出席大會。請參閱С. А. Горбунова,
Съезднародов Дальнего Востока и революционное движение в Китае,
Проблемы Дальнего Востока, 1987, No. 4（戈爾布諾娃：〈遠東各國共產
黨及民族革命團體代表大會與中國革命運動〉，載《遠東問題》）；錢聽
濤：〈張太雷在1921年〉，載《北京黨史研究》1996年第3期；A. Pantsov,
The Bolsheviks and the Chinese Revolution: 1919–1927 (Honolulu: University of
Hawaii Press, 2000), p. 226. 另外，前引《中共中央文件選集》第1冊編者也
把「Chang」作張國燾。

156 張國燾1921年11月7日到滿洲里，隨後進入俄國，在伊爾庫茨克停留約
兩個月。這期間，他忙於起草提交給遠東各國共產黨及民族革命團體代
表大會的報告。見前引楊奎松〈遠東各國共產黨及民族革命團體代表大
會的中國代表問題〉；前引張國燾《我的回憶》第1冊，第190頁。

157 《遠東人民》創刊號沒有注明發行日期，但從內容和第2期、第3期的發
行日期（分別是1921年6月23日、8月1日）推斷，可能是1921年5月中
旬以後。

158 原文為：Б. Шумяцкий, Коммунистический Интернационал на Дальнем
Востоке.

159 前引舍維廖夫〈中國共產黨成立史〉，是考察舒米亞茨基這篇文章的少數
論文之一。據該論文考證，除《遠東人民》外，與舒米亞茨基文章所引用
的幾乎相同的字句，也出現在當時伊爾庫茨克發行的《共產主義者》
（*Коммунист*）第7期（1921年）上；只不過，《遠東人民》上的「群眾鬥
爭」、「其打擊」，在《共產主義者》上分別換成了「階級鬥爭」和「其對資

本主義的打擊」。但是，舍維廖夫為「最近」一詞所累，認為「規定」部分
字句即張太雷所説的「中共三月會議」通過的內容。

160 據前引舍維廖夫〈中國共產黨成立史〉考證，與《共產主義者》(Коммунист)
所載完全一致。

161 有關《遠東人民》第1期各論文的執筆時間，前引佩爾西茨〈中國共產黨
形成史〉有所考證。

162 前引〈張國燾關於中央成立前後情況的講稿〉。馮鐵金〈《中國共產黨宣
言》應出自李大釗手筆〉(《黨的文獻》2009年第5期)一文是進一步分析
張國燾這些筆記的成果，並推定《宣言》與李大釗的撰寫有關。但既然張
國燾本人已説了是魏金斯基起草，那麼李大釗的參與應該也是有限的。

163 此外，對於本書初版提出的1920年11月中共成立説，學界有若干反對
意見。當中給出證據、主張中共「一大」時成立了中國共產黨的代表性研
究，是李三星：〈就中國共產黨成立時間與石川禎浩先生商榷──兼論
政黨成立的標誌〉，載中共一大會址紀念館編：《中國共產黨創建史研
究》〔上海人民出版社，2012年〕)，不過此文也並未給出決定性的證據，
雙方解釋仍然各執己見。

164 原文為：Китайская Компартия на III конгрессе Коминтерна (Доклад
Китайской делегации), *Народы Дальнего Востока*, No. 3, 1921.

165 前引佩爾西茨〈中國共產黨形成史〉。

166 益群譯：〈在共產國際第三次代表大會上的報告(1921年6月10日莫斯
科)〉，載《中央檔案館叢刊》1987年第5期。報告最初應該是用漢語或英
語寫成的，但是沒有發現。

167 前引益群譯〈在共產國際第三次代表大會上的報告(1921年6月10日莫
斯科)〉；〈張太雷在共產國際第三次代表大會上的書面報告(1921年6月
10日)〉，前引《中共中央文件選集》第1冊。另，《遠東人民》刊載本中，
刪去了七個地方黨組織的地名及其組織概況。

168 前引佩爾西茨〈中國共產黨形成史〉。

169 中國學術界研究「三月會議」的論文有，王述觀：〈中共一大前曾召開過
三月代表會議〉，載《中共黨史研究》1988年第4期；王述觀：〈關於張太
雷致共產國際「三大」報告的幾個問題〉，載《黨史研究資料》1991年第8
期；柳建輝、鄭雅茹：〈中共一大前召開過三月會議嗎？──與王述觀
商榷〉，載《中共黨史研究》1989年第4期；沈海波：〈「中共三月代表會
議」辨析〉，載《上海革命史資料與研究》第1輯，1992年；蘇開華：〈關於
中國共產黨創立幾個問題的辨正〉，載《中共黨史研究》1992年第4期；
蘇開華：〈1921年的「三月代表會議」性質辨析〉，載《黨史研究與教學》
1995年第5期；錢聽濤：〈也談1921年「三月代表會議」──與蘇開華商

　　　権〉，載《中共黨史研究》1993年第1期；錢聽濤：〈我對1921年「三月代表會議」的看法〉，載《中共黨史通訊》1994年第6期。

170　前者有瞿秋白和李宗武（與瞿秋白同被派駐莫斯科做特派記者）二人的共同署名（Цюй Цу-бо, Личжуну），前引《瞿秋白文集（政治理論編）》第1卷，第293–299頁收有該文的中譯。後者為瞿秋白於1929年冬至1930年春在莫斯科的列寧國際學院所做的報告〈中國共產黨歷史概論〉的手稿，在中央檔案館編《中共黨史報告選編》（中共中央黨校出版社1982年版）公佈後，收錄於《瞿秋白文集（政治理論編）》第6卷（人民出版社1996年版），第874–924頁。前者可以在俄國社會政治史檔案館資料中找到相同的文檔（全宗514，目錄1，案卷7，第43–46頁）。

171　李玲：〈關於《張太雷致共產國際第三次代表大會的報告》的作者——與葉孟魁商権〉，載《中共黨史研究》1992年第3期。該眉注內容可據俄國社會政治史檔案館資料得以確認（全宗514，目錄1，案卷7，第43頁）。

172　前引周永祥《瞿秋白年譜新編》，第40–47頁。

173　前引《瞿秋白文集（政治理論編）》第6卷，第883頁。文中「秋白的報告」概指上述〈社會主義運動在中國〉。

174　有關張太雷的大部分回憶錄，收於前引《回憶張太雷》。

175　由於張太雷一直被尊為烈士，他的傳記和年譜等的記述總讓人以為，他和中共自創建時期以來關係就十分密切。最近終於有人指出，沒有資料能夠證實這種看法。比如，錢聽濤：〈關於張太雷如何加入中共及與此有關的一些問題〉，張太雷研究會編：《張太雷研究學術論文集》（南京大學出版社1993年版）。

176　Б. Шумяцкий, Из истории комсомола и компартии Китая (Памяти одного из организаторов Комсомола и Компартии Китая тов. Чжан-Та-Лая), *Революционный Восток*, No. 4–5, 1928, стр. 194–230.〈中國共青團和共產黨歷史片斷（悼念中國共青團和共產黨的組織者之一張太雷同志）〉，見《革命的東方》；中譯見：前引《回憶張太雷》，第171–208頁。

177　比如，劉玉珊等編：《張太雷年譜》（天津大學出版社1992年版）是現在最詳細的年譜，但是，有關張太雷赴俄國前後的行蹤，幾乎全面依據舒米亞茨基的回憶錄。丁言模〈張太雷與天津建黨建團的問題〉（《上海革命史資料與研究》第13輯，2013年）也認為幾乎沒有關於在天津的活動資料。

178　順言之，查遍每一期《勞動界》，都找不到一篇張太雷的文章。

179　陳獨秀：《真的工人團體》，載《勞動界》1920年8月第2期。另外，瞿秋白文章（《共產國際遠東書記處通訊》第1期刊登的《中國工人的狀況和他們對蘇俄的期望》）的一節，也被當作張太雷的文章。

180 前引佩爾西茨〈中國共產黨形成史〉。佩爾西茨的根據之一是，張太雷報告談到了「三月會議」。另外，20世紀20年代曾在西伯利亞、遠東工作的達林也回憶說，張太雷是1921年3月抵達伊爾庫茨克的（前引Далин, *Китайские Мемуары: 1921–1927*, стр. 34；中譯見前引《中國回憶錄》，第30頁）。但是，達林到伊爾庫茨克是同年8月，他的所謂回憶似乎也源自舒米亞茨基的回憶錄。

181 俄國社會政治史檔案館資料，全宗495，目錄154，卷宗87，第12頁。

182 瞿秋白一行在幾乎相同時期從北京陸路赴俄，他們從天津到伊爾庫茨克費時兩個半月。他們在沿途城市常常逗留數日，所以實際行程約需一個半月到兩個月。

183 俄國社會政治史檔案館資料，全宗533，目錄1，卷宗32，第5頁。

184 諶小岑：〈張太雷與天津第一個團小組〉，前引《回憶張太雷》。不過，很明顯，這篇回憶錄也是讀了舒米亞茨基的回憶錄後寫的（沒有標明，但有幾處是引自舒米亞茨基的回憶錄），不可全面相信。另據張太雷直至北洋大學時期的好友吳南如回憶，吳和張太雷在1920年5月大學畢業前一直專心於學業，沒有參加任何學生運動；後來，1920年冬天，張太雷接替吳南如在天津柏烈偉處幫助工作後，開始與早期中共組織有了關係。見華羊：〈瞿秋白與張太雷早年事〉，載《中共研究》1976年10卷7期。

185 請參照本章注98。

186 前引Шумяцкий, Юношеское революционное движение Китая (обзор отчет о воработе)（舒米亞茨基：〈中國的青年革命運動（工作報告摘要）〉）。舒米亞茨基在引用這份會議記錄時，就《來報》加編者注說，第1期實際於1921年1月4日發行了。

187 前引〈中國的社會主義文獻〉（見本章注148、149）及張太雷提交給共產國際的書面報告中，都提到《來報》。

188 此外，心美（鄧中夏）〈長辛店旅行一日記〉（載《晨報》1920年12月21日）也反映了張太雷與北京共產主義小組成員的部分交流。

189 前引張國燾《我的回憶》第1冊，第135頁。

190 〈關謙關於北京社會主義青年團活動情形致王懷慶報告（1921年3月17日）〉，前引《北京青年運動史料》，第504–505頁。

191 〈給父母親和家中諸人（1921年4月6日，哈爾濱）〉，前引《紅旗飄飄》第31集，第239頁。

192 俄國社會政治史檔案館資料（全宗490，目錄1，案卷208，第92頁）。這份委任狀的簽發日期是1921年5月16日。而俞秀松參加中國社會主義青年團代表大會的委任狀，也是5月16日由伊爾庫茨克簽發（全宗533，目錄1，案卷32。中譯版可見中共浙江省委黨史研究室編《俞秀松紀念文

集》（當代中國出版社，1999年），第315–317頁），不過共產國際大會的委任狀（全宗490，目錄1，案卷208，第93頁）則是同年6月4日由共產國際執行委員會書記處簽發。總之，張、俞二人均不是持本國組織的委任狀來到的俄國。

193 Торжественн оеоткрытие, учредительного съезда корейских коммунистических организаций, *Бюллетени Дальне-Восточного Секретариата Коминтерна*, No. 6, 1921（〈開幕典禮朝鮮共產主義組織成立大會〉，《共產國際遠東書記處通訊》）；Учредительный Съезд Корейской Коммунистической Партии (Торжественное открытие Съезда), *Народы Дальнего Востока*, No. 2, 1921, стр. 189, 217（〈朝鮮共產黨成立大會（成立大會典禮）〉，載《遠東人民》）。在這些會議記錄中，張太雷被稱為「張同志」(тов. Чжан) 或「тов. Ч」。

194 江亢虎：《江亢虎新俄遊記》（商務印書館1923年版），第60頁。江亢虎説，「少年共產黨」與張太雷和俞秀松一樣，是從社會主義青年團大舉來俄的留學生，但是他們不承認張和俞的代表資格。所謂這個時期從社會主義青年團大舉來俄的留學生，概指袁篤實、卜士奇、吳芳、王一飛等（俄國社會政治史檔案館資料，全宗490，目錄1，卷宗46，第17頁；全宗490，目錄1，卷宗208，第96–97頁）。他們比張太雷、俞秀松稍遲到達莫斯科，如果真如江亢虎所説，他們和張、俞等之間發生了對立，這件事對於理解張、俞當時的立場倒是很好的材料。前引抱朴〈赤俄遊記〉也提到社會主義青年團的部分留學生和俞秀松等人發生衝突一事。

195 〈張太雷、俞秀松給季諾維也夫的信（1921年6月）〉；〈俞秀松給共產國際遠東書記處的聲明（1921年9月27日）〉，皆為中央檔案館資料。

196 譬如説，1923年訪問莫斯科的蔣介石，對共產國際執行委員會明顯誇大國民黨員人數，説有60萬人，並説有上海的國民黨總部的黨員名冊為證（〈有國民黨代表團參加的共產國際執行委員會會議速記記錄（1923年11月26日）〉〔《文件九十六》〕）。有關共產國際會議報告的「誇大」傾向及其可信性的探討，請參閱前引川端正久：《共產國際與日本》，第228–248頁。

197 Б. Шумяцкий, Из истории комсомола и компартии Китая (Памяти одного из организаторов Комсомола и Компартии Китая тов. Чжан-Та-Лая), *Революционный Восток*, No. 4–5, 1928, стр. 215；中譯：前引《回憶張太雷》，第192頁。

198 *Protokoll des III. Kongresses der Kommunistischen Internationale* (*Moskau, 22. Juni bis 12. Juli 1921*), Hamburg, 1921, SS. 13, 1068（〈共產國際第三次代表大會記錄（莫斯科1921年6月22日至7月12日）〉）。

199 前引江亢虎《江亢虎新俄遊記》，第26頁；汪佩偉：《江亢虎研究》(武漢出版社1998年版)的卷首照片；俄國社會政治史檔案館資料(全宗490，目錄1，卷宗32，第10頁；全宗490，目錄1，卷宗201，第12頁；全宗490，目錄1，卷宗207，第48頁)。

200 〈江亢虎給季諾維也夫的信(1921年6月29日，莫斯科)〉，俄國社會政治史檔案館資料，全宗490，目錄1，卷宗208，第95頁。

201 遊人：《新俄回想錄》(軍學編輯局1925年版)，第92–93頁。該書是一位中國軍人1921年隻身訪問蘇俄的遊記，書中朋友「海通君」即江亢虎。

202 〈張太雷、俞秀松給季諾維也夫的信(1921年6月)〉，中央檔案館資料；俄國社會政治史檔案館資料(全宗495，目錄154，卷宗81，第12頁；全宗490，目錄1，卷宗208，第96–97頁)。

203 同前(全宗495，目錄154，卷宗81，第12–13頁)。

204 Xenia J. Eudin and Robert C. North, *Soviet Russia and the East, 1920–1927* (Stanford: Stanford University Press, 1957), pp. 139–140；前引川端正久：《共產國際與日本》，第79頁。

205 《張太雷文集(續)》(江蘇人民出版社1992年版)，第5頁之譯者(馬貴凡)注。

206 余世誠：〈參加共產國際「三大」的另一名中國共產黨人是楊明齋〉，載《黨史研究資料》1984年第1期；余世誠、張升善：《楊明齋》(中共黨史資料出版社1988年版)，第17–18、75頁。

207 抱朴：〈赤俄遊記〉，載《晨報副鐫》1924年8月26日。抱朴即秦滌清於1921年7月16日在伊爾庫茨克見過楊明齋。

208 俄國社會政治史檔案館資料，全宗495，目錄154，卷宗112。最早介紹這份資料的楊奎松舉「陳聞影」為瞿秋白以外的另一名旁聽者。所謂「陳聞影」是按俄語標音選擇近似漢字所致，應為「陳為人」。

209 〈給父母親和家中諸人(1921年4月1日，北京)〉、〈給父母親和家中諸人(1921年4月6日，哈爾濱)〉，前引《紅旗飄飄》第31集，第238–240頁。

210 俄國社會政治史檔案館資料(全宗490，目錄1，卷宗208，第93頁；全宗490，目錄1，卷宗17，第9頁)。另，瞿秋白在〈多餘的話(1935年5月)〉附錄〈記憶中的日期〉裏記載：「1921年5月張太雷抵莫介紹入共產黨」(《瞿秋白文集(政治理論編)》第7卷〔人民出版社1991年版〕，第724頁)，將張太雷到莫斯科的時間寫作5月，概為記憶錯誤。

211 抱朴：〈赤俄遊記〉，載《晨報副鐫》1924年8月26、27日。

212 關於陳為人當時的活動，請參閱呂芳文《陳為人傳》〔人民出版社1997年版〕，第30–48頁。不過，該書敘述陳為人赴俄經過，全部依據回憶錄和推測。

213 蘇開華：〈關於中國共產黨創立幾個問題的辨正〉，載《中共黨史研究》1992年第4期。

214 Доклад Делегации Китайского Социалистического Союза Молодежи на 2-м Конгрессе Коминтерна Молодежи, *Народы Дальнего Востока*, No. 4, 1921（〈中國社會主義青年團在青年共產國際第二次大會的報告〉，載《遠東人民》；中譯見前引《青年共產國際與中國青年運動》，第51–57頁）。另，關於給青年共產國際的報告的起草人，經如下論文考證，幾乎可以肯定是俞秀松。任武雄：〈一篇重要報告的作者考——兼談中國社會主義青年團中央成立時間〉，載《黨史研究資料》1991年第6期；陳紹康：〈對《一篇重要報告的作者考》之補正〉，載《黨史研究資料》1991年第11期。

215 至於楊好德發言中談到記錄上的柏烈偉和霍多羅夫，他們都是當時在中國進行活動的布爾什維克支援者，擔任與中國人之間的聯絡。見本書第二章第二節。

216 共產國際第三次大會時，楊明齋在伊爾庫茨克是毋庸置疑的，因為抱朴即秦滌清曾於1921年7月16日在伊爾庫茨克見過楊明齋。抱朴：〈赤俄遊記〉，《晨報副鐫》，1924年8月26日。

217 Xenia J. Eudin and Robert C. North, *Soviet Russia and the East, 1920–1927*, pp. 139–140.

218 余世誠：〈參加共產國際「三大」的另一名中國共產黨人是楊明齋〉，《黨史研究資料》，1984年第1期；余世誠、張升善：《楊明齋》（中共黨史資料出版社，1988年），第17–18頁；黃修榮編：《蘇聯、共產國際與中國革命的關係新探》（中共黨史出版社，1995年），第123頁。

219 《張太雷文集（續）》（江蘇人民出版社，1992年）， 第5頁譯者（馬貴凡）注。

220 俄國社會政治史檔案館資料，全宗490，目錄1，案卷208，第92頁。

221 劉仁靜：〈回憶我參加共產國際第四次代表大會的情況〉，《黨史研究資料》，1981年第4期。

222 抱朴：〈赤俄遊記〉，載《晨報副鐫》1924年8月26日。

223 〈家書〉，前引《張太雷文集（續）》，第1頁。原函殘缺，也沒有日期。從內容看，應是赴俄前所寫，但除引文外，沒有寫赴俄的目的和原委。

224 〈給父母親和家中諸人（1921年4月6日，哈爾濱）〉。

225 在杭州、北京、上海一直與俞秀松在一起的施存統，1921年秋，與來日本的張太雷見過面，但是，施存統在被捕後對警方所做的口供中說，那是他第一次見到張太雷（拙稿：〈中共創立時期施存統在日本的檔案資料〉，載《黨史研究資料》1996年第10期）。張太雷赴俄前知名度並不高（從未在刊物上發表過文章），由此推斷，張太雷和俞秀松也極有可能沒有見過面。

226 就這一點講，與黨給共產國際的報告相比，中國社會主義青年團給幾乎同一時期召開的青年共產國際第二次大會的報告，要詳盡得多。

227 張太雷的外語（英語）能力是有定評的，後來，馬林、鮑羅廷來華時，他多次擔任翻譯兼助手。早期的中共尚無翻譯機關，在處理與共產國際的關係時，相當程度上有賴於個人的談判能力，因此，應該更多地關注中共黨員應用外語（張太雷的英語，瞿秋白的俄語）的交際能力。包括這樣的交流能力在內，綜合評價張太雷所作貢獻的研究，有王龍騰、蔡文傑：〈共產國際三大上中國代表資格之爭及其意義——兼論張太雷在中國共產黨創建史上的貢獻〉（《中共創建史研究》第4輯，2019年）、葉孟魁、趙曉春：〈出席共產國際三大的中國代表團人員考〉（《中共黨史研究》2015年第11期）。

228 中國社會科學院近代史研究所翻譯室編譯：《共產國際有關中國革命的文獻資料（1919–1928）》第1輯（中國社會科學出版社1981年版），第56–57頁。另外有關共產國際第三次大會的資料情況，請參閱前引川端正久：《共產國際與日本》，第65–80頁；伊藤秀一：〈20世紀のアジアとコミンテルン〉〔20世紀的亞洲與共產國際〕，《アジア歷史研究入門》〔亞洲歷史研究入門〕第5卷（同朋舍1984年版）；村田陽一：《コミンテルン資料集》〔共產國際資料集〕別卷（大月書店1985年版）。

229 俄國社會政治史檔案館資料（全宗533，目錄1，案卷32，第5頁）。這份文件顯示，根據發給俞秀松參加青年共產國際大會（中國社會主義青年團代表）的委任狀（5月16日簽發，參照本章注192），7月13日，達林對青年共產國際資格審查委員會提出要求，讓俞秀松擔任表決權代表、張太雷與陳為人擔任發言權代表。中譯版見前引《俞秀松紀念文集》第315–317頁。

230 在大會結束後，提交給青年共產國際大會、題為〈青年共產國際第二次大會中國社會主義青年團報告〉的文章，刊登於伊爾庫茨克出版的《遠東人民》第4號（1921年10月15日）。中國社會主義青年團的書面報告（7月22日，英文）今藏俄國社會政治史檔案館（全宗533，目錄1，案卷39，第114–130頁；中譯版見前引《俞秀松紀念文集》第198–210頁）。

231 〈中國社會主義青年團第一次全國大會〉，載《先驅》1922年5月第8期。

第四章

1 〈法捕房搜外國語學社〉，載《民國日報》1921年4月30日。不過，外國語學社後來仍在《民國日報》登廣告招生（比如同年7月15日）。

2 〈中國社會主義青年團第一次全國大會〉，載《先驅》第8號，1922年5月。

3 〈舒米亞茨基致共產國際執行委員會的電報報告（1921年3月27日）〉，М. А. Персиц, Из Истории Становления Коммунистической Партии Китая,

Народы Азии и Африки, 1971, No. 4, стр. 51（佩爾西茨：〈中國共產黨形成史〉，載《亞非人民》；中譯《國外中國近代史研究》第6輯（1984年）。

4　Б. Шумяцкий, Коммунистический Интернационал на Дальнем Востоке, *Народы Дальнего Востока*, No. 1, 1921（《遠東人民》）。關於該文的寫作時間，請參照佩爾西茨〈中國共產黨形成史〉的考證。

5　説尼科爾斯基是赤色工會國際代表的主要是在中國大陸，源於包惠僧20世紀50年代所著回憶錄（〈中國共產黨成立前後的見聞〉，載《新觀察》1957年第13期；〈共產黨第一次全國代表會議前後的回憶〉，中國社會科學院現代史研究室、中國革命博物館黨史研究室編：《「一大」前後》（二），第二版〔人民出版社1985年版〕）。也曾有資料説他是共產國際代表（周佛海：〈逃出了赤都武漢〉，載蔣永敬輯：《北伐時期的政治史料——1927年的中國》（正中書局1981年版），第279頁；Dov Bing, "The Founding of a Comintern Bureau in the Far East," *Issues & Studies*, Vol. 8, No. 7, 1972）。

6　А. И. Картунова, Забытый участник I съезда КПК, *Проблемы Дальнего Востока*, 1989, No. 2（卡爾圖諾娃：〈被遺忘的中共第一次大會的參加者〉，載《遠東問題》；中譯：《四川黨史》1991年第2期）。在中國，李玉貞：〈參加中共「一大」的尼科爾斯基〉（《黨史研究資料》1989年第7、8期）曾援引這篇論文。另外，任止戈（任武雄）：〈讀史箚記〉（載《黨史研究資料》1983年第7期）是中國較早考證尼科爾斯基不是赤色工會國際、而是共產國際代表的論文，但是限於資料制約，沒有能夠明確尼科爾斯基的經歷等。

7　有關國際工會聯合會遠東局，請參閱本書第二章注156、157。

8　也請參照Tony Saich, *The Origins of the First United Front in China: The Role of Sneevliet (Alias Maring)* (Leiden: Brill, 1991), p. 205。

9　〈馬林致共產國際執行委員會的報告（1922年7月11日）〉（Saich, *op. cit.*, p. 306；李玉貞主編：《馬林與第一次國共合作》（光明日報出版社1989年版），第59頁。以下簡稱《馬林報告》）。報告中馬林稱自己與尼科爾斯基「同時到達」。馬林是1921年6月3日到上海的，所以尼科爾斯基到上海也應該是這前後。另外，有關馬林到上海的時間，請參閱注17。

10　《馬林報告》。卡爾圖諾娃公布的來自伊爾庫茨克的指令（俄國社會政治史檔案館〔原俄國現代史資料研究保存中心〕資料，全宗495，目錄154，卷宗133，第37、39頁）也是「所有的黨代表會議都必須有尼科爾斯基同志出席」。另外，卡爾圖諾娃在此處還注明，這不僅指中共的會議，也包括出席當時旅滬朝鮮人革命馬克思主義者的代表會議。

11　〈利金就在華工作情況給共產國際執委會遠東部的報告（1922年5月20日）〉，《聯共（布）、共產國際與中國國民革命運動（1920–1925）》（北京圖

書館出版社1997年版），第81–83頁；〈特別需要監視人物狀況調查　大正10年度〉，載松尾尊兊編：《續・現代史資料　2　社會主義沿革》第2卷（みすず書房〔美鈴書房〕1986年版），第61–62頁。

12　Saich, *op. cit.*, 前引李玉貞主編《馬林與第一次國共合作》，及《馬林在中國的有關資料》（增訂本）（人民出版社1980年版）。塞奇（T. Saich）所編資料集係對阿姆斯特丹國際社會歷史研究所有關馬林的文件整理而成，實屬寶貴；但是，也有意見認為翻譯和引用時應該慎重（Book Review by F. Christiansen, *International Review of Social History*, Vol. 38, Part 2, 1993）。李玉貞編資料集，除了包括上述國際社會歷史研究所的有關馬林的文件外，還包括對中國革命博物館藏外交史料中有關馬林的文件發掘而得到的史料。

13　在三方協商中，曾討論把遠東處設在上海。但是，如本書第二章所述，經過一番周折之後，1921年1月，遠東處設在了伊爾庫茨克。

14　《馬林報告》。馬林在出席共產國際第二次大會後，曾短期回荷蘭（Saich, *op. cit.*, p. 31）。

15　《馬林報告》。

16　"Notes on a Conversation with H. Sneevliet: The Chinese Question, 1920–23," in Harold R. Isaacs, "Documents on the Comintern and the Chinese Revolution," *China Quarterly*, No. 45, 1971, p. 102；中譯：《馬林在中國的有關資料》（增訂本），第22–23頁。

17　關於馬林到中國的旅程，Saich, *op. cit.*, pp. 31–33，以及山內昭人：〈片山潛の盟友リュトヘルスとインタナショナル（Ⅶ）〉〔片山潛的盟友魯特赫爾斯與國際共運（Ⅶ）〕（《宮崎大學教育學部紀要（社會科學）》第75號，1993年）敍之甚詳。

18　《馬林與第一次國共合作》，第2–9頁。

19　〈荷蘭駐滬代理總領事致荷屬印度總督的信（1921年7月11日）〉，《馬林與第一次國共合作》，第13–14頁；Dov Bing, "Sneevliet and the Early Years of the CCP," *China Quarterly*, No. 48, 1971.

20　Saich, *op. cit.*, p. 33；《馬林與第一次國共合作》，第12–15頁。

21　關於福羅姆別爾戈，請參照本書第二章第二節。

22　〈荷屬印度高級法院總檢察長致荷蘭駐滬代理總領事的信（1921年6月30日）〉、〈荷屬印度高級法院總檢察長致有關人員的信（1921年7月4日）〉，《馬林與第一次國共合作》，第11–13頁。

23　〈致東京《東方經濟學家》編輯三浦先生的信（1920年11月4日）〉，《馬林與第一次國共合作》，第49頁。

24　關於《東洋經濟新報》和三浦鐵太郎，請參照松尾尊兊：〈解説・三浦鐵太郎小論〉（松尾編：《大日本主義か小日本主義か——三浦鐵太郎論説集》〔大日本主義還是小日本主義〕〔東洋經濟新報1995年版〕）。

25 山內昭人:《リュトヘルスとインタナショナル史研究——片山潛・ボリ
シェヴィキ・アメリカレフトウィング》〔魯特赫爾斯與國際共運史研究
——片山潛・布爾什維克・美國左翼〕(ミネルヴァ書房〔MINERVA書房〕
1996年版)對魯特赫爾斯及其與馬林之間的關係研究非常詳細。據該書
第274–275頁講,魯特赫爾斯1918年訪日時,片山潛(時在美國)把三浦
介紹給他(二人似乎還在日本見過面)。

26 《馬林報告》。

27 《馬林報告》。馬林到達上海後(6月7日)發給舒米亞茨基的書信中(俄國
社會政治史檔案館資料,全宗495,目錄154,案卷89,第4–5頁;全宗
495,目錄154,案卷102,第21頁,李玉貞譯中文版刊登於《黨的文獻》
2011年第4期),彙報了自己的活動,如對遠東大會的籌備工作,並等
待舒米亞茨基進一步的指示。

28 〈馬林致共產國際執行委員會的信(1921年7月9日)〉(佩爾西茨:《中國
共產黨形成史》所引。補注——此函最近才公布了〈馬林致科別茨基的信
(1921年7月9日,上海)〉(收於К. Шевелев, К80-летию образования
Компартии Китая: новые документы, *Проблемы Дальнего Востока*, 2001,
No. 4〔舍維廖夫:〈紀念中共創立80週年:新資料〉,載《遠東問題》〕;
中譯見《百年潮》2001年第12期)。

29 Isaacs, *op. cit.* ,p. 102;中譯:《馬林在中國的有關資料》(增訂本),第23頁。

30 〈李達自傳(節錄)〉,載《黨史研究資料》1980年第8期。

31 鄧文光:〈中共創始人「南陳北李」何故未出席「建黨大會」〉,載《中共建
黨運動史諸問題》(青聰出版社1976年版);原載:《南北極》月刊,1974
年第53期。王其昌:〈陳獨秀沒出席中共「一大」的原因〉,載《齊魯學刊》
1991年第4期。

32 陳紹康:〈黨的「一大」後陳獨秀回滬時間考〉,載《黨史研究資料》1982
年第11期;村田雄二郎:〈陳獨秀在廣州(1920–1921年)〉,載《中國研
究月報》1989年第496號。

33 參見拙搞〈中共創立時期施存統在日本的檔案資料〉,載《黨史研究資料》
1996年第10期,A–4、A–5。

34 《謝覺哉日記》(人民出版社1984年版),第49頁。

35 公博(陳公博):〈十日旅行中的春申浦〉,載《新青年》第9卷第3期,
1921年7月。這一期《新青年》注明發行日期為7月1日,但是陳公博的
這篇文章講的是7月下旬在上海的經歷,實際刊行日期應該是8月以後。

36 〈南京大會記略〉、〈會員消息〉,皆載於《少年中國》1921年9月第3卷第
1期。

37 關於毛澤東、何叔衡、陳公博、劉仁靜以外的代表赴上海的行蹤,請參
照邵維正:〈中國共產黨第一次全國代表大會召開日期和出席人數的考

證〉，載《中國社會科學》1980年第1期；李新、陳鐵健主編：《偉大的開
端》（中國社會科學出版社1983年版），第433–438頁。

38　俄文題目為：Конгресс Коммунистической Партии в Китае.原件藏於俄
國社會政治史檔案館（全宗514，目錄1，案卷13，第3–7頁）。

39　李玲：〈《中國共產黨第一個綱領》俄譯本的來源和初步考證〉，載《黨史
研究》1980年第3期。在該論文中，《中國共產黨代表大會》的中譯名為
「中國共產黨第一次代表大會」。

40　從中央檔案館所藏的「中共駐共產國際代表團檔案」中翻譯的〈中國共產
黨第一次代表大會〉是在1980年以後公開出版的（中國社會科學院現代
史研究室、中國革命博物館黨史研究室編：《「一大」前後》（二），人民
出版社1980年版；中央檔案館編：《中國共產黨第一次代表大會檔案資
料》，人民出版社1982年版）。其後，中譯〈中國共產黨第一次代表大會〉
被收進中央檔案館編：《中共中央文件選集》第1冊，中共中央黨校出版
社1989年版，第556–559頁。

41　Новые материалы о первом съезде Коммунистической Партии Китая,
Народы Азии и Африки, 1972, No. 6（〈中國共產黨第一次大會新資料〉，
載《亞非人民》）。另外，探討這些文件的性質、內容的還有以下論文或
專著：К. В. Шевелев, К датировке 1 съезда Коммунистической Партии
Китая, *Народы Азии и Африки*, 1973, No. 1（舍維廖夫：〈中國共產黨第一
次大會的會期〉，載《亞非人民》）；М. А. Персиц, О характере записки
«Конгресс Коммунистической Партии в Китае», *Народы Азии и Африки*,
1973, No. 1（佩爾西茨：〈報告文件「中國共產黨代表大會」的性質〉，載
《亞非人民》）；蜂屋亮子：〈中國共產黨第一次代表大會文獻の重譯と、
大會會期・代表についての論考〉〔中國共產黨第一次代表大會文件的重
譯與對大會會期和代表的考證〕，《お茶の水史學〔御茶之水史學〕》第31
號，1988年（中譯見：《中共創建史研究》第2、3集，2017–2018年）；陳
小枚、齊得平：〈對《中國共產黨第一次代表大會》的考證〉，載《中共黨
史研究》1998年第4期。其中蜂屋論文的考證、校訂尤其詳盡。

42　〈中國共產黨第一次大會新資料〉，載《亞非人民》1972年第6期，第151
頁；中譯：《中共中央文件選集》第1冊，第556頁。

43　丸山松幸：〈中共一全大會存疑〉，載《中國研究月報》第526號，1991年。

44　C. M. Wilbur (ed.), *The Communist Movement in China: An Essay Written in
1924 by Ch'en Kung-po* (New York: Octagon Books, 1966), p. 79（中譯：中國
社會科學院近代史研究所翻譯室譯：《共產主義運動在中國》〔中國社會
科學出版社1982年版〕，第98頁）。

45　舍維廖夫在原蘇聯時期的研究（前引舍維廖夫〈中國共產黨第一次大會的
會期〉）中最早指出這個日期可能是筆誤。後來，蜂屋亮子（〈中國共產

黨第一次代表大會文件的重譯與對大會會期和代表的考證〉）再次論證是筆誤，正確日期應該是「7月20日」；可是，中國學術界其後也沒有考證這個筆誤問題的跡象，現在仍然認為大會預定召開日期是「6月20日」。另外，舍維廖夫論文還卓有見地地指出俄語文件《中國共產黨代表大會》存在語言不通的問題，認為該文件開始是用英語寫成，然後由不怎麼擅長俄語的人譯成俄語的。

46 時間稍後的例子還有〈羅易 (N. N. Roy) 在共產國際執行委員會東方書記處會議上所作的關於中國形勢的報告 (1927年9月17日)〉（《俄共 (布)、共產國際與中國國民革命運動 (1926–1927)》下冊〔北京圖書館出版社1998年版〕，第448頁）稱，羅易在中國收到共產國際第八次執行委員會全會的決議是「7月底」（原文：конце июля），但是，實際上羅易已經在7月上旬離開武漢，此處「7月底」應為「6月底」(конце июня) 之誤。

47 前引包惠僧〈共產黨第一次全國代表會議前後的回憶〉；包惠僧：〈我所知道的陳獨秀〉，載《黨史研究資料》1979年第3期。包惠僧還說，每人還領到了回程路費50元。

48 丸山昏迷 (丸山幸一郎)：《北京》(大阪屋書店1921年版)，第516頁。

49 〈中共中央執行委員會書記陳獨秀給共產國際的報告 (1922年6月30日)〉，載《中共中央文件選集》第1冊，第47頁。

50 在中共有關人1949年以前的文章中，通常認為中共在1920年成立，而與翌年的第一次大會明顯區分開來。比如，《中國共產黨的歷史與策略 (討論大綱)》(社會科學研究會編印1927年1月，收於上海革命歷史博物館 (籌) 編：《上海革命史研究資料》〔上海三聯書店1991年版〕)，以及鄧中夏1930年執筆的《中國職工運動簡史》等。

51 姚金果：〈「陳獨秀與共產國際」研討會綜述 (北京，1999年)〉，載《陳獨秀研究動態》2000年第19輯。

52 例如，葉永烈《紅色的起點》(上海人民出版社1991年版) 是一部關於中共「一大」的報告文學，但是許多地方涉及中國的研究狀況，以及國內外有關資料的發掘和研究交流，具有研究史概述的性質。

53 最早發掘、使用陳公博碩士論文〈共產主義運動在中國〉的是美國學者韋慕庭 (C. M. Wilbur, ed., *The Communist Movement in China: An Essay Written in 1924 by Ch'en Kung-po*)。可是在中國大陸，他的研究到1972年左右才為人所知，其詳細經過請參照葉永烈《紅色的起點》，第27–28頁。

54 〈中國共產黨的歷史與策略 (討論大綱)〉及 S. N. Naumov, "A Brief History of the Chinese Communist Party," in C. M. Wilbur and J. L. How, *Missionaries of Revolution: Soviet Advisers and Nationalist China, 1920–1927* (Cambridge, Mass.: Harvard University Press, 1989), p. 452 (原文是 Калачев [C. H. Наумов], Краткий очерк истории Китайской коммунистическойпартии,

Кантон, 1927, No. 1；卡拉切夫〔納烏莫夫〕：〈中國共產黨簡史〉,《廣州》)。中共第六次大會時(1928年6、7月)作成的〈中共歷次大會代表和黨員數量增加及其成份比例表〉中記載,第一次大會代表人數是11人,列舉了其中10人的名字(張國燾、劉仁鏡〔靜〕、董必武、包惠僧、李達、李漢俊、毛澤東、周佛海、王燼美、陳公博)。

　　這應該是在某種形式上參考了卡拉切夫等人的文章(11人説),由「六大」參與者(既參加了「一大」又參加了「六大」的是張國燾與何叔衡)推測的具體成員。張國燾在1929年至1930年間曾撰寫有關中共黨史的講稿(〈張國燾關於中共成立前後情況的講稿〉,《百年潮》2002年第2期),似也沿襲了這11人説；而張雖列舉了12人的名字(在「六大」名單上添加了鄧恩銘、陳潭秋),卻仍將大會代表(或曰有表決權的人)寫作11人。

55　周佛海：〈逃出了赤都武漢〉,《北伐時期的政治史料——1927年的中國》(正中書局1981年版),第278–279頁。

56　周佛海的回憶錄後來被朱枕薪引用時去掉了姓氏不明的兩位濟南代表,只留下11個人(朱枕薪：〈中國共產黨運動之始末〉,載《新國家雜誌》1927年8月第1卷第8號。該文曾被轉載於《醒獅》第144–147期〔同年8至9月〕),其後又被反覆引用,成為「十一人出席」説的根據。比如,大塚令三：〈中國共產黨の成立期に就て〉〔關於中國共產黨的創建時期〕,載《滿鐵支那月誌》1930年第7年第1號；大塚令三：《支那共產黨史》上卷(生活社1941年版),第18、23頁；波多野乾一：〈中國共產黨の成立〉〔中國共產黨的成立〕,收於《最近支那年鑒(昭和十年版)》(東亞同文會1935年版),第1598頁。

57　收於《「一大」前後》(二)。原文載於《共產國際》中文版,1936年9月,第7卷第4/5期合刊。在陳潭秋的回憶之前,1929年至1930年之間,張國燾曾回顧「一大」經過,當時提到的山東代表是王盡美、鄧恩銘二人(前引《張國燾關於中共成立前後情況的講稿》)。但張國燾的原稿中有若干混亂之處,譬如將大會代表(或曰有表決權的人)記作11人,卻羅列了12人的名字。

58　胡喬木：《中國共產黨的三十年》(人民出版社1951年版),第7頁。

59　E. Snow, *Red Star over China* (New York: Grove, 1968), p. 157 (中譯本：《斯諾文集　第2卷　紅星照耀中國》〔新華書店1984年版〕,第137頁)。

60　斯諾著,張宗中譯：《毛澤東自傳》(延安文明書局1937年版)；史諾著,張洛甫譯：《毛澤東自傳》(陝西延安書店1937年版)；史諾、蕭三等：《毛澤東生平》(太岳新華書店1947年版)。斯諾根據採訪毛澤東的記錄寫成《紅星照耀中國》是在1937年。延安出版的《毛澤東自傳》並非《紅星照耀中國》的全譯本,只譯出了毛澤東半生的自傳部分。至於《紅星照耀中國》在中國的傳播,請參閱張小鼎〈《西行漫記》在中國的流傳和影

響〉,《圖書館學通訊》1988年第3期。以及,石川禎浩著、袁廣泉譯:
《「紅星」是怎樣升起的 毛澤東早期形象研究》(香港中文大學出版社,
2020年)第6章。

61 王政明:《蕭三傳》(北京圖書館出版社1996年版),第323–326頁詳細敘
述了蕭三當時為寫毛澤東傳而多次採訪毛澤東。另外,後來蕭三就自己
執筆的毛澤東傳撰文(〈對《毛澤東故事選》的幾點重要更正〉,載《北方
文化》1946年5月第1卷第6期)訂正出席中共「一大」的人數(毛澤東、
何叔衡、董必武、陳潭秋、王燼美、鄧恩銘、李達、李漢俊等「十二三
人」)時說,發表在《解放日報》上的文章事前未經毛澤東過目,文責全
部由自己承擔。但是,按常識考慮,毛澤東本人事先不可能沒有讀過刊
登在中共中央機關報上的《毛澤東傳》。另外,〈對《毛澤東故事選》的幾
點重要更正〉中訂正的部分,依據的是陳潭秋的回憶錄,由此可見,在
1944年至1946年之間,蕭三已經知道了陳潭秋的回憶錄。再後來《毛澤
東同志的青少年時代》(1949年)的〈附:幾點重要更正(1949年3月15
日)〉中,出席者被訂正作「毛澤東等共計12人」。

62 〈中國共產黨第七次全國代表大會的工作方針(1945年4月21日)〉,《毛
澤東文集》第3卷(人民出版社1996年版),第291頁。

63 有人認為「12人」的說法源自李達(葉蠖生:〈對《關於中共「一大」代表
人數的幾種說法》一文的質疑〉,載《黨史研究資料》1979年第14期)。其
根據是李達1949年前後寫的自傳(為申請重入黨而寫,被以〈李達自
傳(節錄)〉為題收入《黨史研究資料》1980年第8期)記載中共「一大」出
席人數是12人。但是,「12人」在此之前已經中共正式表態,所以我認
為,李達在申請重新入黨時,儘管人名有所變更,而在出席人數上僅是
照此說出而已。李達對於大會開幕日期也尊重當時的普通說法(「7月1
日」),這點可以證明他是努力忠實於當時的正式見解的。不過,後來李
達的自傳無疑也成了「12人」出席說的旁證。

64 對「12人」出席說形成定論影響頗大的,是胡喬木的《中國共產黨的三十
年》。事實上,胡喬木在出版這本書之前,曾經這樣向毛澤東確認過出
席中共「一大」的人數:「第一次代表大會代表人數各說都是13人,惟李
達說是12人,理由是包惠僧非代表。兩說不知孰是?」毛回答說:「是
12人」(〈在胡喬木關於《中國共產黨的三十年》一文中幾處提法的請示
信上的批語(1951年6月21日)〉,《建國以來毛澤東文稿》第2冊〔中央
文獻出版社1988年版〕,第367頁)。而在中國國外,在陳潭秋的〈第一
次代表大會的回憶〉發表後,多採「13人」的說法。詳見蜂屋:〈中國共
產黨第一次代表大會文件的重譯與對大會會期和代表的考證〉。

65 〈董必武同志關於「一大」情況給何叔衡同志的覆信（1929年12月31日）〉，中央檔案館編：《中國共產黨第一次代表大會檔案資料》。

66 N. Wales, *Red Dust: Autobiographies of Chinese Communists* (Stanford: Stanford University Press, 1952), p. 39（中譯：《「一大」前後》（二），第292–293頁）。據尼姆‧韋爾斯的採訪記錄可知，對董必武的採訪似在1937年8月18日進行（N. Wales, *My Yenan Notebooks* [Madison, CT: Helen F. Snow, 1961], p. 157）。

67 〈慶祝中國共產黨誕生二十八週年（1949年7月1日）〉，《董必武選集》（人民出版社1985年版），第222頁。

68 〈董老的囑咐〉，載《中國青年報》1956年9月15日，及「董必武給《新觀察》主編歐陽柏的回答（1956年）」（董庭芝、章祖蓉：〈關於中共「一大」代表人數的幾種說法〉，載《黨史研究資料》1979年第1期所引）。在「12人」成為定論的時期仍堅持「13人」說法的還有包惠僧，不過，他的情況有點特殊，即如同意「12人」的說法，就意味着他自己被排除在外。

69 〈董必武同志關於鑒別「一大」文件給中央檔案館的覆信（1959年9月5日）〉，中央檔案館編：《中國共產黨第一次代表大會檔案資料》。

70 〈董老的回答——關於黨的「一大」有關問題董副主席辦公室給中國人民大學黨史系學生的回答（1963年）〉，收於：西安師專馬列主義教研室黨史組、西北大學政治理論系黨史教研室編刊《中共「一大」資料匯編》（1979年版）。所謂李達回憶錄，指他1955年寫的〈中國共產黨的發起和第一次、第二次代表大會經過的回憶〉（收於《「一大」前後》（二））。該文以後經更正，題目也改為〈七一回憶〉（《七一月刊》1958年第1期）、〈沿着革命的道路前進——為紀念黨成立四十週年而作〉（《中國青年》1961年第13、14期），皆收於《李達文集》第4卷（人民出版社1988年版）。

71 前引〈董必武同志關於鑒別「一大」文件給中央檔案館的覆信（1959年9月5日）〉。

72 沈德純、田海燕：〈中國共產黨「一大」的主要問題——訪問第一次代表大會代表董必武同志〉，《人民日報》1961年6月30日。此外，董必武在1963年也陳述同樣的見解，見前引〈董老的回答——關於黨的「一大」有關問題董副主席辦公室給中國人民大學黨史系學生的回答（1963年）〉。

73 劉廷曉、馬鴻儒：〈董必武同志為什麼放棄一大代表是十三人的意見？〉，載《黨史通訊》1984年第8期。

74 同前。

75 〈董必武談中國共產黨第一次全國代表大會和湖北共產主義小組〉，《「一大」前後》（二）。

76 比如，舒懷為紀念董必武逝世兩週年而作〈深切地懷念敬愛的董老〉（《人民日報》1977年4月2日）依舊引用了1961年的談話。

77 據筆者所知，在中國國內，一般學者得以看到中共「一大」的俄語文件的中譯和董必武的更正談話，是在《黨史資料叢刊》1979年第1輯、1980年第1輯和《「一大」前後》（二）（人民出版社1980年版）出版之後。實際上，中共「一大」的三個文件在20世紀六七十年代早已分別在美國和蘇聯被發現、公開，所以只有中國將其作為「國家機密」。

78 〈李達自傳（節錄）〉，載《黨史研究資料》1980年第8期。請一併參照注63。李達其後也一直堅持不包括包惠僧的「12人」說。

79 〈李達就包惠僧代表資格問題給中國革命博物館的回信（1957年3月18日）〉，董庭芝、章祖蓉：〈關於中共「一大」代表人數的幾種說法〉所引。同樣的解釋也見於〈李達致中央檔案館的信（1959年9月）〉，《李達文集》第4卷，第720頁。據李達在1957年7月介紹的「一大」情況（見第3章註釋126），作為SY（社會主義青年團）成員來上海的毛澤東、何叔衡也被允許出席CP（共產黨）的會議。就是說，連黨和團的區別都沒有考慮過，那麼「一大」也不可能嚴格考慮過代表資格。

80 〈李達對葉蠖生的談話（時間不詳）〉，葉蠖生：〈對《關於中共「一大」代表人數的幾種說法》一文的質疑〉所引。

81 前引〈董必武談中國共產黨第一次全國代表大會和湖北共產主義小組〉。

82 劉廷曉、馬鴻儒：〈董必武同志為什麼放棄一大代表是十三人的意見？〉。

83 〈在中國共產黨第九次全國代表大會上的講話（1969年4月1日）〉，《建國以來毛澤東文稿》第13冊（中央文獻出版社1998年版），第23–24頁。

84 前引〈董必武談中國共產黨第一次全國代表大會和湖北共產主義小組〉。

85 董必武在九屆一中全會（1969年）時是中央政治局委員（列第19位），林彪倒台後的十屆一中全會（1973年）時是中央政治局常務委員（列第9位）。

86 李達、包惠僧、劉仁靜皆被追究脫黨後的經歷，「文化大革命」期間分別被扣上「資產階級學者」、「國民黨特務」、「托派分子」的帽子，受到了迫害。

87 前引蜂屋亮子：〈中國共產黨第一次代表大會文獻の重譯と、大會會期・代表についての論考〉〔中國共產黨第一次代表大會文件的重譯與對大會會期和代表的考證〕（中譯：《中共創建史研究》第2、3輯，2017–2018年）。

88 邵維正：〈中國共產黨第一次全國代表大會召開日期和出席人數的考證〉，載《中國社會科學》1980年第1期。邵維正也是陳鐵健主編《偉大的

開端》這一中共創建史研究劃時代著作中有關中共「一大」部分的執筆者，後來又出版了該部分的增補版：《中國共產黨創建史》(解放軍出版社1991年版)。

89　中共中央黨史研究室：《中國共產黨歷史》上卷(人民出版社1991年版)，第56頁。不過，也有一些黨史讀物，為避免繁瑣，把包惠僧也包括在內，稱13位參加者。比如，中共中央黨史研究室：《光輝歷程——從一大到十五大》(中共黨史出版社1998年版)，第32頁。

90　持這種見解的有，鄧文光：〈研究現代史的甘苦〉，載《人物與思想》第18期(1968年後被收進鄧文光：《現代史考信錄——研究現代史的甘苦(初稿)》〔東風出版社1974年版〕；及鄧文光：《中共建黨運動史諸問題》)；舍維廖夫：〈中國共產黨成立史〉，《「一大」前後》(三) (人民出版社1984年版)；藤田正典：〈中國共產黨第一次全國代表大會的參加代表、會期について〉〔關於中國共產黨第一次全國代表大會的代表、會期〕，載《近代中國》第8卷 (嚴南堂書店1980年版)；鄭學稼：《中共興亡史》第1卷下 (帕米爾書店1984年版)，第646–648頁等。

91　張國燾：《我的回憶》第1冊(明報月刊出版社1971年版)，第138頁。

92　周子信：〈駁張國燾的一個謊言——關於何叔衡中共「一大」代表資格的考證〉，《新時期》1981年第6期；邵維正：《中國共產黨創建史》(解放軍出版社，1991年)，第162–163頁；竇春芳、苗體君：〈何叔衡是不是中共「一大」的正式代表？〉，《理論界》2007年第5期。唐振南：〈何叔衡出席了中共「一大」——答馮先生的來信〉，《上海革命史資料與研究》第9輯，2009年。

93　趙朴：〈中國共產黨組織史資料(一)〉(《黨史研究》1981年第2期)一文中首次引用，之後《中國共產黨黨第六次全國代表大會檔案文獻選編》上卷(中共中央黨史研究室、中央檔案館編，中共黨史出版社，2015年，第190頁)收錄此表。又及，中共成立之初全國黨員數有53人、57人二說，前者來自前文所述俄文資料《中國共產黨代表大會》，後者來源即該表。

94　〈張國燾關於中共成立前後情況的講稿〉，《百年潮》2002年第2期。

95　據說該書信原本在1950年代歸還的中共駐共產國際代表團檔案中 (齊得平：《我管理毛澤東手稿》〔中央文獻出版社，2015年〕，第22頁)，但當時沒有馬上公開。最早提及這封書信的論文似為李玲：〈《中國共產黨第一個綱領》俄文本的來源和初步考證〉，《黨史研究》1980年第3期(後收於中央檔案館編：《中國共產黨第一次代表大會檔案資料》〔人民出版社，1982年〕)。其後，書信全文相繼刊載於《黨史研究資料》1980年第13期、《中共黨史資料》第3輯 (1982年)、前引《中國共產黨第一次代表大會檔案資料》(1982年)、《「一大」前後(三)》(1984年)等書刊。此外，

《中共「一大」南湖會議》（浙江大學出版社，1989年）一書中收錄了這封書信的照片。

96　有關這一資料，馮鐵金曾在2006年發表了值得重視的研究（馮鐵金：〈有關《董必武給何叔衡的信》四個問題的考證〉，《中共黨史資料》第99輯，2006年）。馮氏通過將這封書信與後文所述張國燾〈關於中共成立前後情況的講稿〉相關聯，說明了書信的相關背景。馮氏重視史料形成過程的着眼點十分可貴，其考證（譬如書信往來的何叔衡與董必武當時都在莫斯科，董覆信中拜託詢問的「張同志」即張國燾；這封書信的始末與〈講稿〉內容相關等等）亦富說服力，可稱出色。不過有一點比較可惜，即文中所稱何、董二人之間的往來書信是「聽了張國燾關於建黨初期情況的講課後而寫」這一部分，尚有討論餘地。如果何向董詢問「一大」情況是聽了張國燾的演講之後，那麼董必武覆信中所云「照你所約『五日』之期已趕不及了」的迫切情形則殊不可解。何叔衡急於向董必武求問答案，應該是為了趕上張國燾的課程而急求回覆，如此才較為自然。

97　前引《謝覺哉日記》，上卷，第49頁。

98　通過分析謝覺哉日記而指出何叔衡在八月中旬之前已回到長沙，見姜伸飴：〈關於何叔衡是否終席中共「一大」問題〉（《南昌職業大學學報》1989年第1期，後被收於中共一大會址紀念館編：《中共「一大」研究論文集（1980–2010）》〔上海辭書出版社，2011年〕）一文。而結合其他相關資料加以分析，明確判斷這一點的，應該是馮鐵金的研究（前引馮鐵金：〈有關《董必武給何叔衡的信》四個問題的考證〉；馮鐵金：〈何叔衡是中共「一大」代表，但未出席中共「一大」──兼論出席中共「一大」的代表是十二個人，不是十三個人〉，《上海革命史資料與研究》第7輯，2007年；馮鐵金：〈關於何叔衡未出席「一大」考證續補〉，《上海革命史資料與研究》第8輯，2008年）。馮氏指出，謝覺哉日記1921年6月至8月部分有事後經過編輯改動加工的痕跡，也可以認為是懷疑何叔衡究竟是否參加了中共「一大」。馮氏結論中也給出了反論（何叔衡作為代表來到了上海，但並未出席「一大」）（前引唐振南：〈何叔衡出席了中共「一大」──答馮先生的來信〉），包括唐振南在內，近年不少學者都認為何叔衡並未等到大會結束就已離開。關於這一點，可參考本書課題組：《中共一大嘉興南湖會議研究》（中共黨史出版社，2018年），第198–205頁。

99　例如，胡華《中國新民主主義革命史（初稿）》（廣州，1950年版）、《人民手冊 一九五一》（大公報社）等都寫漏了何叔衡的名字。

100　關於「七一」被定為建黨紀念日的由來，請參照蔡林：〈黨的紀念日「七一」的由來〉，載《黨史資料叢書》1979年第1輯；邵維正：〈「七一」的由來〉，載《黨史研究》1980年第1期；葵聞、李志春：〈對《「七一」的由來》

一文提點不同看法〉，載《黨史研究》1980年第5期；藤田正典：〈關於中國共產黨第一次全國代表大會的代表、會期〉。

101 這些論文被收於鄧文光：《現代史考信錄——研究現代史的甘苦（初稿）》，以及鄧文光：《中共建黨運動史諸問題》。

102 比如，鄧文光：〈中共建黨日期之研究〉（《人物與思想》第23期，1969年）是最早認為中共「一大」開幕日期是與現今定論相同的「7月23日」，但是，這個結論是根據不可靠的資料倒推出來的，是一種偶然的巧合。

103 邵維正：〈中國共產黨第一次全國代表大會召開日期和出席人數的考證〉。

104 關於俄語文件《中國共產黨代表大會》的譯文，因其現在通行的中譯（《中共中央文件選集》第1冊，第556–559頁）不一定準確，而「蜂屋論文」中有經過考證和校訂的日語譯文，本書遇必要時，斟酌引用蜂屋譯文。

105 佩爾西茨：〈報告文件「中國共產黨代表大會」的性質〉認為，《中國共產黨代表大會》中「直到7月23日才〔全部〕到達上海，於是代表大會開幕了」一段可以有兩種解釋，即開會是「7月23日」當天，或者是次日。但是，斯穆爾基斯的信（請參照注109）則明確地說，「從7月23日……在上海舉行了中國共產黨的代表會議」。從《中國共產黨代表大會》的行文看，照一般解釋，應該肯定是23日開會。

106 陳公博：〈十日旅行中的春申浦〉。

107 《申報》1921年8月1、2、3日，載《民國日報》8月3日。

108 卡爾圖諾娃在莫斯科的檔案文件中發現了這封信，並將其作為Новые материалы о первом съезде Коммунистической Партии Китая, *Народы Азии и Африки*, 1972, No. 6（〈中國共產黨第一次代表大會的新資料〉，載《亞非人民》）發表出來。中譯見於中國社會科學院現代史研究室、中國革命博物館黨史研究室選編：《「一大」前後》（三）（人民出版社1984年版）。

109 各種見解有代表性者如下：

【7月31日說】前引邵維正：〈中國共產黨第一次全國代表大會召開日期和出席人數的考證〉、《中國共產黨創建史》；前引藤田：〈中國共產黨第一次全國代表大會の參加代表、會期について〉〔關於中國共產黨第一次全國代表大會的代表及會期〕；前引丸山：〈中共一全大會存疑〉。

【8月1日說】李玲：〈中國共產黨第一次全國代表大會幾個問題的考證〉（《黨史研究》1983年第5期）；「蜂屋論文」；沈海波：〈中共「一大」八月一日閉幕考〉（《上海黨史》1990年第7期）；馮鐵金：〈中共「一大」是1921年8月1日閉幕的〉（《上海革命史資料與研究》第11輯，2011年）；沈劍勇：〈也談中共「一大」會議閉幕日期問題〉（《上海革命史資料與研究》第11輯，2011年）。

【8月2日説】王國榮：〈中共「一大」結束日期新探〉（《浙江學刊》1984年第3期）；周子信：〈黨的「一大」閉幕日期是八月二日〉（《革命史資料》1986年第2期）；王相箴：〈中共「一大」閉幕日期考訂〉（《黨的文獻》2001年第1期）；程金蛟：〈中共「一大」閉幕日期再考訂〉（《上海革命史資料與研究》第7輯，2007年）；任武雄：〈關於中共「一大」南湖會議日期的考證〉（同前）。

【8月3日説】丁進：〈中共一大閉幕於8月3日考〉（《中共創建史研究》第2輯，2017年）；陳水林：〈中共「一大」閉幕日考〉（《中共黨史研究》2018年第9期）。

【8月5日説】前引舍維廖夫：〈中國共產黨成立史〉；曹仲彬：〈黨的「一大」閉幕日期考〉（《近代史研究》1987年第2期）；同氏：〈黨的一大八月五日嘉興閉幕考辨〉（《中共黨史研究》2000年第4期）；任武雄：〈中共創建史上兩個問題的探索〉（《上海黨史研究》1996年第3期）。

關於「一大」閉幕日，中國共產黨在1981年出版的《中共黨史大事年表》（人民出版社）中寫作7月31日，而在1987年版和1989年出版的《中國共產黨歷史大事記》（人民出版社）、1991年出版的《〈中國共產黨歷史（上卷）〉註釋集》（中共黨史出版社）中，則修改為「8月1日，或2日」。

110 認為是在次日召開的有：周佛海：〈逃出了赤都武漢〉；陳潭秋：〈第一次代表大會的回憶〉。認為是在第三天召開的有：〈董必武同志關於「一大」情況給何叔衡同志的覆信（1929年12月31日）〉。

111 最早指出存在嘉興南湖災害報道的，是藤田正典：〈關於中國共產黨第一次全國代表大會的代表、會期〉。

112 有關確認南湖會議日期的詳細考證，可參考《中共一大嘉興南湖會議研究》（中共黨史出版社，2018年）第三章〈中共一大嘉興南湖會議日期的考證〉。

113 《中共一大嘉興南湖會議研究》一書收錄了包括南湖會議日期在內、有關大會整體的種種考證，極有參考價值。

114 警方的這些文件，收於 Saich, *op. cit.*，《馬林與第一次國共合作》。

115 〈外秘乙第995號中國共產黨在上海的行動（1921年6月29日）〉，收於前引〈中共創立時期施存統在日本的檔案資料〉B–1。

116 〈法租界取締集會新章〉，載《民國日報》1921年7月31日。發現此條例的存在，是得到了「蜂屋論文」的啟發。

117 陳公博：〈十日旅行中的春申浦〉。

118 葉永烈：《葉永烈採訪手記》（上海社會科學院出版社1993年版），第567–569頁。葉永烈曾執著求索租界警察的搜查過程及密探究竟是誰。對此，本書初版也評價云「這些都只能説明在中華人民共和國成立後的中國，中共『一大』被賦予了多麼特殊的地位」。葉氏認為與租界警察搜

查有關的是程子卿，後來還進一步對薛畊莘（程的部下）的回憶錄及檔案展開調查，並發表相關研究，即〈查清中共「一大」密探之謎（下）〉（《世紀》2016年第5期，後收入新版《紅色的起點》〔人民文學出版社，2020年〕）。但程當時不過是法租界的一名警察，雖然能確定他參與了取締共產主義的運動，但闖入中共「一大」會場的是否果真是他，則尚未見到決定性的史料。葉永烈還寫過《紅色的起點》一書，堪稱中共成立史的紀實文學傑作。葉先生已於2020年5月去世。

119 〈中共建黨傳奇〉，載《黨史信息報》1989年3月第78期。該文係依據所謂原租界警察薛畊莘的回憶而成，大致內容如下：法租界當局在中共「一大」召開前，已經通過李書城（李漢俊胞兄）得到召開大會的計劃，決定不予干涉。但是，北京政府放出的攜帶手榴彈的刺客被租界當局逮捕，在得知其目標是激進黨的會議後，就派人去要求會議延期。包括這一問題在內，有關法租界警察對「一大」會場的搜查，前引《中共一大嘉興南湖會議研究》第43–90頁有詳細解說。

120 大會通過的兩份文件的中文原文尚未發現，現可以確認的是由俄文本（原件藏於俄國社會政治史檔案館〔全宗514，目錄1，案卷13，第8–11頁〕，《光輝歷程——從一大到十五大》，第23–24頁載有俄文版照片）翻譯過來的〈中國共產黨第一個綱領〉、〈中國共產黨第一個決議〉（《中共中央文件選集》第1冊，第3–9頁），和由漢語譯成英語的"The First Program of the Communist Party of China 1921," "The First Decision as to the Object of the Communist Party of China 1921" (C. M. Wilbur ed., *The Communist Movement in China: An Essay Written in 1924 by Ch'en Kung-po* [New York: Octagon Books, 1966], pp. 102–105)。〈中國共產黨第一個綱領〉雖然題為黨的「綱領」（Program），但就其內容看，實際是黨章。這個時期，外國共產黨的「章程」時常譯為「黨綱（黨的綱領）」（例如，《共產黨》月刊第2期上的〈美國共產黨黨綱〉的原文〔請參閱本書第一章注151〕是美國統一共產黨的Constitution〔漢語應譯為「章程」〕），概因此「黨綱」被用於指章程。為避免混亂，本書中〈中國共產黨第一個綱領〉稱「章程」，〈中國共產黨第一個決議〉稱「決議」。

121 現行許多版本譯為「聯合」。「加入」和「聯合」含義大不相同，但是，創建時期的中共黨人在翻譯別國共產黨文件時，有時把「加入」和「聯合」〔共產國際〕作同義詞使用（參見震寰譯：〈英國共產黨成立〉，載《共產黨》第1期，以及〈英國共產黨大會〉，載《共產黨》第6期）。因此，此處選擇「加入」。

122 Steve A. Smith, *A Road Is Made: Communism in Shanghai 1920–1927* (Richmond: Curzon Press, 2000), p. 28.

123 《中國共產黨代表大會》。

124 在《中國共產黨代表大會》中,該處使用「офицер」(將校、士官) 或者「предприниматель (企業家、廠長)」。大概是在翻譯時,把漢語原文「胥吏」一詞誤譯為這些俄語。

125 包惠僧:〈共產黨第一次全國代表會議前後的回憶〉,見《「一大」前後》(二);劉仁靜:〈回憶我在北大馬克思學說研究會的情況〉,載《黨史研究資料》1979年第16期。

126 劉仁靜:〈回憶我在北大馬克思學說研究會的情況〉。順言之,回憶錄中所謂「張國燾在回憶錄中……」載於張國燾:《我的回憶》第1冊,第136頁。

127 包惠僧:〈共產黨第一次全國代表會議前後的回憶〉。

128 劉仁靜:〈回憶黨的一大〉,《「一大」前後》(二)。

129 張國燾:《我的回憶》第1冊,第139頁。1929年末或1930年初,張國燾在莫斯科發表演講,講述中共建黨諸事,當中也詳細講到了「一大」時討論的情況。這是說明「一大」情況的寶貴史料,不過並沒有超出既有「一大」相關史實的部分,篇幅所限,此處不多介紹。

130 《共產黨》刊登的〈美國共產黨黨綱〉(譯者:P生＝沈雁冰) 的原文,準確地講,是「美國統一共產黨」(The United Communist Party of America) 1920年5月制定的「章程」。詳見本書第一章注151。

131 實際上原文是「美國統一共產黨」的「綱領」。見本書第一章注151。

132 《共產黨》 第1期譯載了原載英國共產黨機關雜誌《共產黨人》(The Communist) 第1期 (1920年8月5日) 上的文章 (Arthur McManus, "The Task Awaiting the Communist Party"),題為〈共產黨未來的責任〉;而同一期《共產黨人》上面還載有英國共產黨第一次大會的大會報告 "The Communist Conference"。

133 村田陽一:〈資料日本共產黨準備委員會的宣言‧規約 (1921年4月)〉〔資料日本共產黨籌備委員會的宣言‧章程〕,勞動運動史研究會編:《日本の統一戰線運動》〔日本的統一戰線運動〕(勞動旬刊社,1976年)。

134 岩村登志夫:《コミンテルンと日本共產黨の成立》〔共產國際與日本共產黨的成立〕(三一書房1977年版,第135–136頁) 指出,《日本共產黨章程》酷似英國共產黨第三次大會制定的章程。

135 還有的回憶錄認為,馬林的意向未能在中共「一大」得到反映,是因為他利用共產國際的權威壓人,態度專橫,因而引起了中國黨員的反感 (例如,張國燾:《我的回憶》第1冊,133–143頁)。

136 施存統:〈痛苦中的自白〉,載《中央副刊》1927年8月30日。

137 施存統作為中共黨員的活動及其脫黨問題,請參照拙搞〈施存統と中國共產黨〉〔施存統與中國共產黨〕,《東方學報》京都,第68冊,1996年。研究他作為民主黨派人士所從事的活動的論文有,平野正:〈施復亮と

中間路線論〉〔施復亮與中間路線論〕，載平野：《中國の知識人と民主主義思想》〔中國的知識分子和民主主義思想〕（研文出版社1987年版）；齊衛平：〈論施復亮與抗戰勝利後的中間路線〉，《近代史研究》1988年第3期；水羽信男：〈施復亮の「中間派」論とその批判をめぐって〉〔施復亮的「中間派」論與對其的批判〕，收於今永清二編：《アジアの地域と社會》〔亞洲的地區和社會〕（勁草書房1994年版）。

138 日本外務省外交史料館藏有關施存統的文件，收錄於前引拙搞〈中共創立時期施存統在日本的檔案資料〉。

139 施存統：〈回頭看二十二年來的我〉，載《民國日報》《覺悟》1920年9月20–24日。

140 施存統傳略有，王水湘等：〈施存統〉，見《中共黨史人物傳》第44卷（陝西人民出版社1990年版）；齊衛平：〈施復亮傳〉，見《中國各民主黨派史人物傳》第1卷（華夏出版社1991年版）。另外，關於施存統的早期思想以及參與創建共產黨的論文有，陶水木：〈施存統對馬克思主義早期傳播的貢獻〉，載《杭州師範學院學報》1991年第4期；陳紹康：〈論早期團的領導人俞秀松和施存統〉，載《上海革命史資料與研究》第1輯（開明出版社1992年版）；梁妙珍：《施存統與中國共產黨的創建》（同前）；Wen-Hsin Yeh（葉文心）, *Provincial Passages, Culture, Space and the Origins of Chinese Communism* (Berkeley: University of California Press, 1996) 等。本書在論述施存統留日以前的事跡時，主要參照這些傳記。

141 〈省教育廳給省長的調查報告〉；轉引自〈浙江學潮底動機〉，載《星期評論》1920年2月第39號。

142 關於〈非「孝」〉事件的概要，請參閱齊衛平：〈施存統著《非孝》引起一場軒然大波〉，載《民國春秋》1990年第1期。

143 請參閱小野信爾：〈從惲代英看五四時期的理想主義〉，收於李良明等編：《惲代英學術討論會論文集》（華中師範大學出版社1985年版）；砂山幸雄：〈「五四」の青年像——惲代英とアナーキズム〉〔「五四」青年形象——惲代英與無政府主義〕，《アジア研究〔亞洲研究〕》35卷2號，1989年；狹間直樹：〈五四運動的精神背景——對於惲代英無政府主義思想的歷史評價〉，收於中國社會科學院科研局、《中國社會科學》雜誌社編：《五四運動與中國文化建設——五四運動七十週年學術討論會論文選》（社會科學文獻出版社1989年版）。

144 坂井洋史整理：《陳範予日記》（學林出版社1997年版）根據當時浙江一師學生陳昌標的日記詳細論述了「浙江一師風潮」的始末。此外，有關「浙江一師風潮」的資料集有中共浙江省委黨史資料徵集研究委員會等編：《浙江一師風潮》（浙江大學出版社1990年版）。

145 〈國務院致各省密電稿(1919年12月2日)〉,張允侯等編:《五四時期的社團》(三)(生活‧讀書‧新知三聯書店1979年版),第143頁。

146 〈俞秀松烈士日記〉,上海革命歷史博物館(籌)編:《上海革命史資料與研究》第1輯(開明出版社1992年版),1920年6月27日條。

147 陳獨秀:〈浙江新潮——少年〉,載《新青年》1920年1月7卷2號。

148 〈俞秀松致家人信(1920年3月4日)〉,《紅旗飄飄》第31集(中國青年出版社1990年版),第233頁。

149 有關北京工讀互助團青年男女的「自由戀愛」觀,以及圍繞易群先發生的戀愛糾紛,清水賢一郎:〈革命と戀愛のユートピア——胡適の「イプセン主義」と工讀互助團〉〔革命與戀愛的烏托邦——胡適的「易蔔生主義」和工讀互助團〕(《中國研究月報》1995年第573號)敍之甚詳。

150 施存統:〈「工讀互助團」底實驗和教訓〉,載《星期評論》1920年5月第48號。

151 〈俞秀松致駱致襄信(1920年3月)〉,前引《紅旗飄飄》第31集,第235頁。

152 〈俞秀松致駱致襄信(1920年4月4日)〉,同前,第236–237頁。

153 玄廬:〈學生與文化運動〉,載《星期評論》1920年2月第39號。據説,《浙江新潮》第3號在杭州不能印刷,後在沈玄廬和戴季陶的幫助下,由星期評論社印刷。倪維熊:〈《浙江新潮》的回憶〉,《五四運動回憶錄》下(中國社會科學出版社1979年版)。

154 沈仲九的生平不明之處頗多,坂井洋史:〈山鹿泰治と中國——《たそがれ日記》に見る日中アナキストの交流〉〔山鹿泰治與中國——《黃昏日記》中的日中無政府主義者的交流〕(《貓頭鷹》1983年第2號)中有所涉及。

155 關於當時的星期評論社同人的生活,前引〈俞秀松烈士日記〉中有非常生動的描述。

156 前引〈俞秀松致駱致襄信(1920年4月4日)〉。

157 戴季陶:〈我對於工讀互助團的一考察〉,載《星期評論》1920年3月第42號。

158 前引〈俞秀松致駱致襄信(1920年4月4日)〉。

159 同前,及前引〈俞秀松烈士日記〉1920年6月27日條。

160 前引施存統:〈「工讀互助團」底實驗和教訓〉。

161 請參照本書附錄三〈施存統口供〉。

162 前引〈俞秀松烈士日記〉7月10日、12日條記載,沈仲九、夏丏尊等也有到日本留學的想法,俞秀松自己也曾被沈玄廬勸説到日本留學。

163 施存統:〈青年應自己增加工作〉,載《民國日報》《覺悟》1920年8月26日。

164 戴天仇:〈三民主義〉,載《解放》〔日文〕1920年2月號。

165 戴季陶:〈到湖州後的感想〉,載《建設》1920年8月2卷6號。

166 宮崎龍介：〈新裝の民國から〉〔新氣象民國通信〕，載《解放》〔日文〕 1919年12月號。

167 前引〈俞秀松烈士日記〉6月19日條。

168 〈宮崎龍介致伊藤燁子信（1920年6月26日）〉，宮崎黃石收藏。

169 〈新人會記事〉，載《先驅》〔日文〕1920年4月第3號。

170 〈宮崎龍介致伊藤燁子信（1920年5月9日、5月13日、5月19日、5月27 日）〉，宮崎黃石收藏。關於北京大學學生訪日團的活動，請參閱第一章 注40。

171 Henry D. Smith, *Japan's First Student Radicals* (Cambridge, Mass.: Harvard University Press, 1972), pp. 59–60.

172 〈外秘乙第19號無政府主義宣傳雜誌〈自由〉之通信者件（1921年1月10 日）〉，收於前引〈中共創立時期施存統在日本的檔案資料〉A–1。

173 前引施存統：〈青年應自己增加工作〉。

174 施存統：〈對於抄近路求學的朋友底忠告〉，載《民國日報》《覺悟》1921 年1月27日。

175 請參閱本書附錄三〈施存統口供〉。

176 前引施存統：〈青年應自己增加工作〉、〈對於抄近路求學的朋友底忠告〉。

177 〈外秘乙第1621號我國人對中國人施存統被處驅逐出境之感想（1921年 12月29日）〉，收於前引〈中共創立時期施存統在日本的檔案資料〉C–5。

178 前引施存統〈對於抄近路求學的朋友底忠告〉。

179 施存統：〈評戴季陶先生的中國革命觀〉，載《中國青年》1925年9月第 91、92期。

180 前引施存統：〈《青年應自己增加工作〉。

181 施存統後來回憶說，「我記得我三年前從北京工讀互助團失敗跑到上海 的時候……有一次得了塊把錢，即捐於無政府主義的團體去印小冊 子」。施存統：〈本團的問題〉，載《先驅》1923年6月第21號。

182 〈外秘乙第19號無政府主義宣傳雜誌《自由》之通信者件（1921年1月10 日）〉，收於前引〈中共創立時期施存統在日本的檔案資料〉A–1。

183 〈外秘乙第52號宣傳「無政府主義」文章件（1921年1月15日）〉，收於前 引〈中共創立時期施存統在日本的檔案資料〉A–2。另外，該報告說，「該 人〔施存統〕似在去年6月前後，隨宮崎滔天同行來我國」。但是，宮崎 滔天和宮崎龍介在這個時期都沒有去過中國。

184 施存統：〈改革底要件〉，載《民國日報》《覺悟》1921年1月10日。

185 〈外秘乙第523號需特別注意中國人施存統之行動（1921年4月23日）〉， 收於前引〈中共創立時期施存統在日本的檔案資料〉A–3。

186 請參照本書附錄三〈施存統口供〉。

187 謝晉青(生卒年不詳,江蘇省徐州人),「東方書報社」成員,在1920年
　　前後的《民國日報》《覺悟》上常有該社寄自東京的《日本通訊》。謝在留
　　日時期與施存統有交誼,因而被警視廳圈為「需要監視之中國人」,1921
　　年8月回國。〈外秘乙第643號需特別注意中國人謝晉青之行動(1921年
　　5月14日)〉(《B》);〈外秘乙第907號需特別注意中國人之行動(1921年
　　6月18日)〉(《B》);警保局:〈在留外國人概況〔在日外國人概況〕大正
　　10年12月〉(《A》),第50頁。

188 權熙國時為留日學生活動家。關於其生平及其與「可思母俱樂部」的關
　　係,請參照松尾尊兊:〈コスモ俱樂部小史〕(可思母俱樂部小史〕,《京
　　都橘女子大學研究紀要》2000年第26號。

189 原著當然是恩格斯的《社會主義從空想到科學的發展》。堺的翻譯於1918
　　年3、4月刊登在《新社會》4卷6、7號(7號遭禁售)上,1921年5月,大
　　鐙閣將其集成一冊出版了《空想的及科學的社會主義》。施存統在「口供」
　　中稱,訪問堺是為了購買沒能公開出版的賣文社版《空想的及科學的社
　　會主義》。

190 《勞動運動(第二次)》1921年6月第13號。

191 《勞動運動(第二次)》1921年4月第8號。

192 〈外秘乙第560號需特別注意中國人件(1921年4月29日)〉,收於前引
　　〈中共創立時期施存統在日本的檔案資料〉A-4。中文原件沒有找到,此
　　件根據日本警方的日文譯稿譯成中文。

193 施復亮:〈中國共產黨成立時期的幾個問題〉(前引《「一大」前後》(二))。

194 彭湃、林孔昭與堺利彥等成立的「可思母俱樂部」有關係一事見於警方報
　　告:〈外秘乙第780號「可思母」俱樂部成員集會預報(1920年12月23日)〉
　　(《D》)、〈外秘乙第447號募集中國人「可思母」俱樂部成員件(1922年
　　11月28日)〉(《D》)。林孔昭是在東京高等師範學校學習的留學生(《日
　　本留學中華民國人名調》〔中華民國留日名人調查〕〔興亞院1940年版〕,
　　第178頁)。

195 〈外秘乙第721號需特別注意中國人「施存統」之行動(1921年5月25
　　日)〉,收於前引〈中共創立時期施存統在日本的檔案資料〉A-6。

196 〈外秘乙第907號需特別注意中國人之行動(1921年6月18日)〉,收於前
　　引〈中共創立時期施存統在日本的檔案資料〉A-7。

197 前引〈外秘乙第1621號我國人對中國人施存統被處驅逐出境之感想(1921
　　年12月29日)〉。另外,施存統在警視廳的口供稱,陳獨秀和戴季陶還
　　支付給他生活費。

198 前引〈外秘乙第907號需特別注意中國人之行動(1921年6月18日)〉。

199 請參照前引拙搞〈施存統與中國共產黨〉附錄〈施存統著作繫年目錄初稿
　　（1919 1933年）〉。

200 這些文章，被收於施存統回國後編譯的《社會經濟叢刊》（泰東圖書局
　　1922年1月版）重新刊行。詳情請參照本書附錄一〈日中社會主義文獻翻
　　譯對照表〉河上肇、山川均項。另外，與施存統同為「日本小組」成員的
　　周佛海也曾致力於翻譯此二人的文章。

201 CT（施存統）:〈我們要怎麼樣幹社會革命？〉，載《共產黨》1921年6月
　　第5號。

202 山川均:〈勞動運動に對する知識階級の地位〉〔知識階級在工人運動中
　　的地位〕，《解放》〔日文〕1920年8月號。關於這個時期河上肇對「人的
　　有意識行動」的論述，山之內靖〈解題〉（《河上肇全集》第11卷〔岩波書
　　店1983年版〕，第551–553頁）敍之甚詳。

203 光亮（施存統）:〈河上底左傾〉，載《民國日報》《覺悟》1921年9月25日；
　　CT:〈介紹《社會主義研究》〉，同前1921年9月27日。這兩篇文章表明
　　施存統時刻注意閱讀山川和河上的著作。

204 前引CT:〈我們要怎麼樣幹社會革命？〉。

205 施存統:〈馬克思底共產主義〉，載《新青年》1921年8月9卷4號。另
　　外，該期《新青年》注明發行日期為8月1日，但是這篇文章的日期卻是
　　8月14日，故該期《新青年》實際刊行日期應是9月以後。

206 施存統:〈唯物史觀在中國底應用〉，載《民國日報》《覺悟》1921年9月8
　　日。

207 前引CT:《我們要怎麼樣幹社會革命？》。

208 比如山川均:〈ソヴィエット政治の特質とその批判——プローレタリ
　　アン・ディクテートルシップとデモクラシー〉〔蘇維埃政治的特質及其
　　批判——無產階級專政與民主主義〕，《社會主義研究》1920年6月號。
　　另外，《哥達綱領批判》的日譯和介紹，是堺利彥和河上肇在1921年下
　　半年完成的。堺譯:〈ゴータ綱領の批評〉〔哥達綱領批判〕，《社會主義
　　研究》1921年10月號；河上:〈1875年に書いたマルクスの手紙〉〔馬克
　　思寫於1875年的信〕，《社會問題研究》1921年11月第27冊。

209 熊得山譯:〈哥達綱領批判〉，《今日》1922年5月1卷4號。

210 山川均著，李達譯:〈從科學的社會主義到行動的社會主義〉，載《新青
　　年》1921年5月9卷1號。有關該文的刊登經過，請參照第一章注125。

211 前引施存統:〈馬克思底共產主義〉。

212 施存統:〈第四階級獨裁政治底研究〉，載《民國日報》《覺悟》1921年7
　　月21日，以及前引施存統:〈唯物史觀在中國底應用〉。

213 光亮:〈一封答覆「中國式的無政府主義」者的信〉,載《民國日報》《覺悟》1921年7月15日。

214 前引施存統:〈馬克思底共產主義〉,以及前引CT:〈我們要怎麼樣幹社會革命?〉。

215 河上肇的講演〈マルクスの所謂共產主義の過渡期と完成期(1921年5月29日)〉〔馬克思所說的共產主義的過渡期和完成期〕(前引山之內靖:〈解題〉,《河上肇全集》第11卷,第557–559頁)。這個講演後來整理成〈マルクス主義に謂ふ所の過渡期について〉〔馬克思主義所說的過渡時期〕,載《經濟論叢》1921年12月13卷6號。施存統也翻譯了這篇文章。光亮譯:〈馬克思主義上所謂「過渡期」〉,《民國日報》《覺悟》1921年12月18日、19日。

216 前引光亮:〈一封答覆「中國式的無政府主義」者的信〉。

217 光亮:〈再與太朴論主義底選擇〉,載《民國日報》《覺悟》1921年7月31日。

218 〈施存統致太朴信〉,〈外秘乙第930號需特別注意中國人「施存統」之行動(1921年6月22日)〉,收於前引〈中共創立時期施存統在日本的檔案資料〉A–8。該信曾要求邵力子在《民國日報》上刊登,但似乎被日本警方扣留,未能見諸報端。

219 前引CT:〈我們要怎麼樣幹社會革命?〉。

220 張景:〈安那其主義在中國的傳播活動片斷〉,載《文史資料選輯》1983年第90輯。

221 CT:〈介紹《社會主義研究》〉,載《民國日報》《覺悟》1921年9月27日。

222 本書附錄三〈施存統口供〉。口供稱,這次拜訪的介紹人是朋友唐伯焜。唐伯焜是四川人,似曾留學早稻田大學,歸國後參與過重慶的社會主義青年團的活動(其人生卒年未詳)。再來看接受訪問的山川一方,據山川菊榮後來回憶,山川均雖與中國人沒有什麼往來,但「大正十年左右,大概有三個中國男留學生來過」。(〈外國の方はそう讀んだのか――意外だった巴金氏の抗議〉〔外國人是這樣看的麼?――巴金先生令人意外的抗議〕,《中國》49號,1967年)。這應該就是施存統等人。唐伯焜曾翻譯堺的《婦人問題》(無產者小冊子叢書,1921年10月版),並向當時的《民國日報》副刊《婦女評論》投稿。

223 〈施存統の追放顛末〔驅逐施存統始末〕〉,載《外事警察報》1922年2月第10號。

224 張太雷參與了遠東大會的籌備工作,或者在籌備工作中發揮了重要作用一說,源自舒米亞茨基悼念張太雷的文章 Б. Шумяцкий, Из истории

комсомола и компартии Китая [Памятио дного из организаторов Комсомола и Компартии Китая тов. Чжан-Та-Лая], *Революционный Восток*, No. 4–5, 1928 (〈中國共青團和共產黨歷史片斷(悼念中國共青團和共產黨的組織者之一張太雷同志)〉, 載《革命的東方》; 中譯見: 《回憶張太雷》〔人民出版社1984年版〕)。但是, 如第三章第三節探討過的那樣, 舒米亞茨基的這篇回憶錄存在疑點。例如, 張太雷並沒有參加這次大會, 但是舒米亞茨基説他參加了。所以, 張太雷到底參與了多少籌備工作, 也需要更進一步地研究。

225 〈馬林給共產國際執行委員會的報告(1922年7月11日)〉(Saich, *op. cit.*, p. 315; 前引李玉貞主編:《馬林與第一次國共合作》, 第67–68頁)。

226 前引拙搞〈施存統與中國共產黨〉附錄二〈施存統證詞〉。

227 本書附錄三〈施存統口供〉。

228 〈口供〉編者在「上海俄國過激派成員 S」後, 加按語説「似 Semeshko」, 這一解釋不對。

229 前引張國燾:《我的回憶》第1冊, 第157–161頁。

230 同前, 第135頁。

231 分別見於〈特別需要監視人物最近之狀況　大正11年1月調查〉、〈堺利彥等預審終結意見書〉, 皆收於前引松尾編:《續‧現代史資料　2　社會主義沿革》第2卷, 第110、494頁。

232 分別見於前引張國燾《我的回憶》第1冊, 第158頁, 和片山政治編:《日本共產黨史(戰前)》(公安調查廳1962年5月版, 現代史研究會1962年12月復刻版), 第27頁。

233 前引陳紹康〈黨的「一大」後陳獨秀回滬時間考〉; 前引村田雄二郎:〈陳獨秀在廣州(1920–1921年)〉; 以及《民國日報》1921年10月6日、20日、27日。

234 《包惠僧回憶錄》(人民出版社1983年版), 第420頁。

235 德田球一:〈わが思い出〉〔我的回憶〕,《德田球一全集》第5卷(五月書房1986年版), 第138頁。

236 川端正久:《コミンテルンと日本〔共產國際與日本〕》(法律文化社1982年版), 第88–96頁; 犬丸義一:《第一次共產黨史の研究　增補　日本共產黨の創立〔第一次共產黨史的研究　增補　日本共產黨的創建〕(青木書店1993年版), 第117–121頁。

237 就著者所見, 只有前引《共產國際與日本》(第94、96頁)涉及此問題。

238 〈外秘收第4628號呈報驅逐宣傳共產主義運動之英國人件(1921年11月30日)〉(《E》)、〈關於驅逐英國人件(1921年12月1日)〉(《E》)。

239 近藤榮藏：《コミンテルンの密使》〔共產國際密使〕（文化評論社1949年版），第165–171頁；同志社大學人文科學研究所編：《近藤榮藏自傳》（比睿書房1970年版），第239–248頁。

240 前引〈外秘收第4628號呈報驅逐宣傳共產主義運動之英國人件（1921年11月30日）〉（《E》）；〈特別需要監視人物最近之狀況 大正11年1月調查〉，前引松尾編：《續・現代史資料 2 社會主義沿革》第2卷，第110頁。

241 前引〈特別需要監視人物最近之狀況 大正11年1月調查〉中所載「秘密結社日本共產黨一派之活動計劃及預算」（第120–126頁）概指近藤、山川所寫文件。

242 *Дальневосточная Политика Советской России: 1920–1922 гг.*, Новосибирск, 1996, стр. 167–168, 176, 234–235, 257–258, 271–272, 274, 308（《蘇俄的遠東政策》）。格雷還常被稱作「伊萬・帕布羅維奇・克拉爾克」（Иван Павлович Кларк）。此外，俄羅斯帝政末期，活躍於西伯利亞、遠東地區、澳大利亞等地的民粹派當中有克拉爾克父子（和田春樹：《ニコライ・ラッセル──國境を越えるナロードニキ》〔尼古拉・拉塞爾──跨越國境的民粹派〕〔中央公論社，1973年〕，書中有若干斷片式記述），其子或許正是格雷。

243 〈克拉爾克書信（1921年10月15日，上海）〉（前引《蘇俄的遠東政策》，стр. 308）；前引〈外秘收第4628號呈報驅逐宣傳共產主義運動之英國人件（1921年11月30日）〉（《E》）；前引〈關於驅逐英國人件（1921年12月1日）〉（《E》）。

244 〈馬林給共產國際執行委員會的報告（1922年7月11日）〉（Saich, *op. cit.*, p. 315；前引李玉貞主編：《馬林與第一次國共合作》，第68頁）。

245 《東京朝日新聞》1921年12月7日，載《讀賣新聞》1921年12月28日。

246 《讀賣新聞》1921年12月28日。

247 〈鍾復光同志談施存統（1980年2月9日）〉（未刊稿）。

248 施存統在口供和證詞中都說是在1920年7月10日來到日本的。但是，如前所述，他在6月26日就已經到宮崎家拜訪過，實際到達日本應該比這更早。7月10日也許是他搬進三崎館，或是入東京同文書院的日期。

249 前引片山政治編：《日本共產黨史（戰前）》，第23頁。

250 古爾曼在魏金斯基回國後繼續幫助馬林等工作（Saich, *op. cit.*, pp. 248, 272, 284；前引李玉貞主編：《馬林與第一次國共合作》，第29、38、47頁；〈文件三十九〉）。

251 前引片山政治編《日本共產黨史（戰前）》，第18頁。

252 〈內務省訓令第998號（1921年12月27日）〉，收於前引〈中共創立時期施存統在日本的檔案資料〉C–3。

253 《晨報》1921年12月31日,《申報》1922年1月4日。另外,《申報》報道說,施存統「於前日到滬」;但是,日本警方資料記載,此時尚在到上海的途中。

254 〈外秘乙第1621號我國人對中國人施存統被處驅逐出境之感想(1921年12月29日)〉,收於前引〈中共創立時期施存統在日本的檔案資料〉C–5。

255 〈外秘乙第1619號留日中國學生對中國人施存統被處驅逐出境之感想(1921年12月28日)〉,收於前引〈中共創立時期施存統在日本的檔案資料〉C–4。

256 同前。

257 《東京朝日新聞》1921年12月30日。

258 〈外秘收第4792號被驅逐者中國人施存統出發件(1921年12月29日)〉,收於前引〈中共創立時期施存統在日本的檔案資料〉C–6。

259 前引〈驅逐施存統始末〉,載《外事警察報》1922年2月第10號。施存統說要發表的關於被驅逐出境的感想,最終未見發表。

260 《大阪商船船隻調度記錄》(大阪商船三井船舶股份公司藏)。

終章

1 李樾:〈關於黨的誕生紀念日和黨的一大開幕日期〉,《黨史通訊》1983年第19期。

2 介紹該紀念館的陳列內容變遷的有:張玉菡:〈中共一大代表從部分展示到全面展示的歷程〉(《中國文物報》2018年7月25日)。

3 〈陳潭秋在慶祝黨的十五週年紀念會上的講話(提綱)〉,《中共黨史資料》第3輯,1982年。另外,有關這一時期陳潭秋的行蹤,張玉菡:〈中共一大代表陳潭秋莫斯科之行述論〉(《黨的文獻》2016年第1期)一文論述頗詳。

4 〈米夫和中共駐共產國際執行委員會代表團提出的1936年第一季度中國工作計劃(1935年12月23日)〉、〈共產國際執行委員會書記處關於中國共產黨成立15週年的決定(1936年6月23日)〉,收於前引《共產國際、聯共(布)與中國革命檔案資料叢書》(15),第73–74、207頁。又及,共產國際執行委員向中共中央發出慶祝15週年的賀電,是在8月下旬(〈共產國際執行委員會就中國共產黨成立15週年給中共中央的賀電草稿(1936年8月23日)〉,同前,第245–247頁)。

5 參照第四章注100以及魏建克:《文本話語與歷史記憶——1921–1951年中國共產黨的「七一」紀念》(人民出版社,2012年),第36–46頁;陳金龍:《中國共產黨紀念活動史》(社會科學文獻出版社,2017年),第

297–301頁。又及，毛最初發表時所言「這個日子又正當抗戰的一週年」在後來收入《毛澤東選集》時被刪去。

6 〈中央關於中國共產黨誕生二十週年、抗戰四週年紀念指示(1941年6月)〉，《中共中央文件選集》第13冊(中共中央黨校出版社，1991年)，第140頁。

7 陳潭秋的回憶錄亦收錄於共產國際發行的各種語言版本的雜誌中，還有被認為是據此翻譯的中文版謄寫本(1944年，延安)。嚴格而言，《黨史資料》版雖稱「曾在1936年7月出版的《共產國際》上發表」，其實並非是《共產國際》，而是根據該謄版改竄而來。包括這一改竄問題在內，關於《黨史資料》更詳細的情況，可參考石川禎浩：〈中國共產黨編纂黨史資料的進程(1929–1955)〉(《中共黨史研究》2017年第6期)。此外，有關陳潭秋回憶錄的各個版本，可參考徐雲根、信洪林、张玉菡：〈陳潭秋《中共第一次大會的回憶》版本考述〉(《上海革命史資料與研究》，第11輯〔上海古籍出版社，2011年〕)。又及，直到2011年為止，中國國內通行的陳潭秋回憶錄，包括這一改竄版在內的諸多版本，沒有一次是從《共產國際》轉載的。

8 同樣的資料改寫，也可見於《黨史資料》1953年第7期所收葛薩廖夫：〈中國共產黨的初期革命活動〉一文。該文刊出時乃稱改譯自英文版《中國共產黨簡明歷史》，這是1927年強制搜查蘇聯大使館時沒收的資料。有關「一大」的召開時間於出席者，原文分別寫作「1921年5月」和「11人」，但到發表在《黨史資料》上時，又不加任何說明地改為「1921年7月」和「12」人。

9 蕭鋒《長征日記》(上海人民出版社，1979年版)，第94頁。

10 〈董必武同志關於「一大」情況給何叔衡同志的覆信(1929年12月31日)〉，載中央檔案館編：《中國共產黨第一次代表大會檔案資料》〔人民出版社1982年版〕)。

11 〈董老的囑咐〉，《中國青年》1956年9月15日。

12 〈董必武同志關於鑒別「一大」文件給中央檔案館的覆信(1959年9月5日)〉，前引《中國共產黨第一次代表大會檔案資料》。

13 同前。

14 〈董必武談中國共產黨第一次全國代表大會和湖北共產主義小組〉，《「一大」前後》(二)(人民出版社1980年版)，第366頁。

15 同前，第367頁。

16 王炯華等著：《李達評傳》(人民出版社2004年版)，第341頁。

17 李達：〈中國所需要的革命〉，《現代中國》，第2卷第1期，1928年。

18 〈李達自傳(節錄)〉，《黨史研究資料》，1980年第8期。

19 蕭三：〈毛澤東同志的初期革命活動〉，《解放日報》，1944年7月1–2日。

20 〈給中央檔案館的一封信(1959年9月)〉,《李達文集》第4卷(人民出版社1988年版),第720頁。

21 前引王炯華等著《李達評傳》,第465頁。

22 同前。

23 包惠僧:〈共產黨第一次全國代表會議前後的回憶〉,前引《「一大」前後》(二),第316頁。

24 包惠僧:〈中國共產黨第一次代表大會的幾個問題〉,前引《「一大」前後》(二),第375頁。

25 〈包惠僧先生談「一大」前後的幾個問題——訪問包惠僧先生記錄〉,收於《歷史資料選編中國共產黨「一大」史料專輯》(重慶市歷史學會編刊,1979年版)第96頁;〈包惠僧談中國共產黨成立大會(訪問記錄整理稿,1979年4月21、28日訪問,1979年5月19日閱改)〉,收於《中共「一大」資料彙編》:(西安師專馬列主義教研室黨史組、西北大學政治理論系黨史教研室編刊,1979年版),第117頁。

26 毛澤東〈論反對日本帝國主義的策略(1935年)〉中對「托洛茨基分子」的註釋,《毛澤東選集》第1卷(人民出版社,1951年),第164頁。

27 邵維正:〈板凳需坐十年冷　文章不寫一句空——對中共一大考證的回憶〉,《中共黨史研究》,2000年第4期。

28 同前;邵維正:〈中國共產黨第一次全國代表大會召開日期和出席人數的考證〉,《中國社會科學》,1980年第1期。

29 《一大回憶錄》(知識出版社,1980年),第45–52頁。

30 1949年之後,除了這四個人之外,對早期中共黨員進行了廣泛的調查採訪,特別是1956年、1957年之間,中國社會科學院歷史研究所第三所(現代史研究組)的王來棣曾對三十多位相關人士作了採訪,十餘年前該訪談錄已出版面世(王來棣:《中共創始人訪談錄》〔香港:明鏡出版社,2008年〕)。

31 有關「一大」代表的人數和成員,中共黨史界權威去年再次發表研究,強調了一直以來的官方解釋,即代表人數為12人,包惠僧是陳獨秀指派的代表(本書第四章注89)。金沖及:〈中共一大代表究竟是多少人〉,《中共黨史研究》2020年第5期。

32 「鄰貓生子」的比喻,來自斯賓塞《教育論》(Herbert Spencer, *On Education*, 1861)的第一章〈什麼是最有價值的知識〉。有關這一說法在中國和日本流傳的具體情況,可參考李孝遷《西方史學在中國的傳播(1882–1949)》(華東師範大學出版社,2007年)第4章〈梁啟超新史學思想之考源〉。另一方面,「上帝在細節之中」的出處有幾種不同的說法,似不限於歷史學領域,而是建築、藝術等廣泛領域普遍適用的箴言。

參考文獻

【漢語文獻】（按編著者人名拼音排序）

安雅琴：〈陳溥賢《馬克思的唯物史觀》與李大釗《我的馬克思主義觀》文本關係考 —— 基於唯物史觀的相關論述〉，《中共黨史研究》2016-2。

安志潔、俞壽臧：〈珍藏七十一載 重現在黨的紀念日 —— 俞秀松烈士部分日記被發現〉，《上海黨史》1991-7。

坂井洋史整理《陳范予日記》。上海：學林出版社，1997。

包惠僧：〈回憶武漢共產主義小組〉，《黨史研究資料》1979-9。

──：〈懷念李漢俊先生〉，《黨史資料叢刊》1980-1。

──：《包惠僧回憶錄》。北京：人民出版社，1983。

抱朴（秦滌清）：〈赤俄遊記〉，《晨報副鐫》1924.8.23–9.8。

北京大學圖書館，北京李大釗研究會編：《李大釗史事綜錄》。北京：北京大學出版社，1989。

北京圖書館編：《列寧著作在中國（1919–1992年文獻調研報告）》。北京：書目文獻出版社，1995。

北京圖書館馬列著作研究室編：《馬克思恩格斯著作中譯文綜錄》。北京：書目文獻出版社，1983。

蔡國裕：《1920年代初期中國社會主義論戰》。台北：台灣商務印書館，1988。

──：《中共黨史》第1冊。台北：國史館，1988。

蔡和森:《蔡和森文集》。北京:人民出版社,1980。

蔡林:〈黨的紀念日「七一」的由來〉,《黨史資料叢刊》1979-1。

曹仲彬:〈黨的「一大」閉幕日期考〉,《近代史研究》1987-2。

───:《中國特色的建黨道路初探》。長春:東北師範大學出版社,1988。

───:〈黨的一大八月五日嘉興閉幕考辨〉,《中共黨史研究》2000-4。

曹仲彬、杜君:〈論中國共產黨是馬克思列寧主義同中國工人運動相結合的產物──與王學啟、張繼昌商榷〉,《中共黨史研究》1991-6。

陳登貴、巫忠:《譚平山傳》。廣州:廣東高等教育出版社,1999。

陳獨秀:《陳獨秀著作選》共3卷。上海:上海人民出版社,1993。

陳公博、周佛海:《陳公博.周佛海回憶錄合編》。香港:春秋出版社,1967。

陳紅娟:〈版本源流與底本甄別:陳望道《共產黨宣言》文本考辨〉,《中共黨史研究》2016-3。

陳金龍:《中國共產黨紀念活動史》。北京:社會科學文獻出版社,2017。

陳力衛:〈《共產黨宣言》的翻譯問題──由版本的變遷看譯詞的尖銳化〉,《21世紀》93期,2006。

陳其尤:〈1919年蘇聯派第一個代表到漳州〉,《文史資料選輯》24輯,1961。

陳紹康:〈黨的「一大」後陳獨秀回滬時間考〉,《黨史研究資料》1982-11。

───:〈上海外國語學社的創建及其影響〉,《上海黨史》1990-8。

───:〈對〈一篇重要報告的作者考〉之補證〉,《黨史研究資料》1991-11。

陳紹康、蕭斌如:〈介紹《新時代叢書》社和《新時代叢書》〉,《黨史研究資料》1983-9。

陳水林:〈中共「一大」閉幕日考〉,《中共黨史研究》2018-9。

〈陳潭秋在慶祝黨的十五週年紀念會上的講話(提綱)〉,《中共黨史資料》3輯,1982。

陳望道:《陳望道文集》共4卷。上海:上海人民出版社,1979–1990。

───:〈關於上海馬克思主義研究會活動的回憶──陳望道同志生前談話紀錄〉,《復旦學報(社會科學)》1980-3。

陳小枚、齊得平:〈對《中國共產黨第一次代表大會》的考證〉,《中共黨史研究》1998-4。

陳永發:《中國共產革命七十年》共2卷。台北:聯經出版事業公司,1998;(修訂版)台北:聯經出版事業公司,2004。

成綱:〈李大釗同志抗日鬥爭史略〉,《新中華報》1941.4.27。

程金蛟:〈中共「一大」閉幕日期再考訂〉,《上海革命史資料與研究》7輯,2007。

程天放:〈李公祠四年〉,《傳記文學》1卷7期,1962。

崔忠植:《三均主義與三民主義》。台北:正中書局,1992。

戴季陶:《孫文主義之哲學的基礎》。上海:民智書局,1925。

───:譯《資本論解說》。上海:民智書局,1927。

鄧明以:《陳望道傳》。上海:復旦大學出版社,1995。

鄧文光:《現代史考信錄──研究現代史的甘苦(初稿)》。香港:東風出版社,1974。

───:《中共建黨運動史諸問題》。香港:青聰出版社,1976。

鄧中夏:《中國職工運動簡史(1919–1926)》。北京:人民出版社,1949。

丁進:〈中共一大閉幕於8月3日考〉,《中共創建史研究》2輯,2017。

丁曉平:〈陳潭秋《中共第一次大會的回憶》考述〉,《近代中國與文物》2010-4。

───:〈陳潭秋與其珍貴的《中共第一次大會的回憶》〉,《黨史博覽》2010-7。

丁言模:〈張太雷與天津建黨建團的問題〉,《上海革命史資料與研究》13輯,2013。

丁則勤:〈關於張太雷去蘇聯的次數問題〉,《北京大學學報》1984-5。

董必武:〈董老的囑咐〉,《中國青年報》1956.9.15。

───:《董必武選集》。北京:人民出版社,1985。

董鋤平:〈回憶中國勞動組合書記部〉,《黨史資料叢刊》1982-1。

董庭芝、章祖蓉:〈關於中共「一大」代表人數的幾種說法〉,《黨史研究資料》1979-1。

竇春芳、苗體君:〈何叔衡是不是中共「一大」的正式代表?〉,《理論界》2007-5。

范體仁:〈孫中山先生在全國學聯第五屆代表大會上〉,《江蘇文史資料選輯》7輯,1981。

方曉編:《中共黨史辨疑錄》共2冊。太原:山西教育出版社,1991。

方行:〈新民主主義革命史上的第一個新聞通信社──上海「中俄(華俄)通信社」〉,《上海黨史研究》1992-9。

仿魯(袁振英?):〈清算陳獨秀〉,《陳獨秀評論》。北京:北平東亞書局,1933。

馮鐵金:〈有關《董必武給何叔衡的信》四個問題的考證〉,《中共黨史資料》99輯,2006。

───:〈何叔衡是中共「一大」代表,但未出席中共「一大」──兼論出席中共「一大」的代表是十二個人,不是十三個人〉,《上海革命史資料與研究》7輯,2007。

───:〈中共1921年「三月會議」新考〉,《黨的文獻》2008-2。

───:〈關於何叔衡未出席「一大」考證續補〉,《上海革命史資料與研究》8輯,2008。

———：《〈中國共產黨宣言〉應出自李大釗手筆〉，《黨的文獻》2009-5。

———：〈中共「一大」是1921年8月1日閉幕的〉，《上海革命史資料與研究》11輯，2011。

馮自由：《社會主義與中國》。香港：社會主義研究所，1920。

高放：〈紀念「一大」始於何年〉，《北京日報》2010年11月22日。

高金山：〈「南陳北李相約建黨」探源〉，《上海革命史資料與研究》9輯，2009。

高軍：〈廣東黨組織的建立〉，《黨史研究》1980-2。

———等編：《無政府主義在中國》。長沙：湖南人民出版社，1984。

高興亞：〈五四前後的北京大學俄語系〉，《文史資料選輯》135輯，1999。

高一涵：〈和大釗同志相處的時候〉，《工人日報》1957.4.27。

———：〈李大釗同志護送陳獨秀出險〉，《文史資料選輯》61輯，1979。

耿雲志編：《胡適遺稿及秘藏書信》共42冊。合肥：黃山書社，1994。

耿雲志、歐陽哲生編：《胡適書信集》共3卷。北京：北京大學出版社，1996。

〈共產國際遠東書記處主席團會議上的楊好德同志的發言（1921年7月20日）〉，《百年潮》，2001-12。

共青團中央青運史研究室編刊：《中國社會主義青年團創建問題論文集》。北京，1984。

共青團中央青運史研究室、中國社會科學院現代史研究室編：《青年共產國際與中國青年運動》。北京：中國青年出版社，1985。

關海庭、陳坡：〈關於柏烈偉和伊凡諾夫的若干材料〉，《黨史通訊》1983-19。

關山復：〈關於柏烈偉和伊凡諾夫的幾點情況〉，《黨史通訊》1984-3。

廣東省哲學社會科學研究所歷史研究室編：《朱執信集》共2卷。北京：中華書局，1979。

郭恒鈺：《俄共中國革命秘檔(1920–1925)》。台北：東大圖書公司，1996。

海豐人文資料編輯組編刊：《海豐人文資料》17。海豐：1996。

海隅孤客(梁冰弦)：〈解放別錄〉沈雲龍主編《近代中國史料叢刊》19輯。台北：文海出版社，1968。

韓晶：〈五四運動前後的李達與留日學生救國團〉，《上海黨史與黨建》2019-5。

韓一德、姚維鬥：《李大釗生平年記》。哈爾濱：黑龍江人民出版社，1987。

何錦洲、沙東迅：〈廣東最初共產黨黨組織之研究〉，《學術研究》1980-4。

郝昭荔：〈漢奸的自我認知與思想改造——以偽青島市長姚作賓為個案的考察〉，《抗日戰爭研究》2020-3。

侯志平：《世界語運動在中國》。北京：中國世界語出版社，1985。

後藤延子著、王青等編譯：《李大釗思想研究》。北京：中國社會出版社，1999。

胡華：《中國新民主主義革命史(初稿)》。廣州：新華書店，1950。

胡喬木：《中國共產黨的三十年》。北京：人民出版社，1951。

胡慶雲：〈何謂社會主義者同盟〉，《黨史研究資料》1993-10。

胡慶雲、肖甡：〈關於湖南共產主義小組問題的商榷〉，《近代史研究》1984-2。

華德韓：《邵飄萍傳》。杭州：杭州出版社，1998。

華羊：〈瞿秋白與張太雷早年事〉，《中共研究》10卷7期，1976。

黃愛軍：〈《張太雷在共產國際第三次代表大會的書面報告》材料來源考——
兼談1921年三月會議是否存在〉，《中共黨史研究》2017-8。

───：〈「南陳北李，相約建黨」確有其事 與石川禎浩先生商榷〉，《太原
理工大學學報(社會科學版)》2019-4。

黃紀陶：〈黃介民同志傳略〉，《清江文史資料》1輯，1986。

黃介民：〈三十七年遊戲夢〉，《近代史資料》122號，2010。

黃平：《往事回憶》。北京：人民出版社，1981。

黃修榮：《共產國際與中國革命關係史》共2卷。北京：中共中央黨校出版
社，1989。

黃修榮、黃黎：《中國共產黨創建史》。北京：中國青年出版社，2015。

《回憶李大釗》。北京：人民出版社，1980。

《回憶張太雷》北京：人民出版社，1984。

嘉興學院紅船精神研究中心編：《馬克思主義在中國早期傳播史料長編
(1917–1927)》、共3卷。武漢：長江出版社，2016。

江亢虎：《江亢虎新俄遊記》。上海：商務印書館，1923。

姜沛南、陳衛民：〈中國勞動組合書記部成立於「一大」以後〉，《近代史研究》
1987-2。

姜伸飴：〈關於何叔衡是否終席中共「一大」問題〉，《南昌職業大學學報》
1989-1。

蔣俊、李興芝：《中國近代的無政府主義思潮》。濟南：山東人民出版社，
1991。

蔣永敬輯：《北伐時期的政治史料——1927年的中國》。台北：正中書局，
1981。

金安平：〈近代留日學生與中國早期共產主義運動〉，《近代史研究》1990-2。

金沖及：〈中共一大代表究竟是多少人〉，《中共黨史研究》2020-5。

金立人：〈中共上海發起組成立前後若干史實考〉，《黨的文獻》1997-6，1998-
1。

───：〈就中共創建史若干問題答石川禎浩〉，《上海黨史與黨建》2005-4。

葵聞、李志春：〈對〈「七一」的由來〉一文提點不同看法〉，《黨史研究》1980-
5。

李達：〈李達自傳（節錄）〉，《黨史研究資料》1980-8。

———：《李達文集》共4卷。北京：人民出版社，1980–1988。

李大釗：《李大釗文集》共5卷。北京：人民出版社，1999。

———：《李大釗全集》共4卷。石家莊：河北教育出版社，1999。

李丹陽：〈朝鮮人「巴克京春」來華組黨述論〉，《近代史研究》1992-4。

———：〈英倫航稿 最早與李大釗接觸的蘇俄代表 —— 伊萬諾夫〉，《中共黨史研究》1999-4。

———：〈紅色俄僑李澤洛維奇與中國初期共產主義運動〉，《中山大學學報》2002-6。

———：〈李漢俊與中國共產黨主義運動起源〉，《史學月刊》2012-7。

———：〈李漢俊日本留學情況的實證研究〉（上下篇），《中共創建史研究》2、3輯，2017-2018。

———：〈「慷慨悲歌唱大同」——關於中華民國時期的大同黨〉，《晉陽學刊》2019-2。

李丹陽、劉建一：〈英倫航稿 —— 早期來華的蘇俄重要密使考〉，《中共黨史研究》1998-5。

———：〈霍多洛夫與蘇俄在華最早設立的電訊社〉，《民國檔案》2001-3。

———：〈早期來華的蘇俄重要使者 —— 波波夫〉，《檔案與史學》2002-6。

———：〈《上海俄文生活報》與布爾什維克在華早期活動〉，《近代史研究》2003-2。

———：〈「中俄通信社」與「華俄通信社」異同之考辨〉，《上海革命史資料與研究》13輯，2013。

———：〈「兵丁貧民共產黨團」及其首領張墨池〉，《中共創建史研究》4輯，2019。

李國繼：〈關於中共一大預定開會時間的探究〉，《黨的文獻》1993-1。

李漢俊譯：《馬格斯資本論入門》。上海：社會主義研究社，1920。

李季：《我的生平》。上海：亞東圖書館，1932。

李繼鋒等：《袁振英傳》。北京：中共黨史出版社，2009。

李嘉谷：《中蘇關係 (1917–1926)》。北京：社會科學文獻出版社，1996。

李玲：〈《中國共產黨第一個綱領》俄文本的來源和初步考證〉，《黨史研究》1980-3。

———：〈中國共產黨第一次全國代表大會幾個問題的考證〉，《黨史研究》1983-5。

———：〈關於《張太雷致共產國際第三次代表大會的報告》的作者 —— 與葉孟魁商榷〉，《中共黨史研究》1992-3。

李龍牧：《五四時期思想史論》。上海：復旦大學出版社，1990。

李權興等編：《李大釗研究辭典》。北京：紅旗出版社，1994。

李三星：〈就中國共產黨成立時間與石川禎浩先生商榷 —— 兼論政黨成立的標誌〉，中共一大會址紀念館編《中國共產黨創建史研究》。上海：上海人民出版社，2012。

李孝遷：《西方史學在中國的傳播 (1882–1949)》。上海：華東師範大學出版社，2007。

李新、陳鐵健編：《偉大的開端》。北京：中國社會科學出版社，1983。

李興耕等：《風雨浮萍 —— 俄國僑民在中國 (1917–1945)》。北京：中央編譯出版社，1997。

李穎：《陳獨秀與共產國際》。長沙：湖南人民出版社，2005。

李永春、張海燕：〈「改造聯合」與「社會主義青年團」不是同一個組織 —— 與石川禎浩商榷〉，《中共黨史研究》2008-5。

李玉貞：〈關於參加共產國際第一、二次代表大會的中國代表〉，《歷史研究》1979-6。

——— 編：《馬林與第一次國共合作》。北京：光明日報出版社，1989。

———：〈參加中共「一大」的尼科爾斯基〉，《黨史研究資料》1989-7，8。

———：《孫中山與共產國際》。台北：中央研究院近代史研究所，1996。

——— 譯：《聯共、共產國際與中國 (1920–1925)》第1卷。台北：東大圖書公司，1997。

———：〈旅俄華僑與孫中山先生的革命活動〉，張希哲、陳三井編《華僑與孫中山先生領導的國民革命學術研討會論文集》。台北：國史館，1997。

———：〈中國共產黨成立之前的蘇俄秘使〉，《中國共產黨創建史研究文集1990–2002》。上海：上海人民出版社，2003。

———：〈在國際背景下對中共創建時期幾個問題的思考〉，《上海革命史資料與研究》5輯，2005。

———：〈也論吳廷康與俄國共產黨局〉，《中共創建史研究》2輯，2017。

李雲漢：《從容共到清黨》。台北：中國學術著作獎助委員會，1966。

柳建輝：〈陳為人幫助建立中共山東黨組織的時間問題〉，《黨史研究》1986-4。

———：〈魏經斯基1920年4月到過濟南嗎？〉，《黨史研究》1986-5。

———：〈"濟南共產主義小組"成員新探〉，《黨史研究資料》1986-11。

柳建輝、鄭雅茹：〈中共一大前召開過三月會議嗎？—— 與王述觀商榷〉，《中共黨史研究》1989-4。

劉德喜：〈蘇俄、共產國際與陳炯明的關係〉，《孫中山研究論叢》6集，1988。

———：《兩個偉人和兩個大國》。北京：中國檔案出版社，1995。

劉建一、李丹陽：《為吳廷康小組來華建黨鋪路的俄僑》，《北京黨史》2011-6。

———：〈早期蘇俄遣華人員稀世影像〉，《檔案春秋》2011-7。

───：〈從海內外檔案探尋中國共運之源〉，《檔案春秋》2011-10。

劉仁靜：〈回憶我在北大馬克思學說研究會的情況〉，《黨史研究資料》1979-16。

劉廷曉、馬鴻儒：〈董必武同志為什麼放棄一大代表是十三人的意見？〉，《黨史通訊》1984-8。

劉以順：〈參加共產國際「一大」的兩個中國人〉，《黨史研究資料》1986-6。

───：〈參加共產國際一大的張永奎情況簡介〉，《革命史資料》1986-4。

劉永明：《國民黨人與五四運動》。北京：中國社會科學出版社，1990。

劉玉珊等：《張太雷年譜》。天津：天津大學出版社，1992。

劉澤榮：〈回憶同偉大列寧的會晤〉，《工人日報》1960.4.21。

───：〈十月革命前後我在蘇聯的一段經歷〉，《文史資料選輯》60輯，1979。

陸米強：〈"中俄"與"華俄"通信社不能混為一談〉，《世紀》2004-6。

───：編《陳紹康中共黨史研究文集》。上海：上海古籍書店，2007。

呂芳上：《革命之再起》。台北：中央研究院近代史研究所，1989。

呂芳文：《陳為人傳》。北京：人民出版社，1997。

羅章龍：〈羅章龍談北京團及《先驅》〉，《青運史資料與研究》1集，1982。

───：《椿園載記》。北京：生活‧讀書‧新知三聯書店，1984。

馬貴凡：〈維經斯基第一次來華時的身分不是共產國際代表〉，《黨史通訊》1985-11。

───：〈赴蘇查閱共產國際檔案情況述略〉，《中共黨史通訊》1991-16。

───：〈獨欺冰雪挺蒼松 ── 俞秀松在蘇聯的坎坷歲月〉，《中共黨史研究》1999-4。

馬連儒：《中國共產黨創始錄》。北京：中國社會出版社，1991。

《馬林在中國的有關資料》增訂本。北京：人民出版社，1980。

茅盾：《我走過的道路》上冊。北京：生活‧讀書‧新知三聯書店香港分店，1981。

毛澤東：《毛澤東選集》共4卷。北京：人民出版社，1951–1960（；第二版，北京：人民出版社，1991）。

───：《毛澤東文集》1–8卷。北京：人民出版社，1993–1999。

───：《建國以來毛澤東文稿》1–13冊。北京：中央文獻出版社，1987–1998。

沐濤、孫科志：《大韓民國臨時政府在中國》。上海：上海人民出版社，1992。

裴桐：〈1956年赴蘇聯接收檔案追憶〉，《黨的文獻》1989-5。

彭煥才：〈留日學生與中國共產黨的創立〉，《湘潭大學學報》1992-4。

彭述之:《彭述之選集》第1卷。香港:十月出版社,1983。

彭述之著、程映湘譯:〈被遺忘了的中共建黨人物〉,《爭鳴》(香港)68期,1983。

彭澤湘:〈自述〉,《黨史研究資料》1983-1。

齊得平:《我管理毛澤東手稿》。北京:中央文獻出版社,2015。

齊衛平:〈施存統著《非孝》引起一場軒然大波〉,《民國春秋》1990-1。

───:〈施復亮傳〉,《中國各民主黨派史人物傳》1。北京:華夏出版社,1991。

錢聽濤:〈也談1921年「三月代表會議」──與蘇開華商榷〉,《中共黨史研究》1993-1。

───:〈關於張太雷如何加入中共及與此有關的一些問題〉,張太雷研究會編:《張太雷研究學術論文集》。南京:南京大學出版社,1993。

───:〈我對1921年「三月代表會議」的看法〉,《中共黨史通訊》1994-6。

───:〈張太雷在1921年〉,《北京黨史研究》1996-3。

邱捷:〈「路博將軍」及其同孫中山、陳炯明的會見〉,《學術研究》1996-3。

瞿秋白:《瞿秋白文集(文學編)》第1卷。北京:人民文學出版社,1985。

───:《瞿秋白文集(政治理論編)》共7卷。北京:人民出版社,1987–1996。

瞿秋白、張太雷、惲代英研究會等編:《張太雷研究史料選》。北京:中央文獻出版社,2007。

任建樹:《陳獨秀大傳》。上海:上海人民出版社,1999。

任武雄:〈一篇重要報告的作者考──兼談中國社會主義青年團中央成立時間〉,《黨史研究資料》1991-6。

───編:《中國共產黨創建史研究文集》。上海:百家出版社,1991。

───:〈1920年陳獨秀建立的社會主義研究社──兼談上海「馬克思主義研究會」的問題〉,《黨史研究資料》1993-4。

───:〈對「社會主義者同盟」的探索〉,《黨史研究資料》1993-6。

───:〈建黨時期的中俄通訊社和華俄通訊社〉,《黨史研究資料》1994-11。

───:〈中共創建史上兩個問題的探索〉,《上海黨史研究》1996-3。

───:〈關於《共產主義與知識階級》的作者問題的再商榷〉,《上海革命史資料與研究》5輯,2005。

───:〈試對「南陳北李相約建黨」問題的破解〉,《黨史研究與教學》2007-3。

───:〈關於中共「一大」南湖會議日期的考證〉,《上海革命史資料與研究》7輯,2007。

任武雄、陳紹康:〈《共產黨宣言》陳譯本出版時間補證〉,《黨史資料叢刊》1981-3。

任止戈(任武雄)：〈讀史札記〉，《黨史研究資料》1983-7。

沙健孫編：《中國共產黨的創建》。長沙：湖南教育出版社，1995。

上海革命歷史博物館(籌)編：《上海革命史研究資料》。上海：上海三聯書店，1991。

———編：《上海革命史資料與研究》1輯。上海：開明出版社，1992。

上海市中共黨史學會編：《俞秀松文集》。北京：中共黨史出版社，2012。

邵維正：〈關於中國共產黨第一次全國代表大會召開日期的初步考證〉，《黨史研究資料》1979-9。

———：〈中國共產黨第一次全國代表大會召開日期和出席人數的考證〉，《中國社會科學》1980-1。

———：〈「七一」的由來〉，《黨史研究》1980-1。

———：《中國共產黨創建史》。北京：解放軍出版社，1991。

———：〈板凳需坐十年冷 文章不寫一句空 ——對中共一大考證的回憶〉，《中共黨史研究》2000-4。

———：〈新時期黨的創建研究述評〉，《黨的文獻》2001-1。

———編：《日出東方：中國共產黨創建紀實》。北京：人民出版社，2011。

舍維廖夫：〈有關孫中山的幾件資料〉，《國外中國近代史研究》3，1982。

沈德純、田海燕：〈中國共產黨「一大」的主要問題 ——訪問第一次代表大會代表董必武同志〉，《人民日報》1961.6.30。

沈海波：〈任弼時首次赴蘇時間考〉，《中國青運》1990-4。

———：〈中共「一大」八月一日閉幕考〉，《上海黨史》1990-7。

———：〈中國社會主義青年團1921年5月解散的問題 ——兼論外國語學社結束的時間〉，《黨史研究資料》1990-8。

———：〈外國語學社學生赴俄時間考〉，《上海黨史》1992-9。

———：〈試論社會主義者同盟〉，《黨史研究與教學》1998-1。

———：〈論中共「一大」會議的發起籌備問題〉，《黨史研究與教學》1997-7。

沈劍勇：〈也談中共「一大」會議閉幕日期問題〉，《上海革命史資料與研究》11輯，2011。

沈以行等編：《上海工人運動史》上卷。沈陽：遼寧人民出版社，1991。

沈雲龍：《中國共產黨之來源》。台北：中國青年黨黨史委員會，1987。

沈之瑜：〈「一大」會址是怎樣找到的〉，《上海灘》1988-10。

施復亮(施存統)：〈中國共產黨成立時期的幾個問題〉，《黨史資料叢刊》1980-1。

〈十月革命影響及中蘇關係文獻檔案選輯〉，《近代史資料》1957-5。

石川禎浩：〈中共創立時期施存統在日本的檔案資料〉，《黨史研究資料》1996-10。

───：〈中共創建史研究述評〉，曾慶榴、洪小夏主編：《中國革命史研究述論》。香港：華星出版社，2000。

───：《中國近代歷史的表與裡》。北京：北京大學出版社，2015。

───：〈中國共產黨編纂黨史資料的進程（1929–1955）〉，《中共黨史研究》2017-6。

───：《「紅星」是怎樣升起的 ── 毛澤東早期形象研究》。香港：香港中文大學出版社，2020。

石克強（舍維廖夫）：〈孫中山與遠東電訊社（1920–1921）〉，中國孫中山研究學會編：《孫中山和他的時代》。北京：中華書局，1989。

───：〈有關孫中山的幾件資料〉，《國外中國近代史研究》3，1982。

舒懷：〈深切地懷念敬愛的董老〉，《人民日報》1977.4.2。

司馬璐：《中共的成立與初期活動》。香港：自聯出版社，1974。

宋霖：《李大釗家族史研究》。合肥：安徽人民出版社，2005。

宋亞文：《施復亮政治思想研究（1919–1949）》。北京：人民出版社，2006。

蘇長聚：〈關於《陳獨秀傳》（上）一書中幾處史實的訂正與商榷〉，《中共黨史通訊》1991-6。

蘇開華：〈關於中國共產黨創立幾個問題的辨正〉，《中共黨史研究》1992-4。

───：〈1921年「三月代表會議」性質辨析〉，《黨史研究與教學》1995-5。

《蘇聯陰謀文證彙編》（京師警察廳，1928）。

索特尼科娃：〈負責中國方面工作的共產國際機構〉，《國外中共黨史研究動態》1996-4。

唐寶林：《陳獨秀全傳》。香港：香港中文大學出版社，2011。

───編：《馬克思主義在中國100年》。合肥：安徽人民出版社，1997。

唐寶林、林茂生：《陳獨秀年譜》。上海：上海人民出版社，1988。

唐德剛編：《胡適口述自傳》。上海：華東師範大學出版社，1992。

唐振南：〈何叔衡出席了中共「一大」──答馮先生的來信〉，《上海革命史資料與研究》9輯，2009。

陶水木：〈施存統對馬克思主義早期傳播的貢獻〉，《杭州師範學院學報》1991-4。

田保國：《民國時期中蘇關係》。濟南：濟南出版社，1999。

田子渝：《惲代英傳記》第二版。武漢：湖北人民出版社，1995。

───：〈《中國共產黨成立史》是非的三個問題〉，《黨史研究與教學》2007-1。

───：〈也談學風與方法──對許全興先生的回應〉，《黨史研究與教學》2009-5。

───：《馬克思主義在中國初期傳播史（1918–1922）》。北京：學習出版社，2012。

汪佩偉：《江亢虎研究》。武漢：武漢出版社，1998。

汪之成：《上海俄僑史》。上海：上海三聯書店，1993。

王迪先：〈關於上海外國語學社和赴俄學習的幾個問題〉，《黨史研究資料》1985-1。

王國榮：〈中共「一大」結束日期新探〉，《浙江學刊》1984-3。

王會悟：〈我為黨的「一大」安排會址〉，《革命史資料》1。北京：文史資料出版社，1980。

王繼凱：〈中國共產黨加入共產國際問題再研究〉，《中共黨史研究》2013-1。

王健民：《中國共產黨史稿》第1編。台北：正中書局，1965。

王聿均：《中蘇外交的序幕》。台北：中央研究院近代史研究所，1963。

王炯華：《李達與馬克思主義哲學在中國》。武昌：華中理工大學出版社，1988。

———：《李達評傳》。北京：人民出版社，2004。

王覺源：《中國黨派史》。台北：正中書局，1983。

王來棣：《中共創始人訪談錄》。香港：明鏡出版社，2008。

王龍騰、蔡文傑：〈共產國際三大上中國代表資格之爭及其意義——兼論張太雷在中國共產黨創建史上的貢獻〉，《中共創建史研究》4輯，2019。

王明哲：〈做好革命歷史文件資料的徵集工作〉，《黨史資料通訊》1981-23。

———：〈中央檔案館一九八一年徵集工作簡況〉，《黨史資料通訊》1982-3。

王其彥：〈陳獨秀沒出席中共「一大」的原因〉，《齊魯學刊》1991-4。

王奇生：〈取徑東洋、轉道入內——留日學生與馬克思主義在中國的傳播〉，《中共黨史研究》1989-6。

王若飛：〈關於大革命時期的中國共產黨〉，《近代史研究》1981-1。

王素莉：〈「五四」前後馬克思主義在中國傳播的若干問題探討——也評石川禎浩《中國共產黨成立史》的有關論述〉，《中共黨史研究》2010-5。

王述觀：〈中共一大前曾召開過三月代表會議〉，《中共黨史研究》1988-4。

———〈關於張太雷致共產國際「三大」報告的幾個問題〉，《黨史研究資料》1991-8。

王維舟：〈我的回憶〉，《中共黨史資料》1輯，1982。

王文彬編：《中國報紙的副刊》。北京：中國文史出版社，1988。

王憲明、楊琥：〈五四時期李大釗傳播馬克思主義的第二陣地——《晨報副刊》傳播馬克思主義的貢獻與意義〉，《安徽大學學報》2011-4。

王曉秋：〈李大釗與五四時期的中日文化交流〉，《李大釗研究論文集——紀念李大釗誕辰一百週年》。北京：北京大學出版社，1989。

王學啟、張繼昌：〈對中國共產黨是馬克思列寧主義同中國工人運動相結合的產物的再認識〉，《杭州大學學報(哲社版)》1989-3。

王章陵：《中國共產主義青年團史論 (1920–1927)》。台北：國立政治大學東亞研究所，1973。

王政明：《蕭三傳》。北京：北京圖書館出版社，1996。

《維經斯基在中國的有關資料》。北京：中國社會科學出版社，1982。

魏建克：《文本話語與歷史記憶——1921–1951年中國共產黨的「七一」紀念》。北京：人民出版社，2012。

吳殿堯編：《親歷者説：建黨紀事》。北京：解放軍出版社，2011。

吳二華：〈誰更早考證出了「淵泉」不是李大釗？——兼與石川禎浩先生商榷〉，《黨史研究與教學》2006-6。

———：〈陳溥賢在李大釗接觸河上肇馬克思主義觀點時的仲介作用〉，《中共天津市委黨校學報》2007-1。

———：〈關於「淵泉」筆名的學術史考證〉，《史學月刊》2008-1。

吳家林、謝蔭明：《北京黨組織的創建活動》。北京：中國人民大學出版社，1991。

吳相湘：〈陳炯明與俄共中共關係初探〉，《中國近代現代史論集》27編。台北：台灣商務印書館，1986。

伍仕豪：〈陳望道翻譯的《共產黨宣言》初版時間略考〉，《黨史資料叢刊》1981-1。

西安師專馬列主義教研室黨史組、西北大學政治理論系黨史教研室合編刊：《中共「一大」資料彙編》。西安：西北大学出版社，1979。

奚金芳、邵敏編：《何孟雄研究文集》。南京：江蘇人民出版社，1992。

向青：《共產國際和中國革命關係的歷史概述》。廣州：廣東人民出版社，1983。

———：《共產國際與中國革命關係論文集》。上海：上海人民出版社，1985。

———：《共產國際和中國革命關係史稿》。北京：北京大學出版社，1988。

———等編：《蘇聯與中國革命》。北京：中央編譯出版社，1994。

蕭超然：〈關於「南陳北李，相約建黨」之我見〉，《百年潮》2001-7。

蕭鋒：《長征日記》。上海：上海人民出版社，1979。

蕭勁光：〈赴蘇學習前後〉，《革命史資料》3。北京：文史資料出版社，1981。

———：〈回憶參加旅俄支部前後的一些情況〉，《黨史資料叢刊》1981-1。

蕭三：〈毛澤東同志的初期革命活動〉，《解放日報》1944.7.1-2。

———：〈對《毛澤東故事選》的幾點重要更正〉，《北方文化》1卷6號，1946。

———：《毛澤東同志的青少年時代》。北京：新華書店，1949。

———：《毛澤東同志的青少年時代和初期革命活動》。北京：中國青年出版社，1980。

肖甡：〈關於王盡美「名字」的考證〉，《中共黨史研究》2001-6。

———《中共早期歷史探究》。上海：上海人民出版社，2013。

謝覺哉：《謝覺哉日記》。北京：人民出版社，1984。

謝蔭明：〈布爾特曼、繆勒爾與中國早期馬列主義者的聯繫〉，《光明日報》
　　　1991.6.12。

謝英伯：〈人海航程〉《革命人物志》19集。台北：中央文物供應社，1978。

〈新發現的陳潭秋檔案資料影印件〉，《上海革命史資料與研究》13輯，2013。

熊月之、高俊：《中共「一大」的歷史空間》。北京：北京師範大學出版社，
　　　2013。

徐萬民：〈伊文與伊鳳閣辨〉，《中共黨史研究》1993-5。

徐相文：〈從蘇俄的亞洲戰略看中共「一大」以前的建黨活動〉，《國史館館刊》
　　　復刊第23期，1997。

徐有禮：〈五四前後中國報刊對共產國際的介紹〉，《黨史研究資料》1986-11。

徐雲根、信洪林、張玉菡：〈陳潭秋《中共第一次大會的回憶》版本考述〉，
　　　《上海革命史資料與研究》11輯，2011。

徐正明等編譯：《共產國際與中國革命——蘇聯學者論文選譯》。成都：四
　　　川人民出版社，1987。

旭文：《邵飄萍傳略》。北京：北京師範學院出版社，1990。

許全興：〈學風與方法——對田子渝先生遲到的回應〉，《黨史研究與教學》
　　　2009-3。

薛承、封春陽：〈十年來黨的創立時期研究述評〉，《中共黨史研究》1991-2。

薛銜天：〈關於旅俄華工聯合會機關報《大同報》〉，《近代史研究》1991-3。

———等編：《中蘇國家關係史資料彙編(1917–1924年)》。北京：中國社會
　　　科學出版社，1993。

薛銜天、李玉貞：〈旅俄華人共產黨及其在華建黨問題〉，《近代史研究》
　　　1989-5。

楊冬權：〈破解中共一大之謎——中央檔案館藏中共一大檔案介紹〉，《黨的
　　　文獻》2011-3。

楊福茂：〈俞秀松對創建中國共產黨和社會主義青年團的貢獻〉，《中共黨史
　　　研究》2000-5。

楊紀元：〈毛澤東不可能在北京看到陳譯本《共產黨宣言》〉，《黨史研究資料》
　　　1981-2。

———：〈「淵泉」不是李大釗筆名〉，《黨史研究資料》1987-10。

楊奎松：〈李大釗與河上肇——兼談李大釗早期的馬克思主義觀〉，《黨史研
　　　究》1985-2。

———：〈有關中國早期共產主義組織的一些情況〉，《黨史研究資料》1990-4。

———：《中間地帶的革命——中國革命的策略在國際背景下的演變》。北京：中共中央黨校出版社，1992。

———：〈遠東各國共產黨及民族革命團體代表大會的中國代表問題〉，《近代史研究》1994-2。

———：〈從共產國際檔案看中共上海發起組建立史實〉，《中共黨史研究》1996-4。

———：《中共與莫斯科的關係(1920–1960)》。台北：東大圖書公司，1997。

楊奎松、董士偉：《海市蜃樓與大漠綠洲——中國近代社會主義思潮研究》。上海：上海人民出版社，1991。

楊匏安：《楊匏安文集》。北京：中央文獻出版社，1996。

楊世元：〈1920年的「重慶共產主義組織」析解〉，《重慶黨史研究資料》1996-1。

楊雲若、楊奎松：《共產國際和中國革命》。上海：上海人民出版社，1988。

葉蠖生：〈對《關於中共「一大」代表人數的幾種說法》一文的質疑〉，《黨史研究資料》1979-14。

葉孟魁：〈一篇有重要歷史意義的文獻〉，《中共黨史研究》1990-5。

葉孟魁、趙曉春：〈出席共產國際三大的中國代表團人員考〉，《中共黨史研究》2015-11。

葉明勳、黃雪邨：〈追憶陳博生先生〉，《傳記文學》39卷1期，1981。

葉永烈：《紅色的起點》。上海：上海人民出版社，1991；新版：北京：人民文學出版社，2020。

———：《葉永烈採訪手記》。上海：上海社會科學院出版社，1993。

———：〈查清中共「一大」密探之謎（下）〉，《世紀》2016-5。

《一大回憶錄》（北京：知識出版社，1980）。

遊者：《新俄回想錄》。北京：軍學編輯局，1925。

余敏玲：〈蘇聯境內出版的中文期刊1918–1937〉，《前進報》。台北：中央研究院近代史研究所，1996。

余世誠：〈參加共產國際「三大」的另一名中國共產黨人是楊明齋〉，《黨史研究資料》1984-1。

余世誠、劉明義：《中共山東地方組織創建史》。青島：石油大學出版社，1996。

余世誠、張升善：《楊明齋》。北京：中共黨史資料出版社，1988。

虞崇勝：〈「南陳北李、相約建黨」的時間和地點〉，《江漢論壇》1986-5。

曾長秋：〈對中國共產黨成立時期幾個史實的考證〉，《史學月刊》1992-4。

曾成貴：《錘頭鐮刀旗下——中共建黨之路與共產國際》。福州：福建人民出版社，2017。

翟作君等:〈新民主主義革命時期中華全國學生聯合會歷次代表大會介紹〉,《青運史研究》1984-1–1985-2。

翟作君、蔣志彥:《中國學生運動史》。上海:學林出版社,1996。

張國燾:《我的回憶》第1冊。香港:明報月刊出版社,1971。

〈張國燾關於中共成立前後情況的講稿〉,《百年潮》2002-2。

張惠芝:《「五四」前夕的中國學生運動》。太原:山西教育出版社,1996。

張景:〈安那其主義在中國的傳播活動斷片〉,《文史資料選輯》90輯,1983。

張靜盧輯注:《中國現代出版史料》甲編。北京:中華書局,1954。

張靜如:〈從「淵泉」不是李大釗筆名說起〉,《黨史研究與教學》2006-6。

張靜如等編:《李大釗生平史料編年》。上海:上海人民出版社,1984。

張珂、張文琳:〈蘇俄、共產國際人士在華馬克思主義宣傳活動〉,《歷史教學》2015-11。

張朋園:《梁啟超與民國政治》。台北:食貨出版社,1978。

張太雷:《張太雷文集》。北京:人民出版社,1981。

———:《張太雷文集(續)》。南京:江蘇人民出版社,1992。

———:《張太雷文集》。北京:人民出版社,2013。

張太雷研究會編:《張太雷研究學術論文集》。南京:南京大學出版社,1993。

———編印:《張太雷研究文集》。常州:1998。

張衛波:〈「大同黨」與中共早期組織關係考 —— 黃介民《三十七年遊戲夢》為例〉,《上海革命史資料與研究》11輯,2011。

張西曼:《歷史回憶》。上海:濟東印書社,1949。

張小曼:〈尋找張西曼譯《俄國共產黨黨綱》早期中譯本〉,《黨的文獻》2002-3。

———編:《張西曼紀念文集》。北京:中國文史出版社,1995。

張玉菡:〈中共一大代表陳潭秋莫斯科之行述論〉,《黨的文獻》2016–1。

———:〈中共一大代表從部分展示到全面展示的歷程〉,《中國文物報》2018.7.25。

張旭東:〈中共上海早期組織名稱考〉,《黨的文獻》2011-4。

張允侯等編:《五四時期的社團》共4冊。北京:生活‧讀書‧新知三聯書店,1979。

張召奎:《中國出版史概要》。太原:山西人民出版社,1985。

張鍾、陳志瑩:〈包惠僧出席中共一大身份問題考證〉,《江漢論壇》1982-3。

趙朴:〈中國共產黨組織史資料(一)〉,《黨史研究》1981-2。

鄭洸:〈「團先於黨而誕生」辨析〉,《黨的文獻》2010-5。

鄭佩剛:〈無政府主義在中國的若干史實〉,《廣州文史資料》7輯,1963。

鄭學稼:《中共興亡史》共4冊。台北:帕米爾書店,1984再版。

中共北京市委黨史研究室:《北京青年運動史料》。北京:北京出版社,
　　1990。

中共黨史人物研究會編:《中共黨史人物傳》1–89卷。西安:陝西人民出版
　　社 / 中國人民大學出版社,1980–2018。

中共廣東省委黨史研究室:《中國共產黨廣東地方史》1。廣州:廣東人民出
　　版社,1999。

中共廣東省委黨史研究委員會辦公室、廣東省檔案館編刊:《「一大」前後的
　　廣東黨組織》(廣州:內部刊物,1981)。

中共嘉興市委宣傳部、嘉興市社會科學界聯合會、嘉興學院紅船精神研究中
　　心:《中國共產黨早期組織及其成員研究》。北京:中共黨史出版社,
　　2013。

中共上海市委黨史研究室:《中國共產黨上海史》共2冊。上海:上海人民出
　　版社,1999。

———編:《中國共產黨創立之路》。上海:上海人民出版社,2016。

中共上海市委黨史研究室、上海市文物局編:《中國共產黨早期在上海史
　　跡》。上海:同濟大學出版社,2013。

中共上海市委黨史資料徵集委員會編:《上海共產主義小組》。北京:知識出
　　版社,1988。

———編:《上海人民革命史畫冊》。上海:上海人民出版社,1989。

中共一大會址紀念館編刊:《上海地區建黨活動研究資料》。上海:內部刊
　　物,1986。

———編:《紅旗飄飄》31集。北京:中國青年出版社,1990。

———編:《中共一大代表早期文稿選編(1917.11–1923.7)》。上海:上海人
　　民出版社,2011。

———編:《鞠躬盡瘁戰鬥終生 —— 陳潭秋畫傳》。上海:上海人民出版
　　社,2014。

———編:《中共首次亮相國際政治舞台檔案資料集》。上海:上海人民出版
　　社,2016。

———編:《中共一大研究書評》。上海:學林出版社,2016。

———編:《偉大開端 —— 中國共產黨創建歷史陳列》。上海:上海人民出
　　版社,2017。

———編:《中共建黨前後革命活動留日檔案選編》。上海:上海人民出版
　　社,2018。

《中共一大嘉興南湖會議研究》。北京:中共黨史出版社,2018。

中共浙江省委黨史資料徵集研究委員會等編:《浙江一師風潮》。杭州:浙江
　　大學出版社,1990。

中共浙江省委黨史研究室編：《俞秀松紀念文集》。北京：當代中國出版社，1999。

中共中央黨史研究室：《中國共產黨歷史》上卷。北京：人民出版社，1991。

———：《光輝歷程——從一大到十五大》。北京：中共黨史出版社，1998。

———：《中國共產黨歷史 第一卷 (1921–1949)》，第2版，上冊。北京：中共黨史出版社，2011。

中共中央黨史研究室第一研究部編：《蘇聯、共產國際與中國革命的關係新探》。北京：中共黨史出版社，1995。

———編譯：《聯共 (布)、共產國際與中國國民革命運動 (1920–1925)》。北京：北京圖書館出版社，1997。

中共中央黨史研究室、中央檔案館編：《中國共產黨第一次全國代表大會檔案文獻選編》。北京：中共黨史出版社，2015。

———：《中國共產黨黨第六次全國代表大會檔案文獻選編》共2卷。北京：中共黨史出版社，2015。

中共中央黨史研究室一室：《〈中國共產黨歷史 (上卷)〉若干問題說明》。北京：中共黨史出版社，1991。

———：《〈中國共產黨歷史 (上卷)〉註釋集》。北京：中共黨史出版社，1991。

中共中央黨史資料徵集委員會編：《共產主義小組》共2冊。北京：中共黨史資料出版社，1987。

中共中央黨校科研辦公室：《社會主義思想在中國的傳播 (資料選輯)》共6冊。北京：中共中央黨校科研辦公室，1985–1987。

中共中央馬克思恩格斯列寧斯大林著作編譯局馬恩室編：《馬克思恩格斯著作在中國的傳播》。北京：人民出版社，1983。

中共中央馬克思恩格斯列寧斯大林著作編譯局研究室編：《五四時期期刊介紹》共6冊。北京：生活‧讀書‧新知三聯書店，1979。

中共中央文獻研究室編：《毛澤東年譜》共3卷。北京：人民出版社、中央文獻出版社，1993。

———編：《劉少奇傳》。北京：中央文獻出版社，1998。

———編：《任弼時傳 (修訂本)》。北京：中央文獻出版社，2000。

中國第二歷史檔案館：《中國無政府主義和中國社會黨》。南京：江蘇人民出版社，1981。

中國人民大學圖書館編：《解放區根據地圖書目錄》。北京：中國人民大學出版社，1989。

中國人民大學中共黨史系中國近現代政治思想史教研室編刊：《中國無政府主義資料選編》。北京：中國人民大學，1982。

中國社會科學院近代史研究所編：《五四運動回憶錄》上、下、續。北京：中國社會科學出版社，1979。

———編:《白堅武日記》共2冊。南京：江蘇古籍出版社，1992。

中國社會科學院近代史研究所，中國第二歷史檔案館史料編輯部編:《五四愛國運動檔案資料》。北京：中國社會科學出版社，1980。

中國社會科學院近代史研究所翻譯室編譯:《共產國際有關中國革命的文獻資料》共3冊。北京：中國社會科學出版社，1981–1990。

中國社會科學院文獻情報中心編:《俄蘇中國學手冊》共2冊。北京：中國社會科學出版社，1986。

中國社會科學院現代史研究室、中國革命博物館黨史研究室編《「一大」前後》共3冊。北京：人民出版社，1980–1984。

中華民國留俄同學會編:《六十年來中國留俄學生之風霜踔厲》。台北：中華文化基金會，1988。

中央檔案館:《中國共產黨第一次代表大會檔案資料》。北京：人民出版社，1982；增訂本：北京：人民出版社，1984。

———編:《中共黨史報告選編》。北京：中共中央黨校出版社，1982。

———編:《中共中央文件選集》第1冊。北京：中共中央黨校出版社，1989。

中央研究院近代史研究所編:《中俄關係史料　一般交涉　民國九年》。台北：中央研究院近代史研究所，1968。

鍾鳳:〈金侶琴 ——最早中譯列寧著作的人〉，《人物》1984–6。

鍾復光:〈鍾復光同志談施存統 (1980年2月9日)〉(未刊稿)。

周恩來:《周恩來選集》共2卷。北京：人民出版社，1984。

周佛海:〈我的奮鬥〉，《古今月刊》2期，1942。

周文琪、褚良如:《特殊而複雜的課題 ——共產國際、蘇聯和中國共產黨關係編年史》。武漢：湖北人民出版社，1993。

周永祥:《瞿秋白年譜新編》。上海：學林出版社，1992。

周子信:〈駁張國燾的一個謊言 ——關於何叔衡中共「一大」代表資格的考證〉，《新時期》1981–6。

———:〈「一大」時張太雷不是馬林的翻譯〉《黨史研究資料》1981–12。

———:〈黨的「一大」閉幕日期是八月二日〉，《革命史資料》1986–2。

朱枕薪:〈中國共產黨運動之始末〉，《新國家雜誌》1卷8號，1927。

朱成甲:〈五四時期馬克思主義傳播與李大釗歷史作用問題的探討 ——兼評石川禎浩《中國共產黨成立史》的有關論述〉，《中共黨史研究》2009–8。

莊福齡編:《中國馬克思主義哲學傳播史》。北京：中國人民大學出版社，1988。

〔雜誌、報紙〕

《北京大學日刊》，《晨報》，《晨鐘報》，《共產黨》，《廣東群報》，《廣州民國日報》，《漢口民國日報》，《建設》，《解放與改造》，《今日》，《勞動》，《勞動界》，《勞動者》，《每週評論》，《民國日報》，《民聲》，《青年週

刊》，《少年中國》，《申報》，《時事新報》，《先驅》，《新潮》，《新青年》，
《新中國》，《星期評論》，《益世報》，《中國青年》，《中央副刊》

【日語文獻】（按編著者人名漢字拼音排序）

坂井洋史：〈山鹿泰治と中國 ——《たそがれ日記》に見る日中アナキストの
　　交流〉，《貓頭鷹》2號，1983。
———：〈五四時期の學生運動斷面：《陳昌標日記》に見る「一師風潮」〉，
　　《言語文化》26號，1989。
本莊比佐子：〈上海共產主義グループの成立をめぐって〉，《論集 近代中國
　　研究》。東京：山川出版社，1981。
波多野乾一：〈中國共產黨の成立〉，《最近支那年鑒(昭和10年版)》。東京：
　　東亞同文會，1935。
———編：《資料集成 中國共產黨史》第1卷。東京：時事通信社，1961。
布施勝治：《ソウエート東方策》。北京：燕塵社，1926。
朝鮮總督府警保局：《大正十一年 朝鮮治安狀況》第2卷。東京：高麗書林，
　　1989複刻。
川端正久：《コミンテルンと日本》。京都：法律文化社，1982。
———：〈極東諸民族大會と中國〉，《思想》790–791號，1990。
村田雄二郎：〈陳獨秀在廣州(1920–21年)〉，《中國研究月報》496號，1989
　　(中文摘譯見《國外中共黨史研究動態》1990-6)。
村田陽一：〈最初に日本へ紹介されたレーニンの文獻〉，《經濟》72號，
　　1970。
———：〈資料 日本共產黨準備委員會の宣言·規約(1921年4月)〉，勞動運
　　動史研究會編：《日本の統一戰線運動》。東京：勞動旬刊社，1976。
嵯峨隆：〈劉師復死後の《民聲》について〉，《法學研究》68卷2號，1995。
———：〈陳炯明支配下の新文化運動 —— 閩南護法區を中心に〉，小島朋
　　之，家近亮子編：《歷史の中の中國政治 —— 近代と現代》。東京：
　　勁草書房，1999。
———：等編譯《中國アナキズム運動の回想》。東京：綜和社，1992。
大村泉：〈幸德秋水/堺利彥譯《共產黨宣言》の成立 傳承と中國語譯への影
　　響〉，《大原社會問題研究所雜誌》603號，2009。
大島清：〈日本語版《共產黨宣言》書誌〉，櫛田民藏著、大內兵衛補修：《《共
　　產黨宣言》の研究》。東京：青木書店，1970。
大杉榮著，飛鳥井雅道校訂：《自敘傳·日本脫出記》。東京：岩波書店，
　　1971。

大塚令三：〈中國共產黨の成立期に就て〉，《滿鐵支那月誌》第7年1號，1930。

———：《支那共產黨史》共2卷。生活社，1941。

島田大輔：〈日中戰爭期中國の日本通ジャーナリストの對日認識　陳博生（中央通訊社東京特派員・總編輯）の軌跡〉，《メディア史研究》48期，2020。

德田球一：〈わが思い出〉《德田球一全集》第5卷。東京：五月書房，1986。

飯倉照平：〈北京週報と順天時報〉，《朝日ジャーナル》1972.4.21。

蜂屋亮子：〈中國共產黨第一次代表大會文獻の重譯と、大會會期・代表についての論考〉，《お茶の水史學》31號，1988。

高瀨清：《日本共產黨創立史話》。東京：青木書店，1978。

關忠果等：《雜誌〈改造〉の四十年》。東京：光和堂，1977。

關口安義：《特派員芥川龍之介》。東京：每日新聞社，1997。

河上肇：《河上肇全集》共36卷。東京：岩波書店，1982–1986。

和田春樹：《ニコライ・ラッセル——國境を越えるナロードニキ》。東京：中央公論社，1973。

賀婷：〈陳望道譯《共產黨宣言》(1920年)の翻譯底本について〉，《マルクス・エンゲルス・マルクス主義》49號，2008。

後藤延子：〈李大釗における過渡期の思想——「物心兩面の改造」について〉，《日本中國學會報》22集，1970。

———：〈李大釗資料拾遺、並びに覺書〉，信州大學《人文科學論集》21號，1987。

———：〈日本における中國近代思想史研究〉，《中國研究月報》491號，1989。(中譯見：《國外中國近代史研究》17，1990。)

———：〈李大釗と日本文化——河上肇・大正期の雜誌〉，《信州大學人文學部特定研究報告書》1990。

———：〈李大釗とマルクス主義經濟學〉，信州大學《人文科學論集》26號，1992。

吉野作造：《吉野作造選集》共16卷。東京：岩波書店，1995–1997。

姜德相：《呂運亨評傳》第1卷。東京：新幹社，2002。

江田憲治：《五四時期の上海勞動運動》。京都：同朋舍，1992。

———：〈孫文の上海機器工會における演說〉，《孫文研究》14號，1992。

芥川龍之介：《芥川龍之介全集》第5，11卷。東京：岩波書店，1977，1978。

金原左門：《昭和への胎動》。東京：小學館，1988。

近藤榮藏：《コミンテルンの密使》。東京：文化評論社，1949。

堀江則雄：《極東共和國の夢》。東京：未來社，1999。

末次玲子：〈五‧四運動と國民黨勢力〉，中央大學人文科學研究所編：
　　《五‧四運動史像の再檢討》。東京：中央大學出版部，1986。
木下義介：《上海ニ於ケル過激派一般（大正 11 年 6 月）》。東京：內務省警保
　　局，1922。
南博、社會心理研究所：《大正文化 1905–1927》新裝版。東京：勁草書房，
　　1987。
片岡一忠：《天津五四運動小史》。京都：同朋舍，1982。
片山政治編：《日本共產黨史（戰前）》。東京：公安調查廳，1962; 東京：現
　　代史研究會復刻版，1962。
朴慶植編：《在日朝鮮人關係資料集成》第 1 卷。東京：三一書房，1975。
平記念事業會：《平貞藏の生涯》。東京：平記念事業會，1980。
平野正：《中國の知識人と民主主義思想》。東京：研文出版，1987。
青谷政明：〈外國語學社（上海）ノート〉，《地域綜合研究》20 卷 1 號，1992。
─────：〈赤都へ──外國語學社とその學生が辿ったロシアへの道〉，鹿兒
　　島經濟大學地域綜合研究所編：《近代東アジアの諸相》。東京：勁草書
　　房，1995。
青柳達雄：〈李人傑について──芥川龍之介《支那遊記》中の人物〉，《國文
　　學 言語と文藝》103 號，1988。
清水安三：《支那新人と黎明運動》。東京：大阪屋號書店，1924。
─────：〈回憶魯迅──回想の中國人（1）〉，櫻美林大學《中國文學論叢》1
　　號，1968。
清水賢一郎：〈革命と戀愛のユートピア──胡適の「イプセン主義」と工讀
　　互助團〉，《中國研究月報》573 號，1995。
萩野修二：〈「支那通」について〉，《中國研究月報》554 號，1994。
─────：〈ある「支那通」の軌跡──澤村幸夫について〉，《中國文學會紀要》
　　15 號，1994。
犬丸義一：《第一次共產黨史の研究 增補 日本共產黨の創立》。東京：青木
　　書店，1993。
仁木ふみ子：《震災下の中國人虐殺》。東京：青木書店，1993。
日本國際問題研究所中國部會編：《中國共產黨史資料集》第 1 卷。東京：勁
　　草書房，1970。
《日本外務省特殊調查文書》共 62 冊。東京：高麗書林，1989 復刻。
三田剛史：《甦る河上肇──近代中國の知の源泉》。東京：藤原書店，
　　2003。
森時彥：〈旅歐中國共產主義青年團の成立〉，《東方學報》（京都）52 冊，
　　1980。（中譯見：《國外中國近代史研究》3，1982。）
─────：〈中國における勤工儉學運動研究の動向〉，《東洋史研究》40 卷 4
　　號，1982。

———：〈中國共產黨旅歐支部の成立〉，《愛知大學國際問題研究所紀要》80
　　號，1985。

砂山幸雄：〈"五四"の青年像——惲代英とアナーキズム〉，《アジア研究》
　　35卷2號，1989。

山邊健太郎：〈パリ・コミューン百年と日本〉，《圖書》1971-8。

山川菊榮：〈外國の方はそう讀んだのか——意外だった巴金氏の抗議〉，
　　《中國》49號，1967。

山內昭人：〈片山潛の盟友リュトヘルスとインタナショナル(VII)〉，《宮崎
　　大學教育學部紀要(社會科學)》75號，1993。

———：《リュトヘルスとインタナショナル研究——片山潛・ボリシェヴ
　　ィキ・アメリカレフトウイング》。ミネルヴァ書房，1996。

———：〈ボリシェヴィキ文獻と初期社會主義——堺・高畠・山川〉，《初
　　期社會主義研究》10號，1997。

———：〈日本社會主義者とコミンテルン・アムステルダム・サブビュー
　　ローとの通信、1919–1920年〉，《大原社會問題研究所雜誌》499號，
　　2000。

山泉進：〈大杉榮、コミンテルンに遭遇す——(付)李增林聽取書・松本愛
　　敬關係資料〉，《初期社會主義研究》15號，2002。

山下恆夫：〈薄幸の先驅者・丸山昏迷〉，《思想の科學》1986.9–12。

單援朝：〈上海の芥川龍之介——共產黨の代表者李人傑との接觸〉，《日本
　　の文學》8集，1990。

上杉一紀：《ロシアにアメリカを建てた男》。東京：旬報社，1998。

上田秀明：《極東共和国の興亡》。東京：アイベックプレス，1990。

社會文庫編：《社會主義者・無政府主義者人物研究史料(1)》。東京：柏書
　　房，1964。

石川禎浩：〈李大釗のマルクス主義受容〉，《思想》803號，1991。

———：〈東西文明論と日中の論壇〉，古屋哲夫編：《近代日本のアジア認
　　識》。京都：京都大學人文科學研究所，1994。

———：〈中國「ニセ」共產黨始末——近藤榮藏の接觸した中國の「共產
　　黨」〉，《飆風》30號，1994。

———：〈施存統と中國共產黨〉，《東方學報》(京都)68冊，1996。

———：〈吉野作造と1920年の北京大學學生訪日團〉，《吉野作造選集 月報》
　　14號。東京：岩波書店，1996。

———：〈中國"ニセ"共產黨始末(續)——姚作賓は生きていた〉，《飆風》
　　32號，1997。

石川忠雄：《中國共產黨史研究》。東京：慶應通信，1959。

石堂清倫：〈堺利彥と《共產黨宣言》その他〉，《初期社會主義研究》10號，
　　1997。

水野直樹：〈コミンテルンと朝鮮 ──── 各大會の朝鮮代表の檢討を中心に〉,《朝鮮民族運動史研究》1號, 1984。

水羽信男：〈施復亮の"中間派"論とその批判をめぐって〉, 今永清二編：《アジアの地域と社會》。東京：勁草書房, 1994。

松尾尊兊：《大正デモクラシーの研究》。東京：青木書店, 1966。

──── ：〈創立期日本共產黨史のための覺書〉,《京都大學文學部研究紀要》19號, 1979。

──── 編：《續‧現代史資料 2 社會主義沿革》2。東京：みすず書房, 1986。

──── ：〈解説‧三浦鐵太郎小論〉, 松尾編：《大日本主義か、小日本主義か──三浦鐵太郎論説集》。東京：東洋經濟新報社, 1995。

──── ：《民本主義と帝國主義》。東京：みすず書房, 1998。

──── ：〈コスモ倶樂部小史〉,《京都橘女子大學研究紀要》26號, 2000。

孫安石：〈1920年代‧上海の中朝連帶組織──「中韓國民互助社總社」の成立、構成、活動を中心に〉,《中國研究月報》575號, 1996。

湯本國穗：〈五四運動狀況における戴季陶─「時代」の方向と中國の進む道〉,《千葉大學教養部研究報告》B-19, 1986。

藤井昇三：〈中國革命と第一次カラハン宣言〉,《アジア經濟》10卷10號, 1969。

藤井正：〈日本社會主義同盟の歷史的意義 ──《大同團結》から《協同戰線》へ〉, 增島宏編：《日本の統一戰線》上。東京：大月書店, 1978。

藤田正典：〈中國共產黨の初期全國代表大會關係文書について〉,《東洋學報》45卷3號, 1962。

──── ：〈中國共產黨第一次全國代表大會の參加代表、會期について〉,《近代中國》第8卷, 1980。

田中真人：《高畠素之──日本の國家社會主義》。東京：現代評論社, 1978。

同志社大學人文科學研究所編：《近藤榮藏自傳》。京都：ひえい書房, 1970。

《外務省警察史》共53卷。東京：不二出版復刻版, 2001。

丸山昏迷：《北京》。東京：大阪屋號書店, 1921。

丸山松幸：〈中共一全大會存疑〉,《中國研究月報》526號, 1991。

丸山松幸、齋藤道彦：《李大釗文獻目錄》。東京：東京大學東洋文化研究所, 1970。

味岡徹：〈"中國共產黨小組"をめぐる若干の問題〉,《駒澤大學外國語部論集》30號, 1989。

狹間直樹：《中國社會主義の黎明》。東京：岩波書店, 1976。

―――:〈五四運動の精神的前提 ―― 惲代英のアナキズムの時代性〉,《東方學報》(京都) 61 冊,1989。(中譯見:中國社會科學院科研局、《中國社會科學》雜誌社編:《五四運動與中國文化建設 ―― 五四運動七十週年學術討論會論文選》〔北京:社會科學文獻出版社,1989〕。)

―――:〈《民聲》解題〉,《民聲》原本復刻版。京都:朋友書店,1992。

―――等:《データでみる中國近代史》。東京:有斐閣,1996。

―――編:《共同研究 梁啟超 ―― 西洋近代思想受容と明治日本》。東京:みすず書房,1999。(中譯:《梁啟超・明治日本・西方》〔北京:社會科學文獻出版社,2001〕。)

小關信行:《五四時期のジャーナリズム》。京都:同朋舍,1985。

小野容照:〈殖民地期朝鮮・台灣民族運動の相互連帶に關する一試論 ―― その起源と初期變容過程を中心に〉,《史林》94 卷 2 號,2011。

小野信爾:〈五四時期の理想主義 ―― 惲代英のばあい〉,《東洋史研究》38 卷 2 號,1979。(中譯見:李良明等編:《惲代英學術討論會論文集》〔武漢:華中師範大學出版社,1985〕。)

―――:〈三一運動と五四運動〉,飯沼二郎、姜在彥編:《植民地期朝鮮の社會と抵抗》。東京:未來社,1982。

―――:〈勞工神聖の麵包 ―― 民國八年秋・北京の思想狀況〉,《東方學報》(京都) 61 冊,1989。(中譯見:中國社會科學院科研局、《中國社會科學》雜誌社編:《五四運動與中國文化建設 ―― 五四運動七十週年學術討論會論文選》〔北京:社會科學文獻出版社,1989〕。)

―――:〈五四運動前後の王光祈〉,《花園大學研究紀要》22 號,1990。

―――:《五四運動在日本》。東京:汲古書院,2003。

岩村登志夫:《コミンテルンと日本共產黨の成立》。東京:三一書房,1977。

鹽田莊兵衛編:《日本社會主義文獻解說》。東京:大月書店,1958。

―――:〈《共產黨宣言》の日本語譯をめぐって〉,《季刊 科學と思想》69 號,1988。

野村浩一:《近代中國の思想世界 ――〈新青年〉の群像》。東京:岩波書店,1990。

伊藤秀一:〈十月革命後の數年間におけるソヴェト・中國・朝鮮勤勞者の國際主義的連帶について〉,《歷史評論》162、163 號,1964。

―――:〈第一次カラハン宣言の異文について〉,神戶大學文學會《研究》41 號,1968。

―――:〈コミンテルンとアジア(一) ―― 第二回大會に關する覺書 (1)〉,大阪市立大學中國史研究會《中國史研究》6 號,1971。

———：〈コミンテルンとアジア（一）——第二回大會に關する覺書（2）〉，
　　神戶大學文學會《研究》47號，1971。
———：〈バクーの東方諸民族大會について〉，《神戶大學文學部紀要》1
　　號，1972。
———：〈20世紀のアジアとコミンテルン〉，《アジア歷史研究入門》第5卷。
　　京都：同朋舍，1984。
宇野重昭：《中國共產黨史序説》共2冊。東京：日本放送出版協會，1973–
　　1974。
原暉之：〈ロシア革命、シベリア戰爭と朝鮮獨立運動〉，菊地昌典編：《ロ
　　シア革命論》。東京：田畑書店，1977。
———：《シベリア出兵——革命と干涉 1917–1922》。東京：筑摩書房，
　　1989。
遠山茂樹等編：《山邊健太郎・回想と遺文》。東京：みすず書房，1980。
齋藤道彥譯：〈私のマルクス主義觀〉，櫻美林大學《中國文學論叢》2號，
　　1970。
———譯：〈物質變動と道德變動〉，櫻美林大學《中國文學論叢》5，6號，
　　1974，1976。
竹內實：《毛澤東》。東京：岩波書店，1989。（中譯：黃英哲、楊宏民譯：
　　《毛澤東》〔台北：自立晚報社文化出版部，1991〕。）

〔雜誌、報紙〕
《北京週報》，《大阪朝日新聞》，《東京日日新聞》，《東京朝日新聞》，《讀賣
　　新聞》，《改造》，《國民新聞》，《解放》，《勞動運動（第2次）》，《社會問
　　題研究》，《社會主義研究》，《時事新報》，《外事警察報》，《先驅》，《新
　　社會》，《新社會評論》

【韓語文獻】

金俊燁、金昌順：《韓國共產主義運動史》共5卷。首爾：高麗大學校亞細亞
　　問題研究所，1967–1976。
金昌順：《韓國共產主義運動史》。首爾：北韓研究所，1999。
孫春日：〈上海臨時政府與創建中國共產黨的初期活動（1919年9月–1921年
　　7月）〉，《白山學報》42號，1993。

【西語文獻】

Andréas, Bert. *Le Manifeste Communiste de Marx et Engels, Histoire et Bibliographie 1848–1918*. Milano: Feltrinelli, 1963.

Bernal, Martin. *Chinese Socialism to 1907*. Ithaca, N.Y.: Cornell University Press, 1976. (中譯：伯納爾著、丘權政等譯：《1907年以前中國的社會主義思潮》〔福州：福建人民出版社，1985〕。)

Bing, Dov. "Sneevliet and the Early Years of the CCP," *China Quarterly*, No. 48, 1971.

———. "The Founding of a Comintern Bureau in the Far East," *Issues & Studies*, Vol.8, No.7, 1972.

Cadart, Claude and Cheng Yingxiang. *L'Envol du communisme en Chine : Mémoires de Peng Shuzhi*. Paris: Gallimard, 1983.

Carr, E. H. *The Bolshevik Revolution: 1917–1923*, 3 vols. London: Macmillan, 1959–1961.

———. *1917 : Before and After*. London: Macmillan, 1969.

Chang Kuo-t'ao. *The Rise of the Chinese Communist Party, the Autobiography of Chang Kuo-t'ao*, Vol.1. Lawrence: University Press of Kansas, 1971.

Chapman, H. O. *The Chinese Revolution, 1926–27: A Record of the Period under Communist Control as Seen from the Nationalist Capital, Hankow*. London: Constable & Co. Ltd., 1928.

Chen, Joseph T. *The May Fourth Movement in Shanghai* (Leiden: E. J. Brill, 1971). (中譯：陳曾燾著、陳勤譯：《五四運動在上海》〔台北：台北經世書局，1981〕。)

Comintern Archive, 1917–1940. Congresses, microfiches, Leiden, 1994.

Dirlik, Arif. *The Origins of Chinese Communism*. New York: Oxford University Press, 1989.

Draper, Theodore. *The Roots of American Communism*. New York: Viking Press, 1957.

Eudin, Xenia J. and Robert C. North. *Soviet Russia and the East, 1920–1927*. Stanford: Stanford University Press, 1957.

Gouldner, Alvin W. *The Future of Intellectuals and the Rise of the New Class*. NewYork: Palgrave, 1979. (中譯：古爾德納著、杜維真等譯：《新階級與知識份子的未來》〔北京：人民文學出版社，2001〕。)

Isaacs, Harold R. "Documents on the Comintern and the Chinese Revolution," *China Quarterly*, No. 45, 1971. (中譯見《馬林在中國的有關資料》增訂本〔北京：人民出版社，1980〕，第22–31頁。)

Kasanin, Marc. *China in the Twenties*. Moscow: Central Dept Oriental Literature, 1973.

Kriukov, M. "The Winding Road to Alliance: Soviet Russia and Sun Yatsen (1918–1923)," *Far Eastern Affairs*, 1999, No. 2–3.

Lenin, N. and L. Trotzky. *The Proletarian Revolution in Russia,* edited with an Introduction, Notes and Supplementary Chapters by Louis C. Fraina. New York: The Communist Press, 1918.

Luk, Y. L. Michael. *The Origins of Chinese Bolshevism: An Ideology in the Making 1920–1928*. New York: Oxford University Press, 1990.

Meisner, Maurice. *Li Ta-chao and the Origins of Chinese Marxism*. Cambridge, Mass.: Harvard University Press, 1967. (中譯：邁斯納著、中共北京市委黨史研究室編譯組譯：《李大釗與中國馬克思主義的起源》〔北京：中共黨史資料出版社，1989〕。)

North, Robert C. *Moscow and the Chinese Communists*, 2nd ed. Stanford: Stanford University Press, 1963. (中譯：諾斯著、之聖譯：《莫斯科與中共》〔香港：亞洲出版社，1956〕——初版本的翻譯)

Norton, H. K. *The Far Eastern Republic of Siberia* London: George Allen & Unwin, Ltd., 1923.

Pantsov, Alexander. *The Bolsheviks and the Chinese Revolution: 1919–1927*. Honolulu: University of Hawai'i Press, 2000.

Protokoll des III Kongresses der Kommunistischen Internationale (Moskau, 22. Juni bis 12. Juli 1921), Hamburg: Verlag der Kommunistischen Internationale, 1921. (中譯《國際共產主義運動史文獻》編輯委員會編：《共產國際第三次代表大會文件 1921 年 6–7 月》(北京：中國人民大學出版社，1988。)

Reinsch, P. S. *World Politics at the End of the Nineteenth Century: as Influenced by the Oriental Situation* New York: MacMillan, 1900.

Revolutionary Radicalism. Report of the Joint Legislative Committee Investigating Seditious Activities, filed April 24, 1920, in the Senate of the State of New York, Vol.2, Albany, New York: J. B. Lyon, 1920.

RKP(B). Komintern und die national-revolutionare Bewegung in China: Dokumente. Band 1. (1920-1925). München: Schöningh, 1996.

Saich, Tony. *The Origins of the First United Front in China: The Role of Sneevliet (Alias Maring)*, 2 vols. Leiden: Brill, 1991.

———. *The Rise to Power of the Chinese Communist Party: Documents and Analysis*. New York, 1994.

Scalapino, R. A. *The Japanese Communist Movement, 1920–1966*. Berkeley: University of California Press, 1967.

Scalapino, R. A. and G. T. Yu. *The Chinese Anarchist Movement.* Berkeley: Center for Chinese Studies, University of California, 1961.

Scalapino, R. A. and , Chong-sik Lee. *Communism in Korea*, 2 vols. Berkeley: University of California Press, 1972.

Schwarcz, Vera. *Time for Telling Truth is Running Out: Conversations with Zhang Shenfu.* New Haven: Yale University Press, 1992. (中譯：舒衡哲著、李紹明譯：《張申府訪談錄》〔北京：北京圖書館出版社，2001〕。)

Schwartz, Benjamin I. *Chinese Communism and the Rise of Mao.* Cambridge, Mass.: Harvard University Press, 1951.

Smith, H. D. *Japan's First Student Radicals.* Cambridge, Mass.: Harvard University Press, 1972.

Smith, S. A. *A Road Is Made: Communism in Shanghai 1920–1927.* Richmond: Curzon Press, 2000.

Snow, Edgar. *Red Star over China.* NewYork: Random House, 1938(revised ed., 1968). (中譯《斯諾文集 第2卷 紅星照耀中國》〔新華書店，1984〕)

Suh, Dae-Sook. *The Korean Communist Movement: 1918–1948.* Princeton: Princeton University Press, 1967.

Trotzky, L. *The Bolsheviki and World Peace.* New York: Boni and Liveright, 1918.

Van de Ven, Hans J. *From Friend to Comrade: the Founding of the Chinese Communist Party 1920–1927*, Berkeley: University of California Press, 1991.

Wales, Nym. *Red Dust: Autobiographies of Chinese Communists.* Stanford: Stanford University Press, 1952.

Wales, Nym. *My Yenan Notebooks.* Madison, CT: Helen F. Snow, 1961.

Whiting, A. S. *Soviet Policies in China: 1917–1924.* Stanford: Stanford University Press, 1968.

Wilbur, C. M. *The Communist Movement in China: An Essay written in 1924 by Ch'en Kung-po* New York: East Asian Institue of Columbia University, 1960 [rev.1966]. (中譯：陳公博著、韋慕庭編、中國社會科學院近代史研究所翻譯室譯：《共產主義運動在中國》〔北京：中國社會科學出版社，1982〕。)

———. *Sun Yat-sen: Frustrated Patriot.* New York: Columbia University Press, 1976. (中譯：韋慕廷著、楊慎之譯：《孫中山——壯志未酬的愛國者》〔廣州：中山大學出版社，1986〕)

Wilbur, C. M. and How, J. L. *Missionaries of Revolution: Soviet Advisers and Nationalist China, 1920–1927.* Cambridge, Mass.: Harvard University Press, 1989.

Yeh, Wen-Hsin. *Provincial Passages, Culture, Space, and the Origins of Chinese Communism.* Berkeley: University of California Press, 1996.

〔雜誌〕

The Class Struggle

The Communist（Organ of the Communist Party of Great Britain）

The Communist（Organ of the Communist Party of America）

The Communist（Organ of the United Communist Party of America）

The Communist International

Die Kommunistische Internationale

The Fortnightly Review

The International Socialist Review

The Nation

The One Big Union Monthly

The Liberator

Soviet Russia

【俄語文獻】

Алексеев, М. *Советская военная разведка в Китае и хроника: "китайской смуты" (1922–1929)*, Москва, 2010.

Адибеков, Г. М., Шахназарова, Э. Н. / Шириня, К. К. *Организационная Структура Коминтерна: 1919–1943*, Москва, 1997.

Академия наук СССР. Институт Дальнего Востока, *Видные советские коммунисты участники китайской революции*, Москва, 1970.（中譯：蘇聯科學院遠東研究所編，張靜譯：《中國革命與蘇聯顧問：1920–1935年》〔北京：中國社會科學出版社，1981〕。）

ВКП(б), Коминтерн и Национально-Революционное Движение в Китае : Документы, Т. I. (1920–1925), Москва, 1994; Т.II. (1926–1927), Москва, 1996.

Болтунов, М. *Разведка "под крышей." Из истории спецслужбы*, Москва, 2015.

Гарушянц, Ю. М. Борьба Китайских Марксистов за создание Коммунистической Партии Китая, *Народы Азии и Африки*, 1961, №.3.

Горощенова, О. *Династия Полевых: сеять разумное, доброе, вечное…*, Иркутск, 2010.

Горбунова, С. А. Съезд народов Дальнего Востока и революционное движение в Китае, *Проблемы Дальнего Востока*, 1987, №.4.（戈爾布諾娃：〈遠東各國共產黨及民族革命團體代表大會與中國革命運動〉,《遠東問題》; 中譯見:《國外中國近代史研究》13，1989）

Далин, С. А. *Китайские Мемуары : 1921–1927*, Москва, 1975. (中譯：達林著、侯均初等譯：《中國回憶錄》〔北京：中國社會科學出版社，1981〕。)

Дальневосточная Политика Советской России: 1920–1922 гг., Новосибирск, 1996.

Ефимов, Г. В. *Сунь Ятсен. Поиск пути: 1914-1922*, Москва, 1981.

Капица, М. С. Важнейший документ из истории Советско-Китайских отношений, *Проблемы Дальнего Востока*, 1979, №.2.

Картунова, А. И. Профинтерн и профсоюзное движение в Китае (Из истории их взаимоотношений), *Народы Азии и Африки*, 1972, №.1. (卡爾圖諾娃：〈赤色工會國際與中國職工運動（相互關係史）〉,《亞非人民》; 中譯見：《國外中國近代史研究》20，1992。)

———Интернациональная помощь рабочему классу Китая (1920–1922 гг.), *Проблемы Дальнего Востока*, 1973, №.1. (〈對中國工人階級的國際援助〉,《遠東問題》; 中譯見：徐正明等編譯：《共產國際與中國革命 —— 蘇聯學者論文選譯》〔成都：四川人民出版社，1987〕。)

———К вопросу о контактах представителей Китайской секции РКП(б) с организациями КПК : По новым документам 1921–1922, *Проблемы Дальнего Востока*, 1988, №.2. (〈關於俄共（布）華人分部代表與中共組織的聯繫問題：據新發現的 1921–1922 年文獻寫成〉,《遠東問題》; 中譯見：《國外中國近代史研究》16，1990。)

———Забытый участник I съезда КПК, *Проблемы Дальнего Востока*, 1989, №.2. (〈被遺忘的中共第一次大會的參加者〉,《遠東問題》; 中譯見：《四川黨史》1991–2。)

Ковалев, Е. Ф. / Картунова, А. И. Новые материалы о первом съезде Коммунистической Партии Китая, *Народы Азии и Африки*, 1972, №.6. (科瓦廖夫、卡爾圖諾娃：〈中國共產黨第一次大會新資料〉,《亞非人民》; 中譯見：《「一大」前後》三〔北京：人民出版社，1984〕，第47–50頁。)

Коминтерн и Восток, Москва, 1969.

Крюков, М. В. *Улица Мольера, 29: Секретная миссия полковника Попова*, Москва, 2000.

Кутик, В. Н. Н. Г. Буртман - революционер - интернационалист, *Опыт и уроки истории КПК (К 60-летию образования партии)*, Москва, 1981. (庫季科：〈布爾特曼 —— 革命家、國際主義者〉,《中共歷史的經驗教訓 —— 紀念中共成立六十週年》; 中譯見：《國外中共黨史研究動態》1990–3。)

Мамаева, Н. Л. *Коминтерн и Гоминьдан: 1919–1929*, Москва, 1999.

Мусин, И. М. *Очерки рабочего движения в Китае, Вопросы китайской революции*, т. 1, Москва, 1927.

Мухачев, Б. И. *Александр Краснощеков*, Владивосток, 1999.

Мюллер, А. А. *В пламени революции (1917–1920 гг.)*, Иркутск, 1957. (繆勒爾：《在革命的烈火中》；中文節譯見：《黨史研究資料》1981–6, 7。)

Никифоров, В. Н. Алексей Алексеевич Иванов (Ивин), *Народы Азии и Африки*, 1965, №.4.

———. Абрам Евсеевич Ходоров, *Народы Азии и Африки*, 1966, №.5.

Пак, Б. *Ким Мангым (И. С. Серебряков)*, Москва, 2001.

Персиц, М. А. *Дальневосточная республика и Китай*, Москва, 1962.

———. Из Истории Становления Коммунистической Партии Китая, *Народы Азии и Африки*, 1971, №.4. (〈中國共產黨形成史〉,《亞非人民》；中譯見：《國外中國近代史研究》6，1984。)

———О характере записки《Конгресс Коммунистической Партии в Китае》, *Народы Азии и Африки*, 1973, №.1.

Сибирское бюро ЦК РКП(б), 1918–1920 гг.: сборник документов, ч. 1, Новосибирск, 1978.

Устинов, В. М. Китайские коммунистические организации в Советской России (1918-1920 гг.), *Вопросы Истории КПСС*, 1961, №.4. (烏斯季諾夫：〈在蘇俄的華人共產主義組織〉,《蘇共歷史問題》；中譯見：《益陽師專學報》1981–2, 3。)

Хисамтдинов, А. Верный друг китайского народа Сергей Полевой, *Проблемы Дальнего Востока*, №.1, 2006.

Шевелев, К. В. К датировке 1 сьезда Коммунистической Партии Китая, *Народы Азии и Африки*, 1973, №.1.

———. Предыстория единого фронта в Китае и учредительный съезд КПК, *Китай: традиции и современность*, Москва, 1976. (〈中國統一戰線的經過史和中共成立大會〉,《中國—傳統與現代》；中譯見：徐正明等編譯：《共產國際與中國革命—蘇聯學者論文選譯》〔成都：四川人民出版社，1987〕。)

———. Из истории образования Коммунистической партии Китая, *Проблемы Дальнего Востока*, 1980, №.4. (〈中國共產黨成立史〉,《遠東問題》；中譯見：《「一大」前后》三〔北京：人民出版社，1984〕，第150–170頁。)

———. К 80-летию образования Компартии Китая: новые документы, *Проблемы Дальнего Востока*, 2001, №.4. (〈紀念中共創立80週年：新資料〉,《遠東問題》；中譯見：《百年潮》2001–12。)

〔雜誌〕

Бюллетени Дальне-Восточного Секретариата Коминтерна (《共產國際遠東書記處通訊》)

Народы Дальнего Востока (《遠東人民》)

Революционный Восток (《革命的東方》)

日文版後記

　　本書是我這十年多研究成果積累的結晶。1988年，我入京都大學大學院現代史專業不久，在現代史研習課上，曾以「中國的馬克思主義與日本」為題做過一次研究報告，那是我開始關心中國共產黨成立史的最初契機。當時，中國對馬克思主義傳播史的研究正值高潮，能否從日本對馬克思主義在中國的傳播所發揮的影響，即文化交流史的角度加以探討呢？出於這樣一個單純的想法，我調查了幾個中國社會主義文獻的來源，並做了報告。雖然我曾經作為普通進修生從1984年始在北京大學歷史系攻讀過兩年中國近現代史，但是對於中共黨史卻始終沒有產生很大的興趣。那次研習課上的報告，也並未十分重視，只是盡一次義務而已；但報告後得到的質疑卻是我始料未及的。我按照當時中國的一般見解認為，在北京《晨報》撰文介紹馬克思主義的「淵泉」是李大釗。對此，松尾尊兌先生（現京都橘女子大學教授）表示異議。後來，我根據松尾先生的意見和他介紹的有關文獻做了進一步調查，發現確如先生所言。先生的研究方向並非中國近代史，他是在研究吉野作造在五四時期與李大釗的交往時，注意到「淵泉」的。

　　因見識淺陋而只能對中國的一般見解囫圇吞棗，我對此深感
羞愧，因而開始對「淵泉」進行仔細調查；可以説，我所有的研究
都是由此開始的。通過查閱報刊資料，我終於弄清，「淵泉」不是
李大釗，而是《晨報》記者陳溥賢；再追蹤下去，我發現，這位比
李大釗更早介紹馬克思主義的陳溥賢，卻幾乎不為中國學術界所
知。我非常興奮，於是考察了中國馬克思主義與日本的關係，旁
及中國共產黨成立史，完成了碩士論文〈馬克思主義在五四時期的
傳播〉。這是約十年前的事，本書第一章的主要內容即源於此。

　　馬克思主義在中國的傳播和中國共產黨的成立有着密不可分
的關係。但是，我自撰寫碩士論文時就注意到，關於人們非常熟
悉的中共成立史，比起投入甚鉅的研究精力，尚未弄清的問題卻
意外的多。幸運的是，我後來忝在學者之列，十年間，研究重點
從馬克思主義的傳播擴展到中共成立史，得以潛心研究。本書的
部分內容，就是近十年間發表的論文。這些論文與本書內容的對
應關係開列如下：

　　〈李大釗のマルクス主義受容〉〔李大釗之接受馬克思主義〕，
《思想》第 803 號，1991 年，第一章第二節；

　　〈マルクス主義の傳播と中國共產黨の結成〉〔馬克思主義的
傳播與中國共產黨的成立〕，狹間直樹編：《中國國民革命研究》
（京都大學人文科學研究所 1992 年），第一章第二、三、四節；

　　〈陳望道譯《共產黨宣言》について〉〔關於陳望道譯《共產黨宣
言》〕，《飆風》第 27 號，1992 年，第一章第三節；

　　〈若き日の施存統——中國共產黨創立期の「日本小組」を論じ
てその建黨問題におよぶ〉〔青年時期的施存統——論中國共產黨
創建時期的「日本小組」兼論建黨問題〕，《東洋史研究》53 卷 2 號，
1994 年，第四章第三節；

〈中國「ニセ」共産黨始末——近藤榮藏の接觸した中國の「共産黨」〉〔中國「偽」共產黨始末——近藤榮藏接觸的中國「共產黨」〕,《飆風》第30號,1994年,第二章第三節;

〈魏金斯基與馬列主義在中國的初期傳播渠道〉,《湖北大學學報》1997年第4期,第一章第四節;

〈《中國共產黨宣言》と「中共三月會議(1921年)」に關する一考察〉〔對《中國共產黨宣言》與「中共三月會議(1921年)」的考察〕,《神戶大學史學年報》第14號,1999年,第三章第三節。

◆　◆　◆

在本書執筆過程中,為了突出中國共產黨成立史的體系性,對這些論文做了大幅度改寫和訂正,調整了結構,因而本書中不少地方看不出這些論文的原貌。加上這一年半左右執筆的部分(約佔全書三分之二),本書約四分之三的內容完全是新近研究的成果。

從在京都大學學習時開始,我的學習條件就是非常優越的。畢業前,有文學系現代史研究室的諸位老師悉心指導,有各位同窗可以互相切磋琢磨;碩士畢業後馬上被京都大學人文科學研究所錄用,在這裏工作的七年間,也得到了最好的研究環境,利用研究所豐富的館藏資料,集中精力於研究。研究所有狹間直樹(現該研究所教授)、森時彥(同前)、江田憲治(現京都產業大學教授)等各位前輩多年苦心收集的大量中共黨史資料(其豐富實為日本國內之冠),可以隨時任意閱覽。而研究所每週舉行的中國近代史共同研究會,也是錘煉我的好機會,它不僅是交流學術信息的寶貴場所,也是慣於追索細枝末節的我開闊眼界的啟蒙學堂。在研究所工作期間,狹間直樹先生不止一次地對我說:「安心讀書,別的不用管」;在他的鞭策和激勵下,我得以無憂無慮地潛心於研究。

如果説松尾先生是我學習歷史學的恩師，狹間先生則是我學習中國近代史學的恩師；兩位先生的研究範圍儘管不同，但對待史料都極其嚴謹，這種史學家的矜持態度使我獲益匪淺，至今受用不盡。可以説，如果沒有兩位先生的教誨，就沒有我忝列學林的今天，更不會有本書面世。還有，做助理研究員期間，我曾參加《梁啓超年譜長編》集體翻譯討論組。在那裏，島田虔次先生使我得窺治學的必備素養，了解到了中國近代知識分子的思維模式。遺憾的是，島田先生已於去年3月仙逝，這本書只能獻在他的靈前了。

説到感謝，不能不提到1997年後供職的神戶大學為我提供的研究環境。在研究所做助理研究員的七年間，雖然有時也在大學方面授課，但與學生親密接觸的機會不多。因此，對我來説，神戶大學文學系教育和研究並行的生活，是非常清新的體驗。雖然不能如做助理研究員時那樣把所有時間用於研究，但是，通過備課、授課使研究成果更加成熟，則使我感到無上喜悦。各位同事，尤其是森紀子、濱田正美兩位教授，不僅從不抱怨我疏於校務，還對本書的執筆給予了慷慨支持。現在的日本，對中共黨史感興趣的人並不多，在此，感謝耐心聆聽我講授這門課的神戶大學文學系的學生們。另外，隨着研究的進展，越來越需要俄語資料，而神戶大學藏有伊藤秀一先生 (現日本大學教授) 收集的大量俄語文獻，這對我也是很幸運的事。

正如本書詳細探討的那樣，中國共產黨的成立與蘇俄、共產國際的遠東工作有着密切的關係，這是無可否認的事實；近年來，由於所謂莫斯科檔案的解密，利用原始文件再現這些事實的研究也取得了一定的進展。而這些只有參閲、參考俄語資料和俄語著作才能搞清的問題，對於幾乎不懂俄語的我來説，是最大的障礙。彌補我這方面缺陷的，是由同好者自願參加、1997年以來

未曾間斷的「早期共產國際與東亞研究會」的各位先生，特別是水野直樹先生（現京都大學人文科學研究所教授）和山內昭人先生（現宮崎大學教授）。水野先生立足於朝鮮縱覽東亞的社會運動間的相互關係，山內先生則在研究國際共產主義運動方面造詣高深，如果沒有這兩位先生「同志」般的鼓勵和資料支持，就不會有本書對共產國際的探討。研究會的另一位成員寺山恭輔先生（現東北大學副教授）是我京都大學文學系時的學友，他在俄語文獻的翻譯及俄文書寫方面給予了我慷慨幫助。當然，翻譯和書寫方面若有錯誤，文責自然在我。

除此以外，本書在資料收集等方面還得到了眾多支持，殊難一一表述。其中，對小野信爾先生（現花園大學教授）、森時彥先生、江田憲治先生尤應致以特別感謝。經小野先生指點迷津，本書才得以利用外交史料館藏有關施存統的資料；森先生曾致力於研究中共黨史，在轉為研究中國近代社會經濟史後，也經常對我提供寶貴的啟發；而江田先生是現今日本為數不多的中共黨史學者，我在研究方面討教尤多。

中共黨史的許多資料在日本國內難以目睹，很大程度上必須借助中國學者的支持。有關黨史的刊物發行量本來較少，流通渠道一般又較特殊（在日本自然也就難以求購），所以，時常不得不拜託中國相關地方的朋友，請其在當地查閱並郵寄。近幾年，電子郵件大為普及，相互間的聯繫方便多了；在此之前，向中國寫信以拜託郵送資料、文獻，往往要佔用不少研究時間。而在我需要某一方面的資料時，北京中國社會科學院近代史研究所的楊天石、楊奎松、唐寶林、李玉貞，上海的徐有威（東華大學）、任武雄（中共一大會址紀念館）、齊衛平（華東師範大學），武漢的田子渝（湖北大學）等諸位先生總是有求必應，並屢屢給予我有益的建議和鼓勵。

　　另外，在俄語資料（例如，本書中介紹的《共產國際遠東書記處通訊》）方面，除承石克強先生（M. V. Shevelev，俄羅斯科學院遠東研究所）、劉克甫先生（M. V. Kriukov，台灣淡江大學）直接惠賜外，還蒙潘佐夫先生（A. Pantsov，首府大學，美國俄亥俄州）和卡爾圖諾娃女士（A. I. Kartunova，俄羅斯科學院遠東研究所）有關共產國際資料等的寶貴指教。而本書開頭介紹的李漢俊的後人、現居住倫敦的李丹陽女士（原供職於中國社會科學院近代史研究所）則惠寄了有關來華俄國人的研究論文（未刊稿），使我了解了不少新見解。

　　從以上所舉姓名即可看出，本書是在國內外有共同問題意識的眾多學者支持下才得以完成的。正如本書反覆談到的，社會主義思想在中國傳播，以及其後中國共產黨成立，都絕非中國一國之事，而是在世界規模的思想流通和國際共產主義運動的潮流中展開的。因此，需要世界各地的學者互相交流、合作才能夠進行透澈的研究。在此，對上述學術研究上的「國際主義者」表示深深的感謝。

　　今年（2001年）正值中國共產黨第一次全國代表大會召開80週年。中國在1991年的70週年紀念時，曾出版了許多學術著作和論文集；今年7月前後，也可能照例舉行各種紀念活動，據悉，還計劃出版幾部標誌這十年間研究成果的有關學術著作。本書恰在這個有紀念意義的年份出版，實在是一種巧合，並非有意為之。就我個人而言，對於中國長期以來把「黨史」限制在國內的傾向，雖談不上反感，卻十分不習慣。

　　正如本書重點探討的那樣，中國共產黨成立史的展開，在思想上、政治上，乃至組織上都有其複雜多樣的國際契機，這也是本書不稱「創建史」，而以「成立史」為題的理由。但是，中國史學界對這些國際契機至今仍缺乏關心。例如，《新青年》雜誌性質改

變的象徵是開闢了「俄羅斯研究」專欄，而其信息來源則是《蘇維埃‧俄羅斯》(*Soviet Russia*)；關於這一點，胡適的評斷(「今《新青年》差不多成了*Soviet Russia*的中譯本」)雖屢屢被引用，卻常常是作為胡適「反動性」的標誌，而沒有任何人去對照《蘇維埃‧俄羅斯》的實物資料求證胡適評斷的原意。《共產黨》雜誌上譯載美國共產黨和英國共產黨的綱領性文件，也僅被當作建黨時機日臻成熟的標誌，至於原文出自美國、英國的怎樣的共產黨，以及通過何種渠道被帶進中國的，則沒有人查證；儘管如本書介紹的那樣，只要稍稍翻閱原載雜誌，連《新青年》、《共產黨》雜誌的圖案及體裁的來源也是一目了然的。關於蘇俄方面的動向，比如舒米亞茨基的回憶錄，也因已有中譯，中國學者全都毫不懷疑地引用，竟沒有人向舒米亞茨基引以為據的俄語雜誌《共產國際遠東書記處通訊》去求證回憶錄本身是否信實；而正是在信實性這一點上，如本書詳述的那樣，該回憶錄是需要大打折扣的。

在中國，不關心散落世界各地的第一手資料，疏於考究某一記述的出自和淵源，取而代之的是回憶錄資料受到重視。1949年以後，受中國共產黨特別重視第一次全國代表大會的影響，出現了為數眾多的回憶錄，它就如百寶魔槌一般，可以幻化出得心應手的所謂「史實」，比如中共的創建是中國共產主義者奮鬥的產物等。其典型就是「南陳北李，相約建黨說」，這個見解認為，中國早期共產主義者在與共產國際接觸以前就已經把建黨提上了日程；但是，如本書第二章所述，這種說法依據的是毫無根據的回憶。要推翻某個僅以回憶錄為根據的「史實」，其實並不容易，因為，回憶錄的執筆過程(執筆時參考了什麼資料，出於何種考慮等)通常是秘而不宣的。本書第四章特以較大篇幅探討了有關中共一大出席者人數的一般見解的變化以及董必武回憶錄的產生經過，就是為了撥去這些回憶錄產生過程中的迷霧，以照射出這些

回憶錄到底有多大價值。這樣做，也是我對現今中共創建史研究仍在偏重回憶錄的一種回答。

對國內外文獻進行徹底的相互比較和對照，是本書提示的旨在改變中共成立史研究偏重回憶錄傾向的研究方法。以考古學為例打一個不太貼切的比方，例如兩個相距甚遠的地方出土了具有類似特點的陶器或青銅器，此時，人們會依常識判斷這兩處之間曾經有過人或文化的交流。原以為是孤立的某種古代文化，因發現了與其他地區相似的遺跡，而重新認定其原屬於更大範圍的文化圈，這種事情是屢見不鮮的。而從同一地點的不同地層發掘出遺跡時，如果新地層的遺跡比古老地層更洗練，那麼，以常識來考慮，新地層的文化是繼承了古老地層的文化。

奇怪的是，在中國近現代史，尤其是馬克思主義傳播史和中國共產主義運動史的研究中，如此常識性的方法卻極少被採用——儘管馬克思主義和共產主義的旗幟是普遍性，還擁有世界規模的共同語言，並且各種回憶錄之間的相互繼承和層積也是再明白不過的。這是因為，比較、對照已經發現的東西要相對容易，而這之前的發現、發掘卻要付出巨大的時間和精力，而且又往往是一無所獲，或者出土的東西不一定反映什麼繼承和傳播關係。從這個角度講，我很幸運能夠毫無後顧之憂地在書庫裏潛心發掘十年，而發現的東西足以回報所投入的時間，則是更加幸運。我相信，要回到當時的現場重新構建中國共產黨史，這種考古學的方法，是必需的。

文革結束後，邵維正先生曾首開中共創建史的實證性研究。最近，他在一篇回憶其開始開拓性研究時情景的文章（〈板凳需坐十年冷文章不寫一句空——對中共一大考證的回憶〉，《中共黨史研究》2000年第4期）裏，披露了這樣一件軼事。他說，激發他們發奮

進行實證性研究的，是台灣的一個中共黨史學者1973年說過的一句「嘲諷」的話：「自1921年到今天，中共已有52歲了，可是還弄不清它是哪一天出生的，好像無父母的私生子，被人隨便冠以生辰。」本書當然絲毫沒有詆毀中國共產黨的意圖，但是，在史實考證等方面，確有不少觀點與官方黨史不盡一致。比如，本書根據當時的原始材料和歷史背景提出了把中共的「成立」(1920年11月) 與「一大」分開的觀點。提出這些新觀點和新史實都是為了恢復歷史原貌，是從回到歷史現場的原則出發的，毫無政治上的考慮。

我相信，本書的學術水平將超過中國為紀念中共成立80週年而計劃出版的有關中共創建史的最新著述。至少，在回歸歷史現場、審慎考證史實方面不會落於人後。如果說，本書於中共成立80週年時刊行有什麼意圖的話，這種意圖絕不同於曾使中國學者下決心進行實證研究的台灣學者，即並非詆毀，而是通過本書頗為正規而認真的研究，給每每自我封閉的中共黨史研究以良好的刺激。這也是對幫助我在留學期間取得收穫、並使我開眼認識中國的許多中國人的報答。因此，在本書刊行後，出版本書的中文版將是我理應承擔的又一義務。

在日本，本書是第一部研究中國共產黨成立史的專著。考慮到日本這方面的較全面的研究成果不多，對章節等結構做了特意安排，使每一具體事項都能夠反映出中共成立史的全貌。因此，若與索引並用，本書在某種程度上可以作百科辭典使用。本書的主要目的之一，是要把中共成立史從中國一國的歷史中解放出來，將其置於與日本、歐美以及國際共產主義運動的關係中來考察；所以，不僅研究中國近現代史的學者，如果關心日本近代史、歐美社會主義史的廣大讀者也來讀這本書，並給以更多指正，我將感到無上榮幸。

　　最後，時下學術著作出版景氣蕭條，但岩波書店仍應允出版本書，澤株正始、佐藤司兩位編輯也大力協助，在此一併表示感謝。

石川禎浩

2001 年 2 月

索 引

【人名索引】

A
阿勃拉姆松（Abramson）86, 91
阿格遼夫（Agarev）81–83
安秉贊 388n100
安德萊森（Andresen）。見馬林
安恩學（An En–hak）。見安龍鶴
安恭根 388n100
安龍鶴（An En–hak，安恩學）
　　76–77, 379n6

B
巴克京春。見朴鎮淳
巴枯寧（Bakunin）173
白堅武 35, 112
包惠僧 xiv, 54, 91–93, 116, 179–181,
　　235–236, 241–244, 246, 260,
　　298, 300, 302–304, 327,
　　432n64, 433n68, 434n78,
　　435n89
　在中共一大的參加資格 241–244,
　　246, 249

抱朴（秦滌清）118, 120, 161–162,
　　213, 395n171, 411n81,
　　423n207, 424n216
鮑格里茨基（Bogritsky）188
北昤吉（KITA Reikichi）40–41,
北澤新次郎（KITAZAWA Shinjiro）
　　54, 277
倍倍爾（Bebel）69
波波夫（Popov，斯莫爾斯基）
　　81–83, 85, 100, 254
波德偉斯基（Podvoisky）81
波金（Perkin）。見佩爾林
波塔波夫（Potapov，路博）81,
　　83–85, 101, 122, 124–125,
　　381n39, 382n41
柏烈偉（布魯威，Polevoy）92–94,
　　104, 107, 113, 145, 155, 157,
　　159, 165, 168, 204, 206, 215,
　　217, 421n184, 424n215
卜士奇（卜道明）160, 241
布爾特曼（Burtman）79–82, 86
布卡蒂（Bukaty）186
布拉索夫斯基（Vlasovsky）186

布朗（Roy Brown）410n64
布龍斯泰因（Bronshtein）86
布魯威。見柏烈偉

C
蔡和森39, 182–183
曹亞伯83
查普曼（Chapman）81
陳獨秀11, 28, 35, 37–38, 42–43, 47,
　　49, 53–54, 56–57, 59, 62–63,
　　68–70, 94–97, 102–107,
　　109–110, 113–116, 118,
　　121–123, 127, 131, 133,
　　143–147, 149–156, 159–160,
　　162–164, 166–167, 170–171,
　　172, 174–177, 181–182, 184,
　　195–196, 202, 212, 230, 234,
　　244, 248, 263, 266, 268, 270,
　　273–277, 281–282, 285, 289,
　　328, 333, 353–353, 386n88
　　赴廣州68, 113, 116, 127,
　　170–172, 174–177
　　批評無政府主義146, 155–156,
　　162, 170–172, 175–177, 282
　　逃離北京95–97
　　與工讀互助團42–43
　　與馬林115–116, 230, 285
　　與毛澤東181–182
　　與魏金斯基94, 95, 97, 102–107,
　　109–110, 113–116, 121, 123,
　　127, 143–147, 149–151,
　　154–156, 159, 162, 171–172,
　　195
　　在上海的寓所154, 160
　　著《社會主義批評》70, 175–177
　　著《談政治》57, 68–69, 155, 175

陳公博xiv, 170, 172, 173, 175–177,
　　230, 231–233, 235–235, 241,
　　243–244, 246, 249, 251–252,
　　256, 259
　　著《共產主義運動在中國》232,
　　235, 243
陳公培（吳明，無無）150–153, 159,
　　352
陳家蕭83
陳炯明83–85, 113, 122–124, 175,
　　269, 382n41, 396n176
　　致列寧信84, 382n41
陳溥賢（淵泉）xiii, 21, 23–33, 38,
　　41–42, 45, 52, 125, 362n25,
　　363n29, 364n31, 368n73,
　　487–488
陳其尤123–124
陳啟修28
陳潭秋181, 236, 238, 242, 246, 249,
　　295–297, 303, 333, 431n57,
　　450n7
陳望道19, 47–53, 55–56, 59, 107,
　　144, 148–151, 154, 156, 182,
　　265, 269
陳為人212–214, 218, 220
陳文煥163
陳肇燊396n181
諶小岑204–205
村田孜郎（MURATA Shiro）2

D
達林（Dalin）92, 421n180, 425n229
大杉榮（OSUGI Sakae）26, 34–35,
　　112, 290, 353
戴季陶44, 45, 55, 271, 275, 310,
　　370n82, 406n19, 422n153

與工讀互助團運動 42–43,
269–270
與共產主義小組 42, 47–48,
54–55, 57, 122, 152
與堺利彥 44–46, 49, 51, 54–55,
270, 273
在上海的寓所 160
德布斯（Debs）61
德田球一（TOKUDA Kyuichi）286
鄧恩銘 183–184, 236, 246, 249,
431n57, 432n61
鄧文光 249
鄧中夏 80, 111, 169
狄侃 396n181, 397n182
董必武 xiv, 11, 56, 178–179, 181,
235–243, 245–249, 295,
298–301, 303, 306, 493
的回憶錄 235, 240
董鋤平 411n80
杜威（Dewey）43
杜亞泉 347
段祺瑞 95
段錫朋 136

F
費奧德羅夫（Fedorov）。見劉謙
費哲民 353, 407n27
蜂屋亮子（HACHIYA Ryoko）243
馮復光 396n181
馮自由 29
福羅姆別爾戈（Fromberg）114–115,
227, 252
福田德三（FUKUDA Tokuzo）32–33
傅彬然 265, 267

G
岡察洛夫（Goncharov）86

高一涵 95–97, 366n54
高津正道（TAKATSU Masamichi）
273–274, 289, 354
高瀨清（TAKASE Kiyoshi）289, 354
高畠素之（TAKABATAKE Motoyuki）
23–24, 26, 30–31, 41, 44, 46,
54, 61, 309, 314, 325, 327, 331,
339, 340, 344, 362n25
哥倫布（Columbus）179
格爾舍維奇（Gershevich）86
格雷（Gray, Grey，克拉爾克）
286–289, 448n242
格林（Green）167–168
宮崎龍介（MIYAZAKI Ryusuke）28,
153, 270–271, 275, 289–290,
354, 443n183
宮崎滔天（MIYAZAKI Toten，宮崎
寅藏）28, 153, 270–271, 275,
289–290, 354, 443n183,
龔德柏 139
古爾德納（Gouldner）360n6
古爾曼（Goorman）100, 288–289
關關（音譯，Guan–guan）174（內文
音譯：Гуань–гуань）
關謙 166–168

H
哈里遜（Harrison）71
海隅孤客。見梁冰弦
何孟雄 167–168, 206, 218, 411n80
何叔衡 xiv, 183, 230, 236–237,
244–249, 300, 302, 415n126,
432n61, 436n98
河上肇（KAWAKAMI Hajime）33,
41, 277–278, 325
賀民範 160
賀川豐彥（KAGAWA Toyohiko）24

胡漢民 39, 40–41, 47, 163, 369n81
胡喬木 304, 432n64
胡適 45–46, 59, 96–97, 268, 275, 493
荒畑寒村 (ARAHATA Kanson，荒
　畑勝三) 287
黃壁魂 353
黃超海。見黃凌霜
黃介民 (黃覺，黃界民) 117, 118,
　121, 123–127, 129, 131–133,
　140, 288–289, 352, 397n187,
　398n195
黃凌霜 127, 145, 156–158, 166,
　169–171, 175, 408n37
黃興 271
霍多羅夫 (Hodorov) 100, 108, 127,
　216
霍赫洛夫金 (Hohlovkin，荷荷諾夫
　金) 86, 114–115

J
吉野作造 (YOSHINO Sakuzo) 26,
　28, 124, 365n40, 487
季諾維也夫 (Zinoviev) 210, 338
季托夫 (Titov) 90
加拉罕 (Karakhan) 58
加魯尚茨 (Garushiants) 79
加蓬 (Gapon) 79, 86, 186
江亢虎 xiii, 38, 119, 129–130, 132,
　209–211, 220, 369n77, 422n194
　參加共產國際三大 xiii, 119,
　132, 209–211
姜般若 387n95
姜濟 160
蔣介石 399n202, 422n196
芥川龍之介 (AKUTAGAWA
　Ryunosuke) 473–475
堺利彥 (SAKAI Toshihiko) 23, 26,

30, 31, 34–36, 44–46, 49–51,
　54–55, 70, 124, 270, 273,
　283–284, 289–290, 309, 315,
　328
金河球 117
金立 117–119
金立人 145–146, 151, 154, 156
金侶琴 (金國寶) 373n129
金萬謙 90, 384n63
近藤榮藏 (KONDO Eizo) 116–117,
　121, 125, 132, 140, 284,
　286–287, 289, 354, 408n16
經亨頤 265, 267
景梅九 82, 272

K
卡巴斯基 (Kabasky)。見科別茨基
卡爾 (Carr) 17
卡爾圖諾娃 (Kartunova) 225,
　437n108
卡拉切夫 (Kalachev)。見納烏莫夫
康白情 126, 136, 396n181
康有為 124
考茨基 (Kautsky) 21, 23–24, 31, 41,
　44, 62, 182, 281, 327, 332, 336,
　339
考夫曼 (Kaufman) 380n21
柯柏年 (李春蕃) 62
科別茨基 (Kobetsky) 209–210
科瓦廖夫 (Kovalev) 231
克爾 (Kerr) 62
克拉斯諾曉科夫 (Krasnoshchekov)
　127–128, 229
克拉爾克 (Klark)。見格雷
克魯泡特金 (Kropotkin，克魯巴特
　金) 92, 173
克寧翰 (Cunningham) 83

L

李春蕃。見柯柏年

李春熟 392n141

李次九 265

李達 (李特) xiv, 53–56, 117,
138–139, 144, 150, 154, 160,
184, 230–231, 233, 235–236,
238–239, 241–242, 244, 246,
254, 273, 276, 298, 300–304,
327, 336, 343, 352–354,
362n22, 403n259, 407n30,
415n126
談中共一大的出席者 xiv, 184,
231–233, 235–236, 238–239,
241, 246, 249
與全國學聯 138–139

李大釗 24–25, 32–38, 42, 91–92, 95,
145, 156–158, 333, 362n28,
363n29, 487
的馬克思主義研究 24–25,
32–38, 42, 92, 362n28, 363n29
對俄國革命的理解 38, 92
加入日本社會主義同盟 367n59
與《晨報》24–25, 32, 362n28,
363n29
與陳溥賢 25, 32–33, 38, 42,
362n28, 363n29
與工讀互助團運動 31, 42–43,
269,
與吉野作造 28, 364n40, 487
與社會主義者同盟 145,
156–158
與丸山幸一郎 34–36
著《我的馬克思主義觀》22,
32–33

李東輝 117, 123, 126, 131–133, 140,
398n197, 401n230

李漢俊 (李人傑) 1–5, 7, 12, 47, 49,
53–56, 82, 84, 103, 106–107,
117, 123, 150–153, 159–160,
164, 178, 231–233, 235–236,
246, 249, 252, 255, 259–260,
269–270, 273, 276–277, 301,
352–354
的馬克思主義研究 7, 47, 49,
53–56
的外語能力 2, 53–55

李和明 353

李季 177, 328, 346, 412n87

李繼楨 61

李君佩 44, 370n92

李梅羹 (墨耕) 338

李人傑。見李漢俊

李書城 54, 439n119

李特。見李達

李增林 117

李震瀛 333, 388n97

李中 (李聲懈) 163–164

李宗武 420n170

李卜克內西 (W. Liebknecht) 51, 69

李澤洛維奇 (Lizerovitch) 74

梁冰弦 (海隅孤客) 145, 155–158,
172, 176, 269

梁乃賢 408n40

梁啟超 39

廖劃平 161–162

廖仲愷 39–40

列寧 (Lenin) 6–8, 22, 39, 57, 59–60,
64, 66–69, 72, 76, 79, 84, 162,
281–283
著作的傳播 39, 57, 64, 66,
72–73

林孔昭 275, 444n194

鈴木長次郎 (SUZUKI Chojiro) 35

劉伯垂 178–179,v181
劉大白 265, 269
劉鳳鳴 40
劉謙 (Fedorov，費奧德羅夫)
　　129–131
劉清揚 111
劉仁靜 xiv, 169, 216, 230, 232, 236,
　　242, 246, 249, 259–261, 298,
　　300, 304–305, 434n86
劉少奇 160, 301
劉師復 57, 169, 177, 269
劉澤榮 (劉紹周) 75–76, 88, 130,
　　218, 226, 378n1
劉振群 135
魯特赫爾斯 (Rutgers) 428n25
陸式楷 161
路博將軍。見波塔波夫
呂運亨 82–83, 112
羅家倫 18
羅亦農 160
羅易 (Roy) 8, 430n46
羅章龍 52, 169, 412n96

M
馬爾西 (Marcy) 54, 327
馬林 (Maring, 斯內夫利特，安德萊
　　森) 10, 76, 88, 115–116, 126,
　　128, 133, 185, 223–233,
　　249–250, 255–257, 262, 276,
　　284–285, 287, 383n55,
　　394n158, 425n227, 440n135
　　在中國的任務 10, 76, 88,
　　223–233
馬馬耶夫 (Mamaev) 91–92, 178
邁斯納 (Meisner) 79
毛澤東 7, 11, 14, 16, 20, 52, 160,
　　181–183, 205, 230, 232, 234,

236–240, 242, 244–249, 267,
　　295, 299, 301–302, 328, 330,
　　415n126, 432n61, 434n79
　　談中共一大的出席者 11,
　　236–237, 244–246, 248–249
　　目睹的社會主義著作 52, 328
茅盾。見沈雁冰
茅原華山 (KAYAHARA Kazan，茅
　　原廉太郎) 33, 41, 70, 337
孟子 40, 180, 265
米諾爾 (Minor)。見斯托揚諾維奇
民意。見朱執信
明斯克爾 (Minsker) 186
繆勒爾 (Muller) 79–80
墨耕。見李梅羹
墨子 39–40
莫爾 (Moore) 49

N
納烏莫夫 (Naumov，卡拉切夫)
　　169, 411n84, 431n54
南萬春 (南滿春) 133
尼科爾斯基 (Nikolsky) 115,
　　223–230, 232–233, 250, 252,
　　262, 426n5
牛頓 (Newton) 179

O
區聲白 127, 166–167, 172, 174–176

P
潘克拉多夫 (Pankratov) 390n119
佩爾林 (Perlin，波金，佩斯林)
　　170–172, 174, 177, 408n39
佩爾西茨 (Persits) 198–199, 421n180
佩斯林 (Peslin)。見佩爾林
彭璜 183

彭湃 275, 444n194
彭述之 114, 160
片山潛 (KATAYAMA Sen) 74, 227
朴愛 127
朴鎮淳 (巴克京春) 76, 117,
　　126–129, 131–133, 140, 218,
　　226, 399n210, 400n215,
　　401n230
平貞藏 (TAIRA Teizo) 47
蒲魯東 (Proudhon) 173

Q
切倫 (音譯) 392n141
秦滌清。見抱朴
清水安三 (SHIMIZU Yasuzo) 18, 34
瞿秋白 59, 105, 198–199, 207–208,
　　219, 239–240
提及「中共三月會議」207–208
赴俄國 198–199
權熙國 273, 354

R
任弼時 160

S
三浦鐵太郎 (MIURA Tetsutaro)
　　427n24, 428n25
森時彥 (MORI Tokihiko) 11, 489,
　　491
山邊健太郎 (YAMABE Kentaro) 62
山川菊榮 (YAMAKAWA Kikue) 34,
　　36, 309, 333–334
山川均 (YAMAKAWA Hitoshi) 26,
　　31, 41, 54–55, 73, 262, 270,
　　273, 277–278, 280–281, 283,
　　287, 310, 354, 374n130,
　　446n222

山鹿泰治 (YAMAGA Taiji) 124,
　　398n191
山內昭人 (YAMANOUCHI Akito)
　　67, 71, 491
山崎今朝彌 (YAMAZAKI Kesaya)
　　273
邵力子 39, 53, 103, 144, 148, 154,
　　269, 275
邵飄萍 38, 324
邵維正 244, 250, 304, 494
申翼熙 123, 125
沈德純 240
沈玄廬 (沈定一) 39, 47, 150, 151,
　　154, 176–177, 269, 273, 352
沈雁冰 (茅盾) 59, 66, 148, 154
　　翻譯列寧《國家與革命》66
沈澤民 55
沈仲九 269, 442n154
昇曙夢 (NOBORI Shomu) 70
盛國成 395n176
施長春 265
施存統 13, 44, 48, 53, 55–56, 131,
　　148–154, 159, 161, 263–277,
　　279–291, 340, 351, 406n16, 491
被日警逮捕 13, 149, 288–289
的父親 (施長春) 265
的口供、證詞 149, 152, 161,
　　264, 273, 284, 285, 288–289,
　　351, 424n225, 446n222
的外語能力 271, 275, 277, 284,
　　340
研究馬克思主義 270–283
與北京工讀互助團 268–270,
與《哥達綱領批判》280–282
與戴季陶 271, 275
與中共日本小組 274–276,
　　283–284

著〈非「孝」〉48, 266–269, 272,
275, 353,
著《回頭看二十二年來的我》
286–287
室伏高信 (MUROFUSHI Takanobu)
71
舒米亞茨基 (Shumyatsky) 128, 133,
174, 178, 180, 186, 190–191,
194–195, 198, 200–204,
208–209, 211, 215–216, 218,
224–226, 228, 493
為悼念張太雷寫的文章
201–202, 446n224
斯大林 (Stalin) 7
斯坦因伯格 (Steinberg) 80
斯蒂芬斯 (Steffens) 71
斯列帕克 (Slepak) 186
斯莫爾斯基 (Smolsky)。見波波夫
斯穆爾基斯 (Smurgis) 115, 252–253,
263
斯內夫利特 (Sneevliet)。見馬林
斯諾 (Snow) 236–237
斯托帕尼 (Stopani) 161–162
斯托揚諾維奇 (Stoyanovich，米諾
爾) 98–99, 105–107, 113, 157,
170–174, 177
宋介 111
孫百剛 347
孫伯蘭 83
孫中山 39–40, 47, 82, 84–85, 113,
125, 129–130, 134, 137, 163,
258
索科爾斯基 (Sokolsky) 83
索科洛夫－斯特拉霍夫 (Sokolov–
Strahov) 393n152

T
塔拉索夫 (Tarasov)。見魏金斯基
太朴。見鄭賢宗
譚平山 164, 170, 172, 174, 177
譚植棠 170, 172, 177
譚祖蔭 171
唐伯焜 342, 354, 446n222
田海燕 240
田漢 290
托洛茨基 (Trotsky) 39, 57, 59,
71–73, 84

W
窪田文三 (KUBOTA Bunzo) 54
丸山幸一郎 (MARUYAMA
Koichiro，丸山昏迷) 34–35
王德熙 126, 396n181
王光祈 42
王寒燼 236–237
王盡美 183–184, 236–237, 246, 249,
415n130
王樂平 184
王若飛 126–127
王維舟 399n214
王希天 123–124
王一飛 422n194
王仲甫 (王重輔) 150–151, 352,
406n20
威廉斯 (Williams) 71
威廉斯基－西比利亞科夫
(Vilensky–Sibiryakov) 78, 84,
89, 99, 101–103, 105–106,
121–123, 138, 397n182
赴中國 89
韋爾斯 (Wales) 237

魏金斯基（Voitinsky，塔拉索夫）10,
　74–75, 78–79, 81–85, 89–95,
　97–110, 112–116, 121, 123,
　125–128, 143–147, 149–151,
　154–159, 162, 165, 168,
　171–172, 185–189, 195, 206,
　213, 215–216, 223–224, 227,
　288, 388n100
　會見孫中山 113
　會見陳炯明 83–84
　在北京的活動 90–95, 98
　在廣州的活動 113
　在上海的活動 82–85, 90–91,
　97–106, 110
溫立 126
沃茲涅先斯基（A. Voznesensky）82
無無。見陳公培
吳芳 422n194
吳明。見陳公培
吳南如 205, 421n184
吳佩孚 112–113

X
西川光二郎（NISHIKAWA Kojiro）
　49
夏丐尊 61, 265
向坂逸郎（SAKISAKA Itsuro）34
向青 xv, 9
蕭勁光 180
蕭三 226–237, 295–296
謝晉青 273, 353–354
謝覺哉 230, 248
謝英伯 389n77
謝列勃里亞科夫（Serebryakov）。見
　金萬謙

新妻伊都子（NIIZUMA Itsuko）36
幸德秋水（KOTOKU Shusui，幸德
　傳次郎）29, 49–52, 340, 347,
　365n44
薛撼嶽 408n40

Y
亞列格塞夫（Alegseev）388n105
楊好德。見楊明齋
楊厚德。見楊明齋
楊奎松 9, 158–160, 168, 237
楊明齋（楊好德，楊厚德）xiii,
　85–86, 88, 91, 94, 96–97, 102,
　108, 160, 164, 172, 174, 211,
　215–216, 218–219, 353, 369,
　388n100
楊嗣震 275
楊勳（音譯，Yang Shung）188–189
楊松（Yanson）78
姚作賓 xiii, 83, 117–123, 126,
　129–141, 210, 220, 396n181,
　397n182
　與全國學聯 135–141
伊鳳閣（A. I. Ivanov）385n73
伊里伊奇（Iliich）197
伊萬諾夫（A. A. Ivanov）92–94
易群先 268
易宗夔 268
優林（Yurin）88, 94, 105, 113
俞頌華 188–189
俞秀松 119–121, 132, 138, 144–147,
　150–153, 159, 162, 206,
　212–214, 216–221, 223, 237,
　265, 267–269, 352–353
　的日記 144–147, 151–153

的外語能力 162
赴蘇俄 162, 217
淵泉。見陳溥賢
袁篤實 160
袁世凱 25
袁文彰 161
袁振英（袁震瀛）59–60, 154,
　　176–177, 333
惲代英 62–63, 267

Z
澤村幸夫（SAWAMURA Yukio）
　　358n6
張德（音譯，Zhang–de）174
張德秀 123–124
張東蓀 54, 103
張國恩 179, 181
張國燾 xiv, xxvi, 93, 97–98, 127, 164,
　　169, 175, 194, 236, 244–250,
　　259–261, 285, 353
張景 282
張民權 119–120, 395n176
張墨池 82, 396n176
張申府 111, 411n84
張太雷 xiii, 119, 121, 132–133,
　　149–151, 186, 190–191,
　　197–220, 223–224, 284–288,
　　354, 421n180
　　的外語能力 204, 418n155,
　　425n227
　　赴蘇俄 119, 121, 133, 150, 186,
　　212, 217
　　赴日本 284–289
　　給共產國際的報告 149–150,
　　186, 191, 197–202, 206–209,
　　211–216, 218, 219–220, 224, 287

就任共產國際遠東書記處中國
　　科書記 133, 186, 190, 202–203,
　　205–206, 208, 212, 215, 218,
　　219, 223–224g
張文亮 182
張聞天 55
張西曼 94, 338
張永奎 76
章志 387n95
趙石龍 173–174, 176
趙素昂（趙鏞殷）125, 398n197
鄭凱卿 179, 181
鄭佩剛 145, 155–157, 159, 172, 176
鄭賢宗（太朴）175
鄭振鐸 111
志津野又郎（SHIZUNO Mataro）51
重田要一（SHIGETA Yoichi）287
周伯棣 265, 267
周恩來 111, 127, 201
周佛海 15, 53, 235–237, 241, 244,
　　246, 249, 274, 276, 283–285,
　　352–355
周作人 34
朱謙之 176
朱務善 37
朱枕薪 346–348,
朱執信（民意）39, 41, 48, 369n81

【事項索引】

A
安社（蕪湖）272

B
巴黎和會 26

白蓮事件289

北京大學2xv, xix, 20, 22, 28, 35, 37,
49, 52, 68, 92–95, 111, 117,
164–165, 195, 216, 271
社會主義研究會344
學生訪日團28, 271

《北京市民宣言》68, 96

布爾什維克主義9, 12–13, 27,
56–57, 63, 66–74, 145–147,
151, 162, 166, 175–176, 192,
264, 276, 281–284, 291, 382n41

C

朝鮮共產黨。見高麗共產黨

朝鮮革命局107

赤色工會國際115, 225, 227, 252,
393n156

重慶的共產主義組織118

D

達爾塔通訊社 (DALTA News
Agency) 99–100, 102, 108, 127,
171, 287, 389n106

大鐙閣 (東京) 49

大東旅社凶殺案252

大韓民國臨時政府 (上海) 112,
124–126, 129, 398n197

大逆事件 (日本) 29–30, 365n44

大同黨83, 121–127, 129–132, 289,
397n197

德國社會民主黨69, 175, 258

第二國際67, 70

第三國際。見共產國際

東方各民族代表大會 (巴庫) 9

東方勞動者共產主義大學114

東方學院 (符拉迪沃斯托克) 80, 90

東京同文書院352

E

俄華通訊局。見中俄通信社

俄國共產黨 (布) 6, 9, 70, 75, 80, 85,
187, 213, 225, 287, 338
阿穆爾州委員會129, 401n224
遠東局74, 76, 78, 85–86, 88–89,
99, 102, 114–115, 126–128, 130,
140, 198, 225, 252
遠東局符拉迪沃斯托克分局
74, 86, 89, 99
中國共產主義者中央組織局。
見俄國共產華員局
中央委員會西伯利亞局77,
80–81, 85–86, 88–89, 106,
114–115, 127–128, 131–132,
187, 213
中央委員會西伯利亞局東方民
族處80–81, 86, 88–89, 106,
114–115, 127–128, 131–132,
188, 213
中央委員會遠東局85–86, 88,
102, 131, 198

俄國共產華員局76, 86, 128–131

俄國社會民主工黨154

俄羅斯研究會160

俄文專修館189

F

凡爾賽條約136

副刊25

G

改造聯合111–112, 158–159, 165,
189

高麗共產黨 6, 8, 9, 117, 120,
　126–128, 131, 133, 220, 228
　（上海派）6, 117, 120, 128, 131,
　133, 228–229
　（伊爾庫茨克派）6, 9, 120, 128,
　133, 228–229
哥達綱領批判 260, 280–282
格雷事件 286–289
革命局 5, 106–107, 109–110,
　112–113, 143–147, 149, 151,
　154, 156–157, 159, 165,
　171–172
　出版處 106–107, 143, 151
　情報煽動處 106, 108
　組織處 106, 109
「各盡所能，各取所需」268, 272, 282
共產國際 xiii, xv, xviii, xxiv, 4, 6, 8,
　9–12, 16–17, 31, 47, 67–68, 70,
　74–76, 82, 85–86, 88, 94–95,
　98, 100, 102–103, 113–121,
　125–128, 130–133, 138–141,
　167–168, 185–186, 200–202,
　206–221, 223–233, 249, 263,
　283–287, 296–297, 321
　的資助 150, 404n265
　第一次大會 8, 11, 75–76, 133
　第二次大會 8, 76, 88, 126, 150,
　158, 167, 204, 206, 212, 219,
　220, 257, 259, 262
　第三次大會 xiii, 119–121,
　132–133, 149, 186, 197, 198–199,
　201, 204, 205–210, 212, 215–217,
　219–220, 232, 284
　第四次大會 113
　東亞書記處 96
　執行委員會 10, 76, 88, 102,
　120, 126, 128, 133, 185–186,

　206, 209, 212, 223–224, 226,
　228–229, 287
　執行委員會遠東局（上海）76,
　88, 102, 126, 128
　執行委員會遠東書記處（伊爾
　庫茨克）10, 88, 102, 120, 131,
　133, 185–186, 206, 223, 226,
　228, 287
共產主義小組 12, 37, 42, 47–48,
　53–57, 63, 66–67, 106–107, 116,
　122, 144–152, 154–156, 158,
　161–165, 169, 175, 178, 181–184,
　189–190, 193–196, 205–206,
　213–214, 240, 268, 270
　（北京）37, 156, 164–166, 169,
　195, 205
　（長沙）177–178, 181, 183–184
　（廣州）164, 169, 190, 214
　（濟南）183–184
　（上海）42, 47–48, 53–57, 63,
　67, 107, 116, 122, 126, 144–
　152, 154, 156, 161–164, 182,
　196, 213, 270, 328
　（日本）274–275, 284
　（武漢）177, 178, 181–182, 190
工讀互助團 31, 42–43, 141, 151,
　160, 164, 268–270
　（北京）42–43, 151, 164,
　268–269, 353
　（上海）160, 353
國際工會聯合會。見赤色工會國際
國民黨。見中國國民黨

H
哈爾濱工人士兵代表蘇維埃 98
韓人社會黨 126, 128。亦見高麗共
　產黨上海派

滬濱互助團 160
華俄通信社。見中俄通信社
晦鳴學舍 155

I
IWW (世界產業工會同盟) 66, 163

J
加拉罕宣言 (蘇俄第一次對華宣言)
　　58, 98, 100, 102–103, 140
井田制 40
覺悟社 (天津) 111–112, 158

K
克爾出版社 (Charles H. Kerr & Co.)
　　62–63, 109
可思母俱樂部 (Cosmo Club) 124

L
勞工神聖 180
黎明會 (日本) 25–26, 28
勵新學社 (濟南) 184
聯合出版局 104–105
留法勤工儉學 127, 161, 181
留日學生救國團 126
留日學生總會 25, 125, 139
旅俄華工聯合會 76
旅滬朝鮮人 127, 129, 131
羅斯塔通訊社 (ROSTA News
　　Agency) 100, 108, 171

M
馬克斯學説研究會 (北京) 37, 52,
　　165
　　亢慕義齋 37
馬克思主義研究會 (上海) 144–149

美國 45, 61–64, 66–67, 71–74,
　　77–80, 83, 90, 94, 108–109,
　　129, 163, 188, 220, 234, 261
　　共產黨 62–64, 66–67, 261
　　共產主義勞動黨 61–62
　　社會黨 61, 90, 109

N
「南陳北李，相約建黨」説 95–97,
　　147
南湖會議 (中共一大) 252–255,

Q
齊魯通訊社 (齊魯書社) 184
青年共產國際 150, 167–168, 204,
　　206, 212–213, 217–218,
　　220–223
　　第二次代表大會 167, 204, 206,
　　212, 220
青年互助團 111
青年社會革命黨 408n41
全俄消費合作社中央聯社 100, 102
全國各界聯合會 98, 403n249
全國學生聯合會 12, 103, 122, 135,
　　140,
　　第二次學生大罷課 (1920年)
　　121, 137–138
群益書社 105

R
人道社 (北京) 111, 189
人民出版社 50, 73
日本共產黨 6, 132, 140, 262, 273,
　　287
　　暫定執行委員會 117, 132, 262
日本社會主義同盟 34, 36, 159

S

三一運動 9, 29

三月會議。見中共三月會議

商務印書館 19, 40, 45, 61

上海船務棧房工會聯合會 110

上海工讀互助團 160

上海工商友誼會 110

上海機器工會 110, 160 162–164

上海學生聯合會 103, 135,

上海印刷工會 164

「少年中國」(Young China) 1–3

少年中國學會 111, 158, 231, 305

社會共產黨 5, 144–148, 151–154,
    159, 196, 270

社會主義大學校 149–150, 352

社會主義青年黨 189

社會主義青年同盟 110–112, 143,
    147–148, 158–159

社會主義青年團 119–121, 150–151,
    155, 158–161, 163, 166–167,
    172–174, 178–182, 184,
    189–190, 198, 202–206,
    212–214, 217–218, 220, 223,
    274, 291
    的所在地 160, 163
    的章程 173, 178, 182, 190,
    204–205
    第一次全國代表大會 158, 220,
    291
    (北京) 166–168
    (長沙) 178, 181–182
    (廣州) 172–174, 190, 202, 205, 217
    (上海) 150–151, 160–161, 167
    (天津) 190, 202–206, 217
    (武漢) 178–182, 190, 204, 217

社會主義嚴冬時期 (日本) 7, 26, 30,
    49

社會主義研究會。見北京大學社會
    主義研究會

社會主義研究社 (上海) 49, 107,
    148, 151, 159

社會主義者同盟 5, 143, 145–148,
    155–157, 159

石德洋行 (Steinberg & Co. 天津) 80

世界語 120, 124, 155, 161, 352

書報販賣部 19–20, 22, 265

曙光社 (北京) 111

T

泰東圖書局 19

天津學生聯合會 110–111

W

外國語學社 160–163, 213, 223

外交人民委員部 (蘇俄) 81, 84–85,
    88, 127–128

外來知識 7, 17–18, 33, 45, 56

外語能力。見語言能力

丸善書店 (日本) 45,

文化大革命 48, 240, 244, 434n86

文化書社 (長沙) 20, 182

無產階級專政 59, 67, 192, 257,
    260–261, 281–282, 341

無政府黨互助團 (北京) 166

無政府主義論戰 172, 174–176, 281

五四運動 4, 9, 11–16, 18–21, 25–26,
    28–32, 35, 38–39, 41, 47, 56,
    93, 103, 111, 122, 125–126,
    134–135, 141, 164, 184, 201,
    263, 265, 291, 324

X

曉民共產黨 (日本) 149, 286, 288,
    406n16

新華學校（新華世界語學校）
　　161–162, 396n176
新民學會（長沙）183
新青年社（上海）107, 143, 148–149,
　　184
新人會（日本）47, 271
新文化運動 11, 15–16, 18–21, 263,
　　265
新亞同盟黨 123–125

Y
亞東圖書館 19
研究系 103, 362n19
伊文思書館 45
印度尼西亞共產黨 226, 257
英國共產黨 31, 63, 64, 67, 196, 262,
　　493
優林代表團 88, 94, 105, 113
又新印刷所 156
語言能力（外語能力）38, 66, 160,
　　217, 219, 277, 425n227
遠東俄國共產華員局。見俄國共產
　　華員局
遠東各國共產黨及民族革命團體代
　　表大會 119, 121, 193, 225, 284
遠東共和國 81, 85–86, 88, 89, 94,
　　99–101, 113–114, 128, 228
遠東人民會議。見遠東各國共產黨
　　及民族革命團體代表大會

Z
浙江第一師範學校 19, 48, 265–267,
　　269
　　的四大金剛 265, 269
　　風潮 267, 441n144
真理社 122, 390n128, 397n182
知識革命 16–17

中東鐵路 58, 98
中俄通信社 108, 112, 143, 158,
　　391n130
中共三月會議（1921年）185–186,
　　199–201, 207, 213–214
中共駐共產國際代表團檔案 10,
　　191, 199, 231
中國共產黨
　　第一次全國代表大會 3–4, 6,
　　　11, 53–54, 183, 185, 197, 220,
　　　223–224, 231, 233–241, 247,
　　　250–251, 263, 276, 296,
　　　300–301, 322
　　第一次全國代表大會通過的章
　　　程、決議 257, 259, 261–262
　　第七次全國代表大會 237
　　第九次全國代表大會 242
　　民國初年的「中國共產黨」119
《中國共產黨代表大會》（俄語文件）
　　231–232, 235, 238, 240–241,
　　243–244, 248, 250–252, 258,
　　293, 301, 303–304, 429–
　　430n45, 434n77, 437n104
《中國共產黨宣言》185–197, 200,
　　223–224, 417n152
中國共產主義同志會（北京）118, 345
中國國民黨 25, 30–31, 38–41, 47,
　　52–54, 84, 103, 124–125,
　　137–138, 163, 173, 175, 184,
　　258, 303, 322, 389, 369n75
中國勞動組合書記部 164
中國社會黨 38, 119, 369n77,
　　395n169, 401n224
中國社會主義工人黨（Chinesische
　　Sozialistische Arbeiterpartei）76
中國社會主義青年團。見社會主義
　　青年團

中國同盟會 48, 134

中韓互助社 125

中華革命黨 125, 134, 369n75

中華工業協會 103, 110, 125

中華旅俄聯合會 76

中華民國學生聯合會。見全國學生
　聯合會

中華書局 19

中日共同防敵軍事協定 125

中央檔案館 (北京) 10, 120, 198,
　238–239, 243, 300–301

【書名索引】
(A●、B● 表示本書附錄二〈中國社
　會主義書籍簡介〉的號碼)

B
北京報 (*Journal de Pekin*) 92

北京大學日刊 20

北京週報 (日) 34–35

布爾什維主義底心理 (施罷戈 陳國
　榘) A28

布爾什維克與世界和平 (托洛茨基)
　71

C
陳獨秀先生講演錄 (中國社會主義
　青年團廣東區執行委員會) A67

晨報 (晨鐘報) 20–29, 31–32, 35,
　38–39, 157, 188, 189, 289,
　362–363n28

副刊 20–29, 31, 32, 39

從唯物史觀的立場觀之 (堺利彥)
　36, 54

D
大阪每日新聞 2, 4, 28, 46

大阪朝日新聞 46

大陸報 (*China Press*) 99–100

大同報 (俄) 124

黨史資料匯報 191, 231

德謨克拉西 (日) 46

帝國主義是資本主義的最高階段
　(列寧) 79

第三國際議案及宣言 (第三國際　成
　則人) A49

東方經濟學家 (*Oriental Economist*)。
　見東洋經濟新報

東方雜誌 40

東洋經濟新報 46, 227–228

E
俄國革命紀實 (托洛次基　周詮)
　A40

俄國革命史 (朱枕薪) 73, A70

俄國共產黨黨綱 (俄國共產黨　希
　曼) A43, 410n70

F
法蘭西內亂 (馬克思) 280

婦人和社會主義 (山川菊榮　祁森
　煥) A68

婦女問題 (堺利彥　唐伯焜) A56

婦女之過去與將來 (山川菊榮　李
　漢俊) A31

G
改造 (日) 31, 36, 46, 56, 354

隔周評論 (〔英〕*Fortnightly Review*)
　71

共產黨（〔美〕*The Communist*) 64, 66

共產黨（〔英〕*The Communist*）63, 196

共產黨 (中) 63–68, 116, 177, 182, 188, 196, 197, 223, 233, 261, 274, 353, 417n149, 493

  的封面 63–64

共產黨底計劃（布哈林　太柳）A36

共產黨禮拜六（列寧　王靜）A41

共產黨宣言（馬克思　恩格斯）9, 47, 55, 69, 185, 280

  日文版 47, 49–52

  中文版 41, 47–52, 107, 147, 148, 151, 156, 160, 165, 182, 187, A9

共產國際遠東書記處通訊 186–191, 492, 493

共產者宣言（馬克思　恩格斯　日本某氏）49–52

共產主義與智識階級（田誠）A30

共產主義之星 129

工錢勞動與資本（馬克思　袁讓）A33

工人的勝利 165

工團主義（哈列　李季）A21, 417n149

工餘 157

僱傭勞動與資本（馬克思）23, A33

廣東群報 65, 171, 172, 174–177

廣州晨報 173–174, 176, 204

國際勞動運動中之重要時事問題（季諾維埃夫　墨耕）A44

國際社會主義評論（〔美〕*The International Socialist Review*）61

國家與革命（列寧）64, 66, 72

國民公報 (四川) 24

過激黨真相（孫范）A22

H

何為社會主義（克爾 *What Socialism Is*) 62

紅星照耀中國（斯諾）236

華北明星報（*North China Star*）204

J

價值價格及利潤（馬克斯　李季）A57

建設 39–41

江亢虎新俄遊記 132

教育潮 269

階級爭鬥（考茨基〔柯祖基〕　惲代英）62, 182, A20

階級鬥爭（〔美〕*The Class Struggle*）64, 66

解放 (日) 31, 36, 56, 271, 295

解放日報 236, 296

解放與改造 189

解放者（〔美〕*Liberator*）374n135

今日中國勞工問題（駱傳華）81

進化 266

近代社會主義（東方雜誌社）A74

近世經濟思想史論（河上肇　李培天）A13

近世科學與無政府主義（克魯泡特金）266

近世社會主義論（伊黎　黃尊三）A66

京報 21

經濟論叢 46

經濟史觀（塞利格曼　陳石孚）A15

救國日報 125
救貧叢談 (河上肇　楊山木) A19

K
卡爾‧馬克思的經濟學説 (考茨基)
　　23, 44
科學的社會主義 (恩格斯　鄭次川)
　　A10
恐怖‧鬥爭‧歡喜 (堺利彥) 54

L
來報 205, 417n149
勞動 57, 82
勞動界 107, 109, 147, 160, 163, 182,
　　187–188, 202, 213, 417n149
勞動問題概論 (賣文社　馮飛) A6
勞動音 37, 156, 165, 188, 417n149
勞動運動史 (施光亮) A50
勞動者 156, 171–174, 176, 188
勞動者問題 (北澤新次郎) 54, 277
勞動總同盟研究 (山川均　鄒敬芳)
　　A25
勞農俄國之考察 (東方雜誌社) A75
勞農會之建設 (列寧　李立) A34
勞農政府與中國 (張冥飛) A5
勞農政府之成功與困難 (列寧　墨
　　耕) A46
李卜克內西紀念 (李特) A37
黎明會講演集 28
勵新 184
兩個工人談話 (安利科　馬齎特斯
　　太　李少穆) B2
列寧傳 (山川均　張亮) A45

M
馬格斯資本論入門 (馬爾西　李漢

俊) xvii, 54, 107, 151, 165, A12
馬克思紀念冊 (中國勞動組合書記
　　部) A52
馬克思主義和達爾文主義 (派納柯
　　克　施存統) A39
馬克思主義與唯物史觀 (范壽康、
　　施存統) A73
馬克思資本論解説 (考茨基　高畠
　　素之) 23, 24, 31, 41, 44
馬克斯經濟學説 (柯祖基　陳溥賢)
　　24, 363n29, 417n149, A11
馬克斯經濟學原理 (恩脱門　周佛
　　海) A61
馬克斯派社會主義 (拉爾金　李鳳
　　亭) A53
馬克斯學説概要 (高畠素之　施存
　　統) A48
曼徹斯特衛報 (〔英〕*Manchester
　　Guardian*) 108
毛澤東同志的初期革命活動 (蕭三)
　　236, 295
毛澤東自傳。見紅星照耀中國
每日先驅報 ([英]*Daily Herald*) 108
每週評論 28
民報 48
民國日報 21, 22, 24, 39, 41, 56, 103,
　　108, 123, 136, 137, 160, 256,
　　271, 273, 276, 277, 289, 290
覺悟 21, 39, 41, 56, 273, 276, 277, 290
民權報 117
民聲 161, 176–177, 266, 396n176
民彝 25, 125
民族 (美 Nation) 66, 108
閩星 370n92, 417n149
莫妥協，莫政治交易 (李卜克內西)
　　69

N

紐約呼聲報 (*New York Call*) 108

女性中心說 (堺利彥 李達) A42

O

歐米勞動問題 (窪田文三) 54

歐洲勞傭問題之大勢 (桑田熊藏 劉景) A27

P

批評 (日) 46

貧乏論 (河上肇 李鳳亭) A7

平民新聞 (日) 49

Q

青年雜誌。見新青年

R

人道 111

人類生活史 (茅原華山) 70

人民日報 239–240, 304

人生哲學與唯物史觀 (柯祖基 郭夢良、徐六幾、黃卓) A58

日本脫出記 (大杉榮) 112

S

上海共產主義小組 144

上海生活 (俄) 82, 100, 288, 374n132

社會經濟叢刊 (施存統) A38

社會問題概觀 (生田長江、本間久雄 周佛海) A18

社會問題詳解 (高畠素之 盟西) A24

社會問題研究 (河上肇) 23, 26, 31

社會問題總覽 (高畠素之 李達) A23

社會主義 (日) 36

社會主義初步 (刻爾卡普 孫百剛) A71

社會主義從空想到科學的發展 (恩格斯) 280

社會主義的諸研究 (高畠素之) 54

社會主義倫理學 (考茨基 堺利彥) 44

社會主義平議 (譚荔恒、劉鑄伯) A1

社會主義淺說 (梅生) A63

社會主義神髓 (幸德秋水 高勞) A72

社會主義史 (克卡朴 李季) 182, A14

社會主義討論集 281, A55

社會主義研究 (〔日〕大正時期) 23, 26, 31, 46, 56, 283

社會主義研究 (〔日〕明治時期) 49–52

社會主義與個人主義 (王爾德 袁振英) A29

社會主義與進化論 (高畠素之 夏丏尊、李繼楨) 61, A47

社會主義與近世科學 (安銳戈·佛黎 費覺天) A64

社會主義與社會改良 (伊利 何飛雄) A51

社會主義與中國 (馮自由) A3

社會主義者。見廣東群報

社會主義之思潮及運動 (列德萊李季) A69

社會主義之意義 (格雷西 劉建陽) A60

社會主義總論 (酈摩漢) A16

誰是共產黨 107, 417n149

申報 123, 253, 289

盛京時報 118

失業者問題 (飄萍、吉人) A17

十月革命給了我們什麼 391n129,
　　417n149

實社自由錄 266

時報 (上海) 137

時事新報 (上海) 20–22, 24, 54, 103,
　　137, 188, 189
　　學燈 21–22

世界政治 (芮恩施) 70

曙光 111, 165

蘇維埃・俄羅斯 (小冊子) 187–188

蘇維埃・俄羅斯 (〔美〕 *Soviet Russia*)
　　58–60, 64, 74, 108, 188

蘇維埃研究 (山川均　王文俊) A32

T

泰晤士報 (〔英〕 *The Times*) 71

討論進行計劃書 (列寧　成則人)
　　A35

通俗馬克思資本論 (馬爾西　遠藤
　　無水) 54

W

外交人民委員部通報 (俄) 84

外事警察報 149, 351

唯物史觀解説 (郭泰　李達) 54,
　　A26

唯物史觀淺釋 (劉宜之) A62

唯物史觀研究 (河上肇) 57

五四時期期刊介紹 18, 24

五一節 165

X

西行漫記。見紅星照耀中國

新俄國之研究 (邵飄萍) A8

新共和 (〔美〕 *New Republic*) 108

新青年 20, 22, 24, 48, 55, 56–64, 68,
　　74, 84, 96, 102, 105, 108–109,
　　116, 148–149, 154, 159, 160,
　　175, 182, 184, 188, 189, 223,
　　265, 266, 268, 280, 281, 282
　　的「俄羅斯研究」專欄 57–60,
　　108, 188
　　的封面 59, 61, 68

新社會 (北京) 111, 189

新社會 (東京) 26, 30, 31, 41, 46

新時代叢書 61

新支那 (日刊、週刊) 34

星期評論 39, 41, 43, 46, 48, 51, 54,
　　74, 265, 268–270, 276, 353

續經濟學研究 (福田德三) 32

Y

遙遠的邊疆 (俄) 100

一大工會月刊 ([美] *The One Big
　　Union Monthly*) 66

「一大」前後 10

一個兵的説話 (李得勝) 107

一九一九旅俄六周見聞記 (蘭姆塞
　　黃凌霜) 157, A4

益世報 137, 387n95

遠東人民 (俄) 186, 190–194, 198,
　　219, 418n157, n159, 419n161,
　　n167

Z

浙江新潮 266–268

中共中央文件選集 193

中國共產黨的三十年 (胡喬木) 296,
　　432n64

中外 (日) 36, 41

中央公論（日）41

自由 272, 352

資本的利潤及資本的發生（彭守樸）
A65

資本論（馬克思）23, 31, 41, 46, 54,
62, 107, 151, 165, A12

日文版 23, 24, 31, 41, 44, 46

資本主義與社會主義（塞裏格門、
尼林　岑德彰）A59

字林西報（*North China Daily News*）
198

綜合研究各國社會思潮（邵振青）
A2